Nelson Pereira da Costa

Funções Administrativas

Um Estudo das Principais Ferramentas Administrativas

EDITORA CIÊNCIA MODERNA

Editor: Paulo André P. Marques
Produção Editorial: Dilene Sandes Pessanha
Capa: Daniel Jara
Diagramação: Daniel Jara
Copidesque: Equipe Ciência Moderna

FICHA CATALOGRÁFICA

COSTA, Nelson Pereira da.

Funções Administrativas: Um Estudo das Principais Ferramentas Administrativas

Rio de Janeiro: Editora Ciência Moderna Ltda., 2025.

1. Administração de Empresas

I — Título

ISBN: 978-65-5842-415-4

CDD 658

Editora Ciência Moderna Ltda.
R. Alice Figueiredo, 46 – Riachuelo
Rio de Janeiro, RJ – Brasil CEP: 20.950-150
Tel: (21) 2201-6662/ Fax: (21) 2201-6896
E-MAIL: LCM@LCM.COM.BR
WWW.LCM.COM.BR

01/25

A

Maria do Carmo

Companheira de muitos anos, cuja presença e apoio deram condições de expandir meus conhecimentos, até um nível que jamais pensei alcançar.

PREFÁCIO

Muitos anos depois de ter escrito *Administração para Empreendedores,* passei a desenvolver um projeto que aborde, de forma complementar ao livro anterior, as funções administrativas, que, se bem exercidas pelo administrador, ajudarão a ação empresarial a ter uma maior eficiência na direção de uma organização. A prática administrativa só poderá ser bem exercida, se o executivo conhecer as funções administrativas, porque, quanto mais trabalhar estas funções, maior se tornará seu nível de percepção deste campo de conhecimento.

Portanto, conhecer tais funções dará ao administrador um padrão de atuação e de performance bastante relevante. O conhecimento das Funções Administrativas não é privilégio de poucas pessoas e muito menos se concentra no topo da organização. Deve ser um conhecimento compartilhado, em todos os níveis hierárquicos, da companhia.

Vivemos uma época em que somos desafiados, a todo instante, a provar aquilo que, verdadeiramente, conhecemos. E isto só será possível com conhecimento. À medida que os administradores se orientam para o campo do diagnóstico e da decisão, maior a necessidade de se fundamentar em ideias, conceitos, leis, princípios, premissas, teorias e valores que lhes permitam orientar e balizar seu comportamento e que, obviamente, influenciará todo o resto do grupo, num ambiente cada vez mais complexo, mutável e cambiante.

O que faz a empresa não crescer e até morrer, não é apenas a política fiscal e a burocracia, imposta pelo governo ou os efeitos da política econômica ou do comportamento do mercado, tão pouco as taxas de juros exorbitantes e os impostos elevados. Entende-se que o maior impedimento ao desenvolvimento da empresa (não do empresário) está na incompetência gerencial.

Tal incompetência se deve ao fato do não conhecimento, de forma integral e interdisciplinar, das funções administrativas. Como converso com muitas pessoas que estão iniciando um negócio ou que pretendem ser um empreendedor, observo que falta a estes o conhecimento mínimo das ferramentas administrativas.

Acredito que este livro, *Funções Administrativas,* complementará de maneira efetiva o livro anteriormente citado, pois aborda o assunto de maneira enxuta, compacta, didática e objetiva. Sua metodologia é suave e agradável, proporcionando ao leitor a motivação necessária para continuar a ler e a aprender.

Este projeto procura trazer a essência daquilo que é relevante saber sobre as funções administrativas, sendo estruturado em 21 Capítulos, cujos objetivos são os seguintes:

- **Capítulo 1 – Planejamento:** Mostrar que o planejamento é a mais importante das funções administrativas, pois dela derivam as demais, haja vista que o planejador não é uma pessoa qualquer, pois precisa ter uma mente extremamente organizada e disciplinada.

- **Capítulo 2 – Direção:** Mostrar que a direção ajuda o administrador a cumprir o que foi planejado, assim como, mostra que a superação dos objetivos e o progresso da empresa estão em função do desempenho e da personalidade do dirigente.

- **Capítulo 3 – Controle:** Mostrar que o controle permite que o administrador possa corrigir os desvios que ocorram para se atingir objetivos determinados, como também o uso a que se destinam.

- **Capítulo 4 – Comando:** Mostrar que o comando está relacionado com aquele que planeja e depois executa aquilo que foi planejado.

- **Capítulo 5 – Organização:** Mostrar que a organização está presente em todas as funções administrativas, pois o administrador, para ter sucesso, precisa ser organizado e utilizar os recursos de que dispõe de forma racional.

- **Capítulo 6 – Delegação:** Mostrar a necessidade de se dar a um subordinado a execução de determinada tarefa, criando nele uma responsabilidade dentro da equipe.

- **Capítulo 7 – Coordenação:** Mostrar a importância de se ter uma função integradora de todas as outras funções administrativas. Muitos gerentes consideram a coordenação como parte de suas funções.

- **Capítulo 8 – Estruturação:** Mostrar que a estruturação tem uma importância muito grande, pois mostra as relações funcionais e hierárquicas das pessoas que compõem a organização.

- **Capítulo 9 – Pesquisa:** Mostrar que sem pesquisa é como andar na escuridão sem uma lanterna, tendo em vista que uma pesquisa bem-feita é ferramenta útil para determinar comportamentos.

- **Capítulo 10 – Comunicação:** Mostrar que sem comunicação é impossível levar adiante um empreendimento, empresa ou negócio, bem como observar que bons processos de comunicação suavizam a ação administrativa e evitam perda de tempo.

- **Capítulo 11 – Analise:** Mostrar que a análise é a função utilizada como sendo o primeiro passo para a resolução de problema.

- **Capítulo 12 – Avaliação:** Mostrar que, em uma empresa, todo e qualquer desempenho é avaliado formal e informalmente, em função da necessidade da criação de padrões cada vez mais adaptados à realidade em que vivemos.

- **Capítulo 13 – Decisão:** Mostrar a importância da tomada de decisão acertada para minimizar os riscos de qualquer investimento e observar que decisões bem estruturadas ajudam à empresa na solução de problemas e na boa fluência das atividades corporativas.

- **Capítulo 14 – Recrutamento:** Mostrar que as pessoas são os recursos mais importantes numa organização e que também são os mais problemáticos.

- **Capítulo 15 – Seleção:** Mostrar a importância de escolher a pessoa certa para um cargo da organização.

- **Capítulo 16 – Treinamento:** Mostrar que o treinamento é o processo educacional que aplicado de modo sistemático e organizado, ajuda as pessoas adquirirem conhecimentos, atitudes, deveres, responsabilidades, altos padrões de desempenho e habilidades.

- **Capítulo 17 – Desenvolvimento:** Mostrar a necessidade do desenvolvimento intelectual, cultural e educacional dos recursos que constroem uma organização.

- **Capítulo 18 – Solução:** Mostrar que mesmo utilizando as principais ferramentas de solução, nem sempre é possível se chegar a uma resposta e/ou resultado satisfatório.

- **Capítulo 19 – Previsão:** Mostrar que os métodos de previsão ajudam a antecipar cenários futuros e que muitas ferramentas do planejamento empresarial têm seu ponto de partida na previsão de vendas.

- **Capítulo 20 – Negociação:** Mostrar que os conhecimentos fundamentais da negociação ajudam o empresário a conseguir bons acordos e contratos.

- **Capítulo 21 – Padronização:** Mostrar a necessidade da padronização como guia de: tempo, capital, qualidade, atendimento, custo, quantidade, índice e indicador, por exemplo.

Gostaria de manifestar meus agradecimentos a todos aqueles que me ajudaram, direta e indiretamente, a levar adiante este projeto, que consumiu dois anos da minha vida, nas idas e vindas de infindáveis leituras, numa atitude performática, às vezes, não muito pragmática, mas que ao término deste período me fez feliz por ter tornado útil esse tempo e também sentir como se fosse uma missão cumprida. Agradecer, também, ao meu filho, Alexandre, pelo apoio. Infelizmente, não mais entre nós.

Nelson Pereira da Costa

Sumário

CAPÍTULO 1 - PLANEJAMENTO 1

CAPÍTULO 2 - DIREÇÃO 67

CAPÍTULO 3 - CONTROLE 103

CAPÍTULO 4 - COMANDO 121

CAPÍTULO 5 - ORGANIZAÇÃO 133

CAPÍTULO 6 - DELEGAÇÃO 155

CAPÍTULO 7 - COOORDENAÇÃO 161

CAPÍTULO 8 - ESTRUTURAÇÃO 167

CAPÍTULO 9 - PESQUISA 211

CAPÍTULO 10 - COMUNICAÇÃO 237

CAPÍTULO 17 - DESENVOLVIMENTO 401

CAPÍTULO 18 - SOLUÇÃO 413

CAPÍTULO 19 - PREVISÃO 423

CAPÍTULO 20 - NEGOCIAÇÃO 435

CAPÍTULO 21 - PADRONIZAÇÃO 447

Introdução

O momento por demais turbulento, que se vive, tem levado muitas organizações a se concentrarem no presente, deixando de construir o futuro. São tantas as questões imediatas e tão incertas as condições, que não é estranho que prevaleça a orientação dos esforços para a simples sobrevivência das organizações. Infelizmente, no entanto, essa orientação se mostra estrategicamente equivocada. Sendo verdade que não haverá futuro para quem não assegure o presente, também é verdade que o futuro apenas existirá para as organizações que o construam agora.

A Administração é fator chave neste momento. A ordem de reduzir e cortar tão característica dos esforços de sobrevivência, no hoje, frequentemente cobra um alto preço em termos futuros. Quem desenvolveu uma equipe gerencial sabe o que custa. Além disso, o que garantirá à empresa uma real capacidade de ajustar-se ao hoje e desenvolver o futuro senão gerentes capazes? Que posição assumir em relação a esta questão? Qual o desafio estratégico a enfrentar hoje sem prejuízo do amanhã?

Portanto, é necessário que a classe empresarial destine parte do seu tempo a fixar estratégias de sobrevivência para seus negócios, mercados e produtos, e não apenas para a manutenção de suas riquezas, pressionando os governantes para uma sociedade mais "justa".

Os sucessores de nossas empresas não serão herdeiros de alguma fortuna para ser queimada em festinhas sociais. Saberão compatibilizar a riqueza com o seu verdadeiro papel de empreendedor, no sentido mais amplo da palavra.

Os problemas e soluções de uma empresa costumam mudar de forma marcante, à medida que o número de empregados e o volume de vendas aumenta ou diminui. Assim, o tempo não é o único fator determinante da estrutura empresarial. Na verdade, as empresas que não se expandem em tamanho podem manter muitos de seus aspectos e métodos empresariais intactos durante longos períodos.

Além disso, crescem também os problemas de comando, coordenação e comunicação, surgem novas funções, multiplicam-se os níveis hierárquicos e os cargos, à medida que a empresa aumenta de tamanho.

Os métodos administrativos tradicionais, que eram adequados a uma empresa de pequeno porte e com menos tempo de existência, são colocados sob observação atenta por parte de diretores frustrados e administradores desiludidos. Durante tais períodos de crise, inúmeras empresas vão à falência. Incapazes que são de abandonar métodos antigos e adotar modificações estruturais, elas ou fecham as portas ou param de se expandir e morrem.

O conhecimento de métodos, de técnicas e da racionalização de recursos faz a vida ter maior suavidade, porque você não será pego no contrapé. Estas ferramentas capacitam o indivíduo a ter novas ideias, criar leis, princípios, teorias e abstrações. Também a habilidade analítica da pessoa a credencia a adquirir mais realismo, profundidade e criatividade na solução de problemas.

Vai daí, menor tempo e esforço. Só quem possui conhecimento tem o poder de análise, isto é, decompõe problemas, identifica as variáveis básicas, estabelece relações de causa e efeito e cruza informações na busca de novos caminhos, objetivos, prioridades e alternativas.

Aproveitar as experiências do passado, tanto os erros quanto os acertos, para viver o presente e planejar o futuro constitui os ingredientes básicos de uma vida de plenitude, de crescimento pessoal e profissional e de autorrealização. Daí, a necessidade de o administrador conhecer as funções administrativas e como elas são processadas e aplicadas à gestão de um negócio.

Os recursos de uma empresa serão mais bem administrados se o gerente tiver pleno conhecimento do que seja planejar, dirigir, controlar, comandar, organizar, delegar, coordenar, decidir avaliar, analisar, pesquisar, comunicar, negociar, prever, por exemplo.

Um dos propósitos deste livro é dar ao leitor suficiente informação sobre as muitas dimensões da administração e também a motivação para continuar aprendendo, porque uma coisa é certa: os administradores de amanhã terão de incluir em seu trabalho, e também na sua vida, um aprendizado constante.

Mesmo os administradores mais atualizados de hoje ficarão obsoletos dentro de poucos anos, a não ser que continuem a fazer melhor aquilo que já sabem fazer bem e aprendem a realizar coisas novas.

A administração de empresas, em todas as suas decisões e ações, deve sempre colocar o desempenho econômico em primeiro lugar. Ela somente poderá justificar sua existência e autoridade pelos resultados econômicos que produzir. Ela terá falhado se não for bem-sucedida na produção de resultados lucrativos. Terá falhado se não produzir os bens e serviços que o consumidor deseja pelo preço que ele está disposto a pagar. Terá falhado se não aumentar ou, pelo menos, não mantiver a capacidade de produção de riquezas dos recursos confiados a ela.

Qualquer um que se propõe a usar efetivamente o tempo na solução de problemas terá de conhecer as funções administrativas. Tais funções são exercidas por pessoas que trabalham os recursos organizacionais para atingir objetivos predeterminados. Mas como elas exercerão estas funções ficará por conta da ação administrativa que, por sua vez se fará por conta de métodos, princípios, teorias, técnicas, modelos e recursos. A ação administrativa, para ser efetiva, envolverá as funções administrativas, sob a forma de um processo.

Em geral, os livros de administração não tratam as funções administrativas com o devido respeito, talvez porque acreditem que tudo se resume à função planejamento. O que obviamente, não é verdade, pois muitas funções administrativas estão interligadas e dependentes umas das outras. Como planejar sem antes fazer uma pesquisa, análise e avaliação? Difícil admitir.

Este livro mostrará que sem o conhecimento das funções administrativas é muito difícil que uma pessoa possa ter qualidade naquilo que faz. Também não administrará seu tempo com maestria e muito menos conseguirá se comunicar adequadamente. Enfim, fará tudo na base do empirismo, isto é, prática e experimentação sem conhecimento da teoria.

Capítulo 1
PLANEJAMENTO

"Vivemos mais dos sonhos do futuro do que dos planos do passado."

Thomas Jefferson

OBJETIVOS DO CAPÍTULO

- Mostrar a importância de se ter um planejamento como instrumento de trabalho.
- Mostrar os principais tipos de planejamento.
- Mostrar os elementos básicos de um plano.
- Apresentar uma tipologia para objetivos.

1.1 PLANEJAMENTO

Planejamento é uma função administrativa que capacita a empresa a decidir qual é o melhor uso de seus recursos para atingir objetivos propostos. Se os recursos empresariais são insuficientes, cabe ao administrador planejar e apontar as necessidades. É a primeira e a mais importante função administrativa por ser ela a base para as demais funções.

Nenhuma organização sobrevive no mundo atual a menos que planeje o futuro. Aquele que gerencia por palpite, intuição, sentimento ou experiência é um oportunista. O sucesso advém menos da inspiração do que do cuidadoso planejamento da criação de oportunidades.

Objetivo do planejamento visa ajudar a definir metas realizáveis, com prazos factíveis, por meio do conhecimento dos pontos fortes e fracos da organização.

No planejamento, o gerente deve se preocupar com projetos de produtos, processos de produção, seleção de equipamentos, sistemas de informação, programas de treinamento, decisão sobre novas tecnologias, materiais, localização da fábrica, arranjos físicos, sistemas operacionais, políticas de fabricação.

O planejamento disciplina a pessoa a colocar suas ideias, recursos, métodos e decisões de uma maneira lógica, racional e inteligente, levando a mesma a não perder tempo e a minimizar problemas futuros. É interessante notar que nenhuma organização sobrevive no mundo atual a menos que planeje o futuro.

O processo de planejamento envolve uma análise completa das potencialidades, oportunidades, fragilidades e limitações, no que diz respeito a: ambiente, recurso, objetivo, produto, processo, mercado, público-alvo. O planejamento não diz respeito a decisões futuras, mas às implicações futuras de decisões presentes.

Não há nenhuma maneira universalmente correta de elaborar um planejamento. Cada um tem o seu esquema favorito para implementar o planejamento, reconhecendo que o processo de redigir o plano é que é fundamental. Mas o planejador também sabe que uma uniformidade no feitio de qualquer plano torna tal processo mais fácil, para todos os envolvidos, seja o autor, o revisor ou o analista. No planejamento o leitor deve:

- Definir objetivos.
- Preparar programas, estratégias, políticas, estruturas, procedimentos e planos.
- Desenvolver sistemas de informação e comunicação.
- Adotar padrões de qualidade.
- Dimensionar recursos para que as demais funções administrativas sejam exercidas com efetividade.

É fácil estar ocupado, difícil é ser eficaz. Uma crítica a respeito do planejamento está em função da sua sistemática e inflexibilidade, não permitindo liberdade para as inovações e soluções de contingência. Mas, enganam-se os que assim pensam, porque, hoje, a flexibilidade é a ferramenta mais utilizada no planejamento. Um grande número de indivíduos resiste à ideia de planejar sua vida e seu tempo.

Como dizia Sêneca: "Não há vento favorável para quem não sabe para onde quer ir". As pessoas que usam o seu tempo apenas para atividades, sem pensar nos objetivos que pretendem alcançar, estarão, provavelmente, desperdiçando boa parte dele.

Bons administradores precisam saber o que lhes aguarda na próxima semana, no próximo mês, até mesmo no próximo ano.

Planejar significa determinar: o que precisa ser feito e que se espera; por quem e quando cumprir atribuições; como, quanto e quando assumir responsabilidades.

Planejar uma empresa ou qualquer negócio é muitas vezes negligenciado por pessoas, porque acreditam que não adianta planejar, pois a sorte é quem manda. Planejar é traçar uma rota que poderá ser reformulada e ajustada para se alcançar determinado (s) resultado (s).

1.2 PLANEJADOR

Planejador é a pessoa que faz o planejamento. O planejador deve levar em conta: princípios, premissas, considerações, requisitos e características, por exemplo. Tais elementos serão abordados mais adiante.

Planejador que tem um plano lógico consegue obter capital para sua implementação. Não esquecer que planejar, em curtíssimo prazo, pode conduzir a resultados insatisfatórios. Assim, desde o início, terá de levar em conta os seguintes elementos:

Princípios do Planejador:

- Trabalhar com padrões de desempenho, mesmo que estes venham a ser mudados ou corrigidos
- Entender que toda e qualquer modificação ameaça alguém.
- Idealizar um futuro de longo prazo.
- Não confundir previsão, programa, projeção, plano, resolução de problema e predição com planejamento.
- Não esquecer que o mais glorioso esforço de planejamento pode fracassar.
- Participar do processo de planejamento muito mais que de sua edição e leitura.
- Ter os pés no chão, sabendo distinguir o ideal do sonho e o ótimo do possível.
- Administrar conflitos para fazer as correções necessárias.
- Pressupor um processo decisório que ocorrerá antes, durante e depois do planejamento.
- Não esquecer o futuro e quais são as tarefas prioritárias.
- Não se valer da memória, pondo as tarefas a realizar no papel.

- Estar preparado para enfrentar surpresas desagradáveis.
- Utilizar a agenda de trabalho com racionalidade.
- Prever folgas para interrupções nas suas tarefas.
- Fazer um estudo analítico do que deu errado no planejamento.
- Criar procedimentos, políticas, e modelos para agir em casos semelhantes.
- Evitar acúmulo de trabalho, delegando.
- Acreditar na metodologia utilizada e só alterar quando sentir que fracassará.
- Dar crédito ao planejamento, porque você ficará perdido sem ele.
- Conhecer a situação antes de planejar.

Considerações sobre Planejador:

- Saber ser um bom político.
- Trabalhar com estimativas menos imprecisas possíveis.
- Considerar o horizonte temporal do planejamento (objetivos de curto e longo prazos).
- Integrar ambiente, empresa, estratégia, estrutura, recursos, mercados, produtos e consumidores.
- Ter crédito junto à equipe, quanto aos modelos e ferramentas que irá adotar.
- Ter a máxima certeza (o menor risco) da decisão que irá tomar.
- Avaliar as causas de resultados insatisfatórios.
- Visualizar amplitude, abrangência e limites do planejamento.
- Saber liderar a equipe.
- Possuir certa dose de pessimismo.
- Não esquecer que os outros membros da equipe também pensam.

Características do Planejador:

- Ter capacidade de reflexão, criatividade, inovação e realização.
- Usar de intuição, inteligência e racionalidade.
- Possuir habilidade de relacionamento.
- Ter experiência, perseverança e objetividade.
- Saber exercer autoridade com responsabilidade e democracia.
- Buscar, na equipe, cooperação.
- Saber coordenar, persuadir e comunicar.
- Levar em consideração as características mutuamente excludentes do planejamento, tais como:

Complexidade vs simplicidade; qualidade vs quantidade; preço vs valor; formal vs informal; estratégia vs tática; confidencial vs público; global vs setorial; curto prazo vs longo prazo.

1.3 FACILITADORES DO PLANEJAMENTO

A seguir, os mais importantes facilitadores do planejamento:

Atividade Intelectual – Atividade intelectual fará com que o ser humano leve mais tempo para perder a memória de fatos, fenômenos, acontecimentos e, principalmente, conhecimento.

Aprendizagem – Aprendizagem está intimamente ligada à percepção, podemos dizer que ela se processa, em função das mudanças comportamentais que resultam de nossas experiências, novos conhecimentos, habilidades, capacitações e práticas.

Criatividade – Criatividade pressupõe um poder de alterar o ambiente corporativo para melhor. Quando se restringe ao patamar técnico e à inventividade do dia a dia, não encontra obstáculos, sendo praticada e estimulada o tempo todo.

Conhecimento – Conhecimento está sempre incorporado a uma pessoa, é levado por ela, criado, aumentado e aprimorado.

Definição – Definição é algo com pretensões, mais profundas, não apenas estabelecer o que é em função da pergunta, mas envolve uma visão de referência da indicação do objeto que se pretende definir, envolvendo também uma operacionalidade.

Disciplina – Disciplina é um processo ou forma de pensar que ajuda o ser humano a desenvolver autocontrole, tornando-se alguém mais efetivo. A disciplina, em geral, é vista de forma pejorativa e está associada a recompensas e punições (sanções).

Especialização – Especialização absorve a inteligência e a capacidade das pessoas, levando-as a graves distorções pela impossibilidade de perceber os efeitos colaterais de uma ação setorial.

Educação – Educação é toda influência que o ser humano recebe do ambiente social, durante toda a sua existência, no sentido de adaptar-se às normas e valores vigentes e aceitos. Seja qual for a sua forma, a educação tem que se tornar rotina.

Experiência – Experiência ajuda a não se cometer os mesmos erros.

Estudo – Estudo ajuda na solução de um problema, porque adianta uma descrição analítica de um fenômeno, fato, evento, situação, por exemplo.

Fato – Fato é um acontecimento passível de ser observado empiricamente, sendo expresso por meio de uma afirmativa, que tem validade geral e que não pode ser contrariada.

Fenômeno – Fenômeno **é o**bservação percebida pelos sentidos, ou pela consciência. Geralmente, é raro e surpreendente, cujo aparecimento contrasta com a realidade do observador.

Habilidade Cognitiva – Habilidade cognitiva se traduz na capacidade de reflexão crítica a respeito dos problemas que o gestor procura interpretar e descobrir as suas causas e seus efeitos.

Habilidade Analítica – Habilidade analítica consiste em saber a utilidade e a potencialidade das técnicas administrativas, isto é, adquirir mais realismo, profundidade e criatividade na solução de problemas. Aprender a decompor, identificar variáveis fundamentais, estabelecer relações de causa e efeito, buscar novos caminhos, objetivos, prioridades e alternativas é a base da análise.

Habilidade de Negociação – Habilidade de negociação consiste na capacidade de ser aquele que encontra meios para alterar ou dirigir o comportamento da outra parte. Para tal, será preciso persuadir, interessar, motivar, dissuadir, atemorizar e olhar nos olhos do outro.

Ideia – Ideia também chamada de noção, ou conceito, é a simples representação intelectual de um objeto, porque se constitui num ato cognitivo. Não se confunde com a imagem que é a representação apenas sensível do objeto. A expressão verbal do conceito é o termo. Este se distingue também da ideia.

Intuição – Intuição é vista como um "impulso" para a ação onde não há raciocínio lógico. A razão é desconhecida. A verdade é que muitas pessoas resolvem problemas na base da intuição.

Inovação – Inovação não se limita ao produto, ela pode ser considerada como a capacidade de receber, idealizar, estruturar e operacionalizar situações novas. Pode-se inovar tudo, desde: os processos de manufatura à relação com o mercado e com os consumidores.

Instrução – Instrução está sempre incorporada em uma pessoa (física ou jurídica) alicerçada no conhecimento. Em todas as sociedades anteriores, a pessoa instruída era um ornamento.

Juízo – Juízo é considerado um ato pelo qual o raciocínio afirma ou nega alguma coisa em função de outra. É a operação fundamental do pensamento reflexivo, sendo que a expressão verbal do juízo é o raciocínio.

Leitura – Leitura consiste na habilidade de aprender a conhecer o mundo e suas manifestações. Para que se possa tomar conhecimento e usufruir riqueza histórica construída e transmitida pelos homens é fundamental a prática da leitura.

Lógica – Lógica se apresenta como ciência normativa, uma vez que o seu objetivo não é definir o que é, mas o que deve ser as normas do pensamento correto. É a ciência das leis ideais do pensamento e da arte de aplicá-las à pesquisa e à demonstração da verdade.

Observação – Observação é um método amplamente utilizado pelo homem desde as mais remotas eras. Este método ligado ao senso comum, geralmente, não é estruturado nem planejado.

Objetividade – Objetividade é a capacidade que têm certas pessoas de não se perderem em meandros e ir ao âmago do assunto, de maneira concisa.

Opinião – Opinião é a afirmação de qualquer coisa apoiada em razões pessoais. É um modo de ver que não se baseia, muitas vezes, na fundamentação certa.

Percepção – Percepção humana pode ser detectada pelos sentidos. Ela implica integração, organização, seleção e interpretação dos fenômenos puramente sensoriais. O processo de aprendizagem desempenha importante papel na percepção.

Pesquisa – Pesquisa é um procedimento, geralmente formal, que requer um tratamento científico, permitindo descobrir novos caminhos na busca de verdades, em qualquer campo do conhecimento. Devido ao desenvolvimento científico e tecnológico a pesquisa tornou-se uma atividade inerente à vida hodierna.

Princípio – Princípio é uma verdade fundamental, genérica, que serve de base às normas (regras). Princípios são, portanto, regras básicas para o trabalho e conduta do administrador. Princípios são verdades fundamentais, ou que se crê serem verdades, num determinado tempo, que explicam as relações entre variáveis.

Questionário – Questionário é um método comum para se coletar dados, porque utiliza uma técnica flexível que não é necessariamente tão dispendiosa.

Recurso – Recurso é meio auxiliar que permite a pessoa ou a organização atingir objetivos. A empresa para se tornar produtiva dependerá de recursos. Os recursos podem ser físicos, materiais, humanos, financeiros, administrativos, tecnológicos, sistêmicos de informação e de comunicação, mercadológicos, administrativos, intelectuais.

Raciocínio – Raciocínio é a operação pela qual o indivíduo de uma relação, ou de várias relações conhecidas, extrai uma outra.

Reflexão – Reflexão é a capacidade crítica a respeito dos problemas que o empreendedor procura interpretar e descobrir as suas causas e efeitos.

Racionalidade – Racionalidade se fundamenta na ideia de que uma organização existe e se justifica para atingir objetivos, metas, propósitos e desafios.

Senso Comum – Senso comum, muitas vezes confundido com bom senso, é uma característica inata ou adquirida na vida profissional de um administrador. Entretanto, a complexidade dos sistemas organizacionais atuais ultrapassa em muito as habilidades aprendidas pelo senso comum e pela experiência, no dia a dia.

Senso Crítico – Senso crítico deve questionar sobre: melhores resultados, frequentes emergências, controles excessivos, objetivos, metas, arquivos de séries históricas (informações passadas), dificuldade de encontrar as pessoas certas, capacidade dos subordinados, conhecimento atualizado e falta de determinadas habilidades.

Sintoma – Sintoma é um desvio do comportamento de um sistema àquilo que se considera normal. Aplicando-se técnicas estatísticas, pode-se detectar o sintoma. Os sintomas são obtidos não apenas pela comparação do atual com o passado, como também pela comparação com sistemas semelhantes, por exemplo, o concorrente.

Teoria – Teoria é um conjunto de princípios que se constitui em instrumento científico apropriado na procura e, principalmente, na explicação dos fatos. Teoria é, pois, uma abstração conceitual da realidade que se pretende estudar. A teoria orienta os objetos de estudo, oferece um sistema de conceitos, resume o conhecimento, prevê fatos, indica lacunas do conhecimento.

Treinamento – Treinamento é o processo educacional, aplicado de maneira sistemática e organizada, por meio do qual as pessoas adquirem conhecimentos, atitudes, deveres, responsabilidades, altos padrões de desempenho e habilidades, em função de objetivos definidos. O treinamento tem por finalidade ajudar os empregados a alcançar os objetivos da empresa, proporcionando oportunidades para que todos, em todos os níveis, obtenham conhecimentos, práticas e condutas requeridos em suas atividades.

Visão – Visão identifica os limites que os principais responsáveis pela empresa conseguem enxergar dentro de um período de tempo mais longo e uma abordagem mais ampla. O homem, dentro de suas limitações, decorrente da incapacidade de analisar e equacionar os fenômenos complexos, naturais ou artificiais, precisa isolar os elementos componentes para melhor entendê-los, analisando sua estrutura e conhecendo suas características, como recomenda a metodologia do cartesianismo, o que conduziu à especialização e a consequente perda de visão global.

1.4 ELEMENTOS DO PLANEJAMENTO

Os principais elementos do planejamento são:

Metodologia do Planejamento:

A metodologia do planejamento é de extrema importância, porque servirá de guia para o desenvolvimento de um planejamento adequado. Tal metodologia não deve ser abandonada de imediato se algo não for certo. É preciso ter a inteligência de mudar, caso esteja fora de ordem para a sua abordagem, pois uma etapa só é iniciada após a conclusão da anterior.

As etapas básicas de uma metodologia para elaboração de um planejamento são:

- Analise o ambiental (ler cenário), identificando oportunidades e ameaças.
- Defina a missão da empresa (finalidade do negócio).
- Faça um diagnóstico estratégico (definir problemas de responsabilidade da empresa).
- Determine os objetivos básicos (um a três) e complementares (dois a quatro).
- Determine quais recursos serão necessários, bem como as informações.
- Formule as alternativas e modelos, pela análise do fluxo de decisões.
- Estude a relação custo/qualidade/preço/lucro, escolhendo a estratégia do negócio.
- Estude as vantagens, desvantagens, pontos fortes e pontos fracos.
- Desenvolva planos estratégicos, táticos e operacionais.
- Monte a estrutura organizacional e sistemas de informação e de comunicação.
- Defina os instrumentos prescritivos, quantitativos e qualitativos.
- Defina os padrões de desempenho compatíveis com os objetivos.
- Estabeleça os meios para controle, avaliação e feedback.
- Implemente o planejamento (plano), corrigindo desvios.

Estilo de Planejamento:

- Planejamento de cima para baixo, assim chamado, porque a alta administração determina os objetivos e planos para todos os níveis inferiores da empresa.
- Planejamento de baixo para cima, assim chamado porque os vários departamentos da empresa preparam seus próprios objetivos e planos, baseados no que melhor pensam e podem fazer.
- Planejamento dos objetivos para baixo e planos para cima, sendo o mais utilizado pelas empresas.

1.5 TIPOS DE PLANEJAMENTO

A seguir, os principais tipos de planejamento:

Planejamento Administrativo: Planejamento que é, necessariamente, baseado em previsões e estimativas de receitas futuras. Portanto, é, às vezes, necessário raciocinar em termos de probabilidade ou risco calculado.

Planejamento da Franquia: Planejamento entre franqueado e franqueador que leva em conta: mercado, conhecimento, consumidor, custo, operação e lucro.

Planejamento da Mudança: Planejamento da transição ou passagem de uma situação (estado) para outra diferente. A mudança passa a ser sempre mais valorizada, a estabilidade passa a ser vista como suspeita, e se procura imaginar novos tipos de estabilidade que atendam às necessidades de mudança. A mudança pode ser realizada por técnicas de indução e liderança ou pelo carisma próprio do gerente.

Planejamento da Pesquisa: Planejamento que compreende a definição dos objetivos da pesquisa e de toda sua operacionalização, tais como: determinação das fontes de dados, escolha dos métodos, da definição dos procedimentos, da elaboração do plano de processamento e análise, da definição dos recursos necessários, da estrutura da equipe, do estabelecimento de um cronograma.

Planejamento da Produção: Planejamento voltado para processos, custos, qualidade, produtividade, instalações e tecnologia de produção. No planejamento da produção a empresa deve: definir e dimensionar objetivos; preparar programas, estratégias, políticas, estruturas, procedimentos e planos; desenvolver sistemas de informação e de comunicação; adotar padrões de qualidade; dimensionar recursos para que as demais funções administrativas sejam exercidas com efetividade; preocupar-se com projetos, processos, produtos; selecionar máquinas e equipamentos; programar treinamento; decidir sobre tecnologias, materiais, localizações, arranjos físicos; identificar possíveis alternativas de produção.

Planejamento da Qualidade: Planejamento que desenvolve instrumentos de treinamento para responsabilidades, processos, metodologias, estruturas, desvios, acidentes e avaliações, por exemplo. Historicamente o planejamento da qualidade era feito por pessoas cuja responsabilidade se estendia a examinar folgas e tolerâncias, desvios de custo e segurança das máquinas para evitar acidentes.

Hoje, o planejamento da qualidade desenvolve instrumentos de treinamento para responsabilidades, processos, metodologias, estruturas, desvios, acidentes e avaliações, por exemplo.

Planejamento da Reunião: Planejamento voltado a buscar a eficácia da reunião. Reuniões fazem parte da vida organizacional e, portanto, devemos aceitá-las. E quando uma reunião for coordenada por você, será preciso planejá-la. Reuniões fazem parte da vida organizacional e, portanto, devemos aceitá-las. Eis algumas sugestões para você pensar antes de convocar uma reunião:

- Não convoque uma reunião se o assunto puder ser resolvido de outra forma.
- Explique o motivo do encontro a todos que vão participar.
- Convide apenas as pessoas necessárias à reunião.
- Cancele a reunião se desaparecer o motivo de sua realização.
- Questione a relevância do encontro e se, realmente, os participantes têm as informações significativas que justifique o evento.

Planejamento de Curto Prazo: Planejamento para um período de um ano.

Planejamento de Custo: Planejamento voltado para encontrar elementos que minimizem o custo de um produto.

Planejamento de Longo Prazo: Planejamento que visa avaliar as tendências econômicas e de negócios para o futuro.

Planejamento de Marketing: Planejamento voltado a criar, manter e satisfazer o cliente consumidor. Planejamento de marketing implica idealizar meios para conseguir atrair e manter consumidores para os bens e serviços que a empresa produz. Ele precisa estar integrado ao planejamento global da empresa.

Quando do planejamento de marketing é preciso levar em consideração fatores específicos que afetam o ambiente de vendas que envolve a empresa, pois ajudam a diagnosticar como o mercado se mantém em equilíbrio, através do estudo das preferências dos consumidores, das políticas governamentais, do comportamento da concorrência, das mudanças tecnológicas, das leis restritivas, dos canais de distribuição e da escassez de recursos.

Planejamento de Recursos: Planejamento voltado a desenvolver e conseguir recursos físicos, financeiros, materiais, tecnológicos, administrativos, humanos e mercadológicos para atingir os objetivos propostos.

Planejamento de Rede: Planejamento onde as atividades a serem realizadas são desenhadas através de uma rede de símbolos e figuras. Estes desenhos atuam mais como uma ferramenta do que como um planejamento.

Planejamento de Vendas: Planejamento que responde basicamente às seguintes perguntas: O que, a quem, quanto, quando, como, por que, a que preço vender?

Planejamento Diário – Planejamento sobre sua organização pessoal. A fórmula para um efetivo plano de metas é trabalhar nelas todos os dias. O planejamento diário e a organização de metas vão ajudar a eliminar as perdas de tempo. Ao organizar a lista do que fazer considere o seguinte:

- Evite colocar uma quantidade de itens além da sua capacidade de trabalho.
- Certifique-se de reservar pelo menos três horas, a cada semana de trabalho, para exercícios físicos.
- Determine o início e o fim da atividade a ser analisada.
- Registre os passos do trabalho no próprio local em que ele é feito.
- Solicite ajuda de todos os interessados no trabalho a ser realizado; use símbolos para facilitar a análise.
- Faça, sempre que possível, um fluxograma, gráfico, diagrama, algoritmo, planilha.

Planejamento do Atendimento: Planejamento que deve conter uma metodologia que possibilite uma boa atuação junto ao cliente.

Planejamento do Caixa: Planejamento que envolve todos os elementos do controle e a projeção do fluxo do dinheiro que circula na empresa.

Planejamento do Negócio: Planejamento que o empreendedor se candidata a um financiamento.

Planejamento do Plano: Planejamento onde se processa o detalhamento do plano. O planejamento do plano nada mais é do que um conjunto de etapas preparatórias para viabilizar um plano. Este planejamento será visto quando do estudo do plano.

Planejamento do Produto: Planejamento que é o conjunto de esforços voltados a criar, desenvolver, viabilizar e lançar um produto. No planejamento do produto serão definidos todos os atributos que o mesmo deve ter, isto é, aquilo que será desenvolvido no projeto. Deve-se salientar que a qualidade não tem de ser, necessariamente, a melhor possível.

A função do planejamento do produto visa ter certo número de produtos, seguindo-se uns aos outros, numa mesma progressão, de maneira que, enquanto todo produto mais antigo perde suas vendas, outro novo inicia seu ciclo de vida. Portanto, devemos ter cuidado para distinguir entre um produto completamente novo e outro modelo ligeiramente alterado. O planejamento do produto deve ser feito considerando-se as seguintes fases:

- Seleção do Produto – A empresa deve observar a existência de produtos similares no mercado; aceitação do produto existente; condições de competição no mercado; consumidores potenciais; estimativa de consumo e demanda de mercado.
- Determinação das Quantidades a Produzir – A empresa deve considerar todos os problemas relacionados aos condicionamentos de quantidades a serem absorvidas pelo mercado, bem como a capacidade de atendimento, os fornecedores de recursos, a distribuição e a armazenagem.
- Determinação da Forma e Dimensões do Produto – A empresa deve ater-se aos gostos dos consumidores, bem como seu público-alvo, embalagem, modalidades de armazenamento e transporte.
- Fixação do Preço – A empresa deve considerar: preço de fabricação, preço concorrente, margem de lucro, tecnologia empregada, nível de qualidade.

Assim, ao projetarmos uma geladeira precisamos perguntar: Para quem o produto será dirigido? Por que um produto de altíssimo nível de qualidade é caro e só poderá ser comprado por pessoas de alto poder aquisitivo?

Planejamento do Recrutamento: Planejamento que determina as necessidades de recursos humanos da empresa, presentes e futuras. A pessoa encarregada do recrutamento deve conhecer a classificação de cargos e funções da empresa (quadro de pessoal). Se tal quadro não existir, as dificuldades aumentarão.

Planejamento do Treinamento – Planejamento que deverá trabalhar as seguintes questões: o que deve ser ensinado? (Conteúdo Programático); quem deve ser treinado? (Público-Alvo); quem vai treinar? (Instrutor); onde treinar? (Local); como treinar? (Métodos e Recursos); quando treinar? (Época e Horário); quanto treinar? (Duração e Intensidade); para que treinar? (Objetivos e Resultados); qual o custo? (Relação Custo/Benefício); quais pontos são críticos? (Avaliação e Controle).

Planejamento Empresarial: Planejamento que se baseia, em grande parte, em conhecimentos inéditos, oriundos de visões imaginativas a respeito de fenômenos sobre os quais inexistem dados, e que são estruturados em forma de cenários ou futuros alternativos.

Planejamento Estratégico: Planejamento em que os objetivos da organização são mudados em função do novo rumo que a empresa seguirá para se adequar às variações ambientais. Tal planejamento é de responsabilidade do nível mais alto da empresa. O planejamento estratégico é sempre de longo prazo.

O planejamento estratégico surgiu no momento em que as grandes organizações sentiram a necessidade de aperfeiçoar seus processos de planejamento e gerência e manter-se alerta para possíveis modificações futuras.

Segundo Paulo R. Motta, "o planejamento estratégico aparece numa época em que a visão predominante na Teoria Administrativa ainda era a de explorar ao máximo as dimensões racionais da gerência para dominar as ambiguidades que surgiam no ambiente". Essa visão valoriza o aperfeiçoamento de métodos racionais de ação administrativa para produzir maior eficiência na antecipação das mudanças.

O planejamento estratégico viria, assim, preencher a necessidade de se utilizar métodos mais racionais e analíticos na criação de futuros alternativos, inaugurando um novo campo na administração.

Planejamento Financeiro: Planejamento que envolve previsões do panorama econômico. Se houver uma expectativa do aumento do nível das atividades econômicas, isto pode significar que também crescerão nossas necessidades de ativo, bem como de fundos com os quais possamos financiar estas aquisições.

Uma vez que os juros sobre os fundos tomados por empréstimos constituem despesa dedutível para cálculo de impostos, os aumentos das alíquotas de imposto tornam mais desejável o capital de terceiros em relação a outros tipos de fundos, do ponto de vista do lucro.

Planejamento Industrial: Ver planejamento da produção.

Planejamento Integrado: Planejamento voltado a estudar e compatibilizar os interesses pessoais, profissionais, organizacionais e sociais, harmonizando e sincronizando os diferentes processos administrativos, no sentido da consecução dos objetivos previamente hierarquizados. Cada hora gasta no estabelecimento de preparação do trabalho equivale a uma economia de quatro a vinte horas na sua execução. Dependendo do trabalho, menos economia nos criativos e mais nos repetitivos.

Planejamento Operacional: Conjunto de tarefas, atividades e métodos que ajudam a empresa a funcionar.

Planejamento Organizacional: Planejamento relativo à estrutura organizacional da empresa, que, em função da complexidade, tem como principal desafio gerencial a manutenção da ordem em meio ao caos circundante.

Planejamento Tático: Planejamento que visa corrigir desvios de resultados não determinados pelo planejamento estratégico.

Planejamento Tradicional: Planejamento em que todas as informações pertinentes estejam disponíveis no início do processo. O planejamento tradicional pode ser de curto prazo.

Planejamento Tributário: Planejamento das apurações das contribuições por profissionais especializados, envolvendo o período dos últimos cinco anos, evitando penalidades por parte da Receita Federal.

Este planejamento serve para a recuperação de créditos, possibilitando a redução da carga tributária.

Planejamento Urbano – Devem-se conhecer previamente os planos e projetos de desenvolvimento, ou renovação urbana, que influenciarão o local. A criação, por exemplo, de uma rua de pedestres pode ser uma bênção para alguns e uma desgraça para outros.

Planejamento Viário – O desconhecimento do projeto de construção de um viaduto, ou um anel viário, da inversão de mão de tráfego, da implantação de vias expressas, ou corredores de ônibus, pode inviabilizar o negócio.

1.6 OBJETIVO

Objetivo é o alvo (situação, resultado) que se pretende atingir, dentro de certo espaço de tempo. Ele determina a direção e o sentido para onde se deve concentrar esforços e recursos de toda a sorte. Os objetivos indicam a missão precípua da organização, isto é, aquilo para a qual foi criada, e constituem uma fonte de legitimidade que justifica suas atividades e, na verdade, até sua existência. Também servem como padrões, através dos quais os membros de uma organização podem avaliá-la.

Se o objetivo é atingido, deixa de ser a imagem orientadora da organização e é assimilado por esta e pelo ambiente. Nas grandes empresas, os objetivos são frequentemente estabelecidos em intermináveis reuniões. Como é comum se fazer confusão entre objetivo, propósito, meta e desafio, a seguir os conceitos:

Propósito: Objetivo mais esclarecedor, geralmente de aspecto setorial e de finalidade bem específica.

Meta: Objetivo quantificado e/ou qualificado, sendo, em geral, de curto prazo com responsabilidades definidas. A ausência de metas conduz as pessoas da organização a uma atitude passiva (ou reativa). As metas ajudam a orientar, melhorar e motivar os recursos humanos.

Desafio: Objetivo perfeitamente quantificado e com prazo definido. Para realizar um desafio a organização terá de fazer um esforço extra, às vezes, com mudanças no seu comportamento, na estratégia e nos seus recursos.

Os objetivos são importantes porque identificam os primeiros passos do planejamento. Se estes são vagos e indefinidos, como planejar? Objetivos mal definidos levam a organização ao fracasso. Os objetivos, distintos dos simples desejos, são produtos de um pensamento específico e concreto. Eles comprometem as pessoas e as organizações quanto ao cumprimento de realizações verificáveis.

Em muitas empresas, se você pedir a alguns executivos que descrevam os seus principais objetivos, tem-se um número elevado de respostas confusas e conflitantes que podem criar uma série de problemas para a organização, como o desperdício de: dinheiro, horas de trabalho e recursos. Eles são a base para as principais atividades, isto é, são as fundações onde se assentam a estrutura da organização.

A falta de objetivos, um que seja, é como um barco sem rumo. Os objetivos esclarecerão o que realmente queremos alcançar e, ao mesmo tempo, oferecer um sentido para viver e utilizar o tempo. São poucas as pessoas que definem seus objetivos de vida, e quando os definem, não são claros. Parece ser mais fácil dizer o que não se quer.

Novos objetivos ajudam a esquecer os fracassos passados. Daí a importância de se estabelecer metas e desafios para a vida, pois isso nos ajudará a descobrir e esclarecer o que realmente queremos alcançar e, ao mesmo tempo, oferecer um sentido para viver.

É comum o ser humano ter dificuldade de traçar seus objetivos, propósitos, metas e desafios, achando que tudo isto é uma bobagem, pois a vida é cheia de acasos. Outras pessoas têm crenças e superstições que não ousam confessar. Na realidade, um grande número de indivíduos não tem o hábito de pensar no futuro, preferindo acreditar que este é determinado pelo destino.

Não é suficiente definir objetivos, mas também os recursos e as ações necessárias para alcançá-los. Deve-se também definir as prioridades desses elementos, com clareza, sem ambiguidade. Se várias tarefas são passadas aos nossos subordinados ou recebemos várias incumbências de nossos chefes, devemos sempre questionar: Até que ponto cada uma dessas tarefas contribui para os meus próprios objetivos?

Além do que já foi dito, é interessante observar que os objetivos são importantes, tendo em vista que:

- Fornecem às pessoas elementos necessários e suficientes para que exerçam seus respectivos papéis.
- Permitem o trabalho em equipe e eliminam as tendências egocêntricas de grupos existentes na organização.
- Servem como referências para avaliar decisões estratégicas, táticas, planos e políticas.
- Estimulam o empenho das pessoas para resultados melhores.
- Ajudam à utilização e otimização de recursos próprios.

A importância dos objetivos é de tal ordem que Peter Drucker desenvolveu um estilo de administração chamado "*Administração por Objetivos*".

1.7 ELEMENTOS DOS OBJETIVOS

Muitos são os elementos dos objetivos, tais como:

Aceitação – O objetivo para ser aceito precisa ser viável, motivador, simples e comunicado.

Verificação – Todo e qualquer objetivo terá de fornecer meios para ser verificado, através de sistemas de controle e avaliação de desempenho.

Intenção – Um objetivo pode, quanto a sua intenção, ser real ou proclamado. Objetivos reais são aqueles para os quais se dirige a maioria dos recursos da organização. Objetivos proclamados são aqueles tornados públicos, os "oficiais", que nem sempre são os reais.

Importância – Toda empresa necessita determinar claramente seus objetivos, como base de seu planejamento. É perfeitamente evidente, por exemplo, que uma companhia de aviação deve decidir se seu objetivo primário é transportar pessoas ou carga, antes mesmo de definir os recursos necessários e suas estratégias de operação. Os objetivos são importantes, porque ajudam a unificar o pensamento dos envolvidos; têm o poder de estimular a ação; permitem uma posterior comparação entre o desejado e o obtido.

Ciclo de Vida – Um objetivo, assim como produto e organização, possui um ciclo de vida caracterizado pelas seguintes etapas: definição, decisão de implantação, comunicação, manutenção e descontinuidade.

Hierarquia – Os objetivos atendem a uma hierarquia, baseada na prioridade de execução. Um objetivo pode depender de outro para ser alcançado. É muito comum o administrador começar pelos objetivos mais amplos e abrangentes para depois atender objetivos mais restritos. Os objetivos institucionais têm prioridade.

Rede – Os objetivos da organização se espalham em rede, porque implicam objetivos para departamentos, divisões, seções e cargos.

Congruência – Os objetivos devem ser congruentes com a realidade da organização e não com sonhos inalcançáveis.

Clareza – Os objetivos devem ser consistentes, claros, específicos e concisos.

Comunicação – Os objetivos devem ser comunicados a todos os interessados diretamente. Hoje, os objetivos da organização são de conhecimento geral.

Motivação – Os objetivos devem ser definidos, buscando a motivação dos funcionários da organização.

Utilidade – Os objetivos devem deixar claro quem irá se beneficiar ou lucrar com a sua consecução.

Operacionalidade – Um objetivo, para ser atingido, precisa ter meios operacionais. Quando um objetivo é proposto numa organização, a mesma precisa saber se possui recursos para tal.

Custo – Um objetivo com custo muito elevado para a organização deve ser repensado.

Mudança – Um objetivo pode ser mudado se foi sub ou superdimensionado.

Justiça Social – O objetivo de uma organização do tipo empresa não deve ser apenas o lucro. O caráter social precisa ser levado em consideração, desde que a mesma não tenha prejuízo.

Grau de Dificuldade – Um objetivo que possa ser alcançado com um mínimo de esforço não é motivador. Contudo, um que seja difícil de alcançar, a ponto de se tornar irrealista, também não é motivador. Se determinado objetivo parece realmente inatingível, é necessário dimensionar o grau de dificuldade, antes de prosseguir.

Área do Objetivo – É evidente que alguns objetivos podem apresentar tensão e instabilidade em determinadas áreas da empresa.

Alcance do Objetivo – Para qual intervalo de tempo devem os objetivos ser estabelecidos? A qual ponto do futuro devemos fixar nossas metas? A natureza do negócio certamente é significativa. Montar uma organização de comercialização poderá levar no mínimo cinco anos. As inovações realizadas hoje, provavelmente, não afetarão de imediato os resultados de vendas e os lucros do exercício presente. Por outro lado, dirigentes tarimbados em vendas acreditam que uma campanha promocional de vendas deve mostrar resultados em menos de um mês.

Mas, poucas administrações percebem quantos são os gastos, consciente ou inconscientemente, baseados numa avaliação das necessidades a curto prazo contra as necessidades a longo prazo, e que ambas afetam de maneira vital a empresa.

Imagem – Um objetivo é uma situação desejada e a organização pode não ser capaz de criar uma imagem positiva do objetivo, para que o mesmo seja aceito por todos. Quando um objetivo é atingido, passa a não ter mais o valor de antes. Assim, entendemos que um objetivo é um estado que desejamos e não um estado que possuímos. Cenários futuros, encarados como imagem, tem uma força sociológica muito grande, mas são perigosos de lidar.

Substituição de Objetivos – As organizações são instrumentos criados para a consecução de objetivos específicos. Todavia, existem grupos dentro da organização que estão mais preocupados em construir a organização para seu benefício e não para a missão para a qual foi criada. Esses grupos de interesses, às vezes escusos, utilizam a organização para levantar fundos, obter vantagens e isenções de tributos e outras benesses para objetivos pessoais. Portanto, relutam em substituir os bons objetivos.

Modelo – Quando utilizamos um modelo somos capazes de verificar uma deformação de análise, que não é tão visível assim. Uma preocupação excessiva com o compromisso de um objetivo pode provocar distorções de relevância. Um banco, por exemplo, pode concentrar toda a sua atenção em ganhar dinheiro e ignorar a qualidade de vida de seus funcionários. Tal fato, geralmente, leva à corrupção dos funcionários.

1.8 ESTABELECIMENTO DE OBJETIVOS

Os objetivos de uma organização (empresa) são estabelecidos, principalmente, em função da missão e da visão estratégica que têm os seus dirigentes. Objetivos podem ser formulados, em termos amplos e abstratos, como, por exemplo, aumentar a participação no mercado consumidor, aumentar a produção com os mesmos recursos disponíveis, diminuir custos operacionais, manter os custos financeiros e elevar o índice de liquidez da empresa.

Aquele que for encarregado do estabelecimento de objetivos deve ter: objetividade, flexibilidade e senso comum. O senso comum, muitas vezes confundido, erradamente, como bom senso, é uma característica inata ou adquirida na vida profissional e pessoal. Entretanto, a complexidade dos sistemas organizacionais atuais ultrapassa, em muito, as habilidades aprendidas pelo senso comum e pela experiência, no dia a dia.

É necessário que o administrador tenha habilidades que o qualifiquem a enfrentar ameaças cada vez mais adversas. O estabelecimento de objetivos deve ser pautado pelos seguintes princípios:

- Entender o estabelecimento de objetivos como um processo.
- Estabelecer consenso entre: proprietários, dirigentes e empregados.
- Considerar governos, mercados, ambientes e clientes.
- Construir os objetivos de maneira clara, explícita, específica e mensurável, sem subjetividades.
- Questionar: o que, quanto e quando atingir?
- Representar esperanças factíveis de realização.
- Ser congruente com os recursos da organização.
- Atender atividades e não pessoas.
- Fazer parte de um programa, planejamento, plano ou projeto.
- Ser comunicado, com certa margem de manobra (risco e mudança).

Na prática, os objetivos são, frequentemente, estabelecidos num complicado jogo de poder, que inclui diversos indivíduos e grupos, dentro e fora da organização. Muitos fatores entram em choque, tais como interesses pessoais e personalidades. Um outro fator a considerar é o ambiente externo, sob o qual não temos controle algum.

1.9 TIPOS DE OBJETIVO

Como os tipos de objetivo são inúmeros, a seguir, são colocados alguns exemplos, com seus respectivos conceitos, dentro de uma determinada classificação:

Objetivos Quanto ao Desempenho:

Objetivo Econômico – É o objetivo voltado para crescimento, rentabilidade, produtividade, desenvolvimento de produto, custo, aplicação de tecnologia, atendimento do mercado.

Objetivo Social – É o objetivo voltado para a qualidade de vida das pessoas da organização, amparo à comunidade onde a organização habita e qualidade do serviço prestado à sociedade.

Objetivo Administrativo – É o objetivo que dá vida e poder para que a organização funcione, além de justificar sua existência e sua autoridade, diante da sociedade, pelos resultados positivos que alcança.

Objetivo da Propaganda – É o objetivo de fazer com que o comprador reaja mais favoravelmente às ofertas da empresa.

Objetivo do Projeto – É o objetivo para atender as solicitações de consumidores e usuários.

Objetivo de Crescimento – É o objetivo que se caracteriza pela superação das dificuldades internas e externas pode ser difícil e onerosa para a organização na medida em que envolve investimentos e mudanças estruturais. Mas, por que será então que mesmo as organizações consideradas estáveis, desejam crescer? É bom que se esclareça que estes objetivos são difíceis de se alcançar.

Objetivo do Desempenho: É o objetivo que serve para: medir a eficiência atual do trabalho, identificar o potencial para seu aperfeiçoamento, indicar o que se necessita para obter maior desenvolvimento.

Objetivo do Negócio – É o objetivo orientado a mostrar a empresa como uma organização, que cria e entrega bens, serviços e ideias; que deve satisfazer a clientela, para poder sobreviver no mercado.

Objetivo da Franquia – É o objetivo voltado a otimizar o canal de distribuição de produtos.

Objetivo da Parceria – É o objetivo que reconhece uma ferramenta de competitividade, porque consegue ganhos de produtividade, pois os parceiros ficam engajados num mesmo processo.

Objetivo da Inovação – É o objetivo de apresentar algo novo para o mercado.

Objetivo da Produtividade – É o objetivo que visa otimizar o uso do recurso.

Objetivo do Formulário – É o objetivo que estabelece quais os dados e informações devem ser registrados e processados na tarefa (atividade) considerada.

Objetivo do Gráfico – É o objetivo que visa apresentar dados numéricos em forma visualmente simples, legível e interessante.

Objetivo do Modelo – É o objetivo que visa representar uma situação numa linguagem simbólica.

Objetivo da Hipótese – É o objetivo que estabelece critérios para avaliar a qualidade da análise da situação (problema).

Objetivos Quanto à Atuação:

Objetivo Estratégico – É o objetivo global e amplo da organização (nível institucional) com expectativa de longo prazo.

Objetivo Tático – É o objetivo relacionado às funções operacionais (nível departamental) com expectativa de médio prazo.

Objetivo Operacional – É o objetivo específico e imediato, relacionado às tarefas e operações com expectativa de curto prazo.

Objetivo Real – É o objetivo que concretamente se pretende chegar ou realizar.

Objetivo Proclamado – É o objetivo que se diz (escreve) nominalmente o que atingir, quando na realidade a intenção é outra. Prática muito comum entre governantes.

Objetivo Proposto: É o objetivo que ainda depende de decisão para ser proclamado.

Objetivo Oficial – É o objetivo documentado e aceito pelos membros da organização.

Objetivo Derivado – É o objetivo estabelecido em função de um outro, geralmente, superior. Assim, objetivos estratégicos de marketing implicam objetivos do Departamento de Vendas.

Objetivo Múltiplo – É o objetivo que atende a várias empresas de um conglomerado ou, ainda, aquele de uma empresa, mas que vale para os seus diversos departamentos, isto é, se aplica em grupos diferentes, que têm propósitos comuns.

Objetivo da Metodologia – É o objetivo que dá suporte ao trabalho a ser desenvolvido, quer seja na solução de um problema, na tomada de decisão, na construção de um plano, na elaboração de estratégias, na implementação de um programa, na análise de risco, no gerenciamento dos recursos, na condução de um projeto e muitas outras atividades.

Objetivo do Gerente de Projeto – É o objetivo que dá início ao projeto com um plano de ação bem fundamentado, que lhe possibilite argumentos sólidos para administrar os conflitos entre participantes, patrocinadores e usuários. Também deve ser observado que o mesmo estará, o tempo todo, negociando e otimizando todos os recursos utilizados.

Objetivos Quanto ao Tempo:

Objetivo da Administração do Tempo – É o objetivo de aumentar a efetividade (eficiência + eficácia + velocidade) da pessoa, permitindo que ela, mais em menos tempo, atinja seus objetivos com o menor custo, esforço físico e mental.

Objetivo de Curto Prazo – É o objetivo para ser atingido no máximo em um ano.

Objetivo de Longo Prazo – É o objetivo para ser atingido no mínimo em um ano.

Objetivos Quanto às Funções Organizacionais:

Objetivo da Administração de Salários: É o objetivo que visa, por exemplo, remunerar cada empregado de acordo com o valor do cargo que ocupa, remunerar a pessoa pelo seu desempenho, dedicação e conhecimento.

Objetivo da Estratégia: É o objetivo que visa adequar recursos, estruturar a organização e agir para alcançar resultados positivos e permanentes, no longo prazo.

Objetivo de Produção – É o objetivo do setor produtivo da organização, tendo como preocupação a otimização dos recursos.

Objetivo de Marketing – É o objetivo voltado para criar e manter consumidores.

Objetivo de Finanças – É o objetivo voltado para a liquidez da organização e retorno do investimento.

Objetivo do Sistema de Informação – É o objetivo que visa fornecer informações adequadas e oportunas a fim de que cada um possa desempenhar suas funções.

Objetivo do Desenvolvimento Organizacional – É o objetivo que visa aplicar o conhecimento da ciência do comportamento à moldagem dos processos de formação de grupos e das relações intergrupais, a fim de assegurar a eficácia organizacional.

Objetivo das Relações Humanas – É o objetivo que visa na empresa, a motivação e o interesse pelo trabalho, para que o mesmo seja o melhor possível.

Objetivo da Logística – É otimizar os recursos dos canais de distribuição, reduzindo custos sempre que possível.

Objetivo de Vendas – É buscar o máximo de faturamento, fidelizando a clientela.

Objetivo do Arranjo Físico – É o objetivo que visa atender ao fluxo ou rotina do trabalho, de modo que haja uma circulação normal, permitindo caminhos curtos e seguros, facilitando a movimentação dos recursos físicos e materiais.

Objetivos Quanto às Funções Administrativas:

Objetivo do Controle – É o objetivo que visa identificar e localizar problemas, falhas, erros, desvios, distúrbios, desperdícios, promovendo ao mesmo tempo a uniformidade e a correção, ao registrarem-se as operações.

Objetivo da Decisão – É o objetivo que seja o mais inteligente possível.

Objetivo da Direção: É o objetivo de executar aquilo que foi planejado.

Objetivo da Comunicação – É o objetivo que faz com que as partes tenham a mesma linguagem, com entendimento.

Objetivo da Triagem – É o objetivo de eliminar as ideias ruins o mais rápido possível, bem como as que demandam um alto custo, sem retorno aceitável.

Objetivo da Análise – É o objetivo que aponta falhas estruturais; métodos, técnicas e procedimentos mal definidos; desperdícios; controles insuficientes; carga de trabalho mal distribuída; inadequabilidade de meios e recursos; rotinas ineficientes; estratégias mal formuladas; falta de conhecimento adequado.

Objetivo do Analista – É o objetivo que busca as causas das variações, quando expressivas. Uma queda na margem bruta, por exemplo, pode ser decorrente de um crescimento nos custos maior que o crescimento do preço de venda, ou simplesmente, uma mudança nos critérios contábeis da empresa, que passou a computar como custo de produção itens que antes considerava como despesas operacionais.

Objetivo da Avaliação: É o objetivo que visa comparar resultados obtidos com padrões desejados.

Objetivo da Pesquisa – É o objetivo que visa descobrir respostas para perguntas, por meio do emprego de questionários e formulários. Porém, para que possam ser respondidas através da pesquisa as perguntas precisam ter uma característica comum, devendo ser de tal ordem, que a observação ou a experimentação, no mundo natural, possam dar a informação necessária. Muitas questões ou decisões não podem ser respondidas apenas com dados, pois, além destes existem valores que evoluem com o passar do tempo.

Objetivo da Pesquisa de Mercado – É o objetivo que procura descobrir respostas através de processos científicos.

Objetivo do Planejamento – É o objetivo que visa ajudar a definir objetivos realizáveis, com prazos factíveis, por meio do conhecimento dos pontos fortes e fracos da organização.

Objetivo do Treinamento – É o objetivo que capacita o vendedor a alcançar altos padrões de desempenho.

Objetivo da Contratação – É um acordo entre duas partes não é apenas de alugar o tempo do contratado.

Objetivos Quanto à Entidade:

Objetivos Pessoais – São os objetivos que retratam as expectativas e necessidades dos que trabalham na organização.

Objetivos Organizacionais – São os objetivos que asseguram a sobrevivência da organização.

Objetivos Empresariais – São os objetivos que satisfazem às necessidades da sociedade.

Objetivos Departamentais – São os objetivos que ajudam a mostrar o melhor aproveitamento dos recursos existentes, também apontando quais recursos precisam ser adquiridos.

1.10 OBJETIVIDADE

Entre as muitas qualidades dos seres humanos há uma, a objetividade, utilíssima e, ao mesmo tempo, muito rara. Esta capacidade que têm certas pessoas de não se perderem em meandros e ir ao âmago da questão, de maneira rápida, concisa e precisa.

A objetividade requer das pessoas uma habilidade para ouvir os fatos, segundo o senso comum, isto é, fatos não distorcidos e/ou associados ao imaginário.

A objetividade relaciona linguagem escrita a resultados positivos. Por isso, está linguagem deve afastar pontos de vista pessoais que deixem transparecer impressões subjetivas. Expressões como: "eu penso", "parece-me" e "outras" violam, frequentemente, o princípio da objetividade, indicando raciocínio subjetivo.

O docente precisa ser objetivo na sua apresentação (exposição, aula, palestra) para não confundir o participante (aluno, aprendiz, treinando) e para não perder tempo com divagações que não levam a lugar nenhum.

1.11 PLANO

Um plano é como um mapa, ele mostra à empresa como ela deve se conduzir, aonde deve ir e como chegar lá. O plano (produto do planejamento) é um curso de ação, onde se estabelece quem fará o que, onde, como e por que atingir objetivos. Todo e qualquer plano é retratado, formalmente, através de um documento. Se não for escrito não é plano.

O plano disciplina a pessoa a colocar suas ideias, recursos, métodos e decisões de uma maneira lógica, racional e inteligente, levando a mesma a não perder tempo, como também a agir de maneira lógica, que pode ser seguida por outros.

Um plano pode ajudar muito, porque tem uma estrutura formal e assim, além de ser escrito, proporciona condições para uma decisão cuidadosa, disciplina o pensamento, define claramente os objetivos, explicita responsabilidades de execução, enfatiza fatores chaves para o sucesso, analisa mais cuidadosamente as condições de um negócio, proporciona detalhes mais bem pensados, fornece um mínimo de coordenação, enfatiza as oportunidades e ameaças, ajuda a construir uma orientação da empresa para o mercado.

Alguns altos executivos acham que o tempo de que dispõem é muito precioso para ser gasto em outra coisa que não seja resolver problemas do dia a dia. Assim, "não perdem tempo" em participar do desenvolvimento de um plano.

Se for adequadamente preparado, um plano conterá detalhes suficientes para a sua implementação, mas se for feito às pressas e inadequadamente construído pode causar muita perda de tempo, constrangimento e desconfiança quanto ao destino da organização.

1.12 OBJETIVOS DO PLANO

Muitos são os objetivos do plano. Mas os mais importantes, no mundo corporativo, são:

- Criar meios que facilitem a coordenação de uma determinada atividade.
- Considerar oportunidades e ameaças.
- Preparar o administrador para a implantação de uma estratégia, programa ou projeto, por exemplo.
- Melhorar o uso (otimizar) dos recursos existentes.
- Estimular o espírito de equipe.
- Possibilitar uma visão global do sistema-empresa.
- Adequar métodos e procedimentos que facilitem um elevado nível de produtividade.
- Proporcionar condições para um agradável ambiente de trabalho.
- Orientar o processo decisório dos dirigentes da empresa.
- Acompanhar e avaliar resultados.
- Renovar abordagens para produtos, mercados e consumidores.
- Ajudar a organização a deslocar-se em direção às suas metas corporativas.
- Construir uma base de poder suficiente para dar impulso e continuidade à mudança.
- Prever a inclusão de aspectos comportamentais que otimizem as novas estratégias e potencialidades.
- Reduzir os temores, as ansiedades, os conflitos e os impactos da mudança sobre grupos e indivíduos.
- Substituir a improvisação e a atuação empírica por métodos baseados em procedimentos científicos.
- Conhecer seus pontos fortes para utilizá-los.
- Conhecer seus pontos fracos para eliminá-los.
- Detectar nichos de mercado.
- Observar as ameaças externas e suas limitações internas para se tornar competitivo.
- Identificar tarefas necessárias e definir a quem cabe as responsabilidades de execução efetiva.
- Proporcionar informações para que todos possam em conjunto buscar soluções para problemas.
- Motivar a melhoria contínua, a qualidade e a produtividade.
- Reduzir custos, perdas e queixas.
- Proporcionar recursos necessários.
- Definir padrões de qualidade e quantidade.
- Assegurar que padrões serão controlados, mantidos e melhorados.
- Minimizar surpresas desagradáveis.
- Ajudar as pessoas a adaptarem-se às circunstâncias.
- Assegurar como dirigir, controlar e avaliar resultados.
- Ajudar a definir objetivos empresariais realistas e prazos factíveis.
- Criar normas e diretrizes condizentes com as possibilidades reais da organização.

1.13 QUESTÕES BÁSICAS DE UM PLANO

Devemos elaborar as seguintes questões básicas de um plano, basicamente, sobre: ambiente, mercado, empresa, produto, comportamento, produção e consumidor.

Assim, para construir um plano empresarial, comece pelas seguintes perguntas:

Perguntas para o ambiente que afetarão a empresa:

- Regulamentações governamentais que estão sendo propostas no Congresso trarão algum impacto?
- Dentre as questões ambientais levantadas pela sociedade, quais as mais prementes de serem tratadas?
- As informações ambientais são suficientes?
- As informações são confiáveis?
- Quais são as mais evidentes oportunidades?
- Quais são as ameaças?

Perguntas para o mercado que afetarão a empresa:

- As pesquisas de mercado fornecem subsídios para a previsão de vendas e participação no mercado?
- Quais as estratégias usadas pela concorrência?
- Existem necessidades não atendidas (nichos de mercado)?
- Que mercados são mais lucrativos?
- Quais são as nossas suposições básicas e seu impacto sobre a nossa área?

Perguntas para a empresa que afetarão seu comportamento:

- Que filosofia adotar?
- Onde está a empresa agora?
- Para onde a empresa está indo? Qual o desejo da direção?
- Que objetivos (metas) definir?
- As funções administrativas são aplicadas com eficiência e eficácia?
- É fácil diagnosticar a situação do negócio?
- Qual a missão real da empresa?
- É fácil fazer um prognóstico e definir problemas?
- Quais os pontos fortes e fracos?
- Os orçamentos são bem definidos?
- É possível decidir com facilidade sobre estratégias, táticas, políticas, programas e planos?
- Qual a melhor estratégia para enfrentar o mercado?
- Que ações específicas devem ser tomadas por quem, quando e como?
- Que medidas devem ser tomadas para indicar se o plano está obtendo sucesso ou não?
- Em que negócio (setor da economia) nós estamos realmente?
- Qual é a nossa capacidade mais característica?
- Qual o tempo disponível para uma resposta efetiva às descontinuidades?
- Quais as unidades da organização que serão afetadas pelo plano?
- Qual a intensidade de perturbação política e cultural que ocorrerá nas unidades afetadas?

Perguntas para o produto que afetarão a empresa:

- Existe a necessidade do produto?
- O produto pode ser criado?
- Existem recursos disponíveis?
- Marketing, produção e finanças chegaram a um acordo quanto ao preço de venda?
- O *design* atende ao mercado?
- Podem ser feitos tantos protótipos quantos necessários?
- Serão distribuídas amostras?
- Há uma preocupação no estabelecimento de procedimentos que assegurem qualidade?
- Que posição matricial o produto ocupa em relação aos demais?
- O ciclo de vida do produto é bastante definido?
- Como distribuir? Como comunicar?

Perguntas para a produção que afetarão a empresa:

- Por que produzir? O que produzir?
- Como, quando e quanto fabricar?
- Quem produzirá? Quem consumirá?
- O produto deve ser mudado? Como?
- Que política de preço adotar?
- Que preço de venda praticar?
- Que margem de lucro garantirá a sobrevivência da empresa?
- Qual a quantidade ótima a produzir?
- Tenho recursos para melhorar a produção?
- Que métodos utilizar para o custeio?

Perguntas para os consumidores que afetarão a empresa:

- Quais as táticas para atrair consumidores?
- Qual é o poder aquisitivo atual dos consumidores?
- Quais campanhas promocionais atrairão consumidores?
- Os serviços gratuitos ajudam a vender?
- Como conhecer o grau de movimentação dos consumidores?
- Qual o valor real entregue ao consumidor?
- A empresa se preocupa com o julgamento do consumidor acerca de seus produtos?
- A taxa de perda de consumidores varia durante o ano?
- A taxa de perda de consumidores varia, em função do lugar, vendedor, intermediário ou preço de venda?
- Para onde vão os consumidores perdidos?
- Qual a estratégia dos concorrentes para manter os consumidores?

1.14 ELEMENTOS DO PLANO

A seguir, são apresentados os mais importantes elementos do plano:

Flexibilidade do Plano: Por sua própria natureza, o plano restringe a liberdade de ação. O executivo pode opor-se a tais restrições, em parte porque não gosta de limitações, mas, principalmente, porque acredita que os planos não são adequados a dar solução a presente situação, isto é, o plano não é inteiramente completo. Aliás, nem pode ser, já que tudo é provisório.

Felizmente, existem diversas maneiras de se obter flexibilidade sem que, ao mesmo tempo, se sacrifiquem os benefícios do plano.

Exceções do Plano: Esta espécie de arranjo é muitas vezes chamada de o "princípio da exceção", que salienta as vantagens de se fugir do desempenho padronizado. Para fornecer uma verdadeira flexibilidade, o administrador que pode fazer uma exceção para estabelecer os planos deve ser capaz de dizer sim ou não com a suficiente rapidez para assegurar todos os benefícios da concessão especial.

Às vezes, entre as exceções desenvolve-se um padrão, e quando isto ocorre os planos podem ser elaborados para incluir o tratamento de casos raros que aparecem na estrutura regular. Entretanto, se o administrador faz muitas exceções, sem razões claras e consistentes para fazê-las, os planos, que são delineados para fornecer estabilidade e segurança, são dissipados.

Revisão do Plano: Muitas vezes, a técnica de revisão é bem apropriada para os planos específicos. Mas para os planos de maior durabilidade ela deve ser utilizada com moderação.

Conflito no Plano: Políticas, métodos, procedimentos e normas conflitam com regulamentos, que a rigor devem ser obedecidos. Nenhum plano será viabilizado enquanto não se trabalhar estes conflitos.

Integração no Plano: Os planos de qualquer empresa estão inevitavelmente inter-relacionados e é preciso fazer com que esses planos sejam devidamente integrados. A falta de harmonia entre os planos pode resultar em ineficiência, ou mesmo em conflito.

Hierarquia do Plano: Os planos devem obedecer a uma hierarquia, isto é, à medida que, em sucessivas etapas, as decisões vão sendo tomadas em relação a operações mais específicas e mais detalhadas, deve-se compreender claramente que uma etapa está subordinada a outra. Em outras palavras, um objetivo geral ou uma decisão básica são acompanhados por toda uma série de planos, cada vez mais detalhados, e destinados à efetivação do plano geral do qual faz parte.

Interdependência do Plano: Na medida em que um plano dependa do outro, será conveniente estabelecer um equilíbrio quanto à amplitude que terá cada um. Determinado departamento da empresa, por exemplo, pode ter plano próprio, mas se não houver um plano global da empresa a falta de dados sobre atividades correlatas imporá, provavelmente, drásticas limitações ao período de tempo que poderá abranger.

A interdependência é elemento de sucesso, pois, como a empresa é tratada como um sistema, o resultado de um plano afeta os demais planos.

Resultado do Plano: A comparação dos resultados com os objetivos e padrões estabelecidos revela quase sempre alguns pontos onde o resultado não corresponde à expectativa. De modo geral, a ação corretiva resulta da combinação das seguintes etapas: Adequação ao Ambiente; Ajustamento ao Mercado; Revisão de Estratégias e Táticas; Aprimoramento de Métodos, Processos, Políticas, Procedimentos e Regulamentos; Treinamento e Motivação dos Recursos Humanos; Qualificação Tecnológica.

1.15 CLASSIFICAÇÃO DOS PLANOS

Os planos, em geral, são classificados quanto à abrangência, o contexto, o nível institucional, a restrição de tempo, a disponibilidade de recursos, o comportamento. Assim como existe plano para tudo, apenas serão abordados aqueles relativos à vida empresarial.

A seguir, uma classificação dos planos:

Plano de Ação – É um plano onde é mostrado e questionado: o que, por que, quanto, quando, quem, onde e como fazer. Este plano estabelece prazos, custos e responsabilidades. Um plano de ação pode também estabelecer metas.

Plano Detalhado – É um plano que dá detalhes sobre decisões, conflitos, problemas, mudanças, estratégias, táticas, acordos e negociações, por exemplo. Este plano não é incluído no corpo principal do plano corporativo, porque é colocado em anexo ao mesmo. Também é conhecido como plano componente.

Plano de Curso – É um plano onde se estabelece, numa certa cronologia, aquilo que se tem de fazer, como resposta ao seguinte questionamento: Onde você está agora? Aonde você quer chegar? O que é preciso fazer? Quem fará o quê? Quem informará? Quem controlará? Que método usar? Quem liderará o orçamento? Que canais de comunicação utilizar? Como divulgar o plano?

Plano Geral – Plano que considera a empresa em um determinado ambiente, fazendo considerações sobre tendências macroeconômicas.

Plano Provisório – É um plano que expressa mais reflexão do que plano propriamente dito. É uma espécie de rascunho para aquilo que será considerado pronto. Não existe plano definitivo, tendo em vista a atitude performática do ser humano. Assim, todo e qualquer plano será sempre provisório, tenha o tamanho que tiver, dure o tempo que durar.

Plano Permanente – É um plano que será utilizado repetidas vezes, porque o tempo e o esforço necessários para planejar bem poderiam exceder aqueles dedicados à execução dos planos, o que só seria justificado em condições excepcionais. A característica distintiva do plano permanente é que a mesma decisão é adotada várias vezes para orientar a ação. Tais planos simplificam a tarefa do administrador.

Plano Específico – Estabelece uma linha de conduta que se enquadra em uma situação particular e estará superado quando os objetivos (metas) forem alcançados. Com um plano específico é possível evitar a maior parte dos atrasos, destacar recursos com antecedência e traçar planos relativos à parada de máquinas, por exemplo. É um plano para analisar um determinado setor da empresa, um novo produto, um projeto, a implantação de uma nova estratégia, um novo processo, por exemplo.

Plano Diretor – O plano diretor é representado por um conjunto de decisões para determinado período futuro, coordenado com o planejamento geral da empresa, e define: missão, filosofia, objetivos, sistemas, recursos, custos, estratégias, estruturas, padrões. A concepção de um *Master Plan* que aborda e guarda todas as partes da organização é uma maravilhosa ideia, porém irrealista.

Plano Estratégico – O plano estratégico é aquele em que os objetivos da organização são mudados. Onde também são determinados os recursos que serão necessários para atingir os novos objetivos; que traçam políticas para a aquisição e uso desses novos recursos.

Um plano estratégico relaciona partes da organização como se fosse um todo.

Plano Tático – Plano em nível operacional para corrigir desvios quanto aos resultados previstos pelo plano estratégico. O plano tático mobiliza recursos para reagir aos imprevistos, modificando processos e métodos, principalmente.

Plano Operacional – É aquele plano que dá detalhes, sem os quais a visão geral (plano corporativo) não passaria de uma moldura vazia. O plano operacional está voltado para o "chão" da empresa, sendo elaborado por sua própria unidade de operação, como: marketing, produção, logística, finanças, segurança, custos e outras funções organizacionais. Caberá ao nível gerencial a execução dos planos operacionais, que por sua vez, constituem o desdobramento e detalhamento final dos planos táticos da empresa.

Plano Funcional – É o plano relativo às funções organizacionais, tais como: produção, marketing, vendas, finanças, contabilidade, distribuição, armazenamento, comunicação, treinamento.

Plano Metodológico – Plano para desenvolver e criar métodos, análises, processos, procedimentos, padrões, normas.

Plano Regulatório – Plano para pesquisar e desenvolver regulamentos, manuais, diretrizes, políticas.

Plano Orçamentário – Plano orçamentário é o próprio orçamento.

1.16 FASES DE UM PLANO

Independente do escopo do plano ou dos detalhes que possam ser necessários, o procedimento a ser adotado, em geral, segue determinado paradigma. As fases de um plano, basicamente são: planejamento, implementação, implantação e controle (manutenção).

Planejamento do Plano:

É no planejamento que se processa o detalhamento do plano. A fase de planejamento do plano nada mais é do que um conjunto das seguintes etapas preparatórias:

- Conhecer Objetivos Corporativos – Os objetivos corporativos são estabelecidos pela alta administração e você deve ter ciência deles. Normalmente são expressos em números e definem aquilo que a organização pretende ser, num determinado momento.
- Avaliar Forças Externas – Desde que a empresa opere num ambiente de marketing, o primeiro passo é fazer uma pesquisa do mesmo. A pesquisa visa colher dados do mercado, dos produtos transacionados, das taxas de inflação e de câmbio, dos fatores políticos, fiscais, sociais e culturais.
- Avaliar Forças Internas – Talvez ainda mais importante do que a informação do mercado seja a informação histórica disponível dentro da empresa. A pesquisa interna incluirá um estudo detalhado do composto mercadológico dos produtos.
- Realizar uma Análise dos Pontos Fortes e Fracos – Estes pontos se referem àquilo que denote potencialidade e fragilidade, tais como: estratégia, estrutura, produtos, vantagens competitivas, conhecimentos, informações e recursos.
- Realizar uma Análise de Oportunidades e Ameaças – Significa saber "ler" o cenário que envolve a empresa e colher informações sobre governos, concorrentes, sindicatos, instituições patronais, bancos de fomento, incentivos fiscais.
- Fazer Suposições (levantamento de hipóteses) – O plano em si tem de se basear num conjunto de suposições claramente entendidas. As suposições devem ser em número pequeno e devem relacionar-

-se apenas às questões relevantes. Para levantar hipóteses você precisará cumprir todas as etapas anteriormente explanadas.

- Desenvolver Estratégias – Estratégias são os meios que capacitarão o plano atingir objetivos. É comum se estabelecer uma estratégia para cada objetivo.
- Definir Programas – Programas estabelecem: o que, quando, quanto e onde fazer.
- Elaborar Orçamentos – Os planos precisam ser custeados e para que os orçamentos devem ser estabelecidos. A elaboração de orçamentos define os recursos exigidos, quantifica os custos e os riscos do financiamento. A adoção de um orçamento precisará de um sistema contábil eficiente, de onde o administrador retirará os dados necessários.
- Escrever o Plano – Logo que todos os passos anteriores tenham sido executados, você estará na posição de escrever o plano, que deve ser conciso e claro, sem rebuscamentos e irrelevâncias. Certos planos serão curtos e outros longos, mas um formato idêntico com seções-chave deve ser adotado para cada um, ainda que nem todos os planos tenham todas essas seções.
- Editorar o Plano – Depois de escrever deve-se partir para a editoração propriamente dita, onde são observadas certas normas textuais estabelecidas pela ABNT (Associação Brasileira de Normas Técnicas). É importante atentar para o seguinte: Não abarrotar de números uma única página; use um tamanho de letra que seja de fácil leitura; evite um plano muito longo porque não será lido; Explicite termos técnicos e abreviações. Se precisar informar em detalhes alguns assuntos, utilize-se de anexos.
- Comunicar o Plano – Se o plano não for adequadamente comunicado àqueles responsáveis por sua implantação, ele fracassará. Certifique-se de que todos entendam o plano. Apresente o plano em vez de apenas enviar uma cópia escrita pelo correio interno. Um plano que não seja entendido adequadamente será pior do que a não existência de um plano em absoluto, porque ele será trabalhado incorretamente ou não será trabalhado de forma alguma.
- Aceitação do Plano – O planejador deverá buscar a aceitação do plano por parte daqueles que decidem, bem como os membros da equipe de elaboração do plano.

Implementação do Plano:

Após a comunicação do plano é chegada a hora de passar à ação. Por implementação entende-se a transposição do plano, ainda em tese, para o campo e seu funcionamento. Implementação significa "fazer acontecer" aquilo que foi delineado no plano. Ela representa o caminho entre a decisão e a execução. Toda a implementação será um processo interativo, porque se ocorrerem grandes desvios, talvez você precise modificar os objetivos, mudar as estratégias ou revisar a metodologia. Enfim, fazer correções.

Implantação do Plano:

A implantação pode ser pura e simples ou, se o plano seja substituto de outro plano, temos de ter cuidado e agir progressivamente, isto é, em etapas, em módulos ou incrementos. Dependendo do porte do plano a ser implantado, essa implantação pode ser feita por diversos processos, sendo que o mais comum, quando se trata de grandes projetos, é proceder a uma implantação progressiva, cuidando primeiro de atacar aquelas partes do plano que redundam em maiores vantagens para a empresa.

Controle do Plano:

É preciso controlar a implementação e avaliar o desempenho do plano. O plano deve ser monitorado à medida que avança. Correções devem ser recomendadas quando o desempenho se desviar do padrão. O sistema de controle deve trabalhar com padrões predeterminados para a avaliação dos desvios. Estes padrões podem ser criados em laboratório. O controle serve para:

- Avaliar resultados e desempenhos.
- Rever, ajustar, atualizar e propor mudanças.
- Fazer correções necessárias.
- Modificar objetivos.
- Mudar estratégias.
- Revisar prazos e orçamentos.
- Corrigir desvios dos padrões estabelecidos.
- Dar feedback para atualizar o plano.
- Criar táticas para corrigir uma estratégia mal elaborada.
- Propor mudanças.

1.17 ESTRUTURA DO PLANO

Um plano para ser devidamente estruturado deve levar em consideração os mesmos elementos, premissas, princípios e requisitos de um relatório. A estrutura do plano pode ser a seguinte:

Capa – Visual agradável e sóbrio que convide o leitor à sua apreciação.

Folha de Rosto – Uma espécie de capa interna onde ficam caracterizadas a autoria, a data e a propriedade do plano.

Agradecimentos – O responsável (coordenador) do plano deve fazer os agradecimentos de praxe àqueles que colaboraram para a sua consecução.

Sumário – Um sumário deve ser incluído de forma que as várias seções do plano possam ser facilmente localizadas, através de um índice.

Introdução – A introdução fornece a essência do plano e as razões para a sua preparação e delineia seus propósitos e utilidades. Em um livro, esta introdução leva o nome de prefácio.

Síntese – A síntese deve apresentar os pontos fundamentais do plano numa forma clara e concisa. A síntese deve incluir as suposições básicas sobre as quais o plano se baseia.

Análise da Situação – A análise busca apontar: falhas estruturais; objetivos, propósitos e metas mal definidos; desperdícios de recursos; controles insuficientes; carga de trabalho mal distribuída; inadequabilidade de meios e recursos; rotinas ineficientes; estratégias mal formuladas; falta de conhecimento adequado e muito mais.

Suposições – Consistem nas hipóteses fundamentais sobre as quais o plano se baseia. Elas devem ser em número pequeno e devem se relacionar apenas à identificação de problemas e oportunidades (nichos de mercado).

Objetivos – Os objetivos são estabelecidos para fornecerem às pessoas elementos necessários e suficientes para que exerçam seus respectivos papéis. Os objetivos permitem o trabalho em equipe e eliminam as tendências egocêntricas de grupo, servem como referência para avaliar decisões, orientar o questionamento, estimular o empenho das pessoas para resultados positivos, ajudar a utilização e otimização de recursos próprios.

Estratégias – As estratégias ajudam a mostrar o caminho (meio) para a empresa alcançar, preferencial e diferentemente, os objetivos e desafios em um ambiente mutável, cambiante, complexo e altamente competitivo. Nesta seção o relator do plano indicará quais as alternativas estratégicas que serão adotadas para produtos, mercados, preços, vendas, processos de produção, recursos, estruturas e canais de distribuição, por exemplo.

Planos Componentes – Planos detalhados, colocados em anexo ao plano principal, para tratar, especificamente, de ações, decisões, problemas, conflitos e mudanças.

Orçamento – O orçamento tratará basicamente do custo de implementação do plano, da alocação dos recursos financeiros, da receita (origens e fontes) e da justificativa dos gastos (aplicações).

Resultado – Como o plano pretende um resultado futuro, na realidade esta seção poderá mostrar uma simulação do demonstrativo de resultado e do balanço patrimonial. Em geral, as variáveis que podem afetar o resultado são: vender mais, aumentar a produtividade, baixar preços, racionalizar custos, otimizar recursos, zerar desperdícios, agregar valores ao(s) produto(s), melhorar a imagem da empresa (marca, qualidade e comunicação).

Comunicação do Plano – Concluído o plano, este deve ser então comunicado a todos aqueles que o implementarão, bem como a alta administração. Se o plano não for devidamente comunicado fracassará.

Controle – Nesta seção criar um sistema de controle para medir o desempenho das pessoas e da organização. O processo de controle envolve: Estabelecer padrões para vendas, custos e prazos; medir o desempenho, comparando-o com o padrão estabelecido; propor medidas para corrigir desvios e padrões.

Atualização do Plano – Seção que estabelece a periodicidade para as alterações, atualizações e revisões necessárias.

1.18 TIPOS DE PLANO

A seguir, tipos de planos não abordados anteriormente:

Plano Componente: Plano detalhado, colocado em anexo ao plano principal.

Plano de Aula: Plano, que preparado com cuidado, ajuda o professor a orientar e mensurar a qualidade do encontro.

Plano de Benefícios Socias: Plano que, geralmente, é oferecido no sentido de atender a um leque diferenciado de necessidades dos funcionários, tais como: segurança, proteção, participação, reconhecimento, aceitação social, prestígio. Os objetivos básicos dos planos de benefícios sociais são: melhoria da qualidade de vida, melhoria do clima organizacional, redução do turnover e do absenteísmo, facilidade na atração e na manutenção dos recursos humanos.

Plano de Diretrizes: Plano que é representado por um conjunto de orientações macroeconômicas, para determinado período futuro, congruente com o planejamento estratégico da empresa. Este plano define: a filosofia a ser seguida. o enfoque da ação administrativa, os objetivos a serem alcançados, os projetos de subsistemas. as características das funções, os recursos básicos e sua evolução, os custos para a execução do plano, os padrões tomados como referência, as metodologias de desenvolvimento, a estrutura de cargos, os programas de treinamento.

Plano de Distribuição: Plano que buscará um canal para atingir um mercado por mais difícil que ele seja. Um plano de distribuição sempre fará parte do plano de marketing, mas, em muitas empresas, a distribuição é tão importante que há também um plano de distribuição, anexo ao plano corporativo. O ponto de partida do plano de distribuição é que sempre haverá um canal para atingir um mercado por mais difícil que ele seja.

Plano de Divulgação do Produto: Plano componente de um maior, chamado plano do produto. Na realidade, é conhecido como Plano de Comunicação do Produto, isto é, o instrumento que vai fazer a sua divulgação.

Plano de Higiene: Plano que envolve, além dos serviços médicos adequados, os seguintes objetivos:

- Eliminação das causas das doenças profissionais.
- Redução dos efeitos prejudiciais provocados pelo trabalho em pessoas doentes ou portadoras de defeitos físicos.
- Prevenção do agravamento de doenças e lesões, por meio da preservação ambiental.
- Manutenção da saúde dos trabalhadores e aumento da produtividade.

Plano de Incentivo: Plano sistemático de remuneração, em função de: metas alcançadas, lucratividade, produtividade, performances de processos, por exemplo.

Plano de Investimento: Plano que ajudará a coordenar, controlar e constatar a conveniência de investir capital financeiro a fim de cobrir todas as despesas de operação e de imobilização para viabilizar o projeto. Tal plano deve ser submetido a revisões periódicas, para assegurar a sua adequação às situações variáveis da empresa.

Plano de Marketing: Plano de negócio, e procura demonstrar um conjunto de projeções abrangentes que possam refletir o desempenho futuro da empresa em termos financeiros. Com este instrumento é possível estabelecer e cumprir metas. Quando bem fundamentado, transmite uma imagem positiva e dá crédito aos empreendedores, pois se estabelece como um dos referenciais do projeto. Um plano de marketing deve analisar o seguinte:

- Situação atual do mercado.
- Situação dos produtos da empresa.
- Participação da empresa no mercado.
- Potencial do mercado.
- Situação da concorrência.
- Necessidades dos consumidores.
- Contingências ambientais.
- Tendências tecnológicas.
- Segmentação do mercado.
- Regulamentação governamental.
- Posição matricial de cada produto.
- Prognósticos e suposições sobre o ciclo de vida do produto.
- Previsão de vendas.
- Estratégias e táticas.
- Ciclo operacional de cada produto.

Embora os modelos de planos de marketing variem de empresa para empresa, um bom plano contém pelo menos os seguintes componentes: produtos ofertados; projeções de vendas e lucros; desenvolvimento de estratégias de vendas; mecanismos de controle; tamanho, estrutura e comportamento do mercado-alvo; posicionamento do produto e das vendas; participação no mercado; metas de vendas e de lucros a alcançar nos primeiros anos; território de atuação; preço previsto para cada produto; estratégias de distribuição; orçamento; composto de marketing; tendências; leitura do cenário.

Plano de Mudança: Plano que busca uma mudança comportamental e/ou estrutural. Sempre haverá um plano para mudar os rumos da empresa. A mudança é problemática, mas necessária.

Plano de Negócio: Plano de partida do empreendedor que busca financiamento. Ele é o cartão de visitas para apresentar o empreendedor e o empreendimento. É pelo movimento do dinheiro que o empreendedor irá detectar a saúde de seu negócio. No início das operações, raramente, se escapa do vermelho.

Plano de Produção: Plano que deve mostrar a sequência lógica das etapas que o produto passa desde a sua idealização até o momento em que é consumido, num determinado período. O plano de produção mostra os produtos e as quantidades a serem completadas em determinados períodos de tempo.

Mas, antes de montar um plano de produção, é útil pensar num questionamento, tal como:

- Situação Competitiva – O que os outros estão fazendo?
- Valores da Empresa – O que temos ou podemos conseguir para competir?
- Estratégia da Empresa – Como podemos competir?
- Tarefas da Função Produção – O que realizar para atuar no mercado?
- Economia do País – Quais as restrições e oportunidades da indústria?
- Tecnologia – A defasagem tecnológica da empresa é muito acentuada a nível regional, nacional e internacional?
- Avaliação – Quais são os pontos fortes e fracos da empresa?
- Política – Que política industrial é a mais adequada no contexto atual?
- Procedimento – Que procedimentos aumentam a produtividade?
- Controle – Qual o grau de controle mais adequado, isto é, aquele controle que não é muito oneroso e que justifique a sua existência?
- Competição – A função produção pode ser uma arma competitiva ou um pesado encargo?
- Operações – Quais os fatores críticos para o sucesso?
- Resultado – Como está a performance da empresa?
- Feedback – Quais mudanças serão necessárias para corrigir os desvios?

O plano de produção considerará os seguintes aspectos: seleção do produto, determinação do custo do produto, cálculo da quantidade ótima a produzir, características intrínsecas do produto (composição, forma, tamanho, cor...), nível de qualidade do produto, capacidade de produção, linha de produtos e outros aspectos ligados às pessoas.

Plano de Propaganda: Plano que representa a ação estratégica a ser desenvolvida com a finalidade de comunicar, ao provável consumidor, uma mensagem de venda com os pontos positivos de um produto. O plano de propaganda deve ser um documento escrito para que as partes (empresa, anunciante e agência) saibam exatamente quais as diversas etapas que serão cumpridas, qual a estratégia que vai ser adotada e que recursos serão utilizados.

Plano de Teste: Plano que contém as seguintes informações: objetivo do teste, local do teste, cronograma do teste, descrição do teste, procedimentos no teste. Deve haver um plano de teste para cada versão do sistema.

Plano de Trabalho: Plano que possibilita a obtenção de uma visão global do sistema. Alguns aspectos podem contribuir para a otimização deste documento. No desenvolvimento e implementação de um plano de trabalho existe, em geral, um mecanismo de negociação, por meio de reunião, cuja decisão grupal mais produtiva é o consenso em que todos sentem que ganharam, ou pelo menos sentem que mesmo se não obtiveram, exatamente, o que queriam, podem aceitar a decisão sem comprometer qualquer convicção ou requisito importante.

Plano de Treinamento: Plano que requer uma série de providências, tais como:

- Conteúdo Programático – Programa didático elaborado com ordenação, eliminando-se as justaposições e os conflitos de apresentação. Isto envolve uma perfeita sintonia entre os instrutores.
- Metodologia – A metodologia a ser aplicada deve ser útil e agradável. É comum se utilizar estudos de caso para melhorar o desenvolvimento do raciocínio do aluno. A técnica de dramatização ajuda a desinibir e a contornar objeções.
- Recursos – Os recursos devem prender a atenção, provocar impacto e ajudar a fixação de conceitos.
- Linguagem – No processo de comunicação, a linguagem deve ser adequada ao público-alvo.
- Conduta – Ao instrutor cabe transmitir o conteúdo com clareza e providenciar os meios necessários à boa instrução.
- Avaliação – Ao final do curso fazer uma avaliação por meio de um questionário.

Outras providências complementares serão exigidas, como: preparar uma descrição das tarefas, com suas obrigações; fixar o grau de profundidade do treinamento; definir as responsabilidades do instrutor, determinando, claramente, os seus limites; estabelecer formas de reciclagem para alunos e instrutores.

Plano de Vendas: Plano que deve identificar as oportunidades de negócios mais promissoras para a empresa e esboçar como penetrar, conquistar e manter posições em mercados identificados. Ele é uma ferramenta de comunicação que combina todos os elementos do composto mercadológico num plano de ação coordenada. Um plano de vendas é o documento que ajuda a empresa comercializar bens e serviços.

Um plano de venda estabelece objetivos, sugere estratégias e recursos para alcançá-los. Deve identificar as oportunidades de negócios mais promissoras para a empresa e esboçar como penetrar, conquistar e manter posições em mercados identificados.

Plano Diário: Plano que detalha o que fazer numa jornada de trabalho.

Plano do Produto: Plano em que são muitas as razões que levam uma empresa a desejar fabricar um novo produto. Uma das principais é a melhor utilização dos seus recursos. Outro motivo de procura de novos produtos é o desejo de diversificar a atual linha de produção. Os novos produtos têm de satisfazer cada vez mais as necessidades e desejos dos consumidores, além de prometerem lucros razoáveis para a empresa.

Ao construir um plano de um produto é preciso levar em consideração os seguintes aspectos: viabilidade do produto, desenvolvimento do produto, inovações, composto mercadológico, lançamento do produto, adoção do produto.

Plano do Sistema de Informações: Plano que deverá identificar o sistema a ser estudado/construído e as unidades organizacionais envolvidas, obter uma ideia preliminar e genérica da complexidade do sistema, visando determinar o esforço necessário, para o seu adequado desenvolvimento.

Plano Empresarial: Plano que disciplina o empresário naquilo que é essencial para a sobrevivência da empresa. Quando pretendemos montar um plano empresarial, devemos questionar sobre as variáveis básicas, tais como: ambiente, mercado, produto, recurso, produção, orçamento, consumidor, custo, atitude, motivação, percepção, lucro, cooperação, interação, conflito, integração, personalidade, autoridade, liderança, poder, valor, padrão, política, processo, restrição, oportunidade, patrimônio, investimento, interesse, rentabilidade e referencial de qualidade, por exemplo.

Como o plano empresarial, sob o aspecto da Administração, é o mais importante, a seguir, está sendo apresentada uma metodologia do plano empresarial:

Definir Objetivos Corporativos – Os objetivos corporativos são estabelecidos pela alta administração e você deve ter ciência deles. Normalmente, são expressos em números (metas) e definem aquilo que a organização pretende ser, num determinado momento.

Avaliar Forças Externas – Desde que a empresa opere num ambiente de marketing, o primeiro passo é fazer uma pesquisa de mercado. A pesquisa visa colher dados: dos produtos transacionados; dos índices e indicadores; dos fatores políticos, fiscais, sociais e culturais.

Avaliar Forças Internas – Talvez ainda mais importante do que a informação do mercado seja a informação histórica disponível dentro da empresa. A pesquisa interna incluirá um estudo detalhado do composto mercadológico.

Realizar uma Análise dos Pontos Fortes e Fracos – Estes pontos se referem àquilo que denote potencialidades e fragilidades em: estratégias, estruturas, produtos, mercados, conhecimentos, informações, recursos.

Realizar uma Análise de Oportunidades e Ameaças – Significa saber "ler" o cenário que envolve a empresa e colher informações sobre governos, concorrentes, sindicatos, instituições patronais, bancos de fomento, incentivos fiscais.

Fazer Suposições (levantamento de hipóteses) – O plano em si tem de se basear num conjunto de suposições claramente entendidas. As suposições devem ser em número pequeno e devem relacionar-se apenas às questões relevantes. Para levantar hipóteses você precisará cumprir todas as etapas anteriormente apresentadas.

Desenvolver Estratégias – Estratégias são os meios que capacitarão a empresa atingir objetivos e metas preestabelecidos. É comum se estabelecer uma estratégia para cada objetivo.

Definir Programas – Programas estabelecem quem, o que, quando, por que, onde e como fazer.

Elaborar Orçamentos – Os planos precisam ser custeados e para que os orçamentos devem ser estabelecidos. A elaboração de orçamentos define os recursos exigidos, quantifica os custos e os riscos do financiamento. A adoção de um orçamento precisará de um sistema contábil eficiente, de onde o orçamento retirará os dados necessários.

Escrever o Plano – Logo que todos os passos anteriores tenham sido executados, você estará na posição de escrever o plano, que deve ser conciso e claro, sem detalhamentos e informações irrelevantes. Depois de escrever deve-se partir para a editoração propriamente dita, onde são observadas certas normas textuais. É importante atentar para o seguinte: não abarrotar de números uma única página; use um tamanho de letra que seja de fácil leitura; evite um plano muito longo, porque não será lido; explicite termos técnicos e abreviações; se precisar, informar em detalhes alguns assuntos, utilize-se de anexos.

Comunicar o Plano – Se o plano não for adequadamente comunicado, àqueles responsáveis por sua implantação, ele fracassará. Certifique-se de que todos entendam o plano. Apresente o plano em vez de apenas enviar uma cópia escrita aos interessados. Um plano que não seja entendido adequadamente será pior do que a não existência de um plano em absoluto, porque ele será trabalhado incorretamente, ou não será trabalhado de forma alguma.

Implementar o Plano – Após a comunicação do plano é chegada a hora de passar à ação. Caso o plano seja substituto de outro plano, temos de ter cuidado e agir progressivamente, isto é, em etapas, em módulos ou incrementos. Existem vantagens na implementação incremental, tais como: a correção é mais rápida; o projeto tem maiores chances de sobreviver; o coordenador tem uma ideia melhor sobre seu progresso da implementação. A implementação dependerá dos recursos disponíveis e da natureza do plano.

Usar um Sistema de Controle – É preciso controlar a implementação e avaliar o desempenho do plano. O plano deve ser monitorado à medida que se avança e correções devem ser recomendadas quando o desempenho se desviar do previsto. O sistema de controle deve trabalhar com padrões predeterminados para a avaliação dos desvios. Estes padrões podem ser criados em laboratório.

Avaliar Resultados – Os controles ajudam a medir, basicamente, se há eficiência, eficácia e efetividade dos resultados apresentados. O coordenador do plano deve rever, ajustar, atualizar e propor mudanças.

Fazer Correções Necessárias – Toda a implementação será um processo interativo. Se ocorrerem grandes desvios, talvez você precise modificar os objetivos, mudar as estratégias ou revisar os prazos e orçamentos. Enfim, fazer as correções necessárias.

Fazer Revisão e Atualização – Todos os planos devem ser revistos e atualizados em base regular, o que deve acontecer pelo menos em cada seis meses.

Plano Financeiro: Plano que, durante um determinado período, envolve certas previsões do panorama econômico. Se houver uma expectativa do aumento do nível das atividades econômicas, isto pode significar que também crescerão nossas necessidades de ativo, bem como de fundos com os quais possamos financiar estas aquisições.

Plano Inadequado: Plano fora do contexto que não ajuda e, sim, atrapalha.

1.19 ESTRATÉGIA

A expressão estratégia do grego "strategos" (general) é de origem militar e significa a arte de conceber e organizar um plano de operações de guerra, estando ou não no teatro de operações. Estratégia é o caminho (meio) para uma organização, ou alguém, alcançar, preferencial e diferentemente, os objetivos e desafios em um ambiente mutável, cambiante, complexo e altamente competitivo. Imagine você, se é possível, sobreviver sem uma estratégia sequer.

A noção de estratégia surgiu da atividade militar, que define estratégia como sendo a aplicação de forças em larga escala contra um inimigo. Trazendo este conceito para o mundo empresarial globalizado, podemos dizer que a estratégia é a mobilização de todos os recursos disponíveis para atingir objetivos no longo prazo.

Segundo Ansoff, "a estratégia é a postura que as organizações adotam para gerenciar o relacionamento entre elas e seus ambientes, produtos e mercados".

Uma boa estratégia pressupõe vontade de determinar metas ambiciosas, mobilizar recursos necessários, executar um plano (ou programa) no longo prazo, definir um conjunto de táticas, ser a resultante de uma (ou várias) decisão muito bem elaborada, envidar esforços para antecipar demanda de um ou mais produtos e adequar a estrutura organizacional da empresa à nova estratégia.

Desde a sua origem, há 500 a.C., aproximadamente, o conceito de estratégia sempre esteve associado à visão militar, pois era a arte do generalato. Entretanto, ela só passou a ser utilizada como arte da guerra após a Renascença. Ao longo dos anos, através de diversos estudos, foi-se criando uma arte de elaborar planos de guerra que passou a ser denominada de estratégia. Esses estudos, que passaram por Maquiavel, tiveram seu ápice no general Von Clausewitz.

Modernamente, a palavra estratégia passou ainda a estar associada a jogos, para designar alternativas que jogadores teriam em situações específicas. A utilização em Administração procurou trazer à estratégia uma perspectiva científica. Como foi, de início, associada à formulação de diretrizes, a estratégia recebeu toda ênfase racional e científica, principalmente, na segunda metade do Século XX.

O conceito de estratégia começou a ser usado em Administração na década de 1950, com o intuito de incutir nas empresas uma nova perspectiva de futuro, através do conhecimento de onde e como expandir sua atuação e melhorar seu desempenho. Surgiu, assim, a aplicação da ideia de estratégia, ainda que limitada ao negócio da empresa, mas implantando a visão de maior escopo e mais longo prazo através de métodos analíticos.

Esse modelo ou perspectiva foi classificado por terminologias diversas como: decisão estratégica, formulação estratégica, diretriz empresarial e paradigma pré-estratégico. De 1950 até 1990, as fronteiras da estratégia eram bem definidas, assim como os consumidores, os mercados, os concorrentes, os fornecedores e as ameaças potenciais.

A partir de 1975, o tema estratégia dominou as principais publicações sobre gestão corporativa.

Numerosos trabalhos têm surgido em relação à estratégia de linhas de produtos, de marketing, de produção, de empresas, por exemplo. Este interesse resultou do reconhecimento de que uma empresa deve ter um campo de atuação bem definido e uma orientação de crescimento, pois só os objetivos não atendem à sua sobrevivência no mercado.

Regras, métodos, diretrizes, procedimentos e políticas foram ampliados para um conceito maior – o de estratégia. A estratégia visa otimizar as oportunidades e minimizar ao máximo as ameaças.

A necessidade de estudar e aplicar a noção de estratégia em administração passou a ser sentida no momento em que se acentuava a velocidade das mudanças sociais, econômicas e políticas que definia o ambiente empresarial. Na medida em que se modificam as condições ambientais, altera-se não só a possibilidade de alcance dos objetivos e resultados desejáveis, como também o que é possível realizar.

Daí a necessidade de se desenvolver alternativas ou ações potenciais, que direcionem e possibilitem o redirecionamento constante dos objetivos e dos caminhos da organização.

A tática é a ação para corrigir desvios da estratégia implantada. Ela consiste na arte de dispor as tropas (recursos) no campo de batalha (mercado) e de movimentá-las para alcançar objetivos. A tática requer a capacidade de improvisação frente às reações imprevistas, mobilizando recursos disponíveis no nível gerencial.

Segundo Chiavenato, "a tática significa uma mobilização de recursos específicos da organização, em âmbito departamental, visando atingir objetivos de médio prazo". Uma tática define um conjunto de operações. No âmbito militar, uma mobilização de tropa é uma tática dentro de uma estratégia mais ampla, como por exemplo, a interrupção do apoio logístico do exército inimigo.

No âmbito gerencial, o orçamento anual ou plano anual de investimentos é um plano tático. Uma guerra requer uma ou mais estratégias e cada estratégia leva à proliferação de táticas. Assim, o planejamento estratégico requer um longo prazo (maior do que um ano), ao contrário a tática requer curto prazo (máximo de um ano).

As informações táticas ajudam os gerentes (nível intermediário) a decidir como alocar os recursos necessários.

1.20 CONSIDERAÇÕES SOBRE ESTRATÉGIA

A seguir, abordaremos alguns itens que ajudarão como considerações sobre estratégia:

Estratagema – O conceito de estratégia nasceu da necessidade de realizar objetivos em situações de dificuldades, como concorrências, guerras, jogos e negócios. A palavra estratégia também envolve certa conotação de astúcia, de tentativa de enganar ou superar, mas sempre do interesse do estrategista. Daí, surgir a palavra estratagema com o significado de ardil.

A história da guerra está cheia de estratagemas famosos, como os tanques de papelão usados pelos aliados na Segunda Guerra Mundial. Este é um exemplo de estratagema que utiliza a inteligência para blefar com o inimigo. A estratégia adquiriu, com o passar do tempo, diversos significados, incorporados à linguagem da administração de empresas.

Estrutura e Estratégia – Desenvolver uma estrutura e uma estratégia, na organização, compatíveis com a conjuntura econômica sempre foi a maior preocupação dos administradores de empresa. Uma estrutura errada resulta fatalmente em um desempenho desastroso, gera conflitos e frustrações, focaliza questões irrelevantes e transforma coisas insignificantes em obstáculos.

As organizações jovens e em desenvolvimento estão especialmente sujeitas, muitas vezes, à reestruturação. Mas, mesmo as empresas grandes e maduras sofrem uma reestruturação a cada dois anos pelo menos.

A estrutura hierárquica, bem como a estrutura organizacional, precisa ser modificada de tempos em tempos, como engajada em um moto contínuo de inovações e mudanças. Porém é importante que mudanças estruturais sejam feitas com certo grau de racionalidade e parcimônia, para não virar uma confusão só, levando muito tempo para consertar.

Aprendemos que esquematizar uma estrutura de organização não é o primeiro passo, mas o último. O primeiro, é identificar e organizar os elementos fundamentais da organização, os recursos. Em sua obra clássica *Estratégia e Estrutura*, Alfred Chandler faz a conhecida afirmação: "A estrutura decorre da estratégia".

O pensamento organizacional moderno complementou e ampliou para: Dadas certas empresas, estratégias e recursos são impensadas estruturas condicionadas à estratégia. Mais importante, talvez hoje, em um número crescente de casos, é encarar que a estrutura é a própria estratégia.

Hoje, início do Século XXI, já não se sabe quem segue quem. A montagem da organização não é uma espécie de quebra-cabeça, sua estrutura é única e orgânica para cada negócio. Esta é a visão mais avançada nos tempos de agora, pois não há "receita de bolo" para se estruturar um negócio. A boa estrutura é aquela que atende a organização na sua missão, seus objetivos, suas estratégias e suas ações, tendo canais de informação e comunicação livres e efetivos.

Resultado – Se uma dada estratégia não contribui para resultados positivos, ela não quer dizer nada, não importando o quão brilhantemente tenha sido concebida ou eloquentemente apresentada. A estratégia deve nascer a partir do mercado e não da imaginação dos executivos da organização. Uma estratégia grandiosa pode ser temerária, inspiradora audaciosa, corajosa e, ainda assim, um fracasso completo, se não colocar as pessoas no lugar certo e na hora certa.

Diferentemente das obras de arte, que, muitas vezes, são julgadas por sua originalidade, criatividade e ousadia, as estratégias devem ser julgadas por sua efetividade somente no ponto em que entram em contato com a clientela (público-alvo). Todos os grandes administradores se valem do princípio de que a tática corrige a estratégia, e vice-versa.

Pensamento Estratégico – O pensamento estratégico, provavelmente, representa toda a sustentação básica para o adequado resultado de uma empresa, porque nenhum planejamento estratégico dará certo se seus executivos não tiverem uma visão estratégica. A base de sustentação do pensamento estratégico é o raciocínio lógico e uma visão aberta e abrangente da empresa e seu ambiente. Verifica-se também que este pensamento deve se iniciar a partir de um projeto estruturado.

1.21 ELEMENTOS DA ESTRATÉGIA

A seguir, alguns elementos da estratégia:

Objetivo da Estratégia – O principal objetivo da estratégia é, através de um conjunto de decisões, adequar recursos, estruturar a organização e agir para alcançar resultados positivos e permanentes, no longo prazo. Ao definir seus objetivos (metas) estratégicos, a organização declara quais e quando resultados deseja alcançar.

Em alguns casos, o planejamento estratégico deriva desses objetivos, sem uma explicitação da verdadeira missão da empresa.

Importância da Estratégia – A estratégia facilita a adaptação da empresa ao ambiente e modifica a estrutura organizacional para obtenção de resultados positivos.

Característica da Estratégia – A principal característica da estratégia é que sua formulação não produz qualquer ação imediata na empresa.

Componentes da Estratégia – Os componentes da estratégia são: ambiente, estrutura e recurso.

Postura Estratégica – A postura estratégica se diferencia da visão estratégica, pois esta é uma espécie de consciência do que vem a ser estratégia. A postura estratégica é a atitude proativa para aceitar a administração estratégica como a melhor forma de resolver problemas empresariais.

Ansoff, em *Implantando a Administração Estratégica,* diz que: "a postura estratégica é a associação das potencialidades dos recursos com a visão estratégica da empresa".

Enfoque da Estratégia – As estratégias podem ser formuladas para atender diversas necessidades, dependendo da situação. Assim, a estratégia pode enfocar a empresa como um todo ou apenas um determinado setor. Ainda é possível montar uma estratégia para desenvolver e treinar recursos humanos, por exemplo.

Resistência à Estratégia – A resistência a uma estratégia ou a implantação de uma nova estratégia advém do fato de que a convivência com a incerteza não é fácil. Aumentando o risco, empresários procuram segurança e regularidade.

Recursos Estratégicos – Como é cada vez mais comum que as limitações de recursos imponham restrições à empresa, deve-se, primeiro, determinar a disponibilidade de recursos e, depois, usá-los como guia (ou fator a ser considerado) da formulação de estratégias para produtos e mercados.

Desenvolvimento da Estratégia – Ação de longo prazo que visa uma mudança planejada com engajamento e adequação da cultura organizacional ao ambiente em que vive a organização (empresa).

Tempo na Estratégia – O tempo é um elemento que pode decidir sobre a aplicação de uma estratégia. A necessidade de resultados imediatos impede, em geral, uma decisão racional. Critérios de urgência e prioridade devem ser levados em conta, na construção de uma estratégia de qualidade.

Comportamento na Estratégia – A administração pode optar entre uma estratégia agressiva, na qual os pontos fortes previstos sejam usados como critérios de busca, ou uma estratégia defensiva, na qual a busca é direcionada para eliminar pontos fracos previstos, ou pode escolher ambas as estratégias.

Situação da Estratégia – A situação (cenário) é outro elemento identificador de construção da estratégia.

Abrangência da Estratégia – A abrangência da estratégia de uma empresa estará em função do tamanho desta e da diversificação de seus produtos. Assim, podemos ter estratégias: institucionais (corporativas), gerenciais (funções organizacionais) e operacionais (unidades de negócios).

Implementação da Estratégia – A estratégia será implementada com base na documentação estratégica (programa, plano, projeto).

Ambiente Estratégico: Ambiente caracterizado por flutuações frequentes e imprevisíveis, exigindo que as atividades de produção e marketing estejam juntas para permitir rápidas respostas a novos cenários.

Escolha da Estratégia – Acertar na escolha da(s) estratégia(s) a serem implementada(s) continua sendo um grande desafio para os executivos, sem falar do tempo necessário para o acerto, tanto que o conceito de tática requer a capacidade de improvisação frente às reações imprevistas, mobilizando os recursos disponíveis da organização.

Como pode um administrador selecionar uma estratégia apropriada? A escolha da estratégia não é ditada nem por fórmulas mágicas e nem códigos morais. Entretanto, podemos identificar os fatores que são quase sempre importantes e relevantes, de maneira inteligente, tais como: natureza dos objetivos, situação atual, oportunidades de sucesso e custos.

Segundo Maximiano, a empresa deve considerar algumas questões para a escolha da estratégia, tais como:

- Quem são ou devem ser nossos clientes?
- Quais são as perspectivas do setor de negócios que estamos inseridos?
- Quais são nossas vantagens competitivas?
- Quais são nossos concorrentes?
- Quais são os recursos para viabilizar o negócio?
- Temos competências singulares?
- Temos condições de desenvolver nossos próprios recursos?
- Qual é a hora para agir?
- Como trataremos o ambiente?
- Há nichos de mercado?
- Devemos procurar: especialização, economia de escala ou diversificação?

Alternativa Estratégica – Há uma variedade de alternativas, embora nem todas possam ser viabilizadas. Segundo Porter, esta variedade de estratégia pode ser expressa em termos de quatro métodos básicos:

- Método de Liderança – Buscar uma posição de liderança em termos de parcela de mercado.
- Método de Nicho – Criar ou defender uma posição firme em um segmento particular.
- Método de Colheita – Conduzir um desinvestimento controlado, tirando proveito dos pontos fortes.
- Método da Desativação – Liquidar o investimento o mais breve possível na fase de declínio.
- Método da Linha Ampla – Aproveitar as fontes de vantagem competitiva global para obter uma diferenciação ou uma posição de custo baixo.

Problemas de Estratégia – Dentre os muitos problemas de estratégia, o mais importante é sem dúvida a distância entre a estratégia e a operação. Atingir uma posição estratégica representa uma recompensa na linha evolutiva da organização, mas guarda em si uma armadilha: o risco de se desprender da operação e cair no isolamento. O preço deste distanciamento aparece na desmotivação dos funcionários, nas queixas de clientes, na relação com consumidores, na reputação da empresa e na cultura organizacional, por exemplo.

Questionamento da Estratégia – A turbulência ambiental passou a acontecer numa velocidade cada vez maior. Então, se fez necessário introduzir um questionamento contínuo das tendências referentes, principalmente, à tecnologia, economia, política e justiça social.

Informação Estratégica: Informação voltada a ajudar a alta administração a tomar decisões no nível institucional e que definem o futuro da organização. A informação estratégica não deve ser comparada com informação do concorrente. Nem deve ser confundida com informação competitiva. No nível estratégico, os dados são inexatos.

1.22 DOCUMENTOS ESTRATÉGICOS

Documentos estratégicos são documentos prescritivos que determinam, recusam e limitam as ações estratégicas.

A seguir, os principais documentos estratégicos:

Programa Estratégico:

- Analise o ambiente.
- Faça uma leitura do cenário.
- Defina a missão da empresa.
- Analise e faça um diagnóstico.
- Enfoque a estratégia (total, setorial).
- Determine os objetivos estratégicos.
- Defina os recursos necessários.
- Faça um levantamento dos recursos existentes.
- Formule as alternativas de decisão.
- Pesquise os modelos no mercado.
- Analise o fluxo da decisão.
- Escolha a estratégia (sobrevivência, ajuste, cooptação, reativa, manutenção, coalizão, competição, crescimento, desenvolvimento, defensiva, ofensiva,).
- Escolha estratégias alternativas à estratégia principal para o caso de algo dar errado.
- Determine os dados necessários.
- Determine os sistemas de apoio.
- Elabore planos.
- Defina os instrumentos/ferramentas de ação (prescritivos, quantitativos e qualitativos).
- Defina os padrões de desempenho compatíveis com os objetivos.
- Controle e avalie o desempenho, dando feedback.
- Decida sobre a necessidade de replanejar.
- Desenvolva um novo modelo.

Programa Estratégico de Produção:

- Definir objetivos organizacionais.
- Definir objetivos específicos.
- Determinar os fatores críticos de sucesso.
- Determinar quais são, no momento, os maiores problemas a enfrentar.
- Levantar as informações necessárias.
- Maximizar a rentabilidade das operações.
- Elaborar produtos de alta qualidade.
- Otimizar a qualidade dos produtos.
- Otimizar os recursos de produção.
- Assegurar o crescimento das linhas de produção.
- Minimizar os custos de produção.
- Assegurar um bom controle de qualidade.
- Racionalizar a combinação de produção dos bens (minimização de custos).
- Elaborar novos produtos.
- Modernizar as instalações de produção (tecnologia).
- Racionalizar processos e recursos de produção (combate ao desperdício).
- Documentar e arquivar informações e dados para análise futura (série histórica).

Plano Estratégico:

Embora o assunto já tenha sido abordado, vale lembrar que os planos estratégicos podem ter diferentes graus de formalidade, extensão, periodicidade de preparação e muitos outros atributos. Muitas organizações não têm planos estratégicos explícitos para períodos que variam de tempo.

Um plano estratégico deve conter a definição da missão do negócio e dos objetivos desejados. Segundo Katz, os objetivos devem definir situações para consumidores, fornecedores, mercados, bens, serviços e ideias, além de apresentar as vantagens competitivas para participar do mercado e do desenvolvimento do setor da economia em que está inserida a empresa.

Projeto Estratégico:

O projeto estratégico é de longo prazo e envolve mudanças estruturais, pesquisas, novos produtos e descentralização incremental, por exemplo.

1.23 FORMULAÇÃO DA ESTRATÉGIA

Como vimos, o conceito de estratégia começou a ser usado em administração na década de 1950, com o intuito de incutir nas empresas uma nova perspectiva de futuro, através do conhecimento de onde e como expandir sua atuação e melhorar seu desempenho. Essa forma de se aproximar do futuro serviu ao propósito de manter o êxito empresarial num mundo pouco mutante e de futuros mais previsíveis.

Entretanto, as mudanças ambientais mais rápidas provocaram nas empresas a criação de novos bens e serviços, como a busca de novos clientes e novas áreas de atuação. Nascia, assim, a ideia de se criar um novo futuro empresarial por meio de análises e leituras de cenários.

Surgiu a aplicação da ideia de estratégia, ainda que limitada ao negócio da empresa, mas implantada com uma visão de maior escopo e de mais longo prazo, por meio de métodos analíticos. Esse modelo, ou perspectiva, foi classificado por terminologias diversas como: decisão estratégica, formulação estratégica, diretriz empresarial e paradigma pré-estratégico.

Como a formulação da estratégia empresarial é complexa, pois depende de fatores e condições que se alternam e se modificam incessantemente. Algumas premissas mostradas, a seguir, ajudarão o leitor a utilizar mais bem o seu tempo:

- A estratégia evolui e muda com o tempo.
- As decisões estratégicas não são programadas e previstas com antecedência.
- Diferentes decisões estratégicas são difíceis de integrarem uma única estratégia explícita e compreensiva.
- O ambiente de formulação de estratégias é complexo demais.
- Cada escolha estratégica é feita em diferentes contextos, com informações novas e incertas.
- A formulação da estratégia precisa levar em conta a incerteza e o risco.
- A essência da estratégia é o seu relacionamento com o ambiente.
- A estratégia se torna desnecessária quando a dinâmica histórica da organização a leva onde ela quer ir.
- A formulação da estratégia deve basear-se em informações bastante agregadas, incompletas e incertas.

Cada empresa formulará sua própria estratégia. Mas, é bom lembrar que é preciso responder a algumas questões:

a) Qual é a atual estratégia da empresa?
b) A empresa está tendo dificuldades na execução da estratégia atual?
c) A estratégia utilizada exige maior competência e melhores recursos do que a empresa possui?
d) Quais as possíveis alternativas que existem para a solução do problema da estratégia?
e) Até que ponto as preferências da alta administração limitam as alternativas?
f) Qual a alternativa que oferece a maior vantagem competitiva?
g) Qual deve ser a nova estratégia?

As respostas a essas questões representam a essência da formulação e implantação de estratégias, que passam a ser ferramentas de gestão e de grande necessidade. A formulação de uma estratégia para ser implantada dependerá de que: os recursos sejam suficientes para a nova estratégia; a estratégia seja redigida de forma clara e concisa; a empresa tenha uma visão estratégica em todos os níveis; a nova estratégia faça parte do orçamento da empresa; estratégias setoriais sejam parte da estratégia global.

As estratégias podem vir de diferentes fontes e é aconselhável que as empresas estimulem seus executivos a pensar em todas as formas possíveis de alternativas estratégicas.

Algumas estratégias podem parecer que partem logicamente e obviamente dos objetivos, mas outras podem ser verdadeiros "rasgos" de criatividade e de inovação. Quando a lista de estratégias estiver preparada, ela deve ser avaliada para que se possa determinar qual das mesmas cumprirá melhor os objetivos. Também, deve determinar quais estratégias podem ser mais bem implementadas com os recursos e capacidades disponíveis.

1.24 DIRIGENTE ESTRATÉGICO

Quando alguém fala sobre a direção da empresa, está na realidade fazendo uma abstração, porque a direção é exercida por pessoas. Se as pessoas estão trabalhando em conjunto sem dificuldade, não é realmente importante saber quem é responsável por qual tarefa ou providência. Mas, se sair algo errado, torna-se então importante conhecer a posição organizacional do indivíduo que deve arcar com a responsabilidade.

Como é o presidente da empresa que arca com a responsabilidade final, seu critério deve prevalecer sobre os demais. Assim, quanto maior a autoridade, maior é a responsabilidade.

Um bom dirigente deve ter um alto nível de impulso, energia e tenacidade. Também, deve ter: bastante confiança para assumir riscos; lealdade para com todos; rigor e controle com o dinheiro para que este gere mais dinheiro; vontade de simplificar; habilidade para diagnosticar problemas; capacidade de fazer as pessoas trabalharem sob seu comando; capacidade de admitir enganos e alta dose para prever mudanças de cenário.

Todas as qualidades de um bom dirigente podem ser adquiridas, desenvolvidas, melhoradas e aplicadas.

A habilidade estratégica de um dirigente acontece quando este percebe as tendências subjacentes que moldarão o futuro. Ele não tem qualquer capital emocional ou intelectual investido no passado ou no futuro. Portanto, o executivo estratégico não tem vínculo sentimental com "nossos mercados", "nossos produtos" e "nossos clientes", típico do executivo de marketing.

O dirigente estratégico difere do dirigente criativo em sua prontidão para reconhecer que o pensamento (ou ideia) de outra pessoa é legítimo e pode trazer uma contribuição importante para a empresa.

Um dirigente sempre se valerá de políticas, se as tiver à mão. Mas, aquele que só sabe administrar baseado em políticas não é intuitivo, inovador e criativo para desenvolver novas estratégias. É como o chefe que faz administração baseado no senso comum dos subordinados.

O dirigente estratégico de sucesso precisará ter uma visão holística do mercado em que atua, para ser capaz de converter "insights" em modelos de negócio. Para tanto, terá de ser um bom comunicador, aceitar de bom grado a ambiguidade e estar pronto para abandonar a busca de respostas simples para problemas complexos.

Talvez a direção estratégica seja difícil de ser exercida, porque ela não é estruturada e muito menos metodológica. Ela sofre a influência direta do comportamento do executivo envolvido. Portanto, a direção estratégica quase se apresenta como o pêndulo de sucesso ou insucesso da empresa. Isto porque nenhuma ferramenta administrativa pode auxiliar em sua alavancagem qualitativa.

1.25 VISÃO ESTRATÉGICA

A visão estratégica da alta administração é tão importante quanto à própria estratégia. Atualmente, dirigentes enfrentam um mundo mais complexo, ambíguo e de mudanças extremamente velozes que desatualizam rapidamente conhecimentos, tecnologias e previsões. A falta de visão estratégica (longo prazo) agrava negativamente os resultados da empresa.

O dirigente que não tem este tipo de visão se valerá da sorte. Como dizia Aristóteles: "Sorte é quando a pessoa que está a seu lado é atingida por uma flecha".

A visão estratégica enfatiza o alcance de resultados através de um processo contínuo de antecipar mudanças futuras, tirando vantagens das oportunidades que vão surgindo e corrigindo cursos de ação no longo prazo. Daí, surgiu a necessidade de o administrador ter uma visão estratégica.

Segundo Ansoff, "a necessidade de estudar e aplicar a noção de estratégia em administração passou a ser sentida no momento em que se acentuava a velocidade das mudanças sociais, econômicas e políticas que definia o ambiente empresarial".

Na medida em que os ambientes se modificam, os objetivos são alterados. Por esta razão, surge a necessidade de desenvolver alternativas (ações) que direcionem a empresa para o caminho menos complicado que atenda o mercado.

As dimensões racionais da gerência tornam-se tanto mais necessárias para enfrentar riscos e incertezas quanto mais vulneráveis para enfrentar mudanças e imprevistos. Hoje, o planejamento empresarial baseia-se, em grande parte, em conhecimentos inéditos, oriundos de visões imaginativas a respeito de fenômenos sobre os quais inexistem dados, e que são estruturados em forma de cenários, ou futuros alternativos.

Em outras palavras, ser estratégico exige a capacidade gerencial de fazer julgamentos subjetivos, sem fundamentos precisos, ou seja, de enfrentar e conviver com a incerteza.

Dirigir estrategicamente é saber pensar sobre o futuro. É, sobretudo, perder a crença nos determinismos: econômico, político, social e histórico. É compreender a variação intensa do mundo contemporâneo.

1.26 AVALIAÇÃO DA ESTRATÉGIA

A avaliação da estratégia somente é feita, depois da sua implementação no alcance dos objetivos e desafios propostos. Algumas empresas podem ficar tentadas em medir o sucesso de suas estratégias por meio de variações nos lucros operacionais de um ano para outro.

Essa abordagem não é adequada, pois o lucro operacional pode aumentar, simplesmente, porque mercados inteiros estão se expandindo, e não porque a estratégia específica de uma empresa teve êxito. Além disso, mudanças no lucro operacional podem ser causadas por fatores além da estratégia.

Uma empresa é bem-sucedida na implementação de sua estratégia quando as quantidades dos componentes da diferenciação do produto, liderança em custos e crescimento no lucro, por exemplo, se alinham intimamente com a estratégia. Existem critérios para se avaliar a estratégia, tais como:

a) Congruência – A estratégia deve ser congruente com aquilo que a empresa tem como missão.
b) Cenário – A estratégia deve ser consistente com as condições ambientais existentes, atuais e futuras.
c) Recurso – A estratégia empresarial deve ser construída com os recursos que a empresa dispõe ou pode obter.

A implementação das estratégias é complementada pela atividade de monitoramento, que consiste em acompanhar e avaliar a execução da estratégia, e se a mesma consegue atingir os objetivos propostos em sua construção. Para que esta avaliação tenha sucesso é preciso a participação dos: clientes, produtos, mercados e concorrentes, para se conhecer a evolução do faturamento.

A seguir, é mostrado um modelo de avaliação da estratégia:

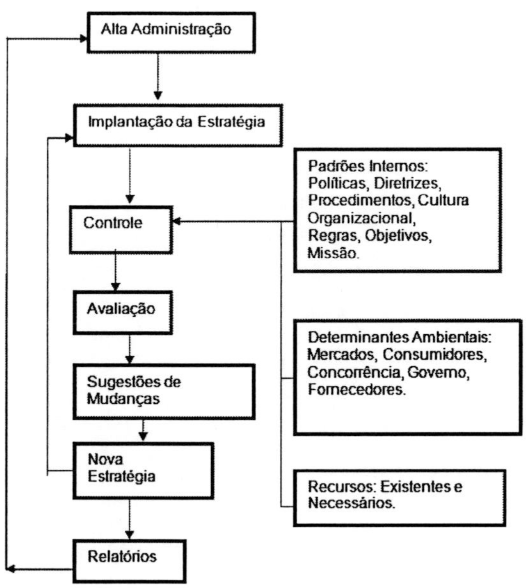

Figura 1.1: Modelo de Avaliação da Estratégia

1.27 ADMINISTRAÇÃO ESTRATÉGICA

A administração da estratégia pode ser definida como a mais importante função da alta administração, pois é tratada no nível institucional da empresa. Ela analisa, desenvolve e modifica os processos internos e externos da empresa para torná-la eficiente, eficaz e efetiva, sob condições constantemente mutáveis.

A administração estratégica formula e implementa a estratégia, como um conjunto de decisões unificado, compreensivo e integrado, que visa assegurar o alcance dos objetivos da empresa.

Administração estratégica é um enfoque sistemático à determinação de mudanças a serem feitas nas estratégias e nas potencialidades internas da empresa para garantir êxito em seu ambiente futuro. É uma administração evolutiva, porque seus princípios se adaptam às constantes mudanças ambientais. É sistêmica, porque a estrutura da organização é um conjunto de partes interativas de um todo.

É uma administração mais bem exercitada quando o nível de competição existente no mercado é elevado, o que leva os dirigentes a serem mais criativos.

A administração estratégica deve ter a sustentação de um programa de qualidade total, cujo principal objetivo é promover um sistema de gestão voltado à melhoria permanente e ampla da qualidade dos bens, processos e serviços através da participação e integração de todos.

Ela é uma administração que, de forma estruturada, sistêmica e intuitiva, consolida um conjunto de princípios, normas e funções para alavancar harmoniosamente o processo de planejamento da situação futura desejada da empresa. Nesta administração a empresa procura otimizar todos os processos e todos os recursos.

Segundo Chiavenato, a administração estratégica se implanta não por introdução de simples técnicas, mas por uma mudança significativa na prática gerencial. Trata-se de uma conquista organizacional que resulta em novas formas de comportamento.

Segundo Ansoff, a administração estratégica se tornará um esforço de equipe, exigindo vários administradores diferenciados para enfrentar a grande complexidade que se avizinha. Tais administradores terão de ter as habilidades do dirigente estratégico, além de trabalharem numa estrutura matricial. Rawls preocupa-se com o problema de identificação do administrador estratégico entre os vários administradores, por ser muito difícil achar um com todas essas características.

1.28 CLASSIFICAÇÃO DAS ESTRATÉGIAS

A classificação das estratégias se enquadra nos seguintes grupos:

Estratégias Cooperativas – Aquelas voltadas para a sobrevivência, ajuste, cooptação, coalizão e manutenção da empresa.

Estratégias Competitivas – Aquelas voltadas para o desenvolvimento e crescimento da empresa. Nesta estratégia os ambientes são parcialmente controlados.

Estratégias de Gestão – Aquelas voltadas à gerência do negócio, tais como: planejamento estratégico, CRM (gerenciamento da relação com consumidores), benchmarking (plataforma de qualidade), terceirização e parceria, segmentação, missão e valores, customização em massa, seis sigma (desvio padrão), modelos de otimização, fidelização de clientes, downsizing (enxugamento).

Estratégias de Marketing – Aquelas voltadas para criar e manter consumidores satisfeitos. As estratégias de marketing a serem utilizadas dependerão dos seguintes fatores: Mercado de atuação; Produto ou linha de produtos a ofertar; Recursos disponíveis; Recursos necessários; Limitações governamentais; Preço de venda de mercado; Canais de distribuição; Custo do produto; Capacidade de produção; Custo da comunicação com consumidores; Sistemas de informação e de comunicação; Qualidade nos serviços prestados.

Estratégias Organizacionais – Aquelas voltadas a dar suporte à organização no trato com o ambiente do qual ela faz parte, principalmente, no tocante a eficiência, eficácia, efetividade e produtividade.

Estratégias de Vendas – Aquelas voltadas a ajudar à Força de Vendas com recursos apropriados e ferramentas administrativas.

Estratégias de Serviço – Aquelas voltadas a enfatizar para os contratantes (consumidores e usuários) que os serviços prestados são de alto nível de qualidade técnica.

Estratégias Empresariais – Estratégias voltadas a ajudar a empresa no seu relacionamento com os mercados, consumidores, compradores, fornecedores, parceiros, funcionários e concorrentes.

Estratégias de Produto – Aquelas voltadas para posicionar e manter na cabeça dos consumidores a boa imagem do produto, além de ressaltar os valores agregados na sua aquisição.

Estratégias de Produção – Aquelas voltadas à melhoria contínua dos processos, atividades, procedimentos, operações e movimentos de fabricação.

Estratégias de Varejo – Aquelas voltadas a criar modelos de varejo que atendam os consumidores de forma otimizada.

Estratégias Financeiras – Aquelas voltadas a manter o máximo de liquidez da organização, bem como fazer as melhores aplicações e investimentos de saldos de caixa e reservas de lucro, objetivando a otimização de seus ativos.

Cada dia aparece uma nova estratégia, cuja finalidade é, na verdade, enganar os neófitos em gestão corporativa.

1.29 ESTRATÉGIAS COMPETITIVAS

As principais estratégias competitivas são:

Estratégia de Competição – Estratégia em que a empresa procura concorrer com outras empresas. A competição envolve um complexo sistema de relações. Inclui a concorrência tanto na busca de recursos, como na busca de consumidores. Segundo Chiavenato, a competição é uma estratégia pela qual o objetivo escolhido pela empresa é parcialmente controlado pelo ambiente de tarefa, que lhe tira boa parte de sua liberdade de ação ou de escolha.

Estratégia de Crescimento – Estratégia em que a empresa procura lançar novos produtos e aumentar a participação no mercado. Os principais crescimentos são classificados em:

- Crescimento Intensivo (oportunidade de melhorar o desempenho dos negócios).
- Crescimento Integrado (as vendas e os lucros de um negócio podem crescer através da integração dentro de seu setor industrial).
- Crescimento Diversificado (boas oportunidades fora dos negócios atuais).

A empresa pode procurar novos produtos que tenham sinergias com suas linhas atuais de produtos, muito embora os produtos possam atrair um grupo diferente de consumidores.

Estratégia de Desenvolvimento – Estratégia que combina recursos mercadológicos e recursos tecnológicos para diversificar seus investimentos e seus produtos. É a estratégia voltada a aumentar o número de consumidores e maior participação no mercado, através das seguintes decisões: selecionar territórios; avaliar potencial da área escolhida; alocar e otimizar recursos próprios; listar compradores potenciais; ler e analisar relatórios setoriais; estimar demanda; aumentar a variedade da linha de produtos; aumentar o número de opções (tamanho, cor ...); encontrar diferentes utilidades para o produto; desenvolver um novo produto; tornar o produto não poluente; convencer consumidores a intensificarem o uso do produto; aumentar a participação no mercado; melhorar meios de comunicação com os consumidores; crescer seletivamente; corrigir pontos fracos; reforçar pontos fortes; enfatizar a qualidade.

Estratégia Defensiva – Estratégia em que a empresa tem domínio definido em produtos e mercados e procura tornar-se cada vez mais eficiente para não perder tal domínio. É a estratégia idealizada para evitar a perda de mercados e de consumidores, através das seguintes decisões: melhorar a imagem da empresa; melhorar a qualidade do produto; melhorar a confiabilidade dos prazos de entrega; dar novo estilo à embalagem; melhorar o desempenho do produto; aumentar a durabilidade do produto; superar as falhas e reclamações; proteger posição, através de preços baixos e maiores investimentos em tecnologia; concentrar esforços e recursos para manter seu mercado alvo; reforçar áreas vulneráveis à concorrência; selecionar investimentos.

Nestas estratégias, os dirigentes da alta administração não buscam novas oportunidades e não fazem mudanças e experiências. Eles são conservadores quanto às estruturas, tecnologias e métodos de operação. Procuram concentrar todas as atenções na manutenção ou no aumento da eficiência e da produtividade com os recursos que dispõem.

A melhor resposta a um ataque é aguardar e identificar falhas no adversário, isto é, descobrir lacunas onde possa contra-atacar, de forma efetiva.

Estratégia de Ataque – Estratégia militar aplicada no mercado que é considerado como um campo de batalha. As estratégias ofensivas podem ser:

Ataque Frontal – Estratégia de quem tem poder, porque compara seus produtos com a concorrência abertamente.

Ataque de Flanco – Estratégia de atacar o lado fraco da concorrência. É a mais utilizada das estratégias ofensivas.

Cerco – Estratégia de lançar uma grande ofensiva contra o inimigo em diversas frentes, forçando-o proteger a frente, os lados e a retaguarda ao mesmo tempo.

Ataque de Contorno – Estratégia de dar ao inimigo um ponto de ataque falso (simulação) e atacar alvos mais fáceis, pela diversificação de produtos que não se relacionam. Ou, ainda, descobrindo novas áreas geográficas onde o inimigo não esteja representado.

Guerrilha – Estratégia para provocar a concorrência com cortes seletivos de preços, tentar interromper suas linhas de suprimento, "roubar" seus principais empregados e criar surtos rápidos e fortes de promoção.

Estratégia de ataque é idealizada para desenvolver negócios com novos consumidores e novos mercados, através das seguintes decisões: mudar a política de preços; usar novos canais de venda; encontrar novos mercados geográficos; entrar em novos mercados; pesquisar potenciais de mercado; mapear estruturas de poder; reconhecer os instrumentos de coerção, recompensa, prestígio e informação privilegiada; desafiar lideranças do mercado com concentração de investimentos.

Estratégia ofensiva (ataque) é adotada por empresas que, constantemente, buscam novas oportunidades de mercado e experimentam novos recursos, trabalhando com mudanças, incertezas e inovações, o que faz com que não haja qualidade suficiente para conseguir o máximo de rendimento em seus processos produtivos.

Segundo Chiavenato, todo e qualquer domínio de uma estratégia ofensiva, sempre é provisório, porque esta será superada por novidades.

1.30 ESTRATÉGIAS CORPORATIVAS

As principais estratégias corporativas são:

Estratégia de Sobrevivência – Estratégia aplicada quando empresa e ambiente estão em dissonância. Nesta estratégia é comum a redução de custos, alienação de ativos, liquidação de produtos a preços mais baixos que o mercado. A direção da empresa deve ficar atenta para as decisões de sobrevivência, porque pode acabar fechando o negócio.

Estratégia de Ajuste – Estratégia pela qual a empresa busca um acordo com outras empresas quanto à troca de bens, serviços, ideias e recursos. O ajuste é quase sempre uma negociação quanto a decisões que afetam o comportamento futuro que regerá as relações entre duas ou mais empresas, visando determinados objetivos, isto é, uma permuta de compromissos e, portanto, de redução das incertezas para as partes envolvidas.

O ajuste pode ser uma contratação ou um entendimento, mas sempre repousa na fé e na confiança de que a outra parte cumprirá o prometido. Com o ajuste, o processo decisorial de uma empresa é invalidado ou, pelo menos, afetado pelo processo de decisão das outras empresas, fato que lhe tira a liberdade de ação e de escolha.

Estratégia de Cooptação – Estratégia de conquista e absorção de grupos concorrentes ameaçadores, ou a contratação de líderes desses grupos para participarem do processo decisório a fim de inibirem a ação contrária aos interesses da empresa. A cooptação reduz a possibilidade de ações antiéticas entre concorrentes.

O termo cooptação indica uma fusão (junção, união), isto é, a aceitação, pelo grupo dirigente da empresa, de representantes de outras organizações com as quais mantém negócios, a fim de minimizar ameaças do ambiente ou para assegurar o consenso de domínio.

A cooptação significa uma importação de regras e métodos, que podem tirar a antiga liberdade que a empresa tinha em escolher seus objetivos. Por outro lado, a cooptação traz a vantagem de reduzir riscos e ações antiéticas entre antigos concorrentes, numa sociedade heterogênea e de organizações antagônicas.

Estratégia de Manutenção – Estratégia que procura manter um estado de equilíbrio ameaçado. Em geral, a empresa procura dominar um segmento de mercado, concentrando esforços e recursos para manter vantagens competitivas.

Estratégia de Coalizão – Estratégia que combina duas ou mais empresas com finalidades comuns. A coalizão exige o compromisso de decisão conjunta quanto às atividades futuras, limitando decisões arbitrárias e unilaterais. É uma forma extrema de condicionamento dos objetivos da empresa.

Estratégia de Projeto – Estratégia que nos permite derivar, sistematicamente, boas soluções para tipos comuns de processamento de dados.

Estratégia de Implementação – Estratégia que dita a ordem de codificação e implementação dos módulos do projeto. O projeto estruturado gera uma hierarquia de módulos de programa que decompõe progressivamente a lógica complexa em módulos de lógica simplificada. A metodologia a ser aplicada tem como etapas: desenvolvimento, documentação, mensuração e aprimoramento da qualidade.

Estratégia Funcional – Estratégia voltada para redirecionar uma função organizacional da empresa (Marketing, Produção, Pessoal, Finanças...).

1. 31 ESTRATÉGIAS DE MARKETING

As principais estratégias de marketing são:

Estratégia de Integração – Estratégia que integra e coordena de todas as ferramentas e recursos de marketing a serem utilizadas para alcançar objetivos específicos de venda, dentro de prazos preestabelecidos. Os passos da ação são as táticas. Os planos de marketing contêm: detalhes de operação, os intervalos de tempo para os eventos e quem será responsável. A decisão, quanto ao preço de venda, é estratégica, mas a decisão de diminuir ou aumentar o preço é uma tática.

Estratégia de Segmentação – Estratégia que realiza um estudo de segmentação, cumpre observar que há muita dificuldade para se fazer uma divisão e classificação dos segmentos. Assim, é preciso questionar:

- Quais são os segmentos menos, adequadamente, cobertos?
- Quais os segmentos que a empresa conseguiu atrair mais facilmente?
- Quais os segmentos em que a direção da empresa deseja concentrar sua atenção?
- Quais os consumidores são fontes estável e previsível de vendas futuras?
- Quais são os pontos fortes e fracos dos atuais consumidores?

Em função do produto, quando segmentar o mercado? Não segmentar para produto de massa. Segmentar para produto sofisticado e novo produto. A segmentação visa à conquista de várias fatias do mercado. Embora tenha uma penetração reduzida, a segmentação possui detalhes do segmento atendido.

Estratégia de Ingresso – Estratégia para adentrar mercados amadurecidos. Nesta estratégia é preciso conhecer fornecedores fortes, concorrentes poderosos, associações patronais fechadas, distribuidores dominadores e grandes varejos. A aquisição de uma empresa é a forma mais fácil e rápida de ingressar em um novo mercado.

Estratégia de Posicionamento – Estratégia voltada a incutir na mente do consumidor que o produto e a empresa são os melhores do mercado. Segundo Kotler, "toda e qualquer empresa deseja promover aquelas poucas diferenças que apelarão mais fortemente a seu mercado alvo". Isto é, a empresa desejará desenvolver uma estratégia de posicionamento junto ao consumidor.

Posicionamento é o ato de desenvolver a oferta e a imagem da empresa, de maneira que ocupem uma posição competitiva distinta e significativa nas mentes dos consumidores que se quer atingir. Para adotar a estratégia de posicionamento devemos decidir quantas e quais diferenças promover.

Estratégia de Participação de Mercado – Estratégia, na qual a empresa procura apossar-se de uma parte maior do mercado, a fim de desencorajar os seus concorrentes, quanto às suas intenções de se expandirem, como também barrar suas entradas.

Tal estratégia requer não somente investimentos em instalações, mas também para suportar resultados financeiros marginais e até negativos. Além do mais, se não conseguir desencorajar a concorrência, isto pode conduzir a uma guerra desastrosa, uma vez que ocorre excesso de capacidade instalada.

Estratégia Seguidora – Estratégia de seguir a empresa líder do mercado. A razão é que a empresa consegue, ao mesmo tempo ter, uma referência do padrão a ser perseguido e uma experiência obtida nesta ação. Esta estratégia, porém, tem limites que são percebidos, quando as empresas atingem um elevado nível de desenvolvimento e chegam ao topo do mercado.

O monitoramento da transição de seguidor para líder é essencial para evitar a degradação do posicionamento conquistado.

Geralmente, seguir a empresa líder não é o mesmo que ser passivo ou "papel carbono". A empresa seguidora precisa definir um caminho de crescimento que não seja convite a uma retaliação competitiva. Para tal, podemos distinguir quatro estratégias: pirataria, clonagem, imitação e adaptação.

Estratégia de Liderança – Estratégia que leva a empresa a liderar as demais por sua participação no mercado. Na realidade é uma estratégia que resulta de muitas outras, que tornaram a empresa líder, em termos de mudança de preços, lançamentos de novos produtos, coberturas de distribuição e intensidade promocional. A empresa líder é desafiada, imitada ou evitada.

A menos que uma empresa dominante desfrute de um monopólio, legalmente reconhecido, sua vida não é nada fácil. Segundo Kotler, as empresas dominantes desejam permanecer no topo. Isto exige que a mesma expanda a demanda de seus produtos, proteja ou aumente a sua participação de mercado, sem alterar seu tamanho.

Estratégia de Desenvolvimento de Mercado – Estratégia que se refere à distribuição de produtos em mercados que a empresa não atua. Um exemplo é a exportação ou a distribuição em novas áreas geográficas.

Estratégia de Nicho – Estratégia da empresa, que não tendo recursos suficientes e necessários para conquistar e desenvolver um mercado de massa, concentra toda a sua força num pequeno nicho.

Estratégia de Penetração – Estratégia que se refere aos investimentos que a empresa realiza em produtos existentes no mercado em que já atua. A estratégia de penetração pode ser rápida ou lenta:

- A estratégia de penetração rápida consiste em lançar um novo produto a um preço baixo e com alto gasto em promoção. Ela é válida quando o mercado é amplo e não tem conhecimento do produto; a maioria dos compradores é sensível ao preço; há forte concorrência e o custo unitário do produto cai, em função da economia de escala e de métodos de redução de custos.
- A estratégia de penetração lenta consiste em lançar um novo produto a preço baixo e com pouca promoção. O preço baixo encorajará a rápida aceitação do produto. Porém, esta estratégia faz sentido, quando o mercado é amplo e a empresa está plenamente consciente da posição do seu produto frente à concorrência.

Estratégia de Atomização do Mercado – Estratégia que visa tratar o consumidor como se este fosse único. Suas ferramentas são: a publicidade e a propaganda.

Estratégia de Empurrar – Estratégia voltada a induzir os distribuidores a fazer promoções para vender os produtos.

Estratégia de Puxar – Estratégia que, por meio de um produto de alta imagem e marca, consegue envolver novos consumidores.

Estratégia de Foco – Estratégia que seleciona e enfatiza um mercado, um produto, um grupo de consumidores, uma linha de produtos, em que a empresa atua. Esta estratégia repousa na premissa de que a empresa é capaz de atender seu alvo estratégico, mais efetivamente do que os concorrentes que estão competindo de forma mais ampla. A estratégia de enfoque tem duas variantes: O enfoque no custo (explora diferenças no comportamento que as empresas adotam quando de sua determinação); O enfoque na diferenciação (explora as necessidades diferentes para cada segmento).

Estratégia com Foco no Mercado – Estratégia focada nas oportunidades de mercado ou nos segmentos deste. Esta estratégia concentra seus esforços em uma parte do mercado, sendo, em geral, sob o aspecto da especialização.

Estratégia de Publicidade – Estratégia que visa dar uma resposta a questão básica em tempos de crise: Qual o melhor caminho a adotar em momentos de retração econômica? Períodos de crise costumam trazer algumas circunstâncias favoráveis em termos de publicidade, já que os concorrentes se tornam tímidos neste aspecto. Os consumidores tendem a manter fidelidade às marcas.

Períodos de turbulência são uma ótima chance para fortalecer uma marca e aumentar a empatia entre empresa e público. Mas, em geral, as empresas cortam a publicidade sem se darem conta de que estes cortes podem ser feitos nos custos variáveis.

Estratégia Competitiva – Estratégia voltada para o desenvolvimento e crescimento dos negócios. Nesta estratégia o ambiente é parcialmente controlado.

1.32 ESTRATÉGIAS DE PRODUÇÃO

As principais estratégias de produção são:

Estratégia de Fabricação – Estratégia que se envolverá com, por exemplo, as seguintes questões: Como e onde o produto será feito? Qual o local de produção? Quais recursos são necessários? Qual a capacidade instalada necessária para que a empresa possa concorrer no mercado? Qual o grau de flexibilidade? Qual o nível de qualidade dos produtos? Qual o custo? Qual a capacidade de oferta? Qual a capacidade de armazenamento e de pronta entrega? Qual a posição do nível de produtividade com relação aos concorrentes? Qual a política industrial a ser conduzida?

Estratégia da Qualidade – Estratégia que está envolvida como desenvolver e treinar recursos humanos, visando melhorar a qualidade das pessoas. Esta qualidade, e somente esta, irá fazer com que a empresa tenha qualidade nos seus produtos. A estratégia da qualidade deverá ser percebida pelos consumidores e refletida em todas as atividades da empresa.

Estratégia de Agregação – Estratégia de produzir um único produto e oferecê-lo aos consumidores com um único plano de divulgação.

Estratégia de Tecnologia – Estratégia voltada a desenvolver, usar e licenciar tecnologia de maneira efetiva. No âmago de uma estratégia de tecnologia está o tipo de vantagem competitiva que uma empresa está tentando alcançar, se comparada às probabilidades de sucesso.

O desenvolvimento desta tecnologia estará sempre ligado a ponte entre a transformação tecnológica e o benefício obtido. A preocupação da estratégia tecnológica deve estar centrada em como otimizar o uso da tecnologia, a fim de que a empresa, num determinado momento, se torne bem-sucedida.

Estratégia de Redução de Custo – Estratégia voltada a fornecer o maior valor possível aos consumidores a um custo mais baixo do que da concorrência. Adotando procedimentos de compras mais eficientes, reduzindo os custos de mão de obra e empregando equipamentos de produção mais modernos.

A empresa pode usar seus custos menores para fixar preço mais agressivamente e, assim, conquistar participação de mercado. Esta estratégia tem sido crítica para a invasão de produtos importados com preços de arrebentar a concorrência.

Custo baixo em relação aos concorrentes torna-se o tema central de toda esta estratégia, embora a qualidade, o atendimento, o serviço e outras áreas não possam ser abandonadas. Baixo custo produz: maior retorno, porque vende mais; uma vantagem nas negociações com compradores poderosos; barreiras aos produtos importados; pressões competitivas. Um líder em custos não pode esquecer as bases da diferenciação dos produtos e do comportamento do mercado. Nem sempre baixo custo é uma vantagem competitiva.

A liderança no custo impõe severos encargos para a empresa preservar sua posição, o que significa investimentos em tecnologia de ponta e desapego a ativos obsoletos e a linhas de produtos de pequena reditividade. Os declínios nos custos com o volume cumulativo não são de forma alguma automáticos, são apenas um sintoma. Também uma economia de escala só será possível com uma atenção redobrada dos processos de fabricação.

Estratégia de Diferenciação do Produto: Estratégia que visa desenvolver um conjunto de diferenças significativas e valorizadas pelo cliente para distinguir seus produtos dos demais concorrentes; Estratégia que visa exercer influência direta sobre a demanda para que esta se incline a favor dos bens oferecidos pela empresa em detrimento dos produtos concorrentes.

Estratégia de Diversificação do Produto – Estratégia que é aplicada, quando os negócios existentes estão em fase de maturação ou declínio e não dão o retorno adequado aos investimentos aplicados. Neste caso, a empresa realiza investimentos em outros negócios, cujo potencial de crescimento seja favorável.

A filosofia orientadora das estratégias de diversificação de muitas empresas mudou, acentuadamente, desde o início da década de 1970. A maioria enfatiza, hoje, a diversificação relacionada com a performance que a empresa possa ter. A diversificação é necessária, porém nem sempre suficiente.

Estratégia de Distribuição – Estratégia voltada a descobrir qual o melhor canal de distribuição para determinado produto.

1.33 ESTRATÉGIAS DE PRODUTO

As principais estratégias de produto são:

Estratégia de Preço – Estratégia voltada a comparar os preços dos produtos de uma empresa com os concorrentes. Para tal, três condições devem ser atendidas:

- Primeiro – A desafiante deve convencer os compradores de que seu produto é comparável ao da empresa líder de mercado.
- Segundo - Os compradores devem ser sensíveis à diferença de preço e não achar constrangedora a ideia de abandonar seus antigos fornecedores.
- Terceiro – A líder de mercado deve recusar-se a baixar o preço, não obstante o ataque da desafiante.

Estratégia de Comunicação do Produto – Estratégia voltada a desenvolver e aplicar os recursos eficazes de comunicar o produto por meio de: publicidade, promoção, propaganda, merchandising e outros meios de divulgação.

Estratégia do Composto do Produto – Estratégia que busca a composição ótima do produto, por meio de possíveis combinações, para o lucro máximo e nível de qualidade aceitável pelo mercado. Dada a estratégia básica de composto de produto, deve-se ainda rever, periodicamente, se os itens de produtos e linhas específicas no composto, apresentam um bom equilíbrio em termos de crescimento de vendas futuras, estabilidade de vendas e lucratividade.

Os mercados estão em constante mudança no que se refere às suas preferências, para: cor, gosto, cheiro, paladar e outros detalhes. Assim, toda e qualquer mudança é como remédio, isto é, é bom para uma coisa e ruim para outra.

Estratégia Alternativa – Estratégia que atua no produto (considerado estável) e no mercado (considerado mutável). Esta estratégia analisas como as influências no produto modificam o mercado, e vice-versa.

Estratégia de Agregação – Estratégia de produzir um único produto e oferecê-lo aos consumidores com um único plano de divulgação.

Estratégia de Lançamento de Novo Produto – Estratégia que a empresa deve decidir o local de lançamento. Poucas empresas têm confiança e recursos para fazer um lançamento global. Ao contrário, as empresas, em geral, desenvolvem um plano pulverizado ao longo do tempo. As pequenas empresas selecionam uma grande cidade, fazendo uma campanha de propaganda maciça. A maioria das empresas desenvolve seus novos produtos para atender seu mercado doméstico. Em havendo sucesso, alçam um voo maior.

Estratégia de Retirada do Produto – Estratégia utilizada, quando não há crescimento sustentável para um produto no mercado. É ainda utilizada, quando o empreendedor viabiliza dificuldade em retirar o capital investido e precisa vender, no momento certo, para minimizar o prejuízo.

Estratégia de Melhoria do Produto – Estratégia comprometida a acrescentar novas características (tamanhos, pesos, materiais, aditivos, acessórios) que expandem a versatilidade, segurança ou conveniência do produto. Uma estratégia de melhoria traz novas características que constroem uma imagem de empresa inovadora, conquistando, com isso, a lealdade de determinados públicos.

Estratégia de Concentração – Estratégia que dirige todos os esforços para um determinado segmento de mercado, abandonando todos os demais. Evidente que há um risco nisso tudo.

Estratégia de Diferenciação do Produto – Estratégia que visa desenvolver um conjunto de diferenças significativas e valorizadas pelo cliente para distinguir seu produto dos demais concorrentes. É a estratégia que visa exercer influência direta sobre a demanda para que esta se incline a favor dos bens oferecidos pela empresa em detrimento dos produtos concorrentes.

A diferenciação resulta basicamente do desejo da empresa vendedora de estabelecer-se firmemente no mercado e/ou de isolar o seu negócio contra a concorrência. Ela visa apontar vantagens de suas ofertas.

A diferenciação não necessariamente deve ser restrita ao produto, mas também às suas características como preço, desenho, marca, embalagem, estilo, qualidade, rotulagem, distribuição, comunicação e serviço pós-venda. O grande desafio da diferenciação chama-se custo.

Pode-se dizer que a estratégia diferenciada concentra a sua ação num esforço de tornar a demanda favorável à escolha preferencial dos produtos do vendedor que a adota, enquanto que a estratégia de segmentação adapta o esforço de marketing às preferências dos consumidores.

O importante é que a diferenciação procura assegurar uma fatia do mercado, enquanto que a segmentação visa a conquista de uma ou várias fatias. Já a primeira tem uma penetração ampla, porém superficial, no mercado, enquanto que a segunda tem uma penetração reduzida, mas de conhecimento detalhado do segmento atendido.

Embora não haja limites para a diferenciação é bom lembrar as seguintes premissas:

- Não ofereça diferenciações muito exageradas e não desejadas pelo mercado.
- Não negue uma diferenciação útil, mesmo que seja dispendiosa.
- A diferenciação apresenta uma série de riscos que não podem ser esquecidos.
- A diferenciação, às vezes, é tão grande que não consegue manter a lealdade do consumidor.
- Um bom diferenciador é aquele que traz resultados melhores do que os custos de tal diferenciação.
- Um diferenciador visa a paridade de preço com os concorrentes.
- A lógica da diferenciação é sair da mesmice.

A diferenciação provém da criação singular de valor para o comprador. Ela pode resultar da satisfação de critérios de uso ou de imagem, embora em sua forma mais sustentável ela origine-se de ambos. Um critério de diferenciação, por exemplo, é o tempo de entrega, que pode ser influenciado por operações de logística e de processamento do pedido. Assim, a média do nível de diferenciação deve ser dada pelo mercado.

Estratégia de Marca – Estratégia voltada a manter a marca com uma boa imagem (posição) na cabeça dos consumidores. O conceito de posição na mente do consumidor é uma metáfora que veio da imagem da marca, porque resulta da comparação e avaliação das marcas concorrentes, em um mesmo mercado. Na realidade a posição na cabeça do consumidor é um retrato da qualidade da marca.

Estratégia de Marcas Múltiplas – Estratégia que utiliza duas ou mais marcas, aparentemente, concorrentes, mas que pertencem a um mesmo fabricante. Há várias razões por que os fabricantes se voltam para a estratégia de marcas múltiplas, tais como:

- Existe a dura batalha por espaço nas prateleiras dos supermercados.
- Poucos consumidores são realmente tão leais a uma marca que não irão tentar outra.
- As novas marcas criam uma excitação e expectativa dentro da empresa produtora.
- Uma estratégia de marcas múltiplas propicia à empresa tirar vantagem de diferentes segmentos de mercado.

Estratégia de Reposição de Marca – Estratégia voltada a renomeação de uma marca, em função da concorrência.

Estratégia de Parceria de Marca – Estratégia que utiliza a marca de outra empresa, em função de um acordo mútuo.

Estratégia de Divulgação da Marca – Estratégia para criar canais que tornam pública a marca, por meio de sistemas de comunicação e informação para vendedores e compradores.

Estratégia de Rejuvenescimento da Marca – Estratégia que faz o não envelhecimento da marca. A conquista da liderança, em muitos casos, limita-se a busca por inovação e retarda os movimentos de mudança. Com o tempo, empresa e consumidor se descolam e isso aparece nos resultados. Desta forma, o desafio é conter o processo de envelhecimento da marca. O envelhecimento de uma marca ajuda a envelhecer outras marcas ou linhas de produtos.

Estratégia de Preservação da Marca – Estratégia que preserva uma marca exige muito esforço. Jogar as energias da empresa na busca de uma programação seriada que repita o mesmo brilho de um lançamento de sucesso, através de inovações constantes, parece ser o caminho mais seguro para permanecer na trilha da prosperidade.

O perigo não está em mudar uma fórmula de êxito, está em cruzar os braços e saborear a vitória. De uma coisa ninguém escapa – A concorrência não ficará parada. Poucas marcas tradicionais, imbatíveis na preferência do consumidor, podem dispensar esforços de preservação sem comprometer seu futuro imediato.

Estratégia de Sortimento – Estratégia onde se oferta uma grande variedade de produtos.

Estratégia Imitadora – Estratégia que a empresa economiza na pesquisa e desenvolvimento de um produto, preferindo correr o risco de imitar.

1.34 ESTRATÉGIAS DE SERVIÇO

As principais estratégias de serviço são:

Estratégia de Serviço – Estratégia que tem sido um dos aspectos mais provocantes do modelo e administração de serviços. Para muitas empresas, é um dos problemas de solução difícil e desafiadora. Assim, pode-se dizer que uma estratégia de serviço é uma fórmula especial para a prestação de serviço. Uma estratégia eficaz de serviço atende aos seguintes requisitos:

- Deve ser razoavelmente concreta e orientada para a ação.
- Deve transmitir um conceito, ou uma missão, que os funcionários da empresa devem entender perfeitamente.
- Deve oferecer uma vantagem crítica de benefício que seja importante para o consumidor, usuário ou paciente.
- Deve ser congruente com aquilo que o cliente está disposto a pagar.
- Deve ter diferenças competitivas em relação à concorrência.
- Deve ser simples e fácil de ser expressa, bem como fácil de ser compreendida.

Karl Albrecht observa: "algumas empresas podem chegar a uma estratégia clara e convincente de serviço com rapidez e facilidade, a partir de perspectivas viáveis de consecução. Como os serviços, em geral, são muito iguais, é importante que uma estratégia de serviço busque diferenças".

Uma outra área de problemas especiais na formulação de uma estratégia de serviço é o caso de uma empresa que possui poucos concorrentes, como empresas de gás e de energia elétrica. Na maioria dos casos, a falta de uma estratégia satisfatória indica uma ausência de definição adequada do mercado alvo.

A saída está voltada para compreender as percepções dos consumidores.

Como é muito difícil estabelecer estratégias de serviço, a seguir, algumas considerações:

A maioria das empresas adora uma série de estágios progressivos à medida que o serviço obtém mais sucesso no mercado. Com o passar do tempo, os fabricantes transferem serviços pós-venda para os distribuidores e revendedores, ficando com a responsabilidade de fornecer peças de reposição.

Uma vez escolhida a estratégia, você deve submetê-la a um simples teste:

- Pode diferenciar claramente a sua empresa das demais?
- O valor subjacente à estratégia é claro e convincente?
- Ela é de fácil compreensão entre funcionários e clientes?
- A empresa possui recursos para sua implementação?
- Você pode comunicá-la, em termos compreensíveis?
- É possível sua operacionalização?

As estratégias de serviço de varejo, praticamente, estão concentradas no atendimento, no público-alvo, no sortimento de produtos ofertados, na fidelização e no relacionamento.

As estratégias de público-alvo se concentram no perfil do consumidor. Assim, as palavras chaves para montar uma estratégia adequada ao público-alvo são as seguintes: Geografia (centro, bairro, periferia); Marca (com grife ou sem grife); Preço do Produto (adequado, alto, baixo ou de mercado); Loja (tamanho, local); Internet (uso, não uso); Promoção (relâmpago, constante, programada); Desconto (dado pelo fornecedor, dado ao consumidor); Nível de Qualidade (considerar, não considerar).

As estratégias de sortimento, segundo Kotler, que mais se destacam no varejo são:

- Sortimento exclusivo: representando a linha de um único fabricante.
- Sortimento homogêneo: representando uma família de produtos homogêneos, porém de vários fabricantes.
- Sortimento amplo: representando uma ampla variedade de linhas de produto.
- Sortimento misto: representando muitas famílias de produtos não relacionados entre si.

As estratégias de atendimento ajudam a melhorar o relacionamento entre vendedor e comprador, buscando o consumidor cativo.

As estratégias de fidelização servem para conscientizar as empresas de que o prejuízo trazido pela perda de um consumidor pode ser, dependendo da área do negócio, até maior do que o custo de uma nova conquista, e que o lugar do consumidor, por unidade de tempo, na conquista de um novo consumidor aumenta, proporcionalmente, à duração do relacionamento, isto é, quanto maior for o tempo de relacionamento com um consumidor cativo, maior será o tempo para se conseguir um outro parecido.

A fidelização dos consumidores deve ser uma estratégia com um objetivo de relacionamento sistemático. Os meios para desenvolver tal estratégia podem ser:

- Melhorar as campanhas promocionais
- Dar incentivos à força de vendas.
- Desenvolver políticas para atingir os pequenos intermediários.
- Investir em marcas fortes.
- Prestar diversos serviços gratuitos.
- Lançar inovações.
- Facilitar o crédito do consumidor.
- Construir modelos de negócios para atingir as pessoas de baixa renda.
- Deixar as marcas famosas para segundo plano, em função de um público, cuja renda seja inferior a 1.500 dólares/ano.
- Esquecer os chamados mercados potenciais, devido ao alto grau de incerteza.
- Comunicar mais sonhos do que produtos.

Estratégias de relacionamento com consumidores melhoram o relacionamento com os consumidores para que estes não desapareçam.

Esta estratégia também é conhecida como estratégia de fidelização, como já abordamos.

1.35 ESTRATÉGIAS DE VENDAS

As principais estratégias de vendas são:

Estratégia de Vendas – Estratégia que está em função dos seguintes fatores: a natureza da linha de produtos; o tipo de mercado a ser atacado; o grau de agressividade na conquista do mercado; os esforços de propaganda e promoção que serão empreendidos.

A esse respeito, assim se expressaram G. N. Kakn e A. Shuchman: "Quando um vendedor tem que escolher entre atividades rotineiras de conservação e de expansão em vendas (as quais exigem engenho e arte), tende a dar preferência às primeiras."

Por isso, se o desenvolvimento das vendas deve ocorrer através de um esforço global, é necessário determinar esta tarefa a vendedores que estejam impedidos de comprometerem-se na tarefa de manutenção de vendas e que sejam recompensados apenas pela abertura de novos clientes.

Em outras palavras, trata-se de formar uma força de vendas especializada na função de aumentar a base de clientes.

A qualidade da força de vendas, embora imprescindível, não basta. É necessário um número de vendedores que corresponda ao número de consumidores que se deseja atingir. Os territórios demasiadamente grandes acabam abrindo flancos para a concorrência, enquanto os demasiadamente pequenos deixam o vendedor com muito tempo ocioso.

Todo vendedor representa uma unidade da mão de obra de vendas. Determinar o número ideal de vendedores significa determinar quantas unidades são necessárias para se atingir as metas de venda.

Sempre que se incorpora um vendedor à equipe, espera-se um acréscimo no volume de vendas.

Quando o volume de vendas é menor do que a capacidade de produção da empresa, é muito comum se aumentar o número de vendedores, sem uma análise prévia de qual estratégia adotar.

Estratégia da Força de Vendas – Estratégia em que as empresas concorrem entre si, dispondo seus vendedores de forma estratégica para que cheguem aos clientes de maneira eficiente, eficaz e efetiva. Mas, não existe uma verdadeira estratégia, ou estratégias, para conduzir o trabalho dos vendedores, pois cada empresa é única, como também, cada vendedor.

Vendedor é a pessoa mais importante do processo de venda e que tem características natas, ou adquiridas, que o ajudam na abordagem de compradores potenciais. Ele deve ter comportamento adequado e utilizar técnicas de como abordar consumidores. Sua responsabilidade maior acontece no final do processo de venda, quando persuade o comprador a adquirir o produto.

O trabalho do vendedor se fundamenta em atuar nas interfaces do processo de venda. Assim, o vendedor deve atuar nas passagens: desatenção para atenção; atenção para interesse; interesse para desejo; desejo para ação e ação para satisfação.

Este trabalho também é o de localizar consumidores prospectivos e convertê-los em compradores cativos, dar prosseguimento à transação para garantir que a satisfação proporcionada seja completa.

Um vendedor precisa se empenhar em muitas atividades. Para tal promove o fluxo de comunicação e ajuda a transmitir dados importantes para dentro da empresa. O desempenho efetivo das atividades mercadológicas exige muitas qualidades.

Aqueles que vão se dedicar à venda precisam ter: personalidade, inteligência, aparência, simpatia, empatia, persuasão e, principalmente, habilidade de relacionamento. Para que o vendedor tenha um bom desempenho é necessário que tenha alguns conhecimentos específicos, um comportamento adequado para vender e manejo de técnicas de como abordar consumidores.

Estratégia de Portfólio – Estratégia voltada a otimizar o portfólio da empresa. O portfólio é um material diversificado, como: desenhos, estampas, gravuras, fotos, que mostram os produtos que um vendedor apresenta a um potencial comprador.

Os modelos de portfólio apresentam inúmeros benefícios, porque ajudam a pensar estrategicamente, a melhorar a qualidade da documentação, a melhorar os sistemas de informação e comunicação, a melhorar a gestão dos recursos, a identificar problemas, por exemplo.

Contudo, é preciso realizar uma análise adicional dos produtos integrantes do portfólio, antes que se possa estabelecer de maneira sensata o uso dessa ferramenta de vendas. O portfólio terá de ser congruente com os objetivos de marketing e seu uso não dá a empresa nenhuma invulnerabilidade no seu segmento de atuação.

Estratégia de Logística – Estratégia que deriva das estratégias do negócio, em vez de se limitarem apenas às considerações de custo e de tecnologia da informação.

Estratégia de Atração – Estratégia voltada a criar demanda, por meio de propaganda e promoção.

Estratégia de Propaganda – Estratégia que a empresa utiliza para alavancar suas vendas.

Estratégia de Público-Alvo – Estratégia voltada a satisfazer os consumidores que se quer atender.

Estratégia de Puxar – Estratégia que, por meio de um produto de alta imagem e marca, consegue envolver novos consumidores.

Estratégia de Rejuvenescimento da Marca – Estratégia que busca conter o processo de envelhecimento da marca.

Estratégia de Reposição da Marca – Estratégia em que a marca é renomeada, em função da concorrência.

1.36 ESTRATÉGIAS EMPRESARIAIS

A seguir, algumas estratégias empresariais:

Estratégia Empresarial Básica – Estratégia desenvolvida no nível institucional, que a empresa usa para lidar com oportunidades e ameaças. Na estratégia empresarial a organização afirma a sua razão de ser (missão) e os valores que norteiam seu comportamento (filosofia).

Esta estratégia é elaborada segundo um alto grau de incerteza, num ambiente de mudanças, extremamente, velozes. A administração estratégica é muitas vezes confundida com estratégia empresarial.

Estratégia de Parceria – Estratégia que visa utilizar recursos de empresas chamadas de terceiro tipo, para enxugar custos e aumentar a produtividade. A terceirização tem se mostrado como uma estratégia para a busca da modernidade. Sem receio da perda do controle e do poder, a terceirização veio a ser viável como uma opção pragmática. A preocupação desta estratégia é com a qualidade.

Estratégia de Concorrência – Estratégia em que a empresa concorre com outras empresas. A concorrência é acompanhada, ou mediada, por um terceiro grupo que propõe acordos e contratos. Nesta estratégia o ambiente é parcialmente controlado. Talvez seja, por essa razão, que a ideia de estratégia é mais claramente percebida, tendo em vista a concorrência e a competição, num contexto de grande risco e constante ebulição.

Estratégia de Declínio – Estratégia apropriada para aproveitar ao máximo a redução gradual de vendas, mantendo-se um nível razoável de custos. Os primeiros custos a cortar são os de investimento em ativos e os de pesquisa e desenvolvimento de novos produtos. A empresa pode também reduzir a qualidade do produto, tamanho da força de vendas, serviços marginais e gastos com propaganda. É uma estratégia ambivalente e de difícil execução.

Estratégia de Compra – Estratégia voltada para o seguinte: estabilidade e competitividade entre fornecedores; integração vertical; alocação de compras entre qualificação dos fornecedores; alavancagem máxima com fornecedores escolhidos.

Estratégia de Negociação: Estratégia voltada a uma ampla abordagem, que tenha boa chance de atingir os objetivos do negociador. Os negociadores fazem uso de uma série de estratégias para atingir seus objetivos. Saber usar e lidar com essas estratégias é essencial para o sucesso na mesa de negociação.

1.37 ESTRATÉGIAS FINANCEIRAS

São as seguintes as mais importantes estratégias financeiras:

Estratégia Financeira Básica – Estratégia que envolve o entendimento da mistura que existe entre dívida, participação acionária e ganhos retidos. Esta estratégia especificará as regras e os meios pelos quais a empresa procurará financiar seu crescimento e sua expansão. Uma decisão muito importante é a divisão dos fluxos de entrada de caixa entre pagamentos e reinvestimentos, devido ao forte impacto que causa.

Estratégia de Financiamento – Estratégia que a empresa financia suas necessidades sazonais e, possivelmente, uma parcela das necessidades permanentes com fundos de curto prazo, sendo o valor restante financiado com fundos de longo prazo. É a estratégia do orçamento financeiro, que projeta e limita os recursos a serem utilizados.

Estratégia de Investimento – Estratégia que aplica os recursos (ativos) em participações e em outras sociedades para gerar renda.

Estratégia de Captação de Fundos – Estratégia para cobrir necessidades de recursos financeiros de curto prazo (sazonalidade) e de longo prazo (investimentos permanentes).

Estratégia da Taxa de Juros – Estratégia para alocação de saldos de caixa em títulos (certificados de depósito bancário, tesouro direto, letras do tesouro, fundos de aplicação), de modo a capitalizar, em função das previsões dadas pelo mercado de capitais.

1. 38 ESTRATÉGIAS ORGANIZACIONAIS

São as seguintes as mais importantes estratégias organizacionais:

Estratégia Funcional – Estratégia que é voltada para redirecionar uma função organizacional da empresa (Marketing, Produção, Pessoal, Finanças...).

Estratégia de Pessoal – Estratégia voltada ao desenvolvimento humano nas organizações. Este desenvolvimento será feito por meio da educação, treinamento, aprendizado, avaliação de desempenho, feedback, responsabilidade, ética, comprometimento, motivação e expectativa, por exemplo.

Estratégia Reativa – Estratégia para resposta a imprevistos. Uma estratégia reativa, ao contrário de uma estratégia proativa, é aquela que reage com atraso às adversidades do ambiente. A estratégia reativa é instável, tendo em vista que é aplicável em curtos espaços de tempo, sem um envolvimento amplo e incapaz de integrar as atividades nos três níveis da estrutura organizacional (institucional, gerencial e operacional). Ela é mais uma tática do que uma estratégia.

Estratégia de Mudança – Estratégia para contornar todas as reações contrárias à mudança, bem como os conflitos daí decorrentes.

Estratégia Global – Estratégia voltada para solucionar problemas de caráter multinacional, como por exemplo, a adaptação aos mercados de outros países. As estratégias globais não são uniformes, mesmo supondo que o mundo seja um mercado único, homogêneo e sem fronteiras, embora o mundo continue a ser um conjunto de economias independentes com características próprias.

Para qualificar uma empresa como aquela que busca uma estratégia global é necessário que essa empresa demonstre possuir duas aptidões: capacidade de competir em qualquer mercado e capacidade de aplicar recursos de forma otimizada, estando onde estiverem. Esta estratégia pode causar excesso de investimento na infraestrutura necessária para a devida penetração em determinado mercado.

Estratégia Multinacional – Estratégia que trata o mundo como um portfólio de oportunidades nacionais.

Estratégia Mista – Estratégia de padronização de certos aspectos do mercado industrial para que haja uma linguagem comum entre as organizações.

Estratégia Possível – Estratégia fundamentada em hipóteses a serem verificadas como solução do problema.

Estratégia da Informação – Estratégia que considera a informação como um ativo da empresa. Isso é demonstrado pela onda de fusões e aquisições. Como as empresas com grandes bancos de dados são constantemente ameaçadas pela concorrência, elas precisam montar estratégias de segurança em tecnologia da informação. Hoje, esta tecnologia cria muitas oportunidades de negócios. Porém, a relação entre a estratégia da informação e a estratégia empresarial tem vertentes diferentes.

Estratégia Administrativa – Estratégia voltada à otimização das funções administrativas, pela aplicação de todos os recursos disponíveis.

Estratégia Social – Estratégia voltada a rever o papel e responsabilidade da empresa para com a sociedade em que está inserida. Até a metade do Século XX, o princípio da livre iniciativa era aceito pela sociedade. Ela era vista como ingrediente essencial da liberdade democrática, porque tudo isso levavam as empresas a atingir metas de crescimento muito rápidas.

Entretanto, desde a Primeira Revolução Industrial, foi ficando cada vez mais evidente que o comportamento "livre" da empresa produzia injustiça social. Fato que levou os governos a criarem restrições a essa dita liberdade de iniciativa. As intervenções estatais são cada vez maiores no mundo todo, por meio de regulamentações de toda a sorte.

As empresas reagiram com programas de preservação ambiental, de melhoria na qualidade de vida, de educação continuada e outros artifícios, antes que o capitalismo acabe, pois será devorado pelas organizações não governamentais.

Estratégia Analítica – Estratégia que divide a empresa em níveis organizacionais, de forma como bem operá-la. Tais níveis são:

- Nível Institucional – Nível que trata do problema da organização diante dos ambientais e/ou mercados.
- Nível Intermediário – Nível que trata do problema gerencial para estruturas, processos, recursos, tempos e movimentos. Este nível tem como objetivo principal manter o equilíbrio entre a estabilidade e a flexibilidade.
- Nível Operacional – Nível que trata da adequação tecnológica dos recursos para maior eficiência e produtividade.

Muitos autores apresentam estratégias como sinônimos de: políticas, planos, procedimentos, decisões, metodologias, análises, programas, diretrizes, sistemas, modelos. O que é errado, pois estas ferramentas administrativas são meios de uma estratégia organizacional maior.

Estratégia Corporativa – Estratégia que abrange todas as áreas de negócios de uma organização diversificada; Estratégia da empresa.

1.39 ESTRATÉGIAS DE SUSTENTABILIDADE

Um grande problema no mundo corporativo é não enxergar a sustentabilidade do ambiente onde a organização opera e sobrevive. Não temos ainda um estudo final como estabelecer meios para mantermos uma economia sustentável. Acima de tudo, será preciso dar atenção aos seguintes principais sistemas:

Transportes; Comunicações; Redes de água potável; Esgotamento sanitário; Ensino; Saúde; Educação, Segurança, Qualidade ambiental; Logística; Fornecimento de recursos; Investimentos públicos em infraestrutura; Preservação de rios, lagoas, lagos e florestas.

Estratégias de sustentabilidade certas, talvez, não tenhamos, devido à dinâmica ambiental. Mas, estamos aprendendo com os erros que cometemos todos os dias. Muitas empresas estabelecem metas na área de sustentabilidade com prazos de três anos para ações que exigiriam de cinco a 20 anos para gerar resultados.

Sem o retorno no prazo previsto, os profissionais envolvidos tendem a ficar desestimulados, o que prejudica o relacionamento da empresa com a comunidade.

Se o projeto não dá certo no curto prazo, a empresa acha que ele não funciona. O problema é que a velocidade de resposta na área socioambiental é diferente daquela das ações mercadológicas. A ansiedade em mostrar comprometimento com um mundo mais sustentável faz com que empresas divulguem ações que nem saíram do papel.

Poucas são as empresas que mantêm um banco de dados sobre cenários ambientais e sociais.

Muitas empresas pecam em desenvolver relatórios de sustentabilidade com informações genéricas e orçamentos minguados para tocar projetos. Muitos dirigentes até mostram preocupação com o ambiente, mas esquecem de dar os recursos necessários.

Programas de sustentabilidade acabam se restringindo à alta administração. Teóricos da sustentabilidade, embora mantenham acalorados debates, têm dificuldade de acabar com a febre do crescimento a qualquer custo. Dá para imaginar notícias de países que tenham decidido voluntariamente reduzir a produção e o consumo.

A sustentabilidade ambiental começa pela gestão dos recursos de todos os tipos e, principalmente, os recursos naturais. A água de reuso é hoje uma das maiores bandeiras da sustentabilidade. Captar água da chuva e gerar reaproveitamento da água utilizada economizará, anualmente, bilhões de dólares.

1.40 PLANEJAMENTO ESTRATÉGICO

Se for o planejamento estratégico que orientará a organização no futuro, estabelecendo objetivos factíveis de serem atingidos, como o dirigente fará seu trabalho preocupado, a todo instante, com o presente, tendo de pensar no futuro?

O planejamento estratégico surgiu no momento em que as grandes organizações sentiram a necessidade de aperfeiçoar seus processos de planejamento e gerência e manter-se alerta para possíveis modificações futuras.

Segundo Paulo R. Motta, "o planejamento estratégico aparece numa época em que a visão predominante na Teoria Administrativa ainda era a de explorar ao máximo as dimensões racionais da gerência para dominar as ambiguidades que surgiam no ambiente". Essa visão valoriza o aperfeiçoamento de métodos racionais de ação administrativa para produzir maior eficiência na antecipação das mudanças.

O planejamento estratégico viria, assim, preencher a necessidade de se utilizar métodos mais racionais e analíticos na criação de futuros alternativos, inaugurando um novo campo na administração.

Na perspectiva estratégica, o planejamento deve ser uma função livre de normas rígidas. É uma função inerente ao administrador, cuja eficácia é medida diariamente pela capacidade de decisão em estabelecer prioridades, concentrar recursos e oferecer alternativas. Exige, portanto, conhecimento do ambiente, capacidade adaptativa, flexibilidade estrutural e habilidade em conviver com ambiguidades e mudanças rápidas.

Idealizado para reagir e explorar novas informações quando isso se faz necessário, o planejamento estratégico é sempre de longo prazo, cujos objetivos da organização são mudados, em função do novo rumo que a empresa seguirá para se adequar às variações ambientais. Tal planejamento é de responsabilidade do nível institucional da empresa.

Assim, este planejamento, após a fase de sua implantação, pode mudar o rumo do negócio, pois tem efeitos físicos, financeiros e comportamentais na estrutura organizacional da empresa. É, em essência, impreciso e irregular.

Problemas, oportunidades e brilhantes ideias não nascem de acordo com o preestabelecido, mas em função de necessidades prementes e/ou circunstanciais.

As estimativas usadas visam mostrar uma expectativa de resultados, sendo neutra e impessoal. Em planejamento estratégico devemos perguntar: É esta a melhor estimativa que se pode fazer? Quais informações relevantes buscar?

A afirmação de que o planejamento estratégico considera o sistema empresa como um todo pressupõe o entendimento de que este "todo" também pode representar, conforme o caso, uma corporação ou grupo empresarial, bem como uma unidade estratégica de negócio.

1.41 ELEMENTOS DO PLANEJAMENTO ESTRATÉGICO

A seguir, alguns elementos do planejamento estratégico:

Histórico do Planejamento Estratégico:

A qualificação de estratégico no planejamento organizacional fora introduzida para significar a contínua adaptação da organização, em todas as suas dimensões, às mudanças ambientais. A definição inicial de Ansoff reproduzia o argumento central da célebre obra de Alfred Chandler, "Estrutura e Estratégia", de 1962, pioneira em demonstrar a dependência da estrutura organizacional ao objetivo da estratégia empresarial.

Mas foi o próprio Ansoff, poucos anos mais tarde, quem consagrou o termo, já a partir de uma visão das limitações impostas pelo conceito e pelas práticas do planejamento estratégico. Para ele o planejamento estratégico está relacionado com "o estabelecimento de objetivos e metas, segundo um conjunto de relações entre a organização e o ambiente, e que a capacita a alcançar objetivos, que permanecem ajustados às demandas ambientais".

A ideia da dinâmica no ajuste dos objetivos aparece como conceito básico e modifica a visão anterior que via o planejamento como algo mais racional e normativo.

A seguir, a evolução do planejamento e suas principais características, segundo Ansoff:

Fases	Características
Planejamento Tradicional (1950/1970)	Relativamente estável; algum domínio sobre o ambiente; alguma previsibilidade; empresa voltada para o gigantismo; relativamente imune ao ambiente.
Planejamento Estratégico (1980/1990)	Mudanças rápidas; descontinuidade; domínio parcial do ambiente; tratamento prospectivo do futuro; inovações; adaptação; pressões sociais crescentes.
Administração Estratégica (1990/2010)	Mudanças cada vez mais rápidas; mercado como um campo de batalha; falta de controle sobre o ambiente; considerar a imprevisibilidade no cotidiano; sobreviver; limitar crescimento; críticas sociais severas.

Quadro 1.1: Evolução do Planejamento.

Objetivos do Planejamento Estratégico:

Os mais importantes objetivos do planejamento estratégico são:

- Criar meios que facilitem a coordenação de uma determinada atividade.
- Considerar oportunidades e ameaças.
- Preparar o administrador com argumentos convincentes para a implantação de uma estratégia.
- Melhorar o uso (otimizar) dos recursos existentes.
- Estimular o espírito de equipe.
- Possibilitar uma visão global do sistema empresa.
- Adequar métodos e procedimentos que facilitem um elevado nível de produtividade.
- Proporcionar condições para um agradável ambiente de trabalho.
- Orientar o processo decisório dos dirigentes da empresa.
- Acompanhar e avaliar resultados.
- Renovar abordagens para produtos, mercados e consumidores.
- Ajudar a organização a deslocar-se em direção às suas metas corporativas.
- Construir uma base de poder suficiente para dar impulso e continuidade à mudança.
- Prever a inclusão de aspectos comportamentais que otimizem a aceitação de todos.
- Buscar o apoio às novas estratégias e potencialidades.
- Reduzir os temores, as ansiedades, os conflitos e os impactos da mudança sobre grupos e indivíduos.
- Substituir a improvisação e a atuação empírica por métodos baseados em procedimentos científicos.
- Conhecer seus pontos fortes para utilizá-los.
- Conhecer seus pontos fracos para eliminá-los.
- Detectar nichos de mercado.
- Observar as ameaças externas e suas limitações internas para se tornar competitivo.
- Identificar tarefas necessárias e definir a quem cabe as responsabilidades de execução efetiva.
- Proporcionar informações, em todos os níveis, às pessoas da empresa, de forma imediata.
- Buscar soluções para problemas.
- Motivar a melhoria contínua, a qualidade e a produtividade.
- Reduzir custos, perdas e queixas.
- Proporcionar recursos necessários.
- Definir padrões de qualidade e quantidade.
- Assegurar que padrões serão controlados, mantidos e melhorados.
- Minimizar surpresas desagradáveis.
- Ajudar as pessoas a adaptarem-se às circunstâncias.
- Assegurar como dirigir, controlar e avaliar resultados.
- Ajudar a definir objetivos empresariais realistas e prazos factíveis.
- Criar normas e diretrizes condizentes com as possibilidades reais da organização.

Estilos de Planejamento Estratégico:

Os estilos de planejamento estratégico mais usados são:

- Planejamento de cima para baixo, assim chamado, porque a alta administração determina os objetivos e planos para todos os níveis inferiores da empresa.
- Planejamento de baixo para cima, assim chamado, porque os vários departamentos da empresa preparam seus próprios objetivos e planos, baseados no que melhor pensam e podem fazer. Tais documentos são enviados à alta administração para análise e aprovação.
- Planejamento dos objetivos para baixo e planos para cima é o mais utilizado pelas empresas.

Características do Planejamento Estratégico:

As principais características são:

- É projetado a longo prazo, pelo menos em termos de seus efeitos e consequências.
- Está voltado para as relações entre a empresa e seu ambiente de tarefa e, portanto, sujeito à incerteza.
- Por se defrontar com a incerteza, o planejamento estratégico tem suas decisões baseadas em julgamento e não em dados.
- Envolve a empresa como um todo (global e sistêmico), abarcando todos os seus recursos, buscando com isso obter um efeito sinergético.

Modelo de Planejamento Estratégico:

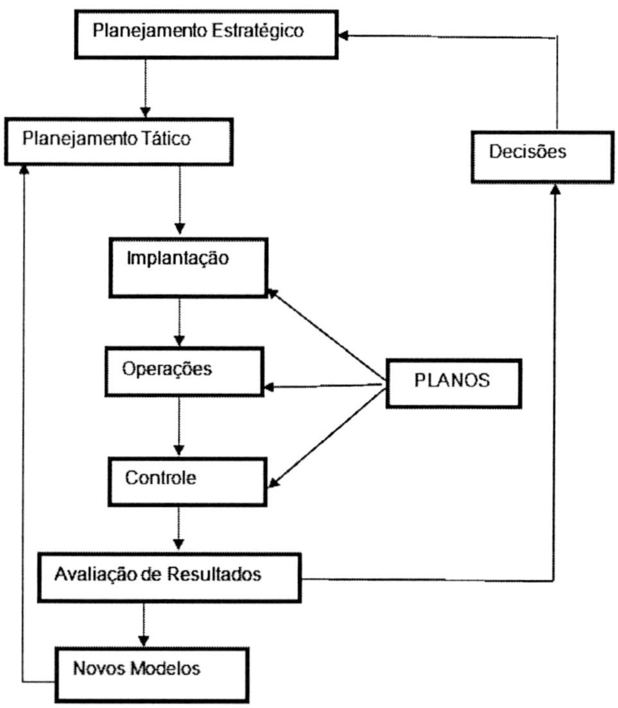

Figura 1.2: Modelo de Planejamento Estratégico.

Diagnóstico Estratégico:

O diagnóstico estratégico procura responder à pergunta básica: Qual a real situação da empresa quanto aos processos e recursos?

Este diagnóstico deve ser efetuado de forma mais realística possível, pois qualquer tomada de decisão errada prejudicará todo movimento de desenvolvimento e implementação das ações. Pode ser dividido em etapas:

- Visão – Nesta etapa identificam-se quais são as expectativas da empresa, em função do cenário.
- Análise Externa – Nesta etapa são identificadas as ameaças e oportunidades, considerando os seguintes elementos: mercados, tecnologias, fornecedores de recursos, políticas governamentais, economias regionais e globais, concorrentes, recursos humanos, por exemplo.

- Análise Interna – Nesta etapa verificam-se os pontos fortes, fracos e neutros da empresa, para poder identificar aquilo em que a empresa pode dar uma melhor resposta do que seus concorrentes. O ponto neutro é uma variável que, embora exista, não pode ser ainda classificada como forte ou fraca.
- Análise dos Concorrentes – Nesta etapa faz-se uma análise do nível de informação disponível, visando uma avaliação preliminar de risco.

É fundamental que a fase do diagnóstico seja realista, imparcial e isenta de influências pessoais.

Processo de Planejamento Estratégico:

O processo de planejamento estratégico compreende as tomadas de decisão que afetam a empresa por longo prazo. Especialmente decisões de marketing e produção. Toda organização pratica, de forma explícita ou implícita, ações com um determinado grau de formalidade.

O leitor poderá mais bem entender o processo de planejamento estratégico, se voltar ao item 1.22 (Documentos Estratégicos).

Fracasso do Planejamento Estratégico:

As causas mais comuns do fracasso do planejamento estratégico são:

- Estrutura inadequada do setor responsável.
- Ignorância da efetiva importância do significado de estratégia.
- Falta de mecanismos de implantação e controle.
- Desconsideração da influência ambiental.
- Falta de habilidades conceituais.
- Conflito de capacidade e prioridade entre o que é estratégico, tático e operacional.
- Inexistência de uma base de dados estratégicos.
- Resistência comportamental a uma mudança.
- Defeitos, vícios, incompetência e baixa credibilidade do coordenador da equipe.
- Ameaças à estrutura de poder e a cultura organizacional.

Capítulo 2
DIREÇÃO

"Ser dirigente é como reger uma orquestra, onde as partituras mudam a cada instante e os músicos têm liberdade para marcar seu próprio compasso."

Paulo R. Motta

OBJETIVOS DO CAPÍTULO

- Mostrar que conhecimentos de princípios, regras e ferramentas ajudam o dirigente a cumprir o que foi planejado.
- Mostrar que o desempenho e a característica do dirigente podem alavancar ou não uma empresa.
- Mostrar que o dirigente de hoje precisa ser um líder.

2.1 DIREÇÃO

Direção é a função administrativa que faz cumprir aquilo que foi planejado, isto é, implementa os planos empresariais, orientando e conduzindo recursos para alcançar (ou superar) os objetivos da organização. A função direção dinamiza a ação administrativa, sendo considerada como um processo de relacionamento (comunicação e liderança) com subordinados, pares e superiores.

Segundo Harold Koontz, "quando o administrador se dedica à função administrativa direção ele começa a aprender como é complexo lidar com o ser humano, porque ele também é uma pessoa que faz parte do mesmo processo".

Dirigir é uma função difícil que inclui mecanismos de motivação e encorajamento dos subordinados para se conseguir resultados efetivos. Assim, o primeiro passo desta função é interpretar aquilo que foi planejado, analisar sua coerência e possibilitar sua consecução, através de ordens e instruções.

O administrador deve se preocupar com a formação de sua equipe, cuidando para que as pessoas sejam escolhidas por seus méritos e conhecimentos. Existem ideias errôneas sobre a formação do time do dirigente, como: o pretendente precisa ter experiência anterior; a empresa não possui recursos humanos qualificados; o candidato precisa ter ótima aparência e personalidade marcante; o candidato precisa ter ótimas referências.

Para o exercício da função administrativa direção é importante que o dirigente leve em consideração o seguinte:

- Utilizar recursos suplementares para lidar com proprietários, superiores, colegas, subordinados e outros grupos da empresa.
- Usar de cautela ao aceitar conselhos e opiniões de outros.
- Ser amistoso com seus subordinados, nunca ter intimidade com eles, somente em casos raros.
- Deixar de lado sentimentos e preconceitos no trato com as pessoas.
- Comprometer-se de maneira completa, resistindo às pressões.
- Não esquecer que a maioria das pessoas tem forte necessidade de submissão.

- Filtrar o que deve ser comunicado.
- Adotar um estilo de liderança em função do clima e cultura organizacional.
- Não revelar segredos da organização.
- Não se iludir com lealdade incondicional de um subordinado.
- Negociar o tempo todo com as pessoas, sabendo vender suas ideias.
- Precisar não só saber como parecer que sabe.
- Fazer exceções quando extremamente necessário.
- Lembrar de elogiar como censurar.
- Ser um bom ouvinte, ouvindo as opiniões discordantes.
- Buscar a performance administrativa e tecnológica.

Na direção, você deve observar: mudanças excessivas nos produtos (modelos e estilos); rendimento baixo das máquinas e equipamentos; redução nas linhas de produção e linhas de expectativa; tempo residual excessivo; baixa produtividade; resposta irreal sobre pedido do cliente; pedidos de afogadilho; altos custos em algumas linhas; pedidos excessivos nas categorias de urgente e especial; cancelamento de pedidos, em função do prazo; padrões de qualidade abaixo dos do mercado; diversificação fora de condições de atendimento; atraso tecnológico em relação à concorrência; conflitos com as demais funções organizacionais.

Supervisão é a direção exercida no nível operacional da empresa. Os supervisores são responsáveis pela execução do trabalho, instrução, orientação e disciplina dos subordinados. É um nível hierárquico abaixo do gerencial. Supervisor é o cargo de quem exerce a supervisão.

O supervisor funciona como canal de comunicação, para informar sobre as necessidades de recursos de seu grupo (subordinados). Deve programar as coisas de modo que o trabalho flua com constância e uniformidade. Assegurar ferramentas e condições ambientais, bem como treinamento, acompanhamento e distribuição da carga de trabalho. Ser o responsável por motivar e capacitar seus subordinados para o trabalho predeterminado.

Também deve estabelecer objetivos congruentes com os da organização. Precisa de autoridade e conhecimento pertinentes às suas funções.

2.2 ESTILO DE DIREÇÃO

O estilo (comportamento) de uma pessoa nas suas atribuições profissionais na organização ou função em que trabalha. Assim, o engenheiro é mais preciso e formal do que um homem com formação no setor de vendas. O vendedor será agressivo e, por natureza, será também sensível às sugestões dos outros, pois aqueles que sabem persuadir podem ser persuadidos.

O estilo deve caracterizar e explicar sem a intenção de convencer, aparecer ou impor.

O estilo de direção é, em grande parte, determinado por conhecimento e comunicação. Estilo de um executivo, no exercício da função administrativa direção, é ditado por sua formação, personalidade e experiência.

De todas as características da direção a qualidade do risco criativo é a mais ameaçada pelos abusos dos sistemas modernos de administração. O rumo que toma a presidência de uma empresa pode depender tanto da situação encontrada quanto da personalidade do dirigente.

Alguns comportamentos de direção podem ser:

- Independente – O comportamento independente limita a capacidade de estabelecer relações pessoais e interfere no sucesso em tarefas cooperativas.
- Confiante – O comportamento confiante leva a um apoio social saudável e a relações seguras. Está relacionado ao autocontrole e é característico de indivíduos que administram bem o estresse.
- Dependente – O comportamento dependente interfere na capacidade do dirigente de usar seus pontos fortes e limita a capacidade de fazer sua parte em uma equipe (time).
- Empreendedor – O comportamento empreendedor é orientado para um horizonte mais amplo (metas de longo prazo). Sua visão é voltada para o mercado e seu controle é para acompanhar objetivos no atacado. É essencialmente orientado para a ação.
- Conservador – O comportamento conservador é orientado para metas de curto prazo. Sua visão é voltada para dentro da organização. Evita riscos, postergando o reconhecimento de falhas. Seu comportamento é fundamentado em sistemas, normas, princípios e políticas, mantendo controle para tudo e todos.

Ninguém pode ter apenas um tipo de comportamento. Em geral, o dirigente apresenta traços das categorias anteriormente mencionadas. Porém, uma delas é predominante.

Dificilmente uma questão importante nas empresas deixa de apresentar implicações comportamentais. Todos nós já vivenciamos organizações sem estratégias, planos e projetos. Porém, ninguém viu uma organização sem comportamento.

O fracasso da organização não pode ser atribuído ao mercado. O insucesso da mesma é, com certeza, uma falha administrativa. Não se trata da falta de recursos ou de informações, mas é uma questão de comportamento apropriado ao ambiente.

2.3 FERRAMENTAS DE DIREÇÃO

Ferramenta é um recurso apoiado em leis, teorias, regras, princípios, premissas, procedimentos e políticas, que dará ao dirigente administrador condições de não só decidir, como também solucionar um problema, desenvolver um projeto ou montar uma estratégia.

Alguém, com a ferramenta certa no tempo certo, tem condições de resolver um determinado problema? É bem provável. Pode-se dizer que a ferramenta ajuda a diminuir a complexidade de como tudo se apresenta aos olhos do ser humano e, principalmente, de uma empresa, tendo em vista um alto grau de incerteza em todos os mercados que atua.

Todas as funções administrativas e organizacionais de uma empresa utilizam ferramentas para apoiar, no seu dia a dia, as diversas decisões e soluções a serem implementadas. Ferramentas são instrumentos de uma arte ou ofício, que tornam mais econômica, rápida e confiável a execução de uma atividade, operação, processo, solução ou decisão.

Ferramenta de direção é uma ferramenta utilizada pelo administrador para dirigir sua equipe de trabalho.

A seguir, são colocadas as principais ferramentas de direção:

Conhecimento – Conhecimento é o ato, ou processo, pelo qual o sujeito se coloca no mundo e, com ele, estabelece uma relação. Entender e fazer são duas faces do mesmo ato de conhecer. Sem o conhecimento de métodos, de técnicas de racionalização e de otimização de recursos você será pego no contrapé. O conhecimento capacita o indivíduo a ter novas ideias, criar leis, princípios, teorias e abstrações. Só quem possui conhecimento tem o poder da análise, maior ferramenta na solução de problemas.

Como entendimento do mundo, não é, pois, um enfeite ou uma ilustração da mente e da memória, mas um mecanismo fundamental para tornar a vida mais desejável e mais plenamente realizada. Só tem seu sentido pleno quando há um relacionamento com a realidade. Teoria e prática, ação e reflexão são elementos indissociáveis de um todo, que só didaticamente podem ser distinguidos

O conhecimento não é impessoal, como o dinheiro. Não reside em: um livro, um banco de dados, um programa de software. Estes contêm apenas informações. O conhecimento está sempre incorporado a uma pessoa, é levado por ela, criado, aumentado e aprimorado.

A função do conhecimento é o crescimento intelectual, moral e espiritual da pessoa, além de capacitá-la para inúmeras habilidades. A aplicação do conhecimento se faz necessária para mais bem atingirmos resultados positivos, porque cada vez mais é aplicado na tomada de decisão, havendo uma linha tênue entre conhecimento específico e informação técnica.

Produzir conhecimento é uma capacidade e uma necessidade humanas. Certos princípios devem orientar aqueles que se dedicam a descobrir, discutir e divulgar o conhecimento. Assim, devem orientar-se pelo espírito crítico, pelo senso de realidade, pela humildade, pela moralidade, pela participação, pela cooperação, pelo questionamento criativo, pela perseverança e pela tenacidade.

Princípio – Princípio é uma verdade fundamental, genérica, que serve de base às normas (regras). Princípios são, portanto, regras básicas para o trabalho e conduta do administrador. Princípios são verdades fundamentais, ou que se crê serem verdades, num determinado tempo, que explicam as relações entre variáveis.

Os princípios, bem como os princípios de qualquer outro ramo de atividade, necessitam ser adaptados à casos concretos para adquirirem utilidade prática. Esse ajustamento e essa adaptação a uma ideia geral a uma situação específica são de grande importância na arte de administrar.

Premissa – Premissa é uma conclusão lógica e antecipada, fruto de estudos e experiências anteriores. As premissas servem de base para mostrar coisas evidentes, difíceis de serem contrariadas. O conhecimento de premissas é de extrema valia para a solução de problemas.

Requisito – Requisito é uma condição necessária para obtenção de algo ou certo objetivo, isto é, aquilo que preenche uma certa finalidade. Pode ser considerado como uma característica de um objeto.

Técnica – Técnica é um conjunto de procedimentos que as pessoas usam no desempenho de uma atividade, tendo sido padronizada e tem uma ampla gama de usos. Modo de realizar uma atividade de maneira mais eficiente. Técnica é uma maneira, jeito ou habilidade especial para se executar ou fazer algo. A utilidade de uma técnica depende diretamente do método que a mesma emprega e vice-versa.

Processo – Processo é um conjunto de etapas (passos) sequenciais que apresenta mudança ao longo do tempo, tendo certa continuidade. É dinâmico, cíclico e sistêmico (cada etapa afeta as demais). É o detalhamento de como fazer. Praticamente, todo e qualquer trabalho é visto como um processo. Mesmo que se faça uma atividade de diferentes maneiras, é básico que se siga um processo já estabelecido anteriormente ou que seja fruto de um ato empírico, constituindo-se, em ambos os casos, num padrão momentâneo. Então este processo é antigo, porque sempre foi assim.

O processo está relacionado com as decisões, atividades, estratégias, táticas, políticas, restrições, oportunidades, controles, planos. O processo de produção, por exemplo, será avaliado, em função das técnicas e práticas operacionais de fabricação. Não há nenhuma maneira universalmente correta de elabora um processo, qualquer que seja.

O passo é a parte elementar do processo. Dificilmente, se encontram trabalho de apenas um passo. Heráclito destacou a importância do conceito de processo ao declarar: "um homem não cruza, mais de uma vez, um mesmo rio utilizando um mesmo processo".

Pode-se dizer que cada trabalho seja constituído por uma sequência de passos, mais ou menos, numerosa. O processo apresenta contínua mudança no tempo. É bom observar que na definição de passo e de processo não é importante buscar uma cronologia

Procedimento – Procedimento é uma série de passos lógicos, através dos quais todas as ações repetitivas numa empresa são iniciadas, executadas, controladas e finalizadas. Um conjunto de rotinas padronizadas para permitir a perfeita e ordenada execução de uma operação. Um procedimento define que ação é requerida, quem a executa (pessoa ou máquina), quando a ação deve ter lugar (cronologia e implementação) e como é executada (método).

Procedimento é como fazer, isto é, se a despesa será paga em cheque, dinheiro ou transferência. O papel mais importante do procedimento é servir de canal transportador dos dados até o ponto de processamento dos mesmos. Os procedimentos permitem a execução de ciclos completos de ação.

Assim, como a política é um guia para pensar e decidir, um procedimento é um guia para fazer. Como exemplo, pode-se citar: a decisão de pagar uma fatura. O procedimento é como a despesa será paga. Já a política é a de pagar somente no último dia do vencimento.

Regra – Regra é um conjunto de ações específicas que devem ser seguidos fielmente com respeito a uma situação, isto é, uma espécie de "verdade" específica e/ou restritiva, possuindo, geralmente, exceções. Algumas considerações sobre regras, são necessárias, pois as mesmas ajudam a resolver múltiplos problemas, se aplicadas com cautela e cuidado.

Manual – Manual é um documento com a finalidade de uniformizar processos, atividades, tarefas e rotinas que devem ser observados pelas pessoas, sendo, portanto, um ótimo instrumento de racionalização e otimização dos recursos de uma empresa. Ajuda a aperfeiçoar a comunicação e a interação entre os diversos subsistemas da organização, quando é elaborado com base na cultura organizacional existente. É um instrumento de consulta e referência.

Complementam um manual: figuras, desenhos, mapas, tabelas, planilhas, fluxogramas, diagramas e gráficos, por exemplo. Os manuais são ferramentas, de relativa duração, reunidas dentro de um contexto, de fácil identificação, classificação, codificação e endereçamento, para que sirva de obra de referência, estando a sua utilidade na razão direta de sua flexibilidade e rapidez em se adaptar às mudanças ambientais. O manual não é eterno, sofrendo modificações, a fim de que seja útil, necessário e suficiente.

Norma – Norma é um conjunto de comandos diretos e cursos de ação que devem ser seguidos fielmente. A norma também é conhecida por regra que envolve um procedimento. A norma especifica aquilo que uma pessoa deve e/ou pode fazer.

Algumas considerações sobre normas são necessárias, pois as mesmas ajudam a resolver múltiplos problemas, se aplicadas com cautela e cuidado. Como função é o esforço disciplinado de um órgão, no sentido de realizar uma atividade útil à vida e ao desenvolvimento do organismo, muitos autores consideram a norma como um arranjo de funções. Mas, na construção de uma norma são necessárias as definições das suas partes componentes.

Programa – Programa é uma lista de atividades sequenciais limitadas no tempo, de preferência em ordem de prioridade e de cronologia, para atingir objetivos. Então, se há um programa e este não foi cumprido, pode-se caracterizar um desempenho pouco pragmático. Por outro lado, é comum que à medida que o programa avance muitos itens sejam excluídos, mudados de posição e outros sejam inseridos.

Um programa orienta o trabalho, mas, a rigor, não serve como ferramenta de execução, controle e avaliação, devido a ter uma cronologia de realização mutável. Programas sofrem mudanças de acordo com as contingências a serem enfrentadas e as dificuldades em se conseguir recursos apropriados. Nestes casos são novamente editados.

Os programas serão grandes ou pequenos, gerais ou detalhados, curtos ou longos, tendo em vista objetivos e recursos. Embora se tenha dito que a ordem dos eventos não tenha uma grande importância, é bom que o administrador trabalhe com uma cronologia, a mais próxima possível da realidade, pois, senão for assim, haverá muito retrabalho, causando evidente perda de tempo.

É um documento que ajuda a orientar e coordenar as atividades. Por isso, vale a pena elaborar um programa com bastante cuidado. Muitos autores acreditam que um programa pode ser uma reunião de projetos homogêneos, isto é, programas que tenham objetivos congruentes. Esta é uma visão macroeconômica.

Método – Método é um procedimento, em geral, para tratar de encontrar, analisar ou resolver um problema, de maneira sistemática, com um mínimo de esforço, custo e tempo. O método é o conjunto de atividades sistemáticas e racionais que, com maior segurança e economia, permite alcançar um objetivo, um conhecimento válido, traçando um caminho e detectando erros, sendo capaz de gerar um produto ou um estado desejado.

Porém, é importante estender o assunto, observando que um método é um procedimento primordial para encontrar a solução de um problema, pois se baseia na tradição da investigação independente. O estímulo para a investigação decorre da experiência individual ou da familiaridade com a área do problema.

A utilização do método não é de uso exclusivo da ciência. Mas não há ciência sem o emprego de métodos. Quando lemos os autores, encontramos diversos conceitos de método. Destes conceitos retiramos as seguintes palavras: segurança, economia, regra, certeza, resposta, eficiência, eficácia, efetividade, produtividade, caminho, ordem, racionalidade, repetição, resultado e solução.

Não basta dominar os métodos de uma ciência, pois eles somente são úteis quando conhecemos o enunciado do problema para dar solução. A grande dificuldade com que nos deparamos é que, na maioria esmagadora dos casos, nossos problemas não estão bem enunciados. Além disso, é preciso reconhecê-los e, para tal, é preciso mais do que métodos. A própria avaliação de desempenho, para ter caráter científico, se fundamenta em um método.

Os elementos que dão suporte ao método são: ciência, juízo, raciocínio, filosofia, conhecimento, modo de pensar, fato, lei, teoria, lógica, intuição, ideia, princípio, premissa, regra, fenômeno, técnica, leitura, por exemplo.

Metodologia – Metodologia é o arranjo de etapas (passos) de ação, por meio de uma organização lógica de procedimentos, visando atingir um determinado objetivo, que pode ser a solução de um problema. Se tal objetivo não for alcançado, é provável, que as etapas não foram seguidas ou as mesmas estão equivocadas.

Também pode ser considerada como uma coleção de métodos, técnicas, procedimentos e ferramentas para otimizar um determinado processo, levando o indivíduo a conhecer, agir e fazer um determinado estudo. É importante esclarecer que a metodologia é conhecida como a Ciência dos Métodos.

A contribuição da metodologia é a de organizar as atividades, tornando mais provável que os problemas sejam atacados no momento apropriado. Toda metodologia deve possuir uma filosofia própria, isto é, um conjunto de ideias iniciais que constitui a sua fundamentação conceitual e que serve de embasamento para as demais regras de sua construção.

A contribuição da metodologia é a de organizar as atividades, tornando mais provável que os problemas sejam atacados no momento apropriado.

Política – Política deriva da palavra grega "polis" que significa cidade. Por extensão, pode-se dizer que política é a arte de governar as pessoas de uma organização. Políticas são guias de raciocínio planejadas para a tomada de decisões repetitivas. Quando não existem políticas, já se sabe qual é o resultado: "Cada cabeça uma sentença". A cada dia um caminho diferente.

Pode-se operar uma empresa bastante descentralizada, utilizando políticas bem elaboradas e compreendidas. Uma organização, que tenha políticas bem definidas, utilizará seu tempo inteligentemente, tendo parâmetros que serão a base de sustentação do planejamento estratégico.

Política é um padrão de ação que facilita a tomada de decisão para situações parecidas, aumentando o poder de comparação e avaliação do gerente. A função de uma política é aumentar as chances dos dirigentes e subordinados fazerem escolhas semelhantes ao enfrentarem, independentemente, situações análogas. Uma política bem traçada ajuda a se cometer menos erros.

Políticas são condutas preestabelecidas, pois proporcionam um padrão de decisão para problemas recorrentes.

Quanto mais alto estiver um administrador na estrutura da organização, mais importante será o papel na formulação de políticas. Como os administradores nos níveis inferiores, em geral, têm de utilizar políticas fornecidas pelos superiores, há muito poucos gerentes que não tenham, alguma vez, formulado suas próprias políticas.

Uma política rege, mas não faz o trabalho. Seu propósito é guiar a ação para os objetivos pretendidos, mas não são objetivos em si mesmo.

Como há confusão entre diretriz e política, segue o conceito de diretriz. Diretriz é o conjunto de orientações macroeconômicas da empresa. Já a política possui um caráter microeconômico. Mas, cuidado, algumas traduções de autores estrangeiros tratam diretriz e política como sinônimos.

As políticas são elaboradas por alguém, em alguma ocasião, dentro ou fora da empresa. Além do mais, a formulação de políticas não é reservada, como se supõe, à alta administração.

Rotina – Rotina é uma sequência de atos, fases, passos, etapas ou procedimentos que se faz, em função de, por exemplo, um hábito, uma observação, um método, uma metodologia, um estudo, isto é, a rotina tem como finalidade descrever os fluxos de trabalho ou estabelecer sequência de procedimentos dentro do estabelecido na área do manual a que pertence.

Rotina é uma descrição dos passos dados para a realização de uma atividade (operações), envolvendo, geralmente, mais de um agente. As rotinas escritas também evitam improvisações, na medida em que definem com antecedência os agentes que serão envolvidos, propiciando-lhes treinar as suas ações, desta forma eliminando ou minimizando os erros. A análise da rotina objetiva a sua simplificação.

Lembre-se que cada rotina é constituída de fases e estas se compõem de operações. A fase é um conjunto de operações que mantém entre si uma conexão ou uma afinidade. A operação é um conjunto de ações relacionadas capaz de efetuar alguma transformação, mudança, ou de dar lugar à criação de alguma coisa.

Teoria – Teoria é conjunto de princípios fundamentais e válidos que se constituem em instrumento científico apropriado na procura e, principalmente, na explicação dos fatos. Teoria é, pois, uma abstração conceitual da realidade que se pretende estudar. Abstração é o ato de separar um ou mais elementos de uma totalidade complexa (coisas, objetos, representações, fatos) que só, mentalmente, pode subsistir fora desse todo.

Sob o aspecto científico, entretanto, se fato é considerado uma observação empiricamente verificada, a teoria se refere às relações entre fatos (conceitos, classificações, correlações, generalizações, princípios, leis, regras, teoremas, axiomas).

Como teoria sem prática constitui especulação inútil, a prática sem a teoria é intransmissível. O homem de negócios que não possui uma base científica poderá, dentro de certos limites, ser um praticante mais hábil do que um cientista, mas terá de pagar, algum dia, o preço da estagnação. Mas, por que são tão poucas as pessoas que se interessam pela teoria? Um dos motivos é que a prática (execução) mostra, geralmente, resultados imediatos.

Embora, para cada teoria quase sempre se possa estabelecer, em contra posição, uma outra igualmente aceitável, há uma busca constante do dirigente para o desenvolvimento de regras de ação ampla, como também descobrir generalizações, leis, procedimentos, diretrizes e ferramentas de: análise, avaliação, direção, decisão, planejamento, controle, organização e solução de problemas.

A teoria orienta os objetos de estudo, oferece um sistema de conceitos, resume o conhecimento, prevê fatos, indica lacunas do conhecimento. Porém, é o fato que inicia, reformula, rejeita, redefine e esclarece uma teoria.

Modelo – Modelo é qualquer representação simplificada de um processo e/ou uma realidade em seu todo ou parte. Pelo modelo verifica-se a interligação entre informação, processo e decisão. O desenvolvimento de um modelo é fundamental porque ele é um pré-requisito para a análise de valor da informação e porque é a chave para se compreender que partes do processo podem ser apoiadas por sistemas automatizados.

Em geral, é uma abstração de uma realidade, de uma situação pretendida ou de uma solução, ajudando a economizar tempo, dinheiro, espaço e esforço. Pelo modelo verifica-se a interligação entre informação, processo e decisão.

Munidas de modelos, as pessoas correm menos riscos, tendo em vista que a construção dos mesmos se aplica, principalmente, a tomada de decisão, resolução de problemas e avaliação de desempenho. Também pode-se prever, através de sucessivas simulações, que fatia de mercado deverá caber a um produto antes mesmo de ele passar pelo crivo dos testes de mercado. Se houver indícios de fracasso, a empresa poderá recuar e desistir da implementação do produto, evitando assim investir num projeto sem futuro.

A utilização de modelos permite que os testes de mercado sejam reduzidos ou até eliminados, substituídos por pré-testes e simulações em laboratórios que reproduzem sigilosamente todas as condições externas diante de um número selecionado de consumidores. Permite ao ser humano errar menos, eliminar testes de campo, substituir referidos testes por simulações em laboratórios, utilizando o computador como ferramenta.

Antigamente, as empresas pensavam em mercados como algo homogêneo e agora pensam cada vez mais em segmentos. Por isso, fazem análises detalhadas, criam modelos de simulação e produzem bens diferenciados para pessoas cada vez mais diferentes. Modelos desempenham importante papel no processo de criação coletiva, pois nos ajudam a pensar e a comunicar nossas ideias.

Um modelo é a expressão de um raciocínio, de um encaminhamento lógico que parte dos dados de base, que são o resultado da observação da realidade, para a escolha de uma solução que possibilite uma ação. Não pode representar muitos aspectos de um contexto, porque, os modelos, além de serem muitos, mudam constantemente.

Modelo de direção é uma representação que faz cumprir aquilo que foi planejado, conduzindo e orientando os recursos da organização.

2.4 ADMINISTRAR VS. EXECUTAR

Como é difícil distinguir entre administrar (dirigir) e executar, a seguir, um exemplo:

Administrar:

- Visitar um dos seus subordinados para ajudá-lo na solução de um problema técnico.
- Fazer a entrevista inicial de seleção de um candidato a empregado.
- Realizar uma reunião para explicar um novo método de trabalho.
- Explicar a um subordinado por que ele está sendo aumentado de salário.
- Decidir se deve acrescentar um cargo à estrutura da empresa.
- Transferir um encargo de um empregado para outro, porque aquele não rendeu o esperado.
- Fazer um novo arranjo físico para o departamento.
- Discutir com seu pessoal a melhor maneira de otimizar recursos.
- Discutir qual será o orçamento de despesas para sua área de responsabilidade

Executar:

- Assinar um cheque para aprovar uma despesa.
- Dar a um de seus empregados experientes sua solução para um problema, sem lhe pedir opinião.

- Dar solução a um problema rotineiro.
- Preencher um formulário.
- Revisar os relatórios de rotinas.
- Relatar ao superior os resultados alcançados.
- Acompanha um visitante pela fábrica.
- Comparecer a uma reunião.
- Fazer uma palestra para um grupo que esteja visitando a empresa.

2.5 DIRIGENTE

Dirigente é aquele que dirige um negócio e que dá condições para que as pessoas cheguem até ele, façam perguntas, concedendo seu tempo. Todavia, as ações falam mais alto do que as palavras. Não importa quantas comunicações você faça, se não houver ação, ninguém acreditará nelas. Um bom dirigente deve ter um alto nível de impulso, energia e tenacidade. Todas as qualidades de um bom dirigente podem ser adquiridas, desenvolvidas, melhoradas e aplicadas.

Principais características do dirigente são: bastante confiança para assumir riscos; lealdade para com todos; rigor e controle com o dinheiro para que este gere mais dinheiro; vontade de simplificar; habilidade para diagnosticar problemas; capacidade de fazer as pessoas trabalharem sob seu comando; capacidade de admitir enganos e alta dose para prever mudanças (leitura do cenário).

As razões pelas quais os dirigentes trabalham mais do que administram são muitas. Algumas podem ser citadas:

- O dirigente se sobressaiu na empresa mais como executor do que como administrador.
- O dirigente acredita que cabe a ele toda a responsabilidade de execução, pois considera seu trabalho muito importante.
- O dirigente pode ter tido um treinamento deficiente, ou ainda pior, nenhum treinamento.
- O dirigente não possui habilidades conceituais para fazer distinções entre administrar e executar.
- O dirigente é empregado de um empresário voltado integralmente para o trabalho, pois este acha estudar e pensar uma perda de tempo.

Um dirigente sempre se valerá de políticas, se as tiver à mão. Mas, aquele que só sabe administrar baseado em políticas não é intuitivo, inovador e criativo para desenvolver novas estratégias. É como o chefe que faz administração baseado no senso comum dos subordinados.

Quando um dirigente sempre procurar fazer justiça, os empregados se convencerão de que poderão nele confiar. Um bom dirigente não assume a atitude de um queixoso, interesseiro e desonesto.

2.6 ELEMENTOS DO DIRIGENTE

A seguir, os principais elementos do dirigente:

Ferramentas do Dirigente – As ferramentas do dirigente mais utilizadas são: motivação, influência, manipulação, ordem, envolvimento, compromisso, remuneração, estímulo, interação, integração, incentivo, recompensa, persuasão, coação, relacionamento, cooperação, participação, adaptação, mudança, treinamento, dinâmica de grupo, administração de conflito, feedback, delegação, disciplina, expectativa, moral, método, flexibilidade, conhecimento, informação, modelo, objetividade, gráfico, documentação, arquivo, reunião, por exemplo.

Funções do Dirigente – Qual é a função essencial de um dirigente de empresa? Dedicar-se à obtenção dos melhores resultados possíveis, com os recursos corretamente utilizados e disponíveis. O dirigente deve estar sempre de olho nas oportunidades do ambiente, como também ter consciência de suas limitações, bem como da empresa em que trabalha.

Os dirigentes dedicam a maior parte, senão a totalidade, de seu tempo à análise de desempenho, tomada de decisão, apreciação de custos, determinação de preços, execução de planos e programas, preocupação com a qualidade, assistência aos consumidores, seleção de pessoal, entrevistas, relatórios, manutenção e ajustamento do sistema, treinamento de seus recursos humanos, socialização do novo subordinado, desenvolvimento de uma equipe de alto desempenho, aconselhamento (dar e receber), coordenação, liderança, delegação, compromisso e, inevitavelmente, resolver problemas.

Embora existam os mais diversos tipos de homens que podem desempenhar e efetivamente desempenham o cargo de dirigente numa empresa, a qualidade que todos devem possuir é a disposição de arriscar sua reputação e seu emprego ao tomarem decisões, qualidade difícil de ser encontrada.

A função é um conjunto de técnicas, processos e práticas que ajudam o administrador a fazer acontecer os objetivos pretendidos. Função é o esforço disciplinado de um órgão, no sentido de realizar uma atividade útil à vida e ao desenvolvimento do organismo. O conceito de função transmite a ideia de ação e de dinâmica. Impõe a existência de um componente ou de uma base estrutural que sirva de suporte para o aprimoramento da gestão de recursos. Em administração, este componente se chama cargo.

Cargo é o conjunto de funções executadas de maneira cíclica ou repetitiva. Cada cargo tem um ou mais ocupantes (pessoas) que executam determinados trabalhos específicos. A primeira tentativa de se definir e estabelecer racionalmente os cargos a serem desempenhados pelas pessoas numa organização aconteceu com a Administração Científica de Taylor.

Para que exista um cargo deve, obrigatoriamente, existir uma função que o justifique. A função é o conteúdo do cargo. É importante lembrar, todavia, que, na prática, muitas vezes existe cargo sem função e, outras vezes, existe função sem cargo.

Conduta do Dirigente – A conduta de um dirigente se fundamenta nos seguintes aspectos básicos:

Socialização – É a função voltada a apresentar o novo funcionário à sua equipe de trabalho, com a finalidade de mostrar ao mesmo a cultura organizacional da empresa, regras e procedimentos.

Aconselhamento – É a função do dirigente voltada a discutir com um subordinado a maneira de como melhorar o seu trabalho (eficiência, eficácia e efetividade). Também pode ser a ajuda na solução de um problema ou numa tomada de decisão.

Compromisso – É a função do dirigente que deve atender interesses, satisfações e participações, tanto dele quanto da empresa.

Relação com Proprietários – É a função que pode ser entendida da seguinte maneira. Uma empresa é uma pessoa jurídica com muitos direitos legais e privilégios das pessoas físicas. É uma entidade cujo controle independe dos proprietários. A empresa pertence aos proprietários, mas os seus bens são geridos por dirigentes (diretores e gerentes).

Entrevista – É instrumento fundamental na seleção de pessoal. Tem sido supervalorizada por uns e subestimada por outros. É, no entanto, indispensável no processo de escolha de pessoal e, ainda que usada sem ser acompanhada por testes, melhora a escolha. A entrevista é basicamente uma fonte coletora de dados e fatos aparentes e passados.

Qualidades do Dirigente – Qualidades do dirigente podem ser:

Qualidade de Solução: solução de problemas organizacionais, com eficiência, eficácia e efetividade.

Qualidade Técnica: durabilidade, segurança, credibilidade, garantia, funcionalidade, baixo índice de defeitos.

Qualidade Humana: atitude, comprometimento, atenção, atendimento, lealdade, cooperação.

Qualidade Pessoal: base de todas as outras qualidades. Você será um patrimônio para a sua organização, quando realizar produtos com qualidade.

Qualidade da Objetividade: capacidade que têm o dirigente de não se perder em meandros e ir ao âmago do assunto, de maneira concisa.

Qualidade do Senso Crítico: indispensável que o dirigente possua senso crítico e faça a sua própria avaliação (autocrítica).

Qualidade da Especialização: qualidade do dirigente que se refere às peculiaridades, técnicas, métodos e conhecimentos de atividades particulares (especializações).

Qualidade do Senso Comum: senso comum, muitas vezes confundido com bom senso, é uma característica inata ou adquirida na vida profissional de um dirigente. Ela é necessária para enfrentar ameaças cada vez mais adversas.

Qualidade da Integridade: a integridade subentende muitas coisas, indo além da concepção de honestidade. Exige respeito ao superior, que sempre deve estar informado dos acontecimentos. O dirigente deve ter comportamento adequado aos padrões de civilidade da organização em que trabalha.

Qualidade da Transparência: a transparência é uma atitude corporativa que pode ser decisiva não apenas para a imagem da empresa, mas para as suas vendas. Hoje, é fundamental, para a sobrevivência de um negócio, ter transparência.

Qualidade da Flexibilidade: qualidade necessária não só em função das grandes transformações do mundo, mas, principalmente, porque essas mudanças se acentuarão em escopo, espaço, tempo, velocidade e complexidade.

Qualidade do Profissionalismo: o dirigente é julgado não pelo que sabe acerca das funções que exerce em sua especialidade, mas sim pelos resultados.

Habilidades do Dirigente – Habilidade é a capacidade que tem um dirigente de executar uma determinada tarefa. A seguir, são colocadas as principais habilidades:

Habilidade Adaptativa: Habilidade traduzida por meio de reações e respostas que se faça para atender as modificações do ambiente, em que está inserido, a fim de não prejudicar a consecução dos seus objetivos e os da organização.

Habilidade Administrativa: Habilidade que reside na absorção dos objetivos de qualquer empreendimento, bem como atingir tais objetivos através das funções administrativas.

Habilidade Analítica: Habilidade que consiste em saber a utilidade e a potencialidade das técnicas administrativas e adquirir mais realismo, profundidade e criatividade na solução de problemas. Aprender a decompor problemas, identificar variáveis fundamentais, estabelecer relações de causa e efeito, buscar novos caminhos.

Habilidade Cognitiva: Habilidade que se traduz na capacidade de reflexão crítica a respeito dos problemas que o administrador procura interpretar e descobrir suas causas e seus efeitos.

Habilidade Conceitual: Habilidade que consiste na capacidade de utilizar conhecimentos, ideias, conceitos, leis, princípios, teorias e abstrações no trabalho.

Habilidade Crítica: Habilidade que é indispensável ao dirigente, inclusive para a sua própria avaliação (autocrítica). Para adquirir senso crítico, questionar sobre resultados melhores, frequentes emergências, controles excessivos, objetivos inatingíveis, séries históricas confiáveis e de encontrar pessoas capazes é preciso ter tal habilidade.

Habilidade de Ação: Habilidade de agir, isto é, habilidade que um dirigente tem quando demonstra autonomia, reflexão, segurança, conhecimento e papel na organização em que trabalha. Além do mais, a ação reflete o comprometimento, a autodisciplina e a adaptabilidade pessoal na consecução de uma missão.

Habilidade de Atenção: Habilidade de manter a atenção com quem fala ou no trabalho que faz.

Habilidade de Comunicação: Habilidade que dota o dirigente de meios e recursos de comunicação dos quais não se deve descuidar. Assim, ele deve ter: uma redação correta, objetiva, clara e concisa, para expressar ordens, planos, programas, políticas, decisões, estratégias, táticas, relatórios.

Habilidade de Crescimento: Habilidade que está vinculada diretamente à competência de delegar, aprender, observar, comparar, teorizar, por exemplo.

Habilidade de Decidir: Habilidade de fazer uma apreciação sobre uma linha de conduta a ser adotada (escolhida).

Habilidade de Diagnosticar: Habilidade que exige da pessoa a leitura do cenário, não só para si, mas também para o grupo do qual pertence. Esta capacidade é adquirida ao longo do tempo, em função do acurado poder de observação. A capacidade para diagnosticar problemas é um pré-requisito da tomada de decisão. Algumas pessoas não percebem os problemas ao seu redor.

Habilidade de Direção: Habilidade de acompanhar e encorajar uma outra pessoa a se comunicar de maneira direta; Habilidade de não perder o rumo.

Habilidade de Escrever: Habilidade que consiste na capacidade da pessoa construir relatórios claros, objetivos, concisos e relevantes. Para que o indivíduo saiba escrever é preciso que o faça com naturalidade, conheça a língua, saiba pensar, escreva para o leitor e não para si, demonstre acuidade para detalhes e possua capacidade de observação.

Habilidade de Falar: Habilidade para alguém se fazer entender. A habilidade de falar consiste na capacidade da pessoa falar em público, devendo prestar atenção para a postura, entonação da voz, gesticulação, correção no uso do microfone e outras preocupações.

Habilidade de Generalizar: Habilidade inerente ao homem para tornar a vida mais tolerável e possível. Do contrário, cada um dos problemas com que se defronta requereria que ele começasse tudo de novo, a partir do zero. Cada geração teria de aprender desde cedo, por si só, tudo quanto precisa saber.

Habilidade de Ler: Habilidade que consiste na capacidade de aprender a conhecer o mundo e suas manifestações. Para que se possa tomar conhecimento e usufruir riqueza histórica construída e transmitida pelos homens é fundamental a prática da leitura. Esta habilidade dará: conhecimento, vocabulário, poder de organizar as ideias, velocidade de entendimento do texto e capacidade de reproduzir as informações apreendidas. A leitura é uma ferramenta poderosa de estudo.

Habilidade de Negociação: Habilidade que consiste na capacidade de ser aquele que encontra meios para alterar ou dirigir o comportamento de outro. Para tal, será preciso persuadir, interessar, motivar, dissuadir, atemorizar e olhar nos olhos do outro.

Habilidade de Objetividade: Habilidade de não se perder no meio caminho e não desviar do tema em pauta ou do problema a ser resolvido.

Habilidade de Ouvir: Habilidade que consiste na capacidade de focalizar um único estímulo durante certo período de tempo. Podem ser reclamações de consumidores, subordinados, superiores, colegas, fornecedores ou concorrentes. A arte de ouvir é uma habilidade que pode ser desenvolvida, e, por mais paradoxal que pareça, é uma excelente técnica para influenciar pessoas.

Habilidade de Programar: Habilidade que facilita muito o trabalho a ser executado, porque sendo o programa um conjunto de atividades sequenciais, limitadas no tempo, em ordem de prioridade, estabelecida com a finalidade de atingir um objetivo. A ordem de prioridade dos itens de um programa não precisa estar rigorosamente em ordem cronológica, porque à medida que o programa avança, muitos itens são excluídos, mudam de posição e outros são inseridos. É comum descobrir nova ordem de prioridade.

Habilidade de Projetar: Habilidade que facilita o trabalho executivo, porque ajuda a identificar e operacionalizar suas atividades em áreas envolvidas, para alcançar objetivos focados no planejamento estratégico da empresa.

Habilidade de Prontidão: Habilidade da pessoa que realmente demonstra o desejo de se comunicar com outra. Não basta querer, pois é necessário possuir capacidade para tal.

Habilidade de Racionalizar: Habilidade dada a quem sabe aproveitar as suas energias físicas e mentais, a sua inteligência, o tempo, os materiais. Enfim, sabe otimizar os recursos que lhes estão ao alcance, e com isso se torna eficiente, produzindo muito e desperdiçando pouco. Infelizmente, porém, é maior o número das pessoas pouco eficientes, que gastam muito, ou desperdiçam muito, produzindo pouco.

Habilidade de Relacionamento: Habilidade que consiste na capacidade de saber se relacionar com as pessoas, através de mecanismos de persuasão, motivação e liderança. Um dirigente deve, naturalmente, compreender que ele não é perfeito, que as pessoas que trabalham para ele e com ele não são perfeitas e que sua empresa não é e jamais será perfeita. A habilidade de relacionamento é multidirecional, envolvendo responsabilidades para gerir relacionamentos, nos sentidos vertical, horizontal e diagonal da estrutura organizacional.

Habilidade de Resolver: Habilidade que uma pessoa tem de resolver um problema devido a sua inteligência em identificar o problema com precisão.

Habilidade de Resposta: Habilidade da pronta reação que o indivíduo tem para com um problema, não sendo necessariamente a solução do mesmo. Essa habilidade requer da pessoa grande conhecimento do assunto em pauta.

Habilidade Empreendedora: Habilidade voltada para ver oportunidades no mercado. Tal tipo de habilidade inventa novos fatores de sucesso, detecta necessidades de mercado, provoca mudanças de processos, estruturas, comportamentos, modelos, políticas e procedimentos, por exemplo.

Habilidade Empresarial: Habilidade inerente à criação, existência e desenvolvimento do empreendimento. Por meio desta capacidade ele concebe projetos alternativos, geralmente, em resposta a estímulos financeiros, solicitações do mercado e incentivos fiscais e cambiais do governo.

Habilidade Estratégica: Habilidade que acontece quando o empreendedor percebe as tendências subjacentes que moldarão o futuro. O dirigente estratégico difere do dirigente criativo em sua prontidão para reconhecer que o pensamento (ou ideia) de outra pessoa é legítimo e pode trazer uma contribuição importante para a empresa.

Habilidade Executiva: Habilidade voltada para o desenvolvimento de uma capacidade de interferir intencionalmente no ambiente organizacional, mudar objetivos, valores e processos, alterar táticas de ação, aprender sobre si próprio, sobre sua função e sobre as condições operacionais da organização. Esta habilidade está relacionada em comprometer-se com a missão da organização.

Habilidade Gerencial: Habilidade que reside na absorção dos objetivos de qualquer empreendimento, bem como atingir tais objetivos através das funções administrativas e das funções organizacionais.

Habilidade Gráfica: Habilidade que tem o ser humano de desenhar representações gráficas em uma superfície plana de um objeto, de uma relação ou de um raciocínio esquematizado, objetivando visualizar uma ideia e facilitar a transmissão precisa de uma imagem. A representação gráfica ajuda a ver o problema com mais clareza, facilitando a solução.

Habilidade Humana: Ver habilidade de relacionamento.

Habilidade Inovadora: Habilidade específica daquele que tem o espírito empreendedor. É o ato que contempla os recursos com a capacidade de criar riqueza. A habilidade inovadora não é o inverso daquilo que não está funcionando. Exige bem mais do que meramente compreender por que as ações (decisões, soluções) não funcionam.

Habilidade no Atendimento: Habilidade de atender bem as pessoas, quando da venda de um produto ou na prestação de um serviço.

Habilidade Perceptiva: Habilidade voltada para a leitura que se faz das pessoas, das organizações, dos ambientes e dos mercados. Como a percepção de uma pessoa vem através dos sentidos, é possível que haja uma distorção da realidade comum aos demais, porque ela é intrínseca ao indivíduo.

Habilidade Política: Habilidade que consiste na capacidade de usar estratagemas, às vezes maquiavélicos, para atingir seus objetivos.

Habilidade Profissional: Habilidade de quem atinge resultados positivos para a organização e não pela sua formação acadêmica. Esta habilidade pode ser adquirida e aperfeiçoada, por meio de cursos, seminários, leituras, dinâmicas de grupo e estudos de caso, por exemplo.

Habilidade Psicológica: Habilidade característica em lidar com os erros das pessoas, tanto superiores quanto subordinados. Os erros são para servir de lição e de ponto de partida para novos rumos e não para serem rememorados. A eterna preocupação por causa de um erro é uma atitude estéril. Todo dirigente precisa adquirir uma verdadeira tolerância para com suas próprias imperfeições e uma capacidade para utilizá-las de forma positiva. Atribuir responsabilidades às pessoas e deixá-las cometer erros poderá ser a mais alta função da direção de uma empresa.

Habilidade Técnica: Habilidade que diz respeito ao conhecimento de métodos e técnicas de racionalização de recursos, para o seu desempenho na organização. Tal habilidade será adquirida através da leitura, do estudo e da experimentação.

Habilidade Tecnológica: Capacidade que envolve aspectos concretos (recursos físicos, tais como máquinas, equipamentos, imóveis, instalações) e abstratos (conceitos, ideias, conhecimentos, informações, políticas, procedimentos, regras, planos, programas, métodos). Tal capacidade se constitui numa vantagem competitiva que dá atualização nos processos de informação, comunicação e produção. Em resumo, pode-se dizer que a tecnologia tem a propriedade de determinar a natureza da estrutura e do comportamento organizacional das empresas.

2.7 ASSESSORIA

Assessoria (Staff) é uma atividade auxiliar do executivo que inclui o provimento de informações pertinentes e relevantes, por meio da pesquisa, análise, previsão e avaliação. Assessoria está fora da estrutura básica de linha, da qual é auxiliar. Assessoria pode fazer qualquer coisa, menos comandar.

O dirigente, embora viva na Era da Informação, onde a tecnologia deu saltos espetaculares, proporcionando aos dirigentes canais de informação conectados a tudo e a todos, a figura do assessor aparece como aquele especialista a ser consultado para embasar a ação administrativa.

As atividades de assessoria incluem o provimento de informações pertinentes e relevantes, relatórios, planos, pesquisas, análises, estudos de previsão, avaliações de desempenho.

O uso da assessoria que pode ser feita por intermédio de assistentes do executivo de linha ou de especialistas funcionais e permite aumentar a quantidade de informação que aquela posição na hierarquia pode processar. Existem duas restrições à utilização do staff como esquema integrativo.

A primeira, é o custo, principalmente, nas pequenas empresas, onde a assessoria quase sempre precisa ter um tamanho diminuto. A segunda, é que o staff pode resolver alguns problemas de integração, mas ele próprio costuma criar um problema particular de integração.

A assessoria significa uma pessoa ou um grupo que dá conselhos, recomendações, sobre um assunto especializado a um órgão de linha. Um órgão de linha é caracterizado por ser uma unidade que tem a responsabilidade direta sobre as atividades que levarão a organização a atingir seus objetivos, isto é, cumprir a sua missão.

A natureza básica da assessoria como uma relação de aconselhamento caracteriza perfeitamente a ausência de autoridade da assessoria. A informação que fornece, relatórios ou planos fluem para cima até seu superior, o qual decide se devem ser transformados em ação ou não.

O trabalho dos assessores pode ser discutido com base nas funções administrativas que eles ajudam a desempenhar. Algumas unidades de assessoria devotam a maioria de seu tempo em seus esforços para uma função administrativa, tal como planejamento, por exemplo.

A grande variedade de tarefas desempenhadas por assessores origina uma pergunta importante: De que modo a assessoria obtém e exerce autoridade para o desempenho de suas obrigações? Quaisquer que sejam os direitos dos assessores estes são delegados por alguém superior. Assessores são empregados para ajudar executivos a tomar decisões, por absoluta falta de tempo para fazer "tudo".

A diferença entre as relações de linha executiva e de assessoria é que os executivos posicionados em linha têm prerrogativas de comando e o pessoal de assessoria não. A assessoria pode exercer uma grande influência. Ela torna possível a utilização de especialistas funcionais, sem violar a unidade de comando.

Pode-se afirmar que assessor é uma extensão do executivo em termos de tempo e de aspectos técnicos. Numa estrutura organizacional que tenha atividades de linha e assessoria podem surgir determinados conflitos.

Os principais argumentos da linha contra a assessoria são: ameaça a autoridade, longe da realidade (da prática), não assume a responsabilidade pelo fracasso, leva tempo para a consulta. Os principais argumentos da assessoria contra a linha são: não tem autoridade, seu trabalho não é utilizado como deveria ser, o pessoal de linha não sabe pensar, linha não tem visão global, linha não aceita a mudança.

As principais funções do staff estão relacionadas com atividades especializadas, como: contabilidade, compras, pessoal, pesquisa e desenvolvimento, processamento de dados, propaganda, assistência jurídica, métodos e processos, consultoria trabalhista, avaliação e acompanhamento de uma atividade, levantamento de dados, elaboração de relatórios, pesquisas de mercado, planejamento e controle financeiro, orçamento, processos de produção, manutenção de máquinas e equipamentos, controle de qualidade.

2.8 AMBIENTE ORGANIZACIONAL

Ambiente é todo um espaço (contexto) que envolve externamente uma organização de forma direta e indireta, sendo constituído de: pessoas, sistemas, recursos, grupos, famílias e organizações que formam a sociedade. Lugar onde as empresas obtêm os recursos para poderem agir e devolver, ao mesmo tempo, bens, serviços e ideias. Alguns autores ainda consideram que existem dois ambientes: externo e interno (a organização).

O ambiente organizacional (corporativo, empresarial, unidade de negócio) não é um conjunto estável, uniforme e disciplinado, mas um conjunto bastante dinâmico em que atua, constantemente, grande quantidade de forças, de diferentes dimensões, natureza e direção, e que muda a cada momento, tendo em vista a interação das mesmas. Tudo dentro de limites estabelecidos pelo sistema, onde cabem suas operações.

O ambiente é um fator incontrolável que pode causar prosperidade ou desastre em um mercado. Mas, com esforço e resolução, pode-se conseguir considerável controle sobre o mesmo. As empresas não vivem no vácuo, isoladas e totalmente autossuficientes, mas funcionam dentro de um contexto, do qual dependem para sobreviver e crescer. É do ambiente que as empresas obtêm os recursos para poderem agir e devolver, ao mesmo tempo, bens, serviços e ideias.

Ambiente empresarial é o ambiente voltado ao estudo da cultura e do conhecimento organizacional da empresa. Isto inclui atitudes, impulsos, valores, objetivos, metas, funções administrativas, funções organizacionais, mudanças, leituras de cenário, riscos, estratégias, negócios, ameaças, restrições, oportunidades. O ambiente empresarial não é um conjunto estável, uniforme e disciplinado, mas um conjunto bastante dinâmico.

As relações entre as organizações e o ambiente são altamente complexas, uma vez que as organizações vivem em um mundo humano. As empresas constituem organizações sociais inventadas pelo homem para se adaptarem às circunstâncias ambientais, a fim de alcançarem determinados objetivos. Se essa adaptação é conseguida e os objetivos alcançados, então a empresa terá condições de sobrevivência e de crescimento.

As organizações modernas são vistas como sistemas abertos que precisam responder, de forma efetiva, às pressões externas ou ao que se chama de imperativo ambiental, para que tenham sucesso. Apesar de se poder afirmar que essas pressões ambientais sempre existiram em todas as organizações, é preciso, hoje, prestar maior atenção à transação ambiente-organização.

A velocidade e a descontinuidade das mudanças ambientais fazem com que a política organizacional não possa ser formulada com base na evolução, continuidade ou adaptação natural da organização ao novo ambiente. Essa instabilidade é causada por inúmeros fatores, como o rápido desenvolvimento da tecnologia, a expansão mercadológica e as rápidas mudanças sociais e econômicas, que produzem pressões constantes para que a organização mude e cresça.

O ambiente não é uma massa homogênea e estável, uniforme e bem disciplinada, mas um campo dinâmico onde atua uma multidão de diferentes forças, de diferentes naturezas e dimensões, em direções e sentidos diferentes, mudando a cada momento, pois cada uma dessas forças interfere, influencia e interage com as demais.

No passado, desequilíbrios climáticos causaram revoluções políticas e econômicas. Na medida em que o ambiente sofre mudanças, todo o quadro habitual das operações das empresas é tremendamente influenciado por essas mudanças, pois as condições ambientais externas às empresas contribuem fortemente para o que sucede dentro delas.

2.9 ELEMENTOS AMBIENTAIS

Cenário: Segundo Michael Porter, "Um cenário é uma visão internamente consistente daquilo que o futuro poderia vir a ser. Com a maior necessidade de uma abordagem explícita da incerteza no planejamento, algumas empresas começaram a utilizar cenários como instrumentos para que pudessem compreender as implicações estratégicas da incerteza de um modo mais completo".

Com a construção de cenários, uma empresa pode explorar, sistematicamente, as possíveis consequências da incerteza para a sua opção de estratégia. O uso de cenários, embora sempre tenha sido utilizado, passou a ser intensificado a partir da segunda metade do Século XX.

Os cenários tradicionalmente empregados no planejamento estratégico enfatizam grandes fatores. Hoje, os cenários são construídos de forma global. Eventos sociais, econômicos, financeiros e políticos mundiais podem ter um efeito sobre o sucesso de uma empresa, haja vista a volatilidade dos mercados de capitais no mundo inteiro.

Não só a construção, bem como a análise dos cenários, possui caráter lógico, mas com muita subjetividade, que chega às raias da intuição. Eles permitem que uma empresa se afaste de previsões perigosas de um único ponto no futuro, em casos que não pode ser previsto. Por outro lado, ajudam a fazer escolhas mais inteligentes acerca das incertezas.

Um cenário não é uma previsão, e sim uma estrutura futura possível. O conjunto completo de cenários, e não o mais provável, é então empregado para projetar uma estratégia competitiva. O período de tempo usado em cenários deve refletir um horizonte possível.

Para se construir um cenário basta seguir uma simples metodologia, como:

- Identificar as incertezas que podem afetar a estrutura organizacional.
- Determinar as causas que geram as incertezas.
- Fazer uma série de hipóteses sobre cada causa da incerteza.
- Combinar hipóteses com cenários consistentes.
- Analisar qual estrutura sobreviveria a cada cenário.
- Determinar as fontes de vantagem competitiva sob cada cenário.
- Prever comportamentos da concorrência.
- Delinear cenários.
- Escolher cenário mais favorável.

Ler o cenário significa não só ler o presente, mas também ter uma dose de previsão do futuro. Saber ler o cenário é fundamental, porque aquele dirigente que não observar as mudanças e tendências ambientais perderá tempo, dinheiro, esforço e recursos até conseguir acompanhar o novo contexto. É claro, se conseguir.

O empreendedor que não encontrar espaço na empresa em que trabalha, certamente procurará outra. Pode até abrir seu próprio negócio se tiver coragem e conhecimento. É preciso que o empresário descubra, a tempo, que cabe, basicamente, a ele abrir este espaço e esta oportunidade para sua empresa. E não esperar milagrosamente por um anjo salvador que apareça a partir de anúncios de emprego.

As organizações precisam saber ler os cenários e buscar alternativas de enquadramento, através de novas estratégias. Quando uma organização não consegue mais ler os parâmetros de seu cenário é porque ela está em declínio.

A leitura do cenário objetiva prever futuros desejados, isto é, caracterizar situações futuras que não têm, necessariamente, ligação com situações presentes e passadas. Como o problema, normalmente, apresenta várias hipóteses de solução, é comum a necessidade da construção de cenários para momentos diferentes no futuro.

Além das técnicas, o executivo deve considerar os cenários, sob alguns aspectos. Um dos aspectos seria a maneira como o cenário representa o fato considerado, de forma abrangente ou de forma específica. Isto é, este pode ser macro ou microcenário.

Os problemas de leitura do cenário advêm da falta de hábito de ler e pela incapacidade de filtrar aquilo que é principal do acessório. Assim, o leitor do cenário precisa possuir as seguintes características: imaginação, capacidade de leitura crítica, capacidade de ouvir, capacidade analítica, vontade para falar e escrever, inovação, criatividade, mediação, liderança, negociação, persistência, clareza de raciocínio, visão sistêmica, visão estratégica, visão holística, espírito de equipe, humildade, satisfação profissional, capacidade de comunicação.

Diversidade: Diversidade é um fator de diferenciação, que precisa de aceitação e de inclusão de todos os grupos (raça, nacionalidade, religião, sexo) em todos os níveis da empresa. A diversidade precisa de uma cultura especial que afugente os preconceitos e fatores irrelevantes ao desempenho funcional. Então, essa diversidade pode ser uma vantagem competitiva?

Em que a diversidade dos recursos humanos ajuda? Num primeiro momento parece que não, tendo em vista a dificuldade de lidar com contrários. Mas, de onde vem a luz, a criatividade e a inovação, senão em se relacionar com pessoas diferentes e, às vezes, mais inteligentes do que nós.

A diversidade precisa de uma cultura corporativa especial na qual todo funcionário possa continuar com suas aspirações de carreira sem estar sujeito a preconceitos relacionados a sexo, raça, nacionalidade, religião ou outros fatores irrelevantes ao desempenho.

Segundo Peter Drucker, a diversidade, que é característica de uma sociedade desenvolvida e que fornece sua grande força, só é possível por causa das organizações especializadas, de tarefas únicas que temos desenvolvido desde a Revolução Industrial e, principalmente, durante os últimos cinquenta anos.

Mas, o aspecto que lhe dá a capacidade para funcionar bem é precisamente que cada um é autônomo, especializado, informado apenas por sua visão de mundo e não por imposições da sociedade em que vive. A diversidade encoraja a criatividade e está presente em todo e qualquer empreendimento.

Flexibilidade: A flexibilidade é necessária não só em função das grandes transformações do mundo, mas, principalmente, porque essas mudanças se acentuarão em escopo, espaço, tempo, velocidade e complexidade. Ideias para se analisar e se projetar uma organização têm girado em torno de temas, às vezes, ambíguos e fluidos, como dado, percepção e intuição, mas, por isso mesmo, capaz de retratar mais fielmente a verdadeira natureza da organização contemporânea.

Flexibilidade também pode ser a maior ou menor capacidade mental que demonstra uma pessoa para lidar com tipos: autocrático, democrático ou liberal.

A busca de novos modelos de flexibilidade organizacional significou vencer as barreiras impostas pelas concepções rígidas de estrutura que prevaleciam tanto na teoria quanto na prática administrativa. Uma estrutura organizacional flexível enfatiza a comunicação horizontal, a descentralização das decisões, a delegação de autoridade, a utilização intensa da coordenação, a não aceitação de regras, políticas e procedimentos.

A construção de novos modelos de flexibilidade passou por um processo de revisão de princípios e de crenças gerenciais. Vale lembrar os estudos de Dereck Pugh e seu grupo, conhecido como o grupo de Aston, que, não discordando, mas limitando o alcance das conclusões de Woodward, mostrava que "na ambiguidade organizacional os dirigentes possuem atitudes mais flexíveis e desafiantes, o que resulta em maior inovação e desenvolvimento".

Tom Peters avalia que "a estrutura matricial, por causa dos poderes substanciais que concentra nas áreas funcionais, deixa intacta a centralização". A construção de equipes e projetos nesse sistema gera apenas a ilusão de controle local.

Contribuições valiosas às ideias de flexibilidade organizacional vieram de autores como Alvin Toffler e John Naisbitt, com pregações sobre um novo mundo de lógica menos racional, linear e técnica, características que teriam, mais tarde, grande influência na estruturação empresarial.

2.10 COMPORTAMENTO

Comportamento pode ser traduzido como uma conduta, maneira de agir, uma reação, uma atitude diante de uma pessoa, organização ou ambiente. Se uma pessoa reage contra uma decisão organizacional, por exemplo, diz-se que ela tem um comportamento negativo.

Mas, um comportamento negativo nem sempre é um problema, pode ser inovador.

Os problemas comportamentais de um indivíduo podem advir da falta de atendimento das necessidades humanas (fisiológica, segurança, social, estima, independência, realização, poder, atuação, afiliação).

Ao tratar do problema da variável humana na organização, James D. Thompson discorre que: "o ator humano é um fenômeno multidimensional, sujeito às influências de variáveis". As organizações tratam pessoas como indivíduos (características, aspirações, valores, comportamentos, objetivos) e como recursos (habilidades, conhecimentos).

Kurt Lewin observou que "o comportamento de um indivíduo estará em função da própria pessoa e do ambiente que a cerca" (Teoria de Campo). Como o homem é um sistema complexo, é difícil prever seu comportamento que pode ser proativo, reativo, cooperativo, adaptativo, produtivo, político, avaliador, social, motivador, resolutivo, objetivo, construtivo. Seu comportamento será ditado pelas suas necessidades.

Quando se estudam os indivíduos e os grupos dentro de uma organização, está-se estudando o comportamento da organização, em função de um estilo administrativo, que, se mudado, pode alterar o comportamento organizacional. Hoje, afetado pela tecnologia digital da informação, o comportamento humano na organização está sendo redefinido. Cada vez mais se exige das pessoas velocidade em suas atividades.

O comportamento organizacional surgiu, como objeto de estudo, na década de 1960, e se trata de um conjunto de teorias extraídas de: pesquisas, leis naturais e movimentos artísticos. Dificilmente uma questão importante nas empresas deixa de apresentar implicações comportamentais. Todos nós já vivenciamos organizações sem estratégias, planos e projetos.

Os Estados Unidos não perderam a guerra do Vietnã por falta de dinheiro ou de tecnologia. A falha foi comportamental, pois não conseguiram compreender a diferença cultural, a influência da ideologia, a fonte de motivação, o processo de negociação, o poder dos símbolos e mitos e, talvez o mais grave, por não terem dado suficiente importância ao antigo preceito do Oráculo de Delfos: Conhece-te a ti mesmo.

2.11 ELEMENTOS DO COMPORTAMENTO

A seguir, abordaremos alguns elementos do comportamento:

Leis do Comportamento – Aquele que lida diretamente com o público deve considerar as seguintes leis do comportamento:

- A experiência é diretamente proporcional ao volume de projetos fracassados.
- O tempo necessário para um sábio influenciar um ignorante é inversamente proporcional ao hiato do conhecimento mútuo.
- A criatividade varia inversamente com a quantidade de pessoas no grupo.
- Abençoado aquele que atingiu o ponto de não retorno e sabe disso, porque ele pode gozar a vida.
- Abençoado aquele que não espera gratidão, porque ele não será desapontado.

Determinantes do Comportamento – Segundo Newman, o indivíduo pratica um ato, porque a satisfação que obtém da sua realização é maior do que o desconforto e o sacrifício envolvidos. Isto não significa, necessariamente, que as pessoas se comportem de maneira racional, baseada em uma análise lógica; muito pelo contrário.

Motivos que são hoje considerados fortes podem amanhã serem fracos. Os hábitos desempenham um forte papel. A decisão será mais provavelmente influenciada por um ou dois fatores do que por uma análise cuidadosa. Não obstante, os prós e contras são importantes e considerados.

Assim, uma das tarefas da administração é criar condições capazes de permitir que os atos escolhidos pelos funcionários, em virtude da satisfação pessoal neles encontrada, conduzem aos melhores resultados para a organização, em geral.

Classe Social – O comportamento dos indivíduos que pertencem a uma mesma classe social é relativamente semelhante.

Grupo Social – Os grupos sociais são conjuntos de pessoas que interagem através de determinados padrões. Função da organização (finalidade, estratégia e estrutura), o trabalho é projetado para indivíduos, equipes ou grupos maiores. Planos, controles, políticas e outras intervenções gerenciais nas organizações não funcionarão se desobedecerem à natureza dos grupos.

Segundo Etizioni, "Quanto mais se compreendem os grupos, melhor se pode administrá-los. Embora a administração possa encarar os indivíduos como recursos para os fins organizacionais, as pessoas exprimem-se como personalidades integrais, transpondo-as para suas tarefas".

Além das características que o ambiente e os indivíduos levam para o grupo, dois atributos do grupo, seu tamanho e estrutura, podem influenciar sua capacidade de operar de forma satisfatória. Depois de formados, os grupos podem diferir, sobremaneira, em sua aparência e comportamento. Interiormente, no entanto, todos têm os mesmos elementos.

Estímulo – É uma influência que leva alguém a praticar algo ou modificar seu comportamento. O estímulo é uma espécie de indução ao comportamento das pessoas. Os elementos que influenciam o comportamento podem ser a cultura, a classe social, o grupo de referência, a família e a organização. O estímulo também pode vir sob a forma de sanções sociais (castigos e punições), como maneira de controlar o comportamento individual, a fim de protegerem a organização.

Sentimento – O sentimento inclui os processos mentais e emocionais que estão dentro das pessoas e que não podem ser vistos, mas cuja presença é inferida a partir das atividades e interações das pessoas. O estudo do sentimento inclui satisfação, frustração, barreira, preconceito, compensação e cooptação.

Satisfação – A satisfação é o atendimento de uma necessidade humana. Uma satisfação crescente se reflete numa maior capacidade de trabalho e no aumento da produtividade. Mesmo em rotinas de trabalho rigidamente hierarquizadas é possível encontrar pessoas satisfeitas.

Frustração – A frustração é a não resolução de uma satisfação devido a um impedimento (barreira ou obstáculo).

Preconceito – O preconceito significa conceito (ou opinião) formado antecipadamente, sem adequado conhecimento dos fatos. É impossível não se ter preconceitos, porque eles existem na nossa mente, fruto da herança atávica (cultural herdada). O perigo do preconceito está na recusa em reexaminar as convicções quando se tornam dogmáticas. Neste ponto, o preconceito é fonte de intolerância, e, portanto, de violência. O preconceito leva à discriminação quando o diferente é considerado inferior, excluído dos privilégios que os "melhores" desfrutam.

Interdependência – Os elementos do grupo são dependentes uns dos outros, isto é, são interdependentes, porque um elemento afeta o outro e vice-versa.

Cooperação – A cooperação supõe, de certa forma, uma espécie de divisão de trabalho entre os indivíduos participantes de um mesmo grupo. A cooperação aumenta a capacidade humana

Participação – A participação pode ter vários significados, tais como: fazer parte de algo, tomar parte em algo ou ter parte em alguma coisa. Fazer parte refere-se a uma posição adquirida, às vezes involuntariamente. Tomar parte indica que a pessoa executa uma ação específica dentro de uma coletividade. Ter parte refere-se a um comprometimento.

Adaptação – A adaptação é o movimento que o indivíduo executa, através de reações ou respostas, para atender as modificações do ambiente a fim de não prejudicar a consecução de seus objetivos. Envolve mudança, inovação e ruptura. Se um sistema está sempre submetido a um determinado ambiente ou suas mudanças são facilmente adaptadas, fica mais fácil a sua manutenção.

Claro que quanto maior o conhecimento dos administradores da organização maior a adaptação. É bom ter em mente que a organização pode não maximizar o lucro, ou minimizar custo, nem aumentar prestígio ou renda, mas tem que se adaptar para sobreviver.

Expectativa – A expectativa é a combinação de crença, chance, probabilidade e sorte que alguém tem em atingir determinado resultado (objetivo ou desempenho). Uma das variáveis mais importantes da motivação é a expectativa (Modelo de Vroom).

A Teoria da Expectativa considera que pode ser necessário haver uma sequência de eventos interligados para que um resultado desejado se realize. A maioria dos dirigentes, porém, trata seus subordinados de forma que os conduzam a um desempenho inferior ao que são capazes de conseguir.

A maneira pela qual os dirigentes tratam seus subordinados é, sutilmente, influenciada pelo que esperam deles. Se as expectativas de um dirigente são elevadas, o provável é que a produtividade seja excelente. Se suas expectativas são restritivas, a produtividade será provavelmente baixa. É como se existisse uma lei que fizesse o desempenho de um subordinado subir ou descer para acompanhar as expectativas de seu superior.

2.12 TIPOS DE COMPORTAMENTO

Basicamente, os tipos de comportamento do dirigente pode ser:

Comportamento Confiante – O comportamento confiante leva a um apoio social saudável e a relações seguras. Está relacionado a autocontrole (padrão interdependente de comportamento). É característico de indivíduos que administram bem o estresse.

Comportamento Independente – O comportamento independente limita a capacidade de estabelecer relações pessoais e interfere no sucesso em tarefas cooperativas.

Comportamento Dependente – O comportamento dependente interfere na capacidade do dirigente de usar seus pontos fortes e limita a capacidade de fazer sua parte em uma equipe (time).

Comportamento Ético – Há muitas definições de ética. Sua origem é grega e significa caráter. Mas, em geral, a palavra ética é tomada como sinônimo de moral. Assim, ética é a parte da filosofia que estuda a moralidade das ações humanas, isto é, se são boas ou más.

Para que uma conduta possa ser considerada ética, é preciso levar em consideração a ação, a intenção e as circunstâncias, pois, se um desses elementos não for considerado no grupo em que o indivíduo está inserido, ele não tem um comportamento ético. Se alguém não tiver liberdade, ou estiver sob coação, não pode ter tal comportamento.

A prática da ética é uma das responsabilidades sociais dos homens de negócios. Este é problema universal. A cultura não ética recebe muita publicidade, sempre que descoberta, mas a maioria das práticas "sutis" permanece oculta dentro das estruturas organizacionais. Também é um problema muito difícil, porque não existe uma ciência da ética, baseada em princípios de aceitação geral.

Comportamento Habitual – Comportamento pautado, geralmente, em políticas, rotinas e procedimentos preestabelecidos.

2.13 MOTIVAÇÃO

Para se compreender o comportamento humano, é fundamental o conhecimento da motivação humana. Motivação é o ato de estimular alguém a agir da maneira que se deseja (atingir um objetivo) ou fazer com que um indivíduo desenvolva uma atividade que lhe dê satisfação.

A motivação pode ser definida como um conjunto de variáveis de uma pessoa que a levam a um comportamento específico. O êxito do administrador depende de muitos fatores, mas o mais importante é, sem dúvida, o grande talento para motivar pessoas. A motivação inclui uma grande quantidade de propósitos possíveis e uma ramificação de motivos abstratos e concretos. A motivação estuda todas as técnicas de interação humana.

O comportamento não é espontâneo nem isento de finalidade, sempre haverá algum motivo implícito ou explícito. A motivação das pessoas depende basicamente de: estímulo (causa), necessidade (desejo) e objetivo (propósito, meta, desafio). Ela é ato de encorajar os subordinados à realização das tarefas, satisfazendo suas necessidades ou apelando para elas, além de permitir participação e incentivar a criatividade e a iniciativa, premiando a inteligência e a cooperação, além de aplicar justiça.

Motivação é tudo aquilo que impulsiona a pessoa a agir de determinada forma ou, pelo menos, que dá origem a uma propensão de ter um comportamento específico. Não é possível compreender as relações entre as pessoas sem um mínimo conhecimento da motivação de seu comportamento. É óbvio que as pessoas são diferentes no que tange à motivação.

As necessidades variam de indivíduo para indivíduo, produzindo diferentes padrões de comportamento. Para complicar ainda mais, as necessidades, os valores e as capacidades variam no mesmo indivíduo conforme o seu período de tempo. A motivação do atendente se faz por comunicação, treinamento, remuneração e recompensa, por exemplo.

A falta de motivação decorre, em grande parte, de todo um processo cultural que vincula o sucesso do ***ter*** mais do que a capacidade do ***ser***. Um segundo ponto se relaciona à forma como os indivíduos conduzem suas vidas com base nos acontecimentos do tempo passado, porque não sabem ler o futuro.

O impulso da motivação (o motivo) pode ser provocado por um estímulo externo ao indivíduo ou vir do sistema de cognição da pessoa. O sistema cognitivo de cada pessoa inclui os seus valores e suas percepções, profundamente, influenciadas pelo ambiente social e físico em que vive. Assim, todos os atos de um indivíduo são guiados pela sua cognição, isto é, pelo que sente, pensa e acredita.

Existem motivos que levam o indivíduo a trabalhar, tais, como: manter-se ativo, descarregar tensões emocionais, adquirir prestígio junto ao grupo, ganhar a vida, realizar-se, encobrir outras atividades, exibir-se, competir, fazer auto expiação, colocar o grupo acima de si mesmo e, principalmente, ter prazer no que faz. As variações desses motivos dependem, em grande parte, da posição do indivíduo dentro da empresa, isto é, do seu nível hierárquico, do cargo que ocupa, do poder que possui e das atividades que desenvolve.

2.14 PREMISSAS E FATORES DA MOTIVAÇÃO

Algumas premissas da motivação são básicas:

- A motivação é um processo que orienta opções de comportamentos diferentes.
- O conhecimento da motivação é determinante no estudo do comportamento humano.
- A motivação se baseia em princípios sociológicos e psicológicos.
- Um sistema motivacional deve ser produtivo, competitivo, amplo e flexível
- A motivação é grandemente baseada em interesse, ela precisa estabelecer metas que possam ser atingidas.
- As pessoas são influenciadas tanto por atrações e conceitos intangíveis como por metas concretas, senão mais.
- A motivação deve ser baseada em estímulos e está longe de ser a expressão de uma personalidade atraente.
- As pessoas se tornarão mais produtivas se forem motivadas para isto e estarão inclinadas a permanecerem no emprego, quando se sentem emocionalmente satisfeitas.
- Os subordinados só são motivados para atingir altos níveis de produtividade se considerarem as expectativas comunicadas como reais e atingíveis.
- Pessoas estimuladas a lutar por metas inatingíveis, logo se desmotivarão.
- Motivação pode transformar atividades e opiniões.
- A motivação ajuda a pessoa a aprender e a desenvolver interesse pelo conhecimento.

Os fatores da motivação são:

Motivador – Pessoa que utiliza técnicas e mecanismos para motivar uma outra pessoa ou um grupo.

Motivado – Pessoa que está sendo alvo da motivação para a execução de um trabalho (tarefa).

Ambiente – É o lugar, situação ou circunstâncias onde ocorre a motivação. Procure melhorar suas condições de trabalho e tornar o ambiente mais propício à criatividade.

Motivo – É o fato gerador que define o problema da motivação.

Comunicação – A comunicação não deve ser apenas um instrumento de retórica, mas uma ferramenta de ação construtiva da motivação. É através da comunicação que chefe e subordinado se entendem.

Elogio – O elogio representa uma força que pode até mudar a motivação da equipe (grupo). Uma única palavra, ou um simples tapa nas costas, contém uma energia motivacional muitas vezes subestimada pelo dirigente.

Status – O status confere ao cargo o destaque que este merece. O verdadeiro status deve ser diretamente proporcional à capacidade do indivíduo de pesquisar problemas na organização, o que nem sempre é verdadeiro. O status é uma espécie de poder mostrado e demonstrado através de títulos, símbolos, recursos e riquezas.

Dinheiro – Todo mundo precisa de dinheiro, mas a compensação deve ser oferecida conforme um acordo preestabelecido. Dinheiro deve ser suficiente para que as pessoas façam o mínimo necessário.

Concurso – O concurso deve motivar as pessoas para que executem tarefas produtivas, relevantes, no curto prazo.

Empatia – Para mais bem compreender as atitudes das pessoas, procure ver as coisas pela perspectiva delas, isto é, se coloque no lugar delas.

Autonomia – Deixe que os empregados tenham liberdade para escolher meios e métodos para fazer suas tarefas e obrigações. Faça com que opinem a respeito.

Realização – As pessoas deixam seus empregos, sobretudo, por três razões: realização pessoal, oportunidade e salário. Demonstre que você as vê como pessoas que possuem valores, princípios e crenças. Deixe que elas descubram a própria autenticidade, o próprio caminho e o próprio destino.

2.15 CICLO MOTIVACIONAL

O ciclo motivacional é um conjunto de etapas a serem percorridas para atingir a satisfação humana, como mostrado na figura abaixo.

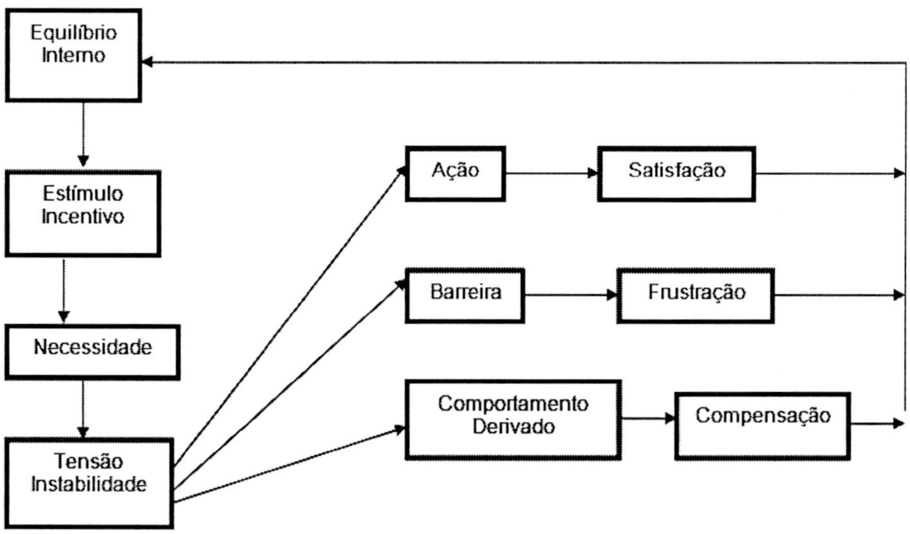

Figura 2.1: Ciclo Motivacional.

2.16 CONSIDERAÇÕES SOBRE MOTIVAÇÃO

A seguir, serão feitas considerações sobre motivação:

Desmotivação – Há uma infinidade de maneiras de desmotivar uma pessoa. As mais importantes são a omissão e a ação. Desmotivar por omissão é fazer com que o subordinado pareça não contar na organização. Se uma ação (decisão) não é comunicada a um subordinado, ou a um gerente, mesmo que remotamente ele possa ser afetado, isto se traduz como desmotivação.

Outras maneiras de desmotivar o subordinado são: não ouvir quando ele quer nos expor suas ideias; cortar uma explicação com outro assunto; dar um risinho de mofa quando algo sair errado; reclamar asperamente na presença de outros; humilhar e desprezar suas iniciativas, criatividades, interesses e ajudas.

É bom não esquecer de citar um fator importante na desmotivação: *A falta de tolerância para com a mediocridade*. O fato é que se os subordinados têm um comportamento medíocre, provavelmente cabe ao superior a falta de capacidade de criar mecanismos de motivação. É importante deixar bem claro que o trabalho é para o ser humano uma forma de realização pessoal.

Indústria da Motivação – Motivar os empregados de uma organização tornou-se uma grande indústria, haja vista o mundo de "espertos" no assunto. Contudo, devemos questionar: Não contratamos pessoas motivadas? Para que um programa de motivação? Todos não estavam motivados quando começaram a trabalhar na empresa? Um pouco nervosos, o que é natural, aliás uma reação saudável. Tudo era positivo.

As pessoas precisam causar boa impressão, aprender o trabalho, dar o máximo de si. Talvez por ambição, ou, então, porque precisam do emprego, ou, ainda, o cargo pode apresentar uma grande oportunidade. Porém, com o passar dos anos, as coisas tornam-se diferentes. O empregado já não mostra motivação para com a empresa, o emprego e a própria vida. O padrão de desempenho pessoal, a pleno vapor no início, passa a decair.

Motivação e Comportamento – Vemos a motivação como um aspecto da ciência aplicada do comportamento. A ciência que estuda o como e o porquê da interação humana. O cientista do comportamento interessa-se pelo mesmo tipo de questões que preocupam o administrador, como, por exemplo: Como se formam e transformam as atitudes e as opiniões? Como a criatividade é estimulada? Como a motivação ajuda as pessoas a aprender e a se desenvolver?

O administrador fala em termos de empresa, enquanto a pessoa deseja e precisa ouvir alguma coisa sobre os benefícios que lhe serão oferecidos. A conclusão é óbvia: Se você quer ser eficiente como um administrador-líder, precisa mudar, constantemente, sua forma de se expressar para atingir as pessoas. Desta forma, terá uma equipe altamente motivada.

A motivação tem suas raízes no interior de um indivíduo, que o leva a se comportar de uma determinada maneira.

Problema da Motivação – Problema, geralmente, resolvido por meio do dinheiro. O esforço organizado em larga escala seria impossível sem a motivação. Certas pessoas são mais motivadas pelo dinheiro do que pelas satisfações sociais, de status ou de profissão. Outros dão pouca ênfase aos valores expressos pelas recompensas monetárias. É pouco provável que um grande número de pessoas reaja bem a um só destes incentivos.

Uma organização que procure motivar por meio de dinheiro ou de satisfação social experimentará, sem dúvida, dificuldades. Somente a mistura dos dois dará resultados positivos.

As organizações, frequentemente, condicionam os motivos de seus recursos humanos, através da educação, treinamento ou doutrinação. Gastam grandes somas para estabelecer uma imagem favorável e os programas de relações com sócios e funcionários são importantes instrumentos no condicionamento dos motivos daqueles que participam do esforço organizacional. Inculcar motivos "adequados" faz parte do planejamento estratégico da empresa.

A questão da motivação deve ser encarada como uma combinação de fatores complementares e competitivos. Um sistema motivacional deve satisfazer muitos diferentes motivos humanos. A falta de conhecimento dos mesmos impede qualquer tipo de solução "perfeita" para o problema. Felizmente, há ajustes para decisões fracassadas no processo de motivação.

2.17 PROBLEMAS DE DIREÇÃO

Dentre os problemas de direção, aqueles que mais se destacam são:

Moral – Através dos séculos e em todos os tipos de organização, o moral tem sido reconhecido como um fator significante na exploração do grau de êxito de um grupo. Moral é uma atitude mental, um espírito de corpo, uma situação de bem-estar, um estado emocional. É, portanto, um conceito intangível.

O moral da empresa é elevado quando as necessidades dos funcionários são razoavelmente atendidas, e vice-versa. Na guerra como na paz é uma preocupação do comandante manter um alto nível moral da tropa. Tal pensamento se aplica à empresa. O que o moral afeta? Afeta o trabalho, produção, produtividade, qualidade, custo, cooperação, entusiasmo, participação, disciplina, interesse, procedimento, processo, regra, segurança, incentivo, benefício.

Onde reside o moral? Nas mentes dos indivíduos, nas relações grupais e nas políticas empresariais.

A quem o moral preocupa? Empresas, empregados, superiores, subordinados, fornecedores, distribuidores, consumidores e comunidades. Que resultados podem advir de um baixo clima moral? Absenteísmo, acidentes, greves, sabotagens, atrasos, rotação de pessoal, roubos, agressão física. Que resultados podem advir de um alto clima moral? Euforia, otimismo, satisfação, boa vontade, atitudes positivas e sinergia.

Agravo – De modo geral, as relações entre superiores e subordinados são satisfatórias. Às vezes, contudo, os subordinados se tornam insatisfeitos. As insatisfações são estudadas como agravos na empresa e que podem ser de origem exógena ou endógena. Insatisfações exógenas podem vir da família, lar, comunidade, região ou país. Insatisfações endógenas podem vir da realização profissional, ambiente organizacional, status, remuneração, interação, política empresarial.

Algumas insatisfações são imaginárias, injustificadas e inexpressivas. Algumas não afetam adversamente a produção e podem até motivar os empregados para maiores esforços. Outras se encontram tão arraigadas e são tão esotéricas que nenhuma administração tem recursos e tempo para enfrentá-las.

A regra fundamental de boa decisão sobre agravos é possuir um desejo sincero de procurar soluções corretas e factíveis. Quando um dirigente sempre procurar fazer justiça, os empregados se convencerão de que poderão nele confiar. Um bom dirigente não assume a atitude de um queixoso, interesseiro e desonesto.

Disciplina – Disciplina é um processo ou forma de pensar que ajuda o ser humano a desenvolver autocontrole, tornando-se alguém mais efetivo. A disciplina, em geral, é vista de forma pejorativa e está associada a recompensas e punições (sanções).

Na realidade a disciplina é uma habilidade do administrador que o ajuda a analisar situações (problemas) e determinar qual decisão (solução) tomar. Todos os dirigentes devem estar preparados para lidar com situações desagradáveis. Esta fase do trabalho é conhecida como ação disciplinar, que é uma ação corretiva do comportamento de uma pessoa ou de um grupo.

A disciplina é necessária aos administradores, porque aqueles que não correspondem às recompensas ameaçam aqueles que correspondem. Independentemente do nível de responsabilidade do dirigente, este pode adotar medida disciplinar para infrações sérias e/ou repetitivas, como: não obedecer a programas, políticas e procedimentos; não cooperar, utilizando letargia, negligência e mau exemplo; revelar informações confidenciais; promover insubordinação.

A disciplina virá à medida que o dirigente der atenção as seguintes premissas:

- Administrador deve estar voltado para resultados.
- Prioridade quer dizer importância.
- Assessoria precisa ser total, evitando a síndrome do insubstituível.
- Conhecimento das funções administrativas dará uma grande disciplina para o dirigente.

Geralmente, a ação disciplinar é executada pelo superior imediato de quem cometeu a falta.

O dirigente não deve encarar a medida disciplinar como um castigo ou como meio de ajuste de contas. Em vez disso, deve usá-la como meio construtivo para obter desempenho satisfatório do subordinado. Antes de se decidir sobre qualquer medida disciplinar, é importante que obtenha a versão do infrator sobre o que aconteceu.

Antes de punir o subordinado o dirigente deve questionar sobre o comportamento dele e sobre o seu próprio. Lembrar que deve, tanto quanto possível, ter equilíbrio na punição, porque punição excessiva agrava o subordinado e punição branda não corrige comportamento.

Se decidir que houve infração deliberada, talvez queira tomar uma ou mais das seguintes medidas disciplinares: dê conselho construtivo; faça com que o subordinado corrija o trabalho; retenha ou adie recomendação para aumento salarial, transferência ou promoção; mude as responsabilidades do indivíduo; recomende a demissão.

Punição – A punição é um castigo ou penalidade, real ou potencial, para coibir certos tipos de comportamento. Assim, é preciso saber quanto uma punição é eficiente. É necessário lembrar:

- A ameaça de dispensa é menos eficaz, se muitos subordinados estão a ponto de sair.
- A autoridade não se consegue através de punições.
- O uso de punições indica um colapso da autoridade.
- Punições severas não devem ser uma constante.
- O jogador que sempre blefa, o policial que nunca multa, as nações que não lutam e professores que nunca reprovam tendem a ser menos eficientes na consecução de seus propósitos.
- Um superior deve considerar o efeito que uma punição pode causar.
- Às vezes, é melhor demitir, ou não fazer nada, do que empregar uma punição leve.
- Um superior tolerante pode ser um líder, mas jamais um disciplinador, tal atitude pode afundar a empresa.

A punição pode parecer cruel demais para a falta cometida, mas não, caso se considere que seja necessária para manter a disciplina. Duas observações são básicas no emprego de punições específicas. Uma delas é a atitude do subordinado diretamente afetado. Outra é a maneira pela qual o emprego de punições pode influenciar o comportamento dos outros subordinados.

A primeira consideração é relativamente menos importante, quando a demissão é usada como punição. Por isso, o superior deve tentar tornar uma demissão tão suave quanto possível, por razões humanitárias.

A dispensa de um empregado pode ajudar a dar uma má imagem à empresa e causar insatisfação entre aqueles de seu relacionamento. Algumas punições são equivalentes à dispensa do serviço. Punições podem levar o subordinado a tomar atitudes negativas para com a empresa.

Advertência – A advertência é uma comunicação oral ou escrita feita a alguém por seu comportamento irregular, isto é, um comportamento incongruente à cultura da organização. Deixar de exigir uma disciplina rigorosa pode resultar de propensões psicológicas que tornam o superior relutante ou incapaz de impor sua vontade aos outros.

O superior que sente a necessidade de ser querido, nem sempre o consegue. Ele pode utilizar-se de seu cargo e poder para suplementar sua deficiência de personalidade.

Os subordinados, algumas, vezes, se sentem inclinados a tirar partido da situação e usar o superior para atingir objetivos pessoais. No entanto, a despeito desta limitação, o superior tolerante pode ser um líder mais eficiente do que um disciplinador severo.

A tolerância é limitada pela necessidade que o chefe tem de se conformar aos padrões de procedimentos e rotinas da empresa. A tolerância se torna demência se é levada ao extremo ou praticada sem finalidade. O superior não deve, contudo, encarar esta tática como uma troca de valores, iguais ou parecer manipulá-la de maneira deliberada.

A arte da liderança requer dissimulação, sem deixar transparecer. Um líder eficiente é consciente de que não está praticando uma espécie de jogo.

Conflito – Conflito significa a existência de ideias, sentimentos, atitudes ou interesses antagônicos e colidentes. As fontes de conflitos numa empresa são internas e externas (ambiente, consumidor, distribuidor, concorrente, fornecedor, governo, comunidade). O estudo do conflito contribui grandemente para a compreensão dos processos de mudança.

As mudanças precipitam conflitos e estes geram inovações que levam ao surgimento de novas práticas que ajudam a resolvê-los e reduzem temporariamente as tensões.

Conflito é uma situação em que uma pessoa se coloca contra uma outra ou contra um grupo. No passado, os conflitos eram reprimidos. Hoje, são desejáveis pois trazem mudanças e inovações, desde que não sejam constantes e permanentes, pois, se assim o forem, não deixarão a organização prosseguir na sua luta diária para sobreviver. O conflito bem administrado não é uma perda de tempo, antes pelo contrário, pode funcionar como ferramenta de esclarecimento e compreensão.

Nota: O conflito é uma das condicionantes dos seres vivos, sendo mais exagerado entre os humanos.

Por questão semântica é importante observar que o conflito pode ser trabalhado e se chegar a um consenso, mas o dilema não deixa margem à negociação. Os tipos de conflitos mais usuais são: Estrutura Formal × Estrutura Informal; Objetivos de Curto Prazo × Objetivos de Longo Prazo; Planejamento Tradicional × Planejamento Estratégico; Especialista × Generalista; Linha × Assessoria; Coordenação × Comunicação; Inovador × Conservador; Burocracia × Conhecimento; Consumidores × Empregados; Posição Hierárquica × Papel a Desempenhar.

Embora o conceito de conflito tenha sido abordado, é bom acrescentar que as mudanças trarão novos conflitos, e vice-versa. Conflitos e mudanças andam juntos. Os conflitos são trabalhados e administrados, enquanto os dilemas são irreconciliáveis, não deixando margem a negociação.

Victor Thompson, autor e professor de administração, é considerado um marco importante para a revisão da Teoria Clássica da Administração, pois ele critica seus princípios, mostrando a dificuldade de sua operacionalização e sua ambiguidade.

As proposições deste professor se referem ao papel do conhecimento e da inovação dentro do processo burocrático, tendo em vista a evolução da especialização que trouxe conflitos para modificar as funções hierárquicas, pois, se elas eram estritamente disciplinadas, nem sempre detinham a competência de novos conhecimentos para tomar boas decisões.

A aceitação do conflito entre a autoridade hierárquica e a autoridade do conhecimento especializado daria à organização um caráter pluralista, permitiria reconhecimento da interdependência das funções, protegeria cada função sem o artifício carismático e construiria a verdadeira cooperação.

Thompson sugere que a organização para ser inovadora deve manter um clima permissivo e indulgente, onde a liberdade possibilite explorar a incerteza. As técnicas de administração de conflitos mais utilizadas são:

- Reunião de Crítica – É uma técnica em que funcionários de vários níveis e especializações se reúnem sob a coordenação de um especialista e criticam-se mutuamente.

- Pesquisa de Campo – É uma técnica feita, geralmente, por questionários fechados e entrevistas para medir a cultura organizacional.
- Análise do Fluxo de Informações – É uma técnica cujo o suprimento de informações proporciona aprendizagem de novos dados a respeito de si mesmo, dos outros, dos processos grupais ou da dinâmica organizacional. Este suprimento requer que haja um fluxo adequado de informações através de: reuniões, circulares, relatórios, memorandos, cartas, e-mails, banco de dados, intranet, Internet.
- Análise Transacional – É uma técnica que visa o diagnóstico das relações interpessoais (transações). Transação significa qualquer forma de comunicação ou de relação com os demais. A análise transacional é uma técnica indicada para indivíduos, não para grupos. A análise transacional transparece como um conjunto de normas de terapia psicológica para melhorar o relacionamento interpessoal oportunamente.
- Reunião de Confrontação – É uma técnica de alteração comportamental na qual dois grupos antagônicos em conflito se reúnem, em sessões sucessivas, com a moderação de um coordenador para discutir, avaliar e reduzir diferenças.
- Laboratório de Sensitividade – É uma técnica simulatória onde o indivíduo é afastado da posição que ocupa na organização e desconhecidas as suas relações com os participantes da mesma. Os principais objetivos do laboratório de sensitividade são o desenvolvimento do conhecimento que o indivíduo exerce sobre as outras pessoas e o aperfeiçoamento da comunicação pela eliminação de barreiras. Esta técnica é aplicada de cima para baixo, a começar pelo nível de cúpula da organização e descendo até os níveis mais baixos da estrutura.

Contingência – Contingência significa algo incerto ou eventual, que pode suceder ou não, dependendo das circunstâncias. Refere-se a uma proposição, cuja verdade ou falsidade somente pode ser conhecida pela experiência e pela evidência, e não pela razão, isto é, não há um único caminho para a eficácia da organização, mesmo dentro de um ambiente fechado. Uma organização precisa saber lidar com a contingência, que é algo que pode ou não acontecer. Considera-se contingência as ameaças, restrições, oportunidades e fatos imponderáveis.

Estudos realizados no final do Século XX, levaram a uma nova perspectiva teórica sobre o funcionamento da organização, porque dependem da interface com o ambiente. Então, diferentes ambientes requerem diferentes desenhos de organização. Tal desenho depende do ambiente onde a organização atuará, como também diferentes tecnologias levam à diferentes desenhos organizacionais.

O ponto de partida da abordagem contingencial foi a procura, por parte de diversos estudiosos, de um enfoque organizacional que pudesse ir além da teoria da organização ainda muitíssimo utilizada pelos administradores e estudiosos, de modo geral, e que, na realidade, é uma mistura da teoria clássica com a teoria behaviorista da administração.

2.18 MUDANÇA

Mudança é a transição ou passagem de uma situação (estado) para outra diferente. Mudam as tecnologias, as estruturas, as estratégias, os ambientes, as necessidades, as pessoas, os recursos. A mudança passa a ser sempre mais valorizada, a estabilidade passa a ser vista como suspeita e procura-se imaginar novos tipos de estabilidade que atendam às necessidades de mudança. Começa-se a falar em equilíbrio dinâmico. A mudança pode ser realizada por técnicas de indução e liderança ou pelo carisma próprio do dirigente.

Dentro da empresa, os empregados estão mudando, obtendo maiores níveis educacionais, colocando maior ênfase nos valores humanos, e pondo em dúvida a autoridade. Eles levantam questões sobre critérios de mérito, decisões, atos, planos, políticas, arbitrariedades, por exemplo. Buscam, também, lugar para a individualidade e autorrealização no trabalho.

Mudar é arriscar, romper, transformar, interromper, sair da rotina, trabalhar mais, ter novos problemas, criar conflitos pessoais e organizacionais, adaptar, renovar, revitalizar. Em função de ambientes conturbados, a organização para sobreviver precisa mudar.

Como disse Charles Darwin, "não é a espécie mais forte nem a mais inteligente que sobreviverá, mas a que melhor responder às mudanças". A questão é: Não mudar? Mudar? Mudar em excesso? Mudar quando necessário? Mudar sempre? Qualquer mudança, dentro de um sistema de trabalho, cria problemas muito maiores do que se imagina.

A confusão entre a mudança individual e a organizacional decorre, principalmente, dos papéis a desempenhar, dos valores a considerar e das personalidades a enfrentar. A mudança organizacional possui aspectos ambientais, estruturais, estratégicos, técnicos, sociais e culturais. Toda mudança é um problema que deve ser solucionado de forma racional e eficiente.

A mudança requer informar com antecedência, explicar a razão, conseguir apoio, motivar, ouvir opiniões e comprometer recursos. Será que a mudança, em certas circunstâncias, poderá ser considerada como coisa necessária? E quais seriam estas circunstâncias? Dificilmente se encontram regras claras e precisas para definir a situação e o momento em que uma mudança é boa, necessária e suficiente. A mudança é sempre feita com a intenção de melhorar, porque objetiva, por exemplo, melhor qualidade dos produtos, melhor imagem da marca e da empresa, melhor fatia do mercado, melhor margem de lucro.

Mudanças acarretam uma série de perturbações sobre os indivíduos e as organizações. Ameaçam o equilíbrio psicossocial, causando frustração e desorientação. Afetam o equilíbrio das organizações, que não podem manter processos decisórios que tornam anacrônicas suas respostas às próprias necessidades de atualização.

A mudança não é um fator desconhecido da economia. Alvin Toffler cunhou a expressão *Choque do Futuro*, em 1970, como a resposta sadia de seres humanos às mudanças em aceleração. Mas a atual Economia de Rede passou da mudança para a instabilidade. Segundo Lester Thurow, "mudanças significam desequilíbrio, criam oportunidades de alto retorno e alto crescimento. Os vitoriosos entendem as novas tecnologias, têm a sorte de estar no lugar certo, no momento certo, estando qualificados para tirar proveito dessas novas situações".

Bennis destacou os motivos que operam uma mudança na filosofia gerencial, tais como: o maior conhecimento do homem e de suas complexidades; a necessidade de criar, descobrir e inventar; a necessidade de adaptação ao meio e a sua recriação; o crescente volume e velocidade com que se processam as transformações; o melhor conhecimento dos conceitos de poder e de valor, devido à subjetividade que os envolve.

A vida está repleta de histórias de pessoas que deixaram escapar o momento exato da mudança. As razões são diversas: medo, comodismo ou mesmo uma visão míope do cenário. O descuido, muitas vezes, cobra um preço elevado, que se traduz em oportunidades desperdiçadas e sonhos postergados.

2.19 PROCESSO DE MUDANÇA

O que está sendo mudado pode ser: métodos, equipamentos, normas, estruturas, padrões, projetos, políticas, práticas e técnicas, por exemplo. Segundo Kurt Lewin, "o processo de mudança ocorre em um campo dinâmico de forças que atua em vários sentidos". De um lado, existem forças positivas que atuam como apoio e suporte à mudança e, de outro, forças negativas que atuam como oposição e resistência à mudança.

Vários autores apresentam diversos modelos de processo de mudança. A seguir, está sendo colocado um modelo tentando abranger todas as ideias apresentadas pelos autores que se destacaram no campo da mudança.

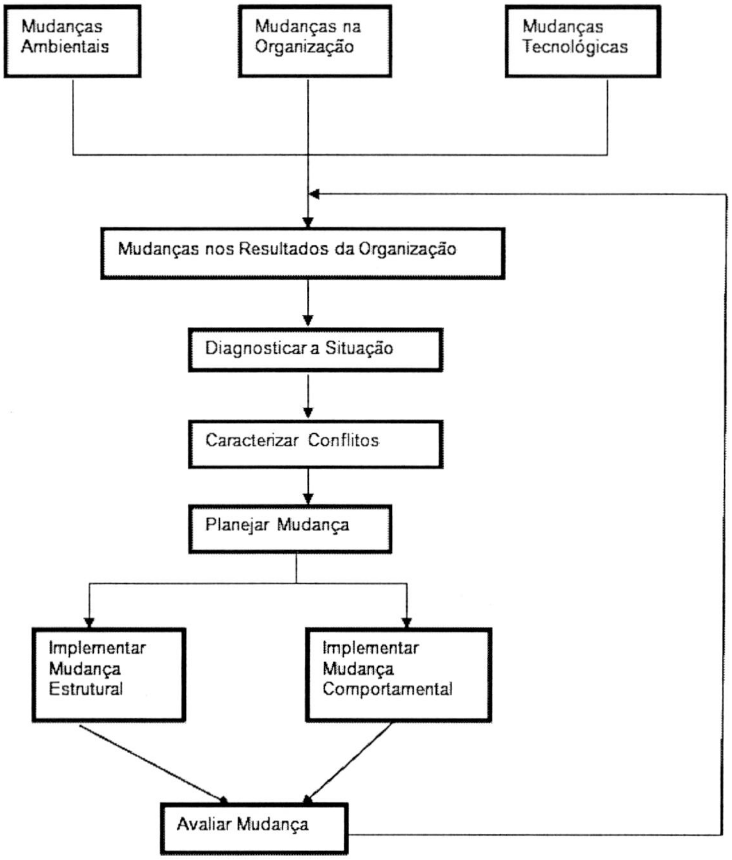

Figura 2.2: Modelo de Processo de Mudança.

Onde:

- As mudanças ambientais são caracterizadas pelas variáveis: sociedade, governo, globalização, concorrência, mercado de recursos, comportamento dos consumidores, alteração de renda da população e inovação em produtos, por exemplo.
- As mudanças na organização são aquelas de caráter interno, fundamentadas em: valor, cultura organizacional, clima organizacional, missão, objetivo, estratégia, tática, estrutura, política, problema social, necessidade de melhorar processos (reengenharia).
- As mudanças tecnológicas são aquelas relativas à: conhecimento, sistema de informação, sistema de comunicação, utilização de computadores, internet e automação.
- As mudanças nos resultados da organização são aquelas relativas à: lucro, prejuízo, margem de contribuição de cada produto, custo, produtividade, fatia de mercado, desvio de qualidade, receita com vendas.
- Diagnosticar a situação é ler para que direção vai o mercado, analisar as fontes de recursos, conhecer a influência da política governamental, prever a demanda de inovações em produtos e processos,

analisar as condições ambientais.

- Caracterizar conflitos significa definir os pontos de discordância, os gargalos na organização, os entraves para o progresso e desenvolvimento da mesma.
- Planejar mudança significa estabelecer um programa, um planejamento, um plano, a fim de provocar as alterações necessárias para colocar a organização no rumo de resultados positivos.
- A implementação é a ação de colocar em prática aquilo que foi estabelecido no plano de mudança. A mudança poderá ser estrutural e/ou comportamental.
- Avaliar é comparar, através de um controle, os resultados obtidos com os padrões propostos anteriormente. A avaliação deve ser relatada por escrito à alta administração.

Nota: Você deve sempre estar preparado a introduzir mudança, só quando for a hora exata, isto é, nem muito cedo e nem muito tarde. Difícil é acertar a hora.

2.20 RESISTÊNCIA À MUDANÇA

Resistência é um ato (ação) de facetas múltiplas, que provoca atrasos, custos e instabilidades inesperadas no processo de mudança. A resistência manifesta-se ao longo de toda a história de uma mudança. Segundo Ansoff, "a resistência à mudança é proporcional ao grau de descontinuidade da cultura e/ou da estrutura de poder, introduzida pela mudança.

Para dada descontinuidade, a resistência será inversamente proporcional ao intervalo de tempo dentro do qual a mudança se distribuirá". Assim, por exemplo, a resistência à implantação de uma nova estratégia advém do fato de que a convivência com a incerteza não é fácil.

Entre mudar demais e não mudar nunca existe um termo intermediário, que é mudar quando necessário. Está claro que se deve sempre mudar para melhor, mas, se a cada momento, é encontrado algo a melhorar, o administrador estará mergulhado num mar de transformações, em um ambiente onde ninguém mais se entende e onde se perdem os benefícios da boa rotina que permite o progresso e a criação de algo novo. A mudança não é um fim em si mesmo.

O progresso de cada um, dentro de uma organização, está muito ligado às mudanças. Pode-se mesmo dizer que, no caso, progredir exige mudar. Este fato poderia ter como consequência o gosto de mudar, uma vez que, em regra geral, as pessoas querem progredir. Paradoxalmente, isto não acontece, ou melhor, há muitas pessoas que gostariam de progredir sem mudar ou sem os percalços das mudanças.

Segundo John Kotter, "a resistência às mudanças é causada por: egoísmo, má compreensão da mudança, falta confiança no agente de mudança ou na organização, avaliação conflitante e baixa tolerância às mudanças".

As causas da resistência podem ser encontradas nas reações de indivíduos, por um lado, e nas ações comuns de grupos de indivíduos, por outro. Os indivíduos resistem às mudanças quando sua posição de poder é ameaçada. Nem todos os administradores, porém, são iguais. Assim, o modo pelo qual os administradores irão reagir às mudanças dependerá da força de sua personalidade e de sua flexibilidade pessoal.

Portanto, para uma dada mudança de cultura e poder, a resistência por um administrador dependerá da força de suas convicções, de sua disposição para defender a si próprio, de sua ânsia de poder e de sua predisposição para aprender e mudar.

Os psiquiatras acham que se tem de possuir um forte sentimento de identificação, para livrar-se da força de atração do passado. Assim, agarrar-se a padrões de comportamento de ontem é uma das melhores formas de resistir às mudanças. O reconhecimento de que a resistência nem sempre se apresenta como um pacote, que especifica as verdadeiras causas, não precisa ser levado ao cinismo.

Ao contrário, uma apreciação da possibilidade de que as objeções apresentadas à mudança podem mascarar outras objeções menos convincentes, podem levar a explorar a natureza da resistência com muito cuidado. É possível que a resistência esteja, na realidade, mascarando algo muito mais relevante que ainda não foi visto.

Os grupos resistirão a uma mudança na proporção em que ela ameaçar o seu poder, desrespeitar os valores e as normas, basear-se em informação considerada irrelevante, basear-se num modelo de realidade diferente do modelo considerado válido pelo grupo. Devido à pressão psicológica sobre o gerente para decidir a respeito do futuro da organização, é muito comum que o mesmo adote um comportamento defensivo, baseado nas seguintes explicações:

- Para se evitar o risco da incerteza, é que o ser humano se atém ao conhecimento já sedimentado.
- Fazer previsões é muito comum, desde que não conflitem com o senso comum.
- Em ambientes muito hostis, os atuais fatores precisam ser melhor analisados e avaliados, devido às mudanças.
- Outra forma de não enfrentar o risco e a incerteza é definir objetivos organizacionais de forma ampla, ambígua e imprecisa, sem estabelecer um senso claro de direção futura e aceitando apenas o crescimento organizacional, naturalmente, concedido pelo ambiente.
- Estabelecer metas, para a organização, aquém de suas possibilidades, a fim de garantir aos dirigentes a segurança de que os resultados predeterminados serão realmente alcançados.

É da natureza humana resistir à mudança, isto é, querer ficar com o que você já possui, fazer mais e melhor aquilo que você já sabe fazer bem. Mas, isso apenas faz com que os gestores se recusem a admitir como definitivos os sistemas que utilizam. É responsabilidade do gerente começar a pensar a respeito e entender que trabalhar muito só poderá levá-lo a uma ignorância administrativa muito grande. Pois o mais importante no ser humano é pensar, para poder trabalhar com racionalidade e inteligência.

Capítulo 3
CONTROLE

"Ser atencioso com o doente não substitui o diagnóstico correto."

Alfred Sloan

OBJETIVOS DO CAPÍTULO

- Mostrar que a função administrativa controle permite que o administrador possa corrigir os desvios que ocorram.
- Mostrar a necessidade de se conhecer que o controle é uma ferramenta a ser usada em função não só dos objetivos a serem atingidos, como também do usuário a que se destina.
- Mostrar que a avaliação de desempenho só poderá existir se houver um sistema de controle que permita tal tarefa.
- Mostrar que um sistema de controle só é efetivo se puder oferecer respostas que corrijam aquilo que está errado.

3.1 CONTROLE

Controle é uma função administrativa que verifica e compara os resultados alcançados com aquilo que foi estabelecido no planejamento (resultados esperados). Controlar é verificar se o plano foi executado, aferindo resultados, para saber se estes estão além ou aquém do esperado. É possível, assim, determinar, também, se os objetivos foram superestimados ou subestimados.

O controle serve para: avaliar resultados e desempenhos; rever, ajustar, atualizar e propor mudanças; fazer correções necessárias; modificar objetivos; mudar estratégias; revisar prazos e orçamentos; corrigir desvios dos padrões estabelecidos; dar feedback para atualizar o plano; criar táticas para corrigir uma estratégia mal elaborada; mudar padrões; propor mudanças.

No controle, o gerente deve se preocupar com estoque, qualidade, custo, produtividade, sistema de avaliação, carteira de pedidos, planilhas, gráficos, controlgramas, curvas para análise de resultados, tempo de resposta, encargos sociais, por exemplo.

Os controles são necessários porque constantemente surgem distúrbios desviando o sistema do curso. Os distúrbios (desvios) por definição estão fora do controle do administrador. Não existe a mais remota possibilidade de sucesso em um sistema que não incorpore um determinado número de controles capaz de assegurar a exatidão das informações que chegam e saem do sistema.

Segundo Russel Ackoff, "controlar um processo em execução é fazer medições e avaliações da eficiência do mesmo, comparar o resultado com padrões previamente estabelecidos, determinar o desvio e fazer a correção necessária".

Basicamente, os principais objetivos do controle são:

- Identificar problemas, falhas e erros (desvios), comprovando a veracidade dos informes e relatórios.
- Prevenir fraudes e, em casos de ocorrência das mesmas, possibilitar seu descobrimento, o mais rapidamente possível, determinando sua extensão.
- Localizar erros e desperdícios, promovendo ao mesmo tempo a uniformidade e a correção, ao registrarem-se as operações.
- Estimular a eficiência e a eficácia para que os resultados fiquem próximos do planejado.
- Verificar se as estratégias (decisões, táticas, políticas) são congruentes com os objetivos pretendidos.
- Corrigir ou reforçar o desempenho apresentado.
- Informar sobre a necessidade de alteração do modo de desenvolvimento das funções administrativas.
- Informar se os recursos estão sendo utilizados de forma otimizada (melhor utilização possível).

Não existe a mais remota possibilidade de sucesso em um sistema que não incorpore um determinado número de controles capaz de assegurar a exatidão das informações que chegam e saem do sistema. Os biólogos sempre se preocuparam com o controle, considerado como uma função básica do organismo vivo.

Seja por autorregulação, ou através de respostas conscientes, o controle corrige, quando necessário, o ritmo metabólico do animal, modificando hábitos e costumes, buscando sempre a máxima adaptação ao ambiente.

Em qualquer dicionário a maioria dos significados para a palavra controle tem uma conotação de restrição ou repressão. Isso talvez explique por que muitos administradores parecem dedicar a maior parte dos seus esforços ao controle no cuidado para que seu pessoal obedeça aos orçamentos, políticas e procedimentos.

Com isto deixam de lado o incentivo à criatividade, a motivação e a superação dos objetivos, o que é mais importante do que uma obediência cega e incompetente.

Ao enfatizar a importância do controle na dinâmica empresarial, Henry Fayol deu origem a uma intensa atividade de pesquisa destinada à formulação de técnicas, visando específicos controles, como: controle orçamentário, controle da produção e controle de estoques. Todas estas técnicas, no passado, foram descobertas empiricamente.

3.2 ELEMENTOS DO CONTROLE

A seguir, serão apresentados os principais elementos do controle:

Controlador: Indivíduo que controla um sistema, processo, contrato, orçamento, projeto, desvio, etc. O nome Controller é, geralmente, o nome daquele que controla as finanças da empresa.

Processo de Controle: Processo que se realiza nas seguintes etapas: estabelecimentos de padrões, mensuração, comparação e correção. Verifica e compara os resultados alcançados com aquilo que foi estabelecido no planejamento (resultados esperados).

Processo é um conjunto de etapas sequenciais que apresenta mudança ao longo do tempo, tendo certa continuidade. É dinâmico, cíclico e sistêmico (cada etapa afeta as demais). É o detalhamento de como fazer. Praticamente, todo e qualquer trabalho é visto como um processo.

Mesmo que se faça uma atividade de diferentes maneiras, é básico que se siga um processo já estabelecido anteriormente ou que seja fruto de um ato empírico, constituindo-se, em ambos os casos, num padrão momentâneo.

Modelo de Controle: Representação que verifica e compara os resultados alcançados com aquilo que foi estabelecido no planejamento (resultados esperados). Este modelo utiliza relações, fórmulas e cálculos para medir o desempenho.

Automação do Controle: Transferência de atividade de controle, regulagem e correção de processos feitos pelo ser humano para equipamentos cibernéticos. Qualquer forma de equipamento que realiza um programa ou sequência de operações preestabelecidas, no mesmo tempo que mede e corrige seu desempenho real em relação ao programado.

Vale observar que a automação leva necessariamente ao controle, que envolve decisão. Além disso, não é algo casual, porque, consequentemente, é preciso achar um equilíbrio entre o custo da automação (eficiência), os resultados (eficácia) e velocidade de resposta (efetividade).

Se planejarmos a orientação de uma nave de maneira arbitrária ela não chegará ao seu destino, precisará de um aparelho de controle, demandando, com isso, mais energia e mais problemas além dos já existentes. Como equilibrar vantagens e desvantagens? Estas e muitas outras questões semelhantes representam as verdadeiras dificuldades na automação de uma empresa, dificuldades frequentemente omitidas.

Amplitude de Controle: Também denominada amplitude de comando, refere-se ao número de subordinados que um chefe pode supervisionar pessoalmente, de maneira efetiva. De acordo com o conceito de unidade de comando, cada subordinado reporta-se apenas a um superior. É um conceito simples, mas nem sempre fácil de ser seguido na prática.

Um gerente de vendas, um contabilista, um gerente de produção precisam trabalhar juntos para obter resultados positivos, mesmo se reportando as diferentes chefias.

Por outro lado, gerentes de lojas de uma cadeia, localizados em cidades diferentes, não têm de trabalharem juntos e, por isso, qualquer número deles, teoricamente, é possível para se reportarem a um vice-presidente regional. Não há dúvidas de que quanto maior for o número de pessoas que tenham de trabalhar juntas, tanto maior será o tempo gasto com interação do que em trabalho real.

Em toda organização é importante decidir quantos subordinados um dirigente pode comandar. Mas a questão é: Qual o número ideal de subordinados? As opiniões a respeito do número ótimo de subordinados, que deve ficar sob as ordens de um mesmo chefe, variam segundo os autores, podendo esse número ir de três até sete.

Quando os contatos interpessoais ocorrem ao nível operativo, normalmente eles não requerem coordenação frequente por um supervisor, pois são, geralmente, transformados em rotinas. As atividades administrativas dos gerentes acima do primeiro nível de supervisão são mais complexas. Uma grande organização cria força usando prodigamente o tempo do gerente.

Esfera de Controle: A Teoria de Graicunas declara que: “À medida que o número de subordinados cresce numa progressão aritmética, as relações resultantes tendem a aumentar geometricamente”. Um dos elementos de maior importância que entra no estudo da amplitude (esfera) de comando (controle) é a comunicação entre o dirigente e o subordinado.

A esfera de controle é inversamente proporcional ao número de níveis hierárquicos da organização. Assim, para um grande número de níveis hierárquicos, menor será a esfera de controle, e vice-versa. Graicunas (1933) considerou que as relações chefe-subordinado são: relações individuais diretas, relações diretas de grupos e relações cruzadas.

O exemplo, a seguir, ilustrará a teoria. Sendo: n = número de relações e N = número de subordinados e se N = 5, então:

Relações Individuais Diretas: $n = N$ $n = 5$

Relações Diretas de Grupos:

$n = N (2^N/2 - 1)$ $n = 5 (2^5/2 - 1) = 5 (32/2 - 1) = 5 (16 - 1)$
$n = 5 \times 15 = 75$

Relações Cruzadas:

$n = N (2^N/2 + N - 1)$ $n = 5 (32/2 + 5 - 1) = 5 (16 + 5 - 1) = 100$

Dá para perceber como é difícil comandar muitas pessoas. Haja disposição e racionalização do tempo.

Custo do Controle: Despesas relativas à implantação de um sistema de controle. Um administrador pode deixar-se absorver tão profundamente pelos controles que venha a gastar mais do que poderia valer a descoberta de um erro. O processo pode resultar em custos além de qualquer eventual benefício.

Como o objetivo do controle é medir resultados que serão comparados aos planejados. Então, cabe a pergunta: Pode-se controlar um sistema sem seu completo entendimento? A resposta é não. Por outro lado, é muito difícil ter um conhecimento completo da situação.

Segundo Harold Koontz, "quanto mais as abordagens e técnicas de controle detectarem as causas dos desvios mais eficientes serão esses controles". O princípio da eficiência é, particularmente, importante ao controle, porque as técnicas acabam se tornando complexas, dispendiosas e trabalhosas.

Um administrador pode deixar-se absorver tão profundamente pelos controles que venha a gastar mais do que poderia valer a descoberta de um erro. O processo pode resultar em custos além de qualquer eventual benefício.

O administrador deve se valer das seguintes premissas do controle:

- O controle só deve ser exercido pelo administrador responsável pela execução dos planos.
- Quanto mais elevada é a qualidade dos administradores e de seus subordinados menor será a necessidade de controles diretos.
- Quanto mais os controles se destinam a refletir o lugar, na estrutura organizacional em que repousa a responsabilidade pela ação, mais eles facilitarão a correção de desvios dos eventos em relação aos planos.
- O sistema de controle deve concentrar-se em oportunidades, não considerando desvios insignificantes para evitar perda de tempo.
- O sistema de controle deve mostrar o desempenho atual e cumulativo, devendo estar integrado ao sistema organizacional.

- O sistema de controle deve apresentar relatórios facilmente interpretados, comunicados e distribuídos economicamente.

Características do Controle: Um controle tem várias características. Mas, a principal é não deixar que erros (desvios, distorções, desperdícios e perdas) sejam cometidos outras vezes, porque, além do tempo perdido, também se perde energia e dinheiro. Nada mais irritante do que ter de fazer outra vez uma coisa malfeita.

Característica é um atributo que distingue um produto de outro e que permite ao consumidor optar por um deles, de acordo com suas conveniências. Um sistema de controle deve ter as seguintes características:

- Contribuir para a realização dos objetivos.
- Possuir um sensível sistema de mensuração.
- Dispor de um conjunto de valores (padrões), com os quais compara os valores mensurados.
- Ser capaz de desenvolver uma análise das variações (desvios) entre valores buscados e valores encontrados.
- Ser capaz de determinar correções adequadas na entrada do sistema, de modo a eliminar as causas dos desvios.
- Ser capaz de reforçar o desempenho para assegurar resultados satisfatórios ou superiores aos esperados.

Excesso de Controle: Procedimento exagerado de querer controlar tudo e todos. O excesso de controle é sugador de recursos. Excesso é aquilo que ultrapassa o permitido como normal. A palavra excesso já denota uma anomalia. Existem pessoas que perdem muito tempo fazendo controle de controles. Exagerando na quantidade, você corre o risco de se perder. O excesso de controle, além de atrapalhar, é sugador de tempo.

Não há controle perfeito. E, desta forma, o que se quer é um controle que seja o mais conveniente possível. Não deve a empresa se posicionar nos extremos, isto é, nenhum controle ou controle exagerado.

O grau de controle mais conveniente possível acontece quando o custo total deste sistema é mínimo, considerando que o custo total do controle é igual à soma do custo do próprio sistema de controle mais o custo quando não há controle.

Relevância do Controle – Quando uma empresa se expande e as suas operações assumem aspectos sempre mais complexos, aumenta a necessidade de dispor de dados significativos e sintéticos da situação. O volume de dados a elaborar e a complexidade representam um obstáculo difícil de superar.

Em síntese, o controle determinará o grau de relevância, confiabilidade, segurança e responsabilidade das informações geradas pelo próprio sistema. Relevância é o nome dado a um assunto de importância, em função dos propósitos da organização.

Os executivos devem dedicar mais tempo aos assuntos relevantes, em função dos propósitos da organização. Devem estudar as anormalidades e sempre procurar, além de obter soluções, conhecer a causa dos principais problemas para tomar providências acauteladoras.

Selecionar os aspectos importantes e analisar cuidadosamente as exceções para evitar a administração por crise, muitas vezes dramatizando as situações e buscando grandes soluções para problemas menores, objetivando demonstrar a sua capacidade.

As soluções espetaculares e geniais, muitas vezes, produzem consequências desastrosas no futuro.

Índice de Desvio – O índice de desvio é a diferença entre um valor tomado de uma série numérica dividido pela média desta série menos a unidade, sendo dado pela fórmula:

Desvio = (Valor / Média da Série) - 1

Exemplo: Tomem-se os valores vendidos por uma empresa (em milhares de reais):

N	Período de Tempo	Valor	Valor Acumulado	Média	Desvio (%)
1	Janeiro	100,00	100,00	100,00	0,00
2	Fevereiro	120,00	220,00	110,00	+ 9,00
3	Março	150,00	370,00	123,30	+ 21,65
4	Abril	110,00	480,00	120,00	- 8,30
5	Maio	130,00	610,00	122,00	+ 6,55
6	Junho	200,00	810,00	135,00	+ 48,15

Quadro 3.1: Índices de Desvio.

Onde:
N = Número de avaliações
Período de Tempo = Dia, Quinzena, Mês, Ano.
Valor = Quantidade, Dinheiro, Tempo.
Valor Acumulado = Soma dos valores lançados
Média = Valor Acumulado / Número de Avaliações
Desvio do mês de março = (150,00 / 123,30) - 1 = 1,2165 - 1 = 0,2165 = 21,65%

Análise:
O índice de desvio serve para controlar o comportamento da empresa para qualquer indicador que seja. No mês de abril o desvio apresentou um resultado negativo e no mês de junho mostrou um desvio bastante elevado. Este índice é tão importante que determina sintomas de mudança, sazonalidade, decisões acertadas, decisões erradas, bem como estratégias, táticas e políticas apropriadas ou não.

3.3 TIPOS DE CONTROLE

A seguir, serão apresentados os principais tipos de controle baseado na literatura administrativa:

Controle Contábil: Controle relativo às contas utilizadas em uma empresa. Controle das contas do ativo e do passivo.

Controle Conveniente: Controle mais conveniente possível de um sistema de controle, quando o custo total deste sistema é mínimo, considerando-se o custo total do sistema a soma do custo do próprio sistema de controle mais o custo quando não há controle. A Figura 3.1 mostra o grau de controle mais conveniente.

Controle da Carteira de Pedidos: Controle que verifica se há atrasos nos pedidos.

Controle da Carteira de Pedidos/Cliente: Controle que ajuda a observar como está sendo feito o atendimento dos pedidos do cliente. Se há atraso constante, a imagem da empresa fica prejudicada.

Controle da Conta Capital: Controle relativo ao capital investido (ou retirado) de cada sócio, mostrando a participação do mesmo. Este controle é importante quando da distribuição do lucro

Controle da Conta Cliente: Controle que avalia a capacidade de compra do cliente.

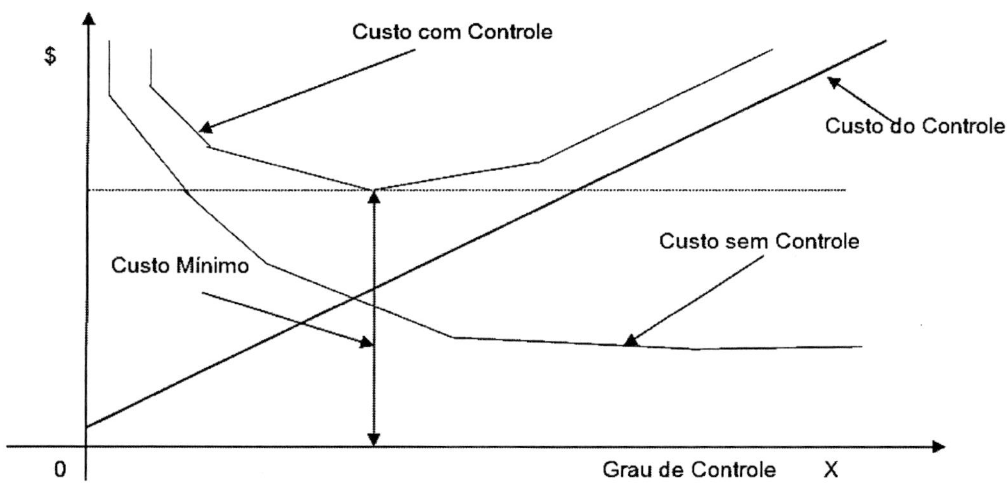

Figura 3.1: Controle Conveniente.

Onde:
X = Grau de controle
$ = Valor do custo

Controle da Conta do Consumidor: Controle que ajuda a demonstrar a liquidez do consumidor e sua capacidade de compra. Contém os seguintes elementos: nome do consumidor, qualificação, região, zona, data, nota fiscal, fatura, parcelamento, valor, quitação, saldo devedor, atraso, observações.

Controle da Conta Investimento: Controle onde são registrados todos os investimentos por data de lançamento.

Controle da Delegação: Controle para saber se o trabalho foi feito e quais seus resultados e se surgiu algum problema ou alguma complicação, se surgiram novos métodos e ideias, se o funcionário se acha capaz de tornar a fazer um trabalho semelhante. Tal sistema permite avaliar efeitos de curto e longo prazos.

Controle da Estrutura: Controle relativo ao número de níveis hierárquicos da organização, a quantidade de departamentos e cargos, as relações entre chefes e subordinados.

Controle da Produção: Controle relativo aos elementos que fazem parte do sistema de produção, tais como: Comparar resultados obtidos com os planejados; Determinar as causas das variações e desvios; Preocupar-se com os níveis de estoque e de qualidade; Minimizar custos; Atender a carteira de pedidos; Desenvolver planilhas e gráficos para analisar resultados; Medir os tempos de resposta; Estudar os resultados, em relação às outras empresas concorrentes.

Controle das Despesas de Instalação: Controle em que são registrados os valores gastos no desenvolvimento e na implementação de um projeto.

Controle de Acidentes: Controle que ajuda na prevenção dos mesmos.

Controle de Contas a Pagar: Controle que é um levantamento que se faz numa data qualquer ou preestabelecida para determinar quanto em dinheiro a empresa terá de pagar aos seus credores e fornecedores.

Controle de Faturas a Pagar/Fornecedor: Controle em que a empresa observa se os pagamentos (dívidas) foram feitos em dia e quais as faturas pendentes de pagamento. Também é fato gerador de informações para o controle geral de contas a pagar.

Controle de Contas a Receber: Controle que é um levantamento que se faz numa data qualquer para determinar quanto em dinheiro a empresa terá de receber de seus devedores.

Controle de Contas a Receber/Cliente: Controle de duplicatas a receber por cliente é aquele em que a empresa observa se os recebimentos foram feitos em dia e quais as duplicatas estão com o pagamento atrasado. Este controle é fato gerador de informações para uma eventual inadimplência.

Controle de Devolução de Mercadorias: Controle que retrata a qualidade do produto e do atendimento. Este controle deve conter informações quanto aos defeitos, prazos de entrega não atendidos, especificações fora dos padrões, valores não contratados.

Controle de Estoque: Controle que mostra quanto cada item do estoque pesa no total e quanto de dinheiro está imobilizado. Também mostra o giro de cada produto (material) e quanto o mesmo participa no valor total do estoque. O sistema de controle de estoque é uma necessidade que ajuda a decidir quais os níveis de bens que podem ser economicamente mantidos. Tal sistema é utilizado para descrever inspeção, recebimento, movimentação, alienação de ativos, inventário, distribuição e armazenagem.

Controle de Estoque/Produto: Controle que mostra o giro de cada produto e o quanto é a sua participação no estoque.

Controle de Faturas a Pagar: Controle de fornecedores a pagar. Controle em que a empresa observa se os pagamentos (dívidas) foram feitos em dia e quais as faturas pendentes de pagamento. Também é fato gerador de informações para o controle geral de contas a pagar.

Controle de Gastos: Controle onde são registrados os valores gastos, direta e indiretamente, bem como seus respectivos desvios.

Controle de Gastos Diretos: Controle para gastos com: mão de obra, matéria-prima, bem como suas participações.

Controle de Gastos Indiretos: Controle dos gastos de tudo que não seja gasto direto.

Controle de Mão de Obra: Controle relativo à contratação e dispensa de pessoal, taxa de turnover dos recursos humanos, índice de reclamações trabalhistas.

Controle de Materiais: Controle interno que é projetado para proteger os materiais fisicamente e manter o equilíbrio apropriado de materiais imobilizados e suas demandas.

Controle de Padrões: Controle que busca a integração entre fabricantes, intermediários, consumidores, governos, laboratórios e associação de normas técnicas, naquilo que diz respeito à padronização.

Controle de Qualidade: Controle que envolve uma comparação entre as especificações do planejamento e os resultados reais obtidos pela inspeção e por outras técnicas. A mais importante função do controle de qualidade é manter fora do mercado produtos de padrão inferior.

Os principais benefícios do controle de qualidade são: performance do produto, racionalidade na produção, custo reduzido no longo prazo, moral elevada dos empregados, satisfação das expectativas dos consumidores, aumento da imagem da empresa, taxas de devolução e cancelamentos menores, avaliação positiva dos fornecedores de recursos.

Controle de Quantidade: Controle empregado para controlar a quantidade de material e trabalho em andamento, para evitar perdas, roubos ou sobras de recursos.

Controle de Reclamação: Controle baseado na taxa de reclamação.

Taxa dada pela fórmula:

TR = [(Reclamações) / (Valor Acumulado / Número de meses)] - 1

Exemplo: Reclamações = 80; Valor Acumulado = 230; Número de meses = 3

TR = [(80) / (230 / 3)] - 1 = (80 / 76,70) - 1 = 1,043 - 1 = 0,043 = 4,3% = 4% (aproximadamente).

Análise: O controle de reclamações foi feito até o mês de março, fato que precisa ser verificado. Mesmo assim, os resultados apresentados, de janeiro até março, mostraram que a empresa vem fazendo um esforço para diminuir as reclamações, cujo valor ideal é próximo de zero, o que é muito difícil de conseguir.

Uma taxa de 5% já está de bom tamanho. Para maior esclarecimento, é apresentado, a seguir, um quadro que mostra o controle geral de reclamações:

Controle Geral de Reclamações					
N	**Mês**	**Reclamações**	**Acumulado**	**Média**	**Taxa**
1	Janeiro	100	100	100	Zero
2	Fevereiro	50	150	75	- 33%
3	Março	80	230	77	+ 4%
4	Abril	70	300	75	- 7%

Quadro 3.2: Controle Geral de Reclamação.

Onde: N = Número de meses; Média = Valor acumulado / número de meses

Controle de Reservas: Controle que permite a empresa direcionar a distribuição de suas reservas (de capital, de lucro, legal, estatutária) para enfrentar incertezas do mercado.

Controle de Resultado: Controle retratado pelas avaliações de resultado, por meio do balanço patrimonial, demonstrativo de resultado, matrizes de análise (horizontal e vertical), indicadores de gestão, por exemplo.

Controle de Vales: Controle que ajuda a medir o grau de endividamento do funcionário. Geralmente as empresas permitem vales até o valor de 50% do salário líquido.

Controle de Vendas: Controle que trata do faturamento, perfil do consumidor, vendas por vendedor, conta corrente do consumidor, carteira de pedidos por cliente, carteira de pedidos, taxa de clientela, movimentação de vendedores e devolução de mercadorias.

Controle de Vendas por Produto: Controle que mostra qual produto está vendendo mais e qual está vendendo menos. Este controle é o fato gerador para se intensificar todas as forças no produto campeão e, também, servir de modelo de decisão para qual produto deva ser descontinuado ou mais bem trabalhado.

Controle de Vendas por Vendedor: Controle que ajuda a premiar aqueles que mais venderam. É comum, em empresas, encontrar-se o quadro "Campeão de Vendas", como motivação e incentivo à força de vendas. Tal controle deve conter: nome do vendedor, data, vendas efetuadas (valor e volume), vendas canceladas, vendas acumuladas, clientes visitados, novos clientes.

O controle de vendas por vendedor mostra e compara o resultado mensal de cada vendedor com a média do grupo. Assim, fica claro, através do índice de performance, qual o vendedor que precisa de assistência da gerência de vendas.

Controle do Bem Patrimonial: Registro, feito no inventário, relativo aos bens duráveis (móveis, imóveis, utensílios, máquinas, equipamentos, viaturas). Neste inventário é verificada a existência do bem, seu estado físico e seu valor de mercado.

Controle do Caixa: Controle que mostra por meio do saldo, o disponível em dinheiro.

Controle do Consumidor: Controle do perfil do consumidor. Controle relativo ao cadastro geral dos consumidores (banco de dados), sendo atualizado diariamente.

Controle do Custo: Controle relativo a analisar e avaliar: custo total, custo fixo, custo variável, custo unitário do produto, custo de comercialização, custo de produção, rateios do custo fixo (bases de cálculo), depreciação, despesas diretas e indiretas.

Controle do Custo Fixo: Controle que serve para acompanhar o volume de despesas indiretas, isto é, aquelas despesas que ocorrem, mesmo que não existia operação na empresa.

Controle do Custo Unitário: Controle que serve para dimensionar o custo unitário para um período de tempo.

Controle do Disponível Circulante: Controle em que são colocadas as principais contas que retratam a liquidez da empresa, isto é, basicamente a diferença entre o ativo circulante e o passivo circulante. Tal controle pode ser feito a qualquer momento.

Controle do Faturamento: Controle que ajuda a acompanhar o desempenho da equipe de vendas e se a mesma está cumprindo as metas estabelecidas. Ele deve indicar o faturamento bruto diário e seu valor acumulado, num determinado período. Através desse controle pode-se verificar se as metas estão sendo atingidas.

Controle do Faturamento de Equilíbrio: Controle que mostra a capacidade de pagamento das despesas de uma empresa. Desvio abaixo da unidade indica que a empresa está gastando mais que seu faturamento.

Controle do Fluxo de Caixa: Controle utilizado para que não falte dinheiro para tocar o negócio; Controle para verificar, no curto prazo, se há liquidez na empresa. A seguir, um exemplo:

Controle do Fluxo de Caixa						
Contas	Início	15 dias	30 dias	45 dias	60 dias	90 dias
Saldo de Caixa (1)	500	550	800	640	330	150
Entradas:						
Contas a Receber	200	400	300	200	200	300
Outros Créditos	100			50	100	100
Capital a Integralizar			100		100	100
Crédito de Aplicação						
Alienação de Ativos						
Total de Entradas (2)	300	400	400	250	400	500
Saídas:						
Fornecedores	200		500	400	400	500
Encargos Sociais	30		10	40	30	50
Empréstimos		100		100		
Impostos	20		50	20	50	30
Contas a Pagar		50			100	150
Total de Saídas (3)	250	150	560	560	580	730
Saldo Final (1 + 2 - 3)	550	800	640	330	150	- 80

Quadro 3.3: Controle do Fluxo de Caixa.

Controle Patrimonial: Controle que é um registro, feito no inventário, relativo aos bens duráveis (móveis, imóveis, utensílios, máquinas, viaturas, equipamentos).

Controle do Plano: Controle que serve para: avaliar resultados e desempenhos; rever, ajustar, atualizar e propor mudanças; fazer correções necessárias; modificar objetivos; mudar estratégias; revisar prazos e orçamentos; corrigir desvios dos padrões estabelecidos; dar feedback para atualizar o plano; criar táticas para corrigir uma estratégia mal elaborada; mudar padrões; propor mudanças.

Controle do Ponto de Equilíbrio por Produto: Controle onde a receita se iguala às despesas (custos), é um indicador que sinaliza se a empresa tem condições de competir no mercado já que o preço de venda do produto é dado pelo mercado.

Controle do Produto: Controle sobre os seguintes elementos do produto: qualidade, marca, preço de venda, composto do produto, ciclo de vida do produto, margem de contribuição, distribuição, índice de reclamações.

Controle do Risco: Controle para classificar se o risco de um negócio é pequeno, médio ou grande.

Controle do Sistema: Subsistema que serve para avaliar e comparar os resultados, determinando se os objetivos foram atingidos. Assim, é necessária uma medida de desempenho chamada padrão.

Controle do Tempo: Controle feito por cronogramas, mapas, formulários e gráficos. Os mais importantes controles do tempo estão voltados para processos, procedimentos, rotinas e atividades.

Controle Estatístico da Qualidade: Processo utilizado para determinar, em produtos de uma amostra de inspeção, qual a probabilidade de que o universo escolhido alcance os padrões de qualidade, porque quando trabalhamos com estatística, temos dados de amostragem.

Controle Estatístico do Processo: Controle que verifica a capacidade de um processo manter a qualidade dos produtos, implementando correções nas máquinas e equipamentos de produção.

Controle Excessivo: Ver controle conveniente.

Controle Financeiro: Controle voltado para: fluxo de caixa, orçamentos, capital de giro, aplicações de saldos de caixa, taxa de inadimplência, investimentos, ativos, empréstimos e tudo o que se refere a movimentação de dinheiro no âmbito da empresa.

Controle Gerencial: Controle que assegura a eficácia na utilização de recursos; Controle que é congruente com aquilo que foi estabelecido pelo planejamento estratégico.

Controle Governamental: Controle que tem produzido grandes efeitos, porque afeta tanto a compra quanto à venda, já que se trata, simplesmente, de dois aspectos do mesmo processo.

A história das regulamentações, em todo o mundo, revela os seguintes objetivos: manter a concorrência, repelir monopólios e oligopólios, estimular interesse para projetos especiais, cuidar para que a população tenha maior poder de compra, coibir propaganda enganosa, criar mecanismos de defesa do consumidor, proteger a propriedade de marcas e patentes.

Controle Hierárquico: Controle que relaciona o cargo ao nível da estrutura organizacional.

Controle Institucional: Controle que se relaciona com o nível mais elevado da empresa (nível estratégico). Controle que se refere, geralmente, aos aspectos globais que envolvem a organização. Seu tempo é o longo prazo e seu conteúdo é genérico e sintético. Controle organizacional.

Controle Normativo: Controle ético, baseado na aplicação de valores, tais como: prestígio, crença, fama, estima, amor, fé, por exemplo.

Controle Operacional: Controle que assegura eficiência na utilização dos recursos da empresa. No controle operacional as informações são detalhadas e surgem principalmente de fontes internas da organização. Um exemplo de controle operacional é a gestão de estoques.

Controle Orçamentário: Controle definido como a coordenação das atividades empresariais para a predisposição de um plano financeiro integrado.

Controle Social: Controle relativo a aspectos corporativos (agravos, sanções, demissões), aspectos materiais (salários, recompensas) e aspectos normativos (normas, regras, regulamentos, regulamentações, políticas, procedimentos).

3.4 REALIMENTAÇÃO

Realimentação é fundamental num sistema de controle, porque fornece dados para uma nova tomada de decisão, caso seja necessária. Por outro lado, ela ajuda a incrementar a criatividade e a inovação. O uso exagerado da realimentação caracteriza um mau planejamento.

Na retroalimentação os obstáculos podem ser devido à falta de um sistema de retorno eficiente e eficaz que vai do receptor para o transmissor. Se não há a devida retroalimentação, a mesma não acontece.

Estudos antigos provaram que a realimentação era necessária para permitir que as pessoas melhorassem seu desempenho. Os indivíduos que não receberam nenhuma realimentação apenas não sabem como modificar os seus esforços, ou mesmo se devem modificá-los.

O feedback é um processo mediante o qual se controla o resultado do efeito de uma mensagem sobre o receptor. Permite ao comunicador determinar se a mensagem foi recebida e se produziu a resposta desejada. A partir dos erros verificados, podem ser feitas correções na elaboração da mensagem.

O feedback (retorno, realimentação) reforça a comunicação entre os interlocutores (dirigente e funcionários), fornecendo informações para sua adequação, compreensão, manutenção, adaptação, efetivação e reconstrução. Os canais podem ser deliberadamente planejados ou incorporados pelo uso. O sistema de feedback objetiva fazer ajustes onde necessário. Se num processo de comunicação não houver retorno da mensagem, diz-se que, na realidade, não houve comunicação.

Num circuito de feedback, as saídas do sistema são comparadas com valores desejados. Os desvios são retornados à entrada do sistema até que as operações (tarefas, movimentos) sejam ajustadas, para proporcionar saídas coerentes aos padrões estabelecidos.

Tal circuito, que busca amortecer e reduzir as flutuações daquilo considerado normal, ou padrão, é chamado feedback negativo, que, normalmente, envolve quatro elementos: uma unidade censora, uma unidade para comparação, um padrão e uma unidade de correção.

O feedback positivo, por outro lado, reforça a direção do sistema em funcionamento e amplifica a ação de ajustamento. Não esquecer que o feedback num sistema em mudança não é a única operação que fazemos para ajustá-lo. Controlar um sistema, essencialmente, significa manter o mesmo operando dentro de um intervalo de performance.

"Gostei bom trabalho, valeu!" é exemplo de quão simples é fornecer o feedback positivo. Uma única palavra, ou uma simples tapinha nas costas, contém uma energia motivacional muitas vezes subestimada. O elogio representa uma força que pode até mudar a eficiência e eficácia de sua equipe.

Quem ganha com a manifestação do feedback positivo: O executivo? A organização? A pessoa, alvo do elogio? O próprio líder? O dirigente? Todos se beneficiam. A organização ganha energia positiva, que, consequentemente, tende a redundar em maior produtividade. A pessoa alvo ganha uma massagem no ego que a estimula a trabalhar mais e melhor do que antes.

3.5 DOCUMENTOS DE CONTROLE

A seguir, abordaremos os principais documentos de controle:

Formulário: Documento padronizado, estruturado segundo sua finalidade específica, possuindo características e campos apropriados, destinados a receber, preservar e transmitir informações, cujos lançamentos são necessários para definir a natureza ou cobrir um fluxo qualquer de trabalho, desde seu início até sua conclusão.

O formulário é um importante meio de comunicação, transmissão e registro de informações, principalmente as baseadas em dados quantitativos. A ação administrativa é apoiada por formulários cuja clareza, formato e conteúdo tornam eficientes e eficazes a gerência da organização.

A necessidade dos formulários pode ser justificada, em função dos seguintes fatores: importância das informações; exigências legais e governamentais; padronização das comunicações; armazenamento de dados; controle.

O formulário é um documento que encerra informações constantes e espaços destinados à inserção de informações variáveis. Contudo, é significativo assinalar que a maioria das organizações pouco se preocupa com o problema, criando, em consequência, formulários que, além de não considerarem os existentes, também não são precedidos de um estudo prévio de sua real necessidade, utilidade e características básicas, gerando entropia na organização.

O formulário adquiriu grande importância com o crescimento das organizações, em virtude de se tratar de um excelente veículo para as funções administrativas e organizacionais. É mesmo lícito afirmar que quanto mais complexa a empresa tanto mais necessária se torna a existência de métodos racionais de coleta, análise, processamento e disseminação de dados.

Contudo, é significativo assinalar que a maioria das organizações pouco se preocupa com o problema, criando, em consequência, formulários que, além de não considerarem os já existentes, deixam de fazer uma análise prévia de suas reais necessidades.

Como as empresas dependem de processos otimizados para a sua sobrevivência e desenvolvimento, o analista/administrador deve dar especial atenção à elaboração, processamento e controle dos formulários utilizados em todas as unidades da empresa.

Embora os computadores tenham reduzido drasticamente os formulários, os sistemas administrativos ainda os utilizam como meio de comunicação. Os formulários servem para agradecer, concordar, aplicar, autorizar, cancelar, certificar, reclamar, estimar, acompanhar, identificar, instruir, notificar, encomendar, registrar, comunicar, requisitar, delinear, programar, controlar, avaliar, selecionar, dirigir, organizar.

O formulário apresenta determinados objetivos que devem ser perfeitamente entendidos pelos seus usuários. Os principais objetivos do formulário são:

- Proporcionar uniformidade ou padronização aos procedimentos.
- Proporcionar valor legal a determinadas operações na (ou pela) empresa.
- Estabelecer quais são os dados e as informações que devem ser registrados e processados.
- Facilitar o controle das atividades das unidades organizacionais da empresa.
- Evitar escrituração de dados e informações de maneira repetitiva.
- Facilitar o fluxo de informações; facilitar o tratamento dos dados e das informações.
- Facilitar a compreensão e o entendimento; possibilitar análise pelas informações existentes.

Um bom modelo de formulário deve apresentar os seguintes requisitos: criar uma atitude mental favorável do executor para com a tarefa de preenchimento; permitir a utilização do meio mais fácil na anotação dos registros, ou seja, atender à maneira pela qual o modelo vai ser preenchido; atentar para a sua utilização após o preenchimento (sistema de guarda e/ou de arquivamento); possibilitar a redução da tendência para o erro na anotação e na utilização dos registros; permitir economia de dinheiro.

Quando o analista for elaborar um novo formulário, deverá seguir determinadas etapas na sua construção: levantamento e análise das necessidades; determinação das funções e do conteúdo; desenho, conteúdo e código; quantidade de vias; formato e tipo de papel (cor, gramatura, tamanho); instruções para preenchimento; acompanhar trabalhos de impressão.

Quanto ao controle e avaliação dos formulários, os mesmos devem ter arquivos em papel e computador, onde haverá uma relação de todos os arquivos ativos e sua respectiva vida útil. Também o aspecto da padronização é tomado em consideração.

Os formulários, devido a sua estrutura padronizada, servem para avaliar pessoas, organizações, recursos, ações, estratégias, decisões e diversas outras funções, bem como situações. É comum se ler Ficha como sinônimo de Formulário.

Vale acrescentar que para que um formulário seja bem construído e não traga problemas futuros, se faz necessário atentar para as seguintes considerações:

- Todo e qualquer formulário é elaborado com um objetivo previamente estabelecido, devendo funcionar como instrumento em uma atividade.
- Um formulário jamais deve ser criado sem que haja uma rotina que o justifique.
- Depois de aprovado um novo modelo de formulário deve ser, preferencialmente, implantado gradualmente, de modo que possíveis correções possam ser efetuadas, visando sua perfeita adequação aos fins a que se destina.
- Em seu estágio probatório o formulário deve ser utilizado experimentalmente de modo que seu desempenho seja testado, diante das exigências operacionais de quem o usa.
- É sumamente importante nessa fase à contribuição prestada pelos funcionários envolvidos diretamente com o formulário, através de sugestões e/ou críticas.
- Através de uma análise criteriosa o analista certamente introduzirá as modificações necessárias.
- A responsabilidade pelo controle dos formulários deve ser centralizada, para evitar sua proliferação, bem como duplicidade.
- Boa parte do problema dos formulários concentra-se no fato de que muitos deles são utilizados em pequenas quantidades.
- A maioria dos formulários é pouco usado e muitos desses documentos são impressos pelos próprios usuários, com suas máquinas, tendo caráter informal.

- Alguns dirigentes ignoram o fato de que o custo do emprego dos formulários sobe de 20 até 30 vezes o custo de produção dos impressos.
- Deve-se procurar sempre melhorar todos os formulários, sob os aspectos da característica física do texto e da disposição gráfica.
- Um bom formulário deve compactar seu desenho para apenas uma página.

As principais vantagens são: O formulário pode ser aplicado a todas as pessoas de um mesmo setor, departamento, seção e em empresas diversas; O formulário pode conter um número maior de questões a serem propostas de forma mais objetiva e estudada; O formulário assegura precisão e concisão dos dados obtidos.

As principais desvantagens são: O formulário exige tempo para ser construído e aplicado; O formulário demanda custos de atualização constante; O formulário pode ser respondido por terceiros, quando o pesquisador não estiver presente; O formulário, quando preenchido por outra pessoa, pode correr o risco de inibir o "pesquisado", ou, por outro lado, fazer com que o mesmo minta, inventando coisas que não lhe dizem respeito.

Planilha: Página em uma pasta (arquivo), onde se pode entrar e armazenar dados, realizar cálculos, organizar informações e executar diversas tarefas de cálculo. Planilha executada em computador, contendo 65.536 linhas por 256 colunas. A área de trabalho somente mostra, de forma visível, 12 colunas por 20 linhas. É composta de células e cada uma é identificada por um endereço.

Os dados digitados em uma célula são divididos em duas categorias principais: valores constantes ou fórmulas. Um valor constante é um dado que é digitado diretamente na célula e que não é alterado. Uma fórmula, por sua vez, pode ser constituída por valores, referenciais de outras células, operadores matemáticos e funções. O valor que aparece como consequência de fórmula varia dependendo das alterações feitas nas células ou funções que compõem a fórmula.

Plano: Assunto já abordado.

Relatório: Apresentação escrita ou oral, para transmitir informações a um leitor determinado, numa forma completamente imparcial e sob o aspecto mais útil ao leitor, com o propósito de resolver um problema específico. Uma narração descritiva qualitativa e/ou quantitativa de uma determinada situação. Uma exposição escrita de fatos verificados ou um relato das atividades desenvolvidas, ou ainda, uma súmula de um programa realizado com referência a serviços prestados.

A primeira parte do relatório deve apresentar um sumário de seus pontos altos, para que os destinatários possam ver rapidamente a sua estrutura. O relatório também deve mencionar quaisquer limitações que o estudo possa ter e quaisquer problemas que tenham sido identificados quando da coleta de dados.

Um modelo de relatório deve ter a seguinte estrutura:

Instituição: Nome da organização.
Departamento: Produção.
Categoria: Rotina.
Data:
Relator: Nome do relator e cargo que ocupa.
Introdução: Relator caracteriza o problema e prepara o leitor para o raciocínio a ser desenvolvido no corpo do relatório. A introdução deve conter a finalidade do documento, seu escopo e a sequência de apresentação dos assuntos.

Corpo do Relatório: O corpo do relatório e construído por um conjunto de itens. Neles o relator deve apresentar o desenvolvimento de todo seu raciocínio, preparando o leitor para a conclusão.
Conclusão: A conclusão termina a investigação do problema ou fenômeno, apresentando uma solução ou explicação. Ela conduz o leitor a verificar se a diretriz, política, estratégia, procedimento, regulamento estão adequados à realidade atual ou se a solicitação foi fielmente atendida. A conclusão não é um resumo nem a repetição do abordado e contido no corpo do relatório.

Assinatura:

As características do relatório são:

- Ter uma linguagem clara, concisa, objetiva e padronizado.
- Conter recomendações e soluções para os problemas.
- Deixar clara a sua finalidade e a sua natureza.
- Usar a melhor técnica disponível no mercado de: exposição, construção e análise.
- Ser feito sob medida para o leitor.
- Ser passível de verificação.
- Não embaraçar a imagem da empresa (organização).
- Ser esclarecedor, seguindo uma forma prescrita e obedecer a um plano.
- Ser escrito de maneira formal e impessoal.
- Conter informações úteis e novas.
- Indicar as principais variáveis que ajudarão a solucionar o problema (situação).
- Recolher do mercado modelos semelhantes; definir recursos, custos, orçamentos, benefícios, retorno do investimento e resultado esperado.

O autor do relatório deverá sempre lembrar que este está sendo escrito para o leitor e não para si mesmo ou para especialistas. Ele deverá ter em mente que um relatório é escrito para comunicar e não para impressionar com palavras difíceis ou detalhes técnicos.

Alguns autores consideram que um relatório é um conjunto de informações organizadas para descrever uma situação, podendo ou não apontar, na conclusão, uma hipótese de solução para um determinado problema. Assim, é bom observar algumas premissas do relatório:

- A natureza diferente dos relatórios poderá levar à conclusão errônea de que devam coexistir em uma empresa diversos sistemas de informação.
- Compete à pessoa que redigiu o relatório fazer recomendações de solução (ou mudança) para problemas existentes na organização.
- Não basta apenas fazer recomendações, é preciso persuadir a organização (ou a alta direção) a aceitar as propostas colocadas no relatório, isto é, vender a ideia.
- Depois de aprovadas as recomendações, o relator auxiliará na sua implementação, dentro do que for possível.
- Relatórios são os meios mais comuns e eficazes para conhecer as condições existentes na organização e levantar informações para um planejamento estratégico.
- Um relatório executivo deve ser o mais flexível possível na sua forma de apresentação.
- Um relatório, que exige tudo de todos, não é produtivo

Embora os relatórios, para alguns, seja perda de tempo, eles são importantes como balizadores das novas mudanças a serem desenvolvidas. As mudanças de rumo, de política, de estratégia, de plano, de programa, de decisão, de tática, muitas vezes, têm como fato gerador um relatório.

Capítulo 4
COMANDO

"O progresso tecnológico, ao expandir e diversificar as linhas de produção e distribuição, exige uma ação complementar eficiente da empresa, mormente no que diz respeito ao conhecimento administrativo."

Harold Koontz

OBJETIVOS DO CAPÍTULO

- Mostrar o que seja uma cadeia de comando.
- Mostrar a importância do comando nas funções administrativas.
- Apontar os diversos tipos de liderança.
- Mostrar o valor do poder.

4.1 COMANDO

Comando é uma função administrativa relacionada com aquele que planeja e depois dirige a execução daquilo que foi planejado. É uma função muito comum nas forças armadas que, hoje, vem fazendo parte do conjunto de habilidades do gerente, tendo em vista que o mercado é considerado um campo de batalha. Comando pode ser ação e direito do superior para com o subordinado.

A seguir, vamos abordar alguns elementos do comando:

Princípios do Comando:

- Explicar, cuidadosamente, os deveres do indivíduo diante do grupo.
- Evitar discussões intermináveis, quanto aos direitos e deveres de cada um.
- Dar salários proporcionais à produtividade e ao mérito.
- Apresentar os novos companheiros a todos os membros do grupo.
- Evitar de magoar um chefe, passando por cima de sua autoridade.
- Mostrar critérios objetivos para promoções.
- Evitar admissões de pessoas que não tenham as qualidades necessárias para a função.
- Criar comissões para propor soluções objetivas para problemas de relacionamento.
- Diminuir a distância social entre chefes e subordinados.
- Dar valor a quem merece.
- Tomar em consideração todo esforço do outro para melhorar.
- Falar enquanto o assunto está "quente".
- Falar sobre mudanças, explicando seus motivos.

- Respeitar o próximo como ser humano.
- Não tratar o outro por diminutivos.
- Evitar cortar a palavra de quem fala, esperando a sua vez.
- Controlar as suas reações agressivas, evitando ser indelicado ou mesmo irônico
- Evitar o "pular por cima" de seu chefe imediato, quando o fizer, dar uma explicação.
- Procurar conhecer melhor os membros do seu grupo, a fim de compreender e se adaptar à personalidade de cada um.
- Evitar criar barreiras de comunicação.
- Evitar assumir a responsabilidade atribuída a outro, a não ser a pedido deste ou em casos de emergência.
- Procurar as causas das antipatias, a fim de superar as mesmas.
- Evitar expressões de arrogância, como, por exemplo: "Presta atenção" e "Meu filho".
- Procurar definir bem aquilo que fala, no caso da discussão em grupo, para evitar mal-entendidos.
- Procurar estar sempre sorridente mesmo na adversidade.
- Ser modesto nas discussões.
- Pensar que talvez o outro tenha razão, procurando, humildemente, compreender os seus argumentos.
- Procurar compreender como se estabelecem as relações entre as pessoas que trabalham juntas.
- Procurar compreender a natureza dessas relações humanas e suas causas.
- Procurar compreender os tipos de relações que prejudicam o trabalho.
- Estudar como estabelecer e manter boas relações humanas.

Taxa de Comando:

A taxa de comando (chefia) é dada pela fórmula:

Taxa de Comando = Número de Chefes / Número de Subordinados

Exemplo:
Uma fábrica tem 810 subordinados, sendo que o número de chefes (diretores, gerentes, supervisores) é de 45.

Taxa de Comando = 45 / 810 = 0,055 = 5,5%

Análise:
A taxa de comando, acima exemplificada, revela que para cada chefe existem 18 (810 / 45) subordinados. Naturalmente que este valor não é linear ao longo da estrutura organizacional, porque nos níveis superiores da organização é comum uma relação de um diretor para cada quatro gerentes, por exemplo. Deve-se evitar a síndrome da chefia, uma patologia devastadora para a organização, qualquer que seja.

Cadeia de Comando:

A cadeia de comando é um conjunto interligado e contínuo de relacionamentos de comunicação que se estende, na organização, de cima para baixo, por meio de uma linha de autoridade que interliga as posições da organização e especifica quem dá ordens a quem.

Um dos elementos de maior importância, que entra no estudo da cadeia de comando, é o que se refere à relação superior com subordinado. Para um grande número de níveis hierárquicos, menor será a amplitude da comunicação e vice-versa.

A cadeia de comando é influenciada por vários fatores, a saber: tecnologia utilizada, interdependência dos subordinados, similaridade de funções supervisionadas, qualificação dos subordinados, utilização de assistentes, supervisão de um nível superior, estabilidade do ambiente, nível hierárquico em que se estiver.

Para ser eficaz a cadeia de comando deve limitar-se a um número menor de subordinados. A complexidade dos deveres tende a aumentar à medida que uma pessoa sobe na organização.

A autoridade é exercida através de uma cadeia de comando. Esta cadeia de comando refere-se a um conjunto interligado e contínuo de relacionamentos de comunicação que se estende, na organização, de cima para baixo, através de uma linha de autoridade que interliga as posições da organização e especifica quem dá ordens a quem.

4.2 LIDERANÇA

Liderança é a capacidade (posição ou carisma) de alguém de influenciar outra pessoa ou grupo no sentido de alcançar determinado propósito.

Líder é pessoa que leva outras pessoas a darem o melhor de si para atingir objetivos do líder, que, normalmente, são também do grupo.

Liderança é o processo em que uma pessoa é capaz, por suas características individuais, de aprender as necessidades do grupo e exprimi-las de forma válida e efetiva, obtendo o engajamento e implementação dos trabalhos necessários ao alcance dos objetivos, das metas, dos propósitos e dos desafios.

O gerente moderno se quiser sobreviver terá de se transformar em líder. É importante que seja dito que um indivíduo pode liderar um grupo por longo tempo, mas não por todo o tempo.

É comum se ouvir que um indivíduo pode liderar um grupo por longo tempo, mas não por todo o tempo. Muitas das vezes, a situação configura um líder. Normalmente, a liderança é fruto de um processo de comunicação que ajuda a mudar o comportamento das pessoas.

O liderado tem fé e respeito pelo líder. Não é um simples subordinado que recebe ordens. Ele confia e tem orgulho de seu líder.

O fenômeno liderança é muito estudado, porque é relevante para a função administrativa direção, em todos os níveis hierárquicos da organização. Um bom dirigente deve ser um líder, mas nem sempre a recíproca é verdadeira, haja vista que líderes políticos quando guindados a uma posição administrativa se transformam em verdadeiros desastres.

Diretores e gerentes, em função do cargo que ocupam, possuem autoridade e poder delegados pela alta administração, isto é, uma espécie de capital ativo que será maior ou menor se souber ser um líder. Mas, é bom que se diga que muitos dirigentes exercem pouca ou nenhuma liderança, porque os subordinados, premidos pela necessidade do emprego (trabalho), se submetem às suas ordens.

Grande parte da literatura sobre técnicas de liderança trata de problemas relativamente simples das relações entre superior e subordinado. Os estudos de liderança tratam, sobretudo, da liderança em grupos informais e dos problemas de supervisão direta. Estes estudos criaram uma base para o desenvolvimento de técnicas aperfeiçoadas.

Contudo, os problemas de liderança em hierarquias complexas podem se diferenciar em aspectos importantes dos encontrados em estruturas mais simples. As limitações impostas pelo sistema hierárquico podem forçar o líder a se afastar daquilo que, de outra forma, seria considerado como técnica adequada de liderança.

A liderança num sistema hierárquico formal é uma questão de manipular os instrumentos organizacionais, que permitem que se mantenha a autoridade. As qualidades de liderança puramente pessoais são importantes, mas nem sempre são as principais.

O dirigente líder precisará:

- Respeitar o ser humano e crer nas suas possibilidades, que são imensas.
- Confiar no grupo mais que em si próprio.
- Evitar críticas a qualquer pessoa em público, procurando sempre elogiar, diante do grupo.
- Estar sempre dando o exemplo, em vez de ficar criticando a todo o tempo.
- Evitar dar ordens, procurando a coordenação entre as partes.
- Dar a cada um o seu lugar, levando em consideração os seus gostos, interesses e aptidões.
- Evitar passar por cima dos subordinados, mesmo pensando que faria melhor.
- Consultar os membros do grupo, antes de tomar uma resolução importante.
- Consultar o grupo quando a decisão afetar todos.
- Antes de agir, explicar aos membros do grupo o que fazer e por que vai fazer.
- Evitar tomar parte nas discussões, quando presidir uma reunião.

Muitas das vezes, a situação configura um líder. Normalmente a liderança é fruto de um processo de comunicação que ajuda a mudar o comportamento da pessoa. O liderado tem fé e respeito pelo líder. Não é um simples subordinado que recebe ordens. Ele confia e tem orgulho de seu líder.

A seguir, as principais premissas da liderança:

- Situações críticas são um teste e uma oportunidade para a liderança.
- Carisma não é condição necessária à liderança, porém ajuda muito.
- A postura firme na defesa de ideias é fundamental à boa liderança.
- Argumentos superficiais e pouco elaborados só funcionam com subordinados ignorantes.
- Um líder acadêmico nem sempre é um líder empresarial.
- O líder atual precisará cada vez mais de uma inteligência analítica.
- O líder, em função de liderados altamente esclarecidos, precisará ser honesto e transparente.
- É falsa a ideia de que o verdadeiro líder precisará ser falante, piadista, competitivo e agressivo.
- A sobrevivência do dirigente numa organização estará por conta de um esforço para alcançar a liderança do grupo.

4.3 CHEFIA E LIDERANÇA

Os dirigentes de empresas precisam compreender que cargos e funções envolvem dois aspectos distintos e complementares: chefia e liderança. A chefia está vinculada à autoridade e aos aspectos organizacionais e normativos exigidos pelo processo administrativo. A liderança está vinculada à confiança que o gerente inspira nos seus subordinados e vice-versa.

Quando o clima de liderança inexiste, a autoridade do gerente degenera em autoritarismo, o comportamento dos subordinados deixa de ter estímulos para motivações superiores e passa para a alienação, quando não para a anomia. Nesse clima, os chefes se transformam em feitores do trabalho, mas estão longe de ser líderes de pessoas.

Convém insistir num ponto fundamental. Não há nada de antagônico nos conceitos das diferentes metodologias para programas motivacionais. Para seu sucesso, todos exigem um clima gerencial favorável, que os considere do ponto de vista de instrumentos de aprimoramento do trabalho em equipe e da integração e interação dos esforços das pessoas na consecução de objetivos comuns.

Se assim for, os resultados concretos de redução de custos, melhoria ambiental, novas ideias para aprimorar as condições de trabalho e produtividade, por exemplo, virão como consequência.

Se, contudo, o pensamento gerencial dominante for o de que toda e qualquer técnica deve ser implantada com a finalidade primordial de apresentar resultados imediatos, o caminho para o fracasso já está delineado. Num clima de pensamento como este, os programas, os planos, os métodos, as políticas, os procedimentos, os projetos, as estratégias, por exemplo, se transformam em rituais, em que os gestos não guardam coerência com os pensamentos e motivações das pessoas.

Haverá alguns resultados, naturalmente, mas a proporção entre eles e o esforço dedicado para obtê-los não será animador, pois as pessoas somente cumprirão ordens, mas não tomarão a iniciativa de dar boas ideias e sugestões.

4.4 TIPOS DE LIDERANÇA

A seguir, os principais tipos de liderança:

Líder de Tarefa: Líder voltado a executar determinada tarefa.

Líder Executivo: Líder em virtude do cargo que ocupa na hierarquia da empresa. A autoridade atribuída a um executivo não está necessariamente relacionada com qualquer habilidade pessoal de liderança que ele possa ter.

Líder Intelectual: Líder que mergulha no estudo, na pesquisa, na análise, na reflexão e no ensino, desenvolvendo relatórios, planos, projetos, livros, teses e teorias. Seu principal canal de comunicação é a escrita.

Líder Pragmático: Líder que tem a capacidade de idealizar estratégias, políticas, estruturas, inovações de processos, desenvolver novos produtos, criar novos métodos e aplicar soluções para problemas. Este tipo de líder usa a fala e a audição como principais canais de comunicação. Tem atitude direcionada e sempre se diz objetivo.

Liderança Autocrática: Liderança em que o líder toma decisão e anuncia, identifica o problema, considera as alternativas de solução, escolhe uma delas e depois comunica essa decisão a seus subordinados para execução. O líder vende sua ideia (proposta), identifica o problema e chega a uma decisão. As características da liderança autocrática são:

- Determinação de todas as políticas pelo líder.
- Medidas técnicas e atividades determinadas pela autoridade, uma de cada vez.
- O líder, geralmente, determina as tarefas particulares e os companheiros de trabalho de cada membro.
- O líder faz elogios e críticas pessoais do trabalho de cada membro.
- Mas se mostra indiferente à participação ativa do grupo exceto em demonstrações.
- O líder é duro e impositivo.
- O trabalho somente se desenvolve com a presença física do líder.

Liderança Carismática: Liderança que se baseia no desafio e apelo à realização de uma missão.

Liderança de Marca: Liderança que aparece quando a marca se impõe ao mercado.

Liderança Democrática: Liderança em que o líder apresenta ideias e pede perguntas aos subordinados para que juntos explorem mais plenamente as implicações de uma decisão.

As características da liderança democrática são:

- Todas as políticas são sujeitas à discussão e decisão do grupo, encorajado e assistido pelo líder.
- A perspectiva de atividade é adquirida durante o primeiro período de discussão.
- Os participantes ficam livres para trabalhar naquilo que escolhem e a divisão de tarefas é deixada para o grupo.
- O líder é objetivo em elogios e em suas críticas, e procura ser um membro regular do grupo, sem fazer a maior parte do trabalho.
- O líder é atuante, consultivo e orientador.
- Líder e subordinado passam a desenvolver comunicações espontâneas, francas e cordiais.

Liderança Discreta: Liderança que utiliza ferramentas, tais como: persuasão, elogio, recompensa, adiamento, política de relacionamento, adaptação e flexibilidade.

Liderança Intelectual: Liderança que mergulha no estudo, na pesquisa, na análise, na reflexão e no ensino, desenvolvendo relatórios, planos, projetos, livros, teses e teorias. Seu principal canal de comunicação é a escrita.

Liderança Liberal: Liderança onde o líder coloca o problema e pede solução, isto é, transfere ao grupo o direito da tomada da decisão. Quando participa do processo, procura fazê-lo sem maior autoridade do que qualquer membro do grupo.

As características da liderança liberal são:

- Liberdade completa para decisão individual ou de grupo, sem qualquer participação do líder.
- Diferentes meios fornecidos pelo líder, que também dará informações quando solicitado.
- Não toma parte nas discussões; falta de participação completa do líder.
- Comentários muito raros sobre as atividades dos membros, a não ser quando interrogado, sem tentativa de participar ou interferir no rumo dos acontecimentos.
- Forte individualismo agressivo.
- Pouco respeito com relação ao líder.

Liderança Participativa: Ver liderança democrática.

Liderança Pragmática: Liderança em que o líder tem a capacidade de idealizar: estratégias, políticas, estruturas, inovações, processos, produtos, métodos, com muita objetividade.

Liderança Situacional: Liderança que aflora segundo a situação.

Liderança Tradicional: Liderança em que o controle é de cima para baixo, frequentemente, exagerado, protege os feudos em vez de estimular os outros a pensar em como fazer seu trabalho de um modo melhor para a organização.

4.5 PODER

Poder é a capacidade de agir e de produzir efeitos sobre indivíduos ou grupos. Portanto, não é um ser, mas uma relação que se estabelece pela comunicação. Quanto maior o poder (formal ou informal), maior a influência na comunicação. Conjunto de relações, por meio das quais os indivíduos e/ou grupos interferem nas atividades de outros.

O poder pode ser definido como a capacidade de impor mudanças no comportamento de terceiros. O poder que emana de um cargo administrativo é geralmente classificado como autoridade. Pessoas investidas de autoridade têm poder, mas o poder nem sempre corresponde à autoridade. Um subordinado pode não ter autoridade, mas possuir uma grande parcela de poder.

Define-se poder como a capacidade de modificar a conduta de outros da maneira desejada, juntamente com a condição de evitar que seu próprio comportamento seja modificado por outros de forma indesejável. Executivos precisam ter poder, porque, infelizmente, muitos subordinados carecem de disciplina. Para estes empregados, trabalho é algo a ser evitado.

Não é um executivo de verdade aquele que não tem sede de poder. David McClelland, professor de Harvard, chegou a essa conclusão ao final de um exaustivo estudo sobre os objetivos perseguidos pelas pessoas de sucesso.

O conceito de poder como a capacidade de fazer as pessoas agirem dessa ou daquela maneira, forçando ou cooptando sua vontade, jamais mudou na História. O que muda é apenas a forma com que esse poder é exercido, sabe-se que o modo de o exercitar nas empresas mudou bastante a partir dos anos de 1960. É importante conhecer e avaliar com precisão a capacidade de gerir o próprio poder.

O poder possui tantas faces quanto o número de pessoas que o detém. O poder do dirigente se baseia em três pilares: Prepotência, Autoridade e Ascendência Pessoal.

Segundo Paulo R. Motta, "qualquer organização pode ser vista como estrutura de poder. Organizações manejam recursos e geram opções sociais e econômicas, e, portanto, possuem grande capacidade de influência sobre o destino das pessoas.

Quanto maior e mais complexa a organização, maior a quantidade de recursos sobre seu controle e maior a quantidade de poder que possui". Poder significa para um indivíduo maior controle sobre seus ganhos e perdas e maior influência sobre comportamentos alheios e sobre o destino da própria empresa. E esse poder tende a concentrar-se nos níveis hierárquicos mais elevados.

Segundo Ordway Tead, "as oportunidades para o exercício do poder do líder multiplicam-se para os que ocupam posições administrativas. Podem exaltar o ego de maneiras vantajosas ou prejudiciais à organização. Mas também é óbvio existirem métodos vantajosos de canalizar o poder pessoal de modo a produzir grandes benefícios sociais".

4.6 PODER NA EMPRESA

Métodos escusos e maquiavélicos, para manter o poder na empresa, chocam muita gente. Envolvem alianças calculadas, concessões e negócios. E, com frequência, violam as práticas preconizadas por especialistas em comportamento organizacional. Do ponto de vista do acossado e atormentado executivo, talvez não haja alternativa, se quiser sobreviver no topo.

Segundo Robert N. McMurry, "a necessidade mais importante e premente da vida empresarial não é de melhores comunicações, relações humanas ou participação dos empregados, mas de poder".

Sem poder não há autoridade, sem autoridade não pode haver disciplina e sem esta pode haver dificuldade em manter ordem, funcionamento e produtividade. Um dirigente destituído de poder é, portanto, quase sempre uma cabeça sem proa, ou pior, uma proa sem cabeça. Quanto mais alto está o executivo na hierarquia da organização, maior é sua necessidade de poder. Isto porque o mesmo tende a enfraquecer-se quando é disseminado para baixo.

Se o dirigente é dono do negócio, é possível perder o manejo do grupo. Se não é, e, às vezes mesmo sendo, o poder precisa ser adquirido e mantido por meios políticos, negociáveis, cognitivos e coercitivos. De importância crítica, uma vez que a maior parte de seu poder é derivado ou delegado, o dirigente precisa merecer confiança.

Nada é mais desmerecedor para um executivo do que perder apoio e sustentáculo, em momentos de crise. É por essa razão que a demonstração de poder contínuo é a mais imediata e insistente preocupação de muitos administradores profissionais.

Como podem executivos, chefes e outros administradores, que possuem pouca ou nenhuma parte do capital de um negócio, consolidar poder suficiente para garantir seu emprego e impor suas ordens quando necessário?

O executivo deve adotar todas as medidas que possam assegurar sua compatibilidade pessoal com os superiores. No caso do executivo chefe, isso significa compatibilidade com os donos e/ou seus representantes, como banqueiros, advogados e membros da família.

O fato é que, embora o administrador possa ter todas as aptidões, experiências e atributos pessoais que sua posição exige, se seus valores e objetivos não forem razoavelmente congruentes com aqueles das pessoas que detêm o poder, seu mandato, provavelmente, será curto.

Ter poder até que não é muito difícil de adquirir, mas saber tratá-lo não é para qualquer um. O pior exemplo de utilização de poder está na ONU, onde apenas cinco países podem vetar qualquer proposição. Uma situação totalmente antidemocrática.

Antes que sejam apresentadas as recomendações para que o administrador adquira poder na organização, é importante conhecer algumas premissas do poder:

- Ter controle não significa necessariamente ter poder.
- Aumentar o desejo de prestígio é uma necessidade à medida que o poder diminui.
- Ter autoridade, influência, carisma ou persuasão (ferramentas de poder), facilita o exercício da função executiva.

Para testar o seu poder, faça o seguinte questionamento:

Quantos novos projetos você tentou realizar? Quantos deles foram efetivamente implementados? Numa reunião, quando você apresenta uma ideia ela é levada em consideração? Seus subordinados e colaboradores cumprem com prazer suas decisões? As intervenções numa reunião feitas por você têm receptividade? Você pode contar com colegas, superiores e subordinados? Quantos almoços de negócios você costuma patrocinar para conseguir viabilizar seus projetos? Seus subordinados o consultam com frequência sobre decisões a tomar? Quantas vezes você foi obrigado a enfraquecer o poder dos outros para fortalecer o seu?

4.7 TIPOS DE PODER

A seguir, os mais importantes tipos de poder:

Poder Aquisitivo: Poder dado ao consumidor, representando aquilo que o mesmo pode comprar para satisfazer suas necessidades básicas e não seus desejos. Este poder está associado ao progresso de uma pessoa numa sociedade, pois quanto mais poder aquisitivo ela tem mais status possui.

Toda empresa se preocupa com o poder aquisitivo de seus consumidores, a fim de se adaptar ao "sobe e desce" da economia e do mercado.

Poder Coercitivo: Poder exercido pela força da punição.

Poder Compensatório: Poder exercido à custa de recompensas e incentivos.

Poder da Automação: Poder quer leva necessariamente ao equilíbrio entre o custo da automação (eficiência), os resultados (eficácia) e a velocidade de resposta (efetividade).

Poder da Informação: Poder que confere a uma pessoa resolver problemas com maior rapidez, devido à grande base de dados que possui. Gerenciar, muitas vezes, é decidir em situações de informações incompletas. Portanto, significa decidir em um cenário de relativa incerteza. Para decidir sob condições de completa certeza, basta um algoritmo.

Executivos servem para avaliar e interpretar informações, propor e comparar ações, decidir com base em múltiplos critérios, assumir riscos, barganhar e negociar soluções que, frequentemente, não são as melhores do ponto de vista puramente tecnológico ou econômico. Fica a pergunta: Como saber que as informações que dispomos são as mais relevantes e inteligentes para resolver um determinado problema?

Poder da Liderança: Ver liderança.

Poder da Marca – Poder quando a marca atinge faturamento equivalente ao de uma grande empresa, consegue penetrar em, praticamente, todas as classes sociais.

Poder de Compra: Ver poder aquisitivo.

Poder de Comunicação: Poder de desenvolver e manter uma rede de relacionamento, como seu estilo de vida. Aquele que tem esse poder está sempre vendendo um produto (bem, serviço, ideia).

Poder de Monopólio: Poder que é dado às empresas que atuam em um mercado sem competitividade.

Poder do Administrador: Poder de conduzir uma organização.

Poder do Varejo: Poder de barganha com fornecedores.

Poder Executivo: Poder que emana de um cargo administrativo é geralmente classificado como autoridade. O executivo deve adotar todas as medidas que possam assegurar sua compatibilidade pessoal com os superiores. No caso do executivo chefe, isso significa compatibilidade com os donos e/ou seus representantes, como banqueiros, advogados e membros da família.

Poder Informal: Poder que é caracterizado pela capacidade de controlar outras pessoas, sem ter autoridade para isso. Um indivíduo que impõe tanto o poder da posição como o pessoal é um líder formal

Poder Legítimo: Poder recebido em função do cargo.

Poder Normativo: Poder fundamentado no conhecimento das normas, políticas e procedimentos da organização.

Poder Organizacional: Poder que passa a ser cobiçado quase da mesma forma que o poder político. Nessa perspectiva, o poder organizacional constitui um fim em si mesmo, como uma visão de poder político inaugurada por Maquiavel. O poder de uma organização apoia-se em pessoas e suas posições relativas na estrutura hierárquica

Poder Pessoal: Poder que é sempre baseado no controle de símbolos e pode favorecer o aparecimento do compromisso com a pessoa que o possui. Um indivíduo, cujo poder deriva, principalmente, de sua posição na organização é denominado poder formal.

Poder Público: Poder coercitivo de que são dotadas as autoridades governamentais, permite ao setor público servir aos fins que o caracterizam, empregando meios que lhe são peculiares (impostos, regulamentos, leis). O poder público é onipresente no sistema de governo. Entretanto, este pode atuar como produtor e/ou orientador do fluxo de recursos.

Poder Referente: Poder baseado em resultados positivos.

Poder Remunerativo: Poder exercido pela política salarial da organização.

Poder Superior: Poder formal de controlar subordinados. Os superiores podem, obviamente, tirar vantagens da situação e invocar normas que não se relacionam com as necessidades da instituição. Não se pode evitar tendências a esse tipo de comportamento na medida em que as empresas são formadas por funcionários, já que alguns aspectos da relação superior/subordinado envolvem atribuições que se relacionam antes com objetivos pessoais do que com objetivos organizacionais.

Mas, o uso exagerado do poder para servir aos caprichos e fantasias de um superior pode perturbar o trabalho em equipe e ter consequências motivacionais desastrosas.

Poder Técnico: Poder adquirido pelos conhecimentos e habilidades tecnológicas.

Poder do Varejo: Poder que aumentou muitos nos últimos anos. As relações entre grandes varejistas e fornecedores estão se complicando e os conflitos são cada vez mais acirrados. Varejo e indústria nunca viveram uma lua de mel, é certo. Trata-se de uma queda de braço que se mantém desde sempre.

Nos anos de inflação elevada, quem esperneava eram os varejistas, compelidos a aceitar sucessivos reajustes nas viradas de tabela. Era pegar ou largar, quer dizer, ficar com as prateleiras desabastecidas.

A situação começou a se inverter no começo da década de 1990. A abertura da economia e a estabilidade, que seguiu ao Plano Real, viabilizaram os investimentos estrangeiros no setor de distribuição, dando partida a um amplo, inédito e fulminante processo de fusões e aquisições.

4.8 AUTORIDADE

Autoridade é algo que é dado à pessoa pelo meio em que ela vive e que, portanto, pode ser revogado sob determinadas circunstâncias. Poder legal ou legítimo que dá o direito de agir e comandar pessoas. Poder de dar ordens e esperar obediência. A autoridade não deve ser absoluta, numa sociedade democrática.

Já o autoritarismo é o abuso de autoridade, excesso de autoridade nas relações entre chefes e subordinados.

Uma pessoa, geralmente, está ligada à posição ocupada formalmente na organização, isto é, direito para fazer alguma coisa. Ela pode ter o direito de tomar decisões ou simplesmente o direito de desempenhar um trabalho para a qual foi designada. Embora, numa estrutura matricial, o princípio da autoridade não seja mais aplicável, normalmente nenhuma outra alternativa tem sido proposta.

A autoridade representa o poder institucionalizado e é legítima quando o poder é visto como um direito. Ela está implícita no conceito de poder. É o poder legal e socialmente aceito, pois deve ser alocado, em função da posição e não da pessoa. É aceita pelos subordinados, flui para baixo, através de uma estrutura hierarquizada.

O ponto de partida para coordenar as organizações é estabelecer uma hierarquia de autoridade que indique quais posições são responsáveis por atividades e relações de subordinação ou de relação que devem existir.

Uma hierarquia de autoridade é formada para canalizar a direção da atividade dos empregados e a sua interação.

Para se projetar uma hierarquia de autoridade deve-se levar em consideração a cadeia de comando. Cada posição hierárquica é simultaneamente um centro de autoridade.

A autoridade se faz presente na organização, através da comunicação administrativa, porque se identifica com a estrutura formal da empresa, embora insinuações, gestos e silêncio também façam parte desta comunicação, de maneira informal.

A autoridade pode ser favoravelmente afetada por ações que reduzem o peso das atribuições organizacionais. Podemos entender que um subordinado só aceitará responsabilidades e imposições, se as mesmas lhe forem convenientes, pois não será um herói sem causa e nem trabalhará por puro diletantismo.

4.9 TIPOS DE AUTORIDADE

Os mais comuns tipos de autoridade são:

Autoridade Tradicional – Refere-se aos direitos que são transmitidos de pai para filho, por herança ou por tradição.

Autoridade Carismática – Refere-se aos direitos baseados nas qualidades pessoais excepcionais de um líder. Em geral, tal autoridade tem vida curta.

Autoridade Legal – Refere-se aos direitos auferidos por alguém, em função da lei.

Autoridade Racional – Refere-se aos direitos adquiridos por concurso e/ou mérito.

Autoridade Formal – Refere-se aos direitos que são delegados por um superior hierárquico.

Autoridade Informal – Refere-se a uma espécie de autoridade adquirida por meio de relações informais entre as pessoas da organização. Este tipo de autoridade pode ser desenvolvido e cultivado por alguém que seja líder.

Autoridade Organizacional – Refere-se aos direitos que um executivo tem em conexão com a unidade de organização que ele encabeça. O direito deve discriminar sua relação ao seu superior, a seus subordinados e a outros departamentos com os quais ele tem contato.

Autoridade Normativa – Refere-se aos direitos assegurados a um executivo por uma norma preestabelecida.

Quando uma organização cresce, os problemas relacionados com autoridade e responsabilidade aumentam de importância.

Capítulo 5
ORGANIZAÇÃO

"Não há vento favorável para quem não sabe aonde ir".

Sêneca

OBJETIVOS DO CAPÍTULO

- Mostrar que a empresa só se realizará se houver um bom estudo do trabalho a ser feito.
- Mostrar a influência do estudo de tempos e movimentos, na função administrativa organização.
- Mostrar os fatores de organização mais importantes.

5.1 ORGANIZAÇÃO

Função administrativa organização é a função que emprega eficientemente todos os recursos disponíveis, a fim de alcançar determinados objetivos. No sentido mais simples, organizar é preparar uma empresa para funcionar. Organizar significa empregar eficientemente todos os recursos disponíveis, a fim de alcançar determinados objetivos.

Organização pode ser conceituada como uma qualidade da pessoa que utiliza os recursos, numa escala de prioridade, em função das necessidades e objetivos a alcançar. É uma função que se estabeleceu para aconselhar a introdução de novos métodos e processos que reduzam os custos sem impor um esforço insuportável ou causar danos reais à estrutura social da empresa, provocando simplificações de estruturas, otimização de recursos, racionalização dos meios de informação e de comunicação.

Como uma empresa conseguirá enfrentar os problemas de mercado, de desperdício, de racionalização, de gargalo, de documentação e de arquivo, se não for organizada? Esta função enfatiza que tudo começa na identificação e no agrupamento lógico das atividades e recursos.

Por muito tempo o trabalho burocrático representou uma atividade marginal de aplicação dos princípios de organização. Reconhecida sua importância para a eficiência dos negócios, começou-se a ver nele um campo de útil e prática aplicação nos estudos de trabalhos realizados na empresa.

O objetivo principal da função administrativa organização é dar apoio às demais funções, no sentido de simplificar, melhorar, minimizar custo, otimizar a utilização e racionalizar recursos organizacionais voltados ao desenvolvimento de processos, atividades e tarefas. Na função administrativa organização é preciso:

- Identificar, ordenar e agrupar, logicamente, as atividades.
- Estabelecer uma estrutura.
- Delinear e escalonar as linhas de relações de trabalho.
- Preencher cargos, estabelecendo qualificações.
- Reunir recursos necessários e/ou disponíveis para obter resultados pré-determinados pelo planejamento.

5.2 PROFISSIONAL DE ORGANIZAÇÃO

Embora a função administrativa organização não constitua necessariamente privilégio de um determinado grupo de especialistas, normalmente, é recomendável recorrer a profissionais de organização, por não estarem contaminados pela empresa a ser analisada, por possuírem o lastro de conhecimento técnico e a experiência necessária à resolução de problemas organizacionais, por visualizarem o sistema como um todo e identificarem com mais facilidade a interação entre os diversos subsistemas.

Estes profissionais devem ter espírito crítico e analítico, agir dentro do senso comum, ter como filosofia de trabalho eficiência, eficácia e efetividade, agir como agentes de mudança.

As funções dos profissionais de organização, basicamente, são:

- Estudar um determinado problema e fazer recomendações ao seu dirigente imediatamente superior (ou contratante).
- Reformular estruturas organizacionais, procurando, através de uma distribuição racional das atividades, facilitar sua coordenação e desenvolvimento.
- Aumentar a eficácia dos serviços e diminuir os esforços, através da racionalização das rotinas de trabalho, enfatizando a simplificação de processos e a eliminação de controles desnecessários.
- Redistribuir o poder decisório, estimulando a iniciativa e o senso de responsabilidade dos escalões hierárquicos inferiores, através da descentralização, atribuindo aos escalões superiores a missão básica de estabelecer políticas e estratégias.
- Difundir as técnicas de organização, de modo a possibilitar um esforço permanente de aumento da produtividade.
- Estimular a adoção de estilos de gestão mais eficientes que contribuam para aperfeiçoar a filosofia gerencial da organização, através do estudo do comportamento humano.
- Atuar sobre as pessoas que compõem as estruturas, procurando alterar atitudes e comportamentos, de modo que elas possam se adaptar às mudanças e se conscientizar da necessidade de revitalização e desenvolvimento de respostas rápidas e inovadoras.
- Programar, implementar e acompanhar a implantação de novas tecnologias organizacionais, avaliando periodicamente seu desempenho.

Para exercer a função administrativa organização, o profissional deve possuir certas habilidades: na coleta e análise de dados, no desenvolvimento de sistemas que funcionem bem e barato, na visão holística da organização, na capacidade de planejar, no alto grau de conhecimento da tecnologia da informação, na intensa capacidade de observação, na concentração e concisão, na capacidade interdisciplinar, sabendo liderar e integrar informações e pessoas.

A alta administração da empresa deve levar em consideração que a correção de falhas exige recursos, capacidade, disposição e tempo. Por outro lado, as técnicas de análise dos métodos administrativos, além de complexas, evoluem e se transformam.

Os primeiros fatores a serem considerados são as patologias do empreendimento.

5.3 ORGANIZAÇÃO PESSOAL

Ser organizado significa que seus sistemas, modelos e planos de negócios são tão bem-feitos que outros podem se encarregar do trabalho sem perder nenhum detalhe. Os negócios não permitem a manutenção de pessoas que se tornam indispensáveis por falta de organização pessoal.

Algumas pessoas nascem com as habilidades de planejar e organizar, outras procuram peças extraviadas desde o início. Alguns participantes de seminários sobre gestão empresarial são capazes de captar as ideias apresentadas e agir imediatamente com senso de direção, enquanto outros parecem incapazes de compreendê-las.

Ser organizado significa que seus sistemas, modelos e planos de negócios são tão bem-feitos que outros podem se encarregar do trabalho sem perder nenhum detalhe. A chave para ser organizado não está nas anotações, mas na autodisciplina.

Administradores desorganizados ficam atrasados ou perdem negócios, porque deixam que o trabalho se avolume até o último minuto, sem planejar as interrupções.

Existem emergências na maioria das empresas, mas a chave para continuar organizado é nunca se desviar por muito tempo do plano (planejamento, programação, processo, projeto, programa, modelo, cronograma).

Algumas regras são importantes para que seja um indivíduo organizado:

- Ponha sempre as coisas no lugar certo ao terminar de usar.
- Deixe sua mesa vazia e em ordem ao sair do escritório para almoço e à noite.
- Mantenha a área de trabalho limpa, só os que lidam com material delicado devem trancar suas mesas.
- Todos os empregados devem ter uma parte da mesa de trabalho reservada a seu uso pessoal e essa pode ser trancada.
- Reserve dez minutos todos os dias para organizar uma lista do que deve fazer.
- Qualquer item que possa ser delegado deve ser tirado da lista.
- Não tente guardar nada de memória.
- Organize as tarefas (planos, projeto, programas) de acordo com a prioridade; ao organizar a lista do que fazer evite colocar uma quantidade de itens além da sua capacidade de trabalho.
- Certifique-se de reservar pelo menos três horas, a cada semana de trabalho, para exercícios físicos.
- Determine o início e o fim da atividade a ser desenvolvida.
- Registre os passos do trabalho no próprio local em que ele é feito.
- Solicite ajuda de todos os interessados no trabalho a ser realizado.
- Use símbolos para facilitar a análise.
- Faça, sempre que possível, um fluxograma, gráfico, diagrama, algoritmo, planilha.

Em seu livro *O Gerente Eficaz*, Drucker propõe que cada pessoa passe em revista o seu dia de trabalho e faça a si as seguintes perguntas: Por que é necessário fazer? Onde deve ser feito? Quando deve ser feito? Quem está em melhores condições de fazer? Como é o melhor modo de fazer? O que não é necessário fazer? Que atividade pode ser mais bem executada por outra pessoa? O que não deve fazer para desperdiçar o tempo dos outros?

5.4 TRABALHO NA EMPRESA

Trabalho é toda atividade humana voltada para a transformação da natureza, no sentido de satisfazer uma necessidade. Para os economistas é um dos fatores de produção. O trabalho significa o esforço, exercício ou atividade para realizar alguma coisa. Este esforço pode ser físico, mental, voluntário ou forçado. É através do trabalho que o homem transforma o ambiente onde vive.

Toda vez que fazemos um esforço para obter coisas que satisfazem as nossas necessidades, realizamos trabalho, que é a verdadeira medida do valor de troca de todas as coisas. Hoje, é comum que organizações, através de parcerias, dividam funções, atribuições, atividades, operações e tarefas, com a finalidade de minimizar custo.

Uma das características da organização é dividir o trabalho entre os mais habilitados a fazê-lo, tendo em vista as diversas funções que terá de realizar ao longo de sua existência. Procedimentos de divisão do trabalho foram acelerados desde a Primeira Revolução Industrial.

A divisão do trabalho pode ser analisada sob dois aspectos: o individual e o coletivo. A divisão do trabalho será feita de acordo com a posição que cada participante ocupa na estrutura organizacional e as relações mantidas entre eles. Cada indivíduo ou grupo realiza um tipo de atividade.

A divisão do trabalho, em função da tarefa, é na realidade a subdivisão da tarefa nos seus movimentos necessários à sua execução, isto é, o detalhamento do que fazer. Tarefa é toda e qualquer atividade executada por alguém (ou máquina) dentro de uma organização. Quando o trabalho é dividido, a tarefa constitui a menor parte daquilo que é delegado a alguém fazer.

Sem uma minuciosa análise e integração das funções, jamais a organização conseguirá uma estrutura enxuta e uma boa distribuição da carga de trabalho.

Geralmente, a função se divide em funções menores e estas podem ser divididas em atribuições que se fracionam em atividades e, posteriormente, em operações, estas se dividem em tarefas e estas em movimentos que se separam em outros menores (micromovimentos).

Pelo relato acima, se pode deduzir que o processo de fazer funcionar uma organização está dividido nos seguintes níveis de trabalho:

Nível 01: Objetivos e Estratégias.
Nível 02: Decisões e Políticas.
Nível 03: Funções e Atribuições.
Nível 04: Atividades.
Nível 05: Operações (operacionalização de processos).
Nível 06: Tarefas.
Nível 07: Movimentos.

O leitor não deve confundir níveis de trabalho na organização com níveis hierárquicos, que dizem respeito à estrutura da organização. Um nível hierárquico pode abrigar mais de um nível de trabalho. Atividade é um conjunto de operações reunidas segundo critérios complementares e similares e que servem para definir a finalidade do setor.

Operação é uma tarefa específica visando um objetivo imediato no curto prazo. Tarefa é um conjunto de passos (etapas) interligados segundo uma sequência lógica, cuja continuidade estará em função, principalmente, do tempo, produtividade e custo. Movimento constitui a menor unidade possível dentro da divisão do trabalho.

5.5 TRABALHO EM EQUIPE

Equipe é uma combinação de diferentes indivíduos com habilidades complementares, trabalhando ao longo de rotas independentes e colaborativas para objetivos comuns. As equipes não podem ser formadas da noite para o dia, pois é necessário um longo período antes que possam funcionar.

Equipe é uma dessas palavras, excessivamente, utilizadas no campo da administração. Sugere uma coesão de pessoas entorno de uma unidade de trabalho que você raramente obtém e talvez não queira que, realmente, aconteça o tempo todo.

As equipes não podem ser formadas da noite para o dia. É necessário um longo período antes que possam funcionar. Elas são baseadas na confiança mútua e no entendimento recíproco, e isso leva anos para se conseguir.

Embora não seja muito fácil definir o que seja uma equipe, ela possui certas características que tornam possível a sua identificação e que são: finalidade e estrutura. Finalidade, porque sempre existe um motivo básico que reúne pessoas que formam um grupo. Estrutura, porque a formação do grupo estabelece posições, mais ou menos, determinadas dos seus membros.

Uma equipe não é simplesmente o somatório de indivíduos. Cada um, com as suas propriedades e traços diferentes, é um elemento que influencia o grupo e que por este se deixa influenciar. Essas interações dão ao grupo um caráter ativo e dinâmico. A convivência grupal cria sentimentos, laços de simpatia e amizade, por exemplo, que dão ao grupo certa força interna, formando uma verdadeira trama de tensões.

As pessoas sozinhas fazem perguntas, veem problemas, formam metas e ideias, transcendem seu estado presente, superam obstáculos, alteram modelos de pensamento, criam ambientes, formam unidades e seguem causas comuns. Mas, quando colocadas em equipe, estas mesmas pessoas apresentam um rendimento bem maior, tendo em vista o efeito sinergético que a equipe promove.

O trabalho em equipe é a combinação de diferentes indivíduos, trabalhando ao longo de rotas independentes e colaborativas para objetivos comuns. Se uma pessoa está trabalhando numa equipe, ela é naturalmente motivada, porque há um compromisso entre as partes. E esta é a grande diferença num sistema tradicional em que os subordinados atendem seus chefes.

A importância de se trabalhar em equipe é que cada membro é responsável também pelo resultado do grupo. Não basta apenas cumprir tarefas.

O desenvolvimento de equipes é uma técnica comportamental muito utilizada pelas organizações. Grupos de empregados, de vários níveis e de especializações diversas, reúnem-se, procurando um ponto de convergência para que se alcance a colaboração, eliminando as barreiras interpessoais de comunicação pelo esclarecimento e compreensão de suas causas.

A equipe passa a auto avaliar o seu comportamento por intermédio de determinadas variáveis, como: o grau de confiança recíproca entre os participantes, comunicação existente entre eles, grau de apoio recíproco, compreensão dos objetivos da equipe, tratamento dos conflitos dentro da equipe, utilização das habilidades dos participantes, métodos de controle.

No trabalho em equipe, as barreiras hierárquicas e os interesses específicos de cada departamento são eliminados, proporcionando uma predisposição para a colaboração e a inovação. Vale acrescentar que o trabalho em equipe traz, em geral, maior eficácia de resposta, devido as inúmeras habilidades e conhecimentos das pessoas.

Assim, vale dar, no momento, uns comentários, apresentados por Peter Drucker, de como é muito difícil um trabalho de equipe: "Em um hospital, talvez a mais complexa das organizações baseada em conhecimentos, os médicos, enfermeiros, nutricionistas, terapeutas, técnicos, engenheiros, farmacologistas, psicólogos, assistentes sociais, paramédicos, patologistas, auxiliares e outros profissionais, precisam trabalhar com o mesmo paciente, com um mínimo de comando consciente ou controle e supervisão de alguém. No entanto, precisam estar juntos para uma finalidade comum, fundamentada no plano geral do hospital e na prescrição médica para o tratamento".

"Em termos da estrutura organizacional, cada um desses profissionais da área de saúde reporta-se ao seu próprio chefe. Cada profissional atua de acordo com seu próprio campo de especialização, isto é, como profissional. Mas, cada um tem de manter todos os demais informados da situação específica, da condição e da necessidade de um paciente. Caso contrário, é mais provável que seus esforços sejam mais prejudiciais do que benéficos".

"Em uma organização, em que o foco na contribuição e cooperação se tornou um hábito arraigado, praticamente, não há dificuldade em se realizar trabalho de equipe. É possível que a comunicação entre funcionários, centrada em tarefas, não ocorra, apesar dos esforços para se conseguir a coordenação de todos os envolvidos, embora haja comissões, grupos de qualidade, boletins, recomendações e reuniões".

Henri Fayol, criador da Teoria Clássica da Administração, observou a dificuldade de se trabalhar em equipe, tanto que considerava a função administrativa coordenação como a mais importante.

5.6 ORGANIZAÇÃO DO TRABALHO

Organização do trabalho é uma ação voltada a fazer com que o trabalho seja mais leve, criativo e prazeroso. Taylor verificou que, em todos os ofícios, os operários aprendiam a maneira de executar as tarefas do trabalho por meio da observação dos companheiros e isso levava a diferentes maneiras e métodos para fazer a mesma tarefa.

A tentativa de substituir métodos empíricos e rudimentares pelos métodos científicos em todos os ofícios recebeu o nome de Organização Racional do Trabalho.

A forma de organização do trabalho nos diversos países levou as empresas a terem de se adaptar a uma maior competitividade e a uma maior flexibilidade na utilização de recursos, principalmente os recursos humanos, já que a concorrência e a competitividade da mão de obra deixavam de ser um problema de um país para ser de um conjunto de países, como ocorreu na Europa (Mercado Comum Europeu).

A seguir, os principais elementos de organização do trabalho:

Simplificação do Trabalho – Simplificação é ação que se caracteriza por reduzir a variedade ou diversidade, tanto de bens quanto de materiais ou serviços e, também, para processos, tarefas e movimentos.

A simplificação do trabalho tem sido definida como a análise sistemática de todos os fatores que afetam ou afetarão o trabalho, a fim de economizar recursos. Procurar uma maneira mais simples de fazer o trabalho, tornando-o mais rápido, menos cansativo, menos dispendioso e, consequentemente, mais produtivo é o que se chama de simplificação do trabalho.

Esta filosofia se fundamenta nas seguintes premissas do trabalho:

- Há sempre uma maneira melhor de se executar uma tarefa.
- A melhor maneira jamais é conseguida, ela deve ser um desafio.
- A simplificação do trabalho pode ser aplicada, se houver interesse em economizar recursos.
- O trato sistemático e ordenado dos problemas de trabalho produzirá melhores resultados do que um tratamento casual ou impulsivo.

Estudo do Trabalho – O estudo do trabalho desenvolve-se no sentido de melhor utilização (otimização) dos recursos à disposição da empresa. Os objetivos do estudo do trabalho, para o consequente aumento de produtividade, são: melhorar os métodos de trabalho, melhorar a distribuição das tarefas e determinar o rendimento do trabalho. Durante a crítica do método existente, é necessário ter uma atitude interrogativa e imaginativa. O senso comum deve prevalecer, para efeito de economia e de operacionalidade.

Estudo utilizado para designar o método de trabalho a empregar para encontrar a relação otimizada entre recursos, materiais e produtos. Quando se elabora um novo método de trabalho, além da sua exequibilidade, é preciso fazer uma estimativa do custo da sua implementação e do rendimento a mais que ele dará, fazendo-se, inclusive, o cálculo da amortização dos gastos que serão necessários na implantação.

A crescente utilização de meios eletrônicos no desenvolvimento do trabalho conduziu ao estudo mais aprofundado dos vários processos de trabalho, das operações isoladas, do posto de trabalho e, também, à coleta de dados sobre os tempos de execução, seguindo o exemplo do que já fora realizado para os trabalhos de oficina.

Análise do Trabalho – A análise do trabalho objetiva dar um tratamento racional e científico no modo de execução de um trabalho, baseado nas informações sobre: as condições do ambiente, os métodos e processos, as tarefas e operações, os movimentos, as fases em que o trabalho se desdobra e a sua sequência, as capacidades e aptidões, os conhecimentos que o trabalho exige, os equipamentos e materiais utilizados.

Leis do Trabalho – Segundo Parkinson, existem leis aplicadas ao trabalho, tais como:

- O trabalho aumenta a fim de preencher o tempo disponível para sua execução.
- O tempo despendido na discussão de cada item de uma agenda de trabalho está na razão inversa da soma discutida.
- A quantidade de informação que um gerente precisa varia inversamente com a sua posição na organização.
- Um trabalho é tão bem-sucedido quanto os meios para medi-lo.
- Quando um trabalho é trapaceado, tudo o que é feito para melhorá-lo só o torna pior.
- A estrutura organizacional só chega a um nível ótimo, quando está próxima do colapso.
- Quando uma questão é urgente, ela exigirá uma solução, que custa acontecer, porque estará em função da pessoa de quem a hipótese de solução se originou.

Programação do Trabalho – Programação que terá de levar em conta o estudo dos ritmos e métodos de trabalho com a finalidade de adaptação do homem ao processo de produção. Este estudo é feito pela Ergonomia, ou seja, a ciência da engenharia humana. É a distribuição racional dos recursos e tempos das diversas fases ou etapas de uma tarefa ou trabalho planejado.

Plano de Trabalho – Plano que possibilita a obtenção de uma visão global do sistema. Alguns aspectos podem contribuir para a otimização deste documento. No desenvolvimento e implementação de um plano de trabalho existe, em geral, um mecanismo de negociação, por meio de reunião, cuja decisão grupal mais produtiva é o consenso em que todos sentem que ganharam, ou pelo menos sentem que mesmo se não obtiveram, exatamente, o que queriam, podem aceitar a decisão sem comprometer qualquer convicção ou requisito importante.

5.7 QUADRO DE DISTRIBUIÇÃO DE TAREFAS

Um quadro de distribuição de tarefas consiste na indicação das tarefas desenvolvidas pelos funcionários, individualmente, e no registro do tempo empregado. Os elementos essenciais para análise da distribuição das tarefas são: relação das atividades e das tarefas desenvolvidas na unidade; distribuição das atividades e tarefas entre os vários funcionários; tempos de execução parcial e total de atividade por funcionário e, no total, por toda a unidade.

O quadro de distribuição de tarefas detecta se estão sendo executadas tarefas desconexas, analisa, de forma global, a distribuição do trabalho, estabelece a situação ideal, racionaliza a distribuição e orienta as pessoas para aquilo que tenham de fazer.

O quadro de distribuição de tarefas é um instrumento de estudo que possibilita ao analista uma visão panorâmica de todas as tarefas executadas na unidade organizacional, bem como uma análise comparativa das tarefas executadas pelos diferentes funcionários e sua respectiva duração.

Este quadro ajuda a verificar se a capacidade profissional dos funcionários está sendo eficientemente utilizada, se há equilíbrio no volume de trabalho, seu grau de especialização e o critério de distribuição (superposição de atividades).

A seguir, um quadro relativo à força de vendas:

Empresa ABC				
Quadro de Distribuição de Tarefas				
Trabalhos	**Nomes**			
Projeções e Metas				
Planejamento				
Supervisão				
Vendas e Pesquisa Rota 1				
Vendas e Pesquisa Rota 2				

Vendas e Pesquisa Rota 3				
Vendas e Pesquisa Rota 4				
Novos Clientes				
Controles				
Carteira de Pedidos				
Relatórios				

Quadro 5.1: Quadro de Distribuição de Tarefas.

5.8 TEMPOS E MOVIMENTOS

Tempos e Movimentos é uma subfunção da função administrativa organização, onde se determina, de maneira racional, o método de realização de um determinado trabalho, em função do tempo de execução. É creditada a Taylor a primeira determinação analítica de métodos de trabalho, sendo, inclusive, a expressão *Estudo de Tempos,* a ele atribuída. Frank e Lilian Gilbreth desenvolveram uma análise mais profunda daquilo que consideravam como elementos fundamentais do movimento. Denominaram seu trabalho de *Estudo de Movimentos.*

A história e desenvolvimento do planejamento de métodos e processos racionais para a execução de uma tarefa são, em princípio, tão antigos quanto o próprio homem, pois o ser humano sempre se dedicou a eliminar ou diminuir o esforço desnecessário na execução de qualquer trabalho.

Allan H. Mogensen, engenheiro de produção, definia a simplificação do trabalho como sendo uma aplicação organizada do senso comum, na busca de modos mais racionais de executar qualquer trabalho, indo desde a eliminação de pequenas operações manuais desnecessárias, até mesmo a uma mudança no arranjo físico da fábrica, da oficina ou do escritório.

O estudo dos tempos e movimentos além de permitir a racionalização dos métodos de trabalho e a fixação do tempo padrão para a execução de uma tarefa, trouxe ainda outras vantagens, tais como:

- Eliminou os movimentos inúteis.
- Tornou mais racionais a seleção e treinamento de pessoal.
- Melhorou a produtividade.
- Distribuiu uniformemente o trabalho.
- Passou a pagar melhores salários, em função da produção.
- Enxugou custos.
- Adaptou melhor o homem a sua tarefa.
- Eliminou desperdícios.
- Estabeleceu normas detalhadas.

Os principais objetivos de tempos e movimentos são:

- Reelaboração da tarefa para fazer com que os movimentos sejam mais simples e mais rápidos.
- Desenvolvimento de padrões mais eficientes de movimento, para os trabalhadores, de modo que

possam fazer o trabalho mais rapidamente e com menos fadiga.

- Estabelecimento de padrões para que certas tarefas sejam usadas como base d determinação de escalas de pagamento e como critérios de avaliação dos funcionários.
- Desenvolvimento de uma descrição completa de tarefas, para ajudar no processo de recrutamento e seleção de novos funcionários, orientação e treinamento dos mesmos.

H. B. Maynard, observou e concluiu que o objetivo de todos que trabalham é conseguir a máxima efetividade no seu desempenho e isso não tinha condições de ser obtido através de tentativas isoladas da análise dos movimentos dos operadores.

5.9 ESTUDO DOS TEMPOS

Estudo dos tempos objetiva conhecer o tempo necessário para o desenvolvimento de um trabalho (tarefa, atividade, processo) e, portanto, avaliar a eficiência operativa. Medida do trabalho necessário para o desenvolvimento de operações definidas por meio de padrões de execução e de habilidades profissionais.

Esse estudo objetiva conhecer o tempo necessário para o desenvolvimento de um trabalho (tarefa, atividade, processo) e, portanto, avaliar a eficiência operativa. Irá, pois, consistir na medida do trabalho necessário para o desenvolvimento de operações definidas por meio de padrões de execução e de habilidades profissionais. Tais padrões, sejam eles relativos ao trabalho humano ou mecanizado, têm por finalidade:

- Determinar dados de programação e custo-padrão.
- Controlar custos de produção, produtividade, eficiência operacional e folgas em redes de planejamento.
- Racionalizar recursos e aplicações.

Não existe princípios universais de como administrar o tempo, porque cada pessoa conceitua o tempo, segundo seu nível de percepção. Porém, tirados do senso comum e da literatura administrativa, a seguir, são relatados alguns princípios de administração do tempo:

- Reservar algum tempo para planejar adiantadamente o seu dia.
- Delegar parte do seu trabalho que pode ser feito por outra pessoa qualificada.
- Dar aos subordinados uma hora fixa para encontros.
- Levar, em viagens, material para leitura.
- Evitar tempos de espera, sempre que possível.
- Fazer reuniões somente quando necessárias e com as pessoas certas.
- Usar efetivamente o tempo para pensar, pois aquele que só trabalha e não pensa, não evolui.

O tempo não é a mesma coisa para todo o mundo. Parece ter especial significado para aqueles que se sentem atraídos pela Administração. Os instrumentos mais utilizados na análise dos tempos são: Folha de Observações Diretas, Folha de Observações Instantâneas e Cronometragem.

A seguir, algumas considerações sobre uso do tempo:

- Gastar muito tempo em problemas que lhe são trazidos pelos subordinados.
- Supervisionar excessiva ou insuficientemente o subordinado.
- Programar trabalho sem critério de prioridade.
- Começar uma tarefa antes de considerá-la cuidadosamente.
- Abandonar tarefas iniciadas.

- Fazer coisas que podem ser delegadas ou que podem ser feitas por uma máquina.
- Fazer coisas que na verdade não é parte do seu trabalho.
- Gastar tempo demais em suas antigas áreas de interesse ou competência.
- Fazer coisa improdutiva por hábito.
- Manter excessivo número de registros (complicados e superpostos).
- Dedicar-se a projetos que você não pode realizar.
- Dar atenção a coisas sem valor, não sabendo ler o cenário.
- Lidar com muitas coisas ao mesmo tempo.
- Fugir de tarefas novas e ameaçadoras.
- Permitir divagações em reuniões, não tendo jogo de cintura para contorná-las.
- Deixar ocorrer discussões, após ter encerrado a reunião.
- Realizar reuniões, visitas e telefonemas desnecessários.
- Procurar dados irrelevantes só para mostrar que é o tal.
- Buscar o convívio social, deixando o trabalho de lado.
- Ler publicações que nada tenham a ver com sua função, durante o expediente. Não delegar tarefas por achar que subordinados são incompetentes.
- Acreditar que o computador resolverá todos os problemas empresariais.

Pesquisas internacionais revelam que as empresas consomem, em geral, 40% a mais do tempo administrativo que seria necessário, tornando-se, portanto, mais lentas e menos competitivas, em decorrência dos elevados custos e da morosidade no processo decisório. Os mecanismos burocráticos cresceram de uma forma descontrolada, passando a representar uma ameaça à eficácia das empresas (Lei de Parkinson).

Assim, é recomendado que o leitor tome conhecimento dos principais tipos de tempo, que fundamentam tal estudo:

Tempos Históricos – São os tempos realmente consumidos na execução do trabalho, mas não indicam paradas e métodos de trabalho.

Tempos por Cronometragem Direta – São muitos usados, até hoje, nas empresas.

Tempos Predeterminados – São tempos aferidos em laboratório e tabelados.

Tempos de Amostragem do Trabalho – São frutos de observações, onde se calcula o percentual do tempo gasto em cada atividade.

Tempos Estatísticos – São tempos calculados, em função do desvio padrão (curva de Gauss).

As premissas do administrador do tempo mais importantes são:

- Não se esqueça do futuro e quais são as tarefas prioritárias.
- Não se valha da memória, ponha as atividades a realizar no papel.
- Prepare-se para enfrentar surpresas desagradáveis.
- Utilize a agenda com racionalidade, definindo espaços de tempos com o assunto a ser trabalhado.
- Preveja folgas para interrupções.
- Não congestione a sua agenda de trabalho.
- Faça um estudo para saber aquilo que deu errado.
- Crie procedimentos, políticas e modelos para agir em casos semelhantes.
- Evite acúmulo de trabalho, delegue.
- Dê crédito ao planejamento, porque, sem ele, você ficará perdido.

- Conheça as funções administrativas.
- Evite se envolver com o desnecessário.

5.10 ESTUDO DOS MOVIMENTOS

Estudo que é o resultado das análises e das medidas de todos os movimentos envolvidos numa determinada tarefa, com a intenção de eliminar o esforço que pode ser evitado. O estudo dos movimentos é desenvolvido e representado por meio de modelos esquemáticos simples.

O movimento constitui a menor unidade dentro da divisão do trabalho. Já o estudo de movimentos é o resultado das análises e das medidas de todos os movimentos envolvidos numa determinada tarefa, com a intenção de eliminar o esforço que pode ser evitado. A análise não é confinada apenas ao operador, mas se estende ao ambiente onde ele trabalha, ao seu arranjo físico e às ferramentas que usa.

A preocupação com os movimentos partiu de Frank Gilbreth, que, tendo iniciado sua carreira como servente de pedreiro, ficou impressionado com o fato de cada assentador de tijolos usar um método diferente. Ainda mais, que cada assentador usava pelo menos três métodos diferentes: um quando ensinava, outro quando trabalhava depressa e outro quando trabalhava devagar.

Um desses pedreiros sempre lhe dizia: "Não faça tantos movimentos". Esses fatos o levaram a estudar os movimentos, tornando-o o pioneiro desse estudo. Sua esposa, Lillian Gilbreth, socióloga, começou colaborando com ele e acabou realizando estudos ainda mais avançados.

O estudo dos movimentos é desenvolvido e representado por meio de modelos esquemáticos simples. O exame posterior desses modelos é feito de acordo com as leis da economia de movimentos, leis estas que acabaram por gerar princípios.

Temos falado e insistido em economizar tempo, movimento, material e energia, por exemplo. Para tal, se faz necessária uma análise preliminar das atividades, que requer, antes de tudo, um levantamento do método atual. Este estudo pode ser conduzido de acordo com dois graus de análises: Estudo dos Movimentos e Estudo dos Micromovimentos.

O estudo dos movimentos é conduzido mediante a observação normal das operações, sendo feito com base em leis de economia dos movimentos. O estudo dos micromovimentos requer, ao contrário, sistemas e meios mais precisos e aperfeiçoados.

Uma série de princípios foi extraída dos estudos dos movimentos e enumerada em relação aos dois principais aspectos: corpo humano e posto de trabalho. Para efeito de um conhecimento mais amplo dos princípios relativos à economia de movimentos, será útil examinar o catálogo do prof. Ralph M. Barnes que fornece as seguintes informações:

Em relação ao corpo humano: as mãos devem começar ou terminar os movimentos ao mesmo tempo; as duas mãos não devem ficar inativas ao mesmo tempo; os movimentos dos braços devem ser concluídos simultaneamente e em direções opostas e simétricas; os movimentos das mãos devem ser os mais simples; o impulso deve ser sempre utilizado, quando possível; movimentos curvos e contínuos são preferíveis; os movimentos balísticos são mais rápidos; o ritmo é essencial para completar uma operação.

Em relação ao posto de trabalho: um posto de trabalho estável deve ter todos os utensílios e materiais necessários; os utensílios e materiais devem ser de fácil acesso; gavetas e recipientes devem usar a força da gravidade; materiais e utensílios devem ser dispostos de modo a permitirem a melhor sucessão de movimentos; o local de trabalho deve ser iluminado e limpo; a altura da bancada de trabalho e o assento devem permitir comodidade".

Em relação a máquinas e equipamentos: máquinas, ferramentas, equipamentos e utensílios devem ajudar o usuário e não atrapalhá-lo; sempre que possível, deve-se combinar dois ou mais instrumentos; materiais e instrumentos devem estar juntos; alavancas, travessas e rodas manuais devem estar localizadas em posições, tais que permitam ao operador manejá-las com a mínima mudança de posição do corpo e com a máxima vantagem mecânica.

5.11 ARRANJO FÍSICO

Arranjo físico é a ação para determinar um lugar para cada coisa, de modo que nesse lugar possa ser utilizado de maneira mais eficiente, e em fazer com que cada coisa ocupe, realmente, o seu lugar.

Os fluxos de trabalho, sua ordem e movimentação; as máquinas e equipamentos; o volume de trabalho; o recebimento e a expedição de materiais e produtos; os almoxarifados e os sanitários influem com sua disposição racional no rendimento geral dos serviços e na boa apresentação do ambiente de trabalho.

Um exemplo que é visto com muita frequência é aquele relativo ao arranjo físico do local de trabalho. É, por exemplo, inadmissível, numa empresa, que o departamento financeiro fique longe da contabilidade. Quanto tempo se perderá com um arranjo físico mal feito da empresa?

Alguns vão dizer que a conectividade e a transmissão de dados permitem tal distanciamento. Porém, não podemos, ainda, descartar o convívio humano, porque o papel (tela do computador) aceita tudo, não retratando, geralmente, a verdade.

O arranjo físico deve ser congruente com a sua finalidade. Assim, uma funerária deve ser silenciosa, sombria e calma. Uma discoteca deve ser iluminada, barulhenta, vibrante e festiva. Algumas lojas são deliciosamente perfumadas. Outras projetam ambientes artificiais para combinar estímulos visuais, sonoros, olfativos e tácteis, destinados a atender o público-alvo.

Os objetivos do arranjo físico são:

- Atender ao fluxo do trabalho, de modo que haja uma circulação normal, permitindo caminhos curtos e seguros, facilitando a movimentação geral.
- Facilitar o trânsito de pessoas, máquinas e materiais.
- Receber iluminação adequada.
- Proporcionar temperatura agradável, boa circulação de ar e baixo nível de ruídos.
- Facilitar a supervisão, a limpeza e a conservação.
- Facilitar o acesso a dispositivos de segurança, em caso de acidentes.
- Proporcionar um fluxo de comunicação eficiente.
- Proporcionar a melhor utilização da área disponível.
- Tornar o fluxo de trabalho eficiente.
- Proporcionar facilidade de coordenação.
- Proporcionar redução da fadiga.

- Proporcionar situação favorável ao cliente e ao visitante.
- Assegurar economia nas operações.
- Facilitar a otimização dos recursos existentes.
- Permitir facilidades para futuras expansões.
- Permitir controles qualitativo e quantitativo da produção.
- Propiciar conforto e segurança aos funcionários.
- Dar flexibilidade em caso de modificações.
- Otimizar as condições de trabalho do pessoal nas diversas unidades.
- Racionalizar os fluxos de fabricação e de processos.
- Aproveitar todos o espaço útil e disponível.
- Minimizar a movimentação de pessoas, produtos, materiais e documentos.

Quaisquer que sejam os critérios e os métodos usados na classificação, o importante é que a mesma deva satisfazer as condições de irredutível e adequada. Isto é, um material não pode aparecer, ao mesmo tempo, em mais de uma classe, porque, se um mesmo material aparecer em listas diferentes, a arrumação não é boa.

A arrumação pode ser feita por: tamanho, peso, estado (líquido, gasoso, sólido, refrigerado, seco), facilitando a entrada e a saída, bem como economizando espaço. Sempre haverá a indicação do endereço do material e a unidade de armazenamento.

Não se faz um bom arranjo físico sem planejamento. Assim, é importante que o analista de organização leve em consideração alguns princípios do arranjo físico:

Princípio da Economia do Movimento – Um arranjo físico (layout) ótimo tende a encurtar a distância entre os funcionários e as ferramentas (equipamentos e máquinas) nas diversas operações de produção de bens e serviços.

Princípio do Fluxo Progressivo – Quanto mais contínuo for o movimento entre uma operação e a subsequente, sem paradas, voltas ou cruzamentos, tanto para homens quanto para os equipamentos, mais correto estará o arranjo físico.

Princípio da Flexibilidade – Quanto mais flexível for o layout, com o fim de proporcionar rearranjos econômicos, mais útil ele será para a empresa.

Princípio da Integração – A integração entre os diversos fatores indispensáveis a um bom arranjo físico, deve ter preferência.

De acordo com H. T. Moore, alguns pontos devem ser observados no desenvolvimento de um arranjo físico, tais como: estudar o programa de produção; fazer uma relação dos materiais e partes que integrarão o produto; relacionar as operações necessárias nos diferentes processos; programar as operações da unidade organizacional de produção; decidir sobre a desejada capacidade da produção; selecionar recursos e facilidades necessárias para produzir as variedades e quantidades necessárias; determinar o intervalo de tempo porventura existente entre sucessivas operações; estabelecer as necessidades de espaço; reservar o espaço necessário em cada unidade organizacional.

5.12 ÁREA DO POSTO DE TRABALHO

A organização do posto de trabalho consiste em determinar um lugar para cada coisa, de modo que nesse lugar ela possa ser utilizada de maneira mais eficiente, e em fazer com que cada coisa ocupe realmente o seu lugar. Na análise do posto de trabalho deve-se questionar:

- A arrumação é a melhor?
- A tecnologia utilizada é a melhor possível?
- É possível se economizar tempos e movimentos?
- As condições ambientais são as melhores possíveis?
- Busca-se evitar o efeito gargalo?

Determinar a área do posto de trabalho necessária à implantação de novas máquinas em um determinado lugar da fábrica poderá vir a ser um problema, se você não souber como fazê-lo. Uma metodologia aplicada a uma implantação de um novo arranjo físico pode ser, por exemplo:

- Calcular a área do posto de trabalho.
- Confeccionar a planta baixa do espaço a ser ocupado.
- Distribuir racionalmente o espaço.
- Determinar a quantidade e a natureza dos móveis, máquinas e equipamentos a serem utilizados.
- Confeccionar as respectivas miniaturas.
- Demarcar a extensão e a localização das instalações dos recursos primários (água, esgoto, energia elétrica, gás, telefone).
- Submeter a distribuição física proposta à aprovação dos usuários.
- Implementar novo arranjo, caso seja necessário.

A área do posto de trabalho é dada pela fórmula: St = Se + Sg + Sc

Onde:
St = área total
Se = área estática
Sg = área de gravitação
Sc = área de circulação

Como:
Sg = n × Se
Sc = K (Se + Sg)

Onde:
n = número de lados utilizados do equipamento
K = fator de segurança.

Normalmente é utilizada a seguinte tabela para o fator de segurança.

Local de Trabalho	**Fator K**
Grande indústria funcionando sem ponte rolante.	2,0 a 3,0
Indústria de pequeno porte sem ponte.	1,0 a 2,0
Indústria de porte médio com transporte aéreo (ponte).	0,5 a 1,0
Indústria altamente mecanizada.	0,2 a 0,3

Substituindo-se na fórmula geral, vem:
St = Se + nSe + K (Se + Sg) = Se + nSe + KSe + Kn Se = Se (1 + n + K + nK)

Se K = 1, vem: St = Se (1 + n + 1 + n) = 2Se + 2nSe = 2 (Se + Sg)

A seguir, um exemplo de como calcular a área total necessária do posto de trabalho. Determinar a área total necessária para a colocação de alguns equipamentos numa cozinha industrial, sendo dados:

Equipamento	**Se (m2)**	**N**	**Sg**
Fogão Industrial	3,00	1	3,00
Câmara Frigorífica	4,00	1	4,00
Geladeira	3,00	1	3,00
Bancada	3,50	3	10,50

Solução: Se o valor de K = 1,8 e St = Se (1 + n + K + nK), vem:

Equipamento	**Se**	**N**	**Se (1 + n + K + nK)**	**St**
Fogão Industrial	3,00	1	3,00 (1 + 1 + 1,8 + 1 × 1,8)	16,80
Câmara Frigorífica	4,00	1	4,00 (1 + 1 + 1,8 + 1 × 1,8)	22,40
Geladeira	3,00	1	3,00 (1 + 1 + 1,8 + 1 × 1,8)	16,80
Bancada	3,50	3	3,50 (1 + 3 + 1,8 + 3 × 1,8)	39,20
Total				95,20

Resposta: 95,20 m^2

5.13 PROBLEMAS DE ORGANIZAÇÃO

Problemas de organização são, principalmente, problemas relativos a: desperdício, racionalização, gargalo e arquivo. A seguir, uma abordagem desses problemas:

Racionalização – Esforço que se faz no sentido de dar um tratamento científico a uma determinada tarefa. Processo mental básico, presente em todas as fases da organização, constituindo o seu principal instrumento. Segundo alguns autores, a palavra racionalização é empregada para substituir a expressão "organização científica do trabalho".

Desde as épocas mais remotas existiu a organização como atividade contínua e permanente, dado que o homem sempre procurou racionalizar, aperfeiçoar e simplificar suas ações para conseguir maior rendimento ou o máximo de bem-estar com o mínimo de esforço.

Todo esforço que se faz para eliminar a ineficiência é considerado racionalização. Hoje, o caminho da produtividade passa pela racionalização. Infelizmente, as ações desastrosas, ineficientes e mal orientadas não se apresentam de imediato.

Há, como sempre houve, homens excepcionais que sabem aproveitar as suas energias físicas e mentais, a sua inteligência, o tempo, os materiais, enfim, os recursos que lhes estão ao alcance, e com isso se tornam eficientes, produzindo muito e desperdiçando pouco. Infelizmente, porém, é maior o número das pessoas pouco eficientes que gastam muito e desperdiçam muito, produzindo pouco.

As causas da pouca eficiência são complexas, algumas relacionadas com a organização e outras com o elemento humano. Ao esforço que se faz, desde há algum tempo, para a compreensão e eliminação dessas causas é que se dá o nome de racionalização.

Atualmente, se confunde a racionalização, com o esforço para a melhoria da produtividade, pois melhorar a produtividade é conseguir o melhor aproveitamento possível dos recursos materiais e humanos da produção, e é exatamente isso que constitui o objetivo da racionalização, desde que surgiu.

A habilidade de racionalizar é dada a quem sabe aproveitar as suas energias físicas e mentais, a sua inteligência, o tempo, o material, enfim, sabe otimizar os recursos que lhes estão ao alcance, e com isso se torna eficiente, produzindo muito e desperdiçando pouco. Infelizmente, porém, é maior o número das pessoas pouco eficientes, que gastam muito, ou desperdiçam muito, produzindo pouco.

Racionalizar, na linguagem gerencial, significa usar os recursos da melhor forma possível, em função das contingências do momento.

A racionalização determinou a padronização do trabalho humano, tornando-o repetitivo e monótono, contrariando a tendência do homem para a diversificação de atividades, trazendo os seguintes problemas: crescente ameaça de desemprego; luta entre o homem e a máquina; aumento de doenças profissionais e neuroses; desajustamentos sociais e luta de classes.

Problemas de racionalização podem acontecer, tendo em vista a diferenciação entre meios e objetivos. A escolha dos meios, entre as várias alternativas possíveis, pode ser submetida a um teste de racionalidade. Uma decisão é sábia se ela escolhe bem os meios que conduzem à realização de determinado objetivo (solução, estratégia, processo, procedimento, plano, projeto, programa, política). Assim, um homem que decide beber água para saciar a sede tomou uma decisão racional.

A grande maioria dos problemas de racionalização está fundamentada nas palavras desperdício, otimização, método e processo. Otimizar, na linguagem administrativa, significa usar os recursos da melhor maneira possível, em função das contingências do momento, do ambiente e do mercado.

Os elementos fundamentais da racionalização são:

Razão – É o emprego da inteligência humana orientada por conhecimentos técnicos, obtidos através de pesquisas e estudos.

Emoção – O impacto emocional obscurece a inteligência.

Experiência – A utilização das experiências anteriores não pode ser desprezada.

Sistematização – O emprego de um esforço sistemático, isto é, a aplicação contínua da razão em todas as situações.

Desperdício – Fator de alto custo na produção. Toda vez que se consome mais material, tempo, energia e espaço do que realmente seria necessário, se o trabalho fosse realizado racionalmente, isso que se consome a mais é desperdício e encarece a produção. Os desperdícios mais notáveis são de: água, material, dinheiro, alimento, energia elétrica, espaço físico, gás, mão de obra e tempo.

Taylor dizia: "Vemos e sentimos o desperdício das coisas materiais. Entretanto, as ações desastrosas, ineficientes e mal orientadas dos homens não deixam indícios visíveis e palpáveis. A apreciação delas exige esforço de memória e imaginação. Ainda que o prejuízo diário daí resultante seja maior que o decorrente do desgaste das coisas materiais, este último nos abala profundamente, enquanto aquele apenas levemente nos impressiona".

Na verdade, fazemos muitas coisas que representam desperdício, mas quase não sentimos o tempo que se perde e os problemas derivados. Um dos fatores do alto custo da produção, geralmente mal percebido, é o desperdício. Um exame, não muito profundo, revelará que não há atividade sem desperdício.

Algumas formas de desperdício são facilmente percebidas, como acontece com o material. Outras são menos notadas, como acontece quando os funcionários gastam mais tempo e realizam mais movimentos do que os realmente necessários para fazer o serviço (Lei de Parkinson).

Toda vez que se consome mais material, tempo, energia e espaço do que realmente seria necessário, se o trabalho fosse realizado racionalmente. Isso que se consome a mais é desperdício e encarece a produção. O desperdício é um fenômeno mundial. A maneira correta de combater qualquer mal é combater as suas causas. Assim, se houver um desejo de combater os desperdícios, é necessário eliminar e conhecer os seus motivos.

Examinando as causas dos desperdícios, verifica-se que algumas podem ser atacadas através de medidas de caráter administrativo, de caráter cultural e de caráter educativo. Várias são as medidas administrativas, pois o corretivo dependerá da causa do desperdício.

As medidas culturais estarão fundamentadas na formação de uma mentalidade, na doutrinação e no treinamento constante. As medidas educativas para minimizar o desperdício podem ser realizadas por meio de: campanhas, cartazes, projeções, filmes, reuniões, palestras, e-mails e prêmios para ideias inovadoras e efetivas.

Os principais desperdícios são:

Desperdício de Energia Elétrica – A utilização de equipamentos sem Selo Procel (menor consumo de energia elétrica) é o maior exemplo desse tipo de desperdício. Um refrigerador não é um simples gabinete de aço com motor. Ele precisa de esforços conjuntos para se tornar um equipamento eficiente e eficaz, isto é, que refrigere muito com menos.

Cada vez mais se verifica que o simples gerenciamento do consumo de eletricidade e a adoção de expedientes corriqueiros, como a substituição de lâmpadas ou o uso mais adequado do ar condicionado, diminuem sensivelmente as despesas. Um plano de performance energética envolve também mudanças na rotina do pessoal da limpeza. Grande parte do desperdício de energia elétrica é resultado da prevalência dos critérios estéticos em detrimento da funcionalidade.

Desperdício de Gás – Muitos gerentes de empresas de alimentos se recusam a investir em um Fogão de Alta Eficiência por causa do preço. Além disso, várias tarefas de cozinha podem ser feitas com equipamentos chamados multifuncionais e combinados. Tudo isso com menos mão de obra e menos consumo de gás, com aumento da produtividade e ambientes mais saudáveis para os funcionários.

Desperdício de Alimentos – A perda de alimentos não consumidos em uma indústria de alimentos é enorme. A solução é o sistema de produção antecipada com imediato congelamento avançado que preserva o sabor e a consistência dos alimentos, deixando-os prontos para posterior regeneração, acionada somente no momento da demanda.

A produção em maiores volumes também diminui o custo unitário do produto, melhora a programação das compras, reduz a energia, sob qualquer forma. É muito mais fácil trabalhar com pratos semiprontos do que prepará-los do "zero".

Desperdício de Material – A armazenagem bem-feita ajuda a identificar a margem esperada para perdas e refugos. Há uma diferença entre refugos e perdas. Refugos são partes de bens tangíveis rejeitados durante o processo de produção.

Perdas são partes intangíveis não aproveitadas do produto gerado por um projeto. Se a taxa de refugo for alta, mostra que, na empresa, podem estar acontecendo: erros de projeto do produto; falhas no controle de qualidade; falhas no controle da produção; baixo nível de educação; mau uso das funções administrativas, principalmente, a função administrativa organização; armazenagem incorreta; falta de treinamento.

Perdas fazem parte do processo de fabricação, podendo-se minimizá-las, mas não as evitar. Portanto, é necessário que a quantidade disponibilizada para a produção seja a mais exata possível, porque o custo pela perda será incorporado ao custo do produto. Se houver perda anormal, como no caso, por exemplo, de incêndio no almoxarifado, roubo, enchente, os valores correspondentes não devem ser tratados como custo de produção, e sim levados diretamente ao resultado.

As perdas anormais ocorrem de forma involuntária, sendo seu custo absorvido pelos demais produtos.

Desperdício de Mão de Obra – A mão de obra é um dos itens mais lembrados na lista de dificuldades de uma empresa, tendo em vista a dificuldade de lidar com o ser humano e por uma legislação trabalhista obsoleta e ultrapassada. São tantos os encargos sociais que vale reduzir a mão de obra, para a sobrevivência do negócio.

Os problemas não são solucionados com mão de obra intensiva, mas com tecnologia intensiva. Hoje, deve-se depender cada vez menos de empregados. Outro aspecto é o ambiente confortável. Os equipamentos obedecem às simples regras da Ergonomia? Há riscos de acidentes de trabalho? O funcionário trabalha com satisfação?

Uma reengenharia dos processos, estruturas e métodos de trabalho pode diminuir o absenteismo, a assiduidade, a impontualidade, a falta de assiduidade, o estresse e a rotação.

Desperdício do Espaço Físico – Uma indústria se for pequena demais estrangula a produção. Mas se for grande demais custa caro. A adoção de equipamentos mais modernos, somados à revisão nos processos de fabricação, diminui os espaços ociosos. Alguns equipamentos, se bem aplicados, poupam espaços. Embora sejam mais caros, ao longo dos meses, se mostram mais rentáveis.

Desperdício de Água – Atualmente, mais do que nunca, a água se mostra imprescindível para o homem. Porém, o mesmo homem polui, cada vez mais, seu próprio ambiente. Infelizmente, a água é utilizada de forma descontrolada. Hoje, a responsabilidade de algumas empresas para com o ambiente faz parte de sua estratégia.

Para se otimizar o uso da água algumas premissas, a seguir:

- Verifique se a torneia está realmente fechada.
- Ao lavar a louça, use a própria cuba da pia para ajudar na lavagem.
- Tente limitar o banho para no máximo de cinco minutos.
- Feche a torneira enquanto se ensaboa.
- Jamais escove os dentes ou faça a barba com a torneira aberta.
- Sempre use a máquina de lavar em carga máxima.
- O excesso de sabão aumenta o número de enxagues.
- A lavagem de louças consome muita água, que pode ser resolvido com equipamentos corretos.

Desperdício de Dinheiro – Na hora de comprar máquinas e equipamentos, avalie tudo, como: especificação, preço, marca, garantia, facilidade de limpeza, mobilidade, por exemplo. Certifique-se de que a manutenção futura seja organizada, tendo acesso, rapidez e confiabilidade. Escolha o equipamento pelo tempo estimado de vida útil, tomando como referência a concorrência.

Lembre-se que bons equipamentos custam caro e possuem um índice de depreciação menor do que os mais baratos.

Desperdício no Escritório – Se na fábrica a parada repentina de uma máquina ou a falta de insumos pode causar desperdício, no escritório pode haver descontinuidade devido à perda de informações na passagem entre pessoas e departamentos. O funcionário do escritório tende a achar que o seu trabalho, ao contrário das tarefas de um colega da linha de produção, não está submetido a uma rotina.

O desperdício que existe nos escritórios não é tão óbvio aos olhos dos dirigentes, que não estão habituados a colocar no papel, como, por exemplo, um fluxograma de processo ou de procedimentos. Tais ferramentas detectam desperdícios de tempo, superposição de tarefas, oportunidades de eliminação de processos e procedimentos, combinação de atividades.

Gargalo – Nome dado ao momento em que o trabalho exigido é maior do que a capacidade de fazê-lo. O gargalo é visto quando se faz um congestionograma. O congestionograma visa detectar os gargalos de processos e rotinas de trabalho.

É um gráfico especializado na identificação, análise e otimização da velocidade do fluxo, diminuindo as possibilidades de engarrafamento, que prejudicam o desempenho previsto. Representa a forma técnica e certa de elaborar alternativas para as emergências e minimizar as probabilidades de interrupção do fluxo principal.

O exemplo, a seguir, deixará bem claro o que seja um gargalo (congestionograma):

Uma empresa, no setor de faturamento, tem a seguinte produção:
Primeira Fase – Preparação da fatura: 20 faturas/hora para 2 funcionários.
Segunda Fase – Cálculo do valor total, taxas, descontos e líquido a pagar da fatura: 30 faturas/hora para 3 funcionários.

Terceira Fase – Preenchimento da fatura: 10 faturas/hora para 1 funcionário.
Quarta Fase – Conferência da fatura: 20 faturas/hora para 2 funcionários.
Quinta Fase – Registro e expedição da fatura: 60 faturas/hora para 5 funcionários.

O traçado de um congestionograma ajudará a ver onde está o gargalo, isto é, a atividade que está congestionada (////).

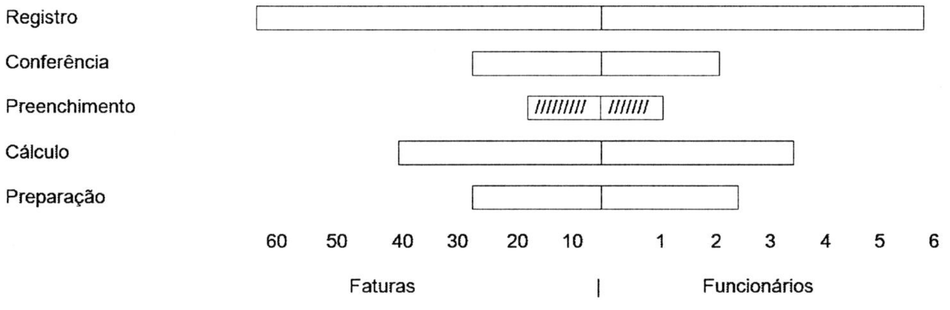

Figura 5.1: Congestionograma.

Arquivo – Conjunto de registros afins, colocados de forma ordenada e de fácil acesso, tendo um caráter provisório, já que podem mudar de meio, isto é, serem construídos com tecnologia de última geração. Arquivar é a ação de guardar documentos de forma organizada, dentro de uma cronologia. A primeira e mais lógica fonte de consulta para se iniciar o trabalho está nos arquivos da empresa. Imagine onde acessar dados e informações para a tomada de decisão, se a empresa não possui arquivos.

Não se deve jamais perder de vista o fato de que a documentação é a ponte entre os especialistas e os generalistas, e que por isso deve ter uma sólida estrutura. A acumulação de cartas, e-mails, planilhas, formulários, diagramas, relatórios de modo algum transmitirá a terceiros, e, principalmente, à alta administração, o sentido e o funcionamento da empresa. Por isso, é necessário que os documentos sejam grupados em conjuntos lógicos e acessíveis àqueles que farão uso dos mesmos.

Toda documentação deve ser arquivada, porque a primeira e mais lógica fonte de consulta do passado de uma empresa está nos arquivos da organização. O meio de arquivar tais registros (dados, informações) pode ser: papel, acumulador, disco, fita, disquete, CD, filme.

O ser humano pode guardar informações no cérebro por algum tempo, mas não por todo o tempo. Uma outra observação que se deve fazer é que todos os arquivos têm um caráter provisório (como tudo na vida) já que podem mudar de meio, isto é, serem construídos com tecnologia de última geração. É muito difícil ser muito diferente e inédito em tudo que se faz. Assim, copie e não esqueça de adequar ao Século XXI, em termos de linguagem, estilo e contexto.

O registro de tudo que for julgado importante e útil deve ser feito em arquivos, para que possa ser acessado no futuro. O registro é a justaposição de dados selecionados a um mesmo fato, com a finalidade de permitir o processamento, tendo um significado completo e determinado.

Quanto à maneira de arquivar, os dados podem ser por: ordem (alfabética, cronológica), clientela (consumidores, fornecedores, usuários, funcionários, colaboradores, parceiros, concorrentes), região, assunto, função organizacional (departamentos, deveres, direitos, regras, limites, políticas, procedimentos, planos, programas, projetos), função administrativa (planejamento, direção, controle, organização, coordenação, comando, delegação...), produto (padrão, qualidade, custo, preço, margem de lucro, rentabilidade). O arquivamento da informação facilita sua recuperação, evitando perda de tempo.

No processamento de dados, é comum a necessidade de se agrupar diversos conjuntos de informações, a fim de facilitar e dar maior velocidade às operações efetuadas sobre esses dados. Surge, então, novos conceitos de registro: O Registro Físico e o Registro Lógico. Um exemplo de registro físico é disco e um exemplo de registro lógico é valor.

Os mais importantes elementos do arquivo são:

Endereço – É preciso saber: onde acessar um arquivo e qual o meio utilizado.

Segurança – A fim de evitar que um arquivo sofra um acidente, destruição total ou alteração de seu conteúdo, tomam-se determinados cuidados: manter sempre cópias do arquivo em meios diferentes e sempre armazenar as alterações (atualizações) ocorridas no arquivo inicial.

Capítulo 6
DELEGAÇÃO

"Sempre faça certo, porque isto irá gratificar algumas pessoas e deixar atônitas todas as outras".

Mark Twain

OBJETIVOS DO CAPÍTULO

- Mostrar que a delegação surgiu da necessidade que tem o chefe ter mais tempo para pensar no futuro.
- Mostrar os principais tipos de delegação.
- Mostrar os elementos relevantes da delegação.

6.1 DELEGAÇÃO

Delegação é a transferência de determinado nível de autoridade de um chefe para seu subordinado, criando a correspondente responsabilidade pela execução da tarefa delegada. A delegação é a ferramenta mais eficaz na administração do tempo, porque se traduz no crescimento de quem delega e do delegado

Delegar é uma função administrativa de atribuir competência, autoridade e/ou poder a um subordinado para a execução de um determinado trabalho, criando a correspondente responsabilidade pela execução da tarefa delegada. É transferir para outros órgãos atribuições específicas de um órgão maior ou central, objetivando aliviá-lo da carga de trabalho. Também ajuda a mais bem planejar e decidir.

O administrador delega tarefas a outras pessoas para que lhe sobre mais tempo para poder pensar. Um dos problemas mais comuns é a relutância por parte dos dirigentes em dar poder de decisão aos escalões inferiores da organização. Outrossim, o excesso também não é bom, porque pode virar uma casa sem dono.

De todas as ferramentas à disposição do executivo, a delegação é uma das mais eficazes para a administração adequada da organização, pois implica o crescimento pessoal e profissional de quem delega e de quem recebe a delegação.

Toda organização está cheia de pessoas que "vivem" seu trabalho, indo correndo e se afobando de um lado para outro, sem tempo para o almoço, sem tempo de conversar, dia após dia, semana após semana, mês após mês. Esse grande envolvimento pessoal sugere um estilo de administração mais eficaz, isto é, a habilidade de delegar tarefas?

Quando os chefes concentram atribuições demasiadas e não conseguem resolver todos os problemas que pretendem, ocorre um congestionamento administrativo nos níveis superiores e uma verdadeira paralisação de atividades nos níveis inferiores.

Segundo Andrew Carnegie, "o segredo do sucesso não consiste em fazer você mesmo seu próprio trabalho, mas em descobrir ou reconhecer o homem talhado para fazê-lo".

A capacidade de crescimento de uma empresa está diretamente vinculada à eficiência com que seus diretores delegam a sua autoridade, fazendo uma delegação efetiva e funcional.

A chave da delegação é delegar pelos resultados que você espera. A inclinação humana normal, porém, é delegar por atividades ou deveres. Pedir a um funcionário que faça certas coisas, fazer uma longa lista de deveres que você deseja sejam cumpridos por ele.

Até ter definido os resultados esperados de alguém, você não completou uma delegação.

Quando delega autoridade, você dá ao indivíduo o direito de agir ao modo dele. Se insistir em que trabalhe como você, poderá cercear o entusiasmo que ele sente e seus sentimentos de realização. A moderna delegação não consiste apenas em conseguir que outros nos ajudem em nossos trabalhos, mas em lhes dar também a autoridade e a liberdade de executar, errar e ousar.

A delegação, quando bem trabalhada, pode ajudar a organização a progredir.

O domínio da arte da delegação, assim como o domínio de qualquer forma de arte, exige paciência e esforço honesto.

Ao praticar a arte da delegação você está se libertando de tarefas que podem ser feitas por outra pessoa, concentrando sua energia disponível naquilo que nenhuma outra pessoa pode assumir ou fazer melhor do que você, dando, aos que trabalham com você, a oportunidade de se desenvolverem e aprenderem a suportar parte da carga, liberando mais tempo disponível para desenvolver suas habilidades administrativas e pensar em ideias inovadoras que conservarão sua empresa à frente da concorrência.

A delegação é vista como um processo pelo qual superiores e subordinados de uma organização identificam, em conjunto, suas metas, definem as principais áreas de responsabilidades de cada indivíduo, em termos dos resultados dele esperados, e usam essas medidas como guias para operar a organização e avaliar a contribuição de cada um de seus membros.

6.2 TIPOS DE DELEGAÇÃO

A seguir, os mais importantes tipos de delegação:

Delegação de Autoridade: Assunto abordado no item anterior.

Delegação de Responsabilidade: É muito comum se ouvir delegação de responsabilidade, fato que é totalmente equivocado, porque ninguém pode delegar responsabilidade e se subtrair desta. Quem delega continua responsável daquilo que foi delegado.

No nível de diretoria, a responsabilidade é aquela de definir os rumos gerais dos negócios da organização, definir a política geral, os níveis de retorno desejado nos investimentos, as áreas (mercados) onde irá atuar. É bastante comum, neste nível, a formação de comitês, onde os vários departamentos devem conjugar esforços no êxito do planejamento e da execução das atividades empresariais.

Muitas são as responsabilidades de um diretor, mas, as principais são: saber "ler" o cenário (o ambiente, o mercado, o público-alvo, os produtos concorrentes e os novos recursos).

No nível de gerência, a responsabilidade é aquela de indicar as alterações de mercado. Os gerentes estarão envolvidos diretamente com as funções administrativas. Eles não devem impor responsabilidades que estejam além da capacidade individual de serem executadas, como também não devem aceitar responsabilidades para as quais não estejam habilitados. As mais comuns responsabilidades da gerência estão voltadas a dimensionar custos, alocar recursos, acompanhar resultados, propor mudanças e correções.

Os administradores não devem impor responsabilidades desnecessárias. Sempre, se possível, devem vincular responsabilidades com benefícios e recompensas. Todavia, alguns riscos que formam as responsabilidades não podem ser evitados.

Às vezes, é necessário que um superior exonere um subordinado por ter o mesmo não cumprido suas responsabilidades.

Delegação para Cima: Delegação comum na empresa centralizadora, onde o poder de decisão permanece concentrado na cúpula, de onde se delega apenas responsabilidade de executar tarefas, sem a correspondente autoridade para tomar decisões, alocar recursos e mudar o procedimento.

É um sintoma chamado "síndrome da falta de poder delegante" que assola um grande número de empresas, acarretando uma situação pouco propícia para a administração eficaz, pois os gerentes passam a maior parte do tempo executando tarefas e resolvendo problemas que caberiam aos seus subordinados.

Estes fatos demonstram uma orientação que valoriza as atividades e não os resultados e que, também, enfatiza a quantidade e não a qualidade do trabalho.

Delegação por Atividade: Delegação de atribuições específicas, que quando terminadas, acaba a delegação. Atividade é um conjunto de operações reunidas segundo critérios complementares e similares e que servem para definir a finalidade do setor. São relacionadas entre si, regidas por um sistema. A atividade está voltada para o aspecto funcional da empresa.

As mais importantes atividades são:

Atividade Institucional: Atividade no nível estratégico da organização.

Atividade Gerencial: Atividade no nível médio da organização, tendo o propósito de utilizar e otimizar todos os recursos disponíveis.

Atividade Operacional: Atividade no nível mais baixo da organização (chão de fábrica), cujo sentido é manter a sobrevivência (sustentabilidade) da empresa no mercado em que atua.

Delegação por Resultado: Delegação em que são estabelecidos resultados desejados ao delegado.

Resultado é o produto da saída de: um sistema, um processo, uma atividade (operação, ação, tarefa). Assim, o resultado de uma empresa é ter consumidores satisfeitos, de um hospital é ter pacientes curados e de uma escola é ter alunos mais bem preparados para enfrentar a vida.

O resultado leva o indivíduo (a organização) a tomar decisões apropriadas para continuar sobrevivendo e competindo no mercado, ou não.

6.3 ELEMENTOS DA DELEGAÇÃO

A seguir, abordaremos alguns elementos da delegação que ajudam a incrementar o estudo sobre delegação:

Premissas da Delegação – Algumas premissas importantes sobre delegação são:

- O dirigente que delega não deve mais se imiscuir nas tarefas delegadas.
- O delegado deve participar não só da autoridade e liberdade na execução da tarefa, mas na decisão.
- O dirigente precisa correr um risco sem o qual não desenvolve a capacidade executiva do subordinado.
- O delegado deve ser assistido e acompanhado no processo de delegação.
- A autoridade deve ser delegada até certo ponto e na medida necessária.
- A autoridade deve ser proporcional ao nível de responsabilidade do cargo.
- A responsabilidade não pode ser delegada.
- A clareza na delegação é fundamental, com designação precisa, entendida e aceita.
- Delegação e descentralização acham-se tão ligados que são inaplicáveis separadamente.
- O esforço do delegado no cumprimento da tarefa deve ser recompensado.
- A delegação deve seguir um ritmo compatível ao delegado.
- Não delegue as tarefas ruins, preservando as boas para si mesmo.
- Divida o poder com os subordinados.
- Caso delegue tarefas que não constem da rotina de trabalho do subordinado, explique o motivo.
- Delegue tarefas de forma equilibrada entre os subordinados.
- Delegue somente o que tiver certeza de que o subordinado é capaz de fazer.
- Defenda o subordinado quando este for questionado sobre as tarefas delegadas a ele.
- Aprenda a conviver com resultados diferentes que você obteria se realizasse pessoalmente a tarefa.

Processo de Delegação – A delegação de tarefas é um processo que passa pelas seguintes etapas: verificar se a política da empresa aborda a abrangência, suficiência e necessidade; definir e distribuir tarefas; estabelecer metas, autoridade e responsabilidades; comunicar com clareza as atividades delegadas; estabelecer sistemas de controle.

Vantagens da Delegação – Dentre as inúmeras vantagens da delegação, destacam-se as seguintes:

Permite coordenar trabalhos mais complexos e de abrangência maior; permite maior produtividade da equipe, porque é fator de motivação; permite amplitude de controle mais adequada; libera os chefes para suas tarefas prioritárias, economizando tempo; exige melhor planejamento e programação da atividade; permite melhor aproveitamento de recursos; proporciona maior segurança para a empresa, pois existem subordinados treinados; canaliza e organiza as forças e as aptidões dos indivíduos, criando um clima propício às iniciativas pessoais.

Desvantagens da Delegação – As desvantagens da delegação podem ocorrer quando não há tempo suficiente para a preparação, falta competência ao dirigente, falta instrumentos de controle, não há certeza da competência do delegado, são incompletas as informações sobre as tarefas a serem delegadas, corre-se o risco do desvio de recursos por irresponsabilidade do delegado.

Controle da Delegação – O sistema de controle precisa saber: se o trabalho foi feito e quais seus resultados; se surgiu algum problema ou alguma complicação; se surgiram novos métodos e ideias, se o funcionário se acha capaz de tornar a fazer um trabalho semelhante. Tal sistema permite avaliar efeitos de curto e de longo prazos.

Uma questão fundamental é deixar bem claras as questões sobre as quais os subordinados devem agir. Neste sentido, é importante incentivar os subordinados a fazerem perguntas sobre as tarefas a eles delegadas, de forma a esclarecê-las. Para controlar melhor o trabalho, o ideal é que o subordinado receba instruções somente de uma pessoa e preste contas somente a ela.

Sucesso na Delegação – Uma delegação bem-sucedida pode ser conseguida se os procedimentos (técnicas) forem os seguintes:

Delegar a tarefa de forma inteira, sem subdivisões; delegar à pessoa mais qualificada para a tarefa; evitar desrespeitar a autoridade depois que a deu; examinar o desempenho; encorajar pessoas a tomarem decisões; definir o trabalho para os subordinados para que estes recebam o máximo de desafios e oportunidades; inspirar seu pessoal com a vontade de atingir as metas e suplantá-las; usar plenamente a capacidade e as habilidades do delegado; proporcionar sistemas de informação adequados; examinar as reações; encorajar a cooperação; defender o delegado.

Responsabilidade na Delegação – A autoridade delegada expressa o grau de liberdade que um superior concede a um subordinado para agir em sua unidade de organização ou numa fase de um processo. A delegação de autoridade é ainda menos exata, limitando-se, às vezes, a afirmar que o subordinado está autorizado a levar a termo os deveres determinados.

Como os próprios deveres não estão bem definidos, o subordinado terá dificuldade em interpretar sua autoridade para fazer qualquer coisa. Se um executivo delega autoridade a outro, ele não se tornará eficaz apenas por isso. Ele precisa manter seus subordinados responsáveis pelas delegações feitas. E os subordinados em si precisam não evitar as responsabilidades para as quais aceitaram autoridade.

As obrigações estipuladas para os subordinados devem ser enunciadas tão precisamente quanto os direitos e privilégios, e a cobertura deve ser a mesma como no caso de autoridade. A delegação pode ser completa ou limitada (de acordo com manuais, regras e políticas).

Responsabilidade e autoridade devem guardar um certo equilíbrio.

Questionamento na Delegação – O questionamento proposto, a seguir, responde ao executivo se ele é capaz de delegar e se há necessidade para tal:

a) Você tem um substituto designado?
b) Quando você se ausenta, a produtividade do grupo cai?
c) Você assume tarefas que não lhe competem?
d) Você transfere tarefas que não gosta de executar?
e) Você se julga mais competente e rápido do que seus subordinados?
f) Quando você transfere a solução de um problema, nunca mais cobra a respeito?
g) Você ao delegar, sempre o faz de tal forma que o subordinado não volta para discutir a decisão?
h) Você se considera um perfeccionista?
i) Você sempre busca conseguir resultado através de seus subordinados ou você mesmo prefere fazer?
j) Você sempre que delega atribuições, delega também poder de decisão sobre elas?

k) Você nunca se impacienta quando procurado por seus subordinados para esclarecer dúvidas?
l) Você sempre que delega estabelece o que fazer e nunca como fazer?
m) Você sempre busca o comprometimento do subordinado, definindo com ele prazos e limites da delegação?
n) Você sempre se coloca à disposição para dirimir eventuais dúvidas?
o) Você sempre tem tempo para treinar subordinados?

Grau de Delegação – É pouco sensato esquematizar um grupo de deveres e autoridade para um gerente inexperiente. Esta precisa de tempo para se desenvolver. Consequentemente, sua autoridade deve expandir-se paulatinamente, à medida que o superior inspeciona, instrui e põe à prova o subordinado, mediante atribuições sob supervisão relativamente estreita e, à medida que as capacidades do subordinado aumentem.

Então, o superior deve relaxar a supervisão, permitindo que o subordinado ande com as próprias pernas. Como o grau de delegação será em função da capacidade do delegado, a mesma irá variar conforme a performance do indivíduo. Diversos subordinados estarão, via de regra, em estágios diferentes de desenvolvimento, determinando desse modo um alto jogo de cintura do superior.

Metodologia da Delegação – Uma metodologia da delegação pode ser:

- Analise quais entre as suas atribuições podem ser transferidas.
- Defina a tarefa com clareza e diga o objetivo a ser alcançado.
- Não esqueça de compartilhar a responsabilidade mútua pela tarefa delegada.
- Defina prazos reais de conclusão, comparando, se possível, com valores anteriormente dimensionados.

Capítulo 7
COOORDENAÇÃO

"A necessidade de um sistema definido de coordenação cria a primeira tarefa do administrador e é a origem da organização".

Chester Barnard

OBJETIVOS DO CAPÍTULO

- Mostrar como é a coordenação na empresa.
- Mostrar que a coordenação está presente em todas as outras funções administrativas.
- Mostrar a importância da coordenação.

7.1 COORDENAÇÃO

Coordenação é como essência da arte de administrar, pois a realização da harmonia do esforço individual no sentido da obtenção dos objetivos de grupo é um dos propósitos do administrador. A melhor coordenação ocorre quando os indivíduos veem de que forma seus trabalhos contribuem para os objetivos dominantes da empresa.

Coordenar é uma função administrativa que visa cuidar da integração das funções administrativas, para que aconteça o mínimo de conflito e as relações se desenvolvam com suavidade e aceitação.

Segundo Fayol, "a coordenação é a reunião, unificação e harmonização de esforços para a efetividade das atividades organizacionais". Muitos administradores não consideram a coordenação como parte separada e distinta de sua responsabilidade administrativa. Acreditam, no entanto, que se melhorarem sua coordenação estarão ajudando sua organização a funcionar mais como um todo (sistema) do que como várias partes isoladas.

A coordenação ajuda a fazer ajustamentos de processos, supervisão e padrões.

Segundo David Hampton, "uma organização não é um conjunto de departamentos independentes e com objetivos específicos. Para que exista um desempenho bem-sucedido, as organizações necessitam ter uma coordenação efetiva das contribuições das unidades específicas".

As organizações eficazes necessitam de dois requisitos diferentes e por vezes conflitantes: a especialização e a coordenação. Uma abordagem razoável para prover a coordenação interdepartamental necessária para qualquer empresa, deve levar em conta o seguinte questionamento:

- Onde é necessária a coordenação?
- Em que grau ela é necessária?
- Quais são os meios que podem facilitar a coordenação?
- Quais são os mecanismos para cada situação?

A falta de coordenação entre os vários processos comuns de uma organização acaba duplicando um número enorme de atividades. A mesma informação é computada repetidas vezes e em diferentes sistemas, os mesmos formulários são preenchidos e expedidos incontáveis vezes, as mesmas inspeções e certificações se repetem.

No momento em que todas essas atividades e dados passam de uma empresa para outra, é comum a ocorrência de erros, inconsistências e confusões, o que só aumenta o volume de trabalho. Daí, a importância da coordenação.

Muitos autores consideram a coordenação como uma função separada do administrador. Parece mais certo, entretanto, considerar a coordenação como essência da arte de administrar, pois a realização da harmonia do esforço individual no sentido da obtenção dos objetivos de grupo é um dos propósitos da administração.

Cada função do administrador é um exercício de coordenação. Para uma boa coordenação é necessário ajudar a integração. Também, encorajar a cooperação, o relacionamento e a adaptação às mudanças.

A melhor coordenação ocorre quando os indivíduos veem de que forma seus trabalhos contribuem para os objetivos dominantes da empresa. Um bom exemplo de aplicação prática de coordenação está na condução de uma reunião, que adquire maior sinergia quanto mais coordenada for.

7.2 EXEMPLOS DE COORDENAÇÃO

A seguir, exemplos de coordenação:

Coordenação da Reunião:

Os problemas que o administrador precisa enfrentar para bem coordenar são: compreensão, complexidade, conhecimento, percepção, criação, abstração, hierarquia, valor, comunicação, custo, produtividade, flexibilidade, segurança, mudança, usuário, implementação, aspectos organizacionais, risco.

Uma reunião é um processo dinâmico de grupo que é fluido, inexato e mutável, impossível de se reduzir a um simples conjunto de sistemas e descrições. Estas qualidades não devem ser encaradas como negativas, e sim como a principal vantagem do encontro.

Um grupo bem entrosado, que se reúne para trocar conhecimentos, opiniões, necessidades, esperanças, confianças e medos, cria uma sinergia e uma mecânica bastante dinâmica, que muda de minuto a minuto, à medida que a interação grupal se desenvolve.

Até as reuniões têm seu estilo e personalidade. Elas são feitas de indivíduos, cada um participando com suas qualidades, defeitos, vícios, atitudes, sentimentos e necessidades. Quando esses indivíduos se mesclam numa reunião, transformam-se em algo mais que a soma de todos eles. Essa personalidade do grupo vai influenciar a forma com que cada membro participa e se relaciona com os outros.

Para muitos, reunião é uma perda de tempo, para outros, uma necessidade vital. Nem oito, nem oitenta, as reuniões são necessárias desde que não virem fábricas de consenso, onde o grupo esmaga a individualidade, castrando inteligências.

Assim, as reuniões devem ter data e assunto predeterminado e só, em casos extremos, deve a empresa promover reuniões de última hora ou extraordinárias. Com isso evitará o desgaste da seriedade que precisa ter este encontro, qualquer que seja. Um dirigente indeciso usa a reunião para a tomada de decisão, eximindo-se, em parte, da responsabilidade da ação administrativa.

As reuniões servem a muitos fins importantes, sendo basicamente um agrupamento de informações e julgamentos, a fim de alcançar um objetivo específico. O velho ditado de que duas cabeças pensam melhor do que uma, ainda se mantém.

Através das reuniões, chega-se a uma decisão, fixam-se diretrizes, políticas, estratégias e táticas, alteram-se normas, regras e procedimentos, confrontam-se ideias, modelos e resultados, trocam-se pareceres, solucionam-se conflitos e problemas, comunica-se uma previsão de vendas, um resultado ou um plano.

As reuniões, se forem dirigidas apropriadamente, podem dar aos participantes a oportunidade de relacionamento e desenvolver uma equipe eficaz. Elas proporcionam uma oportunidade de partilhar as experiências, os pontos de vista, os problemas e as soluções.

Conduzidas com propriedade, as reuniões podem servir para vários objetivos de comunicação e administração a um só tempo. Podem manter as pessoas bem-informadas, resolver problemas, revelar atitudes e promover um clima de participação. Você poderá descobrir que tem a possibilidade de aplicar mais princípios de comunicação numa reunião do que em qualquer outra atividade em seu campo de conhecimento.

Alguns princípios básicos da reunião são colocados, a seguir:

- Planejar a reunião para ser realizada em horário no qual os participantes estejam mais receptivos.
- Informar local, data e hora.
- Marcar a reunião com certa antecedência, para que todos tenham de pensar nos objetivos.
- Fazer uma convocação.
- Preparar o roteiro previamente.
- Dotar o ambiente da reunião de meios auxiliares (meios físicos e meios auxiliares).
- Listar perguntas, questões e textos para reflexão, exercícios numéricos, estudos de caso.
- Começar na hora marcada e seguir o roteiro.
- Preparar soluções e rever procedimentos.
- Planejar a duração da reunião, em função do público-alvo.
- Proporcionar intervalos, caso necessários.
- Terminar a reunião quando os objetivos forem alcançados.

Você deve entender que manter uma reunião num clima construtivo exige muito esforço e habilidade, principalmente, para resolver situações difíceis. Como coordenador da reunião, você, sem dúvida, será o líder do grupo. É sua, portanto, a responsabilidade de iniciar os trabalhos, fazendo a abertura com os seguintes procedimentos:

a) Manter bem clara a meta a ser atingida, o problema a ser atacado e o motivo da reunião.
b) Apresentar as razões da reunião e o que espera alcançar.
c) Explicar o motivo da participação de cada membro, seguindo um esquema de trabalho.
d) Formular perguntas diretas ao grupo e perguntas refletidas a quem as fez.
e) Manter a discussão em ordem (quando alguém fala, os outros ficam calados).
f) Interromper a discussão (ou debate) quando se tornar redundante.
g) Garantir que todos possam ser ouvidos, controlando o dominador.

h) Manter a atmosfera descontraída e informal.
i) Ser capaz de delegar tarefas, tendo certeza de que os itens a discutir são do interesse de todos.
j) Encorajar a discussão plena.
k) Ouvir o ponto de vista da maioria.
l) Servir como negociador e árbitro, conservando-se neutro.
m) Manter a calma e encerrar a reunião na hora certa.

O coordenador da reunião poderá encontrar situações que poderão ser difíceis de serem contornadas. Devido aos diversos tipos de temperamento pessoal (personalidades) dos participantes da reunião, o líder poderá encontrar tipos que atrapalhem o bom andamento dos trabalhos.

A seguir, algumas dicas de como tratar tipos de personalidades:

- Tipo Sociável – Apele para o trabalho em equipe, não dando excesso de detalhes.
- Tipo Pessimista – Encoraje e mostre confiança, equilibrando o pessimismo com otimismo.
- Tipo Acanhado – Expresse confiança em sua capacidade, peça sugestões.
- Tipo Agressivo – Evite brincadeiras, elogie e critique diretamente.
- Tipo Ambicioso – Mostre benefícios, aplique padrões de desempenho.
- Tipo Moroso – Peça prazos, evite interromper seu trabalho, elogie realizações.
- Tipo Conservador – Encoraje-o para novas tecnologias do conhecimento.
- Tipo Falante – Use o grupo para controlá-lo, não se dirija a ele com frequência.
- Tipo Gênio – Deixe que exponha seu ponto de vista para não lhe tirar o entusiasmo.
- Tipo Silencioso – Faça perguntas simples e diretas, a fim de encorajá-lo a participar da reunião.
- Tipo Crítico – Jogue o grupo contra ele, comprometa-o nos detalhes.
- Tipo Teórico – Peça exemplos, mostre objetividade e pragmatismo.

Para fins de direção de uma reunião, é possível descrever uma pessoa como uma combinação de pelo menos três dos tipos abordados.

Coordenação do Estudo de Caso:

O estudo de caso consiste em apresentar, de forma sucinta, uma situação real ou fictícia, para ser discutida em um grupo. A forma de como apresentar o caso pode consistir em descrição, narração, diálogo, dramatização, sequência fotográfica, filme, artigo, resenha, relatório. O objetivo principal do estudo de caso é propor um diagnóstico para uma situação vivenciada em uma organização.

Esta técnica pode receber, também o nome caso seminário, discussão resultado, resolução de problema e que consiste na apresentação de um caso para o grupo dar sugestões ou apresentar soluções, conforme o fato, enfoque ou método. Também pode ser usado com a finalidade de atingir determinados objetivos, tais como:

- Desenvolver a capacidade analítica e espírito crítico no participante (professor, aluno, leitor).
- Buscar a motivação e integração do grupo.
- Capacitar o participante a entender como, quando, onde e por que tomar decisões.

Os tipos de casos mais utilizados são: Caso Problema e Caso Análise.

O caso análise tem como objetivo desenvolver a capacidade analítica. Mas, quanto mais aprofundada for a análise, maior é a certeza de que a tomada de decisão apresenta menos risco. No caso análise, a unanimidade geral não é o propósito do encontro.

O caso problema tem como objetivo chegar a uma solução, a melhor possível, em função dos dados apresentados. No caso problema, há um esforço de síntese. É importante observar que ninguém pode, com certeza, dizer qual o caminho certo na solução de um problema. Neste caso o grupo desenvolve a melhor solução, em função dos recursos disponíveis.

O estudo de caso é uma técnica de simulação. Ele parte do princípio de que existe sempre mais de uma solução adequada para qualquer problema. Tal método requer que seja designado um coordenador que deverá ser o elemento capaz de fazer o grupo trabalhar de maneira organizada, não sendo levado à dispersão.

A ação adequada deve ser precedida de diagnóstico do problema, o que não é muito complicado, quanto às questões técnicas e operacionais. Mas, que se torna muito complexo quando envolve temas comportamentais e afetivos, cujas sutilezas exigem análise mais intensa.

A contribuição do método é a de organizar as atividades, tornando mais provável que os problemas sejam atacados no momento apropriado. As etapas de estudo de caso são as seguintes: leia o caso cuidadosamente; liste os aspectos (fatos) básicos e relevantes; avalie as informações e busque diagnosticar o problema; estabeleça alternativas de solução para o problema; escolha a alternativa de solução mais adequada e implemente; prepare um plano de acompanhamento.

O coordenador deverá conduzir o debate no sentido de que não haja perda de tempo ou que alguém desvie o grupo do tema. Embora o caso seja discutido em grupo, é comum dividir em subgrupos menores. Cabem, ao coordenador geral, os seguintes procedimentos:

- Anunciar e apresentar o caso, pedindo aos participantes que façam anotações individualmente.
- Explicar que os participantes não devem perder tempo com dúvidas momentâneas.
- Dizer que as dúvidas serão dirimidas pelo grupo.
- Dar início à discussão, trazendo perguntas, como: O que chamou mais atenção? Qual é o problema?
- Dar a palavra a quem solicitar, administrando o tempo de cada um.
- Fazer comentários.
- Incitar o debate.
- Pedir que cada grupo estude um determinado aspecto do problema.
- Ser mais ouvinte do que orador, para não inibir os participantes.

Independente do grupo, cada um deve apresentar o seu relatório. Cabe ao coordenador apresentar como definiu o problema, como fez sua análise e qual foi a solução de consenso.

Capítulo 8
ESTRUTURAÇÃO

"Os olhos dos homens conversam tanto quanto suas línguas, com a vantagem de que são entendidos em todo o mundo".

Ralph W. Emerson

OBJETIVOS DO CAPÍTULO

- Mostrar a evolução do desenho organizacional.
- Mostrar a importância da estruturação na organização.
- Mostrar aspectos da departamentalização.

8.1 ESTRUTURAÇÃO

O primeiro requisito da organização humana com vistas ao seu pleno desempenho é a sua estruturação. A estruturação é, portanto, a elaboração da estrutura que irá constituir a base da organização. Os objetivos da estruturação são muitos. Porém, os mais importantes são os seguintes:

- Criar organizações racionais que tenham o dimensionamento adequado às estratégias e aos recursos.
- Permitir que se crie uma rede de comunicação eficiente.
- Repartir a carga de trabalho entre as diversas especializações.
- Definir níveis e linhas de autoridade e subordinação de forma harmoniosa.
- Ter um mínimo de dispêndio para o seu desempenho.
- Reduzir a quantidade de níveis hierárquicos e a proliferação de órgãos de assessoria e linha.

Uma conclusão é que estruturas de organização podem ser puras ou eficientes, mas improvável que sejam ambas as coisas. Isso não significa que uma estrutura de organização deve necessariamente ser desajeitada, ou seja, uma mistura confusa. Uma implicação que se torna clara, porém, é a de que estrutura pura tem probabilidade de acabar mal remendada.

Estruturação, que tem como base a Sociologia Organizacional, onde os autores procuram ver as organizações como subconjuntos da sociedade. Daí a abordagem múltipla, tanto da organização formal quanto da informal. Levou em conta que as organizações são diversas e diferentes, criando um estudo que se chamou tipologia das organizações.

O objeto de estudo da Teoria Estruturalista desloca-se das pessoas para a estrutura organizacional. Considerou também que dentro das mesmas existem dilemas e conflitos que devem ser trabalhados.
Um dos aspectos mais positivos do estruturalismo é sua colocação de que a visão tradicionalista não impacta com a visão comportamental da organização, isto é, o conflito que há entre aquilo que é formal e o que é informal.

O estruturalismo pode ser considerado como um método analítico e comparativo que estuda os elementos ou fenômenos com relação a uma totalidade, salientando o seu valor de posição. O estruturalismo pode ser: abstrato, concreto, dialético e fenomenológico.

Com o estruturalismo ocorreu a preocupação exclusiva com a estrutura, em prejuízo da função ou de outros modos de compreender a realidade. A estrutura estuda os elementos internos e suas relações. A totalidade a interdependência das partes e o fato de que o todo é maior que a simples soma das partes são as características básicas do estruturalismo.

Esta teoria observou que a aceitação do conflito entre a autoridade hierárquica e a autoridade do conhecimento do especialista daria à organização um caráter pluralista, o que permitiu a interdependência das funções e construiria uma verdadeira cooperação entre as partes da organização.

Segundo Thompson, a reforma da organização deve ajudar as pessoas a terem menos supervisão e mais liberdade para pensar, bem como abolir as dependências dos especialistas, descentralizar as decisões, em função dos objetivos e da missão da empresa.

8.2 ESTRUTURA

Etimologicamente falando, estrutura vem do termo "struere" que significa construir. Estrutura é um conjunto integrado de elementos suportes, que formam o arcabouço sobre o qual repousam as demais partes componentes de um organismo, e que se relacionam no tempo e no espaço.

A estrutura é a forma de combinar as partes, configurando um arranjo que represente uma composição.

A estrutura é a ferramenta que um administrador pode usar para permitir que uma organização prossiga, com sucesso, na execução da sua estratégia. Ela representa a integração das unidades operantes e a forma pela qual é exercida.

A palavra estrutura pode se referir às partes físicas da empresa (espaços, máquinas, equipamentos, prédios), bem como pode ser os elementos de trabalho, as diversas operações do processo de produção, os recursos e os sistemas, por exemplo. Conseguir a estrutura certa é um objetivo meio utópico, tendo em vista a dinâmica da reorganização para atender ambientes cada vez mais turbulentos.

Segundo Lévy-Strauss, "a estrutura é uma construção abstrata de modelos para representar a realidade empírica". Segundo Gurwitch e Radcliff-Brow, "a estrutura é o conjunto de relações sociais num determinado momento". Segundo Karl Marx, "a estrutura é constituída de partes que se deslocam, se diferenciam e, de uma forma dialética, ganham autonomia umas sobre as outras, mantendo a integração e a totalidade sem fazer soma ou reunião entre si".

Segundo Max Weber, "a estrutura é um conjunto que se constitui, se organiza e se altera, e os seus elementos têm uma certa função sob uma certa relação, o que impede o tipo ideal de estrutura de retratar fiel e integradamente a diversidade e variação do fenômeno real que ocorre nas organizações".

Embora cada organização e, especialmente, cada negócio seja estruturado, nenhum tipo de estrutura é a ideal para todas as exigências e necessidades. O arquiteto da estrutura precisa que o desenho retrate eficiência e eficácia, mas, provavelmente, não serão ambas as coisas.

O que se espera de uma estrutura organizacional é que seja uma rede facilitadora da tomada de decisão. Segundo Fayol e Sloan, "A boa estrutura não evoluirá simplesmente sozinha, porque as únicas coisas que podem evoluir em uma organização são desordens, atrito e mau desempenho. Estruturar uma empresa exige, estudo, análise, pesquisa e uma abordagem sistemática. Isto requer um monitoramento constante".

Aprendemos que esquematizar uma estrutura de organização não é o primeiro passo, mas o último. O primeiro, é identificar e organizar os elementos fundamentais da organização, os recursos. Alfred Chandler nos deixou a famosa frase: "A estrutura segue a estratégia". Hoje, início do Século XXI, já não se sabe quem segue quem.

A montagem da organização não é uma espécie de quebra-cabeça, sua estrutura é única e orgânica para cada negócio. Esta é a visão mais avançada nos tempos de agora, pois não há "receita de bolo" para se estruturar um negócio. A boa estrutura é aquela que atende a organização na sua missão, seus objetivos, suas estratégias e suas ações, tendo canais de informação e comunicação livres e efetivos.

A instabilidade econômica, a rapidez das mudanças tecnológicas e a irresponsabilidade das elites governantes geraram um grau de incerteza muito grande, fazendo com que o administrador assumisse o desafio de gerenciar e inovar a organização para simplesmente sobreviver.

Cada estrutura de organização tem certas especificações que nada têm a ver com o propósito da mesma, mas são partes integrantes da mesma. Um corpo humano pode ser descrito como tendo características relacionadas entre si. O mesmo pode ser dito de uma organização.

Igualmente, organizações são estruturas para satisfazer as seguintes necessidades:

- Clareza, simplicidade, economia de esforços e de manutenção.
- Direção de visão para o produto e não para o processo.
- Facilidade em administrar conflitos e atingir resultados positivos.
- Compreensão de cada indivíduo quanto a sua própria tarefa, bem como a da organização.
- Tomada de decisão que focalize as questões certas.
- Ação e execução no mais baixo nível possível de administração.
- Estabilidade, em oposição à rigidez, para sobreviver à agitação.
- Flexibilidade para compensar a incerteza.
- Inovações (abertura para novas ideias) e atendimento do mercado.

Tais necessidades exigem que uma organização seja capaz de produzir dentro de si os líderes de amanhã, ajudando cada pessoa a desenvolver-se continuamente.

8.3 CONSIDERAÇÕES SOBRE ESTRUTURA

A seguir, serão feitas algumas considerações sobre estrutura, isto é, suas conexões com fatores que marcam sua construção:

Adaptação: Karl Weick afirma que as organizações aprendem e se adaptam com extrema lentidão. Elas manifestam um respeito obsessivo por seus próprios caminhos de rotina, mesmo tendo o seu valor prático perdido qualquer significação. Ele diz, também, que a inflexibilidade provém de certas imagens mecânicas herdadas das gerações que nos antecederam.

Assim, as pessoas não percebem uma organização que valoriza a improvisação em detrimento da previsão, que enaltece a oportunidade e não a coação, que valoriza o confronto, estimula dúvidas e contradições em lugar da certeza.

Cada estrutura de organização tem certas especificações que nada têm a ver com o propósito da mesma, mas são partes integrantes desta. Um corpo humano pode ser descrito como tendo características relacionadas entre si. O mesmo pode ser dito de uma organização.

O princípio funcional, por exemplo, tem grande clareza e alta economia, torna fácil a cada um compreender sua própria tarefa, tem alta estabilidade, mas pouca adaptabilidade. Perpetua e desenvolve aptidões técnicas e funcionais, mas resiste a novas ideias e inibe o desenvolvimento e a visão da alta administração.

Em suma, o que conta é o ser humano. Porque as organizações precisam observar os limites, as capacidades, as oportunidades e as habilidades das pessoas. Não há até agora organização sem gente. Não obstante a indubitável importância que têm as questões estruturais, facilmente se chega à conclusão de que elas ainda são insignificantes diante do mercado.

A própria palavra estrutura, por exemplo, leva à pergunta: Estruturar para quê?

Especialização: A especialização refere-se ao maior conhecimento dos diversos e diferentes aspectos que determinado trabalho exige para ser executado. Portanto, está relacionada ao processo de divisão do trabalho. Deve haver perfeito equilíbrio da especialização do trabalho na estrutura organizacional para evitar problemas de motivação e de coordenação.

As pequenas organizações talvez não necessitem de muita especialização, além daquela de fazer distinção entre os trabalhos individuais dos funcionários. No entanto, à medida que as organizações crescem e se envolvem em atividades mais diversificadas, torna-se necessário dividir as principais tarefas em responsabilidades departamentais.

Dividir o trabalho contribui, potencialmente, para uma administração eficiente. Pode tornar claras a autoridade e a responsabilidade pela especificação de qual grupo faz o quê e de quem responde a quem. Pode aumentar a probabilidade de acerto das decisões tomadas.

Padronização: A Teoria Contingencial da Administração mostra e sustenta que forma e estrutura são o que queremos que sejam, porque comunicação, tamanho e tarefa derivam das relações entre pessoas. Uma boa estrutura dependerá de tempo, unidade de comando e uma imensa capacidade para organizar recursos, em que pese a globalização mundial estar empurrando as organizações para padrões do chamado Primeiro Mundo.

Administradores precisam aprender que a estrutura desenhada precisa ser congruente ao desempenho humano, porque este é o seu desafio e a sua prova.

Análise: A análise da estrutura objetiva buscar a simplificação de cargos e funções, verificar e comparar a documentação em busca de dados sobre centralização e descentralização, conhecer as unidades organizacionais e polos de decisão, enumerar as atividades das funções organizacionais, conhecerem a composição qualitativa e quantitativa dos recursos humanos, buscarem as relações de caráter hierárquico, consultivo e funcional existentes entre as unidades.

Avaliação: A avaliação da estrutura serve para medir estratégias, recursos, mercados, consumidores, produtos. Para uma adequada avaliação da estrutura organizacional é necessário que se estabeleça, anteriormente, um conjunto de políticas que devem servir de modelos para os processos decisórios.

Pessoas: É difícil ou quase impossível comandar uma pessoa diretamente mesmo dispondo de autoridade, pois os indivíduos agem e reagem de acordo com as suas necessidades, desejos e interesses, sendo pouco provável que os objetivos do indivíduo venham coincidir ou identificar-se com os da organização.

Duas perguntas comuns que se faz:
Qual é o número de diretores?
Qual a relação diretor/funcionários?

Responsabilidade: Não deve ser concedida autoridade sem a responsabilidade equivalente, porque não é razoável responsabilizar alguém pelos resultados de atividades que não pode realmente executar (incapacidade).

A regra de que a autoridade e responsabilidade devem ser equivalentes é procedente, desde o seguinte reconhecimento: a autoridade que pode e deve ser delegada é geralmente limitada. Por outro lado, é perfeitamente possível esperar que uma pessoa tenha senso de responsabilidade.

Mudança: Alguns dos aspectos que devem ser considerados no processo de mudança da estrutura organizacional são:

- Ter ciência de que a estrutura organizacional mais adequada depende da atual.
- Atentar para a necessidade de antecipar forças restritivas e propulsoras que podem ter influência.
- Dar importância aos recursos necessários.
- Buscar um padrão de qualidade que não deixe que a mudança fracasse.
- Verificar, antes de mudar a estrutura organizacional, se não há uma situação alternativa mais adequada.
- Ter sempre em mente a importância da participação para minimizar conflitos.

Estrutura e Estratégia: Desenvolver uma estrutura e uma estratégia, na organização, compatíveis com a conjuntura econômica sempre foi a maior preocupação dos administradores de empresa.

Uma estrutura errada resulta fatalmente em um desempenho desastroso, gera conflitos e frustrações, focaliza questões irrelevantes e transforma coisas insignificantes em obstáculos.

As organizações jovens e em desenvolvimento estão especialmente sujeitas, muitas vezes, à reestruturação. Mas, mesmo as empresas grandes e maduras sofrem uma reestruturação a cada dois anos pelo menos.

Como já observado, a estrutura hierárquica, bem como a estrutura organizacional, precisa ser modificada de tempos em tempos, como engajada em um moto contínuo de inovações e mudanças. Porém, é importante que mudanças estruturais sejam feitas com certo grau de racionalidade e parcimônia, para não virar uma confusão só, levando muito tempo para consertar.

Desde cedo, quando organizamos uma empresa ou um negócio, sabemos que estrutura e estratégia estarão em função dos recursos, que possuímos. Tanto que em sua obra clássica, *Estratégia e Estrutura*, Alfred Chandler faz a conhecida afirmação: “A estrutura decorre da estratégia”.

O pensamento organizacional moderno complementou e ampliou para: Dadas certas empresas, estratégias e recursos são impensadas estruturas condicionadas às estratégias. Mais importante, talvez hoje, em um número crescente de casos, é encarar que a estrutura é a própria estratégia e vice-versa.

8.4 TIPOS DE ESTRUTURA

A seguir, os principais tipos de estrutura:

Estrutura Básica: Estrutura que define como será a divisão de trabalho e a alocação de recursos. Estrutura que se refere aos aspectos estáticos da organização e corresponde a uma radiografia do corpo organizacional, onde estão representados os órgãos e partes que compõem a organização.

Estrutura Colegiada: Estrutura por comissões. Estrutura que, em face da importância das decisões tomadas, faz declinar a chefia única, aparecendo em seu lugar uma pluralidade de membros, dividindo as responsabilidades.

Estrutura da Negociação – Estrutura que é dada por um conjunto de relações que são o resultado da interação das características das partes. Ela é função de: possibilidades, necessidades, preferências, percepções, imposições, condições, habilidades, personalidades, experiências, concessões, impasses, estilos, comportamentos, comunicações, hábitos.

Estrutura da Sinopse: Estrutura que deve ser construída em função da abrangência do projeto, isto é, não pode ser grande para um projeto pequeno, e vice-versa. Ela deve ser adaptada à estratégia de apresentação para um determinado público-alvo ou mercado.

Estrutura de Capital: Estrutura fundamentada na composição financeira de uma empresa.

Estrutura de Comercialização: Estrutura que apresenta uma infinidade de variações, decorrentes da natureza do produto, das características e condições do mercado, do tipo de comprador, das dimensões da empresa e até da atitude da alta administração.

Estrutura de Comércio: Estrutura para que as pessoas na empresa possam interagir e se comunicar, de forma necessária a realizar seu trabalho. Quanto mais a estrutura facilita o processamento de informações, mais ela contribui para a eficiência.

Estrutura de Dados – Estrutura que deverá ser levada em consideração pelo usuário, de modo a processar o arquivo com as facilidades à sua disposição e na linguagem que estiver usando. Um dos mais significativos aspectos de um banco de dados é o tipo de estrutura de dados ao qual dará suporte.

Os principais tipos de estrutura de dados são:

- Sequencial (os registros de dados são enlaçados de forma sequencial).
- Hierárquico (os registros de dados são dispostos em forma de árvore, começando com um único registro e crescendo nos níveis subsequentes).
- Em rede (os registros de dados são estruturados em forma de rede).

Estrutura de Rede: Estrutura que conecta empresas eletronicamente. A estrutura de rede (network) foi a alternativa do final do Século XX, para enfrentar a economia de rede, originada da Era da Informação, com tecnologia digital da informação, conectando, por meios eletrônicos, tudo a todos.

A organização transfere funções, áreas e processos a organizações menores que são coordenadas por uma organização ainda menor, mas muito poderosa financeira e intelectualmente. Segundo Chiavenato, as organizações multinacionais adotam a estrutura organizacional em rede para poder deitar raízes mundo afora. Hoje, um automóvel é multinacional.

Estrutura Descentralizada: Estrutura, relativamente horizontal, podendo minimizar a hierarquia e a burocracia, além de facilitar a comunicação. Também são capazes de manter a flexibilidade de alocar os recursos mais poderosos, para as tarefas ou projetos críticos e de redistribuí-los sempre que ocorrerem mudanças nas prioridades.

Estrutura Divisional: Estrutura divisionária. Estrutura em que as atividades díspares, mas vinculadas a um objetivo final específico, são agrupadas em uma mesma unidade organizacional. Quando as grandes organizações começaram a enfrentar as dificuldades, quer em virtude das mudanças de seu ambiente, quer em decorrência da alta diversificação adotada, procedeu-se à divisão da estrutura existente em unidades orgânicas de maior flexibilidade operacional, as unidades de negócios.

Estrutura do Plano: Estrutura composta dos seguintes itens: capa, folha de rosto, agradecimentos, sumário, introdução, síntese, análise da situação, suposições, objetivos, estratégias, planos componentes, orçamentos, comunicação do plano, resultados, controles, atualização.

Estrutura do Relatório: Estrutura que está em função do assunto, das exigências e das necessidades. O relator precisa de uma estrutura preliminar para dar andamento ao seu trabalho para não ficar perdido. Uma boa estrutura precisará de muito estudo, pesquisa, análise e sistematização.

Alguns princípios e normas são de real valor na construção de um relatório, pois o mesmo é uma espécie de folder. A macroestrutura de um relatório é a seguinte: Apresentação; Introdução; Desenvolvimento; Conclusão; Apêndices e Anexos; Referências Bibliográficas.

Estrutura Formal: Estrutura, objeto de grande parte do estudo das organizações empresariais, deliberadamente planejada e formalmente representada pelo organograma. Quanto maior a formalização, mais a empresa se torna burocrática, mecanicista, fechada, rotineira, bem previsível e programada.

Estrutura Funcional: Estrutura que divide as unidades empresariais de modo que cada unidade tenha um conjunto de deveres e responsabilidades não semelhantes. As estruturas funcionais, uma vez que orientam a pessoa para uma atividade especial, concentram a competência de modo particularmente eficiente. Elas tendem a dar menor ênfase à cooperação interdepartamental.

Estrutura Hierárquica: Estrutura em que a organização é dividida em níveis de poder e de decisão. É bom frisar que um nível hierárquico pode abrigar mais de um nível de trabalho.

Estrutura Holística: Estrutura em que a organização assume uma concepção global, sem limites. Ao aceitar tal concepção, a organização deve reconhecer que cada funcionário deve ter dentro de si toda a instituição, bem como: valores, práticas, estratégias, políticas e normas.

Este tipo de estrutura organizacional dispensa chefias intermediárias, pois os controles comportamentais são minimizados devido à aludida integração.

Estrutura Informal: Estrutura, que é uma rede de relações sociais e pessoais, não estabelecida pela estrutura formal. Surge da interação entre as pessoas e de forma espontânea. Estas relações não aparecem no organograma. Nem todas as relações entre pessoas numa organização são de natureza formal. Mesmo um conhecimento bastante superficial com qualquer grupo organizado revela que muitas relações são informais.

Os canais de comando, os passos tomados para conseguir que o trabalho seja feito, nem sempre seguem os trâmites formais. Como existem muitas relações informais, a cautela deve ser a nota predominante.

Estrutura Linear: Estrutura organizacional em que a autoridade desce numa linha direta do superior ao subordinado, até ao nível operativo, com cada executivo tendo jurisdição e responsabilidade pelo desempenho de todas as atividades necessárias para atingir seus objetivos. A estrutura linear é de larga aplicação nas organizações burocráticas e com alto grau de formalismo.

Estrutura Matricial: Estrutura que é uma solução mista em que, normalmente, se combina a estrutura com base em recursos e projetos (produtos). Assim, em vez da organização adotar grupos de produtos (estrutura divisional) independentes, cada um com suas próprias subestruturas funcionais, com uma coordenação geral. Esta estrutura é a mais desenvolvida das estruturas organizacionais contemporâneas, tendo tido seu início na indústria aeroespacial.

A estrutura matricial é válida para projetos de grande magnitude (fabricação de produto especial, mudança do local de uma fábrica, compra de uma empresa, colocação de um novo produto no mercado) nos quais haja algo fora da rotina e do normal. É válida também quando for grande o grau de interdependência entre as tarefas necessárias ao esforço comum (muitas atividades diferentes têm de ser postas em comum, umas afetando as outras).

Estrutura Militar: Estrutura, representada graficamente por uma pirâmide, demonstra claramente a unidade de comando e o princípio de escalonamento hierárquico. É um tipo de estrutura baseado na organização dos antigos exércitos, tendo as seguintes características: a chefia é fonte exclusiva de autoridade; as ordens seguem pela via hierárquica; cada empregado recebe ordens de um só chefe imediato.

Estrutura Mista: Estrutura (linha-assessoria) que segue as características básicas da estrutura linear distinguindo-se desta pela existência de órgãos de assessoria, com a exclusiva função de aconselhamento ao executivo, ao qual se acham ligados. Pela sua grande flexibilidade de funcionamento, essa estrutura é largamente empregada nas empresas de médios e grandes portes.

As dificuldades de relacionamento existem, porque os funcionários procuram agradar os chefes, tendo como consequência o conflito entre assessoria e linha

Estrutura Orgânica: Estrutura viva.

Estrutura Organizacional: Estrutura para integrar seus recursos e atender estratégias. Desenho organizacional que reúne cargos e funções que a organização terá de desenvolver, através dos recursos disponíveis. A estrutura diz quem é quem na organização.

Estrutura para Inovação: Estrutura construída para atender a criação de novos produtos, reelaboração de processos, melhor uso da tecnologia, racionalização e minimização de custos.

Estrutura para Resultados: Estrutura cujo enfoque é dado, principalmente, além dos resultados, aos seguintes itens: relações, informações, comunicações e sistemas. Modelo baseado em unidades autônomas que trabalham juntas, organizadas e informadas para atender necessidades do mercado, contingências ambientais, aparentemente sem muita lógica na sua ação.

Estrutura para Rotinas: Estrutura voltada para rotinas é aquela construída para atender ações e processos repetitivos.

Estrutura Plana: Estrutura plana possui grande amplitude de controle e pequeno número de níveis hierárquicos. Tal estrutura impossibilita a supervisão minuciosa e obriga os subordinados a confiar em seus próprios recursos, criando assim, elementos capazes de decidir por seus métodos e processos. Também tende a reduzir a distância administrativa entre os níveis superior e inferior, porque existe menor número de níveis hierárquicos, favorecendo o processo de comunicação.

Estrutura por Cliente: Estrutura que divide a organização em unidades dispostas a servir a um cliente (consumidor) diferente. Uma estrutura por cliente pode, sob certas circunstâncias, influenciar o comportamento dos gerentes e dos funcionários, dentro da organização, no sentido de satisfazer as necessidades dos consumidores em detrimento das próprias. Também ajuda a adquirir conhecimentos necessários para que a organização preste um melhor atendimento, traduzindo-se em vantagem competitiva.

Estrutura por Equipes: Estrutura que é uma mistura de estrutura matricial com estrutura mista. Nesta estrutura o gerente do projeto é conhecido como líder. As equipes são eminentemente funcionais, podendo ser provisórias ou permanentes (assessorias especializadas em determinados assuntos).

Estrutura por Processo: Estrutura que é utilizada quando a organização tem um peso muito grande no nível operacional (chão de fábrica). A implantação desta estrutura está em função da disposição de máquinas, equipamentos, materiais, instalações, arranjos físicos (layout). Estrutura orientada para a ação e não para a hierarquia. Cada funcionário é um elo de uma cadeia de trabalho para produzir um bem ou serviço, cujo maior beneficiário é o consumidor.

Estrutura por Produto: Estrutura útil para ressaltar os resultados globais da empresa, distintamente dos resultados puramente técnicos. Tem-se mostrado melhor, sempre que se multiplicam as linhas de produtos, as quais sobrecarregam as estruturas funcionais. De modo geral, estas parecem ser melhores em caso de ambientes estáveis, ao passo que as estruturas por produto tendem a ser melhores para os ambientes instáveis.

Estrutura por Território: Estrutura que focaliza sua atenção em unidades geográficas, ou em clientes particulares. Sua maior característica é apoiar o pensamento global em situações particulares. Quando a estratégia e as circunstâncias indicam que o sucesso depende particularmente de um ajustamento às condições locais, a organização territorial apresenta vantagens importantes.

No geral, sempre que as condições locais ou regionais variam, a concepção da organização com base territorial pode ajudar a tirar partido dessas variações regionais. As organizações comerciais, diferentemente das manufaturas, acham as organizações territoriais particularmente atraentes.

8.5 ESTRUTURA ORGANIZACIONAL

A estrutura organizacional é o arcabouço de responsabilidades, autoridades e comunicações de indivíduos em cada unidade organizacional, da tarefa mais simples até a mais complexa. A estrutura organizacional é a rede através da qual as atividades administrativas fluem para atingir objetivos, metas ou desafios. As organizações jovens e em desenvolvimento estão especialmente sujeitas, muitas vezes, à reestruturação.

Nos últimos anos, com a aceitação de que a empresa deve ser, integralmente, orientada a atender as exigências do mercado, notamos que a estrutura da organização sofreu algumas modificações que são reflexo dessa atitude. Em virtude dessa tendência notamos que as funções relacionadas com marketing vem sendo objeto de estudo cada vez maior.

As estruturas são adaptadas em função da natureza do negócio e das características peculiares de cada empresa. Por isso, empresas de porte aproximado e do mesmo ramo de atividade, dificilmente, têm estruturas semelhantes.

Uma estrutura organizacional para se manter viva e atuante precisará interagir com o ambiente, e só poderá fazer isso usando a comunicação como fator catalizador. Uma estrutura organizacional, para minimizar a carga de informação que pende sobre suas unidades, cria canais de comunicação. À medida que os pontos de origem das informações são determinados antecipadamente, o único elemento móvel é o ponto de decisão.

É muito difícil projetar a sequência perfeita de um método para a elaboração racional de estruturas, pois a complexidade do trabalho exige diversas adaptações. Na elaboração da estrutura organizacional devem ser considerados os seguintes fatores:

Fatores Condicionantes	Missão, objetivos, metas, estratégias, táticas, ambientes, mercados, políticas, recursos, decisões, desenhos.
Fatores de Trabalho	Operações, processos, atividades, tarefas, cargos, funções, responsabilidades, autoridades, problemas.
Fatores Críticos	Tipo de organização, relacionamentos, hierarquia, poder, concorrência, qualidade, produtos, gerência, território, consumidores.
Fatores Sistêmicos	Informação, comunicação, controle, avaliação, desempenho.

Quadro 8.1: Elaboração da Estrutura Organizacional.

Algumas estruturas organizacionais são mais propícias para a combinação de forças e oportunidades. As estruturas descentralizadas, relativamente horizontais, podem minimizar a hierarquia e a burocracia, além de facilitar a comunicação. Também são capazes de manter a flexibilidade de alocar os recursos mais poderosos para as tarefas ou projetos críticos e de redistribuí-los sempre que ocorrerem mudanças nas prioridades.

Segundo Cury, a estrutura organizacional atende a três funções básicas:

Em primeiro lugar, as estruturas tencionam realizar produtos organizacionais e atingir metas. Em segundo lugar, as estruturas destinam-se a minimizar ou pelo menos regulamentar a influência das variações individuais sobre a organização. Assim, se impõe que o indivíduo se conforme às exigências da organização e não o inverso. Em terceiro lugar, as estruturas são os contextos em que o poder é exercido, em que direção as decisões são tomadas e onde são executadas as atividades da organização.

A estrutura organizacional é outra característica significativa que influencia a alocação de recursos, bem como a forma que se adquire e utiliza o conhecimento que detém a organização, o nível de experiência e de domínio em matéria de pessoal, a capacidade de identificar e planejar sua própria infraestrutura.

8.6 PROBLEMAS DA ESTRUTURA ORGANIZACIONAL

A seguir, os principais problemas da estrutura organizacional:

Desenvolver uma estrutura e uma estratégia, na organização, compatíveis com a conjuntura econômica sempre foi a maior preocupação dos administradores de empresa. Uma estrutura errada resulta fatalmente em um desempenho desastroso, gera conflitos e frustrações, focaliza questões irrelevantes e transforma coisas insignificantes em obstáculos.

Cerca de 85% dos problemas das empresas, ou seja, a maior parte não é da responsabilidade dos seus empregados, mas resultado de estruturas deficientes de trabalho. É necessário que se afaste o medo dentro das empresas para que se dê liberdade à criatividade. As pessoas receiam apontar problemas pelo medo de serem culpadas por eles.

Deve-se cessar a prática de avaliar as transações do dia a dia apenas à base do preço em detrimento da qualidade e instituir o treinamento dentro do trabalho ao invés da prática vigente onde os empregados novos aprendem os serviços com os mais antigos, que, por sua vez, tiveram a mesma forma de ensinamento quando entraram na companhia, acarretando uma maneira de executar a tarefa cada vez mais diferente do determinado inicialmente.

Eliminar as barreiras entre as diversas áreas da empresa deve ser tomado como premissa. O que se observa nas companhias é que os seus diversos departamentos têm objetivos diferentes e não trabalham em equipe para resolver os problemas comuns. Uma estrutura organizacional é como um corpo humano. Assim, como é preciso zelar pela saúde do corpo, é preciso, também, cuidar da saúde de uma estrutura.

Esta pode sofrer de esclerose, infantilismo, senilidade, paralisia. Ela até pode ser desequilibrada. Algumas vezes as estruturas já nascem com doenças, outras vezes adquirem-nas através de constantes mudanças. Destes males destacamos:

Falta de Comunicação – A falta de esclarecimento aos empregados sobre o papel que devem desempenhar na equipe empresarial, a falta de clareza na descrição das atribuições individuais e das delegações de autoridade, explica, provavelmente melhor do que qualquer outro defeito, os conflitos, a politicagem e a ineficiência.

Falta de Formalização – A falta de uma clara determinação da responsabilidade pela execução de um trabalho, pode fazer de uma equipe um grupo de indivíduos invejosos, inseguros e tendentes a passar adiante a responsabilidade.

Falta de Delegação – Um dos problemas mais comuns é a relutância por parte dos dirigentes em dar poder de decisão aos escalões inferiores da organização. Outrossim, o excesso também não é bom porque pode virar uma casa sem dono.

Incongruência de Atividades – Há casos em que determinadas atividades não devem coexistir sob uma mesma chefia, por serem, por assim dizer, divergentes, opostas ou mesmo conflitantes.

Macrocefalia Administrativa – Tendência ao crescimento desordenado com o propósito de justificar posições e poder.

Microcefalia Administrativa – Tendência à centralização para controlar um número de subordinados muito grande para a sua capacidade de rapidez e de resposta aos problemas.

Excesso de Filtragem – Criação de polos de decisão que podem filtrar em excesso ou distorcer as determinações da direção superior.

Excesso de Contatos Funcionais – Tendência nas estruturas em que a direção é muito preocupada em não aumentar os custos administrativos. É a existência de excessivo número de contatos funcionais, pois não existindo chefias intermediárias a direção superior não tem a quem delegar e acaba tendo que dar instruções diretamente ao pessoal do nível operacional.

Dupla Incidência de Autoridade – O problema da acomodação de pessoas aos cargos, sem que haja uma perfeita delimitação de atribuições e de áreas de influência, não raras vezes, resulta em subordinados com mais de um chefe.

Integração Ilógica – A dificuldade consiste em integrar racionalmente, considerando as similitudes e afinidades, pois é erro aproximar e colocar sob a mesma chefia partes heterogêneas que não se ajustam bem.

Falta Flexibilidade – A necessidade de flexibilização é cada vez mais importante num mundo onde as turbulências se acentuarão em escopo, espaço, tempo, velocidade e complexidade. O executivo que não tiver uma flexibilidade operacional deixará de atender urgências e oportunidades.

Falta Documentação – A documentação é a ponte entre os especialistas e os generalistas, por isso uma empresa que não tenha uma documentação acessível e logicamente organizada não poderá diagnosticar sua estrutura atual, baseada nas fontes de informações passadas e projetar, com isso, o seu futuro organizacional.

Falta Visão Estratégica – A falta de uma visão de longo prazo agrava o resultado da empresa. O dirigente que não tem este tipo de visão se valerá da sorte.

Falta Assessoria – Assunto já abordado.

8.7 HIERARQUIA

Hierarquia – Divisão da organização em níveis de autoridade chamados: institucional (estratégico), intermediário (gerencial) e operacional (atividades). O nível institucional é o nível da alta administração (presidência, diretorias). O nível intermediário é o nível que une o topo à base da organização (gerentes e supervisores). O nível operacional é o nível onde acontecem as atividades, operações, tarefas e movimentos.

O leitor não deve confundir níveis de trabalho na organização com níveis hierárquicos, que dizem respeito à estrutura da organização. Um nível hierárquico pode abrigar mais de um nível de trabalho. A estrutura hierárquica, bem como a estrutura organizacional, precisa ser modificada de tempos em tempos, como engajada em um moto contínuo de inovações e mudanças.

Um projeto só pode ser construído, para ter determinadas propriedades, através de um processo hierárquico, no qual cada subprojeto criado e formalizado (especificado) em uma etapa também o é para a seguinte, obtendo-se uma rede que tem dentro de si uma hierarquia.

A evolução da especialização trouxe pressões para modificar as funções hierárquicas, pois, se elas eram estritamente disciplinadas, nem sempre detinham a competência para tomar decisões acertadas. Thompson apontou as deficiências da hierarquia, tais como:

- A hierarquias em excesso dá o direito de veto e pouco destaque à aprovação da inovação.
- A hierarquia espera obediência e lealdade dos subordinados, o que dificulta a busca da criatividade.
- A hierarquia dá ao chefe o direito de monopolizar as comunicações, bloqueando as informações.
- A hierarquia torna os superiores pouco sensíveis às necessidades dos subordinados.
- A hierarquia não permite amizade que é incompatível com o cargo.
- A hierarquia permite que dirigentes inescrupulosos desviem recursos em seu próprio benefício.

A Teoria Estruturalista observou que a aceitação do conflito entre a autoridade hierárquica e a autoridade do conhecimento do especialista daria à organização um caráter pluralista, que permite a interdependência das funções e construiria uma verdadeira cooperação entre as partes da organização.

Ainda, segundo Thompson, a reforma da organização deve ajudar as pessoas a terem menos supervisão e mais liberdade para pensar, bem como abolir as dependências dos especialistas, descentralizar as decisões, em função dos objetivos e da missão da empresa.

A Teoria da Hierarquia diz que, qualquer que for o sistema, há sempre uma hierarquia entre os subsistemas e um deles comandará os demais. Tal comando se distribui entre os diversos níveis de: autoridade, poder e conhecimento. É fácil entender esta teoria, porque entre duas pessoas, uma sempre estará no comando, podendo até ser de forma temporária.

Quando do estudo dos princípios de administração foi estabelecido que a organização formal, para atender seus objetivos, precisaria de uma hierarquia que estaria fundamentada na autoridade de dar ordens. Esta hierarquia divide a organização nos níveis de autoridade chamados: institucional (estratégico), intermediário (gerencial) e operacional (técnico).

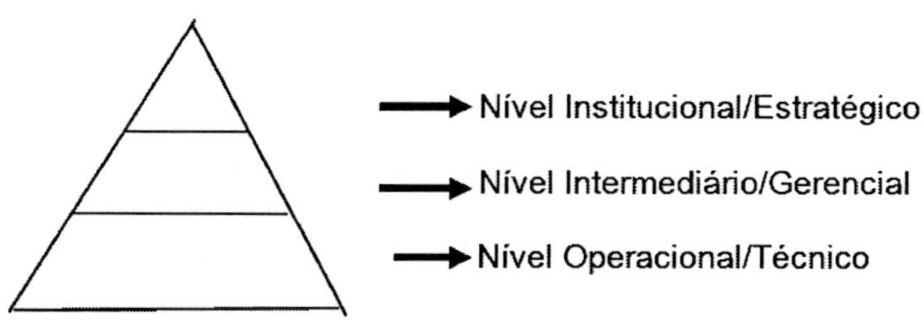

Figura 8.2: Níveis Hierárquicos.

O nível institucional é o nível da alta administração (presidência, diretorias).
O nível intermediário é o nível que une o topo à base da organização (gerentes e supervisores).
O nível operacional é o nível onde acontecem as atividades, operações, tarefas e movimentos.

O Quadro 8.2 mostra uma organização formal, relacionando nível hierárquico, órgão, cargo e desempenho.

Nível Hierárquico	Órgão	Cargo	Desempenho
Nível Institucional	Presidência	Presidente	Político
	Departamento	Diretor	Funções Organizacionais
Nível Intermediário	Divisão	Superintendente	Funções Organizacionais
	Setor	Gerente	Atribuições
Nível Operacional	Seção	Chefe	Atividades
	Subseção	Supervisor	Operações
	Turma	Encarregado	Tarefas
	Unidade	Funcionário	Movimentos

Quadro 8.2: Desempenho nos Níveis Hierárquicos.

Há uma tendência mundial de se fazer uma redução dos níveis hierárquicos de uma organização. Esta redução é chamada "enxugamento de níveis", devido à obra de Robert M. Tomasko: *Downsizing: Reformulando e Redimensionando a Empresa para o Futuro*, cabendo uma análise da atuação dos dirigentes.

Passado	Dirigentes trabalham na formulação de políticas e estratégias, pensando no futuro da organização e desenvolvendo alternativas de longo prazo. Procuram exercer a liderança e estabelecer as relações externas fundamentais.
Presente	Dirigentes trabalham na solução de problemas urgentes e de curto prazo, numa função fragmentada por reuniões e contatos. Frustram-se pela pouca disponibilidade para planejar e pensar no futuro e pelas dificuldades burocráticas para a liderança.

Quadro 8.3: Dirigentes no Nível Institucional.

Passado	Gerentes tratam dos meios necessários para atingir os objetivos estratégicos. Eles trabalham em operações de curto prazo e menor escopo, dentro dos limites estratégicos fixados pela alta administração.
Presente	Gerentes trabalham no desenho de projetos e planos futuros em meio a pressões de cima e de baixo para solução de problemas imediatos. Frustram-se pela pouca atenção superior as suas ideias de futuro e pelas inabilidades constantes de subordinados em resolver questões rotineiras. Função em decadência por causa da descentralização.

Quadro 8.4: Dirigentes no Nível Intermediário.

Passado	Supervisores administram processos técnicos e rotineiros à conclusão de tarefas específicas. Trabalham com escopo e prazo restritos e fixados nos níveis intermediários.
Presente	Supervisores trabalham em propostas de solução de questões estratégicas, pressionados por clientes e subordinados, para serem levados à alta direção. Adquirem informações, em grau e natureza, semelhantes aos níveis superiores. Função de importância crescente.

Quadro 8.5: Dirigentes no Nível Operacional.

A seguir, alguns tipos de hierarquia:

Hierarquia de Autoridade: Hierarquia que indica quem comanda e quem é comandado. Uma hierarquia de autoridade é formada para canalizar a direção da atividade dos empregados e a sua interação. Para se projetar uma hierarquia de autoridade deve-se levar em consideração a cadeia de comando.

Hierarquia de Objetivos: Classificação em ordem decrescente dos objetivos.

Hierarquia do Sistema: Característica que diz que todo sistema pode ser considerado como subsistema de um sistema maior, independentemente do tamanho que tenha.

8.8 CARGO

Embora já tenhamos abordado o estudo do cargo, vale acrescentar mais alguns conhecimentos. Assim, cargo é um conjunto de funções que uma pessoa tem sob sua responsabilidade, numa estrutura organizacional.

Segundo Drucker, "a propriedade essencial de um cargo não é definida pelo fato de ser especializado ou não, de ser de linha ou de staff, mas sim pela natureza das decisões que ele exige". Um homem do campo pode trabalhar até a exaustão, mas ele não tem importantes decisões a tomar e seu emprego não pertence a uma categoria elevada. Outro pode não fazer esforço físico algum, mas seu trabalho é tido em alto conceito porque as decisões que toma forçam sua capacidade mental e podem provocar muita tensão.

Um executivo é um líder em virtude do cargo que ocupa na hierarquia. O cargo é também fonte de autoridade, porque, como demonstrou Chester Barnard, as pessoas, geralmente, atribuem autoridade às comunicações provenientes de cargos superiores.

A seguir, serão abordados alguns elementos do cargo, que ajudarão a fundamentar o conceito de cargo:

Criação do Cargo – A criação de cargos deve ser guiada, em geral, pelos objetivos e estratégias da organização. A estrutura dos cargos, assim como a estrutura dos departamentos, deve adaptar-se do melhor modo possível. Colocar a pessoa certa no cargo certo dependerá das funções do cargo.

Características do Cargo – O cargo pode exigir características, tais como: habilidades específicas, conhecimentos técnicos, autonomia de atuação, conhecimentos atualizados de tecnologia e de sistemas de informação, identificação das tarefas a desempenhar. A abordagem mais recente sobre cargos tenta descrever de forma a que os empregados sintam o trabalho como tendo um significado próprio, sintam responsabilidade pessoal pelos resultados do mesmo e recebam numa forma regular um voto de confiança sobre os resultados de suas atividades.

Descrição do Cargo – O cargo estará sempre relacionado com: atribuição, responsabilidade, autoridade, desempenho, poder, decisão, remuneração. Assim, um cargo mal descrito poderá não só ser um tormento para o ocupante como uma perda de tempo, pois o executivo poderá estar atuando em dissonância com sua posição na estrutura hierárquica e organizacional da sua empresa. O conhecimento do conteúdo do cargo tem grande importância para se estabelecer os critérios de recrutamento, seleção e treinamento.

Análise do Cargo – A análise do cargo objetiva investigar os cargos e descrevê-los em termos das características gerais, tais como: o nível de responsabilidade, as condições de trabalho e as qualificações exigidas. Ela exige um estudo detalhado de cada aspecto ou elemento pertinente ao cargo e requer um esforço, por parte da chefia, para coletar dados que possam dar informações adequadas à caracterização de cada cargo. Através destas informações, é possível definir os requisitos e qualificações para a pessoa que vai desenvolver as tarefas pertinentes.

Aspectos do Cargo – Um cargo possui aspectos chaves, relativos à sua natureza, desempenho, interação e qualificação, tais como, por exemplo:

Título do cargo; Relações com subordinados e superiores; Relações cruzadas; Objetivos a serem alcançados; Jornada de trabalho; Funções, atribuições e tarefas; Comportamento congruente com a função; Tomadas de decisões; Características físicas; Responsabilidades com pessoas, máquinas e equipamentos; Rotinas de trabalho; Tempo dispensado às atividades; Local onde se desenvolvem as tarefas; Condições e riscos; Segurança e higiene; Utilização e manutenção dos equipamentos.

Classificação de Cargos – O agrupamento dos cargos em classes visa facilitar não somente a administração salarial, mas também permitir que cada classe de cargos tenha um tratamento genérico em termos de benefícios sociais, regalias, vantagens e sinais de status.

Desenho de Cargos – O desenho de cargos é a maneira pela qual os administradores projetam, estruturam e descrevem os cargos e os combinam em unidades. Existem diferentes abordagens para o desenho de cargos. Tais abordagens serão congruentes com o estilo de administração da organização. Uma preocupação fundamental com o cargo é que ele não seja recheado de ambiguidades, principalmente, no nível operacional.

Enriquecimento do Cargo – O enriquecimento do cargo consiste em elevar deliberadamente a responsabilidade, os objetivos e os desafios das tarefas do cargo, como um meio de trazer maior significado ao trabalho, além de oferecer oportunidades significativas de satisfação das necessidades mais elevadas.

O enriquecimento do cargo pode ser por movimento vertical (adição de responsabilidades de nível mais elevado), horizontal (desdobramento de tarefas no mesmo nível) ou rotativo (mover sistematicamente as pessoas de um cargo para outro para diminuir a monotonia e aumentar o conhecimento da organização). Esse tipo de prática pode ajudar a aumentar a sinergia entre os diferentes setores.

Avaliação de Cargos – Para poder atribuir salários, adequadamente, aos empregados, o ponto de partida é o cargo e, portanto, é necessário que a organização tenha uma ideia da importância relativa dos cargos, isto é, a importância de cada cargo em relação aos demais. Um cargo é avaliado pela posição que ocupa na estrutura organizacional, pela remuneração e benefícios que usufrui, em função do poder que tem.

A avaliação de cargos é o processo de analisar e comparar o conteúdo de cargos no sentido de colocar os mesmos em uma ordem de classes, as quais podem ser usadas como base para um sistema de remuneração. A metodologia de avaliação do conteúdo do cargo pode atender ao seguinte questionamento: O que faz? Quando faz? Quanto faz? Como faz? Onde faz? Por quê faz?

Importância do Cargo – Cada cargo é um centro de comunicação. O cargo é um importante determinante do papel que seu ocupante representa no sistema de comunicação. O cargo ocupado, na cadeia de comando, também influencia os padrões de comunicação.

Status x Cargo – O status deve estar relacionado de perto com as capacidades e aspirações das pessoas numa empresa. Quando os altos cargos são conferidos indiscriminadamente, o significado do cargo é reduzido para as pessoas que os ocupam e para aqueles que procuram status mais elevado. Um exército, que possui mais generais do que tenentes, não tem um sistema eficiente de cargos. Um número evidentemente grande de diretores tem efeito semelhante.

Outro problema aparece, quando se confere status igual a pessoas que não possuem capacidades iguais. Se duas pessoas, que não são contadoras igualmente qualificadas, recebem o título de contabilistas, o resultado é frequentemente uma grande quantidade de atrito e insatisfação. Também se deve lembrar que a direção da empresa não é o único juiz das qualidades. Como o status é determinado por uma capacidade de se adaptar aos outros, a posição de duas pessoas igualmente qualificadas, sob o ponto de vista técnico, pode realmente ser desigual. Por esta razão, a sociabilidade merece ser considerada ao se formularem orientações para a promoção como forma de ajustamento funcional.

Ficha de Descrição de Cargo – A ficha de descrição de cargo é um documento importante utilizado pelo Departamento de Recursos Humanos, pois estabelece definições, funções, objetivos, responsabilidades, trabalhos, supervisão exercida, supervisão recebida, grupo salarial, departamento, seção, centro de custo, requisitos mínimos (grau de instrução, educação, experiência, conhecimento específico).

<table>
<tr><td>Ficha de Descrição de Cargo</td><td>Nº: 010</td></tr>
<tr><td colspan="2">Cargo: Gerente de Vendas.</td></tr>
<tr><td>Data de Elaboração:</td><td>Data de Revisão:</td></tr>
<tr><td>Departamento: Marketing</td><td>Divisão: Vendas</td></tr>
<tr><td>Grupo Salarial: B – 2</td><td>Centro de Custo: CC 02</td></tr>
<tr><td colspan="2">Objetivos Básicos:

Responsabilidades (relacionar as principais):</td></tr>
<tr><td colspan="2">Funções mais Importantes:</td></tr>
<tr><td colspan="2"></td></tr>
<tr><td colspan="2"></td></tr>
<tr><td colspan="2"></td></tr>
<tr><td colspan="2"></td></tr>
<tr><td colspan="2"></td></tr>
<tr><td colspan="2"></td></tr>
<tr><td colspan="2"></td></tr>
<tr><td colspan="2">Supervisão Exercida: Supervisores e Vendedores</td></tr>
<tr><td colspan="2">Supervisão Recebida: Diretor de Marketing</td></tr>
</table>

Requisitos Mínimos: Graduado em administração; Conhecimentos de mercado e de vendas; Personalidade articulada, motivadora e persuasiva; Habilidade de falar e de escrever; Capacidade de comunicação e liderança; Experiência mínima de 5 (cinco) anos num cargo executivo de vendas.

Formulário 8.1: Ficha de Descrição de Cargo.

Especificações, contatos, condições de trabalho, complexidade e outros pormenores, nem sempre estão na ficha de descrição do cargo.

Rodízio de Cargos – Ao promover o rodízio de cargos, a empresa oferece aos seus profissionais, geralmente do nível executivo, um aprendizado prático e uma visão completa da organização. É uma ação positiva, desde que se tenha clareza dos riscos. Como responsabilizar um profissional por resultados de uma área que ele ainda não domina?

Ao conhecer os problemas, as questões, os desafios e as rotinas dos outros departamentos, você terá condições de trazer novos aprendizados para sua área de origem e sentir na pele os problemas dos outros. Você também poderá levar para as outras áreas os conhecimentos, as rotinas e os problemas do seu departamento (divisão).

Esse tipo de prática pode ajudar a aumentar a sinergia entre os diferentes setores. O plano de aprendizagem, mais do que se restringir ao interesse pessoal, é uma forma de tornar a própria organização capaz de aprender e gerar conhecimentos e inovações. Essa aliança entre o interesse do profissional e o interesse da empresa é a melhor maneira de crescer, para ambos.

8.9 AUTORIDADE

Assunto já abordado.

8.10 DESENHO ORGANIZACIONAL

Representação gráfica bastante abrangente, podendo ser um retrato, uma estrutura, um formato. Retrato da configuração estrutural da organização e seu funcionamento. Desenho pelo qual o administrador projeta, estrutura e descreve os cargos e os combina em unidades (departamentos, divisões, setores, gerências, supervisões, seções). É um arranjo de figuras e linhas que mostram as diversas conexões existentes.

Quando o desenho organizacional não está adequado às necessidades da organização, são frequentes as reorganizações e reestruturações que causam desconforto e insegurança. A palavra desenho denota uma representação, retrato, forma, formato, padrão ou estrutura. A configuração é estática, isto é, permanece a mesma no decurso das atividades

É útil ter-se uma configuração clara da estrutura organizacional para que se possam efetuar os frequentes ajustes que se fazem necessários. Portanto, ao planejar o desenho deve-se levar em conta as especializações, as limitações da autoridade funcional, as vias hierárquicas existentes, as linhas de subordinação e vinculações, os problemas de comunicação, as decisões conjunturais, os recursos disponíveis, por exemplo.

O desenho, muitas vezes confundido com representação gráfica, é muito mais abrangente, pois pode ser um retrato, uma estrutura, um formato. Por exemplo, uma Diretoria Financeira desdobra-se em: Tesouraria e Controladoria. A Controladoria em: Contabilidade, Custos e Controle do Caixa. A Contabilidade em: Contas a Pagar, Faturamento, Contas a Receber, Escrituração, Arquivamento.

Os desenhos organizacionais das empresas vêm sofrendo mudanças significativas, tais como: estrutura enxuta (reengenharia); estrutura com redução dos níveis hierárquicos (downsizing); estrutura descentralizada com autonomia de ação e poder de decisão (polos de negócios); estrutura em rede (pequenas empresas conectadas eletronicamente); estrutura por equipes (parte do pessoal é permanente e parte é móvel); estrutura matricial (existe enquanto durar o projeto, congregando especialistas de forma multidisciplinar).

Os requisitos do desenho organizacional:

Estrutura – A estrutura básica define como será a divisão de trabalho e a alocação de recursos. Segundo Chiavenato, a estrutura básica refere-se aos aspectos estatísticos da organização e corresponde a uma radiografia do corpo organizacional, onde estão representados os órgãos e partes que compõem a organização. Isto significa que a organização funcional está sendo paulatinamente substituída por uma organização baseada em equipes multifuncionais.

O resultado tem sido o achatamento da estrutura (downsizing), com a redução de níveis hierárquicos, ao mesmo tempo em que se substituem os departamentos por equipes transitórias, às vezes, terceirizadas, a fim de que a organização se concentre nas atividades essenciais para o cumprimento da missão da empresa.

Operação – O mecanismo de operação se baseia na existência de normas, regras e regulamentos, retratados nos manuais da organização. Com a introdução da reengenharia e outras atividades de mudança organizacional, rotinas e procedimentos estão, gradativamente, perdendo a sua importância como mecanismo de operação, em detrimento do foco da missão da empresa e de suas metas a serem alcançadas. Isto significa uma inversão de valores.

O importante é que as pessoas estão ganhando graus de liberdade cada vez maiores na escolha dos meios necessários ao alcance dos fins desejados, bem como incentivos e recompensas como motivação pessoal. O resultado tem sido uma metamorfose dos objetivos organizacionais em objetivos individuais das pessoas envolvidas.

Decisão – Tal mecanismo define o poder de tomar decisões dentro da organização e a autoridade dele decorrente. Contudo, está existindo uma forte tendência à descentralização da autoridade no sentido de se deslocar o processo decisório para o ponto onde o trabalho é realizado. Cada funcionário deixa de focalizar a chefia para focalizar o próximo funcionário da cadeia produtiva, isto é, em vez de olhar para cima o funcionário olha para a direção em que os resultados são positivos.

Coordenação – Tal mecanismo é um meio de aglutinar as diversas partes da organização para obter integração e sinergia como um todo. Todavia, está havendo um movimento para considerar que cada cargo e cada pessoa dentro da organização seja visualizado como um elo de uma cadeia de valor. O importante é notar que as novas tendências estão mudando radicalmente o formato e o conteúdo do desenho organizacional. Não é mais impositivo e padronizado. Assim, o desenho organizacional deixou de ser uma finalidade para se transformar em meio para integrar e desenvolver pessoas em suas atividades.

8.11 GRÁFICO

Representação em uma superfície plana de um objeto, de uma relação ou de um raciocínio esquematizado, objetivando visualizar uma ideia e facilitar a transmissão precisa de uma imagem. O gráfico, para facilitar seu entendimento, precisa ser racional, claro e conciso.

O gráfico é um meio de que nós utilizamos para configurar ou figurar a observação de determinado fenômeno, durante certo período, em toda a extensão de sua variabilidade e intensidade de suas singularidades. Sob esta acepção, no entender de diversos autores, o gráfico exerce a mesma função de uma mensagem, isto é, deve ser uma comunicação precisa e clara que prenda a atenção do observador.

Uma empresa sem representações gráficas não tem a visão do todo analisado. O estudo e a análise dos gráficos fornecem evidências, difíceis de descobrir sem os mesmos. Seu uso serve para estudar a situação, o processo, a atividade, a tarefa, por exemplo, pois eles reproduzem, de forma mais clara, a realidade.

A seguir, os mais importantes tipos de gráfico, encontrados no estudo da literatura administrativa:

Gráfico de Estrutura: Gráfico que estabelece, por meio de módulos, a hierarquia, a estrutura e as interfaces dos meios de comunicação.

Gráfico de Acompanhamento: Gráfico que representa o acompanhamento de um determinado trabalho.

Gráfico de Carga: Gráfico que mostra como a carga de trabalho é distribuída nos diversos centros produtivos

Gráfico de Controle: Gráfico de uma série histórica, efetuado num determinado período de tempo. Dentre todos os gráficos, as curvas são imbatíveis para avaliar comportamentos, porque estas ajudam a medir, por exemplo, sazonalidade e períodos de entressafra através de séries históricas.

Gráfico de Distribuição de Frequência: Gráfico que representa o agrupamento de dados em classes, ou intervalos, de tal forma que se possa determinar o número, ou a percentagem, isto é, a frequência de cada classe. Isso proporciona uma forma de visualizar um conjunto de números sem precisar levar em conta os números individuais, e pode ter grande utilidade quando precisamos lidar com grande quantidade de dados.

Gráfico de Estudo: Gráfico de análise, cuja condição básica é ter as variáveis mais exatas possíveis. Tal gráfico não precisa ser atraente e sugestivo, pois deve ser estudado e interpretado por quem conheça a sua técnica de construção e as convenções adotadas.

Gráfico de Fluxo: Gráfico de Processo; Gráfico para entender todos aqueles que procuram representar, de maneira dinâmica e analítica, a sequência lógica das fases, etapas ou passos de um trabalho, por meio de determinada simbologia, caracterizando ainda seus agentes executores. Dentre os gráficos de fluxo, o mais importante é o fluxograma de programa.

Gráfico de Gantt: Instrumento de programação e controle composto de uma matriz de dupla entrada que contém verticalmente descritas as atividades ou tarefas a serem executadas e horizontalmente uma escala de tempos onde são indicadas as datas para início e término de cada operação, sua duração e desenvolvimento da execução.

Fornece, por exemplo, informações sobre programação, carga de trabalho, carga de máquinas, carga de departamentos, distribuição de ordens de serviço. Suas características são demonstrar o trabalho planejado e o executado, em suas relações mútuas e sua relação com o tempo. Embora simples em conceito, esse gráfico, que mostra as relações cronológicas entre os eventos de um programa de produção, foi considerado como revolucionário para a época.

Gráfico de Informação: Gráfico para ser visto por pessoas que não têm conhecimento das convenções e das técnicas de representação gráfica, convém, também, que sejam vistosos e atraentes. É claro que, nestas condições, o rigor técnico é sacrificado em benefício da estética. Todavia, este fato não tem a mínima importância, porque ninguém vai basear estudos em gráficos desta classe, muitas vezes desenhados em escalas não muito rigorosas.

Gráfico de Organização: Gráfico cuja finalidade básica é relacionar-se com a organização formal e informal, com maior ou menor riqueza de detalhes. O gráfico de organização mais famoso é o organograma.

Gráfico de Planejamento e Controle: Gráfico que é retratado como uma programação do início ao fim. Os mais importantes destes gráficos são o controlgrama, gráfico de Gantt, gráfico PERT/CPM e histograma.

Gráficos de Plotagem: Gráfico que mostra a evolução de alguma característica no decorrer do tempo. A ideia é permitir ao operador acompanhar o comportamento do processador e corrigir antecipadamente qualquer desvio. No gráfico, são traçados limites superior e inferior de controle que permitem visualizar a tendência do processo.

Gráfico de uma Série Temporal: Gráfico que é descrito por um ponto que se move com o decorrer do tempo, sob a influência de forças físicas, econômicas, sociais, psicológicas, políticas, ambientais, mercadológicas, administrativas e estratégicas, por exemplo. Uma série temporal é um conjunto de observações tomadas em tempos determinados, comumente em intervalos iguais.

Gráfico do Ponto de Equilíbrio: Gráfico que relaciona receitas com custos. O volume de produção pode ser indicado em termos de valor das unidades produzidas ou em termos de capacidade instalada (utilizada). A seguir, um exemplo:

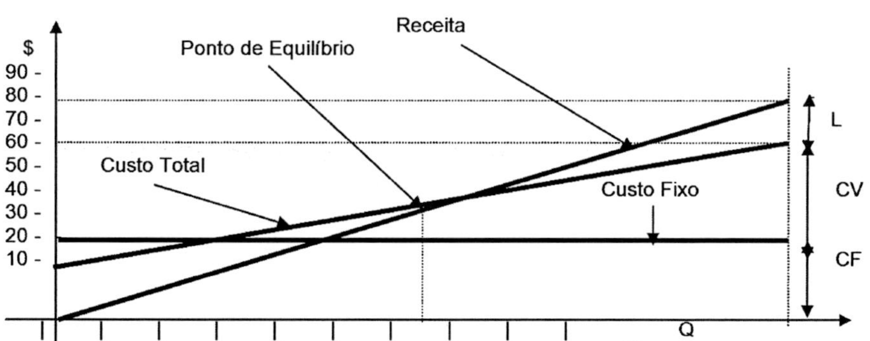

Figura 8.3: Gráfico do Ponto de Equilíbrio.

Onde:
L = Lucro
CV = Custo Variável
CF = Custo Fixo

Gráfico do Ponto de Ruptura: Gráfico de equilíbrio, quando se retira, do custo fixo, determinadas despesas, como: honorários, impostos, taxas, recolhimentos obrigatórios (FGTS, encargos sociais, INSS, ...), provisões e fundos, o custo fixo passa a ser menor. Assim, se o custo fixo é menor, o ponto de equilíbrio também o é. Esta prática é comum, pois permite um desafio do caixa. O ponto de ruptura do caixa é o limite que suporta uma empresa antes de quebrar.

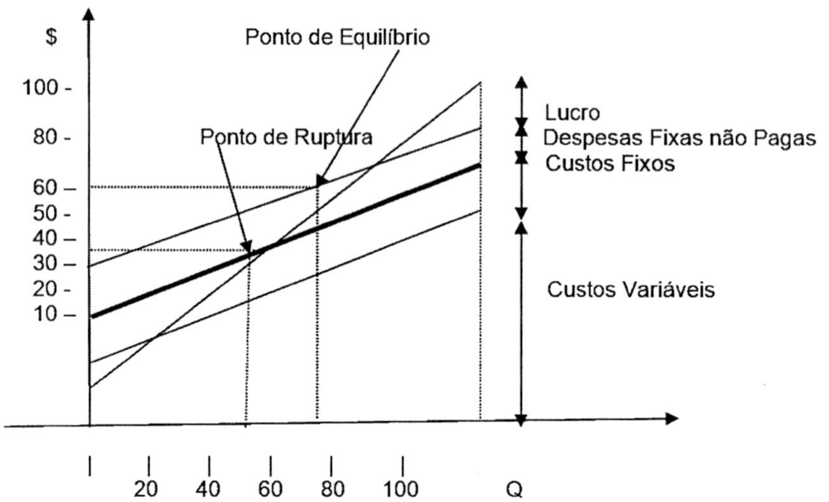

Figura 8.4: Gráfico do Ponto de Ruptura.

Gráfico de Rede: Gráfico que estabelece a direção e o sentido do fluxo de informações que circula na organização. A Teoria dos Grafos é a aplicação de gráficos em rede para a otimização do tempo e a minimização do custo. Os mais famosos gráficos de redes são: PERT (Program Evaluation Review Technique) ou técnica de Avaliação e Revisão de Programas e CPM (Critical Path Method) ou Método do Caminho Crítico.

A seguir, um exemplo de uma Rede PERT/CPM

Determinar o caminho crítico para as seguintes condições: Atividades A, B, E – Começam o projeto; Atividade F – Começa quando A termina; Atividades D, G – Começam depois de B; Atividade K – Começa quando E termina; Atividade C – Inicia quando F e D terminam; Atividades H e I – Iniciam após a conclusão de G; Atividade L – Inicia após o término de I e K; Atividade J – Começa após conclusão de L; Terminadas as atividades H, J e C, o projeto está concluído.

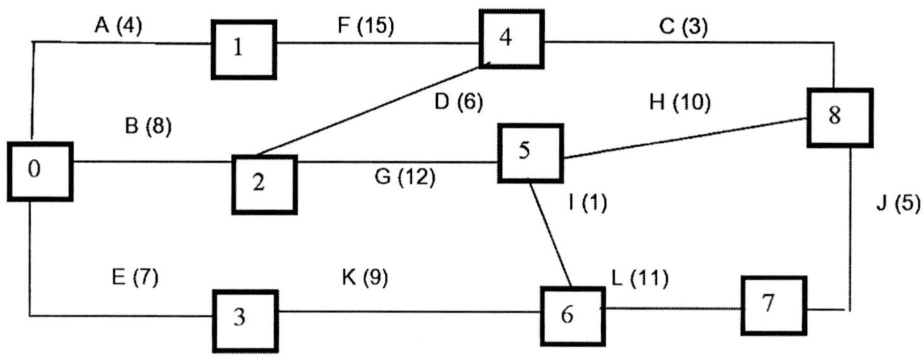

Figura 8.5: Gráfico de Rede

Se a duração das atividades: A = 4 h; B = 8 h; C = 3 h; D = 6 h; E = 7 h; F = 15 h; G = 12 h; H = 10 h; I = 1 h; J = 5 h; K = 9 h; L = 11 h, pergunta-se qual o caminho crítico?
Caminho (0; 1; 4; 8) = 4 + 15 + 3 = 22 h
Caminho (0; 2; 4; 8) = 8 + 6+ 3 = 17 h
Caminho (0; 2; 5; 8) = 8 + 12 + 10 = 30 h
Caminho (0; 3; 6; 7; 8) = 7 + 9 + 11 + 5 = 32 h
Caminho (0; 2; 5; 6; 7; 8) = 8 + 12 + 1 + 11 + 5 = 37 h
Resposta: O caminho crítico leva 37 h para ser concluído.

Dentre os diversos objetivos dos gráficos, podem ser citados os seguintes: apresentar dados numéricos em forma visualmente simples, legível e interessante; tornar claros os fatos que poderiam passar despercebidos em tabelas e textos; dispor os dados de modo que seja facilitada a comparação; permitir leituras instantâneas; poupar tempo e esforço na análise de séries estatísticas; retratar o passado, o presente e o futuro provável; permitir o registro de informações, cotidianas ou periódicas; transmitir informações sugestivas.

O uso de gráficos visa a fornecer desenhos tão simples e evidentes quanto possível e, ao mesmo tempo, permitir a definição de um modelo esquemático que possa servir aos fins de cada estudo, como uma fiel reprodução da situação real. Atualmente, os gráficos solucionam os problemas decorrentes do excesso de palavras e de gestos, sendo ferramenta de trabalho técnico usada por todas as ciências.

Toda e qualquer representação gráfica, para evitar problemas, deve obedecer a:

Requisitos dos gráficos:

- Simplicidade – É o requisito que objetiva propiciar ao observador uma percepção rápida do fenômeno. Deve o gráfico conter exclusivamente o essencial na sua construção. Significa que deve ser evitado um excessivo número de informações no mesmo documento.
- Clareza – É o requisito que vai proporcionar ao operador a leitura correta dos valores representados. Os valores numéricos, as unidades em que estes foram medidos e as linhas que os representam devem ser colocados de modo a impossibilitar o aparecimento de dúvidas capazes de acarretar erros e levar a conclusões falsas sobre o fenômeno. Um gráfico deve “falar por si”, tendo, por conseguinte, uma única interpretação.
- Veracidade – É o requisito pelo qual o gráfico deve expressar a verdade sobre o fenômeno analisado.
- Exatidão – É o requisito pelo qual deve ser construído com o máximo cuidado, quer quanto ao traçado, quanto ao problema de escala e quanto à exatidão dos valores.
- Visualização – **É o requisito voltado a ajudar o usuário a identificar, rapidamente, os dados apresentados, bem como símbolos, marcas e sinais, pois só acreditamos naquilo que vemos.**
- Comparação – É o requisito que proporciona comparar grandezas homogêneas (pertencentes a um mesmo sistema de numeração) dentro de um determinado gráfico, de forma fácil e inteligente. Esta comparação pode ser feita em computador, quando comparamos resultados obtidos com resultados pretendidos (ou padrões).

Segundo Russel L. Ackoff, “a linguagem gráfica dá a pessoa uma visão do todo analisado”. Ela é um instrumento importante para a análise de uma série histórica (estatística). Já o desenho é muito mais abrangente, pois pode ser um retrato, uma estrutura, um formato ou mesmo um gráfico.

A simples apreciação de um gráfico permite, com razoável rapidez, checar se a conclusão sobre a evolução da situação (fenômeno), bem como estabelecer relações entre os dados apontados, suas relações entre si e com o todo. É comum após uma pesquisa, que as conclusões sejam representadas através de um gráfico, que pode ser um diagrama, um cartograma, um histograma, uma curva, um estereograma.

Princípios gráficos:

- Conter o essencial, isto é, apresentar informações simples e relevantes ao fenômeno estudado.
- Trabalhar com medidas que possam ser utilizadas e traduzidas em números (resultados) racionais.
- Ser construído de modo a levar o usuário a entender os valores claramente representados.
- Expressar a verdade sobre o fenômeno.
- Ser desenvolvido com: homogeneidade e escala de valores na representação dos dados.
- Usar poucos, concisos e relevantes símbolos para não atrapalhar a leitura dos mesmos.
- Facilitar a comparação entre seus dados como de outros gráficos.
- Possuir uma nomenclatura uniforme e coerente.
- Explicar os símbolos utilizados.
- Retratar o momento da sua construção e/ou atualização.
- Servir como ferramenta de trabalho funcional.
- Expressar o fenômeno objeto de estudo.
- Ser dirigido a um público-alvo que saiba ler aquilo que for representado.

As classes do gráfico são:

Gráficos de Organização – Enquadra-se nesta classe todos aqueles que apresentam como finalidade básica relacionar-se com a organização formal e informal, com maior ou menor riqueza de detalhes. O gráfico de organização mais famoso é o organograma.

Gráficos de Fluxo ou de Processo – Por gráficos de fluxo ou de processo podem-se entender todos aqueles que procuram representar, de maneira dinâmica e analítica, a sequência lógica das fases, etapas ou passos de um trabalho, por meio de determinada simbologia, caracterizando ainda seus agentes executores. Dentre os gráficos de fluxo, os mais importantes são o fluxograma de programa e o do fluxo de dados.

Gráficos de Planejamento e Controle – Gráficos de planejamento e controle são gráficos que retratam uma programação do início ao fim. Os mais importantes destes gráficos são o controlgrama, gráfico de Gantt, gráfico PERT/CPM e histograma.

Gráficos de Informação – Gráficos para serem vistos por pessoas que não têm conhecimento das convenções e da técnica de representação gráfica, convém, também, que sejam vistosos e atraentes. É claro que, nestas condições, o rigor técnico é sacrificado em benefício da estética. Todavia, este fato não tem a mínima importância, porque ninguém vai basear estudos em gráficos desta classe, muitas vezes desenhados em escalas não muito rigorosas.

Gráficos de Estudo – Também classificados como de análise, têm como condição básica serem tão exatos quanto possível, embora nunca possam precisar com verdadeira exatidão os pontos de referência. Tais gráficos não precisam ser atraentes e sugestivos, pois devem ser estudados e interpretados por quem conheça a sua técnica de construção e as convenções adotadas

Gráficos de Distribuição de Frequência – Gráficos que representam o agrupamento de dados em classes, ou intervalos, de tal forma que se possa determinar o número, ou a percentagem, isto é, a frequência de cada classe. Isso proporciona uma forma de visualizar um conjunto de números sem precisar levar em conta os números individuais, e pode ter grande utilidade quando precisamos lidar com grande quantidade de dados. O número ou percentagem numa classe chama-se frequência da classe.

Gráfico é usado para grande variedade de ilustrações, como esquemas, desenhos, diagramas, mapas, por exemplo. Os gráficos utilizados com habilidade, podem evidenciar aspectos visuais dos dados, de forma clara e de fácil compreensão. Em geral, são empregados para dar destaque a certas relações significativas.

8.12 DIAGRAMA

Diagrama é um gráfico, geralmente, em um espaço bidirecional, onde podemos representar, por meios de pontos, linhas e superfícies, resultados, estruturas, rotinas, relações, atividades, programas, controles, prazos, gargalos e programação, por exemplo. Os mais clássicos diagramas utilizados são: organogramas, fluxogramas, cronogramas e congestionogramas.

É uma ferramenta importante para análise de séries históricas, pois uma simples apreciação permite, com razoável rapidez, chegar-se a conclusões não só sobre a evolução do fenômeno, mas também sobre o relacionamento entre este e os dados que compõem a série. Como o diagrama facilita o entendimento do fato, o mesmo sempre deve ser precedido de um estudo analítico, pois as conclusões tiradas ajudam a determinar o método mais inteligente de abordar a situação.

Os diagramas podem ser representados por: pontos, linhas, polígonos, curvas, colunas, barras, colunas e barras, bolhas, blocos, setores circulares, histogramas, estereogramas, cartogramas, árvores, matrizes.

Diagrama por Pontos – Diagrama que estabelece uma correspondência biunívoca entre os pares de números reais e os pontos do plano. Assim, um ponto P do plano fica determinado conhecendo-se os pares reais x e y (coordenadas cartesianas).

Diagrama por Linhas – Diagrama que une, por meio de retas, os pontos como visto anteriormente.

Diagrama por Polígono – Diagrama igual ao anterior, onde o polígono é obtido quando as retas são unidas, representando uma linha fechada.

Diagrama por Curva – Diagrama utilizado quando se tem, de modo minucioso, a evolução da variável entre dois estados, isto é, o número de dados, por ser muito grande, permite analisar a evolução do objeto de estudo.

Diagrama por Colunas ou Barras – Diagrama representado por intermédio de retângulos em posição vertical ou horizontal respectivamente. Os valores a representar ou dados levantados serão proporcionais às alturas das colunas ou comprimentos das barras. Deve-se observar que estes retângulos distam entre si de um comprimento constante. As larguras dos retângulos, que representam os períodos de tempo, têm um valor arbitrado, porém constante. Desta forma, somente as alturas (comprimentos) dos mesmos precisam obedecer a um determinado critério de medição.

Diagrama de Colunas e Barras – Diagrama que se constrói somente um retângulo cujo comprimento é proporcional à totalidade dos valores levantados, portanto representando 100% da série. Divide-se o comprimento do retângulo em partes proporcionais a estes valores, tendo como resultado um diagrama composto de barras e colunas. Esta representação é bastante usada quando se deseja comparar as partes entre si e com o todo.

Diagrama de Bolhas – Diagrama utilizado na comunicação entre analistas de sistemas e usuários. É representado por bolhas elipsóides, que correspondem à menor decomposição de uma informação e com significado próprio.

Diagrama de Blocos – Ver fluxograma.

Diagrama de Setores Circulares – Diagrama que usa setores circulares não só como instrumento de representação, mas também como partes da mesma. O círculo é dividido em setores circulares em que cada área é proporcional aos valores da série. Em virtude do correlacionamento direto entre a área de um setor e seu ângulo central, conclui-se que o problema é determinar tal ângulo.

Diagrama de Frequências (Histograma) – Diagrama cuja representação usa retângulos justapostos, cujas alturas são proporcionais às variáveis. Este diagrama é próprio para representar uma distribuição estatística de frequência. As alturas são iguais às frequências e as bases aos intervalos de classe da distribuição.

Diagrama Geométrico (Estereograma) – Diagrama da representação do espaço tridimensional. Os volumes dos sólidos devem ser proporcionais aos valores da série que se procura representar. O sólido mais empregado é o prisma reto de base quadrada. A representação dos valores segue conforme o histograma.

Diagrama de Mapas (Cartograma) – Diagrama ilustrado por cartas geográficas. Nesta representação associamos a região geográfica com os valores da série.

Diagrama em Árvore – Diagrama que proporciona um método de enumeração de resultado com uma apresentação visual bastante chamativa. Uma árvore de probabilidade, onde a construção é iniciada pelo resultado desejado. Em seguida são identificados os contribuidores potenciais para aquele resultado. Este diagrama pode ter diversos desdobramentos de análise.

Diagrama de Matriz – Diagrama com linhas e colunas é muito utilizado em projetos, onde é construída uma matriz, sob a coordenação de um gerente, que caracteriza a estrutura organizacional da equipe que irá trabalhar durante o desenvolvimento e implantação do projeto.

Diagrama de Contexto – Diagrama que estabelece os limites entre o sistema em questão e o seu meio ambiente. É utilizado para mostrar as comunicações entre o sistema, o ambiente e as entidades com as quais se comunica. Ele representa o diagrama do fluxo de dados de mais alto nível para um determinado sistema. Os elementos que constituem o diagrama de contexto são: o próprio sistema, agentes externos (entidades) e fluxos de dados.

Diagrama de Fluxo de Dados (DFD) – Diagrama em que um único processo representa o sistema inteiro. No diagrama de contexto, os eventos são quase sempre anunciados pela chegada de um fluxo de dados vindo de uma das entidades externas. A partir do diagrama de contexto serão feitas sucessivas subdivisão (ou explosões) em outros processos mais simples, até que seja atingido um nível de especificação de processos, razoavelmente elementar.

Diagrama de Entidades-Relacionamentos – Diagrama cujo propósito é dar uma visão geral dos componentes de um sistema e de suas interfaces. As entidades são os objetos de armazenamento de dados. Os relacionamentos são associações ou ligações que mostram como uma entidade ou grupo de entidades se relaciona com a outra entidade ou com o grupo.

Diagrama de Transição de Estado – Diagrama que é uma representação gráfica dos estados de um sistema e dos eventos que causam transição entre esses vários estados. Eventos são ocorrências significativas que devem ser reconhecidas pelo sistema. Existem dois tipos de eventos: Evento Externo – A chegada de um pedido para atendimento e Evento Temporal – O fechamento contábil do mês.

Os eventos ocorrem num determinado ponto do tempo e causam, imediatamente, uma mudança de estado. Define-se por estado a condição de um sistema num dado ponto do tempo. Por exemplo, um terminal pode assumir seis diferentes estados: Desligado; Ativo; Ativo, Enviando Mensagem; Ativo, Recebendo Mensagem; Danificado; Travado.

Diagrama de Estrutura – Diagrama que exibe uma hierarquização de módulos por meio da passagem do fluxo de dados. Cada módulo representa uma unidade de programa que executa uma determinada função.

A seguir, os principais requisitos do diagrama:

- Padronização – O diagrama precisa ter elementos cuja nomenclatura seja homogênea, uniforme e coerente.
- Atualização – O diagrama retrata a situação em um determinado momento.
- Funcionalidade – O diagrama deve definir como a tarefa será dividida, bem como que forma deve ter para se entender como funciona a tarefa.
- Desempenho – O diagrama deve ser suficientemente claro para definir o seu propósito.
- Congruência – O diagrama deve apresentar um desenho congruente àquilo que quer representar. Nunca colocar num diagrama grandezas díspares (não homogêneas), porque dificulta a análise e interpretação.
- Coordenação – O diagrama deve ser um mecanismo que ajude a coordenar, integrar e harmonizar as diferentes partes de um bom trabalho, provocando um alto grau de sinergia.

A seguir, alguns exemplos de diagramas:

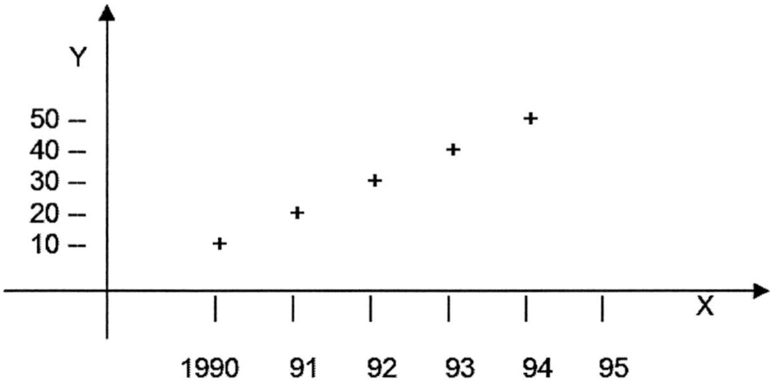

Figura 8.6: Diagrama por Pontos.

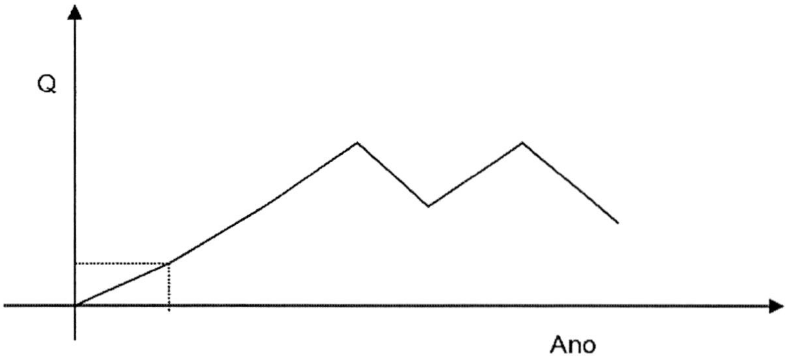

Figura 8.7: Diagrama por Linhas.

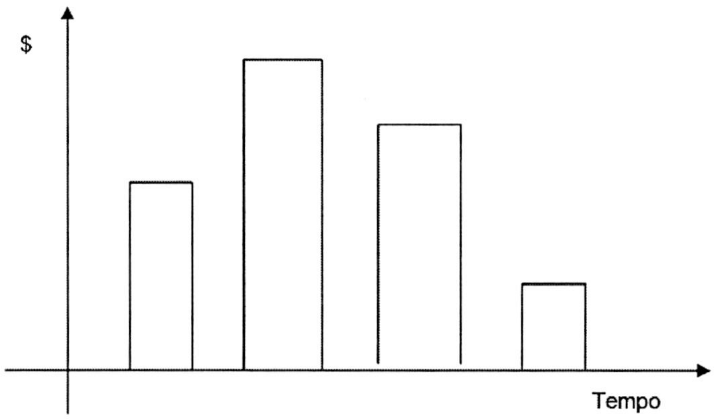

Figura 8.8: Diagrama por Superfícies (Histograma).

Nota: A superfície pode ser representada em colunas ou em barras.

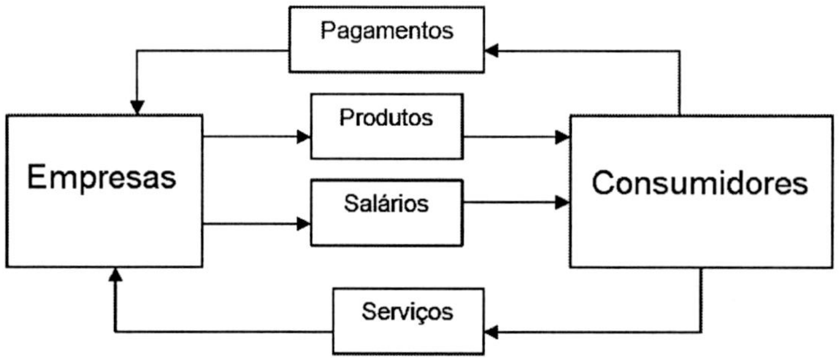

Figura 8.9: Diagrama de Trocas entre Empresa e Consumidores.

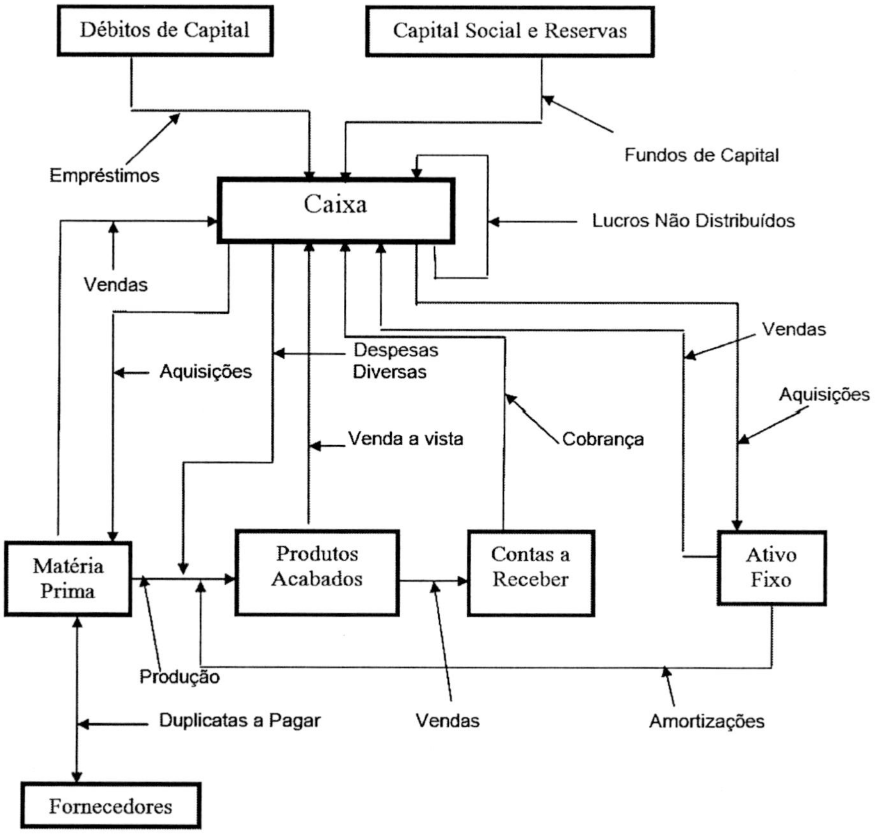

Figura 8.10: Diagrama do Fluxo de Caixa.

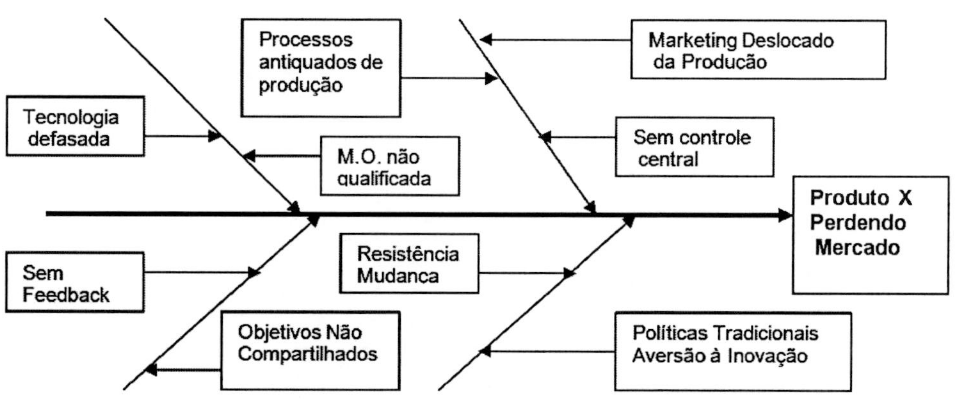

Figura 8.11: Diagrama Espinha de Peixe.

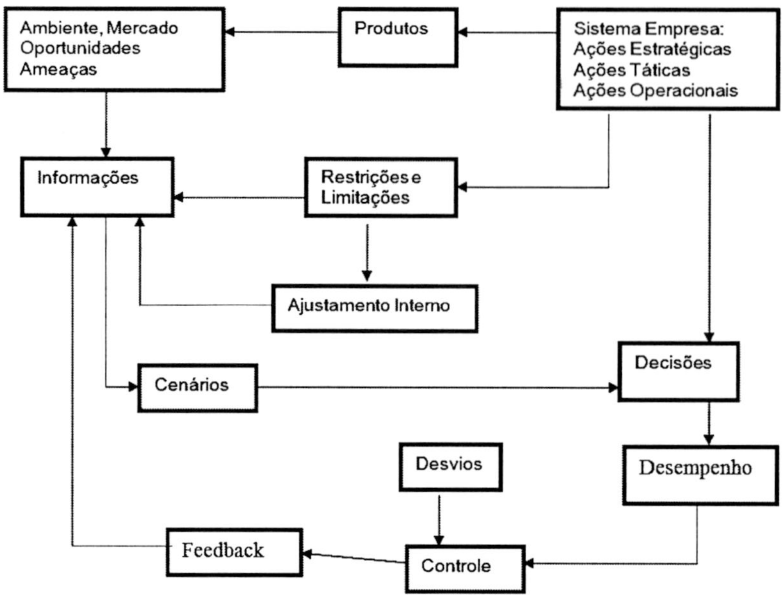

Figura 8.12: Diagrama do Sistema Aberto (Ackoff).

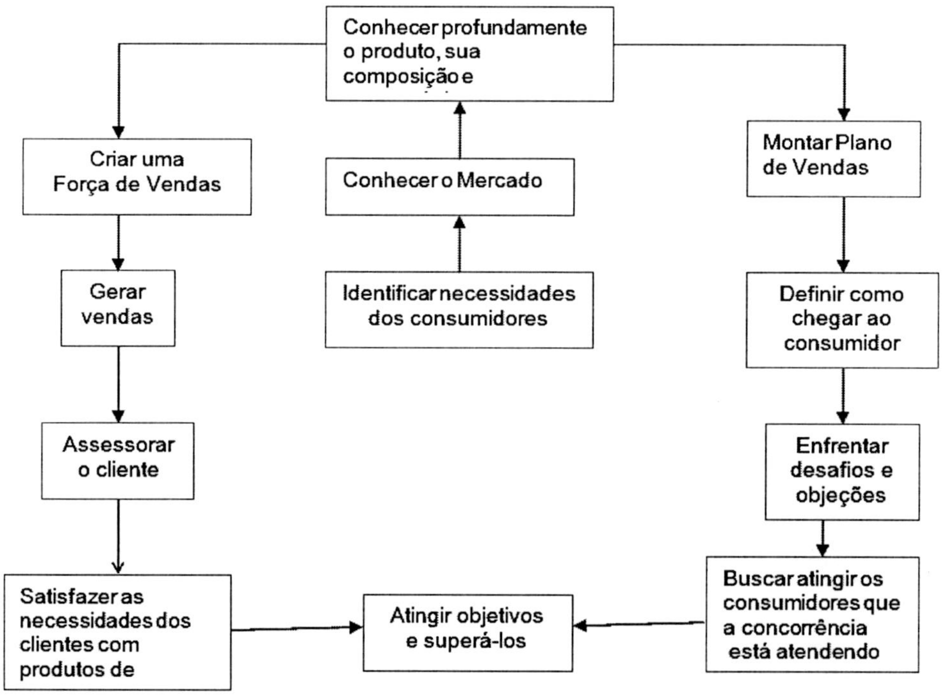

Figura 8.13: Diagrama de Vendas.

Figura 8.14: Diagrama das Funções Administrativas.

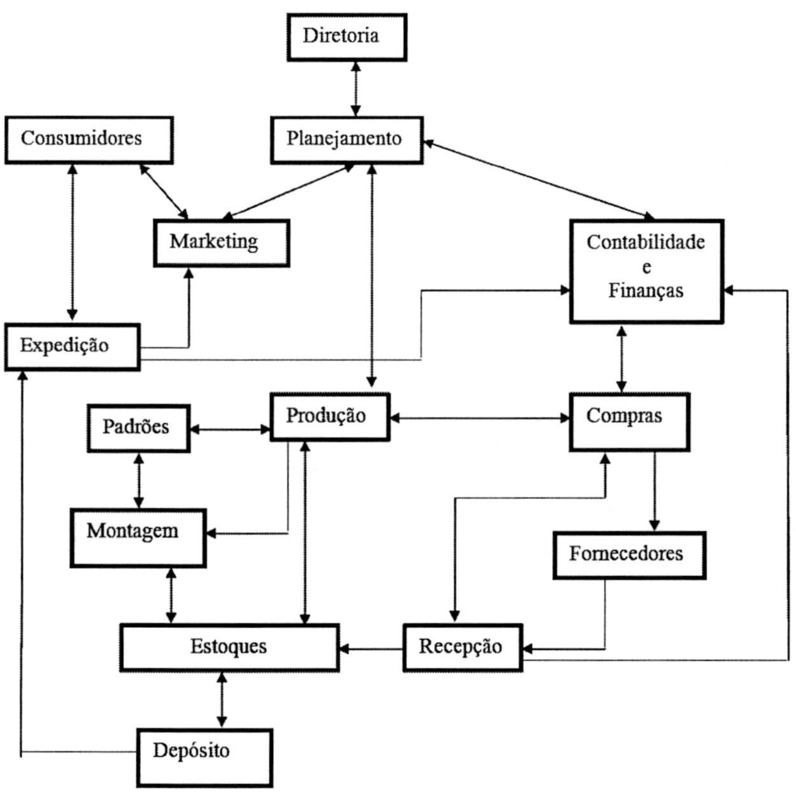

Figura 8.15: Diagrama de Atividades da Empresa.

8.13 CRONOGRAMA

Diagrama que estabelece prazos de execução (início e fim) das etapas de um processo, plano, programa, projeto ou contrato. Permite estabelecer e controlar a execução de qualquer trabalho, dentro de um período determinado. A função de um cronograma é dar ao dirigente meio de saber o que já foi realizado, o que precisa ser feito, para garantir aquilo que precisará ser conseguido no futuro. Os cronogramas podem ser construídos, em função de eventos, barras, fases, atividades, datas.

A grande vantagem do cronograma é permitir o controle do tempo, de inúmeras fases de uma programação, sem ser complexo, porque não explicam quais são os passos ou operações, permitindo o acompanhamento e a visualização das diversas etapas de uma sequência lógica e integrada. Não é um gráfico de previsão ou de planejamento, mas permite acompanhar a execução daquilo que foi previsto e planejado.

São os seguintes os elementos que fazem parte da construção de um cronograma do projeto:

a) Usar um calendário completo com feriados nacionais e regionais, datas religiosas e festivas.
b) Analisar os períodos de suas atividades, isto é, se são longas ou curtas.
c) Fazer um resumo de datas.
d) Evitar superposição de datas e atividades por pessoa, seção ou departamento.
e) Deixar margem de manobra para imprevistos.
f) Calcular o tempo necessário para cada medida importante ou atividade a desenvolver.
g) Determinar as datas de início e de término do evento.

Os cronogramas podem ser:

Nº	Evento	Responsável	Data Programada	Data Reprograma	Data Real	Observação

Cronograma de Eventos.

Atividade	J	F	M	A	M	J	J	A	S	O	N	D
Elaboração de Questionário												
Pesquisa de Campo												
Tabulação de Dados												
Relatórios												

Cronograma de Barras.

Qualquer cronograma terá um tempo (data, semana, mês, anos) de início e um tempo de fim. Quando os tempos são longos, não é preciso uma grande precisão, sendo comum utilizar-se o cronograma de barras.

Nº	Fases	1ª s	2ª s	3ª s	4ª s	5ª s	6ª s	7ª s	8ª s	9ª s	10ª s
1											
2											
3											
4											
5											
6											
7											
8											
9											
10											

Cronograma de Fases.

Etapas / Fases	P	R	D	PI	PR	SI	SR	E	G	C	A	DV
Introdução												
Concepção do Projeto												
Finalidade do Projeto												
Fundamentação do Projeto												
Pesquisa Preliminar do Projeto												
Dados e Conceitos												
Análise Preliminar do Projeto												
Desenvolvimento do Projeto												
Planejamento e Controle do Projeto												
Operacionalização do Projeto												
Produtos do Projeto												
Implementação do Projeto												
Conclusão do Projeto												
Documentação Final do Projeto												
Comunicação do Projeto												
Avaliação do Projeto												
Anexos												
Bibliografia												
Índice Remissivo												

Cronograma de Fases de Desenvolvimento de Projeto.

Legenda:
P = Pesquisa

R = Rascunho
D = Digitação
C = Crítica
PI = Primeira impressão
PR = Primeira revisão
SI = Segunda impressão
A = Apresentação
SR = Segunda revisão
E = Edição
G = Gravação
DV = Divulgação

Atividades do Curso	1ª s	2ª s	3ª s	4ª s	5ª s	6ª s	7ª s	8ª s	**9ª s**	**10ª s**
Encontros Expositivos (Período Presencial)	3h	3h	3h	3h	3h	3h	3h	3h		
Horas Acumuladas	3h	6h	9h	12h	15h	18h	21h	24h		
Pesquisas	QE							QPI QPII		
Período Extraclasse	12h	12h	12h	12h	12h	12h	12h	12h		
Horas Acumuladas	12h	24h	36h	48h	60h	72h	84h	96h		
Total de Horas	15h	30h	45h	60h	75h	90h	105h	120h		
Auto Avaliação			TAI			TAII				
Avaliação do Aprendizado				PI			PII			
Respostas dos alunos aos Testes de Auto Avaliação					*			*		
Gabaritos					GI			GII		
Certificados						*			*	
Relatório do Professor										*

Cronograma de Atividades de Treinamento.

Simbologia:
GI = Gabarito do primeiro teste de aferição do aprendizado.
GII = Gabarito do segundo teste de aferição do aprendizado.
PI = Primeiro teste de aferição do aprendizado do participante.
PII = Segundo teste de aferição do aprendizado do participante.
QE = Questionário de expectativa.
QPI = Questionário de pesquisa de avaliação do curso.

QPII = Questionário de pesquisa de avaliação da instituição.
TAI = Primeiro teste de auto avaliação do participante.
TAII = Segundo teste de auto avaliação do participante.
* = Semana limite para entrega.

Nota: O gabarito de PII somente será disponível, após a entrega de todos os testes de aferição do aprendizado.

<table>
<tr><td colspan="8">Empresa ABC</td></tr>
<tr><td colspan="8">Cronograma de Projeto</td></tr>
<tr><td colspan="8">Projeto:</td></tr>
<tr><th rowspan="2">Nº</th><th rowspan="2">Atividades (eventos)</th><th rowspan="2">Área Envolvida (responsabilidade)</th><th colspan="2">Data Início</th><th colspan="2">Data Término</th><th rowspan="2">Observações</th></tr>
<tr><th>Previsão</th><th>Real</th><th>Previsão</th><th>Real</th></tr>
<tr><td></td><td></td><td></td><td></td><td></td><td></td><td></td><td></td></tr>
<tr><td></td><td></td><td></td><td></td><td></td><td></td><td></td><td></td></tr>
<tr><td></td><td></td><td></td><td></td><td></td><td></td><td></td><td></td></tr>
<tr><td colspan="8">Comentários:</td></tr>
<tr><td colspan="8"></td></tr>
</table>

Cronograma de Projeto.

8.14 FLUXOGRAMA

O fluxograma é um diagrama para atividades, rotinas e relações, que representa de forma dinâmica as unidades de trabalho e a sequência do processo, através dos fluxos das microestruturas que compõem o sistema. Diagrama de fluxo. Os fluxogramas caracterizam-se pelo fato de que são aplicados nas situações em que o gestor está interessado em analisar os métodos de trabalho, onde recursos são movimentados de um lugar para outro.

As principais funções do fluxograma são: Eliminar atividades supérfluas; Hierarquizar (priorizar) as atividades; Combinar e sincronizar fases do processo; Objetivar a simplificação do trabalho; Minimizar custos; Visualizar e corrigir movimentos desnecessários; Possibilitar uma lógica de raciocínio e disciplina; Possibilitar confiança no processo; Ajudar a entender o funcionamento interno; Documentar um fluxo de trabalho; Identificar áreas problemáticas; Facilitar as comunicações.

Os fluxogramas necessitam, como finalidade maior, colocar em evidência a sequência lógica de um trabalho. Dentro deste raciocínio, pode-se concluir que esses diagramas apresentam vantagens quando de sua correta utilização, tais como:

- Fornecem condições para simplificar o trabalho através da eliminação, arranjo, combinação, permutação ou reposicionamento das etapas (fases, passos), de modo a se otimizar recursos.
- Eliminam os movimentos desnecessários.
- Facilitam a implantação de normas, instruções, processos, padronizações.

- Possibilitam uma visão do todo e necessidades de recursos.
- Determinam estratégias, táticas, políticas, canais de comunicação, relações de trabalho.
- Permitem verificar como funcionam todos os componentes de um sistema, mecanizado ou não.
- Facilitam a localização de deficiências nos transportes, operações e movimentos.

A característica peculiar a todos os fluxogramas é a linha de fluxo que pode variar na sua disposição, dependendo do projetista. Os fluxogramas mostram a fotografia da situação real. Entretanto, para que esses diagramas mostrem realmente o modo pelo qual as tarefas estão sendo feitas, é essencial que o analista: defina os pontos de início e fim do processo; identifique e enumere cada fase; crie uma simbologia para a leitura; identifique os documentos componentes do fluxo.

Um dos fatos que mais espantam e acabam por dificultar a construção de fluxogramas é a vastíssima gama de símbolos. Embora um fluxograma possa valer mil palavras, o analista fica preso a um compromisso. O uso de símbolos padronizados significa, inevitavelmente, que o analista deve se comprometer a uma terminologia, tendo em vista a manutenção do diálogo e do entendimento uniforme entre todos os participantes de um projeto.

Diferente do idioma, ela deve evitar ao máximo os sinônimos, pois, adotando esse princípio, tornará, entre outros benefícios, mais fácil a memorização e a associação de conceitos. Os fluxogramas podem ser verticais, horizontais ou de blocos. A simbologia dos fluxogramas, estabelecida universalmente, é a seguinte:

- Circunferência – Significa uma operação (em execução).
- Seta – Significa um transporte (movimentação).
- Quadrado – Significa inspeção (verificação).
- Letra D – Significa atraso (demora).
- Triângulo com vértice para cima – Significa uma parada ou armazenamento.
- Triângulo com vértice para baixo – Significa recebimento ou arquivo.
- Losango – Significa autorização ou decisão.
- Retângulo – Significa processamento, operação ou atividade.

A seguir, tipos de fluxograma:

Fluxograma de Blocos: Fluxograma que usa um conjunto de símbolos gráficos que descreve as etapas da resolução do problema e é normalmente usado antes de se escrever o programa final. Este diagrama documenta o processo num nível acima da linguagem básica de construção de programas.

Fluxograma de Dados: Fluxograma que representa a rede de um sistema e que mostra os componentes ativos do mesmo, suas interfaces e trocas de informação. O fluxograma de dados existe há bastante tempo. O primeiro uso deste diagrama foi registrado na França, na década de 1920.

Fluxograma de Decisão: Fluxograma que ajuda o empreendedor, devido a uma ampla diversidade de circunstâncias, tomar a decisão mais acertada. Aqueles que não podem discernir entre o importante, o urgente e o que não tem pressa, estão fadados a gastar tempo e energia preciosos em problemas errados e a fracassar em tomar decisões desnecessárias, intempestivas e burras.

Fluxograma de Expedição: Fluxograma que mostra a logística de saída do produto até a entrega ao cliente consumidor.

Fluxograma de Fabricação do Produto: Fluxograma que estabelece todas as fases da fabricação do produto, desde a sua escolha até o recebimento do preço cobrado.

Fluxograma de Operações: Fluxograma que lista de operações de produção organizada como um registro, na ordem em que devem ser realizadas, junto com outras informações que serão necessárias durante a produção, convenientemente apresentadas num mesmo documento; Folha de processo.

Fluxograma de Processo: Fluxograma que mostra diversas operações de um processo, na sequência em que elas devem ocorrer.

Fluxograma de Programa: Fluxograma que retrata todas as etapas e respectivas atividades de um determinado trabalho. Em geral, os símbolos utilizados são processamento (retângulo) e decisão (losango). O símbolo de decisão tem duas saídas: sim e não. Uma destas alternativas determina o caminho a seguir.

Fluxograma de Risco: Fluxograma que aponta os riscos de um projeto, antes mesmo dele ser implementado. Os riscos de fracasso rondam, permanentemente, o analista, o empreendedor e o gestor. Deve-se levar em conta que qualquer investimento tem uma expectativa de risco. Como não existe risco zero, este deve ser o mais bem calculado possível.

Fluxograma de Rotina: Fluxograma que espelha uma rotina em ordem cronológica.

Fluxograma Horizontal: Fluxograma utilizado quando envolve muitas pessoas (entidades). Ele permite visualizar a parte que cabe a cada uma e comparar a distribuição das tarefas, possibilitando racionalização, enxugamento, participação, coordenação e integração.

Fluxograma Vertical: Fluxograma que retrata a sequência de uma rotina por meio de linhas e de colunas. No fluxograma vertical, a ênfase é colocada na ordem cronológica em que ocorrem os eventos.

Dois dos mais importantes exemplos de fluxogramas:

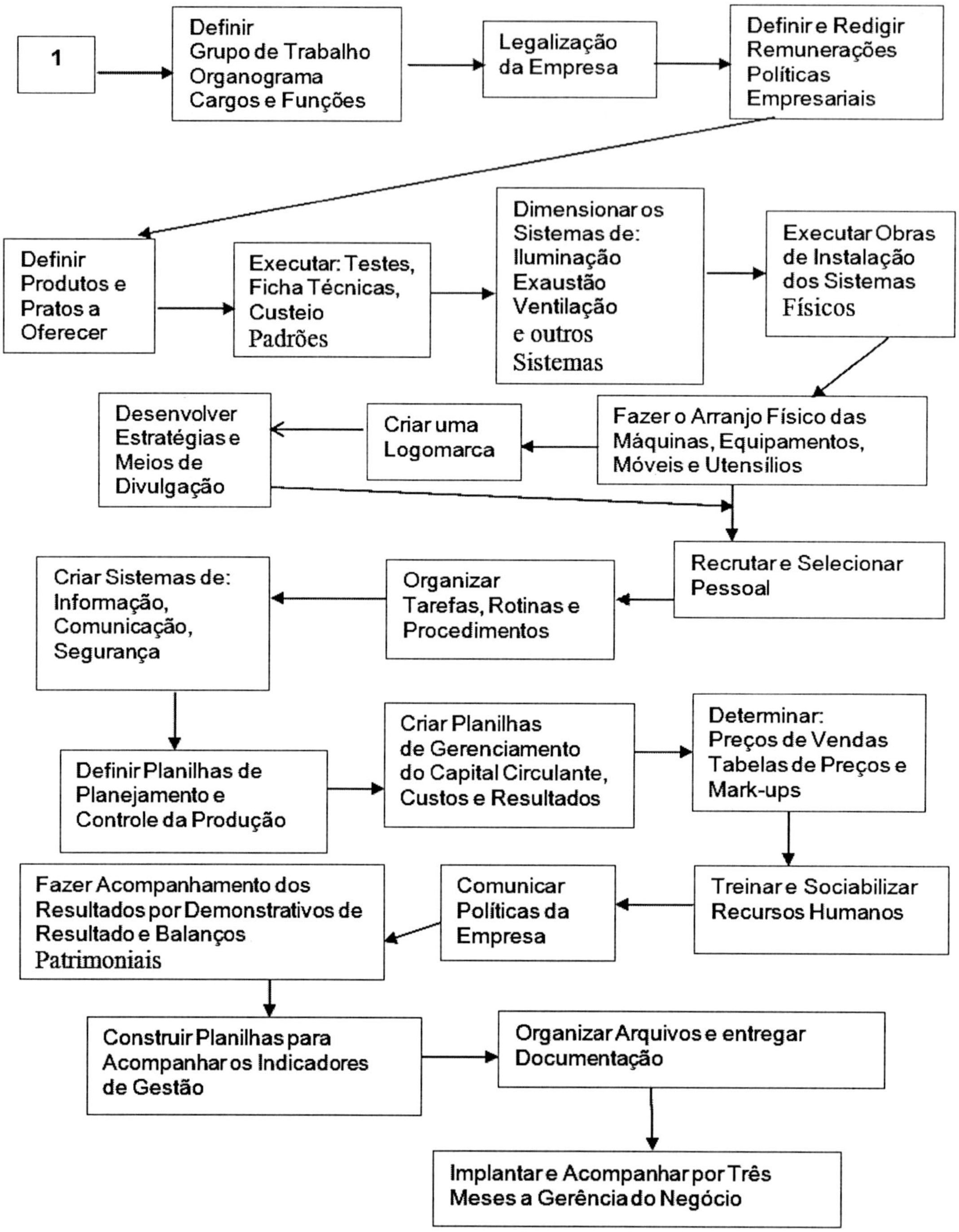

Figura 8.16: Fluxograma de Implantação/Viabilidade do Projeto.

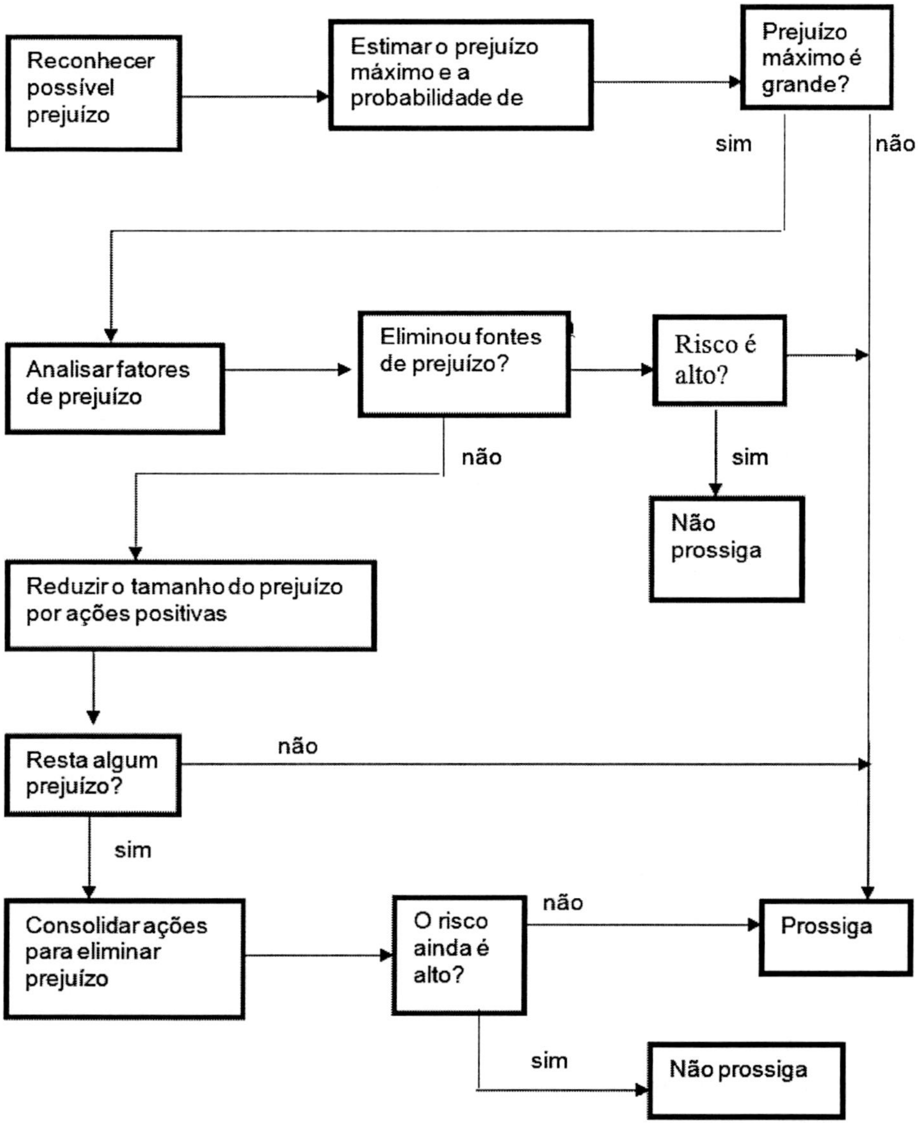

Figura 8.17: Fluxograma de Risco.

8.15 ORGANOGRAMA

Desenho organizacional que retrata a configuração estrutural da organização e o seu funcionamento. É um modelo representativo da divisão do trabalho desenvolvido pela organização. É um arranjo de figuras e linhas que mostram as diversas conexões existentes.

Em um organograma está representada a correlação de poder, seja de um projeto ou de uma empresa. A configuração mostrada é estática, isto é, permanece a mesma no decurso das atividades. O organograma oferece uma visão verticalizada das atividades, à medida que desdobra funções em outras funções menores. É útil ter-se uma configuração clara da estrutura organizacional, para que se possam efetuar os frequentes ajustes que se fizerem necessários.

Portanto, ao planejar o desenho deve-se levar em conta as especializações, as limitações da autoridade funcional, as vias hierárquicas existentes, as linhas de subordinação e vinculação, os problemas de comunicação, as decisões conjunturais, os recursos disponíveis, por exemplo.

A estrutura organizacional assemelha-se a um edifício, que, quanto mais complexa for, precisará de um plano muito bem feito. O fato de uma organização possuir organograma não significa necessariamente que ela seja suficientemente organizada. O organograma não é um fim em si mesmo, mas um meio de ajudar o funcionário a visualizar o posicionamento e as relações existentes entre os subsistemas de um sistema maior.

Os organogramas devem refletir o mais possível a realidade da organização. Se não o fizerem com toda fidelidade poderão distorcer a compreensão e gerar decisões errôneas por parte daqueles que confiam nos gráficos. Quando o desenho organizacional não está adequado às necessidades da organização, são frequentes as reorganizações e reestruturações que causam desconforto e insegurança.

O organograma tem por objetivo representar a organização formal, configurada na estrutura, cuja origem, geralmente, vem da estratégia, da contingência, do recurso. É composto por órgãos de linha e por órgãos de assessoria, entendendo-se órgão de linha como aquele que toma decisões e órgão de assessoria aquele que dá conselhos.

Um organograma apresenta as seguintes mais importantes vantagens: permite rapidamente visualizar quem é quem na hierarquia da organização, ou seja, quem está subordinado a quem e quais as ligações funcionais; possibilita a compreensão dos fluxos de autoridade de caráter funcional e hierárquico.

Do mesmo modo, o organograma apresenta as seguintes desvantagens: impossível indicar todas as relações; precisa estar sempre atualizado, para não fornecer interpretações errôneas. Na elaboração de um organograma, são importantes: a precisão, a estética e o equilíbrio distributivo. Para que seja realmente representativo da realidade precisa atender requisitos do organograma, tais como:

Simplicidade – O organograma deve apresentar apenas os elementos essenciais à compreensão da estrutura. Sobrecarregar com informações assessórias provoca neste uma confusão e dificuldade de entendimento daquilo que é realmente relevante.

Padronização – O organograma precisa ter elementos cuja nomenclatura seja homogênea, uniforme e coerente.

Atualização – O organograma retrata a estrutura formal da organização em um determinado momento. Um organograma obsoleto tem o mesmo valor que o jornal da véspera.

Funcionamento – O organograma deve definir como a tarefa será dividida, bem como que forma deve ter para atender a missão da organização.

Desempenho – O organograma deve ser suficientemente claro para definir quem é quem na organização.

Congruência – O organograma deve apresentar um desenho congruente às funções, cargos, responsabilidades, tarefas e poderes na organização.

Coordenação – O organograma deve ser um mecanismo que ajude a coordenar, integrar e harmonizar as diferentes partes da organização. Um bom trabalho de coordenação provoca um alto grau de sinergia.

A seguir, exemplos de organogramas:

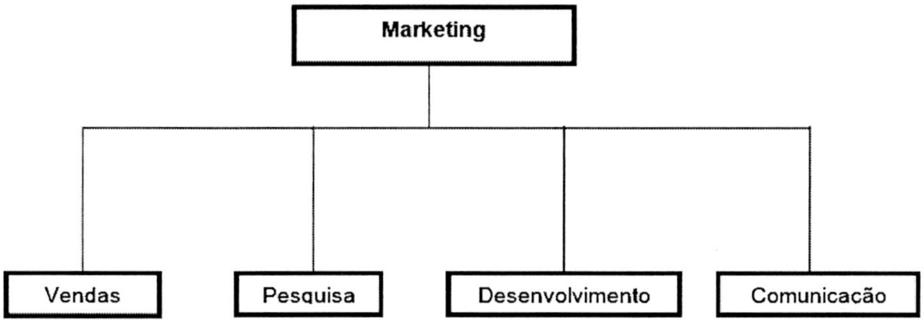

Figura 8.18: Organograma Funcional do Departamento de Marketing.

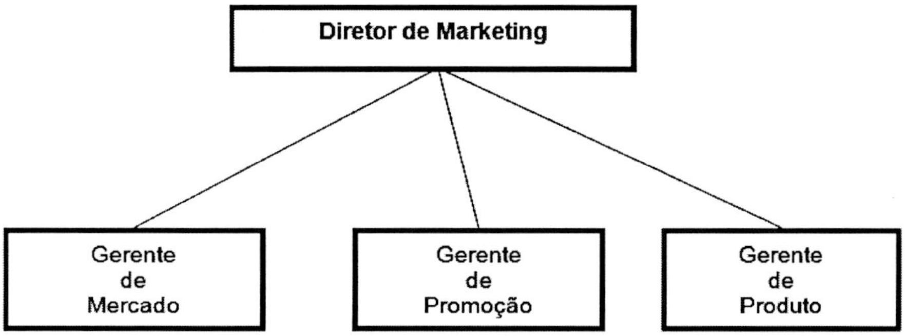

Figura 8.19: Organograma de Cargos do Departamento de Marketing.

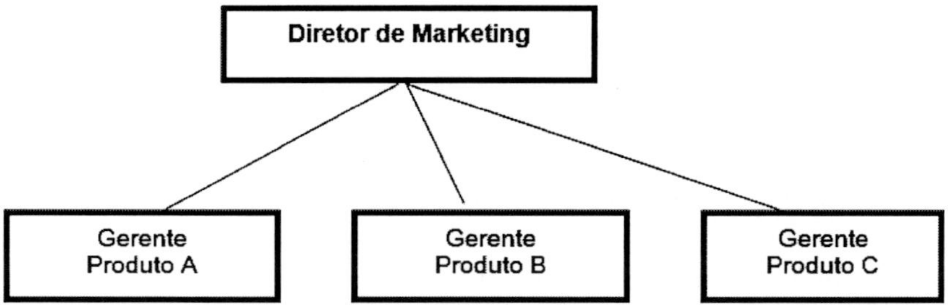

Figura 8.20: Organograma por Produto do Departamento de Marketing.

8.16 DEPARTAMENTALIZAÇÃO

A divisão do trabalho dentro de uma organização em unidades lógicas e a sua disposição para um máximo de eficiência, eficácia, efetividade, qualidade e economia, denomina-se departamentalização. As unidades lógicas de trabalho são agrupadas, segundo os enfoques: funções, produtos, territórios, processos, estratégias, tecnologias, pessoas, mercados, recursos, distribuições, por exemplo.

Como a departamentalização pressupõe uma especialização, é importante observar que a especialização na organização pode caminhar em dois sentidos: vertical e horizontal. A especialização vertical se verifica quando a organização precisa criar mais níveis hierárquicos em função de maior supervisão ou para atender uma economia de escala (a organização passa a produzir recursos que compra).

A especialização horizontal se faz à custa de um maior número de órgãos especializados. Este crescimento horizontal do organograma é conhecido pelo nome de departamentalização. À medida que as organizações se tornam maiores e envolvem atividades mais diversificadas, elas são forçadas a dividir as suas principais tarefas e transformá-las em responsabilidades departamentais ou divisionais.

Agrupamento de especializações de maneira horizontal, de acordo com um critério específico de homogeneidade para: atividades e correspondentes recursos em unidades organizacionais (departamentos). A departamentalização é uma característica típica das grandes empresas e está relacionada com o tamanho da empresa e com a natureza de suas operações.

A Teoria da Departamentalização é derivada da Teoria da Organização de Luther Gulik, onde defende suas ideias e explica que: "A situação ideal é reunir na mesma unidade todos os elementos que estiverem executando o mesmo trabalho, pelo mesmo processo, para a mesma clientela, no mesmo lugar". No estabelecimento da melhor departamentalização deve-se levar em conta os seguintes princípios de departamentalização:

Princípio de Maior Uso – O departamento que mais uso fizer de uma atividade deve ter a mesma sob seu controle.

Princípio de Maior Interesse – O departamento que mais interesse tiver por uma atividade deve ter o poder de sua supervisão.

Princípio da Separação do Controle – As atividades de controle devem ser autônomas, independentes e separadas das atividades que estão sendo controladas.

Princípio da Supressão da Concorrência – Estabelece a necessidade de eliminar a concorrência entre departamentos, agrupando atividades correlatas em um único departamento.

Os principais objetivos da departamentalização são: tirar proveito da especialização, facilitar o controle, proporcionar meios para crescimento e desenvolvimento, auxiliar na coordenação, reduzir custos, diminuir a complexidade, diminuir o grau de entropia da organização. Entropia é a tendência que os sistemas têm para o desgaste, desintegração, afrouxamento dos padrões e um aumento da aleatoriedade.

Todo desenvolvimento provoca uma funcionalidade crescente que produz conflitos e perda de energia nas relações de troca dos órgãos componentes, até o limite em que ocorre um colapso pela inexistência de uma descentralização operacional.

Departamentalizar pode ser chamada de uma técnica de descentralizar as partes componentes de uma estrutura, formando unidades produtoras dotadas de todos os elementos necessários a uma perfeita funcionalidade dentro das melhores condições de trabalho, obedecendo a critérios preestabelecidos que devem produzir o melhor resultado.

A seguir, os principais tipos de departamentalização:

Departamentalização Funcional: Critério mais largamente utilizado para organizar atividades empresariais, encontrando-se presente em quase todas as empresas, em algum nível da estrutura organizacional. Tem como principal característica a especialização.

Departamentalização Matricial: Departamentalização resultante da sobreposição de dois ou mais tipos de departamentalização sob a mesma pessoa. A departamentalização matricial, tendo em vista sua característica de responsabilidade compartilhada, exige nível de confiança mútua e capacidade de improvisação na solução de problemas.

Departamentalização Mista: Departamentalização que mais se adapta ao ambiente empresarial.

Departamentalização por Cliente: Departamentalização com foco no consumidor.

Departamentalização por Grupos de Trabalho: Departamentalização realizada quando as pessoas a serem reunidas possuem um alto nível de conhecimento sobre determinado assunto.

Departamentalização por Objetivos: Departamentalização baseada no critério de agrupar em um só órgão todas as entidades e atividades que visem a mesma finalidade.

Departamentalização por Processo: Departamentalização onde se reúne, em um só departamento, todos os empregados que trabalham, utilizando determinadas habilidades e recursos.

Departamentalização por Produto: Departamentalização que agrupa funcionários dedicados à fabricação e comercialização de determinado produto.

Departamentalização por Projetos: Departamentalização temporária que reúne determinadas pessoas encarregadas de levar um projeto adiante.

Departamentalização Territorial: Agrupamento de atividades de acordo com a localização geográfica.

8.17 DEPARTAMENTO

Departamento designa uma área, divisão ou um segmento distinto de uma empresa sobre o qual um administrador, seja diretor, gerente, supervisor ou chefe, tem autoridade para o desempenho de atividades específicas.

Assim, um departamento é empregado com um significado genérico e aproximativo de: setor, divisão, seção, unidade e órgão, por exemplo.

A seguir, tipos de departamento:

Departamento de Compras: Departamento encarregado de administrar todas as aquisições da empresa.

Departamento de Crédito e Cobrança: Departamento cuja função maior é administrar a inadimplência dos devedores e as possibilidades de obtenção de crédito junto a fornecedores.

Departamento de Finanças: Departamento que cuida dos problemas financeiros da empresa que, basicamente, estão voltados para o fluxo de dinheiro que corre na empresa e se ela terá condições de saldar compromissos assumidos (liquidez).

Departamento de Manutenção: Departamento encarregado de manter e conservar equipamentos e máquinas, durante o maior prazo possível e com o máximo de rendimento, isto é, uma atividade desenvolvida para manter as instalações em condições, que irão mais bem apoiar as metas da organização.

Departamento de Marketing: Departamento voltado a criar e a manter consumidores.

Departamento de Pesquisa e Desenvolvimento: Departamento que serve de elo entre os diversos departamentos interessados em melhorar os bens e serviços da empresa, bem como criar novos produtos.

Departamento de Produção: Departamento que planeja e controla a produção.

Departamento de Recursos Humanos: Departamento que procura atender à necessidade de pessoal da organização. Uma empresa que deseja um bom time deve começar a procurar os elementos adequados. Atrair bons candidatos a emprego não é coisa fácil e de pouca importância.

Departamento de Relações Públicas: Departamento que busca o relacionamento mais equilibrado possível com seu público-alvo (clientes).

Departamento de Serviços: Unidade que existe para dar suporte aos outros departamentos.

Departamento de Vendas: Departamento criado para dar apoio aos vendedores, bem como dar treinamento e definir as atividades de cada um.

Capítulo 9
PESQUISA

"Se pudéssemos saber, em primeiro lugar, em que ponto nos encontrar e até que ponto avançar, estaríamos em melhores condições para julgar o que fazer e como fazê-lo".

Abraham Lincoln

OBJETIVOS DO CAPÍTULO

- Mostrar que a falta de uma pesquisa é como andar na escuridão sem uma lanterna.
- Mostrar que pesquisas bem construídas são ferramentas úteis para o sucesso.
- Mostrar que o questionário é um instrumento formidável para a coleta de dados.
- Mostrar que o pesquisador precisa ter noções de administração.

9.1 PESQUISA

Pesquisa é a função administrativa voltada ao desenvolvimento de uma busca reflexiva, sistemática, controlada e crítica que permite descobrir causas, novos fatos (ou dados), realidades, relações, leis, regras, princípios e procedimentos para adequar a organização e/ou a pessoa a uma mudança de estado.

Como a mudança é constante, a necessidade da pesquisa é eterna. Todo trabalho de pesquisa será apresentado pelo pesquisador, em função do seu nível de percepção e, principalmente, da experiência obtida de trabalhos anteriores.

É importante ressaltar que a pesquisa não deve ser iniciada a partir de conclusões previamente formuladas e cristalizadas, a ponto de não permitirem modificação e aperfeiçoamento no próprio processo de sua efetivação. Neste sentido, a atitude fundamental que deve caracterizar o pesquisador é a da investigação.

Devido à mutabilidade dos cenários, a pesquisa tornou-se uma atividade inerente à vida hodierna. É atividade científica. Mas, sem dúvida, é também uma arte. Como técnica não pode prescindir de aspectos metodológicos. Porém, por ser arte, há de apresentar uma preocupação criadora.

No Século XX as pesquisas se tornaram as grandes ferramentas para balizar o caminho (estratégia) a ser seguida pela empresa, num mundo cada vez mais global. O fator determinante de escolha da pesquisa estará sempre sob a ótica do pesquisador, do material, do método e do tempo disponível.

Muito antes da era da produção em massa, do mercado globalizado e da preocupação com as novas ferramentas tecnológicas, os homens de negócio, de então, conheciam de perto o consumidor e o mercado. Conheciam os clientes pessoalmente e o conjunto desses clientes constituía o seu mercado.

Artífices e artesões desenvolveram relações comerciais através de contatos pessoais e, assim, conseguiram obter rápidas informações e conhecer os desejos e necessidades dos seus consumidores. Eles eram os próprios pesquisadores de mercado, planejadores de produtos, promotores de venda e vendedores.

Mas, sem dúvida alguma, este processo primário orientava-se pelo consumidor, com quem mantinha um relacionamento de venda, pois sabia que esse era o único meio de se conseguir bom êxito nos negócios. O que foi construído para se tornar um método tornou-se uma enfermidade que abala o estudioso, quando sua função deveria ser a de desenvolver a investigação e a reflexão.

A impossibilidade de o produtor conhecer cada um dos seus milhares ou milhões de consumidores, perdendo então a capacidade de conhecer rapidamente os desejos e as necessidades de cada um deles. Em vista desse afastamento, o produtor foi obrigado a desenvolver outros métodos para conhecer seu público-alvo.

9.2 QUESTIONAMENTO

O questionamento, fase que antecede a pesquisa propriamente dita, ajudará no planejamento da pesquisa, porque, tendo em vista as respostas da pesquisa, ele será redimensionado em suas estratégias e táticas.

O questionamento básico que se faz, geralmente, diz respeito ao mercado de atuação, produto a ofertar e público-alvo a atingir. Assim, as pessoas que atuam na área da pesquisa devem fazer perguntas que justifiquem atividades, tais como:

Quanto ao Uso: Em que situação se utiliza a pesquisa? Em situações empíricas, planejadas ou simuladas? Quais as vantagens de se fazer pesquisa?

Quanto ao Mercado: Qual o tamanho do mercado? O mercado é segmentado? Quais são os principais concorrentes? Quais são os fornecedores? Quais são os principais produtos vendidos? É um mercado novo? É um mercado maduro? É um mercado saturado? Como estão se saindo às empresas do setor? Quais são os canais de distribuição? Que métodos de comunicação com o público são usados? Quais as restrições fiscais? Quais as restrições legais?

Quanto ao Produto: O produto existente satisfaz as necessidades dos consumidores? O desenvolvimento de um novo produto é necessário? São necessários produtos completamente novos? Qual será o potencial de um novo produto? Quais são os produtos concorrentes? Que preços são praticados? Quais os canais de comunicação? Quais os canais de distribuição?

Quanto ao Consumidor: Qual o perfil socioeconômico do consumidor? Qual o estilo de vida? Qual o nível intelectivo e cultural? Qual o poder de compra? Qual a faixa etária? Qual o estado civil? Qual a preferência sexual? Há uma compulsão a consumir? Qual o valor/mês de compras?

Quanto à Abrangência: O projeto é local, regional, nacional ou internacional? Qual problema o projeto pretende resolver ou equacionar? Quais as relações sistêmicas do projeto? Quais os impactos sofridos e provocados pelo projeto?

Quanto aos Recursos: Quem poderá financiar o projeto? Qual o volume de recursos demandados pelo projeto? Quando e como utilizar um software para modelar o projeto? Como alocar os recursos humanos do projeto? Como recrutar, selecionar e contratar pessoas? Qual o tipo e qual o montante do investimento necessário ao projeto? Como financiar o projeto?

Quanto à Gestão: Em quanto tempo o projeto estará concluído? Quais os indicadores básicos do projeto? Quais os meios de verificação? Qual o volume de produtos a ser gerado pelo projeto? O projeto compreende quais atividades? Qual o conteúdo das atividades que compõem o projeto? Qual a ordem de realização das atividades do projeto? Qual a duração das atividades? Quanto tempo é necessário para alcançar o produto do projeto? Quais valores condicionam o projeto? Que forças políticas atuam sobre o projeto? Como elaborar um organograma para o projeto? Como criar condições para a administração dos recursos humanos? Como planejar a alocação de bens tangíveis? Como calcular os estoques do projeto? Como as informações do projeto são geradas, armazenadas e distribuídas? Qual o padrão de qualidade do projeto? Quais os dispêndios para o projeto? Como se distribuem os custos do projeto? Qual a relação Custo/Benefício? Qual o orçamento (recursos e aplicações; fontes e usos) do projeto? Como orientar o processo de tomada de decisão para prevenir riscos? Quais os riscos do projeto? Como apresentar o projeto?

Quanto ao Arranjo Físico: Quais são os espaços necessários à movimentação de materiais e pessoas? Quais as dimensões dos materiais, máquinas e equipamentos utilizados? O arranjo físico usará técnicas próprias ou empíricas? Haverá necessidade de desenhos, plantas, gabaritos, miniaturas ou maquetes?

Quanto à Internet: Como a disponibilidade de mecanismos de busca e apresentação de dados na Internet afetará a maneira de os usuários buscarem informações? Quais são os motivos de se buscar informações na Internet e não num canal convencional? Como os consumidores navegam na Internet? A Internet facilita a customização em massa em algumas categorias de produtos? A influência da Internet pode catalisar uma competição intensa em alguns casos? A internet facilita a segmentação dos consumidores? Até que ponto os fornecedores deveriam ser integrados verticalmente na Internet? Quais as vantagens e desvantagens de se vender diretamente aos consumidores? A Internet tem a possibilidade de criar corretores de informações? Como a Internet afetará a estrutura e o desempenho dos produtos nos mercados? Como a Internet afetará a privacidade dos consumidores e usuários? Como estabelecer regulamentos para proteger os consumidores contra fraudes?

9.3 CARACTERÍSTICAS DA PESQUISA

A seguir, as principais características da pesquisa:

Acumulação – Todo trabalho de pesquisa tem um caráter acumulativo. Isto porque o mesmo se apresenta em duas direções: no sentido vertical, representado pela herança intelectual, pela qual a pesquisa se lança à consulta dos trabalhos anteriores; no sentido horizontal, por meio do qual o pesquisador procura conhecer as pesquisas realizadas em outros campos do conhecimento que possam afetar o seu trabalho.

Cooperação – A atividade de pesquisa, passando-se em termos de conhecimento humano como um todo, é uma obra coletiva que necessita cooperação.

Competição – Paradoxalmente a característica anteriormente mencionada, verifica-se um aspecto altamente competitivo na atividade de pesquisa. Este fator explica os cuidados dos pesquisadores com o sigilo. Este sigilo na pesquisa é necessário para evitar uma apropriação indébita da ideia, pois os pesquisadores gostam de divulgar os resultados, somente, quando certos e seguros.

Universalismo – O cientista, ainda que sofrendo as influências do seu sistema cultural e político, deve esforçar-se no sentido de que sua descoberta seja relacionada, principalmente, ao fato de não ser meramente uma questão de opinião. Os critérios impessoais asseguram que a descoberta tenha um caráter universal.

Ceticismo – É a aplicação do princípio da dúvida sistemática. O método e a descoberta devem ser constantemente questionados.

Risco – Há sempre um risco de insucesso pairando sobre uma pesquisa, qualquer que seja o assunto e o lugar. Este caráter aleatório da pesquisa tem um aspecto curioso, uma vez que nem sempre o sucesso é total, bem como o insucesso. Qualquer pesquisa é válida, até quando mostra a sua inutilidade.

Abertura – Acima de tudo, a atividade de pesquisa caracteriza-se por seu aspecto aberto para fatos, fenômenos, teorias, leis.

Validade – Qualquer pesquisa é válida, até quando mostra a sua inutilidade.

Pesquisa indica a fronteira, na qual os investigadores pretendem encontrar novos fenômenos ou conceber uma solução para um problema até então não resolvido. O desenvolvimento, no âmbito da empresa, significa encontrar um meio de aplicação mercadológica daquilo que foi pesquisado.

9.4 ELEMENTOS DA PESQUISA

Os principais elementos da pesquisa são:

Objetivo da Pesquisa – O objetivo da pesquisa é descobrir respostas para perguntas, por meio do emprego de processos científicos. Porém, para que possam ser respondidas através da pesquisa, as perguntas precisam ter uma característica comum, devendo ser de tal ordem que a observação ou a experimentação, no mundo natural, possam dar a informação necessária.

Muitas questões ou decisões não podem ser respondidas apenas com dados, pois, além destes existem valores que evoluem com o passar do tempo. Uma pesquisa perderá, ou não, seu valor durante um determinado período de tempo, porque não existe perenidade e, sim, pelo contrário, transitoriedade. Quer o objetivo motivador de determinada pesquisa seja fundamentado de forma intelectual ou prática, são idênticas as exigências do processo de pesquisa.

Problema da Pesquisa – O maior problema da pesquisa é a representatividade da amostra e do universo estudado. Pode-se, ainda, apontar a metodologia da coleta de dados, a entrevista, o questionário, o pesquisador, a leitura e análise de documentos, as observações e estimativas.

É muito fácil que uma empresa fique tão envolvida num mercado ou num setor de mercado que não seja capaz de considerar todo o mercado (visão holística) para os seus produtos. Ela pode estar perdendo oportunidades potenciais e, pior, tempo.

Técnica de Pesquisa – A técnica de pesquisa tem evoluído muito, pois começa com contatos diretos e, hoje, são realizadas via Internet por computadores ou telefones celulares, que se deslocam para todo lugar. No momento, o site de busca mais famoso é o Google.

Programa de Pesquisa – Na construção de um programa de pesquisa o leitor deverá passar pelas seguintes fases:

- Perceber, formular, analisar, definir o problema.

- Escolher a equipe de pesquisadores e estabelecer uma linguagem comum.
- Determinar objetivos e necessidades de informação.
- Dimensionar recursos necessários e tempo de duração da pesquisa.
- Estabelecer quais serão os tipos de abordagem (observação, entrevista, questionário).
- Definir as ferramentas de pesquisa.
- Operacionalizar a coleta de dados.
- Tabular dados e avaliar o que significam.
- Levantar possíveis soluções (hipóteses).
- Preparar relatórios e apresentar os resultados, fazendo recomendações.
- Divulgar a pesquisa.

Planejamento da Pesquisa – Planejamento que compreende a definição dos objetivos da pesquisa e de toda sua operacionalização, tais como: determinação das fontes de dados, escolha dos métodos, da definição dos procedimentos, da elaboração do plano de processamento e análise, da definição dos recursos necessários, da estrutura da equipe, do estabelecimento de um cronograma.

Modelo de Pesquisa: Modelo que estabelece procedimento reflexivo, sistemático, controlado e crítico para buscar descobrir novos dados, relações, leis, em qualquer campo do conhecimento.

Classificação da Pesquisa – Há várias maneiras de se fazer uma classificação da pesquisa. Todas elas são possíveis, uma vez que o fator determinante de uma classificação particular será sempre a ótica particular dos pesquisados. A pesquisa pode ser classificada, sob o ponto de vista do material e do método utilizados em sua elaboração:

Em certo sentido, o material condiciona não apenas a técnica a ser utilizada, como em grande parte, os resultados que se esperam da pesquisa. Desnecessário seria enfatizar que esta classificação, como outra qualquer, é arbitrária. Mesmo assim, entretanto, ela é oferecida pelo seu caráter amplo de descrição da atividade de pesquisa:

Estatística na Pesquisa – Nenhum pesquisador poderá prescindir de alguns conhecimentos de estatística, para poder realizar o seu trabalho de tabulação dos dados coletados e, também, estabelecer inferências com o objetivo de relatar suas conclusões.

9.5 PROCESSO DE PESQUISA

O processo de pesquisa consiste de atividades intimamente relacionadas, que, continuamente, se sobrepõem, em vez de seguir uma sequência estritamente determinada e única. Se os processos subsequentes não forem considerados nos estágios iniciais, podem surgir sérias dificuldades que impedirão a complementação do objeto de estudo. É bom observar que o interesse pela minúcia, muitas vezes, dificulta a percepção do todo.

A seguir, as etapas do processo de pesquisa:

Percepção do Problema – A percepção do problema depende, em grande parte, do grau de interesse e curiosidade do pesquisador.

Natureza do Problema – Não é o bastante que tenhamos consciência de uma dificuldade. Necessário se faz que nos aprofundemos nela, tentando compreender melhor a sua natureza e elementos constituintes. Esta etapa é muito importante para o sucesso da pesquisa.

Planejamento da Pesquisa – Assunto já abordado.

Análise dos Dados – Esta etapa compreende a transformação dos dados brutos coletados em informações relevantes para solucionar ou ajudar na solução do problema que deu origem à pesquisa. Nesta etapa, o pesquisador tabula os dados e desenvolve distribuições de frequência.

Elaboração Racional – É nesta fase que, por meio da coleta e análise dos dados, a conjuntura ou explicação provisória para o problema vai tomando corpo e configuração. Ao mesmo tempo em que informa os elementos que precisam ser corrigidos.

Conclusão da Pesquisa – Esta etapa irá definir a validade ou não da pesquisa. Nela deve ser aplicado todo o rigor possível.

Resultado da Pesquisa – O pesquisador, dentro do possível, deve anteceder a aplicação de sua descoberta para fins futuros. A descoberta deve ter um valor permanente, até que possa ser substituída, ou ampliada, por nova solução que seja comprovadamente de valor superior.

Apresentação do Resultado – O pesquisador apresenta seus resultados aos principais interessados. Ele não deve sobrecarregar o relatório com grande quantidade de números e técnicas estatísticas sofisticadas. Ao contrário, a apresentação deve ser relevante para as principais decisões a serem tomadas.

Comunicação do Resultado – Compreende a apresentação escrita (relatório) e oral das principais descobertas da pesquisa, bem como de sugestões e recomendações de ações.

9.6 TIPOS DE PESQUISA

A seguir, alguns tipos de pesquisa:

Pesquisa Bibliográfica: Pesquisa associada com a procura de dados significativos e interpretações do passado.

Pesquisa Causal: Pesquisa que procura determinar, ou testar, uma relação de causa e efeito, isto é, procura estabelecer uma relação entre as variáveis de forma prática.

Pesquisa Conclusiva: Pesquisa que é caracterizada por objetivos bem definidos, procedimentos formais bem estruturados e dirigidos para a solução de problemas ou avaliação de alternativas de cursos de ação. O pesquisador precisa saber exatamente o que quer medir, quando, onde e por que o fará.

Pesquisa de Campo: Pesquisa cujas informações são coletadas obtendo-se respostas para um conjunto de perguntas de uma série bem articulada. A pesquisa de campo pode ser executada pessoalmente, ou não. Pode ser executada por seu próprio pessoal ou por uma empresa de fora. Como esta pesquisa é dispendiosa, ela é usada na obtenção de informações específicas. Os métodos, geralmente, utilizados na pesquisa de campo são questionários, entrevistas, observações e experiências.

Pesquisa de Consumo: Pesquisa que questiona: Quais fontes de informação o consumidor utiliza como referência para comprar? Qual a frequência que consome o produto? Como prefere consumir o produto? Qual a finalidade de uso do produto?

Pesquisa de Gabinete: Pesquisa que envolve a coleta de dados de fontes, geralmente, virtuais. A pesquisa de gabinete, muitas vezes, é considerada como sendo barata, uma vez que os principais custos envolvidos são: o tempo do pesquisador, telefone, computador e assinaturas de publicações.

A pesquisa de gabinete precisa ser feita por pessoal experimentado e gabaritado, senão é perda de tempo, esforço e dinheiro, pois saber ler o que é relevante para inferir e cruzar dados não é para qualquer um.

Pesquisa de Imagem: Pesquisa representada por determinado objeto. Cenário pretendido de algo, como sendo bastante aceitável pelo público. A imagem é considerada como um contexto de representações mentais criado pelas pessoas em relação a um objeto.

Pesquisa de Marketing: Pesquisa que trata da coleta e análise das questões de marketing enfrentadas pela empresa. O principal propósito dessa pesquisa é obter dados, num curto espaço de tempo, para reduzir os riscos da tomada de decisão; Investigação sistemática, controlada, empírica e crítica de dados com o objetivo de descobrir e/ou descrever fatos e também verificar a existência de relações presumidas entre as variáveis que caracterizam os produtos.

Pesquisa de Mercado: Pesquisa que trata de descobrir que bens e serviços o consumidor deseja, como podem ser vendidos, procurando medir a aceitação deles junto ao público consumidor. Coleta, qualifica e analisa todas as informações sobre problemas relacionados com a transferência e venda de bens e serviços do produtor para o consumidor. Ela pode atuar em todas as fases do processo mercadológico, desde a fase de criação até o destino final da embalagem.

Pesquisa Descritiva: Pesquisa em que os problemas a serem investigados estão bem definidos e, em geral, procura-se obter resultados quantitativos sobre aspectos do comportamento humano ou sobre o perfil dos consumidores. A pesquisa descritiva observa, registra, analisa e correlaciona fatos (variáveis) sem manipulá-los. Ela pode ser pesquisa de opinião, de motivação, de preço, de produto, documental, de negócio, de mercado, de audiência e de propaganda, por exemplo. A pesquisa de mercado é do tipo descritivo.

Pesquisa do Clima Organizacional: Pesquisa que estuda o estado emocional das pessoas que trabalham numa mesma organização, podendo ser favorável, receptivo e agradável, ou não.

Pesquisa do Produto: Pesquisa para mostrar o nível de aceitação do produto pelo mercado. Assim, a pesquisa do produto deve, principalmente, questionar: Quais serão os clientes adotantes (consumidores, usuários) do produto? Qual a faixa etária? São consumidores fáceis de serem alcançados? Onde preferem comprar? Quando compram? Quais os fatores que levam o consumidor a comprar? Qual a forma de aquisição? A empresa tem capacidade instalada para atender o mercado com preço competitivo?

Pesquisa Evolutiva: Pesquisa baseada na coleta e análise periódica das mesmas variáveis de forma a permitir seus acompanhamentos evolutivos no tempo. A população pesquisada deverá sempre ser a mesma, mas a amostra, a cada medição, poderá, ou não, ser a mesma. Se a amostra pesquisada for sempre a mesma, ela se chama pesquisa de painel. A pesquisa de painel elimina desvios.

Pesquisa Experimental: Pesquisa cujo propósito é detectar relacionamentos de causa e efeito, ao eliminar explicações divergentes de constatações observadas. Nesta pesquisa, um ou mais fatores são manipulados, enquanto os outros são mantidos constantes. É a pesquisa mais válida cientificamente.

Pesquisa Exploratória: Pesquisa que procura gerar hipóteses ou explicações prováveis e identificar áreas para um estudo mais aprofundado. Os estudos exploratórios têm como principal característica a informalidade, a flexibilidade e a criatividade, onde se procura obter um primeiro contato com a situação a ser pesquisada ou um melhor conhecimento sobre o objeto em estudo. Por isso, são desenvolvidas hipóteses para os fatos e fenômenos a serem estudados.

Pesquisa Natural: Pesquisa conhecida como pesquisa de ciência da vida.

Pesquisa Ocasional: Pesquisa caracterizada pelo uso de uma amostra de elementos da população, em que os elementos são medidos uma única vez no tempo, visando atender um objetivo específico.

Pesquisa OnLine: Pesquisa pela internet. Muitos varejistas estão vendo que podem oferecer produtos pela Internet, com um custo de entrega mais baixo do que os encontrados no varejo local. Também podem testar níveis diferentes de suporte ao consumidor para ajudar os gerentes a definir suas prioridades de mercado. São mais vantajosas devido as suas ramificações. Por tal, são mais baratas que as feitas por telefone e pelos correios.

Pesquisa Operacional: Teoria da decisão aplicada; Pesquisa caracterizada como a aplicação de métodos, técnicas e instrumentos científicos aos problemas que envolvem operações de sistemas, de modo a municiar os executivos de técnicas, de soluções ótimas para os problemas. Este tipo de pesquisa levará em conta os seguintes aspectos: visão sistêmica, método científico, estatística, probabilidade e matemática.

Pesquisa pelo Correio: Pesquisa em que o respondente recebe e retorna o questionário pelo correio. Tem como vantagem ser impessoal, de grande alcance e com custo, geralmente, baixo, pois não necessita de entrevistadores especializados. A principal desvantagem é a sua baixa taxa de retorno, criando um desvio na pesquisa.

Pesquisa Prévia: Pesquisa preliminar para medir o grau de aceitação da mesma.

Pesquisa Qualitativa: Pesquisa que pode ser uma metodologia não estruturada, baseada em pequenas amostras, a fim de proporcionar insights e uma compreensão do contexto do problema. É a pesquisa utilizada para avaliar comportamento humano, bem como inteligência, criatividade, percepção, atitude, julgamento.

Pesquisa Quantitativa: Pesquisa feita para reunir dados de amostras representativas. Para garantir margens de desvio pequenas, a pesquisa quantitativa costuma ser feita com centenas e às vezes milhares de pesquisados. Também é conhecida como pesquisa de levantamento de dados.

Pesquisa Salarial: Pesquisa que leva em conta os cargos pesquisados, as empresas participantes, a época da pesquisa e quais empresas farão parte da pesquisa.

Pesquisa Social: Pesquisa voltada a um estudo da humanidade no seu ambiente social.

Pesquisa Tecnológica: Pesquisa para verificar se há a necessidade de novos recursos tecnológicos e que implicações a nova tecnologia impactará na produtividade e custo operacional da empresa.

Pesquisa Telefônica: Pesquisa que exige um alto jogo de cintura do entrevistador para obter dados de um consumidor, por exemplo.

9.7 MÉTODO DE PESQUISA

É um método que requer um tratamento científico, permitindo descobrir novos caminhos na busca de verdades, em qualquer campo do conhecimento. A pessoa que, realmente, compreende os elementos básicos do método de pesquisa está em condições de questionar, sobre aquilo que lê ou que ouve, tal como: fenômeno, lei, fato, teoria, regra, opinião, prova, premissa, princípio, diretriz, experimento, política.

A pesquisa tornou-se uma atividade comum e cotidiana. Ela tem sido mal compreendida, quanto à sua natureza e muito do que se denomina pesquisa não passa de mero conjunto de informações desordenadas.

Se o método é usado com cuidado, com plena compreensão das possibilidades e limitações, pode se constituir em valiosa ajuda. A fim de ser capaz de fazer um julgamento provisório, quanto à confiança que cada método merece, você precisa ser capaz de julgar:

- Como é que os pesquisadores definem seus termos?
- Será que falam a mesma coisa, ou usam palavras para diferentes fenômenos?
- Será que as provas são significativas?
- Terá havido condições diferentes nos estudos, que possam explicar a diferença nos resultados?

Existem dois métodos básicos de pesquisa para obtenção de dados primários: a comunicação e a observação. O método da comunicação consiste no questionamento oral ou escrito dos respondentes para a obtenção do dado desejado, que será fornecido por declaração verbal ou escrita, do próprio respondente.

O método da observação consiste no registro de: comportamentos, fatos e ações, relacionados com o objetivo da pesquisa, não envolvendo questões e respostas.

Tanto o método da comunicação quanto o da observação possuem vantagens e desvantagens, tais como:

Método da Comunicação – Vantagens: mais versátil; mais rápido; menor custo; mais dados. Desvantagens: dependente da boa vontade, sinceridade e lembrança do solicitante; a forma de coleta pode induzir a resposta; menos preciso.

Método da Observação – Vantagens: independe da boa vontade dos respondentes; certos dados só são obtidos por este método; não há influência no processo de respostas; mais preciso. Desvantagens: menos versátil; mais lento; maior custo; dados são mais difíceis de interpretação; difícil de se obter dados para situações íntimas; só pode ser usado para obter dados exteriorizados, através de comportamentos.

Os principais passos de uma metodologia de pesquisa são:

- Ocorrência e/ou percepção de uma dificuldade.
- Definição do problema.

- Planejamento do trabalho e do orçamento.
- Determinação dos recursos (todos) necessários.
- Elaboração de uma hipótese (possível solução).
- Coleta de dados.
- Operacionalização da coleta.
- Interpretação e análise de dados.
- Elaboração racional de um diagnóstico.
- Formulação de uma solução e/ou conclusão.
- Justificação da solução.
- Apresentação do relatório da pesquisa.
- Aplicação da metodologia para um novo problema.

9.8 COLETA DE DADOS

Coleta de dados compreende o efetivo trabalho de recolhimento dos dados no campo junto às fontes de dados. É a etapa, geralmente, mais cara e mais crítica da pesquisa, pois, é a que mais está sujeita à introdução de erros e atrasos. Por isso, exige supervisão cerrada e um controle rígido. Ela é a reunião metódica, precisa e eficiente de acontecimentos e fenômenos necessários para o perfeito entendimento dos sistemas em uso numa organização.

Os motivos para a coleta de dados são basicamente os seguintes:

- Precisamos saber onde estão as fontes de dados e quais são elas.
- Precisamos verificar nosso nível de compreensão sobre os dados coletados.
- Precisamos estabelecer a relação custo/benefício dos dados.

Aos menos avisados poderá parecer ser fácil executar uma coleta de dados. Pensamento enganoso, porque esta ficará em função do método e da técnica escolhidos.

A coleta fornecerá material para o trabalho da fase de análise e, consequentemente, servirá de base para o meio que resolverá o problema. Aos menos avisados poderá parecer ser fácil executar uma coleta de dados. Pensamento enganoso, porque esta ficará em função dos métodos e das técnicas escolhidos.

As operações de coleta de dados precisam ser detalhadamente planejadas e controladas para que os dados coletados tenham alta qualidade e para que as previsões de prazo e custo sejam atingidas. O instrumento de coleta de dados é o documento através do qual as perguntas serão apresentadas aos respondentes e onde são registradas as respostas (dados).

Os dados serão registrados em questionários, formulários e fichas, por exemplo. Se estes instrumentos forem mal elaborados, com questões dúbias, escalas incorretas em gráficos e regras de preenchimento confusas, podem se tornar fontes de erros.

Geralmente, na fase de coleta de dados da pesquisa surgem problemas, relativos aos respondentes, como: não confiáveis (se recusam a cooperar; desonestos) e também aos entrevistadores que podem não ser confiáveis. Mas, os métodos de coletas de dados estão melhorando, graças ao avanço da telemática.

Os métodos de coleta de dados podem ser:

Método Dedutivo – Parte do geral para o particular, do mais alto nível para o de mais baixo nível e da generalidade para o detalhe.

Método Indutivo – Parte do particular para o geral, do detalhe para a generalidade.

O método de amostragem seleciona unidades, elementos e amostras com o objetivo de estimular outros valores, tais como: média, mediana, moda, variância e desvio padrão. A finalidade deste método é reduzir custos, eliminar desperdícios de tempo, obter dados mais confiáveis e simplificar o trabalho.

Os objetivos do levantamento amostral devem ser definidos com clareza. Para que as estimativas dos parâmetros populacionais sejam representativas, deve-se fazer uma seleção ao acaso, desde que todos os elementos tenham a mesma possibilidade de ser selecionados.

Na amostragem, cada elemento de uma população deve ter a mesma probabilidade de ser incluído na amostra. Além da amostragem aleatória existe a: amostragem por conglomerado, amostragem estratificada e amostragem de múltiplos estágios.

As premissas da amostragem são:

- Há similaridade suficiente entre os elementos de uma população.
- Poucos elementos representarão, adequadamente, as características de toda a população.
- Os valores das variáveis na população e os valores das variáveis obtidos na amostra são minimizados.

A Teoria da Amostragem nos diz que os resultados oferecidos por um número muito grande de amostras se encaixam num modelo padrão chamado de distribuição normal. É verdadeiro que quantidades de população de muitos milhões podem ser avaliadas a partir de apenas 500 pessoas, se a amostra for adequadamente selecionada.

Esta teoria é um estudo das relações existentes entre a população pesquisada e as amostras utilizadas, tanto em quantidade (tamanho), como em qualidade (confiança, precisão). Mas, nem sempre o tamanho da amostra é diretamente proporcional à sua precisão, porque é preciso considerar os critérios de seleção das amostras.

A amostra é o conjunto dos elementos de uma população, que é o conjunto de indivíduos da mesma espécie, localizado num determinado espaço e tempo, contendo certos atributos de um universo. O universo é o conjunto de fenômenos com características comuns. Ele utiliza dados representativos, em vez de toda a população.

A amostra possui as seguintes vantagens: economiza mão de obra, tempo e dinheiro; possibilita rapidez na obtenção de resultados; pode colher dados mais precisos; pode ser a única opção quando o estudo implicar destruição ou contaminação dos elementos pesquisados. Há dois conceitos básicos referentes à amostragem:

População Alvo – Expressão que se refere ao grupo de pessoas, ou objetos, no qual deve ser recolhida a amostra.

Unidade Amostral – Expressão que se refere aos elementos disponíveis para seleção em algum estágio do processo de amostragem.

9.9 TÉCNICA DE COLETA DE DADOS

As principais técnicas de coleta de dados são as seguintes:

Questionário – É bom lembrar que o mesmo serve também para dar apoio e orientação na condução da entrevista. Uma pergunta feita ao entrevistado, com base no questionário, gera possíveis desdobramentos que podem ser registrados à parte do questionário, sem que, com isto, a entrevista tome um direcionamento indesejável e, consequentemente, se desvie do objetivo proposto.

Correios – É a abordagem menos flexível de coleta de dados, porque seu questionário tem de conter um conjunto de perguntas específicas que precisam ser padronizadas. Não oferece oportunidade para que os pesquisadores esclareçam as perguntas. Além disso, a taxa de resposta para os levantamentos postais é tipicamente baixa.

Muitas vezes menos de 20% do público responde a levantamentos pelo correio, e os pesquisadores têm de adivinhar se os não-respondentes dariam as mesmas respostas.

Entrevista – É a técnica por excelência para levantamento de dados. Consiste de contatos com os elementos envolvidos nas operações em estudo, a fim de que estes possam fornecer dados relativos às mesmas.

A entrevista é o método de levantamento mais caro porque os pesquisadores precisam contratar, treinar e supervisionar os entrevistadores que vão falar com os respondentes. Mas este método também é o mais flexível, porque as perguntas podem ser passadas e repassadas a fim de garantir que a informação seja verdadeira.

Telefone – É o mais rápido dos métodos de levantamento de dados. Dentro de pouco tempo e por uma quantia fixa, os entrevistadores podem chamar muitas pessoas e obter respostas imediatas para completar seu questionário.

Documentação – A documentação revela informações relativas a um fato, um problema, uma situação, um plano, um resultado, uma política, uma previsão, uma decisão, uma estratégia, uma estrutura, um projeto, por exemplo. É a mais primitiva e lógica das técnicas de coleta de dados. Qualquer início do trabalho de pesquisa em uma organização começa por seus arquivos

Observação – A observação é um método amplamente utilizado pelo homem desde as mais remotas eras. Este método ligado ao senso comum, geralmente, não é estruturado nem planejado. Na maioria das vezes, ocorre de forma casual, a partir de fatos da realidade que despertam determinado interesse.

Durante a realização das entrevistas, as observações feitas podem ser registradas junto ao questionário de apoio, possibilitando uma investigação posterior mais detalhada.

Estimativa – Sempre que as técnicas acima mencionadas se revelarem ineficazes, insuficientes ou inaplicáveis, faz-se necessário utilizar estimativas. Isso é verdade, particularmente, quando se enfrenta a tarefa de levantamento de dados referentes à volume de trabalho ou de custo operacional de uma seção, departamento ou empresa.

Neste caso, devem-se fazer estimativas quanto às quantidades consideradas e procurar meios e processos que permitam verificar a precisão das mesmas.

Amostragem – Embora seja um assunto já abordado, é uma das técnicas mais importantes de coleta de dados, não se pode deixar de citar a amostragem, que consiste na escolha de determinadas partes ou de determinados instantes na execução de um serviço para a observação ou contagem.

Essa observação será realizada em número relativamente pequeno, de vez que os resultados obtidos serão considerados como representativos do processo global do trabalho. Determinadas precauções precisam ser tomadas para evitar resultados que se afastem demasiado da realidade, como por exemplo, tomar um pico de vendas como amostra.

9.10 PESQUISA DE MERCADO

Dentro das organizações de mentalidade moderna, a pesquisa de mercado tem sido um instrumento altamente valioso na solução de inúmeros problemas. O que se tem procurado é a solução técnica, baseada em fatos, e não aquela empírica, que é característica de uma grande parte de executivos.

Em todos os campos da atividade negócio, dois pontos são básicos: O que produzir? Como manter o fluxo constante desses produtos no mercado?

A pesquisa de mercado, como já observado, objetiva descobrir que bens e serviços o consumidor deseja, como podem ser vendidos, e procura medir a aceitação deles junto ao público consumidor. Não se trata, evidentemente, de descobrir exatamente todas as medidas, porque nas ciências sociais ainda não existem instrumentos que permitam uma precisão, como na física ou na matemática.

Pesquisa de mercado é a coleta, qualificação e análise de todas as informações sobre problemas relacionados com a transferência e venda de bens e serviços do produtor para o consumidor. Ela pode atuar em todas as fases do processo mercadológico, desde a fase de criação até o destino final da embalagem.

Usando os instrumentos disponíveis à pesquisa de mercado, existem grandes possibilidades de medir as tendências corretas e aproximações que são peculiares, naquele momento, ao mercado em questão.

O que se tem procurado em pesquisa de mercado não é a substituição do raciocínio clássico de muitos empresários, tampouco uma correção na maneira de pensar dos homens de venda que atuam no campo. Porém, o que se vai buscar é a razão de:

- Por que os processos de comercialização vão bem ou mal?
- Onde podem ser melhorados e que novas oportunidades estão aparecendo que podem ser exploradas economicamente?
- Quais são os desejos das pessoas, o que pensam e como agem em relação ao mercado?
- Quais são os consumidores e como sentem a comunicação estabelecida entre eles e os respectivos produtores?

A pesquisa de mercado pode ser utilizada ocasionalmente ou regularmente. Muitas vezes, a situação determinará a necessidade da pesquisa, porque ela traz vantagens, ajudando a:

- Definir áreas de interesse para produtos.
- Localizar nichos de mercado.
- Definir variáveis do processo mercadológico.
- Identificar concorrentes.

- Permitir saber se você é capaz, ou não, de assumir o empreendimento.
- Analisar o mercado e a concorrência.
- Conhecer o mercado potencial e real.
- Estudar os canais de distribuição e comercialização.

A seguir, algumas limitações da pesquisa de mercado: a indiferença dos respondentes, ausência de responsabilidade, conservadorismo, exibicionismo, informações insuficientes, comprometimento dos pesquisadores.

A área é realmente muito ampla, e não se pode admitir uma filosofia moderna de marketing, dentro de uma sociedade de grande consumo, sem a ajuda da pesquisa de mercado no encaminhamento do raciocínio para as devidas soluções.

Sempre que se colhe, registra e analisa um fato (dado, fenômeno) está se realizando pesquisa.

O artesão na sociedade de consumo quase não existe mais. Ele foi engolido pela produção em massa e comprimido pelo desejo das pessoas quererem tudo fácil e na hora. Não pode satisfazer a todos ao mesmo tempo, apenas a uma pequena minoria, e, muitas vezes, não plenamente.

A Psicologia Industrial é a origem da pesquisa de mercado e é a razão das padronizações de uma grande quantidade de bens. Para ser econômico e para competir é preciso ter: qualidade, recurso, tecnologia, embalagem, design, time, comunicação, preço e muita pesquisa.

As ferramentas mais utilizadas na pesquisa de mercado são: questionário e formulário.

9.11 OBSTÁCULOS À PESQUISA

Levando-se em conta que o ciclo do conhecimento humano se processa em três fases fundamentais, a saber: apropriação, sistematização e exposição. Estas podem sofrer as interferências de fatores circunstanciais, os quais, por sua vez, podem se constituir em obstáculos à pesquisa. Os obstáculos à pesquisa são:

Preconceito – O preconceito é entendido como um juízo previamente formulado.

Propaganda – O pensamento do ser humano pode ser manipulado ou condicionado por meios de comunicação de massa.

Tradicionalismo – Tendência de apegar-se às formulações do passado.

Autoritarismo – Aceitação não crítica de uma fonte de autoridade qualquer que seja a sua origem.

Etnocentrismo – Valorização exagerada dos costumes e normas do grupo.

Subjetivismo – Inclinação para julgar os fatos, tomando-se como base emoções.

Generalização – Afirmação que se faz de ordem geral.

Especialização – Tendência a desprezar qualquer tipo de conhecimento que não se encontre dentro da área específica do pesquisador.

É sabido que um dos problemas com os quais o pesquisador se defronta é, geralmente, o da organização do seu tempo para estudos. Por falta de uma sistemática adequada, instantes preciosos são desperdiçados. É preciso, então, uma orientação para a atividade pesquisa. Fatores de cunho social podem constituir-se em elementos limitadores de uma percepção mais clara da realidade, por parte do pesquisador.

É essencial que os pesquisadores entendam o processo de pesquisa, para poderem avaliar efetivamente aquilo que foi pesquisado. Na verdade, conseguir informação exata é o principal objetivo do processo de pesquisa. Assim, aplicam métodos científicos, isto é, enfatizam objetividade e exatidão na coleta de dados.

O fato de que uma pessoa estar sendo observada altera o seu comportamento. Por tal, os pesquisadores encontram dificuldades em aplicar métodos, puramente, científicos.

Muitos dirigentes veem a pesquisa como apenas uma operação de constatação de fatos. Eles esperam que o pesquisador planeje um questionário, escolha uma amostra, faça entrevistas e relate resultados, frequentemente, sem dar-lhe uma definição clara do problema ou as alternativas de solução.

Outros veem a pesquisa como nada mais do que uma atividade de escritório e a recompensam como tal. Contratam pesquisadores inexperientes, com fraco treinamento e fraca criatividade, levando a ter resultados inexpressivos.

Os resultados desapontadores reforçam o preconceito da administração em relação aos pesquisadores, que são remunerados com baixos salários. Os administradores desejam resultados rápidos que sejam rigorosos e conclusivos. Toda e qualquer pesquisa de mercado requer recursos, tempo e esforço. Este problema é crucial quando os dados não existem ou não são confiáveis.

O fator determinante de escolha da pesquisa estará sempre sob a ótica do pesquisador, do material, do método e do tempo disponível. Todo trabalho de pesquisa será apresentado sob o ponto de vista do pesquisador, isto é, em função do seu nível de percepção e, principalmente, da experiência obtida de trabalhos anteriores.

Do ponto de vista do material é importante observar que o mesmo condiciona não apenas a técnica a ser utilizada, como, em grande parte, os resultados que se esperam da pesquisa. Do ponto de vista do método, é preciso encarar três possibilidades de investigação: histórica, descritiva e experimental.

Do ponto de vista do tempo a pesquisa será superficial ou aprofundada. No primeiro caso, corre-se o risco da irrelevância dos dados coletados. No segundo caso, corre-se o risco da não conclusão da tarefa a tempo, devido à massa de dados muito grande e do universo pesquisado.

9.12 QUESTIONÁRIO DE PESQUISA

O questionário é um modelo em que há uma série de questões, cujas respostas devem ser preenchidas pessoalmente pelos informantes, sem assistência direta ou orientação do pesquisador. Ainda que as exigências nos setores industriais, de serviço e de consumo sejam diferentes, há muitos fatores no planejamento do questionário que são universais, pois ele pode ser utilizado como ferramenta de trabalho, de consulta, de avaliação e de referência.

O conteúdo e a ordem das perguntas variam, dependendo se elas são idealizadas para entrevistas pessoais e telefônicas, ou para questionários postais. Algumas premissas precisam ser ressaltadas para a confecção de um questionário de pesquisa:

- O questionário deve ser específico à área pesquisada e não deve conter perguntas impertinentes.
- A lista de perguntas deve ser idealizada para resultar no maior número possível de informações sem ambiguidades.

- Cada pergunta deve ser simples e relativamente curta.
- A maioria das perguntas deve requerer uma simples resposta.
- Uma opção dentre uma série de alternativas é o mais recomendado.
- Não use perguntas que induzam à determinada resposta uma vez que elas tendem a provocar um resultado com desvios.
- Pense cuidadosamente na sequência das perguntas, uma vez que as primeiras perguntas do questionário podem influenciar as últimas.
- Planeje o questionário de tal maneira que as respostas possam ser facilmente analisadas e tabuladas.
- Atitude mecanicista (sim ou não) deve ser evitada.
- Evite muitas perguntas. A maioria das pessoas não está preparada para responder a mais de vinte perguntas.
- Perguntas estruturadas solicitam respostas breves e específicas.
- Perguntas não estruturadas dão às pessoas mais liberdade para responder, porém confunde o avaliador, quando faz a coleta dos dados.
- Elabore perguntas que tragam informações necessárias e relevantes, para o momento.

Projetar um questionário está longe de ser uma ciência. Muitas vezes, há o envolvimento da criatividade dos pesquisadores. Basicamente, eles desejam obter a informação de que necessitam e a querem exata. O conteúdo e a ordem das perguntas variam, em função do objeto de estudo.

Os questionários devem ser cuidadosamente planejados, a fim de que as perguntas sejam redigidas com a máxima clareza, sem ambiguidades. Se o tema for difícil, colocar no questionário uma ligeira introdução, fazendo uma consideração pertinente à pesquisa, o que torna ainda mais importante, quando não for possível realizar reuniões preparatórias.

Se o questionário se destinar a um grupo numeroso e heterogêneo de pessoas, convém que seja previamente testado, com o intuito de eliminar qualquer possibilidade de má interpretação.

Há, de fato, muitas maneiras de se preencher questionários. Além das entrevistas pessoais, os questionários também podem ser preenchidos por entrevistas telefônicas ou por meio de envio postal. Atualmente, é muito comum encontrar questionários deixados em quartos de hotel ou distribuídos em restaurantes.

Os questionários precisam ser específicos para a área a ser pesquisada e a lista de perguntas deve ser idealizada para fornecer o maior número possível de informações relevantes. Mesmo que um questionário seja feito por um especialista, às vezes, é preciso fazer um teste piloto numa pequena parte da amostra (universo) da população a ser pesquisada. Tal ação permitirá mudar, excluir e inserir perguntas.

A seguir, faremos as seguintes considerações sobre a construção das questões:

Formato – Ao preparar um questionário, o profissional de pesquisa escolhe cuidadosamente as questões, suas formas, tipos de redação e sequenciamento das mesmas. Um erro comum é incluir perguntas que não podem ou não precisam ser respondidas. As questões meramente “interessantes” devem ser eliminadas, porque podem exaurir a paciência de quem responde. Além disso, a formulação da questão pode influenciar a resposta.

As questões fechadas especificam todas as respostas possíveis e os respondentes escolhem entre elas a sua opção.

As questões abertas permitem que os respondentes usem suas próprias palavras. Frequentemente, as questões fechadas fornecem respostas mais fáceis de interpretar e de tabular.

Enfoque – Os pesquisadores devem usar tão poucas perguntas quanto possível para a satisfação de suas necessidades de informação. Ao esquematizarem uma pergunta devem indagar: O que fazer com a resposta? Ela é realmente necessária? Precisamos dela para nossos objetivos?

Se a informação não se destina a ser usada imediatamente, não deverá ser solicitada. Deve-se evitar fazer perguntas pessoais de foro íntimo. Deve haver o cuidado para o uso de palavras simples e a linguagem utilizada é para obter respostas e não para testar o nível de vocabulário do respondente.

Ordem – Geralmente, os pesquisadores posicionam as perguntas mais importantes, as que indagam sobre dados básicos em primeiro lugar. Depois formulam perguntas de classificação e identificação. Ao desenvolverem a sequência de perguntas, os pesquisadores devem começar com aquelas que despertem a atenção do pesquisado.

As perguntas iniciais devem ser relevantes. Se forem indagados a respeito da cor de um produto e suas características técnicas, a pergunta sobre cor deve estar à frente. Isto os atrairá para o questionário e, uma vez que tenham respondido às primeiras perguntas, há uma grande tendência para que prossigam até o fim.

Perguntas difíceis devem ser colocadas no miolo do questionário, não no início ou fim.

Desenho – A aparência e a disposição física são importantes, para que o leitor seja motivado a ler e responder o questionário. A tais elementos se somam: diagramação, impressão, gramatura e tipo do papel.

A seguir, serão mostrados exemplos de questionários de pesquisa:

A) Questionário de Avaliação de Curso

Atenção: Leia as perguntas e todas as alternativas de resposta, antes de dar a sua resposta. Não precisa assinar ou escrever o nome, pois o questionário é anônimo.

1 – Você gostou do curso?
Sim Não Mais ou menos

2 – O curso enriqueceu o seu conhecimento?
Sim Não Muito

3 – Que achou do curso?
Prático Objetivo Subjetivo Confuso Acadêmico Deve ser reformulado

4 – Que achou do programa do curso? (pode marcar mais de uma)
Muito bom Adequado Fraco Difícil Objetivo Insuficiente

5 – Você acredita que o curso lhe trouxe maior capacitação profissional?
Sim Não alvez

6 – Como é o material apresentado?
Ótimo Bom Regular Ruim Insuficiente

7 – O que mais lhe agradou no curso? (pode marcar mais de uma).
Organização Aula expositivas Questões para reflexão Resumo didático
Textos Exercícios Casos Nada

8 – Suas dúvidas foram dirimidas?
Sim Não Mais ou menos. Muito confuso.

9 – O professor demonstrou estar preparado para o desenvolvimento do assunto?
Sim Não Mais ou menos Não sei dizer

10 – Quantos aos procedimentos do professor?
Ele foi pontual? ----/----7/----6/-----5/----4/-----3/----
Ele foi assíduo? ----/----7/----6/----5/----4/----3----
Ele sabe motivar? ----/----7/----6/----5/----4/----3/----
Ele é organizado? ----/----7/----6/----5/----4/----3/----
Ele tem manejo de classe? ----/----7/----6/----5/----4/-----3/----
Ele tem competência? ----/----7/----6/----5/----4/----3/----
Ele sabe transmitir conhecimento? ----/----7/----6/----5/----4/----3/----
Ele tem problemas de dicção? ----/----7/----6/----5/----4/----3/----

11 – Que nota você dá ao curso? -----/----7/----6/----5/----4/----3/----

B) Questionário de Avaliação da Imagem da Loja

1 – Como você chegou até a loja?
Indicação TV Jornal Rádio Revista Prospecto Por acaso

2 – Que acha da aparência da loja?
Suja Desarrumada Bonita Feia Bem organizada

3 – Como foi o seu atendimento?
Bom Regular Ótimo Frio Calculado Insuficiente

4 – O vendedor mostrou interesse em ajudá-lo?
Sim Não Mais ou menos

5 – O vendedor mostrou conhecer o produto que vende?
Sim Não Mais ou menos Não sei dizer

6 – A loja é visitada por você com frequência?
Sempre Às vezes Primeira vez

7 – O que mais chama a sua atenção na loja?
Cortesia Grande variedade Embalagens Vendedores bem treinados
Grande tecnologia Visual Decoração

8 – Qual a maior reclamação da loja?
Troca de mercadorias Garantia dos produtos Preços altos Falta de atenção
Vendedor parece uma máquina Qualidade dos bens e serviços Segurança
Serviço de entrega

9.13 RELATÓRIO DE PESQUISA

Relatório que é o passo final da pesquisa propriamente dita. É importante que os pesquisadores expliquem seus processos de pesquisa e documentem o que ficaram sabendo, de maneira simples e direta. A primeira parte do relatório deve apresentar um sumário de seus pontos altos, para que os destinatários possam ver rapidamente que conclusões foram alcançadas.

O relatório de pesquisa também deve mencionar quaisquer limitações que o estudo possa ter e quaisquer problemas que tenham sido identificados quando da coleta de dados. Ao elaborar um relatório você deve, primeiramente, fazer um rascunho (texto provisório), com o devido cuidado quanto à argumentação e a documentação de fonte.

O ideal é, após terminado o rascunho, deixar o trabalho de lado por um determinado período, quando, então, o relator estará em condições de uma leitura mais perceptiva e crítica do que produziu.

Caso não lhe seja possível dar um intervalo de uma semana entre a preparação do rascunho e a leitura do relatório, para fins de revisão, pelo menos um ou dois dias de intervalo farão melhorar o texto, visando a sua editoração final.

Feita a leitura e corrigidas as deficiências, quanto à colocação de frases, estruturação de parágrafos, eliminação de expressões redundantes, inserção de novos elementos na argumentação, clareza no raciocínio e regras de normalização textual, o relatório estará pronto para ser entregue a quem de direito.

O relatório também deve mencionar quaisquer limitações que o estudo possa ter e quaisquer problemas que tenham sido identificados quando da coleta de dados.

A função mais importante do relatório de pesquisa é buscar a reflexão, de maneira sistemática, controlada e crítica, permitindo descobrir causas, novos fatos (dados), realidades, relações, leis, regras, princípios e procedimentos para adequar a organização ao ambiente em que vive.

A finalidade do relatório de pesquisa é, além de veicular e produzir informações, levar o leitor a descobrir, por si, o mesmo que o pesquisador descobriu. Portanto, deve haver uma relação entre a lógica utilizada na descoberta e a técnica empregada para contá-la.

Uma boa descoberta mal relatada pode ocasionar um problema de reputação para o pesquisador, que, se não a divulgar, corre o risco de estar falhando em sua missão.

Este não deve ser apenas um consumidor de informações, mas um divulgador do conhecimento.

A seguir, exemplos de relatório de pesquisa:

Pesquisa de Demanda
Relatório

Data:

Objeto de Estudo: Demanda de cursos de extensão para a área de Administração, no âmbito da faculdade.

A – Objetivos:

- Atender a demanda interna para cursos de extensão rápida (complementação acadêmica).
- Verificar a possibilidade da criação de um centro de cursos de extensão.
- Atender alunos, ex-alunos e funcionários das empresas da região.
- Buscar elementos que ajudem na performance do Curso de Administração da Faculdade.
- Buscar resposta para: Os alunos, após o curso, estarão preparados para o mercado de trabalho?

B – Considerações Preliminares:

- Público participante: alunos da faculdade.
- Foi mantido o anonimato.
- Cinquenta e três alunos participaram da pesquisa.
- Os questionários foram aplicados durante o tempo de aula da disciplina Administração de Vendas.
- O questionário foi considerado como um exercício de pesquisa de mercado.
- Os percentuais foram apresentados com valores arredondados.
- Todos os questionários respondidos foram encaminhados ao diretor da faculdade.
- Somente um aluno não respondeu ao questionário.

C – Resultado do Questionário:

01 – Você acredita que cursos de extensão e treinamento lhe darão maior capacidade profissional?
A maioria (96%) dos alunos disse que sim.

02 – Você já fez algum curso de extensão na faculdade?
Todos responderam NÃO.

03 – No seu entender, os preços cobrados nos cursos de extensão são caros?
Grande parte (64%) dos alunos não sabe dizer, porém 32% disseram que sim.

04 – Se você se interessa em fazer cursos, qual o melhor horário?
Os alunos deram preferência pelo turno da noite (75%).

05 – Você gostaria de aproveitar o período de férias para fazer cursos rápidos?
Um percentual bastante elevado (85%) disse que SIM.

06 – Quanto ao período do curso, qual a sua preferência?
Uma semana =19%; uma quinzena = 14%; um mês = 43%; Maior que um mês = 24%.

07 – Quanto à organização do curso, qual a sua preferência?
Dois dias na semana = 38%; Manhã de sábado = 27%; Três dias na semana = 24%; Semana cheia = 11%.

08 – Indique os cinco assuntos de sua preferência para cursos e palestras.
A prioridade apontada foi: Marketing; Recursos Humanos; Introdução à Administração; Finanças; Contabilidade Gerencial; Qualidade; Informática.

D – Conclusão:

O interesse dos alunos foi muito grande, tendo o pesquisador recebido apoio dos alunos que até se cotizaram na despesa com cópias; A maioria dos alunos indicou mais de três assuntos de sua preferência, num total de vinte títulos; Grande parte dos alunos não sabe distinguir a diferença entre curso regular e curso de extensão; Quanto aos preços dos cursos, somente 4% disse serem caros; O horário mais conveniente é o noturno. Porém, 27% optaram pela alternativa de sábado pela manhã; um percentual bastante elevado (85%) de alunos aprova cursos nas férias, mostrando haver um nicho de mercado.
Relator:
Assinatura:
Cargo:

Rio de Janeiro
2024

Pesquisa de Ensino
Relatório

Data:
Objeto de Estudo: Pesquisa Universitária

A – Introdução:

A transformação de um conjunto de faculdades em uma universidade exige não só a criação de espaço para pesquisa como a formação de um sólido número de professores-pesquisadores. Urge, portanto, a elaboração de uma política de pesquisa, de modo a favorecer o desenvolvimento e o fortalecimento das potencialidades existentes, bem como promover a articulação entre ensino, pesquisa e extensão. Todavia, esse processo só amadurecerá se o corpo docente e a direção da instituição fizerem um trabalho conjunto.

Dentro dessa perspectiva, o primeiro passo foi ouvir professores, chefes de núcleos, coordenadores de cursos e diretores para dimensionar anseios, expectativas, perspectivas e desafios, cujos resultados forem alinhados em tópicos, tais como:

- A pesquisa no contexto do ensino universitário.
- A relação entre ensino, pesquisa e extensão.
- A pesquisa do público interno.
- As estratégias de implementação.
- Os problemas correlatos.

B – Função Pesquisa:

A função universitária pesquisa foi considerada por todas as pessoas citadas como de fundamental importância. Em primeiro lugar, porque a pesquisa se constitui como o instrumento por excelência de conhecimento e de reflexão sobre a realidade, possibilitando, consequentemente, uma ação transformadora sobre a mesma. Em segundo lugar, a pesquisa também detecta problemas, possibilitando o confronto entre a teoria e a prática, fazendo avançar o conhecimento.

Por outro lado, a pesquisa contribui ainda para uma melhor formação do aluno, levando-o não só a dominar os instrumentos de conhecimento da realidade concreta como também a um contato direto com a realidade na qual está inserido como: aluno, cidadão e futuro profissional.

O reconhecimento da pesquisa se assenta em alguns pressupostos, tais como:

- A universidade como espaço crítico e plural do pensamento.
- O significado da universidade na sociedade.
- A clareza sobre que tipo de profissional está se querendo formar.
- A relação entre o perfil desse profissional e a realidade do mercado.
- A necessidade de articulação entre a universidade e os demais níveis de ensino.
- Um modelo de universidade válido para nosso ambiente.

C – Relação Ensino, Pesquisa e Extensão:

Para os professores, o ensino só pode ser produtivo, original e criativo se o mesmo se fundamentar na realidade concreta, isto é, ensino e pesquisa devem estar muito bem articulados. A reflexão crítica sobre as diferentes facetas da realidade, possibilitada pela pesquisa empírica, permite, de um lado detectar a adequação, ou não, da teoria e dos pontos de estrangulamento do próprio ensino; de outro, o estabelecimento dos marcos de uma ação transformadora.

A pesquisa se apresenta também como o espaço para o estreitamento do contato com a comunidade, como possibilidade de levantamento e compreensão de seus problemas e, consequentemente, como ponto de partida para o trabalho de extensão.

D – Obstáculos à Pesquisa:

Apesar do reconhecimento da importância da pesquisa no contexto universitário, da necessidade de articulação estreita entre as funções da universidade, existe um descompasso entre a prática e a teoria.

De modo geral, os professores só têm experiência de pesquisa ao fazerem seus mestrados e doutorados, e, segundo os professores entrevistados, os principais obstáculos são:

Regime de Trabalho – O professor horista não tem tempo para pesquisa, porque suas horas de trabalho são destinadas, exclusivamente, às aulas; os horários são desencontrados, dificultando um trabalho integrado com outros professores. Além disso, estes têm o seu tempo sobrecarregado com aulas em outros estabelecimentos e/ou com outras atividades ligadas ao magistério, ou não.

Divulgação – Dificuldade de participação em encontros, tais como: seminários, congressos, simpósios e conferências, por exemplo.

Capacitação Deficiente – A maior parte dos professores não tem experiência na função pesquisa. Quando muito, fizeram a disciplina de Metodologia de Pesquisa, mas não a praticaram.

E – Implementação da Pesquisa:

Para a superação dos obstáculos que leve a implementação da pesquisa, dois aspectos, a princípio, precisam ser considerados:

Desenvolver condições efetivas de pesquisa – O que supõe, a definição de uma filosofia da universidade e de uma política de pesquisa, que se traduz num esforço de qualificação (capacitação tecnológica, educação e treinamento) do corpo docente.

Reunir professores – Aproveitar as experiências já existentes, ainda que esparsas, aproveitando para conscientizar sobre a importância da pesquisa.

F – Propostas de Ação:

Ressaltando a existência de um clima propício à implementação da pesquisa e visando a operacionalização imediata, os professores contatados deram ênfase as seguintes propostas de ação:

- Criar uma força-tarefa para integrar os diversos cursos.
- Realizar seminários para maior interação e integração dos professores.
- Desenvolver o conteúdo programático do curso de metodologia da pesquisa.
- Criar canais interdisciplinares.
- Estimular todos aqueles interessados a desenvolver políticas de pesquisa.
- Criar meios de divulgação.

G – Considerações Finais:

Os obstáculos existentes à efetivação da pesquisa se situam, sobretudo, na própria estrutura organizacional e na cultura universitária. Contamos, no entanto, com as duas exigências básicas: a percepção do lugar da pesquisa e da sua relação com o ensino. Assim, falta-nos formular uma política de pesquisa assentada na filosofia da universidade.

Considerando que a política de pesquisa deve ser formulada a partir da realidade de cada curso, dentro do cenário, que retrata a realidade econômica, política e cultural da sociedade, e, também, pela responsabilidade social da mesma.

A pesquisa deve procurar, portanto, a articulação com o ensino, o estágio e a extensão, além de ser instrumento de performance. Ser instrumento, por excelência, de conhecimento da realidade, da complexidade das organizações e da diversidade ambiental, cada vez maior em nossa sociedade.

Diante da importância da pesquisa e da necessidade de se criar bases sólidas para a implementação de uma política apropriada, que venha realmente atender aos anseios de todos os envolvidos. Cabe ainda entrevistar professores que não foram contatados para se discutir os parâmetros e diretrizes de uma verdadeira política de pesquisa.

Relator:
Assinatura:
Cargo:

Rio de Janeiro
2024

9.14 INTERNET

Grande rede mundial de comunicação com prestação de diversos serviços. O acesso é livre, mas o usuário dependerá de um provedor, que poderá ser pago, ou não, para se conectar com a rede. A conhecida tecnologia da comunicação, valendo-se de recursos mais modernos, criou o "frete da informação", isto é, a Internet.

A internet é algo que veio para ficar. Há muito tempo têm sido desenvolvidos os padrões da internet, bem como se tem feito (investido) no sentido de atualizá-los. Já se falou muito sobre a importância da informação, porém, ultimamente, não basta que seja gerada. É preciso que esta seja disponibilizada, em tempo oportuno para seu usuário.

Em poucas palavras podemos considerar a internet como sendo um conjunto de facilidades de comunicação e conectividade. A internet é uma grande rede mundial de comunicação com prestação de diversos serviços. Embora o acesso seja livre, o usuário dependerá de um computador provedor (canal comercial de acesso), que poderá ser pago ou não, para se conectar com a rede. Este provedor abriga vários sites.

A internet não é uma ciência nem uma técnica, nem um processo ou procedimento. É apenas uma janela livre e gratuita de conexão, por onde as pessoas podem enxergar o mundo e aprender, tendo uma multiplicidade de escolha. Originalmente estabelecida para facilitar a pesquisa e a troca de experiências acadêmicas, a internet está agora disponível a uma audiência muito mais ampla. Os usuários podem enviar e-mails, trocar opiniões, comprar produtos, acessar notícias, manter-se atualizado em artes e negócios, ampliar seus horizontes em cultura e educação.

Em 1989, Tim Berners-Lee cria na Suíça o programa que dá à luz a WWW (Word Wide Web) ao permitir que textos e figuras sejam transferidos e captados por qualquer computador. Numa atitude rara, Tim torna a sua criação um domínio público. Em 1991, é levantada a barreira que impedia o uso da Internet para fins comerciais.

No ano seguinte, aparece o primeiro *browser*, que permite o acesso à rede através do mouse. É o fim dos códigos de programação. Em 1994 surgiu o primeiro provedor brasileiro.

Nas mãos do público, a Internet provoca uma revolução nas comunicações e no mundo dos negócios. Sua evolução é cada vez mais rápida. Qualquer que seja o futuro, a Internet estará presente na sua vida. É um caminho sem volta.

A Internet possui certas características que ajudam muito o canal de marketing direto:

- Capacidade de armazenar enormes quantidades de informações, em localizações virtuais diferentes, de maneira barata.
- Disponibilidade de meios poderosos e econômicos de buscar, organizar e disseminar essas informações.
- Interatividade e capacidade de fornecer informações mediante pedido, em sites de busca.
- Capacidade de funcionar como veículo de transações com custos relativamente baixos.
- Possibilidade de publicações de textos, livres de censura, inteiramente gratuitos, na forma de "blogs".
- Capacidade de otimizar o canal de distribuição física de bens.
- Facilidade de criar novos vendedores no espaço virtual.

Os principais elementos da internet são:

Usuário – É a pessoa (ou grupo de pessoas) para quem o sistema é construído. A primeira preocupação que se deve ter no desenvolvimento de um sistema é com relação às necessidades de cada usuário. O usuário da internet é chamado internauta.

Intranet – É uma espécie de Internet interna numa organização para atender aos departamentos e veicular: informações, políticas, novos produtos, novidades tecnológicas e mercados em processo de expansão. Ela provocou automação extensiva das funções organizacionais, aumentando suas eficiências.

Extranet – É um site privado de Internet que possibilita várias empresas compartilhar informações e realizar negócios com segurança.

Incubadora – É a empresa que presta assessoria, consultoria e parceria a outra empresa que deseja ingressar na Internet para um determinado mercado.

Protocolo – A internet é uma imensa rede de computadores que possui padrões de comunicação muito bem definidos. A internet não teria êxito se não tivesse padrões bem definidos e difundidos. Os computadores clientes não iriam ser capazes de estabelecer conexões com os computadores servidores sem a existência de padrões e regras (protocolos). O protocolo mais famoso é o http e sua derivação o https.

Rede Doméstica – A expressão rede significa internet, porém, hoje, fala-se de rede referindo-se a "Rede Doméstica", porque ter dois ou mais computadores de mesa que não se comunicam é, em certos casos, um desperdício. Com as máquinas conectadas, recursos de cada uma delas passam a atender a todas. A rede doméstica permite: compartilhar a conexão com a internet, impressoras e discos; transferir arquivos; centralizar o backup.

Padrões – Como podemos perceber, a internet tem esse grande êxito por conta de padrões bem definidos e difundidos. Imaginem a internet sem seus padrões. Os computadores clientes não iriam ser capazes de estabelecer conexões com os computadores servidores, pelo menos como conhecemos.

Tempo Virtual – A economia virtual repousa sobre as mudanças tecnológicas. É possível uma agenda em tempo real (aquela que controla todos os dias, 24 horas), mas ela pouco terá a ver com o tempo virtual. Este tempo é aquele em que tudo está em constante mutação e as sábias decisões de hoje cedo já não parecem tão sábias ao meio dia, porque alguém apertou uma tecla em algum lugar do mundo, provocando um efeito dominó em todo planeta. Assim, fica a impressão de que o único tempo que existe é o virtual, porque é nele que as coisas acontecem.

Domínio – Os servidores podem ser identificados de duas maneiras: via seu IP (número de identificação) e via seu endereço virtual (site). É comum os servidores se cadastrarem em Servidores de Domínio, o que nada mais é do que vincular o número IP a um nome. O número 143.107.92.195 designa o endereço www.eac.feasp.usp.br, por exemplo. Assim, o usuário pode digitar uma das duas formas que será conduzido à página desejada. Após essa identificação, há a possibilidade de se indicar um subdiretório (pasta) dentro do servidor, onde os dados serão apresentados de forma mais explícita.

Capítulo 10
COMUNICAÇÃO

"Leonardo da Vinci podia imaginar todos os tipos de brilhantes dispositivos mecânicos, mas todos eles ficaram no papel, sem serem construídos, porque ele não conseguiu informações suficientes para criar um motor para movê-los."

Lester Thurow

OBJETIVOS DO CAPÍTULO

- Mostrar que sem comunicação é impossível levar adiante um empreendimento.
- Mostrar objetivos e funções da comunicação.
- Mostrar os elementos básicos do processo de comunicação.
- Mostrar os principais obstáculos à comunicação.

10.1 COMUNICAÇÃO

A palavra comunicar vem do Latim com a significação de "pôr em comum". O que é comunicação? Comunicação é mensagem emitida, transmitida, recebida e percebida. O sinal, o signo, a informação emitida é a mensagem da comunicação. Na comunicação, há sempre uma intenção básica e certamente o transmissor espera que o receptor a compreenda.

A comunicação é uma função administrativa, cujo objetivo é o de informar, educar, instruir, persuadir, divertir, influenciar, entre duas ou mais pessoas, através de fatos, ideias, símbolos, sentimentos, palavras, opiniões e emoções. Embora a comunicação tenha aplicação multiforme em todas as fases da administração, ela é, particularmente, importante na função administrativa direção. A comunicação é a ação de revelar dados e informações.

Newman e Summer definem a comunicação como uma troca de fatos, ideias, símbolos, opiniões ou emoções entre duas ou mais pessoas. Ela foi definida pela The American Society of Training Director como: "O intercâmbio de pensamentos e informações para criar compreensão mútua e confiança ou boas relações humanas".

Chester Barnard foi um dos primeiros a considerar seriamente a comunicação na empresa de grande porte. Ele disse: "A necessidade de um sistema definido de comunicação cria a primeira tarefa do administrador e é a origem imediata da organização".

Segundo Harold Koontz, "a comunicação é o meio pelo qual o comportamento é modificado, a mudança é efetivada e as metas são notificadas". Na consecução dos objetivos da empresa, a comunicação é fator catalisador de extrema importância.

Segundo Chiavenato, a comunicação é um processo de informação e compreensão de uma pessoa para outra. É essencialmente uma ponte de significados entre pessoas. Uma pessoa sozinha não pode se comunicar com outra pessoa, a menos que esta receba a mensagem e a compreenda, quando o ato de comunicação se completa.

Muitas vezes, a comunicação é encarada como uma simples troca de informações. Pensamento errado, pois a comunicação é muito mais do que isso. A falta de esclarecimento aos empregados sobre o papel que devem desempenhar na equipe empresarial, a falta de clareza na descrição das atribuições individuais e das delegações de autoridade, explica, provavelmente melhor do que qualquer outro defeito, o conflito, a politicagem e a ineficiência.

Talvez, por ser um fenômeno tão natural e universal, tal como a respiração, a comunicação não foi considerada objeto específico de estudo científico até muito recentemente. Os filósofos gregos, por exemplo, mantinham longas discussões sobre um assunto, sempre, porém, confinando-o à palavra, que recebia o nome de retórica ou arte da persuasão.

A ciência da comunicação é filha de muitas mães e, talvez por isso, a sua evolução tenha registrado diversas mudanças de orientação. Hoje, as preocupações com esta ciência são de âmbito geral e já se infiltraram em muitas das atividades humanas.

10.2 CONSIDERAÇÕES SOBRE COMUNICAÇÃO

A seguir, algumas considerações sobre comunicação:

O fato de duas pessoas estarem juntas cria uma curta tensão em ambas e essa tensão as impele a entrar em comunicação, isto é, a trocar mensagens entre si, quer sobre o ambiente ou sobre si mesmas. Apelam a seus repertórios em busca de uma convergência, tratando de se comunicarem. É preciso observar que nem sempre a comunicação leva, necessariamente, à comunhão. Pois, pensar desta maneira, é desconhecer, ingenuamente, a natureza conflitual do homem e da sociedade.

Na realidade, é possível obrigar as outras pessoas a modificar seus significados e aceitar os nossos. Podemos forçar a modificação de opiniões, sentimentos e crenças, mediante a persuasão manipuladora, a sedução, a lavagem cerebral, a coação violenta e o domínio imposto. Este tipo de falsa comunhão é muito frequente.

Muitos diálogos aparentemente comunicativos podem, de fato, ser atos de não comunicação ou cooptação. Não são raros os pais que oprimem seus filhos, os políticos que enganam o povo e os professores que impõem ideias aos seus alunos, ou pior, fingem que ensinam. O resultado foi uma explosão de conhecimentos paralelos, cuja força ativa foi a difusão de ideias e informações, através da multiplicidade dos meios de divulgação.

A grande complexidade, os altos custos e especializações envolvidas tendem, grandemente, a centralizar as comunicações. Há o perigo de que a difusão venha a limitar-se à simples disseminação, à publicação de fatos ou "verdades padronizadas" em vez de matéria bruta passível de ser confrontada e modelada em formas úteis e variadas, castrando a reflexão, atitude utilíssima ao ser humano, para que evolua e abandone paradigmas obsoletos e não ajustados à realidade.

Em síntese, a nova revolução nas comunicações não é, necessariamente, apenas uma extensão da primeira explosão de conhecimentos que criou a sociedade moderna.

Como as pessoas empregam mais os conhecimentos do que as mãos, elas necessitam de mais informações e mais realimentação, maior número de ideias, opiniões e um sentido de contexto e perspectiva, bem como uma apreciação da eficácia do seu trabalho. O volume de comunicação aumentou tanto que a Lei dos Rendimentos Decrescentes (aumentar a produção não significa, necessariamente, maior produtividade) já começou a atuar.

Da mesma forma podemos esperar que nossas comunicações totais se tornem progressivamente mais desagradáveis, mais oportunistas e mais numerosas. Estaremos realizando comunicações menos eficazes do que os meios e processos de comunicação? Tudo isso mais as atuações de vários outros fatores concorrentes, como o poder econômico, produzem o efeito de concentração progressiva do fluxo de comunicação nas mãos de poucos.

Comunicador é aquele que pensa, fala ou redige a mensagem. O comunicador, para poder exercer o seu mister, terá de observar as seguintes condutas:

- Ter uma redação correta, objetiva, clara e concisa, para expressar o pensamento em: ordens, planos, programas, políticas, decisões, estratégias, táticas, relatórios, projetos e soluções.
- Ter a palavra fluente, a voz impostada, a dicção correta e o estilo sem requintes para se comunicar.
- Ter a cortesia, a educação e a perspectiva na condução dos debates, negociações e ideias.
- Utilizar recursos audiovisuais, gráficos e de outras naturezas, para que possam mais bem expressar o seu pensamento.
- Ter o conhecimento conceitual necessário para buscar objetividade, homogeneidade da linguagem, entendimento e cumplicidade.
- Saber ler o ambiente e as pessoas, prevendo mudanças do cenário em que atua, é fundamental.
- Ajudar as pessoas a terem as informações que precisam.

10.3 FATORES DA COMUNICAÇÃO

A seguir, abordaremos alguns fatores da comunicação que ajudarão a mais bem compreender o conceito de comunicação:

Teoria da Comunicação – Teoria fundamentada no princípio geral da percepção. A concepção do nosso próprio universo, e de tudo que este contém, depende do conhecimento que temos dos processos de sua percepção. Naquilo que significa para nós, os símbolos visuais e sonoros convencionais do nosso repertório (conjunto de conhecimentos) comum chamamos palavras.

Meios de Comunicação – Verifica-se a existência de certa fartura de meios de comunicação, nunca imagináveis. Em nenhuma outra área têm-se visto homens e mulheres inteligentes, trabalhando com tanto afinco e dedicação no aperfeiçoamento dos meios de comunicação, nos escritórios, nas empresas, nas organizações, nos governos e nas sociedades.

O uso dos meios de comunicação é, simultaneamente, arte e tecnologia. Arte, porque os meios não são frios e indiferentes transportadores de mensagens. Tecnologia, porque, baseada em descobertas científicas, presencia o desenvolvimento acelerado de novos mecanismos de transmissão e recepção.

Os objetivos dos meios de comunicação são diversos e, a cada dia, mais ambiciosos, tais como:

- Multiplicar o número de pessoas que podem ser atingidas pela mensagem.

- Aumentar o número de mensagens diferentes que podem ser distribuídas de uma só vez.
- Aumentar a velocidade de difusão da mensagem.
- Incrementar a fidelidade da transmissão.
- Permitir a realimentação e o diálogo.
- Possibilitar a retenção de mensagens para uma utilização e/ou distribuição oportuna.
- Tornar os sistemas de comunicação mais eficientes, eficazes e efetivos.

McLuhan, a quem devemos um avanço significativo na compreensão dos meios de comunicação como extensão do homem, contribuiu também com a ideia revolucionária de que "os meios são, em certo sentido, a própria mensagem e que a mensagem intrínseca, que eles impingem sobre nossas mentes, é, basicamente, mais decisiva que a mensagem transmitida".

Premissas da Comunicação – As premissas servem de base para mostrar coisas evidentes, difíceis de serem contrariadas. São como conclusões lógicas e antecipadas, frutos de estudos e experiências anteriores. O conhecimento de premissas é de extrema valia para a solução de problemas. A seguir, algumas premissas da comunicação:

- Um melhor desempenho empresarial é fruto de um bom sistema de comunicação.
- A tomada de decisão só se transforma em ação se for comunicada.
- A comunicação de padrões leva o participante a assumir mais responsabilidade.
- A intensidade da comunicação deve estar em função da importância daquilo que se quer comunicar.
- O dirigente utiliza, no dia a dia, mais a comunicação oral do que a escrita.

Princípios da Comunicação – Princípios são verdades fundamentais, ou que se crê serem verdades, num determinado tempo, que explicam as relações entre variáveis. Embora, para cada princípio quase sempre se possa estabelecer um outro, em contraposição, igualmente aceitável. O comunicador deve conhecer princípios para que a comunicação seja realizada da melhor maneira possível.

A seguir, são colocados alguns princípios da comunicação:

Princípio do Maior Uso – O comunicador que mais usar determinado tipo de comunicação deve deter o seu controle.

Princípio da Direção – O comunicador não deve se desviar do tema em pauta.

Princípio da Atenção – O comunicador deve manter atenção em quem fala.

Princípio da Reflexão – O comunicador deve encorajar o outro a pensar.

Princípio da Clareza – O comunicador deve aprimorar, a todo instante, a qualidade do processo de comunicação para que o outro entenda o valor da mensagem.

Princípio da Integridade – O comunicador não deve se desviar do motivo da comunicação.

Princípio da Utilidade – A comunicação deve ser encarada como uma ferramenta de trabalho.

Princípio da Relevância – O comunicador não deve perder tempo com comunicações sem real significado.

Princípio da Pertinência – O comunicador deve usar meios e modos de comunicação que sejam adequados ao momento.

Princípio da Objetividade – O comunicador não deve se perder em meandros e prolixidades da linguagem.

Princípio da Simplicidade – A comunicação deve conter o essencial. O belo se traduz pelo simples.

Princípio da Veracidade – A comunicação deve expressar a verdade sobre o fenômeno analisado.

Princípio da Exatidão – A comunicação deve apresentar valores exatos, sempre que possível.

Princípio da Concisão – A comunicação não deve exagerar no tamanho, apresentando coisas que nada têm a ver com o assunto.

Princípio da Dúvida – O comunicador deve sempre aceitar que o outro pode duvidar do que está dizendo.

Princípio da Comparação – O comunicador deve, sempre que possível, usar de exemplos, exercícios, referenciais, modelos para permitir a comparação.

Princípio da Padronização – A comunicação deve usar padrões (metodologias, nomenclaturas, terminologias) de conhecimento comum.

Princípio da Atualização – A comunicação deve retratar o momento de sua construção.

Princípio da Congruência – O comunicador deve se ater ao objeto da comunicação.

Princípio do Entendimento – O comunicador deve se dirigir a um público-alvo que compreenda aquilo que é comunicado.

Dificuldade de Comunicação – É sempre bom relembrar que a falta de esclarecimento aos empregados sobre o papel que devem desempenhar na equipe empresarial, a falta de clareza na descrição das atribuições individuais e das delegações de função, explica, provavelmente, melhor do que qualquer outro defeito, o conflito, a politicagem e a ineficiência.

A falta de formalização das tarefas e das linhas de autoridade. A falta de uma clara determinação da responsabilidade pela execução de um trabalho, pode fazer de uma equipe um grupo de indivíduos invejosos, inseguros e tendentes a passar adiante a responsabilidade.

A dificuldade de se obter um relato preciso de um acidente, por exemplo, serve para demonstrar que os seres humanos não são bons transmissores de fatos, fenômenos e ideias. Nem mesmo as testemunhas oculares chegam a um acordo. Depois que cada uma delas narra os acontecimentos a um terceiro, que, por sua vez, os transmite a outrem, os relatos ficam inteiramente embaralhados. A mesma dificuldade ocorre nos negócios.

Assim, quanto maior forem os elementos do canal de comunicação, tanto maior o perigo de que a mensagem (ordem, instrução, solicitação, pedido) sofra séria distorção.

10.4 CAPACIDADE DE COMUNICAÇÃO

O administrador precisa ser dotado de meios e recursos de comunicação dos quais não se deve descuidar. Assim como já abordado, ele deve ter: uma redação correta, objetiva, clara e concisa para expressar o pensamento em ordens, planos, programas, políticas, decisões, estratégias, táticas e relatórios, a palavra fluente, a dicção impostada, o estilo sem requintes para se expressar, a cortesia, a educação e a perspectiva na condução dos debates e negociações, a utilização de recursos audiovisuais e de outras naturezas que possam expressar melhor o seu pensamento.

Para um indivíduo ter uma boa capacidade de comunicação será necessário que mostre certas habilidades. Assim, a seguir, as habilidades do comunicador:

Habilidade de Prontidão – Habilidade da pessoa que realmente demonstra o desejo de se comunicar com outra. Não basta querer, pois é necessário possuir capacidade para tal.

Habilidade de Relacionamento Humano – A habilidade de relacionamento humano do administrador consiste na capacidade de saber se relacionar com as pessoas, através de mecanismos de persuasão, motivação e liderança. Um administrador deve naturalmente compreender que ele não é perfeito, que as pessoas que trabalham para ele e com ele não são perfeitas e que sua empresa não é e nem jamais será perfeita.

O bem-sucedido executivo é uma pessoa que mantém alta média de acertos na avaliação precisa das forças que determina qual deve ser seu comportamento mais apropriado em determinado momento e, efetivamente, ser capaz de comportar-se de acordo com a situação.

Habilidade de Negociação – Habilidade que consiste na capacidade do indivíduo ser aquele que encontra meios para alterar ou dirigir o comportamento da outra parte. Para tal, será preciso interessar, dissuadir ou atemorizar.

Habilidade Política – Habilidade do indivíduo que consiste no uso de estratagemas, às vezes maquiavélicos, para atingir seus objetivos. Ele usará de recursos para lidar com proprietários, colegas, superiores, subordinados e familiares. O administrador que quiser ser um profissional politicamente correto deve:

Usar de cautela ao aceitar conselhos; evitar relação entre superior e subordinado muito íntima; manter jogo de cintura; usar resistência passiva quando necessária; não hesitar em ser implacável quando conveniente; limitar o que deve ser comunicado; reconhecer que raramente são guardados segredos na organização; aprender a não depender muito de um subordinado, a menos que veja nele lealdade; estar disposto a transigir em pequenas coisas; ser hábil em dramatização e ser um negociador persuasivo; irradiar autoconfiança, dando demonstração de sucesso material; evitar a rigidez burocrática; lembrar de elogiar em público e censurar isoladamente; ser compreensivo e receptivo em relação às opiniões que difiram das suas.

Habilidade Psicológica – A habilidade psicológica é uma característica em lidar com os erros das pessoas, tanto superiores quanto subordinados. Os erros são para servir de lição e de ponto de partida para novos rumos e não para serem rememorados.

A eterna preocupação por causa de um erro é uma atitude estéril. Todo administrador precisa adquirir uma verdadeira tolerância para com suas próprias imperfeições e uma capacidade para utilizá-las de forma positiva.

Atribuir responsabilidades às pessoas e deixá-las cometer erros, poderá ser a mais alta função da direção de uma empresa. A tolerância, no que diz respeito a erros, é tão importante quanto à flexibilidade no trato do problema original. A nova decisão que se segue ao erro verificado, pode não somente neutralizar os efeitos negativos do mesmo como também adquirir uma amplitude maior.

Habilidade Perceptiva – A habilidade perceptiva está voltada para a leitura rápida que se faz das pessoas, das organizações, dos ambientes e dos mercados. Como a percepção de uma pessoa vem através dos sentidos, é possível que haja uma distorção da realidade comum aos demais, porque ela é intrínseca ao indivíduo.

A percepção do ambiente está em função dos dados coletados. Tais dados serão interpretados, em função do nível do indivíduo (observador, analista ou pesquisador). É difícil, assim, dizer se esta interpretação é a melhor possível.

Habilidade de Generalizar – Esta habilidade é inerente ao homem para tornar a vida mais tolerável e mesmo possível. Do contrário, cada um dos problemas com que se defronta requereria que ele começasse tudo de novo, a partir do zero. Cada geração teria de aprender desde cedo, por si só, tudo quanto precisa saber para sua sobrevivência e progresso.

Habilidade Analítica – A habilidade analítica consiste em saber a utilidade e a potencialidade das técnicas administrativas e adquirir mais realismo, profundidade e criatividade na solução de problemas. Aprender a decompor problemas, identificar variáveis fundamentais, estabelecer relações de causa e efeito, buscar novos caminhos, objetivos, prioridades e alternativas é a base da análise.

Habilidade Cognitiva – A habilidade cognitiva se traduz na capacidade de reflexão crítica a respeito dos problemas que o administrador procura interpretar e descobrir suas causas e seus efeitos. O fracasso na resolução de um problema vai revelar em que pontos se acham as dificuldades e as condições mínimas que uma solução deve satisfazer.

Saber definir e categorizar (classificar) o problema é de extrema importância, bem como cruzar informações em busca de soluções. Aquele que define bem um problema, já tem 50% da solução, porque difícil mesmo é saber qual realmente é o problema.

Habilidade Conceitual – A habilidade conceitual do administrador consiste na capacidade de utilizar conhecimentos, ideias, conceitos, leis, princípios, teorias e abstrações no seu trabalho.

Habilidade Crítica – A habilidade crítica é indispensável ao administrador, inclusive para a sua própria avaliação (autocrítica). Para adquirir senso crítico deve questionar sobre: resultados melhores, frequentes emergências, controles excessivos, objetivos inatingíveis, séries históricas (informações passadas) confiáveis; encontrar pessoas capazes e informações relevantes.

Habilidade de Resposta – É a pronta reação que o administrador tem para um problema, não sendo necessariamente a solução do mesmo. Essa habilidade requer da pessoa grande conhecimento do assunto em pauta.

10.5 OBJETIVOS DA COMUNICAÇÃO

Objetivo é o alvo (situação, resultado) que se pretende atingir, dentro de certo espaço de tempo. Ele determina a direção e o sentido para onde se deve concentrar esforços e recursos de toda a sorte. Os objetivos indicam a missão precípua da organização, isto é, aquilo para a qual foi criada e constituem uma fonte de legitimidade, que justifica suas atividades e, na verdade, até sua existência. Também servem como padrões, através dos quais os membros de uma organização podem avaliá-la.

A falta de objetivos, um que seja, é como um barco sem rumo. Os objetivos esclarecerão o que realmente queremos alcançar e, ao mesmo tempo, oferecer um sentido para viver e utilizar o tempo. São poucas as pessoas que definem seus objetivos de vida, e quando os definem, não são claros. Parece ser mais fácil dizer o que não se quer.

Novos objetivos ajudam a esquecer os fracassos passados. Daí a importância de se estabelecer metas e desafios para a vida, pois isso nos ajudará a descobrir e esclarecer o que realmente queremos alcançar e, ao mesmo tempo, oferecer um sentido para viver.

Não é suficiente definir objetivos, mas também os recursos e as ações necessárias para alcançá-los. Deve-se também definir as prioridades desses elementos, com clareza, sem ambiguidades. Se várias tarefas são passadas aos nossos subordinados ou recebemos várias incumbências de nossos chefes, devemos sempre questionar: Até que ponto cada uma dessas tarefas contribui para os meus próprios objetivos?

Além do que já foi dito, é interessante observar que os objetivos são importantes, tendo em vista que:

- Fornecem às pessoas elementos necessários e suficientes para que exerçam seus respectivos papéis.
- Permitem o trabalho em equipe e eliminam as tendências egocêntricas de grupos existentes na organização.
- Servem como referências para avaliar decisões estratégicas, táticas, planos e políticas.
- Orientam o questionamento da pesquisa.
- Estimulam o empenho das pessoas para resultados melhores.
- Ajudam à utilização e otimização de recursos próprios.

O principal objetivo da comunicação é a mudança, independentemente de ser, ou não, alcançada de maneira formal. Na comunicação, há sempre uma intenção básica e certamente o transmissor espera que o receptor a compreenda.

O estabelecimento dos objetivos da comunicação deve levar em conta os seguintes critérios:

- Buscar a coerência e melhorar o nível de percepção.
- Revelar um fato (constatação empírica de um acontecimento).
- Mudar um comportamento e desenvolver compreensão.
- Fazer com que as partes tenham a mesma linguagem, com entendimento.
- Divulgar a solução de um problema, uma decisão, uma estratégia (tática), uma política (procedimento).

10.6 FUNÇÕES DA COMUNICAÇÃO

Segundo Katz e Kahn, a comunicação precisa ser considerada não como um mero contato que ocorre entre o transmissor e o receptor, mas como uma função psicossocial numa organização. Considerando a comunicação, como processo de interação humana que se realiza mediante símbolos organizados em mensagens, é oportuno, então, resumir as funções da comunicação:

Função Estimuladora – Segundo Jean Piaget, "a inteligência humana só se desenvolve quando é estimulada". Se ninguém fala com a criança, nem sua inteligência e nem sua linguagem serão desenvolvidas. A comunicação, portanto, é fundamental para a formação da personalidade. A mente e a personalidade emergem na experiência social por meio da comunicação.

Função Identificadora – É por esta e por outras razões que Ruesch e Bateson acham que "a comunicação é a matriz da psiquiatria e que muitos psicólogos clínicos acreditam que a maioria das patologias mentais de que sofremos são desordem de comunicação".

Função Expressiva – As pessoas não só desejam e precisam receber comunicação, participar da mesma, mas, basicamente, desejam, ainda mais, expressar suas emoções, ideias, temores e expectativas. A necessidade humana de expressão é tão forte que, às vezes, supera a necessidade de comunicar-se com os outros.

Função Social – Uma necessidade básica do homem é vincular-se a um grupo, mediante relações e processos de comunicação afetivos.

Função Informativa – A comunicação possui a função de revelar o mundo.

10.7 PROCESSO DE COMUNICAÇÃO

Como já visto, processo é um conjunto de etapas sequenciais que apresenta mudança ao longo do tempo, tendo certa continuidade. É dinâmico, cíclico e sistêmico (cada etapa afeta as demais). É o detalhamento de como fazer.

O processo de comunicação é fundamental numa organização, pois pode: minimizar diferenças pessoais, melhorar o nível de entendimento, mostrar problemas estruturais, racionalizar o uso do tempo. Mas também pode agravar problemas e conflitos.

Praticamente, todo e qualquer trabalho é visto como um processo. Mesmo que se faça uma atividade de diferentes maneiras, é básico que se siga um processo já estabelecido anteriormente ou que seja fruto de um ato empírico, constituindo-se, em ambos os casos, num padrão momentâneo.

O processo de comunicação é o verdadeiro objeto de estudo da comunicação. É a sua essência.

No processo de comunicação se questiona (Fórmula de Lasswell):

- Quem é o comunicador? Sua reputação, sua capacidade de comunicar.
- Que diz a mensagem? A informação, por si só, não tem sentido. As pessoas lhe dão sentido apenas por aquilo que conseguem captar.
- Quem é o receptor? A comunicação é percebida? Só é importante o que é visto e ouvido pelo outro, e nele desperta reação. Com efeito, não há comunicação a não ser que o receptor esteja envolvido.
- Qual o meio utilizado? Marshall McLuhan tornou-se famoso ao afirmar que "o meio é a mensagem". A notícia, que vai ao ar pela TV, não é a mesma quando veiculada pelo rádio, jornal ou revista.
- Que reação provoca a mensagem? A comunicação exige ida e volta. Você precisa de algum tipo de "feedback" para saber se teve sucesso.

A explosão de informações dificulta o controle da comunicação, porque há muitas informações no mercado que nos levam a trilhar caminhos erráticos. A maior parte dos problemas pessoais é totalmente devido à pobreza e ao colapso da comunicação, à incompreensão do que é comunicação ou à falta completa dela.

Heráclito destacou a importância do conceito de processo ao declarar: "um homem não cruza, mais de uma vez, um mesmo rio utilizando o mesmo processo". Aceita-se, na comunicação humana, o princípio de nada existir na razão, sem que tenha passado primeiro através dos sentidos.

A interação humana é bem ou malsucedida, em função do processo de comunicação utilizado.

A seguir, uma rápida conceituação dos elementos da comunicação:

Fonte – A fonte significa a pessoa que emite ou fornece a mensagem.

Emissor – O emissor, ou remetente, desenvolve uma ideia ou escolhe um fato para comunicar, isto é, o conteúdo da comunicação. O emissor organiza a mensagem por meio de uma série de símbolos, sinais, códigos, nomenclaturas pelos quais pretende comunicar a outra pessoa, ou seja, o destinatário.

Transmissor – O transmissor significa o meio, processo ou equipamento que codifica e transporta a mensagem, por meio de um canal (meio) até o destino. Em princípio, todo transmissor é um codificador de mensagens.

Codificador – Equipamento que modula o sinal, numa determinada frequência, para que a mensagem possa fluir pelo canal de comunicação, sem problemas.

Canal – É o espaço intermediário situado entre o transmissor e o receptor.

Receptor – O receptor é aquele que recebe a mensagem, decodifica e manda ao destino. A princípio, todo receptor possui meios de decodificar a mensagem.

Decodificador – Equipamento que faz a demodulação dos dados transmitidos para que sejam entendidos pelo destinatário.

Destino – É o ponto final da mensagem, que faz um retorno para a fonte, para dizer que recebeu a mensagem e como a interpretou.

Ruído – O conceito de ruído envolve as perturbações internas presentes ao longo dos diversos componentes do processo. Uma informação ambígua, ou que induz a erro, é uma informação que contém ruído. Uma das maneiras de se reduzir o ruído é a redundância, isto é, repetição da mensagem, para garantir a interpretação da mensagem. Em todo o processo de comunicação sempre existe algum grau de ruído.

O modelo dos elementos da comunicação, serve como orientação aos comunicadores sobre como se arranjar mensagens e mídias eficazes para o público-alvo.

10.8 METODOLOGIA DE COMUNICAÇÃO

Metodologia é o conjunto de etapas de uma ação organizada de procedimentos, que pode servir de ferramenta para avaliar se um projeto, por exemplo, foi bem desenvolvido. Ela visa atingir um determinado objetivo. Se este não for alcançado, é porque, provavelmente, a ação não seguiu a sequência metodológica estabelecida, ou a mesma não foi bem delineada por falta de conhecimento.

A contribuição da metodologia é a de organizar as atividades, tornando mais provável que os problemas sejam atacados no momento apropriado.

Toda metodologia deve possuir uma filosofia própria, isto é, um conjunto de ideias iniciais que constitui a sua fundamentação conceitual e que serve de embasamento para as demais regras de sua construção.

Uma metodologia de comunicação pode ser estruturada da seguinte forma:

a) Definir o objeto da comunicação.
b) Identificar o público-alvo.
c) Determinar objetivos a serem alcançados.
d) Escolher o sistema de comunicação mais apropriado.
e) Selecionar o canal de comunicação.
f) Escolher o tipo de linguagem.
g) Escolher e selecionar mensagens.

h) Estudar viabilidade de execução.
i) Montar orçamento.
j) Implementar sistema de comunicação.
k) Avaliar resultados.
l) Estabelecer correções.

10.9 COMUNICAÇÃO HUMANA

Durante muitos anos, acreditava-se na hereditariedade como fator decisivo na inclinação individual por determinada profissão. Essa crença não foi partilhada pela Psicologia Moderna, mais propensa a acreditar no aprendizado. Assim, qualquer homem tem o potencial necessário ao exercício de qualquer atividade, e o aprendizado é fator decisivo na adaptação do indivíduo ao trabalho e ao ambiente.

Comunicação feita por meio de regras de conduta, quase sempre, muito exigentes. Ela apela para a motivação e valores (aspirações, propósitos) comuns àqueles que estão se comunicando. Não havendo convergência, não haverá comunicação.

Na comunicação humana, o indivíduo pode possuir uma tendência inata a comunicar-se bem, como pode aprender a desenvolver essa habilidade. Em qualquer hipótese, deverá começar por uma autoanálise. Estudada pelo prof. Wayne Thompson, da Universidade de Michigan, a autoanálise preparatória ao estudo da comunicação humana compreende destacar alguns aspectos merecedores de citação:

Conhecimentos Gerais – A frase de John Dewey, "nenhum homem é uma ilha", é hoje axioma da Psicologia Social. A sociedade moderna tende a empolgar o indivíduo e a grande luta está sendo travada entre o esforço de afirmação da individualidade e as pressões sociais, que procuram diluir o indivíduo na sociedade humana.

Os conhecimentos gerais do homem de nível mental médio devem ser bem superiores, hoje em dia, ao que foram no passado por força do impacto diário, permanente e obsessivo dos instrumentos de comunicação de massa.

Ajustamento da Comunicação – Na comunicação humana, é essencial à inteligibilidade da mensagem, isto é, precisa ser clara e compreensiva na transmissão e na recepção. Se não o for na transmissão, o receptor não compreenderá a mensagem, ou não chegará sequer a percebê-la. A mesma coisa acontecerá se a recepção não der retorno (feedback).

Em ambos os casos, é indispensável a sintonia do receptor com o transmissor, isto é, o transmissor e receptor devem estar bem ajustados. Não ajustado, o transmissor emite mal e os sons vêm carregados de interferências. Não ajustado, o receptor capta mal e distorce os sons, os quais passam a ser inteligíveis.

Precisão de Pensamento – É possível pela comunicação chegar-se a um grau razoável de precisão de pensamento, mas fazer da mesma um elemento de predisposição ao estudo da comunicação humana, parece uma redundância descabida.

Maneira de Ouvir – Em geral, preferimos falar a ouvir, muito embora a sabedoria popular insista em que o silêncio é de ouro. Preferimos falar, porque falando estamos transmitindo as nossas ideias. Enquanto ouvindo, abrimos as nossas mentes ao pensamento dos outros. A verificação da nossa maneira de ouvir tem a virtude de chamar a atenção para um dos mais úteis instrumentos de comunicação humana. É ouvindo que aprendemos!

Maneira de Ler – A maneira de ler deve ser analisada individualmente, pois através da leitura é possível aperfeiçoar a capacidade de comunicação humana. Sabemos, por exemplo, que a velocidade da leitura pode aumentar, sem detrimento da compreensão. Maior rapidez na leitura significa notável economia de tempo para o empreendedor, o qual passa a ter maior disponibilidade para dedicar-se a outras tarefas.

A pedagogia moderna dedica especial atenção ao aprendizado da leitura, aceitando o princípio de que da eficiência e da boa orientação desse aprendizado depende grande parte do progresso intelectual do indivíduo.

Maneira de Falar – Há os que falam aos arrancos, como se as palavras fossem extraídas à força do aparelho fonador. Há os que ao falar sobem e descem o tom. Há os que embrulham as palavras, de maneira a torná-las apenas sons sem significação. Há os que falam, mantendo a boca quase fechada, e as palavras conseguem escapar por entre os lábios, furtivas como fugitivos de uma prisão.

Há os que falam muito baixo ou muito alto, os que falam devagar ou correndo. Há os que têm voz fina, grossa, rouca, estridente, infantil, envelhecida. Enfim, a comunicação individual, sob nenhum outro aspecto, é tão personalística quanto na maneira de falar.

Maneira de Escrever – É na maneira de escrever que a personalidade da pessoa mais se revela. Muitas vezes, tudo quanto conhecemos de uma pessoa é o que ela escreve. Através da maneira de escrever vemos a pessoa.

O homem organizacional, queira ou não, vive às voltas com a necessidade de comunicar-se por escrito.

A comunicação humana sempre faz exigências. Requer que o receptor se torne alguém, faça algo, acredite em alguma coisa. Ela sempre apela para a motivação. Em outras palavras, se a comunicação estiver de acordo com as aspirações, os valores e os propósitos do receptor, ela será efetiva. Mas, se for contrária a eles, é provável que não seja recebida ou, na melhor das hipóteses, é provável que o receptor resista.

10.10 COMUNICAÇÃO NA ORGANIZAÇÃO

Desde as épocas mais remotas, existiu a organização como atividade contínua e permanente, dado que o homem sempre procurou racionalizar, aperfeiçoar e simplificar suas ações para conseguir maior rendimento ou o máximo de bem-estar com o mínimo de esforço. E este é o princípio básico e o objetivo final da organização.

O mundo é uma sociedade composta de organizações cada vez mais diversas. As pessoas nascem, crescem, vivem, trabalham, recebem tratamento de saúde, estudam, se divertem e são enterradas (cremadas) em organizações.

Organização é um conjunto intencional/interativo/cooperativo de recursos, funções, políticas, atividades, tarefas, responsabilidades, regido por pessoas para alcançar objetivos predeterminados e congruentes com a missão para a qual a organização foi criada. Ela procura dispor de recursos de tal forma que o conjunto, assim empregado, seja capaz de realizar uma atividade econômica ou um trabalho, com um mínimo de risco, esforço e custo.

Estudos de laboratório mostraram que o grau de eficiência com que um grupo resolve problemas foi influenciado pelo grau de otimização do processo de comunicação. Quanto mais adaptado estiver aos requisitos do processamento de informações, maiores são as probabilidades de que a tarefa seja desempenhada com eficiência.

Segundo Hampton, "as estruturas organizacionais e os mecanismos de coordenação podem ajudar, ou não, a formar um sistema de comunicação que atenda aos requisitos de informação de uma empresa, segundo a incerteza, complexidade e interdependência do trabalho a ser feito". O aumento destes fatores está diretamente ligado às necessidades de compartilhar, processar e comunicar informações.

A maneira como a rede de comunicação está estruturada faz diferença em sua capacidade de compartilhar ou processar informações.

"Os processos de comunicação não podem ser bons ou maus em si mesmos. São bons se ligam as pessoas de tal forma que as incentive a atingir os objetivos da empresa", segundo Joan Woodward. A análise das funções organizacionais revela a necessidade de dar ordens e instruções claras e precisas, bem como criar diretrizes e políticas.

O chefe deve ser um líder, sendo impossível liderar sem comunicação.

Por outro lado, as funções administrativas não se comunicam por si mesmas. Elas não são transmitidas, automaticamente, entre o superior e o subordinado. É preciso estabelecer um canal de comunicação para o intercâmbio entre os membros de uma equipe.

Para uma boa comunicação na organização é preciso falar com objetividade, ouvir com atenção, escrever com clareza, saber ler (entender), dar resposta (feedback). A capacidade de uma organização para manter um padrão de atividade complexo e altamente interdependente está sujeita, em parte, aos limites de sua capacidade para dar conta de toda a comunicação exigida pela coordenação.

A decisão e a comunicação andam sempre juntas, porque uma decisão que não é comunicada perde seu sentido.

10.11 DESEMPENHO DA COMUNICAÇÃO

Desempenho da comunicação é relativo às funções da comunicação, tais como: informar, educar, instruir, treinar, divertir, persuadir, por exemplo. Toda atividade ocasiona algum tipo de variação. É importante determinar os limites dentro dos quais essa variação pode ser aceita como normal.

Segundo Chiavenato, a comparação do desempenho busca localizar os erros ou desvios, sobretudo para permitir a predição de outros resultados futuros. Um bom sistema de controle deve proporcionar rápidas comparações, localizar possíveis dificuldades ou mostrar tendências significativas para o futuro.

Não é possível modificar o passado, mas a sua compreensão propicia auxílio para, a partir do presente, criar condições para que as operações futuras obtenham melhores resultados.

Nem toda variação exige correções, mas apenas aquelas que ultrapassam os limites dos padrões e que são denominadas erros ou desvios. O problema do desempenho está entre o desempenho esperado e o desempenho obtido.

O desempenho da comunicação será estudado quanto aos seguintes aspectos:

Eficiência – É a habilidade de produzir o desejado com o mínimo de esforço e custo. Da mesma maneira, a comunicação eficiente estará diretamente ligada a qualidade do canal. O canal será, mais ou menos, eficiente quando os obstáculos forem suprimidos ou minimizados.

Eficácia – É uma medida normativa do alcance de resultados (objetivos), isto é, relaciona-se com os fins almejados. A eficácia da comunicação ocorre quando o emissor obtém os resultados (respostas) esperados do receptor. Na comunicação eficaz, o objetivo do emissor é influenciar o receptor, de modo a que seja alcançado o resultado desejado.

Para ser eficaz, na comunicação oral, você deve: usar palavras simples e precisas; criar interesse, provocando perguntas; explicar a ideia, ilustrando e/ou exemplificando, sempre que possível; resumir a explanação, medindo a comunicação.

Para ser eficaz, na comunicação escrita, você deve: chamar atenção, despertando o interesse de alguém para aquilo que você escreve; envolver o leitor, através de uma redação atual e relevante; buscar um retorno favorável.

Efetividade – É o somatório da eficiência, mais a eficácia e mais a velocidade de resposta. A comunicação efetiva ocorre quando o nível de percepção do receptor concorda com o significado pretendido pelo emissor. Na comunicação efetiva, a compreensão é o alvo a ser alcançado.

Qualquer tentativa de traçar normas à efetividade da comunicação entre humanos esbarra na sua individualidade e, portanto, pode sofrer variações de pessoa a pessoa.

A comunicação se torna efetiva quando se chega, rapidamente, à compreensão, sendo para isso necessário conhecer a experiência comum do transmissor e do receptor, a significação comum de ambos (repertório), a atenção à mensagem recebida e ao feedback fornecido.

10.12 DESEMPENHO DO COMUNICADOR

Comunicador é tanto o emissor como o receptor. Assim é preciso estudar o desempenho do comunicador para enfrentar os obstáculos à comunicação, tanto do emissor quanto do receptor, é preciso que se desenvolvam atividades que conduzam os dois a darem um cunho performático ao processo de comunicação.

O receptor, não percebendo a intenção e o significado do emissor, faz inferências e deduções próprias sobre a mensagem, como se fossem observações reais.

Na performance (atuação, desempenho) do receptor e do emissor, deve-se considerar que ambos devem agir com empatia e neutralidade, reconhecendo seus sentimentos, suas próprias tendências, seus erros e certezas. Agir com tolerância e espontaneidade. Avaliar o objetivo da mensagem (controladora, ameaçadora, descritiva, orientadora) e evitar bancar o superior (manipulador), fingindo igualdade.

Se cada crítica feita a nós desencadear um comportamento de vingança, a nossa energia passa a raciocinar negativamente e a projetar sabotagens, em lugar de aprender e progredir.

Um problema fundamental na comunicação interpessoal, e talvez, principalmente, entre pessoas em cargos de autoridade (chefe, supervisor, gerente, diretor, superintendente, presidente) é a atitude de defesa dos receptores. O processo age da seguinte forma: Cada um de nós possui certa imagem e certo nível de amor próprio.

Quando a informação ameaça a nossa autoimagem, é provável que reajamos de algum modo para nos defender contra aquela ameaça e a manter uma autoestima, que conserve o nosso amor próprio.

Quando os emissores encaram os receptores como objetos a serem influenciados, movidos ou manipulados no sentido de algum resultado determinado pelo emissor, a implicação deste ponto de vista nem sempre se perde no receptor. Este fica apto a se sentir ameaçado pelo papel passivo que tem de desempenhar, sendo manipulado.

Ao contrário, quando o emissor demonstra um sentimento de igualdade é menos provável que ocorra uma maior defesa, mesmo que o emissor tenha mais status, poder e capacidade intelectual. Porém alguns emissores parecem dar pouca ou nenhuma atenção a essas diferenças e encorajam o trabalho grupal.

Quando os receptores sentem que são respeitados, que são confiáveis e que são considerados valiosos, eles recebem bem a mensagem.

10.13 OBSTÁCULOS À COMUNICAÇÃO

A comunicação deve ser suficientemente clara para transmitir significados desejados e para obter a compreensão e colaboração de seus participantes. Para enfrentar os obstáculos à comunicação, tanto do emissor quanto do receptor, é preciso que se desenvolvam atividades que conduzam os dois a darem um cunho performático ao processo de comunicação

Obstáculos à comunicação são restrições e limitações que ocorrem dentro ou entre as etapas do processo de comunicação, fazendo com que nem todo sinal emitido pela fonte percorra o processo de modo a chegar ao destinatário.

É importante que as necessidades práticas da comunicação sejam plenamente compreendidas e é igualmente importante que as questões envolvidas na boa comunicação sejam esclarecidas. Estas questões incluem: a condição de estar preparado para comunicar e o reconhecimento dos obstáculos à comunicação.

A falta de comunicação ou a comunicação deficiente e falha é causa de muitos problemas. Empregados que deixam de executar determinadas tarefas ou que as executam de forma errada, com desperdício de tempo e de materiais, muitas vezes, assim procedem, porque não foram informados ou foram mal informados. Ainda pode ser que, não sabiam o que fazer ou não compreenderam como fazer.

A boa comunicação, por outro lado, faz com que as pessoas tornem seu trabalho mais produtivo.

Assim, o sinal pode sofrer distorções, interferências, vazamentos e desvios. O boato é um exemplo típico de comunicação distorcida, ampliada e, algumas vezes, desviada do seu propósito. Tais obstáculos prejudicam a efetividade da comunicação.

O desentendimento pode facilmente levar ao desgosto, inimizade ou ódio, e, frequentemente, provoca guerra entre as nações. Eficiência, eficácia e efetividade da comunicação de A com B são afetadas por inúmeros obstáculos. Estes acontecem devido aos seguintes elementos:

Emissor (transmissor, fonte) – Os obstáculos podem ser devido à personalidade, preconceito, desatenção, nível de percepção, nível intelectual, grau de educação, experiência, clareza, objetividade, problemas da fala, audição e visão. Também pela falta de conhecimento específico, incapacidade de expressar o pensamento, coerência, afetação, prolixidade, pormenorização irrelevante, excesso de adjetivação, espontaneidade, habilidade transacional, habilidade em relacionar-se com pessoas, não credibilidade da fonte.

O emissor, se quiser, pode codificar uma mensagem. Isso acontece, porque cada pessoa atribui um significado diferente às palavras usadas. Ou então, cada palavra pode ter um significado compartilhado pelo emissor e receptor (mesmo repertório comum), porém a maneira com que as palavras estão ligadas pode deixar de efetivar a mensagem.

Meio de Transmissão – Os obstáculos podem ser devido a problemas de linguagem (polissemia, pleonasmos, exageros, paroxismos, anacronismos, rodeios, gírias), má elaboração da mensagem, tradução com imperfeições e erros, problemas de semântica e estrutura da língua, significação, abstração, ruído (distorção intermediária, deturpações, interferências), clima e moral organizacionais, sistemas de codificação e decodificação deficientes. A transmissão é também um processo perigoso, especialmente, quando a mensagem passa por muitos intermediários.

Canal de Comunicação – Os obstáculos, em grande parte, são devido aos níveis de percepção do receptor e do transmissor, bem como os recursos tecnológicos aplicados.

Receptor (destinatário) – Quanto ao receptor, os obstáculos podem ser devido à desatenção, avaliação prematura, interpretação subjetiva, fatores materiais, incapacidade de ouvir, estilo socrático de dialogar, má interpretação, nível de conhecimento insuficiente, falta de experiência, imaginação e vontade, incompatibilidade com o transmissor.

Mesmo que recebamos a mensagem enviada, a nossa interpretação do seu significado apresenta o risco final de uma má compreensão. Essa interpretação pode resultar em um grave mal-entendido, ou pelo menos em uma compreensão diferente, com graves consequências em potencial.

Retroalimentação – Quanto à retroalimentação, os obstáculos podem ser devido à falta de um sistema de retorno eficiente e eficaz que vá do receptor para o transmissor. Se não há a devida retroalimentação da comunicação, a mesma não acontece. Ela não se acha sempre presente na comunicação. É uma etapa extra que pode ou não estar presente em qualquer tipo de comunicação.

Quando a retroalimentação está ausente, a comunicação tem um único sentido. Quando há retroalimentação, a comunicação tem dois sentidos contrários (ida e volta), havendo entendimento ou não da mensagem.

Ruído – A pessoa que recebe a mensagem é o real comunicador, porque, se ela não fizer nada a respeito, a comunicação não se realiza. Aquilo que agir como interferência no canal é conhecido como ruído. O ruído pode estar em qualquer elemento da comunicação. Uma deficiência ou falha de quem transmite, palavras mal escritas, mal pronunciadas ou de sentido dúbio, defeitos ou perturbações auditivas, tudo isso são ruídos.

10.14 CLASSIFICAÇÃO DA COMUNICAÇÃO

A classificação é um ato ordenado e sistemático de fatos, fenômenos, teorias e itens, por exemplo, que os agrupa, de acordo com suas especificações e propósitos. A classificação da comunicação pode ser quanto aos seguintes elementos:

Quanto à Finalidade – A comunicação relativa à finalidade (propósito) pode estar voltada a informar, educar, entreter, doutrinar, treinar, instruir, ordenar, pesquisar, desenvolver.

Quanto à Forma – A comunicação pode ser: falada, ouvida, lida, escrita ou gesticulada. Tanto a comunicação escrita como a comunicação oral possuem vantagens e desvantagens e os critérios são baseados principalmente em: tempo, custo, acessibilidade, segurança, síntese, clareza, qualidade, propósito e responsabilidade.

A comunicação oral, numa base face a face, é, geralmente, considerada mais efetiva do que outros tipos de comunicação, tendo em vista as seguintes vantagens:

- Encorajar o duplo intercâmbio de comunicação.
- Criar uma base fértil para novas ideias.
- Promover a cooperação.
- Resolver desacordos e desentendimentos na hora.
- Eliminar discórdia e dissensão.
- Ajudar a modificar pontos de vista.
- Promover o entendimento entre superiores e subordinados.
- Ajudar a dar ao subordinado a impressão de que ele é uma pessoa importante e necessária.
- Reduzir o custo do processo de comunicação.

Quanto à Formalidade – A comunicação pode ser formal e informal. Quanto mais alta a categoria da pessoa, tanto mais, cuidadosamente, serão examinadas suas comunicações informais e tanto mais serão elas diligentemente interpretadas.

A comunicação formal possui algumas vantagens sobre a informal, devido as seguintes características:

- Impõem aos que as escrevem ou falam uma disciplina.
- Economizam tempo.
- Proporcionam um registro (papel, disco, fita) para consulta posterior.
- São mais bem elaboradas e mais seguras.

O registro caracteriza tal tipo de comunicação.

Quanto à Atividade – A comunicação pode ser programada ou não.

Quanto ao Tempo – A comunicação pode ser passada (séries históricas) e futura (previsões, tendências, cenários).

Quanto ao Sistema – A comunicação pode ser entre sistemas humanos e sistemas automáticos (máquinas, robôs).

Quanto ao Espaço – A comunicação pode se realizar no espaço real ou no espaço virtual.

Quanto ao Nível Hierárquico – A comunicação pode ser: estratégica, tática e operacional. No nível estratégico, a comunicação é relativamente simples, porque envolve poucas pessoas. No nível tático, a comunicação começa a se avolumar, mas ainda é de relativo controle. No nível operacional, os ruídos já são maiores e os supervisores terão de ser, efetivamente, controladores e controlados.

Quanto à Duração – A comunicação pode ser de vida curta ou de vida longa.

Quanto ao Mercado – A comunicação pode ser para o mercado interno ou para o mercado externo.

Quanto aos Sentidos Humanos – A comunicação pode ser: Sonora (sons, palavras orais, ruídos, músicas, vozes); Visual (gráficos, textos, figuras, ilustrações, fotografias, cores, transparências); Dramática (corporal, teatro, cinema, televisão); Volumétrica (arquitetura, escultura, embalagem); Tátil (dedos, pele); Olfativa (odores); Gustativa (doce, salgado, azedo e amargo).

Quanto ao Meio – A transmissão e a recepção da comunicação podem ser por meios: naturais, mecânicos, elétricos, eletrônicos, eletromagnéticos.

10.15 SISTEMA DE COMUNICAÇÃO

O estudo dos sistemas capacita os homens e as instituições a terem um procedimento racional integrado a um conjunto organizado. A verdadeira importância do estudo dos sistemas é conscientizar o dirigente para a complexidade da organização e a necessidade de que a visão sistêmica seja sempre considerada.

Os sistemas são controlados por meio de informações. Mesmo que seu objetivo não seja a comunicação, qualquer organização contém um sistema de comunicação para um funcionamento adequado aos seus propósitos.

A arquitetura e a engenharia de um sistema de comunicação precisam produzir realimentação necessária e suficiente para corrigir desvios e reformular o que está errado. A comunicação irrestrita produz ruídos no sistema.

O sistema de comunicação tem sido descrito como um fluxo de informações (mensagens) que passa através de canais compostos de pessoas e máquinas que atuam como centros de retenção, filtragem, passagem e geração de dados e informações.

Sistema de comunicação faz a ponte entre os comportamentos, as funções e os recursos até a ação. Nem sempre a ação é um ato isolado de uma pessoa, e que, mesmo sendo, precisará se comunicar com outra pessoa ou grupo.

Cada pessoa (cargo) é um centro de comunicação. O cargo é um importante determinante do papel que seu ocupante representa no sistema de comunicação. O ocupante do cargo, na cadeia de comando, também influencia os padrões de comunicação.

Uma pessoa, cujo trabalho lhe permite sair de seu escritório, pessoalmente ou via Internet, e atravessar outras áreas departamentais, tem maiores oportunidades de comunicação do que alguém que passa a maior parte do dia em sua sala trabalhando.

Na construção de um sistema de comunicação, devem-se levar em consideração os seguintes itens:

identificar o público-alvo, definir objetivos, selecionar o canal de comunicação, desenvolver e selecionar mensagens, estudar a viabilidade do projeto, implementar sistemas e avaliar resultados, por exemplo. Um sistema de comunicação tem os mesmos problemas que um sistema de informações, tais como:

- Por quanto tempo o sistema existente será suficiente para as necessidades da empresa?
- O sistema deverá prover e aceitar novas informações?
- O sistema requer direção centralizada?

As unidades (subsistemas) do sistema de comunicação são: Elaboração, Transmissão, Meio, Interpretação, Recepção, Filtro, Retenção e Registro. O fato de termos um projeto adequado de empresa e um mecanismo apropriado de coordenação, por si só, não garantem a eliminação de várias dificuldades que impedem a comunicação entre: superiores, subordinados e pares.

10.16 TIPOS DE COMUNICAÇÃO

A seguir, os principais tipos de comunicação:

Comunicação Administrativa: Comunicação que no seu processo envolve os seguintes elementos: um superior (chefe ou líder), um subordinado, uma ordem (mensagem, estímulo), um processo, um resultado (objetivo) e uma reação (feedback).

Comunicação com Consumidores: Comunicação feita para divulgar um novo produto ou mesmo um produto já existente, por meio da propaganda, publicidade, promoção e merchandising.

Comunicação com Subordinados: Comunicação da cúpula da organização endereçada a todos os seus membros. Normalmente, são excessivamente gerais em caráter e demasiadamente distintas das limitadas experiências cotidianas do funcionário médio.

Comunicação com Superiores: Comunicação linha acima que precisa ser filtrada para não sobrecarregar a chefia. Em geral, a comunicação ascendente é pequena e termina no nível hierárquico imediatamente acima. Os subordinados dão informações sobre o andamento e problemas do trabalho aos superiores, de modo que estes decidam o que fazer.

Comunicação de Dados: Comunicação feita entre entidades que transportam dados sob a forma de voz, texto, imagem, dígito, símbolo, por exemplo. A comunicação de dados já existia antes que se sonhasse com computadores. Mesmo antes da época em que apareceu a escrita, os mensageiros levavam em suas mentes informações régias ou militares para expô-las oralmente quando chegassem ao seu destino.

Comunicação Deficiente: Comunicação que é causa de muitos problemas. Empregados que deixam de executar determinadas tarefas ou que as executam de forma errada, com desperdício de tempo e de materiais, muitas vezes, assim procedem, porque não foram informados ou foram mal informados. Ainda pode ser que não sabiam o que fazer ou não compreenderam como fazer. A boa comunicação, por outro lado, faz com que as pessoas tornem seu trabalho mais produtivo.

Comunicação Didática: Comunicação que efetiva a linguagem utilizada para ensinar. A linguagem empregada deve ser facilmente compreendida pelo destinatário. Assim, é importante observar: todos os símbolos devem ser definidos; o nível de percepção do aluno (participante) deve ser tomado em consideração;

ilustrações com legendas para ajudar a compreensão devem ser utilizadas; cada fórmula deve ser claramente demonstrada para ser facilmente identificada e aprendida.

Comunicação Docente: Comunicação que não basta só conhecer a disciplina a ser ensinada. É preciso mais. Para tal, é preciso uma formação docente. Não é só a disciplina que vale, uma vez que têm de ser considerados, também, o aluno, a escola e o ambiente (social, cultural, demográfico, físico). É claro que, para bem ensinar, cumpre levar em consideração as técnicas e os métodos e se os mesmos estão de acordo com os interesses, possibilidades e peculiaridade do público-alvo.

Na comunicação docente, observamos os seguintes elementos: A Fonte é o professor, o instrutor; A Mensagem é a matéria, a disciplina, o assunto; O Canal é o corpo, o quadro, a fala, a transparência, a dinâmica de grupo, o exercício, o exemplo, a demonstração, o filme; O Destino é o participante, o aluno, o aprendiz.

Comunicação do Conhecimento: Comunicação que ajuda a divulgar (disseminar, compartilhar) o conhecimento para aqueles interessados em aprender.

Comunicação do Produto: Comunicação que utiliza todos os meios de divulgação, que gera resposta imediata do consumidor, porque é importante saber o que ele pensa e o que ele quer. A comunicação do produto precisa garantir que ele satisfará as necessidades e desejos do consumidor, em tempo hábil.

Comunicação Didática: Comunicação fundamental na efetivação do ensino, juntamente com os métodos, as técnicas e os materiais didáticos.

Comunicação Docente: Comunicação que utiliza recursos instrucionais para ensinar. Comunicação entre professor e aluno.

Comunicação Empresarial: Comunicação que efetiva a mudança e influencia a ação administrativa, proporciona informação e compreensão necessárias para que as pessoas possam se conduzir nas suas tarefas.

Comunicação Escrita: Comunicação que expressa um acordo, contrato, projeto, teoria, decisão, solução, por exemplo. Na comunicação escrita, a não ser que a explicação verbal não seja possível, uma das maiores desvantagens é a impossibilidade de verificar a reação no momento em que ocorre. A clareza da exposição se obtém com o uso de vocábulos simples, evitando-se o uso de palavras rebuscadas, preciosismos, expressões ambíguas ou abstratas, barbarismos, solecismos. Não se deve também carregar o parágrafo com excesso de pormenores ou citações fora de propósito.

Comunicação Formal: Comunicação baseada em regras rígidas de conduta.

Comunicação Hierárquica: Comunicação baseada no princípio da unidade de comando, pois um subordinado terá um único superior do qual receberá ordens e perante o qual é responsável. Um superior não deve dar ordens diretas a quem quer que esteja a mais de um nível da sua posição na hierarquia, a não ser por emergência. Assim como passar por cima de um superior imediato é, geralmente, considerado como uma falta grave na vida organizacional.

Comunicação Humana: Comunicação feita por meio de regras de conduta, quase sempre, muito exigentes. Ela apela para a motivação e valores (aspirações, propósitos) comuns àqueles que estão se comunicando. Não havendo convergência, não haverá comunicação.

Comunicação Informal: Contrário da comunicação formal.

Comunicação Interna: Comunicação, de caráter informal, para despachos ou para comunicar assuntos rápidos e diretos, não exigindo controle e nem arquivamento.

Comunicação Interpessoal: Comunicação entre pessoas de uma mesma organização.

Comunicação Intraorganizacional: Comunicação dentro de uma organização que obedece a regulamentos, protocolos, políticas e procedimentos.

Comunicação Mercadológica: Comunicação de caráter psicológico que leva uma pessoa a comprar e/ou vender um produto.

Comunicação Oral: Comunicação rápida entre as pessoas, devido ao grau de intimidade entre elas, mas que pode ser prejudicada na precisão e na acuidade.

Comunicação Organizacional: Comunicação entre departamentos, divisões, superintendências, sessões, cargos e indivíduos da mesma organização.

Comunicação Publicitária: Comunicação apropriada para tornar público um produto, uma marca, um invento, um projeto, um programa.

Comunicação Remota: Comunicação que permite que um determinado computador possa controlar ou duplicar a operação de um outro computador, situado em local remoto.

Comunicação Suficiente: Comunicação que deve ser clara para transmitir significados desejados e para obter a compreensão e colaboração de seus participantes.

Comunicação Transparente: Comunicação importante para a sobrevivência da empresa. E, paradoxalmente, nunca tantos usaram tantas palavras para dizer tão pouco. Os executivos de hoje falam de maneira evasiva, fazendo com que sua assessoria de imprensa faça a versão de sua fala

Comunicação Verbal: Comunicação que é feita de forma oral ou escrita.

10.17 CANAL DE COMUNICAÇÃO

O canal de comunicação é a linha existente entre duas pessoas (físicas ou jurídicas) com a finalidade de trocar informações (dados). Sem tais linhas, seria impossível fazer funcionar uma empresa (organização). É através do canal de comunicação que duas ou mais unidades da organização trocam dados, informações, ordens, desenhos, relatórios, planos, programas, projetos, decisões, soluções, estratégias, táticas, políticas e procedimentos, por exemplo.

Canal de comunicação é o espaço intermediário situado entre o transmissor e o receptor, caracterizados por dois pontos. O canal de comunicação é uma via de mão dupla, cuja importância é tão grande, porque, muitas vezes, determina a eficácia da comunicação.

Os canais podem ser deliberadamente planejados ou incorporados pelo uso. Mas, como as informações se movimentam no canal? As informações e estímulos transportam-se de suas fontes aos pontos de decisão. As instruções movem-se dos pontos de decisão aos pontos de ação. As informações relativas aos resultados (objetivos, metas) vão para as fontes de informação, através de um sistema de realimentação (ponto de controle).

Um canal de comunicação pode ser caracterizado pelos seguintes elementos: Fonte de Informação; Ponto de Decisão; Ponto de Ação; Resultado; Realimentação.

Uma estrutura organizacional, para minimizar a carga de informação que pende sobre suas unidades, cria canais de comunicação. À medida que os pontos de origem das informações são determinados antecipadamente, o único elemento móvel é o ponto de decisão.

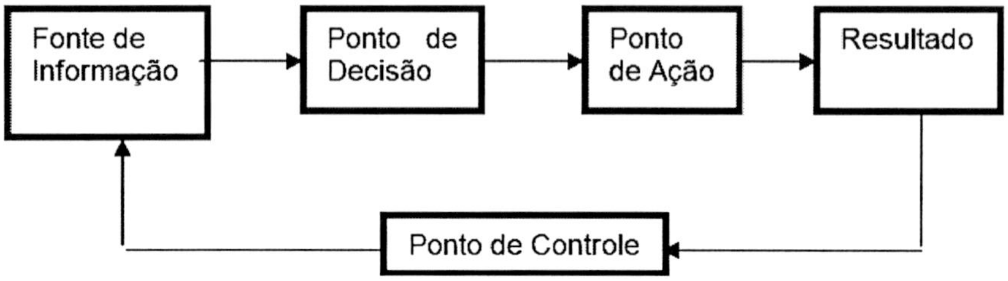

Figura 10.1: Modelo do Canal de Comunicação.

Quais são os recursos que passam pelo canal de comunicação:

- Comunicação Oral e Escrita: telefones, e-mails e ata de reunião.
- Correspondência Escrita: carta, telegrama e relatório.
- Envio Físico de Documentação: motoboy e correios.
- Endereço: Rua (avenida, travessa), bairro, município, cidade, estado e CEP.

Quando da construção da proposta dados e informações devem ser fornecidos para que o canal de comunicação seja o mais efetivo possível.

10.18 CORRESPONDÊNCIA

Correspondência é o meio de comunicação escrita trocada entre órgãos da empresa ou externos a ela, com o objetivo de informar, documentar e formalizar: uma providência, uma decisão ou uma solução de um determinado assunto, situação ou problema, respectivamente.

Em sentido genérico, a correspondência significa ação relativa à pessoa que envia um apelo, pedido ou ato que lhe vem de outra pessoa, mesmo que esta esteja por trás de uma máquina. Por ampliação de sentido, passou a designar todo o conjunto de instrumentos da comunicação escrita.

O conceito de correspondência abrange maior quantidade de pormenores, tanto que na correspondência administrativa deve-se observar um conjunto de normas que orientam a elaboração e a circulação de papéis e documentos necessários ao comércio e à indústria. Esses papéis visam criar e manter relações de negócios.

As correspondências no mundo corporativo são:

Correspondência Administrativa – A correspondência administrativa significa uma ação relativa a um pedido, uma decisão, uma resolução de problema ou uma apresentação, por exemplo. A correspondência é vista como uma comunicação escrita que deve obedecer a um conjunto de normas que orientam a elaboração e a circulação de papéis e documentos necessários às relações de negócio.

Na comunicação administrativa, é possível que problemas de comunicação surjam, em função de excessos, tais como: Excesso de: filtragem da informação, chefia, contatos funcionais, reuniões, centralização. Também pode ser por falta de: Método, Conhecimento, Informação, Objetividade, Racionalidade, Organização, Estratégia, por exemplo.

A correspondência administrativa é vista como uma comunicação escrita no âmbito da organização, isto é, intraorganizacional ou no ambiente de mercado, isto é, interorganizacional. São exemplos de correspondência administrativa as seguintes espécies:

Memorando – Usado para solicitar ou prestar informações, pedir providências e transmitir ordens e rotinas. O memorando pode ser sigiloso. É utilizado, sobretudo, para correspondência entre departamentos de uma mesma empresa, ou entre a matriz e suas filiais.

Ofício – Comunicação entre órgãos internos de uma mesma entidade governamental, ou desta para outra que não pertença a mesma organização.

Circular – Usada para divulgar assuntos que contenham recomendações ou informes de interesse geral da empresa, devendo ser distribuída, simultaneamente, a vários destinatários. A circular caracteriza-se como uma comunicação que, reproduzida em muitas cópias, é dirigida a muitas pessoas ou a um departamento.

Comunicação Interna – Usada em caráter informal para despachos ou para comunicar assuntos rápidos e diretos, não exigindo controle e nem arquivamento. Hoje, esta comunicação é feita pelo telefone celular.

E-mail – Usado por meio de um serviço que permita a comunicação direta e temporária entre dois departamentos da empresa ou de fora. É uma carta por via eletrônica, sem a cosmetização e floreios do passado. Permite aos usuários o envio de mensagem ou arquivos anexos de um computador para outro. A mensagem chega quase instantaneamente e pode ser gravada, imprimida e respondida no ato. Uma outra facilidade é a inclusão de um programa que filtra o que interessa. Geralmente a filtragem é feita pelo próprio servidor (sistema provedor de serviços à internet).

Carta – Utilizada para tratamento formal de assuntos entre pessoas físicas e/ou jurídicas.

Telegrama – Utilizado em substituição à carta. O telegrama é um meio de comunicação rápida, como e-mail, para ser empregado para casos urgentes e que precisa formalizar (ser escrito) a mensagem. A linguagem do telegrama deve ser elaborada, clara, objetiva e inteligível. No telegrama é possível abreviar, reduzir e usar determinadas formações.

São requisitos considerados básicos na redação do telegrama: supressão de expressão de cortesia; eliminação de rasuras, anulações, acréscimos ou outras alterações; não é permitida a divisão da palavra; supressão dos hifens; dispensam-se os acentos gráficos; omitem-se preposições e conjunções; as datas podem ser: 261008 (26 de outubro de 2008).

Fax – Comunicação eletrônica que envia documentos por meio do telefone. Está em desuso devido ao e-mail e telefone celular.

Aviso – É empregado no serviço público, no comércio, na indústria, na rede bancária. Serve para ordenar, cientificar, prevenir, notificar, convidar, transferir valores. O mais conhecido dos avisos é o aviso prévio, que constitui a rescisão do contrato de trabalho. Um aviso muito conhecido no meio bancário é a transferência de valores em moeda corrente (TED). Pode ser também um aviso de embarque.

Bilhete – É uma comunicação escrita simples e breve. É um aviso em que se anota algum fato para ser observado. São considerados também como bilhetes: Cartão de Visita; Nota Promissória; Duplicata. O bilhete postal é usado em assunto que não exige restrições.

Correspondência Empresarial – Correspondência que observa um conjunto de normas que orientam a elaboração e a circulação de papéis e documentos necessários ao comércio, à indústria e à agricultura.

Correspondência Comercial – Numa economia existem dois grandes blocos voltados para os negócios. A produção cria bens, serviços e ideias e o comércio se ocupa da transferência, movimentação, distribuição, compra, venda e propriedade dos produtos.

A maior importância da correspondência comercial reside no fato de que ela serve como instrumento para fechamento de negócios. Deve, por isso, propor negociações que levem a bom termo e criar uma imagem positiva das partes. Não deve, portanto, ser utilizada para assuntos irrelevantes ao setor em que a empresa atua.

A correspondência comercial serve ainda como: agente de relações públicas e canal de comunicação com consumidores e usuários, para produtos e marcas.

A seguir, alguns exemplos de correspondência:

Carta:

Rio de Janeiro, XX de março de 20XX

Ao
Jornal Extra

Prezado Diretor de Edição
Sr. Anderson Ribeiro

Coletânea de Temas do Mundo Corporativo

Lendo o Jornal Extra, de 04/04/2015, encontrei o Encarte Zona Norte, onde aparecem diversas matérias bem abrangentes. Como tenho alguns livros publicados de Administração & Negócios, bem como em e-books, que disponibilizei, gratuitamente, por meio do meu BLOG, Administração ao Alcance de Todos, vi a possibilidade do desenvolvimento de uma coluna, no referido encarte, chamada "Mundo Corporativo".

Por tal, resolvi lhe enviar, em anexo, um arquivo de um dos meus livros, chamado *Antologia do Empreendedor*, com muitos temas relacionados à Administração Empresarial, fruto de muitos anos de pesquisas, análises, avaliações, reflexões e revisões, durante o período em que fui administrador, professor universitário e autor de livros didáticos. Talvez, este Jornal possa aproveitá-los, como ferramentas àqueles que pensam em se tornar empreendedores mais esclarecidos, para enfrentar projetos de novos negócios.

Atenciosamente
Prof. Nelson Pereira da Costa

Circular:
Nº:
Rio de Janeiro, ____________________
Do: Departamento de Marketing

Para: Força de Vendas

Como é do conhecimento de todos da equipe de vendas, nossa empresa passa por dificuldades financeiras, tendo em vista que o faturamento caiu a níveis alarmantes. Não sendo possível manter o montante atual de despesas, informo:

- A conta representação para almoços e recepções será cancelada.
- A verba com publicidade e propaganda será bem reduzida.
- A frota de veículos da empresa será leiloada.
- Os vendedores terão de usar seus próprios automóveis, para se deslocar.

Finalmente, gostaria de comunicar que teremos de cortar nossas despesas em 50% e que, provavelmente, teremos de dispensar mão de obra. Coloco-me a inteira disposição da equipe para os devidos esclarecimentos, aguardando sugestões a fim de que possamos estabelecer estratégias e elaborar um Plano Anual de Marketing.

____
João das Couves
(Diretor de Marketing)

Memorando:

Para: Chefe do Departamento de Engenharia
Do: Diretor-Geral
Data: 20/08/2008

Assunto: Projeto X

Sr. Castilho

Estou lhe encaminhando o projeto elaborado pela equipe de Pesquisa & Desenvolvimento, para sua apreciação, análise e avaliação, a fim de ser estudado a viabilidade do projeto em pauta. Favor providenciar tal estudo para um prazo de 10 (dez) dias.

Atenciosamente

____
Jose João Antonio
(Diretor-Geral)

Ofício:

Ofício Nº 116 / 20XX
Local e Data
Assunto:

De: Sindicato dos Administradores do Estado do Rio de Janeiro

Para: Comissão Municipal de Defesa do Consumidor

Dirigimo-nos a V. Sas. para informar que temos recebido uma série de denúncias e reclamações de administradores, quanto às Instituições que vêm oferecendo, por meio de anúncios veiculados nos principais jornais, "Cursos de Administração de Empresas", sob o argumento de serem os mesmos de atualização e aperfeiçoamento profissional.

Estas organizações, promotoras de tais atividades, estranha e indistintamente, oferecem aulas aos sábados, domingos e feriados, em hotéis, com reduzida carga horária e versando sobre atuações profissionais, que flagrantemente destoam do Campo da Administração, tratando a Administração como coisa sem importância e, pior, de maneira "oba-oba".

É público e notório o problema do ensino no Brasil, em especial no nível de 3º grau, assim como a ânsia das pessoas, agravada pelos problemas socioeconômicos, em galgar melhores posições dentro das estruturas organizacionais, de tal forma, que este tipo de "curso" acaba, como num passe de mágica, transformando um curso ministrado em quatro anos numa série de atividades de apenas 80 horas.

Portanto, é por considerar enganosos os anúncios veiculados, bem como danosos à formação profissional, que encaminhamos a presente denúncia à consideração de V. Sas., certos de que as providências cabíveis serão levadas a efeito.

Cordialmente

____

Jorge Joaquim de Oliveira
(Presidente)

Anexos:

10.19 LINGUAGEM

A linguagem é uma instituição psicológica que somente surge e evolui na vida social. O problema da comunicação é transmitir mensagens significativas de uma pessoa para outra. Se A quer se comunicar com B, ele tem, primeiramente, que traduzir ou codificar suas ideias, numa mensagem feita em linguagem que ambos compreendam. A mensagem é, então, transmitida por um canal até B que decodifica os sons, símbolos e objetos até a sua própria percepção.

O homem percebe grande parte do universo através de fatores conhecidos e substitui o mundo real por um outro simbólico que não existe na realidade. As formas de linguagem se desenvolveram por meio deste processo de informação simbólica e influenciaram a percepção do homem sobre o mundo que o cerca. O símbolo nasce da necessidade que têm os humanos de partilhar com os outros o que pensam e sentem.

Símbolo é a representação observável de uma ideia (tangível ou intangível). Embora numerosos e importantíssimos em nossa vida, são, apenas uma pequena categoria dentro de um mundo muito maior, o mundo dos signos. Muitos autores consideram os signos como a representação de qualquer coisa, afirmando que são eles que intermedeiam a comunicação entre sistemas. O significado é a imagem mental do signo. O significante é a apresentação física do significado.

Cada linguagem tem estilo próprio, em função da sua finalidade. É evidente que, sem a linguagem, o conhecimento não pode fluir de uma pessoa para outra, dentro de uma sociedade. É igualmente óbvio que, se as pessoas falarem línguas diferentes, então a comunicação será dificultada. O que nem sempre é obvio.

Um estilo incorreto de linguagem é loquaz, confuso, desorganizado, indeciso e opiniático. A linguagem na organização deve ter como requisitos principais: estilo, impessoalidade, objetividade, cortesia, função, clareza, concisão, coerência, expressividade, harmonia, motivação, naturalidade, polidez, propriedade, unidade, figuração, correção e formatação.

Devido à autorreferência, as pessoas constantemente estão em um processo de criação de uma nova linguagem e novos significados. Nas fronteiras de elevado valor, acrescentado da criação de conhecimento, a capacidade de conceber uma nova linguagem é uma vantagem estratégica.

10.20 VALOR ESTRATÉGICO DA LINGUAGEM

A discussão não é a espinha dorsal dos negócios. Entretanto, nada se faz sem ao menos duas pessoas discutirem determinada atividade e, se elas não compreenderem uma à outra, as coisas podem sair errado. Uma empresa possui o seu conjunto único de conceitos e de expressões, isto é, sua própria linguagem, que não pode ser facilmente traduzida ou adotada pelos outros.

O sucesso de uma empresa no lançamento de um produto está diretamente relacionado com a sua capacidade de criar uma linguagem e de, rapidamente, difundi-la no ambiente organizacional. Uma vez que a linguagem é a moeda corrente do conhecimento, esse é o único meio dessa vantagem ser institucionalizada e explorada.

Devido ao lugar central ocupado pela linguagem, tanto nas operações de rotina quanto para o futuro sucesso da empresa, não deixa de ser irônico que poucos administradores prestem ao valor estratégico da linguagem.

Uma razão de os administradores terem menor sucesso com as conversações estratégicas é que eles usam as mesmas regras e ferramentas das conversações operacionais. Em uma rápida análise, poder-se-ia pensar que as habilidades são transferíveis. Infelizmente, isso não funciona desse modo. A todo o tempo, as palavras e as frases desenvolvem rapidamente significados partilhados e surge uma nova linguagem.

As conversações estratégicas devem constituir um diálogo para compreensão, em vez de um instrumento de acordo. Se houver uma tônica divergente no âmbito das discussões estratégicas, então a criação de conhecimento e de linguagem cessará e o futuro modelo da empresa poderá ser mais semelhante ao atual.

O desenvolvimento e a difusão do conhecimento em uma empresa moderna giram em torno do desenvolvimento e da difusão da linguagem, que, por sua vez, giram em torno da arte da comunicação. Uma palavra pode conter uma ideia maravilhosa, mas não pode ser considerada, realmente, uma linguagem, enquanto não for utilizada com sucesso, durante a conversação, entre pessoas.

10.21 PERCEPÇÃO

A percepção, como já visto, pode ser definida, aproximadamente, como o conhecimento que um ser vivo possui sobre o ambiente em que vive e seu mútuo relacionamento. Como a percepção de uma pessoa vem através dos sentidos, é possível que haja uma distorção da realidade comum aos demais, porque ela é intrínseca ao indivíduo.

A percepção do ambiente estará, em função dos dados coletados. Tais dados serão interpretados, em função do nível do indivíduo (observador, analista, pesquisador). É difícil, assim, dizer se esta interpretação é a melhor possível.

Os fatores que levam às percepções diferentes são muitos e variados e estarão, em função do próprio indivíduo, do ambiente que o cerca, da cultura, da intelectualidade e de seu nível de conhecimento (filosófico e técnico).

Tudo o que, até agora, conhecemos, nos conduz, inevitavelmente, ao princípio geral da percepção que é a base da Teoria da Comunicação. A concepção do nosso próprio universo, e de tudo que este contém, depende do conhecimento que temos dos processos de sua percepção. Naquilo que significa para nós, os símbolos visuais e sonoros convencionais do nosso repertório (conjunto de conhecimentos) comum chamamos palavras.

Assim, como a Semântica é um dos ramos no estudo da comunicação, a Cinésica é a ciência que estuda a linguagem das atitudes físicas dos corpos, e de cuja observação nasceram as primeiras palavras faladas.

Dos estudos de Reich e Green, surgiu o princípio psicofisiológico: "Cada modificação no estado fisiológico é acompanhado por uma mudança apropriada no estado mental e emocional, e vice-versa". Isto inclui todas as emoções humanas. Por exemplo, água na boca ao ver o anúncio de bebida na televisão.

A emoção já começa a ser medida com rigor científico e até manipulada por meio de estímulos elétricos à distância. Com isto, muita coisa nova está sendo percebida, inclusive a percentagem espantosamente elevada da percepção totalmente inconsciente em todos nós.

O consumidor percorrendo a loja, registra a atitude expressa pela linguagem do corpo de atendentes desmotivados no exercício da sua profissão. E, também inconscientemente, assume atitude mental e física de reprovação e desinteresse. O que decerto não favorece as vendas. Mas esta tensão é inerente a todo encontro humano. Para isso, seguimos a moda, trocamos um ótimo carro, que funciona muito bem, pelo modelo mais recente e propagado.

Nossa percepção consciente é falha, porque olhamos e acreditamos nas emoções dos rostos (na televisão, no sorriso treinado da aeromoça, na expressão contrita da falsa mendiga). Mesmo esforçando-nos conscientemente a estudar os gestos, só conseguimos por breves momentos. Por isso, que a percepção é intermitente. Podemos afirmar sem receio que: O homem não consegue dominar a linguagem inconsciente do seu corpo.

O Quadro, a seguir, mostra os níveis de evolução da percepção humana.

Nível	Características
1	Necessidades fisiológicas.
2	Egoísmo, emoção, reconhecimento, conflitos existenciais, comparação.
3	Pensamento é superior ao sentimento. Orgulho começa a diminuir.
4	Consciência da sua própria unidade. Torna-se modesto, realista e mais inteligente.
5	É o nível da plena percepção do mundo.
6	Chefia a si próprio. Possui sua própria harmonia. Seu vigor é controlado. Pode alcançar a plena consciência objetiva.
7	Vontade livre e soberana. Não é mais escravo de instintos, sentimentos e pensamentos.

Quadro 10.1: Níveis de Evolução Perceptiva.

10.22 REQUISITOS DA LINGUAGEM

Muitos são os requisitos da linguagem. A seguir, abordaremos alguns:

Estilo – Cada linguagem tem estilo próprio, em função da sua finalidade. Um estilo correto de linguagem deve: ser organizado e compreensível; usar o vernáculo com propriedade; ser claro, sem rodeios; levar em consideração o leitor; ser conciso e objetivo. Um estilo incorreto de linguagem é loquaz, confuso, desorganizado, indeciso e opiniático.

Impessoalidade – Todo trabalho deve ter caráter impessoal. Redija-se na terceira pessoa, evitando-se fazer referências pessoais, como "meu trabalho", "meu projeto", "meu estudo". O uso de "nós" para indicar impessoalidade, é igualmente desaconselhável, embora tal construção possa aparecer quando se trata de marcar os resultados obtidos em equipe.

Objetividade – A objetividade relaciona linguagem escrita a resultados positivos. Por isso, esta linguagem deve afastar pontos de vista pessoais que deixem transparecer impressões subjetivas. Expressões como: "eu penso", "parece-me" e outras violam, frequentemente, o princípio da objetividade, indicando raciocínio subjetivo.

Cortesia – A cortesia é traço importante de todo trabalho, sobretudo quando se trata de discordar dos resultados apresentados. À cortesia sucede a modéstia, quando o escritor se torna especialista em um campo do saber. Assim, o escritor, função de seu conhecimento, em absoluto deve ser arrogante e portar ares de importante. Por outro lado, pode-se afirmar que um clima de cortesia proporciona resultados eficazes.

Função – A linguagem como instrumento de comunicação, pode desempenhar distintas funções. Considerando a comunicação como processo de interação humana que se realiza mediante símbolos organizados em mensagens, é oportuno, então, resumir as suas funções:

Função Estimuladora – Segundo Jean Piaget, "a inteligência humana só se desenvolve quando é estimulada". Se ninguém fala com a criança, nem sua inteligência nem sua linguagem serão desenvolvidas. A comunicação, portanto, é fundamental para a formação da personalidade. George H. Mead afirmava que a mente e a personalidade emergem na experiência social por meio da comunicação.

Função Identificadora – É por esta e por outras razões que Ruesch e Bateson acham que "a comunicação é a matriz da psiquiatria e que muitos psicólogos clínicos acreditam que a maioria das patologias mentais de que sofremos é desordem de comunicação".

Função Expressiva – As pessoas não só desejam e precisam receber comunicação, participar da mesma, mas, basicamente, desejam ainda mais expressar suas emoções, ideias, temores e expectativas. A necessidade humana de expressão é tão forte que, às vezes, supera a necessidade de comunicar-se com os outros.

Função Social – Uma necessidade básica do homem é vincular-se a um grupo, mediante relações e processos afetivos de comunicação.

Função Informativa – A comunicação possui a função de revelar o mundo.

Função Persuasiva – Adequada ao discurso (retórica), pretende atuar sobre a vontade dos indivíduos (às vezes, consumidores).

Clareza – Consiste na expressão exata de um pensamento. Um estilo é claro quando apresenta coerência e evidência tal que é impossível deixar de entender o texto. Toda e qualquer questão, todo problema, informação ou ideia deve ser enunciado com absoluta clareza e precisão. Não pode haver resposta clara a uma pergunta ambígua. Não basta ser compreensível, é necessário ser evidente.

Para a clareza recomenda-se o período curto, a ausência de adjetivação, a fuga aos circunlóquios, às ambiguidades, à quebra da ordem lógica. Daí afirmar-se que aprender a escrever é, antes de tudo, aprender a pensar.

Pensamento e expressão são interdependentes. Ninguém poderá exprimir em termos claros uma ideia ainda confusa em sua mente. As palavras são o revestimento necessário das ideias. Para haver clareza de expressão é necessário que haja, primeiramente, clareza de ideias, e vice-versa. A redação é uma etapa posterior, que segue o processo criador de ideias.

Coerência – Manifesta coerência o texto, cujas ideias expostas estão atadas de tal modo que a conexão é evidente; coerência está em oposição à imprecisão, descontinuidade e inconveniência. Coerente é todo texto escrito em linguagem lógica. As partes de um texto ferreamente relacionadas revelam coerência se não apresentam contradições. Se as divisões não concorrem para o estabelecimento do todo, faltará consistência ao texto.

Daí, a necessidade de ordem e inter-relação. Por coerência se entende a necessidade de narrar fatos sequencialmente (ordem, lógica, espaço e tempo), de tal modo que o desenvolvimento de um depende do outro. Não se admitirá uma parte negando à outra ou em oposição à outra. A parte seguinte será, portanto, um aperfeiçoamento da anterior.

Para o aprimoramento de um texto, recomenda-se cuidado especial com relação às causas e consequências, não se confundindo uma com outra. Causa é o que faz com que uma coisa exista. Está diretamente ligada ao efeito. A consequência é o resultado de uma causa, um comportamento, uma reação.

Concisão – A concisão consiste em dizer muito com poucas palavras, evitando digressões inúteis, palavras supérfluas, adjetivação desmedida, clichês, repetições, redundâncias, pleonasmos viciosos, períodos extensos e emaranhados. Essa qualidade ensina a cultivar a economia verbal como forma de alcançar a clareza, no entanto, a preocupação exagerada com o sintético pode levar ao laconismo, que, por sua vez, conduz à obscuridade e à imprecisão.

A concisão recomenda que se encerre um pensamento com menor número de palavras possível. Não prescreve o laconismo, mas a densidade da informação exige que se reflita a cada palavra lançada no texto. Ela limita o número de palavras ao suficiente, e implica o uso de palavras impregnadas de sentido, de vigor e sobriedade; daí rejeitar a adjetivação supérflua.

Contrariamente, tem-se a linguagem vaga, fraca, inexpressiva, oriunda da acumulação de palavras e de ideias secundárias, que enfraquecem a ideia principal. Na linguagem concisa menciona-se somente o que é significativo e expressivo para caracterizar um fato ou uma ação.

Expressividade – Consiste no vigor e energia que se empresta à expressão. A consecução da expressividade envolve argumentação apoiada em fatos e escolha de vocábulos que manifestam coerência e precisão.

O escritor aqui se manifesta como um ser dotado de antena sensível, capaz de captar e transmitir situações que possam passar despercebidas à maioria das pessoas. A expressividade nem sempre anda de mãos dadas com a gramática. Também não se quer afirmar que palavras grosseiras levam a maior expressividade. A criatividade com bom gosto é que deve prevalecer.

Harmonia – A harmonia, juntamente com a correção, a originalidade e a precisão, constituem requisitos básicos de qualquer texto, seja ele comercial, oficial ou literário. À harmonia opõe-se à cacofonia, o eco, o hiato, a colisão, que tornam a frase áspera e malsoante. É desejável que, após a realização de um texto comercial, bem como didático, se faça rigorosa revisão.

Esse processo de correção envolve leitura em voz alta para que se perceba a dureza de alguns vocábulos, e assim, se possa substituí-los por outros agradáveis ao ouvido. A harmonia consiste no ajustamento de palavras, frases e parágrafos à eufonia. É o resultado de um encadeamento de sons que provém da escolha inteligente de palavras e da distribuição dos termos na oração.

O texto não deve apresentar dificuldades de leitura, mas possibilitar cadência, equilíbrio e ordem. De modo geral, afirma-se que o uso da frase direta traz bom efeito ao texto. A seguir, são explicados os conceitos de:

Cacofonia – Som desagradável, resultante de uma sequência de palavras na frase. Exemplo: A boca dela; Talco no salão.

Eco – É a concorrência de vocábulos com a mesma terminação. Exemplo: A flor tem odor.

Hiato – É o encontro desagradável de vogais. Exemplo: Vou à aula; A crise chegou ao auge.

Colisão – É a repetição desagradável de sons consonantais. Exemplo: A enfadada vida de cada um que quer qualquer solução.

Motivação – Não é uma qualidade de linguagem, mas uma disposição interior para alguma coisa. Tem relação com a linguagem, considerando-se que a falta de determinação e de incentivo tornam o redator áspero, sem inspiração e incapaz de alcançar um resultado positivo. Consegue-se motivar o leitor adicionando ao texto um fato, um fenômeno, uma teoria, uma analogia, uma anedota, um evento, uma opinião, uma análise, uma pesquisa, uma estória, uma citação.

Naturalidade – A naturalidade consiste em expressar o pensamento sem rebuscamento, sem recorrer ao preciosismo ou à afetação. Refere-se tanto à construção da frase, evitando-se a inversão excessiva dos termos da oração, quanto ao emprego de palavras simples e precisas que correspondam à expressão do pensamento. Evitam-se, portanto, o artificialismo e a falta de sobriedade.

Polidez – A polidez é a qualidade do texto cujo conteúdo se manifesta convicto; que leva a crer, a decidir; que convence o receptor a aceitar as ideias ou pretensões do emissor. Polidez exige docilidade da parte do redator e uso de expressões como: por favor, por gentileza, se não lhe for inconveniente, se possível, se não lhe for incômodo.

Propriedade – Consiste no emprego de palavras que traduzam com vigor as ideias que se pretende exprimir. Para escrever com propriedade exige-se conhecimento do assunto e domínio do sistema linguístico. Em geral, a expressão que melhor traduz um pensamento é aquela que é simples. Para se chegar a ela, entretanto, é necessário buscá-la com insistência. Escrever, reter, reformular e adequar até alcançar a qualidade total que satisfaça o autor e ao público-alvo.

Unidade – Consiste em mostrar a ideia central do texto. Prejudicam a unidade: excesso de pormenores; digressões inconvenientes; períodos excessivamente extensos; multiplicidade de sujeitos. Facilitam a obtenção de unidade: uso explícito do tópico frasal; seleção de pormenores; uso do período curto; distribuição de ideias diferentes em parágrafos diversos; uso de frases de sentido completo.

A unidade é a qualidade de um texto que tem em vista um objetivo único, tendo as partes interligadas para o mesmo fim, para esclarecer o sentido e completar a meta preestabelecida. Para obter unidade textual recomenda-se:

- Eliminar pormenores que em nada contribuem para o objetivo do texto.
- Evitar se perder em minúcias bibliográficas.
- Relacionar os fatos esclarecedores daquilo que vai narrar, descrever, comentar, dissertar.
- Evitar as passagens bruscas de um assunto para outro.
- Evitar o uso de parênteses, de frases intercaladas e o ajuntamento de ideias desconexas.

Figuração – A figuração, ou linguagem figurada, deve ser evitada tanto quanto possível, principalmente, na linguagem corporativa. Entende-se por linguagem figurada a forma de expressão em que a imaginação tem papel relevante. Geralmente, ela exige criatividade e habilidade no manejo da língua, uma vez que altera a maneira habitual de expressar emoções e informações.

É através da linguagem figurada que se dá força, vigor, brilho ao pensamento.

Correção – A redação literária goza de maior liberdade quanto à correção gramatical que a redação comercial, oficial ou técnica. A literatura admite a criação de palavras novas, uso de certas expressões da gíria, estruturas fraseológicas criativas, não registradas na gramática normativa. A redação oficial ou comercial exige algum conhecimento básico de língua portuguesa.

Quanto maior o nível de conhecimento do receptor, maior deve ser a atenção do redator quanto à correção gramatical. Daí, a necessidade de se estudar sintaxe, concordância, regências verbal e nominal, colocação pronominal e posicionamento dos termos na oração.

Correção é a obediência à gramática. Leve-se em conta que a excessiva preocupação com o que é errado prejudica a espontaneidade, mas há necessidade de um padrão de linguagem que sirva de instrumento geral de comunicação entre os membros de uma mesma sociedade. Ninguém pode escrever sem o mínimo de cuidado gramatical, sem se preocupar com a estrutura da frase (sujeito, predicado, complemento).

É um defeito encontrado, em principiantes, a utilização frequente da subordinação, que, por sua estrutura, favorece a prolixidade. As orações subordinadas tornam o período longo e recheado de orações intercaladas que se envolvem num emaranhado sem fim. Muitas vezes, acontece de o redator inexperiente perder a oração principal e a frase ficar incompleta em seu sentido. Hoje, prevalece o gosto pelas orações coordenadas, de compreensão simples e rápida.

Forma – Dependendo do assunto, do destinatário e do objetivo, escolhemos uma linguagem mais ou menos técnica, mais formal ou mais coloquial. Assim, a forma será desenvolvida, em função do público-alvo. Por exemplo, um economista, escrevendo sobre inflação para outros economistas e com objetivo de apresentar sua solução sobre a questão, utilizará uma forma de linguagem bem diferente daquela que ele mesmo usará se estiver escrevendo sobre o mesmo assunto para leitores diversos.

10.23 TIPOS DE LINGUAGEM

A seguir, os principais tipos de linguagem:

Linguagem Científica: Linguagem que precisa de comprovação científica. Em linguagem científica, a hipótese equivale, habitualmente, à suposição da verdade, que depois deve ser comprovada ou negada pelos fatos, os quais hão de decidir, em última instância, sobre a verdade ou falsidade daquilo que se pretende explicar.

Linguagem Corporal: Linguagem que pode revelar os verdadeiros sentimentos das pessoas, mesmo quando não estão dizendo a verdade. Algum estudo dessa linguagem vai ajudar a ler os próprios gestos e dos outros. Muitos gestos possuem mais de um significado. Portanto, para uma leitura correta é importante olhar o corpo dentro de um contexto.

A linguagem corporal é acompanhada de sinais que podem mudar a qualquer momento, denotando um sentimento. Um gesto repetitivo, se não estiver fora de controle, pode ser planejado, para causar efeito. Um gesto exagerado, quase sempre representa um sentimento oposto.

Linguagem Corporativa: Linguagem apropriada a cada organização e também ao setor da economia em que atua.

Linguagem de Massa: Linguagem que atua na opinião pública acerca de um acontecimento. Seus veículos mais fortes são: o rádio, a televisão e as redes sociais. Esta linguagem pode mudar para mais ou para menos o valor da opinião existente.

Linguagem de Programação: Linguagem dos programas de computador.

Linguagem de Projeto: Linguagem cujas especificações formais seguem uma nomenclatura (termos específicos, peculiaridades) bastante rígida, contendo procedimentos interativos. O objetivo da linguagem de projeto é oferecer o formalismo e a precisão para o bom entendimento entre as pessoas que formam a equipe do projeto.

A terminologia assume papel importante, já que é uma forma básica e essencial para se manter o diálogo e o entendimento uniforme entre todos os participantes do projeto, desde os técnicos de processamento de dados até os dirigentes e usuários envolvidos.

Linguagem Didática: Linguagem em que o meio de comunicação do professor com o educando é o veículo de transmissão de conhecimento e informações úteis à formação deste como pessoa.

Linguagem do Sistema: Linguagem que possui os atributos adicionais de: possibilitar implementações mais rápidas, ser de fácil entendimento e aplicação, interagir otimamente com o usuário, empregar sistemas de gerenciamento de banco de dados. Além de dar suporte ao processamento de dados de rotina, a linguagem é uma ferramenta poderosa para os sistemas de apoio à decisão e para os sistemas de informações gerenciais, além de possibilitar a criação de protótipos e a implantação de modelos.

Linguagem Escrita: Linguagem cuja qualidade está pautada, prioritariamente, na clareza e na concisão.

Linguagem Estruturada: Linguagem que é um subconjunto da linguagem normal com algumas restrições, quanto ao tipo de sentenças, que podem ser utilizadas, bem como a maneira em que essas sentenças são reunidas. Uma sentença em linguagem estruturada pode consistir em uma equação algébrica, por exemplo.

Linguagem Executiva: Ver linguagem corporativa.

Linguagem Figurada: Linguagem em que a forma de expressão em que a imaginação tem papel relevante. Geralmente, ela exige criatividade e habilidade no manejo da língua, uma vez que altera a maneira habitual de expressar emoções e informações. É através da linguagem figurada que se dá força, vigor, brilho ao pensamento.

Linguagem Gráfica: Será abordada mais adiante.

Linguagem Oral: Linguagem que se revela superior à escrita, porque pode: Dar vida e motivar o tema em estudo, que, se somente lido, perde muito em vivacidade; Economizar muito tempo no processo de apresentação da matéria em se tratando, principalmente, de temas muito extensos e de difícil apreensão ou mesmo com relação a temas de escassa e difícil bibliografia.

Linguagem Organizacional: Linguagem que deve ter como requisitos principais: estilo, impessoalidade, objetividade, cortesia, função, clareza, concisão, coerência, expressividade, harmonia, motivação, naturalidade, polidez, propriedade, unidade, figuração, correção e formatação

Linguagem Silenciosa: Linguagem que acompanha todas as conversas e, às vezes, por si só, constitui uma conversação sem palavras faladas. Muitas pessoas têm alguns conhecimentos dos gestos corporais e reagem de acordo quando estão falando ou ouvindo os outros. Mas, essa forma de linguagem é tão raramente abordada nos sistemas formais de ensino que geralmente a aprendemos subconscientemente.

E, muitas vezes, infelizmente, reagimos a essa informação silenciosa num nível inconsciente sem a plena compreensão e avaliação.

Linguagem Televisiva: Ver linguagem de massa.

10.24 FILOSOFIAS DE LINGUAGEM

Linguagem Empresarial – Na linguagem empresarial (corporativa) saber se comunicar com subordinados, superiores e pares é de fundamental importância. Nela é a inteligência verbal que resolve os problemas de conflitos e mal-entendidos.

A inteligibilidade ou clareza de um texto, em geral, está relacionada com frases curtas e harmônicas, uso de verbos na voz ativa, utilização de vocabulário simples (não técnico), eliminação de palavras desnecessárias.

A frase curta apoia-se no fato de que é mais fácil assimilar uma ideia por vez. Os períodos recheados de orações subordinadas, em geral, contêm muitas ideias, tornando-se complexos e de difícil entendimento. Frequentemente, frases com vinte a vinte e cinco palavras são as mais objetivas.

O executivo, para escrever bem, deve basear seu comportamento de redator nas seguintes premissas:

- Sempre que possível, é preferível transformar uma frase longa em várias unidades menores. Frases curtas possibilitam rápida assimilação.
- A utilização de verbos na voz ativa proporciona ao texto, movimento, vigor e clareza, além de emprestar-lhe maior exatidão.
- A utilização de palavras abstratas é o apanágio daquele que não sabe nada.
- Em relatórios científicos a preferência ainda é pela voz passiva, particularmente, quando o sujeito é o autor.
- As frases passivas exigem maior número de palavras, desfiguram textos, enfraquecendo verbos.
- Ao distribuir informações no texto, é necessário que seja feito, segundo critério de importância, relevância, cronologia, simplicidade, racionalidade.
- Utilizar palavras que ajudam a dar fluência ao texto, tais como: portanto, todavia, entretanto, isto é, no entanto, assim, então, por isso, por outro lado, finalmente.
- Expressões ambíguas e imprecisas, bem como juízos de valor, devem ser evitadas.

Linguagem Silenciosa

Estaria totalmente errado aquele que pensasse no discurso como a única coisa a ser transmitida. Na prática, em todo ato de comunicação, a mensagem central vai acompanhada de uma série de mensagens secundárias, que constitui a paralinguagem. Com o advento do cinema e da televisão, o mundo percebeu a importância da linguagem corporal e das linguagens silenciosas.

Nossas percepções são sempre múltiplas e não singulares ou específicas. Esses múltiplos são parte de um quadro geral, do que dizemos e fazemos ao mesmo tempo. Esta linguagem usa gestos, tons de voz e movimentos com as mãos. Sem a linguagem silenciosa, a linguagem falada não é capaz de comunicar eficazmente.

A linguagem silenciosa, que acompanha todas as conversas e, às vezes, por si só, constitui uma conversação sem palavras faladas, sendo extremamente importante. Muitas pessoas têm alguns conhecimentos dos gestos corporais e reagem de acordo, quando estão falando ou ouvindo os outros.

Essa forma de linguagem é tão raramente abordada nos sistemas formais de ensino, que, em geral, a aprendemos subconscientemente. E, muitas vezes, infelizmente, reagimos a essa informação silenciosa num nível inconsciente sem a plena compreensão e avaliação.

Na mesma categoria aparecem os cacoetes da fala: Não é verdade? Sabe? Veja bem! Não é? Não é meu filho? Vem cá! Mas, meu querido! Fique à vontade! Está me entendendo? Entendeu? Compreendeu? Cara! Quer dizer. Viu? Deixa te falar! Presta atenção! Existem ainda cacoetes gestuais como quando a pessoa ao falar pega o braço do interlocutor, cutuca seu peito, barriga ou lhe dá cotoveladas ocasionais.

A cultura italiana acha indispensável uma linguagem cheia de gestos. A pessoa precisa saber se a linguagem de seu corpo está dizendo a mesma coisa quando fala. Deve estar atenta à linguagem silenciosa do outro, através de:

Gestos Corporais – Incluem movimentos das mãos, posturas, poses, expressões faciais (sorrisos, cenhos franzidos, olhares à volta).

Movimento dos Olhos – Incluem movimentos das pupilas, rotação dos olhos, cílios abrindo e fechando, piscadas de olhos. Por exemplo, as pupilas diminuem e os olhos secam em momentos de medo, raiva ou dor. Piscadas rápidas ocorrem sob tensão. Pupilas abertas e olhar úmido ocorrem em momentos de receptividade, segurança e amor.

Sensações de Toque e de Pele – Incluem como a pele reage ao toque. Por exemplo, as mãos frias e úmidas demonstram tensão (ou má circulação). Um aperto de mão flácido significa falta de entusiasmo e confiança. Quando as pessoas se tocam fisicamente, os músculos retesados são um sinal de medo ou inibição. Movimentos rápidos de cabeça significam que percebem (ou se enganam pensando que percebem) aborrecimentos.

Espaço de Relacionamento – As maneiras como as pessoas se comportam, frente às relações espaciais, formam também um sinal não verbal. Por exemplo, param próximas e se inclinam para as outras. Isso pode demonstrar interesse e tranquilidade com a situação. Dar um passo atrás indica medo e uma sensação de estar sendo pressionado. Assim, constroem "fortes e muralhas" de objetos à mão, por pura insegurança.

Ambiente – O ambiente em que uma pessoa trabalha faz parte da sua personalidade, posição social ou financeira. O arranjo físico do escritório, por exemplo, demonstra racionalidade organizacional e disciplina. Também são levadas em consideração: cores, perfumes, móveis, máquinas, equipamentos e instalações. Aquelas pessoas que precisam ocupar espaços, cada vez maiores, são ambiciosas.

A ideia subentendida em todas as linguagens silenciosas é de que elas precisam ser combinadas para que os sinais corretos sejam compreendidos. A maioria desses sinais é lido por nós pelo subconsciente, reagindo depois.

Linguagem Corporal

Se um administrador ouve o que a pessoa diz e não olha o que ela faz, enquanto esta fala, ele perde a conexão essencial entre a mente e o corpo. Existe uma linguagem oculta, a linguagem corporal, que pode revelar os verdadeiros sentimentos das pessoas, mesmo quando não estão dizendo a verdade. Algum estudo dessa linguagem vai ajudar a ler os próprios gestos e dos outros.

Pessoas volúveis e imaginativas dispõem de um estoque grande de gestos corporais. Todos se utilizam de gestos para falar, mesmo que em pequenas quantidades. A parte do corpo que a pessoa utiliza é de cunho próprio e seu momento é oportuno.

Muitos gestos possuem mais de um significado. Portanto, para uma leitura correta é importante olhar o corpo dentro de um contexto. A linguagem corporal é acompanhada de sinais que podem mudar a qualquer momento, denotando um sentimento. Um gesto repetitivo, se não estiver fora de controle, pode ser planejado, para causar efeito. Um gesto exagerado, quase sempre representa um sentimento oposto. A necessidade nesse caso é de dramatizar, para mascarar ou escolher alguma coisa.

Parte da linguagem silenciosa, a linguagem corporal é caracterizada, segundo Pierre Weil, no seu livro *O Corpo Fala,* pelos seguintes movimentos do corpo:

Gestos Cruzados – De qualquer tipo, braços ou pernas, é sempre um gesto de confinamento, um modo de fechar o circuito.

Fazer Pose – Qualquer gesto artificial e pensado significa: olhe para mim e para o que tenho; isto é o que sou.

Gestos Vagarosos e Deliberados – Essa pessoa está se acalmando, controlando as ideias, antes de atacar um ponto com firmeza. Ele, ou ela, é um planejador.

Encostar-se em Algo – Esta pessoa precisa de contato com seu ambiente e sente conforto em estar com outras pessoas.

Esparramar Objetos em Torno de Si – A pessoa está ampliando seu alcance e tenta ganhar mais território.

Falta de Movimento – Uma pessoa que mantém o corpo imóvel procura se internar em si mesma, esperando que ninguém repare nela, ou também pode estar ouvindo ou planejando silenciosamente. Pode ainda estar cautelosa ou de olho no cargo que você ocupa. Essa pessoa precisa ser olhada com cuidado.

Ilustrar com Objetos – Se alguém usa objetos sobre a mesa para sublinhar alguma coisa que está dizendo, é do tipo expansivo e sabe o que quer, mesmo que tente não se envolver muito. Essas pessoas são realistas, não sonhadoras. Quando elas usam os dedos e as mãos para ilustrar, estão próximas das ideias. Possuem um modo bem pessoal de ver as coisas.

Gestos Abertos e Fechados – Geralmente, os gestos abertos são confiantes, enquanto os fechados indicam retraimento.

Virar de Frente e de Costa – Mesmo que apenas uma parte do corpo vire para você, significa que você está sendo incluído na conversa ou na situação. No entanto, se a pessoa lhe voltar as costas, indica exclusão.

Inclinar-se para Frente – Aproximar o corpo pode significar um gesto de amizade ou interesse (fale mais!).

Recostar-se na Cadeira – Indica uma diminuição do interesse (deixe-me pensar no que você acaba de dizer).

Erguer a Cabeça – Manter a cabeça erguida é um sinal de interesse, de estar aberto e receptivo à opinião do outro.

Evitar a Troca de Olhares – As pessoas que reagem dessa forma são inseguras de si mesmas, estão com medo de você ou estão mentindo.

Mãos juntas sobre o Colo – Um gesto de proteção.

Mãos sobre a Mesa – Inteiramente dedicado aos negócios; vamos direto ao assunto.

Mãos nos Quadris – Provocativo ou duro, entretido ou ansioso para entrar no assunto principal. Esse gesto também pode indicar antagonismo ou desafio.

Mãos nos Bolsos – Uma sensação de estar em contato com o próprio corpo, centrado em si mesmo.

Apontar um Dedo – A pessoa está afirmando sua autoridade ou ilustrando um fato.

Abanar o Dedo – Isto é uma ameaça. A pessoa o vê com hostilidade e está lhe passando uma repreensão.

Usar o Polegar – Uma ilusão de poder (autoridade).

Contar nos Dedos – Uma pessoa lógica e sensata, separando os fatos na mente ao apresentá-los. A partir do polegar, indica uma apresentação forçada. A partir do dedo mínimo, indica um meio suave de transmitir suas ideias.

Braços Cruzados na Frente do Corpo – Pode significar força e poder, mas também pode estar querendo dizer ninguém encosta.

Coçar parte do rosto com a mão – Não convencido.

Mãos para trás, em que uma mão segura a outra – A pessoa está mostrando autoridade.

Mão na Boca – A pessoa mostra um ar de dúvida. Questiona: Isso é verdadeiro?

Projetar o Corpo para Frente – Mostra interesse no assunto.

Girar a Cabeça – Algo foi despertado como interessante a ser estudado ou pensado.

Mãos para Frente e Abertas – Mostra sinceridade.

Mãos Segurando a Gola do Paletó – Mostra confiança em si.

Rosto Mostrando Surpresa – Protelando para ganhar tempo.

Pontas dos Dedos Indicadores Juntas – Demonstra planejamento positivo.

Coçando a Cabeça – Não sabe a resposta.

Cotovelos Apoiados na Mesa e Segurando a Cabeça – Indeciso; não consegue decidir.

Mãos Juntas e Atrás da Cabeça – Ato de defesa.

Pontas dos dedos das mãos postados para frente do corpo e juntas – Formulando uma ideia, parte por parte.

Sentado numa cadeira, numa posição inconveniente – Indiferente ao que acontece.

Sentado numa cadeira com os braços paralelos aos braços da cadeira – Obstinado; não convencido.

Mão no Quadril – Antagonismo, dureza.

A linguagem corporal é muito utilizada pelos animais de todas as espécies. Mudar a cor, como os lagartos, também é uma forma de comunicação. Como o ser humano não pode mudar rapidamente de cor, ele troca de roupa e utiliza maquiagem. Pesquisas forenses em andamento têm indicado que é possível descobrir se um indivíduo está ou não mentindo, através do estudo de micromovimentos faciais.

O estudo da face está, cada vez mais, avançado, porque ela denota muito da nossa personalidade e seus desvios. Franzir os músculos próximos do nariz com nojo mostra que a pessoa está mentindo, por exemplo.

Linguagem Gráfica

É comum na empresa a utilização de sistemas de representação gráfica de situações, processos, atividades e tarefas. O uso de gráficos visa fornecer desenhos tão simples e evidentes quanto possível e, ao mesmo tempo, permitir a definição de um modelo esquemático que possa servir aos fins de cada estudo como uma fiel reprodução da situação real.

As primeiras mensagens foram codificadas através de símbolos que representavam esquematicamente as ideias e argumentos que a linguagem não conseguia transmitir pela carência e imprecisão das palavras. Os desenhos supriam as deficiências da linguagem e da mímica no passado.

Atualmente, os gráficos solucionam os problemas decorrentes do excesso de palavras e de gestos, sendo ferramenta de trabalho técnico usada por todas as ciências.

Segundo Russel L. Ackoff, "a representação gráfica dá a pessoa uma visão do todo analisado". Ela é um instrumento importante para a análise de uma série histórica (estatística). Já o desenho é muito mais abrangente, pois pode ser um retrato, uma estrutura, um formato ou mesmo um gráfico. Uma empresa sem representações gráficas não tem visão holística.

O estudo e a análise dos gráficos fornecem evidências, difíceis de descobrir sem os mesmos. O uso dos gráficos serve para estudar a situação, o processo, a atividade, a tarefa, pois reproduzem, geralmente, de forma mais clara a realidade.

A simples apreciação da representação gráfica permite, com razoável rapidez, checar se a conclusão sobre a evolução da situação (fenômeno), bem como estabelecer relações entre os dados apontados, suas relações entre si e com o todo. É comum após uma pesquisa, que as conclusões sejam representadas através de um gráfico, que pode ser um diagrama, um cartograma, um histograma, uma curva, um estereograma.

Uma representação de dados, que forma uma série, deve ser sempre precedida de um estudo analítico para facilitar a construção de um método para a solução de um problema, por exemplo. Dentre os diversos objetivos dos gráficos, podem ser citados os seguintes:

- Apresentar dados de forma visualmente simples, legível e interessante.
- Tornar claros os dados que poderiam passar despercebidos em outras ilustrações.
- Dispor os dados de modo que seja facilitada a comparação e permita leituras instantâneas.

- Poupar tempo e esforço na análise de séries estatísticas (históricas).
- Retratar o passado, o presente e o futuro provável.
- Permitir o registro de informações cotidianas ou periódicas.
- Transmitir informações sugestivas, relevantes e inteligentes.

Toda e qualquer representação gráfica precisa obedecer a determinados princípios, tais como:

- Conter o essencial, isto é, apresentar informações simples e relevantes do fenômeno estudado.
- Trabalhar com medidas que possam ser utilizadas e traduzidas em números (resultados) racionais.
- Ser construído de modo a levar o usuário a entender os valores claramente representados.
- Expressar a verdade sobre o fenômeno.
- Ser desenvolvido, levando-se em conta a homogeneidade dos valores e a escala de representação dos dados para evitar distorções.
- Usar poucos, concisos e relevantes símbolos, para não atrapalhar a leitura dos mesmos.
- Facilitar a comparação entre seus dados com os de outros gráficos.
- Possuir uma nomenclatura uniforme e coerente. Às vezes, se faz necessário uma simbologia, para explicar os símbolos utilizados.
- Retratar o momento da sua construção e/ou atualização.
- Servir como ferramenta de trabalho funcional.
- Expressar o fenômeno objeto de estudo.
- Ser dirigido a um público-alvo que saiba ler aquilo que for representado.

A linguagem gráfica, hoje, elaborada em computador, é uma ferramenta imprescindível ao gerente contemporâneo, devido à visão holística que a mesma dá para a situação (problema) analisada. Infelizmente, quando visitamos empresas, não são vistos gráficos. Nas salas de dirigentes, vemos até telas de pintores famosos, parecendo que seu escritório é uma galeria de arte. Quando deveria parecer um quartel-general cheio de gráficos relativos aos demonstrativos de resultados.

Um visitante deve ser recebido numa sala de reuniões e não como muitos dirigentes incompetentes, que para parecerem poderosos, o fazem em seus próprios escritórios. Tal procedimento só deve ser realizado para relacionamentos íntimos. Os gráficos são propriedade do capital intelectual da empresa e não símbolos de poder. É importante observar, novamente, determinados requisitos dos gráficos, tais como:

Simplicidade – É o requisito que objetiva propiciar ao observador uma percepção rápida do fenômeno. Deve o gráfico conter exclusivamente o essencial para sua construção. Significa que deve ser evitado um excessivo número de informações no mesmo gráfico.

Clareza – É o requisito que vai proporcionar ao operador a leitura correta dos valores representados. Os valores numéricos, as unidades em que estes foram medidos e as linhas que os representam devem ser colocados de modo a impossibilitar o aparecimento de dúvidas capazes de acarretar erros e levar a conclusões falsas. Um gráfico deve "falar por si", tendo, por conseguinte, uma única interpretação.

Veracidade – É o requisito pelo qual o gráfico deve expressar a verdade sobre o fenômeno analisado.

Exatidão – É o requisito pelo qual deve ser construído com o máximo cuidado, quer quanto ao traçado, quanto ao problema de escala e quanto à exatidão dos valores.

Visualização – É o requisito voltado a ajudar o usuário a identificar, rapidamente, os dados apresentados, bem como símbolos, marcas e sinais, pois só acreditamos naquilo que vemos.

Comparação – É o requisito que proporciona comparar grandezas homogêneas (pertencentes a um mesmo sistema de numeração) dentro de um determinado gráfico, de forma fácil e inteligente. Esta comparação pode ser feita em computador, quando comparamos resultados obtidos com resultados pretendidos (ou padrões).

Linguagem de Massa

A linguagem de massa utiliza diversas ferramentas de comunicação. Assim, o que caracteriza o rádio e a televisão é a possibilidade de transmissão direta, no momento em que as coisas acontecem. A força está na atualidade e instantaneidade entre o acontecido e sua apresentação. Tais características levam a pessoa a confundir realidade e representação.

Entre os meios de comunicação de massa, o que tem maior público é a televisão. Se olharmos o cenário das cidades de qualquer tamanho, no centro ou na periferia, veremos uma quantidade impressionante de antenas nos telhados, além das TV por assinatura.

Há inúmeras discussões sobre se a televisão é um bem ou um mal. De um lado, coloca-se o seu caráter de democratização da cultura, uma vez que é acessível a todos, indistintamente. De outro, discute-se a sua função alienadora e de formação da opinião pública. É manipuladora, por se aproveitar da natureza emocional, intuitiva e não refletida da imagem. Na verdade, tanto um aspecto quanto outro estão presentes.

A televisão é um meio de comunicação e lazer, apesar de vir marcada pela ideologia da classe dominante. No caso da televisão, é preciso que nos lembremos de que cada imagem que aparece no vídeo é fruto de uma escolha em termos de:

Enquadramento – Quais os elementos que vão ser mostrados e quais os que vão ser deixados de lado, quais os que aparecerão em primeiro plano, portanto, maiores e mais visíveis, quais em último plano e assim por diante.

Sequência – Qual a cena que vem em primeiro lugar e, assim, sucessivamente.

Contexto – O que acompanhará a imagem? Texto ou música?

Quem escolhe as imagens que vão ao ar é o diretor do programa. Assim, é ele que elabora a interpretação dos fatos. Como resultado, o que aparece em nosso aparelho já é a realidade, ou uma representação dessa realidade, segundo o ponto de vista do diretor do programa. Esta característica da linguagem da televisão dá origem a toda uma estética televisiva: o naturalismo.

Os cenários, cuidadosamente, preparados no estúdio dão a impressão da sala de visitas da casa de alguém, da cozinha, do jardim, da praça, da escola, da redação do jornal, do escritório. Uma segunda característica da linguagem televisiva é sua fragmentação.

Como terceira característica, apontamos o ritmo acelerado da linguagem televisiva, que está ligado à primeira característica, a instantaneidade da representação. O tempo da TV é o tempo moderno da eficiência de uma cidade. Esta característica tem como consequência a superficialidade com que os assuntos são tratados na televisão.

A Guerra do Golfo foi a primeira transmissão ao vivo de uma guerra. O conteúdo apresentado, ligado à morte, destruição, dor e sofrimento, foi esvaziado e sobrou um espetáculo "limpo" de soldados bem-

-alimentados, bem-vestidos, com suas máquinas mortíferas de alta tecnologia. O alvo sendo enquadrado com perfeição e atingido logo, no momento seguinte. E a destruição? Jamais foi levada a sério.

A construção do espetáculo, que prende nossa atenção, neutraliza todos os conteúdos, pois os trata como se tudo tivesse o mesmo valor.

10.25 MENSAGEM

Mensagem caracteriza-se como um grupo de elementos significativos tirados de um repertório e reunidos numa estrutura. Resulta de uma reação do indivíduo diante daquilo que acontece ao seu redor, do que ouve, do que lê. É o resultado do processo de codificação do que se espera comunicar ao receptor. Ela é um conjunto organizado de signos derivados de um ou mais códigos, com um determinado sentido.

O código é uma combinação de signos. Assim, a mensagem é uma combinação de códigos, sendo resultante de uma intenção. Ela possui conteúdo, estrutura e direção.

Em sentido amplo, mensagem é sinônimo de conteúdo; aquilo que é dito num texto, num discurso; o que passa de significativo na comunicação entre emissor e receptor. É uma unidade básica da comunicação, porque pode gerar comportamentos diversos e mudanças de atitude, além de ter início, meio e fim.

Há muitas espécies de mensagem, como: palavras escritas ou faladas; desenhos, ilustrações, gráficos e figuras, gestos e movimentos. Assim, podemos ter por exemplo:

Mensagem da Propaganda – Mensagem paga para divulgar um produto.

Mensagem Empresarial – Mensagem cujos principais tópicos são: ordens de serviço, instruções e decisões, relatos de resultados e desempenhos, atitudes pessoais, opiniões, pontos de vista, objetivos, políticas, práticas, processos, estratégias, táticas, soluções.

Para alguns autores, não é na mensagem que reside o significado, e sim no receptor. Uma mensagem pode implicar diversos níveis de significado, conforme o repertório, o estado de espírito do receptor e as circunstâncias da comunicação. Assim, uma informação que parte de um bisbilhoteiro é encarada diferentemente daquela que parte de uma pessoa que goza de boa reputação. As palavras podem ser idênticas, mas despertem sensações diversas.

Embora alguns meios de comunicação possam parecer melhores do que outros, uma combinação de meios é necessária para oferecer o potencial comunicativo preciso para uma boa mensagem. Idealmente, vários meios devem ser avaliados em termos de custos adicionais e de lucros que produzam. Todavia, grande parte da mensagem se ocupa da manipulação de forças sociais e psicológicas altamente sutis e complexas. A velocidade de mudança dos meios de comunicação tem sido exponencial.

Há dois tipos de código: o aberto e o fechado. O primeiro, conduz a interpretações diferentes. O segundo, conduz a uma interpretação única.

O princípio geral que deve orientar uma mensagem é o de provocar interesse no receptor, principalmente, para algo que ele desconheça. A dissonância cognitiva é o motor chave que norteia a mensagem.

10.26 FATORES DA MENSAGEM

A melhor mensagem não vale muito, a não ser que o destinatário a receba e se esforce por compreendê-la. Os fatores que intervém na produção de comportamentos provocados por mensagens são muito numerosos e complexos. Alguns correspondem à estrutura psicológica da pessoa, outros se originam do contexto social da situação. Alguns fatores da mensagem precisam ser considerados:

Crenças e Valores – Toda pessoa tem um sistema de crenças e valores muito ligados à sua própria identidade.

Importância – Relevância dada à mensagem que acontece quando esta ajuda o ego da pessoa receptora.

Congruência – Consonância da mensagem com as crenças e valores prévios da pessoa e do grupo a que ela pertence, ajuda no seu entendimento.

Relação Percebida – Uma espécie de custo/benefício, isto é, a relação entre o esforço necessário para aceitar e aplicar a mensagem e sua recompensa ou a gratificação esperada.

Empatia – Aquilo que a pessoa sente quando sai de transmissor e passa a ser receptor.

Flexibilidade – Maior ou menor capacidade mental que demonstra uma pessoa para lidar com tipos: autocrático, democrático ou liberal.

Compreensão – Uma mensagem torna-se compreensível quando há coerência entre o comportamento do emissor e receptor; quando há credibilidade quanto ao valor das fontes; quando há aceitabilidade por parte do receptor; quando há clareza e precisão linguística; quando a mensagem é congruente com o contexto.

Contexto – Consiste no envolvimento circunstancial em que a mensagem é transmitida. Dele depende o sentido das palavras. O contexto envolve as situações em que a mensagem ocorre. A palavra, por exemplo, só realiza (atualiza) sua potencialidade dentro de um contexto.

Ambiguidade – Um funcionário de uma organização de grande porte vê e ouve, durante um dia de trabalho, mensagens que vão de um lado para outro e muitas delas são silenciosas e têm significados implícitos e não declarados. A síndrome da mensagem ambígua frequentemente ocorre, porque os executivos não conseguem reunir forças para apontar direções com clareza e simplicidade.

Interpretação – É espantosamente fácil ser mal interpretado, quando você é o presidente e transmite uma mensagem sobre alguma iniciativa nova. Por mais simples, clara e válida que possa parecer, ela é facilmente torcida, distorcida, contaminada com interpretações não intencionais e simplesmente mal compreendida. Infelizmente, isto deixa as pessoas perdidas e dificulta bastante a comunicação.

Mensagens Múltiplas – Quando há mensagens múltiplas, os funcionários tendem a escolher aquilo que querem ouvir, ou que mais bem lhes agrade. Não são capazes de aceitar ou acreditar em qualquer foco definido, porque o foco está sempre mudando.

Funções – As funções das mensagens são: transmitir informações, alterar percepções, estimular desejos, produzir convicções, dirigir a ação, proporcionar tranquilidade.

Escolha – A escolha da mensagem depende em grande parte das condições em que a audiência se encontra. Cada tipo de mensagem funciona sobre diferentes conjuntos de princípios.

Estrutura – O valor de estímulo de uma mensagem é afetado não apenas pela escolha e intensidade do apelo, mas também pela maneira em que a mensagem é estruturada.

Avaliação – A mensagem é avaliada pela novidade que comunica. Se for do interesse do receptor e se também comunica algo interessante.

Fonte – As mensagens emitidas por fontes atraentes alcançam índices mais altos de atenção e retenção. Entretanto, é importante que o emissor tenha credibilidade, para que produza mais efeitos persuasivos.

Credibilidade – A credibilidade é conhecida pela especialização, confiança e coerência, por exemplo.

Formato – O comunicador deve desenvolver um bom formato para a mensagem. Em um anúncio, por exemplo, deve se decidir sobre: título, texto, ilustrações e cores. Se a mensagem for veiculada por rádio, o comunicador tem de escolher cuidadosamente as palavras, a voz e a vocalização. Se por televisão, o comunicador deverá estar atento para expressão corporal, gestos, movimentos, postura e estilo de roupa.

Apoio – Uma mensagem que anuncia uma grande liquidação, exigirá apoio da mídia.

10.27 CONTEÚDO DA MENSAGEM

Uma mensagem deve ter informações suficientes para cobrir o assunto em questão e alcançar os objetivos do emissor da mesma e deve atrair e manter a atenção do receptor (ouvinte, leitor, consumidor, usuário). O emissor deve considerar o destinatário da mensagem quando montar o conteúdo da mensagem, observando alguns fatores:

Quanto ao Destinatário – A pessoa deve considerar: antecedentes, interesses, motivos, qualidades particulares, hábitos, personalidades, normas estabelecidas, grupos específicos.

Quanto ao Emissor – A pessoa deve empregar a gramática correta, porque grande parte de seu trabalho e vida envolve relações com pessoas de nível superior, mas também deve se comunicar com pessoas, cujo modo de falar e escrever são bem inferiores ao seu.

As pessoas esperam que um dirigente fale como dirigente, pela mesma razão que as crianças não gostam, quando seus pais imitam seus modos de falar.

Os principais tópicos de conteúdo da mensagem numa empresa são, por exemplo:

- Ordens de trabalho (serviço), instruções e decisões.
- Relatos de resultados e desempenhos.
- Atitudes pessoais, opiniões, pontos de vista.
- Finalidade da empresa.
- Objetivos, políticas, práticas, processos, estratégias, táticas.

- Soluções de problemas.

10.28 SIGNIFICADO DA MENSAGEM

O significado da mensagem é respondido, quando se questiona:

Você já teve, alguma vez, a impressão de que alguém estava interessado em emprestar o pior sentido a tudo o que dizia? Ou já se sentiu inclinado a não dar a alguém o benefício da dúvida ao interpretar uma observação que não lhe pareceu clara e pertinente? Já lhe deram uma ordem ou instrução de maneira que parecesse ofensiva? Ou já teve ocasião de verificar que uma ordem sua provocou certo ressentimento entre os que a receberam? Já se sentiu sem muita vontade de adotar certo plano de ação, embora lhe parecesse premente? Ou já encontrou oposição irracional a um plano, indiscutivelmente lógico, de sua autoria?

Nessas situações desagradáveis, pode-se ter a impressão de estar fechado entre quatro paredes, sem saída. Todavia, esta pode ser encontrada através de uma análise do significado da mensagem. O significado é o cerne da mensagem. O conteúdo lógico de cada mensagem é somente parte de seu significado. As partes mais importantes que compõem o significado são:

Fato – Expressa-se através de afirmativas às quais atribuímos validade geral. Podemos verificar o fato, referindo-nos a valores e experiências.

Sentimento – Refere-se a fatores subjetivos da experiência que não são exatamente os mesmos para dois indivíduos quaisquer.

Propósito – O propósito é o elemento vital do significado. Ao tentarmos entender o que é comunicado por outros, estamos sempre procurando um propósito ou uma intenção, muitas vezes, com desconfiança.

Reação – Quando uma comunicação chega a uma pessoa, desta ou daquela maneira, ela reage. O problema é: De que maneira? Estaria essa pessoa fazendo todo o possível para entender o que está sendo dito? Ou estaria, de certa forma, lutando contra a comunicação? Estaria o seu pensamento bloqueado por algum sentimento forte e logicamente irrelevante para si? Ou estaria ela motivada pelo desejo de não entender?

A reação do ouvinte, como participante da experiência social da comunicação, torna-se vital para a obtenção de êxito nessa experiência. A natureza da reação é determinada não somente pelas palavras que lhe são dirigidas, mas também pelo sentido que lhes dá. Que fator interno, além das palavras que, num dado momento, alguém ouve, lê ou age sobre a comunicação? Ao falarmos com outras pessoas, nunca somos solistas? Estão os pensamentos dos outros em concordância com os nossos, ou não? Há tanta interferência, deste ou daquele tipo, que a comunicação pode ficar sem valor?

Emoção – Qualquer forte emoção tende a perturbar a atenção. Pode, por essa razão, deformar o significado e a comunicação perder o seu sentido. Não devemos esquecer que as experiências anteriores são fatores poderosos na determinação da atitude pela qual cada pessoa interpreta o que esteja sendo dito.

Em certas relações humanas, o significado de uma afirmação pode ser grandemente afetado pelo caráter da relação existente entre duas pessoas.

10.29 ELEMENTOS DA MENSAGEM

A seguir, abordaremos os principais elementos da mensagem:

Confiança – Onde exista confiança na mensagem, a comunicação é relativamente fácil e as palavras usadas não são tão importantes. Mas, quando existe desconfiança, ou antipatia, a mensagem tende ao fracasso, não importando quão cuidadosamente escolhemos nossas palavras. Essa é a razão pela qual é tão importante começar com o pé direito no estabelecimento de uma nova relação. Para conseguir isso, devemos transmitir o significado, fazendo-o mais através de ações do que de palavras.

Os pequenos mal-entendidos ocasionados por diferentes interpretações podem ser facilmente esclarecidos, pois a interpretação que as pessoas dão às nossas palavras depende, em grande parte, do seu julgamento a respeito do nosso significado como indivíduo.

As relações pessoais são a única maneira prática de comunicação, pois permitem aquilatar a reação do interlocutor (ou ouvinte) e, se necessário, auxiliá-lo imediatamente a corrigir qualquer conflito. Na comunicação escrita, a não ser que a explicação verbal não seja possível, uma das maiores desvantagens é a impossibilidade de verificar a reação no momento em que ocorre. Essa é a razão pela qual é muito mais fácil transmitir o significado desejado, quando falamos com uma pessoa face a face.

Esta vantagem é especialmente importante numa nova relação, ou numa já estabelecida, que tenha sido prejudicada por desconfiança ou antipatia. Se, por exemplo, percebemos qualquer indicação de que nosso objetivo específico parece inaceitável, podemos, em conversa informal, tentar imediatamente esclarecer as dúvidas. Até que isso seja feito, não haverá propósito em dizer qualquer outra coisa.

De fato, as palavras inoportunas farão mais mal do que bem. Mas, quando nossas relações são estabelecidas em base sólida, há muita possibilidade de que o significado do que estamos querendo dizer seja compreendido. E o significado comum constrói uma ponte de compreensão que facilita futuras comunicações

Todo mundo envia e recebe mensagens de uma forma ou de outra, tendo esta atividade um percentual elevado, no dia a dia. Os elementos da mensagem são basicamente:

- Curso – É o processo dinâmico, uma espécie de movimento, em que a mensagem se realiza.
- Discurso – É a forma instrumental (imagem ou palavra) pela qual a mensagem chega ao público.
- Excurso – É o que sai da comunicação explicitamente.
- Incurso – É aquilo que é passado para o receptor sem ficar muito claro, tal como ideologia.
- Recurso – É a maneira de enfatizar e valorizar o pretendido pelo criador da mensagem.
- Decurso – É a forma pela qual a comunicação se processa no tempo.
- Percurso – É o caminho real ou virtual do emissor ao receptor.

Gerência – A gerência é a arte de pensar, decidir, agir, fazer acontecer, prover recursos, atingir objetivos estabelecidos e obter resultados positivos. Resultados que podem ser definidos, previstos, analisados e avaliados, mas que têm de ser alcançados por pessoas dentro de uma interação constante.

A gerência é o exercício de uma atividade que exige mais de uma pessoa para exercê-la, existe em função de um objetivo comum, requer uma ação calculada e racional dos recursos, necessita de cooperação e coordenação entre indivíduos, para evitar superposição ou oposição em suas ações.

Você poderá ser gerente de você mesmo, mas não estará exercendo em toda sua plenitude a liderança de uma gerência, pois nesta cabem outras pessoas para poder acontecer.

A palavra gerência (management) tem sido usada como sinônimo de administração, mas, na verdade, apesar de muitas pesquisas, este termo ainda continua um tanto ambíguo.

Na Era do Marketing de Massa, ensinou-se que uma mensagem funcionaria para todas as pessoas. Hoje, sabemos que pessoas diferentes procuram benefícios diferentes no mesmo produto. Elas estão prestando menos atenção à propaganda massiva, em função da pressão de tempo e de suas crenças de acreditar que todas as marcas são iguais.

Assim, o desafio é criar mensagens que atrairão a atenção do público-alvo específico. Isso significa formular algum tipo de benefício, motivação, identificação ou razão por aquilo que o leitor deva considerar. São exemplos de mensagens de produto aquelas que demonstram qualidade, economia, valor ou desempenho.

A gerência da mensagem é baseada em uma metodologia. O gerente que direciona suas atividades para o mundo da comunicação, mormente naquilo que diz respeito à mensagem do produto, deve, portanto, acompanhar a metodologia, a seguir:

Criação da Mensagem – Estudo do tema central, motivo, ideia e apelo. As pessoas criativas utilizam métodos diferentes para gerar possíveis apelos. Falam com consumidores, revendedores, especialistas e concorrentes, a fim de conseguir ideias. Os consumidores são, sem dúvida, a fonte mais importante para tal.

Construção da Mensagem – Efetivação daquilo que é consistente dizer (comunicar) sobre algo. O comunicador precisa construir uma mensagem que atraia a atenção, mantenha o interesse, desperte o desejo e conduza à ação.

A formulação da mensagem exigia a solução de quatro problemas: o que dizer (conteúdo da mensagem); como dizer corretamente (estrutura da mensagem); como dizer simbolicamente (formato da mensagem); quem deve dizê-la (fonte da mensagem).

Seleção da Mensagem – Escolha da base que conduzirá a mensagem, tais como: valor, humor, sexo, comparação e fato real. A tarefa de selecionar a melhor mensagem entre um grande número de possibilidades exige a introdução de alguns critérios para se julgar a potencialidade do mercado para diferentes mensagens.

Organização da Mensagem – Exige decisões sobre a estrutura da mensagem, isto é, a maneira pela qual os maiores argumentos serão expressos e programados para alcançarem o máximo de impacto.

Seleção da Mídia – Uma parte importante do trabalho de propaganda de um produto consiste na decisão sobre a melhor mídia para transmitir a mensagem ao mercado. Com isso, o anunciante estará tentando atingir o objetivo e medir: alcance, frequência, impacto e continuidade.

Implementação e Execução da Mensagem – O impacto da mensagem depende não apenas do que é dito, mas também de como é dito. O problema da elaboração da mensagem está na combinação de meios e símbolos de sorte que transmita o significado da maneira mais eficiente, eficaz e efetiva possível, pois uma mensagem depende tanto de sua estrutura como de seu conteúdo.

Algumas premissas na elaboração da mensagem:

- Modelos, formulários e gráficos auxiliam na elaboração da mensagem.

- Um administrador utiliza a mensagem como um meio e nunca como um fim.
- A mensagem é um instrumento para assegurar e manter a cooperação na consecução dos objetivos da empresa.
- A situação ideal é falar menos e dizer mais, escrever menos e comunicar mais.
- Algumas reclamações não são muito razoáveis e algumas sugestões são errôneas.
- Não se deve supor que o superior deve fazer todas as mudanças sugeridas pelo subordinado.

A elaboração da mensagem é, portanto, um processo dinâmico e interativo de muitas facetas, com um amplo leque de efeitos possíveis, às vezes, totalmente inesperados.

10.30 SISTEMA DE TRATAMENTO DA MENSAGEM

Sistema de tratamento da mensagem é um sistema que se localiza extra rede de comunicações e que tem a capacidade de armazenar mensagens, para posterior utilização ou retransmissão.

A partir do fim da década de 1970, vários fabricantes de equipamentos de informática desenvolveram softwares que propiciavam aos seus equipamentos a facilidade de tratamento da mensagem. Ao mesmo tempo em que estes implementaram seus aplicativos, as empresas de correio eletrônico melhoraram seus serviços.

Os equipamentos de interfaces também tiveram uma evolução espetacular. Sistemas de tratamento da mensagem devem ter atributos, tais como:

- Possibilitar a interligação de terminais diferentes localizados em redes distintas.
- Poder ser de âmbito privado ou público.
- Possuir várias capacidades de armazenamento de dados, em função do interesse do usuário.
- Ter facilidades que atendam às necessidades do público, em termos de aplicação e gerência de sistemas de informação.
- Permitir a redundância (repetição), para que sua correta recepção seja garantida, para neutralizar ruídos existentes.

Para iniciar a implementação de um sistema de tratamento automático da mensagem, deve-se estar consciente de que o projeto deve estar incluso no planejamento estratégico da empresa e a implantação do mesmo alterará as práticas de negociação com seus parceiros comerciais. Como consequência, alterações em: estrutura, processo e comportamento deverão ocorrer.

10.31 ORDEM

Quando as ordens que você dá não produzem os resultados esperados, não ponha logo a culpa nos outros. Examine primeiro a sua parte no processo de comunicação. Você já deu uma simples ordem a alguém e o que saiu foi uma coisa inteiramente diferente? É de enlouquecer, não é?

Às vezes, as pessoas parecem tão broncas que até as instruções mais simples têm de ser dadas por escrito, para evitar dúvidas. E até isso não funciona. Contudo, antes de culpar o outro, faça uma análise acurada dos fatores relativos ao canal de comunicação utilizado. Se você for honesto, quase sempre constatará que parte da culpa da não obtenção de resultados positivos é sua. Se você tivesse tido maior cuidado ao dar a ordem, a dificuldade poderia ter sido contornada.

A ordem é entendida como um mandado, por parte do superior, exigindo do subordinado determinado comportamento, em função de circunstâncias. Ela inicia, modifica ou faz cessar uma atividade. Assim, é importante que o gerente compreenda seu significado, utilidade e limitação.

Uma ordem difere de uma mensagem ordinária, porque envolve a relação de autoridade e impõe uma responsabilidade organizacional. É uma linha de comando que vai do superior para o subordinado. É conveniente que se conheça os principais requisitos de uma ordem, para poder usá-la como instrumento de comunicação efetiva e assim exercer uma boa liderança.

Os principais requisitos, ou qualidades de uma ordem são:

Clareza – Deve ser perfeitamente compreensível pelos subordinados. Os termos empregados devem ser precisos, de modo que não deem origem a interpretações dúbias.

Firmeza – Deve ser dada sem hesitação e com presteza, evitando que se ponha, em dúvida a necessidade do cumprimento da ordem.

Precisão – Deve ser formulada com determinação, não deixando dúvidas sobre quem deverá cumprir a ordem e até que ponto.

Concisão – Deve ser construída em poucas palavras, sem divagações inúteis.

Exequibilidade – Deve ser viabilizada dentro das possibilidades de recursos de quem vai executar a ordem dada.

Legitimidade – Deve ser dentro da autoridade de quem emite e transmite a ordem.

Oportunidade – Deve ser transmitida, no momento certo.

Redundância – Uma das maneiras de se reduzir o ruído é a redundância, isto é, repetição da mensagem, para garantir a interpretação da mensagem. Em todo o processo de comunicação sempre existe algum grau de ruído. Redundância é também entendida como a informação que se transmite adicionalmente para proporcionar compreensão, reiteração, explicação e esclarecimentos adicionais. Cada canal de comunicação exige determinada dose de redundância para que a mensagem seja transmitida com efetividade. Aumenta-se, portanto, a inteligibilidade, mediante a adição de elementos redundantes.

Uma carta de cobrança, por exemplo, que não se limita a cobrar, mas relaciona vários fatos persuasivos e redundantes, tem maiores possibilidades de alcançar resultado positivo. É desejável, porém, que a redundância não se transforme em aborrecimento e falta de cuidado com a linguagem.

A recepção de uma mensagem fica facilitada quando a própria sintaxe contribui com a introdução de redundância. Assim, esta tem papel de destaque no centro da comunicação, pois dá estrutura e ordem.

Nas organizações ocorrem situações de redundância a todo instante.

10.32 EXEMPLOS DE MENSAGEM

A seguir, são colocados exemplos de mensagens, muito comuns, utilizadas nas empresas:

Mensagem de Fim de Ano:

Vamos examinar o processamento natural de cada dia. Que acontece? O Sol nasce. O Sol se põe, mostrando que o tempo é apenas a mudança de nós mesmos. Da mesma forma, os momentos felizes são sucedidos por momentos infelizes, indicando que tudo passa e tudo recomeça. O que permanece? É a esperança! Pois, Deus abrirá portas e caminhos, onde estes não houverem. Lembre-se que, quando pensamos e agimos corretamente, os bons espíritos se associam a nós e tudo que executamos é bem-sucedido. O ser humano começa a envelhecer quando substitui seus sonhos por lamentações.

Um Belo Natal e um Ano Novo cheio de esperança, confiança e fé são o que queremos.
Paz! É o que almejamos.
Esta é a nossa mensagem.

Mensagem de Despedida:

Estimados Companheiros.

Chegada a hora, sirvo-me da hora para formalizar, em caráter irrevogável, a minha solicitação de afastamento definitivo da honrosa função de presidente de nossa querida empresa. Em verdade, a impossibilidade concreta de compatibilizar a administração de meu tempo particular com as atribuições de dirigente, leva-me a essa inevitável constatação da necessidade de seguir um novo rumo, na busca da realização de um sonho que ficou no passado. Estou certo de que esta é uma decisão difícil, porém criadora. Também sei que a tomo no bojo de uma imposição impostergável de melhor servir à profissão de administrador e professor.

Saio da direção da nossa organização, tendo a certeza de que foi, para mim, grande honra e privilégio conviver com gente tão perseverante, perspicaz e consciente do dever. Saio genuína e de forma madura, na certeza de que os companheiros saberão de longe exceder as minhas limitações e dificuldades. Saio, mas me perfilo de pronto como um soldado a combater as incertezas e injustiças com soluções desafiadoras, porém tangíveis. Transmito a todos os companheiros da empresa a expressão da minha gratidão e do meu apreço pela colaboração que sempre emprestaram, denodada e anonimamente, ao desempenho de suas funções.

Saudações.

Mensagem de Apresentação:

Boa noite!

Hoje, estamos aqui reunidos para dar prosseguimento aos temas da *Semana do Administrador*, por sinal, nosso primeiro encontro a respeito. Vencidos todos os problemas que se nos afiguraram, embora para alguns perfeccionistas ainda tenha faltado muita coisa, por certo corrigiremos nossos defeitos e falhas no próximo encontro. Senhores diretores, caros colegas e amigos, estamos reunidos para apresentar um homem que, com sua força de vontade e garra, fez com que a profissão de administrador se agigantasse na comunidade empresarial e acadêmica do nosso país.

Esta pessoa nos brindará com uma palestra contando toda sua trajetória de vida que, com certeza, deixará muitos ensinamentos a todos nós.

Apresento-lhes, o ilustríssimo senhor: _______________

Mensagem do Consumidor:

Eu sou o homem que vai a um restaurante, senta-se à mesa e pacientemente espera enquanto o garçom faz de tudo, menos atender-me. Eu sou o homem que vai a uma loja e espera calado, enquanto os vendedores terminam sua conversa particular. Eu sou o homem que vai a uma supermercado e espera que o caixa troque a fita da máquina, o dinheiro e o operador, ou ainda, que espere a liberação do sistema, em função de alguma razão não sabida, por alguém que não se sabe onde está e que custa a chegar.

Eu sou o homem que entra no posto de gasolina e nunca toca a buzina, mas, ao contrário, espera pacientemente que o frentista termine de dar uma espiada no jornal. Eu sou o homem que explica sua desesperada e imediata necessidade de uma determinada mercadoria, mas não reclama nem exige nada, quando num estabelecimento comercial, aquele homem que parece estar pedindo um favor, ansiando por um sorriso ou esperando ao menos ser notado.

Eu sou o homem que entra no plantão imobiliário e aguarda tranquilo que os vendedores terminem de conversar com seus colegas, que espera enquanto os funcionários trocam ideias entre si, ou simplesmente baixam a cabeça, fingindo não me ver.

Você deve estar pensando que eu sou uma pessoa quieta, paciente, do tipo que nunca cria problemas, não é mesmo? Pois se engana. Sabe quem eu sou? Eu sou o consumidor que não volta nunca mais e que faz propaganda negativa do seu negócio. Aquele que se diverte, um tanto sadicamente, vendo milhões sendo gastos todos os anos em anúncios de toda a ordem para levar-me de novo a sua loja ou a preferir os seus produtos. Quando eu fui lá no seu negócio, pela primeira vez, tudo que deviam ter feito era apenas ter tido uma pequena gentileza, tão fácil e barata.

Assinado: Um Homem Comum.

As mensagens de propaganda divergem na criatividade, pois tal elemento é mais importante do que o custo da campanha. Somente após atrair a atenção é que um comercial ajuda a aumentar as vendas de uma marca ou de um produto. O adágio da propaganda é: “Enquanto o anúncio for interessante, não significa que vende”.

10.33 REUNIÃO

Embora já tenha sido abordado, este assunto como é muito importante vale ser repetido. Uma reunião é um processo dinâmico de grupo que é fluido, inexato e mutável, impossível de se reduzir a um simples conjunto de sistemas e descrições. Estas qualidades não devem ser encaradas como negativas, e sim como a principal vantagem do encontro.

Um grupo bem entrosado, que se reúne para trocar conhecimentos, opiniões, necessidades, esperanças, confianças e medos, cria uma sinergia e uma mecânica bastante dinâmica, que muda de minuto a minuto, à medida que a interação grupal se desenvolve.

Até as reuniões têm seu estilo e personalidade. Elas são feitas de indivíduos, cada um participando com suas qualidades, defeitos, vícios, atitudes, sentimentos e necessidades. Quando esses indivíduos se mesclam numa reunião, transformam-se em algo mais que a soma de todos eles. Essa personalidade do grupo vai influenciar a forma com que cada membro participa e se relaciona com os outros.

Para muitos, reunião é uma perda de tempo, para outros, uma necessidade vital. Nem oito, nem oitenta, as reuniões são necessárias desde que não virem fábricas de consenso, onde o grupo esmaga a individualidade, castrando inteligências.

Assim, as reuniões devem ter data e assunto predeterminado e só, em casos extremos, deve a empresa promover reuniões de última hora ou extraordinárias. Com isso evitará o desgaste da seriedade que precisa ter este encontro, qualquer que seja. Um dirigente indeciso usa a reunião para a tomada de decisão, eximindo-se, em parte, da responsabilidade da ação administrativa.

As reuniões servem a muitos fins importantes, sendo basicamente um agrupamento de informações e julgamentos, a fim de alcançar um objetivo específico. O velho ditado de que duas cabeças pensam melhor do que uma, ainda se mantém.

Através das reuniões, chega-se a uma decisão, fixam-se diretrizes, políticas, estratégias e táticas, alteram-se normas, regras e procedimentos, confrontam-se ideias, modelos e resultados, trocam-se pareceres, solucionam-se conflitos e problemas, comunica-se uma previsão de vendas, um resultado ou um plano.

As reuniões podem ser classificadas quanto à: forma (geral e particular); finalidade (objetivos, estratégias, soluções, políticas) e periodicidade (programadas e extraordinárias).

Reuniões também têm um cunho de avaliação. Parece haver certos aspectos do comportamento, em reuniões, que se aplicam a tudo. Há um número constante de pessoas que falam e outras que se calam, e este número não se modifica com o tamanho da reunião. Menos de meia dúzia, em geral três, dominarão o encontro. Uma tenta descobrir o que se passa, as outras duas trabalham contra ou a favor disso.

Numa reunião, todos avaliam todos. Há situações em que o chefe fala sobre o que quer, pelo tempo que bem entende, e a reunião está encerrada.

Não há nada, absolutamente, mais desmotivador ou humilhante para um jovem executivo do que comparecer a tais encontros em que sua função é ser um fiel ouvinte. Mas, existe uma vantagem nisso? Existe. Aquele que é sagaz observará: o comportamento dos participantes, a cultura e a documentação da organização, quem se comporta como chefe e quem como líder. Para um novato é bom mesmo ficar calado e só se pronunciar, se for solicitado.

A vantagem da reunião é que sempre se está avaliando alguma coisa, nem que seja o participante ao lado.

É fato de que quanto mais alto a pessoa se acha situada na estrutura organizacional menos informações relevantes possui sobre um assunto. Não se trata de um ponto de vista cético, e sim, prático. Os altos executivos precisam cobrir uma ampla área de atividades. Impossível estarem a par de tudo. Contudo, isso não os impede de ter opiniões e desejos. Sabem o que gostariam que acontecesse e fazem força para chegar aos seus objetivos.

Até a Lei de Pareto funciona na reunião, onde 20% decidem sobre 80% dos assuntos tratados. Pior, executivos, que passam por várias empresas que administram por reuniões, acabam gostando desta prática.

Na realidade a Lei de Pareto diz: "Somente 20% dos eventos/acontecimentos/recursos respondem por 80% dos resultados".

10.34 CONSIDERAÇÕES SOBRE REUNIÃO

A seguir, algumas considerações sobre reunião:

A mistura de relações pessoais e de trabalho também é problemática. Se um assunto é tratado de forma apressada numa reunião resultará em atritos. Contudo, qualquer organização repousa nessa mistura. Quanto mais pessoas estiverem reunidas, tanto mais tempo será necessário para sua atuação conjunta, e tanto menos tempo estará disponível para elas trabalhar, realizar funções e obter resultados.

Uma empresa que faz administração por reuniões é deficiente na sua essência.

Um fator comum que causa a perda de tempo é o excesso de reuniões. Segundo C. Northcote Parkinson, "as reuniões são, por definição, uma concessão à organização deficiente, pois uma pessoa ou se reúne ou trabalha, não pode fazer as duas coisas ao mesmo tempo".

A frase: "Numa estrutura idealmente planejada não haverá reuniões, cada um saberá aquilo que deve conhecer para fazer seu trabalho" é uma utopia. Mesmo que cada um tenha os recursos para fazer o seu trabalho, ainda, será preciso saber como fazê-lo.

Há reuniões, porque as pessoas que realizam atividades diferentes têm de cooperar para fazer um trabalho específico. Reunimo-nos, porque o conhecimento e a experiência necessários para uma situação específica não estão disponíveis numa única cabeça, mas no conhecimento de várias pessoas.

Reuniões demais sempre significam que a responsabilidade se torna difusa e que as informações não são dirigidas às pessoas que precisam delas.

Assim, como o excesso de reuniões prejudica o uso inteligente do tempo, a falta de bons canais de comunicação dificulta a coordenação, causando falta de controle e muita confusão. Então, onde está o problema de diagnosticar a perda de tempo? Está na abordagem e não no método.

A maioria das pessoas desenvolve as atividades tentando juntar as questões secundárias, menos produtivas, deixando, assim, tempo livre entre elas. Vamos utilizar esse tempo livre para realizar algo útil, adquirir sabedoria e conhecimento, antes que o tempo disponível seja ocupado e corroído por: novas crises, emergências, questões triviais e irrelevâncias.

O fato de reuniões serem necessárias e muito usadas, elas não significam que sejam sempre eficazes. Muitas são mal organizadas e pobremente conduzidas e, portanto, totalmente inúteis. Outro tipo de reunião inútil é àquela em que o líder usa o encontro apenas para confirmar sua decisão e mostrar poder. Depois de ter decidido, usa a reunião para endossar suas próprias conclusões.

Sempre haverá um número de reuniões maior que o necessário. A organização precisará sempre de tanto trabalho em conjunto, que as tentativas bem-intencionadas de cientistas do comportamento para criar oportunidades para a cooperação poderão tornar-se, de algum modo, redundantes.

Se os gerentes de uma empresa ocupam mais do que uma parte razoavelmente pequena de seu tempo em reuniões é sinal seguro de má administração.

Algumas empresas continuam a fazer administração por reuniões mais por hábito do que por necessidade. Eis algumas sugestões para você pensar antes de convocar uma reunião:

- Não convoque uma reunião se o assunto puder ser resolvido de outra forma.
- Explique o motivo do encontro a todos que vão participar.
- Convide apenas as pessoas necessárias à reunião.
- Cancele a reunião se desaparecer o motivo de sua realização.
- Questione a relevância do encontro e se realmente os participantes têm as informações significativas que justifique o evento.

Apesar de quase todos nós vivermos resmungando e reclamando das reuniões, elas são parte importante da vida. Portanto, devemos aceitá-las. E, quando as reuniões são nossas, devemos tentar aperfeiçoá-las. Muitas das críticas contra as discussões em grupo baseiam-se na falta de compreensão das forças decisivas dos grupos e da complexidade de liderá-los.

As reuniões, se forem dirigidas apropriadamente, podem dar aos participantes a oportunidade de relacionamento e desenvolver uma equipe eficaz. Elas proporcionam uma oportunidade de partilhar as experiências, os pontos de vista, os problemas e as soluções.

Conduzidas com propriedade, as reuniões podem servir para vários objetivos de comunicação e administração a um só tempo. Podem manter as pessoas bem-informadas, resolver problemas, revelar atitudes e promover um clima de participação. Você poderá descobrir que tem a possibilidade de aplicar mais princípios de comunicação numa reunião do que em qualquer outra atividade em seu campo de conhecimento.

Uma parte considerável dos diálogos nas empresas acontece em salas de reunião. E são frequentes as vezes em que os profissionais deixam essas salas com pontos de interrogação estampados no rosto, sem saber ao certo o que foi discutido e acertado.

A eficácia da reunião dependerá de um bom planejamento.

Alguns princípios básicos da reunião são colocados, a seguir:

- Planejar a reunião para ser realizada em horário no qual os participantes estejam mais receptivos.
- Informar local, data e hora.
- Marcar a reunião com certa antecedência, para que todos tenham de pensar nos objetivos.
- Fazer uma convocação.
- Preparar o roteiro previamente.
- Dotar o ambiente da reunião de meios auxiliares (meios físicos e meios auxiliares).
- Listar perguntas, questões e textos para reflexão, exercícios numéricos, estudos de caso.
- Começar na hora marcada e seguir o roteiro.
- Preparar soluções e rever procedimentos.
- Planejar a duração da reunião, em função do público-alvo.
- Proporcionar intervalos, caso necessários.
- Terminar a reunião quando os objetivos forem alcançados.

10.35 CONDUÇÃO DA REUNIÃO

Você deve entender que manter uma reunião num clima construtivo exige muito esforço e habilidade, principalmente, para resolver situações difíceis. Como coordenador da reunião, você, sem dúvida, será o líder do grupo. É sua, portanto, a responsabilidade de iniciar os trabalhos, fazendo a abertura com os seguintes procedimentos:

- Manter bem clara a meta a ser atingida, o problema a ser atacado e o motivo da reunião.
- Apresentar as razões da reunião e o que espera alcançar.
- Explicar o motivo da participação de cada membro, seguindo um esquema de trabalho.
- Formular perguntas diretas ao grupo e perguntas refletidas a quem as fez.
- Manter a discussão em ordem (quando alguém fala, os outros ficam calados).
- Interromper a discussão (ou debate) quando se tornar redundante.
- Garantir que todos possam ser ouvidos, controlando o dominador.
- Manter a atmosfera descontraída e informal.
- Ser capaz de delegar tarefas, tendo certeza de que os itens a discutir são do interesse de todos.
- Encorajar a discussão plena.
- Ouvir o ponto de vista da maioria.
- Servir como negociador e árbitro, conservando-se neutro.
- Manter a calma e encerrar a reunião na hora certa.

O líder de uma reunião poderá encontrar situações que poderão ser difíceis de serem contornadas. Devido aos diversos tipos de temperamento pessoal (personalidades) dos participantes da reunião, o líder poderá encontrar tipos que atrapalhem o bom andamento dos trabalhos.

A seguir, algumas dicas de como tratar tipos de personalidades:

Tipo Sociável – Apele para o trabalho em equipe, não dando excesso de detalhes.
Tipo Pessimista – Encoraje e mostre confiança, equilibrando o pessimismo com otimismo.
Tipo Acanhado – Expresse confiança em sua capacidade, peça sugestões.
Tipo Agressivo – Evite brincadeiras, elogie e critique diretamente.
Tipo Ambicioso – Mostre benefícios, aplique padrões de desempenho.
Tipo Moroso – Peça prazos, evite interromper seu trabalho, elogie realizações.
Tipo Conservador – Encoraje-o para novas tecnologias do conhecimento.
Tipo Falante – Use o grupo para controlá-lo, não se dirija a ele com frequência.
Tipo Gênio – Deixe que exponha seu ponto de vista para não lhe tirar o entusiasmo.
Tipo Silencioso – Faça perguntas simples e diretas, a fim de encorajá-lo a participar da reunião.
Tipo Crítico – Jogue o grupo contra ele, comprometa-o nos detalhes.
Tipo Teórico – Peça exemplos, mostre objetividade e pragmatismo.

Para fins de direção de uma reunião, é possível descrever uma pessoa como uma combinação de pelo menos três dos tipos abordados.

10.36 METODOLOGIA DA REUNIÃO

Os assuntos tratados nas reuniões devem ter a seriedade própria do momento, isto é, não se deve fazer reuniões para tratar de banalidades e coisas sem sentido prático. Se a reunião permitir conclusões, as mesmas devem ser comunicadas, por cópia da ata de reunião, posteriormente, a todos os participantes. É possível pedir o feedback necessário à implementação das soluções (decisões) propostas.

Se a reunião não permitir conclusões, deve o coordenador informar aos participantes que será enviado um relatório com o consenso geral das opiniões, quando, também, serão solicitadas soluções e sugestões a respeito dos problemas tratados, lembrando aos participantes que devem procurar melhorar métodos e processos, a fim de se evitar pontos problemáticos (conflitos não administráveis). É preciso entender que as reuniões são vitais para uma boa liderança.

Será apresentada, a seguir, uma metodologia de reunião que auxiliará a transformar um encontro em uma atividade, que, às vezes, custa tempo, dinheiro e chateação, em uma que beneficie a eficiência, eficácia e efetividade do trabalho em grupo:

Preparar o Ambiente: Cumprimentar os participantes e pô-los à vontade; abordar o assunto rapidamente; definir claramente o objetivo da reunião; solicitar a participação ativa de todos; deixar claro o tipo de participação que deve ter o grupo no processo decisório; esclarecer completamente o sentido de todas as palavras ou expressões ambíguas constantes do assunto em questão.

Animar e Dirigir a Discussão: Formular a pergunta inicial (impessoal) da discussão; apelar para a experiência de todos os participantes; obter o maior número de fatos e reações dos participantes; conseguir a participação dos componentes; não apressar a discussão, a fim de evitar perda de experiências úteis; evitar conclusões e sínteses apressadas; confrontar opiniões e pontos de vista; sondar a solidez das opiniões; evitar a monopolização da discussão por um participante; fugir dos assuntos já discutidos; favorecer a evolução da discussão, com exemplos e ilustrações; procurar chegar a acordos; ser um bom negociador.

Fazer um Balanço da Situação: Salientar os pontos de acordo e o progresso da discussão; escrever os acordos ou conclusões parciais; assegurar-se de que o grupo os compreende e aceita; verificar se há necessidade de experimentar; evitar voltar ao ponto anterior; fazer o necessário para conseguir a participação e aceitação geral; lembrar daqueles que ficaram calados.

Fazer uma Ata da Reunião: Recapitular clara e brevemente as conclusões parciais; ter a certeza de que o grupo está preparado para as conclusões gerais; encaminhar o grupo para uma conclusão geral construtiva; assegurar-se de que todos a compreenderam e aceitaram; avaliar os graus de convicção dos participantes; determinar a ação a ser empreendida (O quê? Quem? Quando? Quanto? Onde? Por quê? Como?); construir o cronograma de controle; escrever as conclusões e reafirmar a sua aceitação; entregar uma cópia da ata a cada membro da reunião.

10.37 TIPOS DE REUNIÃO

As pessoas se reúnem por diversos motivos. Uma vez no grupo, cada componente é um sujeito, com capacidades singulares e específicas, disposto a colocá-las, em função do grupo para que o estudo e a reflexão sejam mais aprofundados. Basicamente, todas as reuniões são reuniões de trabalho (esforço, exercício ou atividade humana para transformar a natureza). Existem dois tipos de reunião:

A – Reuniões Operacionais:

Reunião de Confrontação – Esta reunião é realizada entre funcionários de vários níveis e especializações, sob o comando de um analista, para se criticarem mutuamente. É uma técnica de alteração comportamental em que dois grupos antagônicos em conflito se reúnem, em sessões sucessivas, com a moderação de um coordenador para discutir, avaliar e reduzir diferenças.

Reunião de Crítica – Reunião de pessoas de uma mesma empresa, onde são elencadas críticas sobre estratégias, táticas, políticas e procedimentos, por exemplo.

Assembleia – Nome que se dá a uma reunião de pessoas com a finalidade de deliberar sobre assuntos específicos por seus participantes. As atribuições da assembleia são, na sua totalidade, de natureza deliberativa, não lhe competindo a prática de atos executivos. A assembleia não obriga a sociedade perante terceiros, apenas autoriza essa obrigação, a ser assumida, se o for pela diretoria executiva.

Reunião de Criatividade – A reunião de criatividade, mais conhecida internacionalmente como brainstorming, é o encontro, cuja finalidade é buscar ideias ou novas soluções, quando se fizer necessário a imaginação. O escopo da reunião é o de produzir o maior número de ideias possíveis.

Brainstorming (tempestade cerebral) é uma reunião que tem sido utilizada como técnica para o desenvolvimento de ideias criativas em torno de uma área específica. O grupo é, geralmente, limitado entre cinco até dez pessoas. Nesta reunião, os participantes têm liberdade de dizer o que pensam, sem serem criticados. Para serem eficazes essas reuniões precisam ter pessoas de diferentes áreas da empresa, com perspectivas diferentes.

Dinâmica de Grupo – Nome dado a uma reunião de pessoas, em pequenos grupos, para a solução ou análise de um problema de interesse comum. Este método não só ajuda a solucionar problemas como montar estratégias, táticas, procedimentos, políticas, regras e regulamentos. Através da dinâmica de grupo as pessoas aprendem a se conhecer; adquirirem informações; trabalham como equipe.

Dinâmica de grupo é, consequentemente, uma conquista do homem, que reconhece no seu semelhante uma fonte de relações, de liberdade, de diálogo, de questionamento e de crescimento mútuo. Todo o processo de estudar em grupo tende a exercitar e desenvolver a criatividade.

Entrevista – Técnica, por excelência, para levantamento de dados. Consiste de contatos com os elementos envolvidos nas operações em estudo, a fim de que estes possam fornecer dados relativos às mesmas. A entrevista é instrumento fundamental na seleção de pessoal. Tem sido supervalorizada por uns e subestimada por outros. É, no entanto, indispensável no processo de escolha de pessoal e, ainda que usada sem ser acompanhada por testes, melhora muito a seleção de pessoal.

A entrevista é basicamente uma fonte coletora de dados e fatos presentes e passados. O seu grande inimigo é o julgamento subjetivo e precipitado do entrevistador. A avaliação da entrevista é ponto vital no êxito de seu uso.

Os cuidados que o entrevistador deve ter, numa entrevista de seleção de um candidato, são:

- Ser realizada em lugar isolado.
- Afastar ao máximo seus preconceitos.
- Ser bastante objetivo, evitando atitude doutoral.
- Não fazer perguntas capciosas, evitar se projetar sobre o candidato.

- Colocar o entrevistado bem à vontade e começar a entrevista com um assunto que seja de interesse do mesmo.
- Não se afastar de seu objetivo, trabalhar baseado num roteiro para não se perder, evitando prolongar o tempo da entrevista.
- Redigir um relatório abordando, geralmente, o seguinte: aparência, inteligência, conhecimento, maneira de se expressar, sociabilidade, temperamento, educação, instrução, moral, documentação, experiência profissional, evolução escolar e profissional, nível de percepção.

O entrevistador vai lidar com todo tipo de entrevistado, tais como: enganador, simpático, cativante, de "grande experiência", com currículo brilhante, sedutor, exagerado, mentiroso, mascarado, carismático, aproveitador da ingenuidade do entrevistador, conversador.

O entrevistador deve checar tudo, mesmo aquilo que possa parecer irrelevante.

Uma contratação ruim pode causar sérios danos à equipe. Deixar-se levar pela primeira impressão de um candidato e acreditar em tudo aquilo que está escrito no papel é o maior pecado do entrevistador.

Como método de investigação a entrevista pode ser: estruturada, não estruturada e padronizada. A entrevista padronizada é a de maior uso na pesquisa. Sua premissa é de que todas as respostas devem ser comparáveis contra o mesmo conjunto de perguntas e de que os desvios devam refletir diferenças entre os respondentes e não diferenças nas perguntas.

Estudo de Caso – Esta reunião pode estudar o caso problema e o caso análise. O caso análise tem como objetivo desenvolver a capacidade analítica do participante. O caso problema tem como objetivo chegar a uma solução, a melhor possível, em função dos dados apresentados. O caso problema exige muita síntese do grupo.

Reunião de Viabilização de Projeto – Esta reunião busca informações que facilitem a viabilização do projeto. Os principais itens de um projeto são: finalidade, fundamentação, desenvolvimento, implementação, implantação e avaliação. É uma reunião cujos principais pontos de estudo são:

a) Identificar o escopo do projeto.
b) Identificar problemas a serem resolvidos.
c) Identificar os objetivos principais para projeto.
d) Identificar um número de soluções que possam satisfazer as necessidades do projeto.
e) Mostrar as vantagens e desvantagens do projeto.
f) Desenvolver um plano de realização do projeto com estimativas dos recursos necessários.
g) Obter o parecer dos participantes, incluindo alterações nos tópicos anteriores.
h) Obter o comprometimento e o compromisso dos participantes.

Reunião de Negociação – Esta reunião se caracteriza como um processo em que as partes envolvidas se deslocam de suas posições originais, inicialmente divergentes, para um ponto no qual o acordo possa ser realizado. O processo de negociação é um tipo de interação humana em que as partes buscam resolver diferenças através da obtenção de um acordo, troca, partilha, barganha, doação.

A negociação tem sido empregada, por milhares de anos, como modo não violento e socialmente aceitável de alcançar acordos e conciliar as diferenças entre as partes.

Reunião de Venda – Esta reunião faz o encontro de compradores e vendedores para discutirem oportunidades, nichos de mercado, problemas de distribuição, níveis de qualidade e preço, por exemplo.

Reunião para Resolução de Problema – Esta reunião buscará, através da troca de alternativas, a que melhor se adapte à situação, aos recursos disponíveis e ao menor custo (esforço). Definir o problema é tão importante quanto a solução do mesmo. Para facilitar a resolução de um problema, é comum dividir o método de solução em fases.

Reunião para Tomada de Decisão – Esta reunião fará uma apreciação e escolha de uma alternativa a ser adotada para a solução de um problema. A tomada de decisão implica dispor inteligentemente de recursos físicos, financeiros, humanos, materiais, mercadológicos, administrativos, tecnológicos e sistêmicos.

Reunião de Desenvolvimento – Esta reunião visa o desenvolvimento de um conjunto de atividades sequenciais para atingir um ou mais objetivos. A maior dificuldade deste tipo de reunião é o consenso sobre a ordem de prioridade das etapas do objeto de desenvolvimento.

Reunião de Constituição de uma Sociedade – Reunião que procede à constituição de uma sociedade, por meio de instrumento público ou particular, firmado por todos os sócios, no qual se declaram as condições básicas da entidade, inclusive nome, domicílio, capital social, cota de cada sócio, objeto social, forma de administração, prazo de existência e processo de liquidação. Esse ato constitutivo deverá ser arquivado num órgão público. As empresas podem ser constituídas de diferentes formas:

Firmas Individuais – Quando são representadas por um único empresário ou proprietário que responde pelos seus negócios. Estas firmas também são consideradas pessoas jurídicas para fins tributários (fisco).

Firmas de Sociedade – Quando duas ou mais pessoas se associam e constituem uma entidade com personalidade jurídica, distinta daquela dos indivíduos que a compõe. Estas firmas podem assumir uma variedade de formas de sociedades comerciais.

B – Reuniões de Desenvolvimento:

Aula – Esta reunião visa levar o conhecimento aos alunos pelo professor que utiliza técnicas pedagógicas, didáticas e metodológicas para motivar o grupo para apreensão do conhecimento exposto (apresentado). O professor deve se preocupar com que o material apresentado seja compatível e oportuno, sendo visível, se for o caso, de qualquer ponto da sala, além de uma iluminação suficiente.

Convenção – Esta reunião serve para lançar um novo produto, integrar e treinar pessoal, ventilar problemas, recomendar procedimentos, entregar prêmios e fazer elogios. O perigo das convenções repousa na falta de planejamento, na ausência de motivação e no surgimento de vedetismo.

A direção da empresa deve utilizar a convenção para mostrar novos produtos a serem lançados, seus pontos de venda, seus concorrentes, seu mercado. E, também, para informar as alterações que serão introduzidas nos produtos existentes, indicar quais os produtos que serão retirados de linha, mostrar e analisar as campanhas de propaganda, suas veiculações, suas criações, discutir os planos promocionais que serão efetuados no exercício, apresentar os alvos a serem atingidos, analisar as cotas de vendas.

O planejamento da convenção é que permitirá sua eficácia, e, basicamente, deve ocupar-se da época adequada, da escolha do local, do ambiente, da agenda de trabalho, do material a ser utilizado, da alimentação dos participantes, do orçamento.

Congresso – Reunião solene, geralmente, de caráter internacional, para abordar assuntos específicos, congregando especialistas que expõem e discutem experiências e descobertas. Um congresso reúne pessoas com interesses comuns.

Há alguma confusão entre congresso e conferência, sendo que numa conferência nem sempre todos os participantes da mesa falam, mas em um congresso todos da mesa abordam o tema em pauta, às vezes, com enfoques diferentes e conflitantes.

Não há a obrigatoriedade de consenso e resolução de um problema num congresso. Seus membros podem ser perenes ou eleitos para um determinado período ou, ainda, podem ser designados por um poder maior.

Simpósio – Reunião semelhante a um congresso para debater assuntos estritamente técnicos de caráter atemporal.

Palestra – Esta reunião aborda um tema específico, na qual o palestrante deve ter um comportamento sistemático e metodológico, partindo do simples para o complexo, sempre dando exemplos e fazendo comparações com a situação atual. O palestrante deve sempre buscar a interação com o público-alvo, através de perguntas e de assuntos de interesse de todos. Por isso, é necessário saber quem são os participantes para utilizar técnicas de motivação ao assunto a ser abordado.

Preleção – Um preletor é um vendedor de ideias. Cabe a ele persuadir o auditório. Assim, ele deve adotar os seguintes procedimentos:

- Desenvolver lentamente ideias, nos primeiros vinte minutos.
- Concentrar o miolo da mensagem nos quinze minutos de maior intensidade de interesse.
- Colocar elementos que obriguem reflexão e concentração nos últimos quinze minutos.
- Ilustrar com gráficos, figuras e quadros.
- Não exceder a 50 min, tendo um objetivo bem definido.
- Suscitar o interesse do auditório, empregando exemplos que reavivem situações conhecidas.
- Utilizar uma linguagem adequada ao nível médio do plenário.
- Demonstrar sinceridade.
- Não empregar frases convencionais (chavões) e vazias.
- Empregar frases curtas, imagens claras.
- Não demonstrar nervosismo ou insegurança.

O tom da preleção não pode ser o do discurso. As ideias não podem ser vagas ou abstratas, ao contrário, elas têm que ser substanciais e concretas.

Conferência – As grandes organizações, que possuem muitos profissionais e técnicos trabalhando na mesma área, podem realizar conferências sobre assuntos específicos. Essas conferências têm geralmente a duração de dois ou três dias e fornece oportunidade para debates estimulantes sobre problemas comuns, bem como para a troca de ideias e de experiências.

A conferência é um recurso destinado a melhorar a competência em uma determinada especialidade, ao passo que as demais medidas visam, na maioria das vezes, a dar ao executivo uma visão holística e estratégica. Uma conferência de cunho internacional é chamada de congresso.

Seminário – O seminário é uma espécie de convenção, onde há restrições quanto ao propósito, isto é, serve para treinar, aperfeiçoar, diagnosticar, reciclar e promover reflexão. Seminário é uma técnica de estudo que inclui pesquisa, discussão, debate, ensino e solução.

A técnica de seminário desenvolve não só a capacidade de pesquisa e de análise sistemática dos fatos, mas também o hábito do raciocínio e da reflexão, possibilitando a elaboração clara e objetiva de trabalhos científicos.

O seminário se apresenta de duas modalidades: Um grupo fará a exposição e outro fará o papel de questionador e crítico; O tema geral será subdividido em subtítulos e formar-se-ão na classe tantos grupos quantos forem os subtítulos.

As premissas básicas de um seminário são:

- Cada seção do seminário não deve ultrapassar três horas, para um melhor aproveitamento, podendo durar vários dias.
- Todo e qualquer seminário deve estabelecer, com clareza, a posição sobre a área que irá ser abordada.
- A ideia chave a orientar os organizadores é a de transformar cada participante do seminário no centro das atenções.
- As etapas do seminário devem ser divididas em reuniões (encontros) de grupos e reuniões plenárias.

Os requisitos para um bom seminário são: Participação, Criatividade, Inovação, Contribuição, Concisão, Qualidade, Conteúdo, Pontualidade, Produtividade, Diagnóstico, Informação, Eficiência, Eficácia, Efetividade, Experiência, Exposição, Demonstração, Relatório.

Treinamento – É a ação (processo) que visa ajudar o subordinado a organizar suas ideias e aptidões de modo a poder usá-las com vantagem em suas relações. O objetivo do treinamento é capacitar o indivíduo a alcançar altos padrões de desempenho para cumprir seus deveres e responsabilidades.

Quando o empregado não possui os conhecimentos e as habilidades necessárias ao bom desempenho das funções, há uma porção de consequências indesejáveis, baixa produtividade, gastos excessivos de material, tempo, energia e acidentes.

Quando os empregados não produzem satisfatoriamente, apesar de serem boas as instalações, máquinas, ferramentas, possivelmente, a causa seja a falta de habilidade e conhecimento. A solução é o treinamento.

Há empresas que preferem que os empregados novos venham a aprender dentro delas, porque assim aprendem do modo por elas desejado. Treinamento é o processo educacional, aplicado de maneira sistemática e organizada, por meio do qual as pessoas adquirem conhecimentos, atitudes, deveres, responsabilidades, altos padrões de desempenho e habilidades, em função de objetivos definidos.

O treinamento tem por finalidade ajudar os empregados a alcançar os objetivos da empresa, proporcionando oportunidades para que todos, em todos os níveis, obtenham conhecimentos, práticas e condutas requeridos em suas atividades.

Treinamento é bom para os profissionais, mas a boa educação é fundamental para desenvolver a capacidade de absorção ou mesmo de criação de novos conhecimentos. Um ser humano treinado é capaz de assimilar rotinas e praticar as mesmas no seu dia a dia. Uma pessoa educada é capaz de questionar e/ou criar conceitos (teorizar), contribuindo de forma ativa para o desenvolvimento das organizações.

10.38 ATA DE REUNIÃO

A ata, como já observado, é um registro escrito no qual se relata o que se passou numa reunião, assembleia ou encontro, por exemplo. Também é um documento que encerra uma reunião séria.

Toda ata de reunião deve ter: local e data; nome dos participantes e entidades que representam; objeto da reunião; assuntos a serem discutidos, destacados em tópicos; responsabilidades; itens abordados (definição do problema, solução de consenso, data de cobrança); prazos de execução; distribuição de cópias para os participantes e assinaturas.

É um documento que diz o que, quem, onde, como, quanto e quando vai ser feito algum trabalho. Cada folha deve receber a rubrica de cada participante, bem como uma numeração (1/3; 2/3; 3/3). Como a ata de reunião serve como documento para consulta e controle, é importante que seja bem organizada para evitar problemas futuros.

Os itens discutidos variam muito de empresa para empresa e também do momento. Aqueles que aparecem mais são: objetivos, estratégias, táticas, contratos, planos, projetos, políticas, programas, processos, filosofia gerencial, pendências da reunião anterior, procedimentos, horário de trabalho, padronização, depreciação, portfólio de produtos, remuneração, custos, preços, capital social, abertura de conta bancária, participação societária, conflitos, recrutamento, seleção, documentação, arquivos, treinamento, local da empresa, investimentos, ações empreendedoras, modelos, indicadores de gestão, compras, comportamentos, mudanças, estrutura organizacional, cargos, funções administrativas, funções organizacionais, recursos existentes, recursos necessários, carteira de pedidos, clientes, sistemas de informação, sistema de comunicação, sistema de segurança, ambiente interno, mercado, produto, cenário, distribuição.

Capítulo 11
ANÁLISE

"A mais importante causa de fracasso dos negócios é o fato de que raramente dedicamos, antecipadamente, um estudo apropriado e uma reflexão adequada."

Peter F. Drucker

OBJETIVOS DO CAPÍTULO

- Mostrar que um dos primeiros passos na resolução de problema é a análise.
- Mostrar as principais habilidades de um analista.
- Mostrar o principal objetivo de cada análise.
- Mostrar alguns tipos de análise.

11.1 ANÁLISE

Análise é a busca da melhor solução (resposta) para uma questão colocada em estudo ou dúvida. Ela permite dividir aquilo que se deseja conhecer em tantas partes, quanto possível, de modo a trazer conhecimento de cada uma delas, e, com isso, chegar ao detalhamento do todo. O estudo de um processo (sistema, projeto, solução, atividade), em todos os seus detalhes recebe o nome de análise, que procura, sobretudo, apontar fraquezas, qualidades, vantagens, desvantagens, oportunidades e restrições.

A análise busca apontar: falhas estruturais; objetivos, propósitos e metas mal definidos; desperdícios; controles insuficientes; carga de trabalho mal distribuída; Inadequabilidade de meios e recursos; rotinas ineficientes; estratégias mal formuladas; falta de conhecimento adequado e muito mais.

A análise resume-se tão somente em apontar alternativas, em fazer sugestões, em procurar soluções, as mais diversas, para os males encontrados ou apontados. Ora, a pergunta que surge é, naturalmente, aquela que exprime as seguintes dúvidas: Por que a análise? Qual o motivo de se analisar algo que esteja funcionando? Os grandes problemas da análise derivam da metodologia empregada e do comportamento do analista.

Analisar é ação administrativa voltada a dividir aquilo que se deseja conhecer, em tantas partes quanto for possível, de modo que permita um bom conhecimento de cada uma delas, e, com isso, um conhecimento completo e detalhado do todo.

A visão geral que se tem da análise é a de um processo que visa descobrir as causas de determinadas coisas ou os efeitos de ações, produzindo, desde que possível, procedimentos, quanto ao que deva ser feito para melhorar alguma coisa. Desse modo, a análise resume-se, tão somente, em apontar alternativas, em fazer sugestões, em procurar soluções, as mais diversas, para os males encontrados ou apontados.

Os resultados da análise variam muito, mas, em geral, são os seguintes:

- Nova estrutura organizacional, redefinições de atribuições, novos fluxogramas.
- Redução de rotinas, eliminação de áreas de trabalho e de funções organizacionais.
- Performance de mapas, gráficos e planilhas de controle; novos arranjos físicos.
- Aperfeiçoamento de políticas, modelos, procedimentos, métodos e formulários.
- Menor custo operacional, maior produtividade, melhor qualidade de atendimento.
- Produtos mais bem elaborados.

A análise, tendo em vista a sua importância, fundamentou um tipo de administração – Administração por Análise. É a administração onde se analisa tudo e se faz um questionamento constante. Ela visa a liderança do mercado, uma maior margem de lucro e imagem positiva, para seus consumidores.

Para desenvolver uma Administração por Análise a empresa precisa: dispor de dados atualizados e corretos para dar suporte à tomada de decisão; monitorar a implementação de novas decisões até que se transformem em políticas empresariais; avaliar as decisões pela rapidez e pela qualidade dos resultados alcançados; lutar pela melhoria da produtividade; criar incentivos para os funcionários empreendedores; ter objetivos para curto e longo prazos.

Porém, para Henry Mintzberg (Universidade de Harvard), a administração não deve ser reduzida à análise. Infelizmente, muitos cursos de MBA fazem crer que administrar é analisar. Aprender a decompor problemas, identificar variáveis fundamentais, estabelecer relações de causa e efeito na busca de novos caminhos, objetivos, prioridades e alternativas é a base da análise.

A análise, mesmo de acordo com uma metodologia científica, apresenta dificuldades, limitações, restrições, problemas e riscos, dos mais diversos, antes, durante e depois da análise. De um modo geral, cabe à administração da empresa determinar que um estudo seja feito, seu grau de profundidade, sua duração e seu custo.

Grupo de análise é um conjunto de funcionários de uma empresa que se reúne para estabelecer uma metodologia de trabalho para a análise de determinado problema.

Essas determinações agem, daí em diante, como limitações ao trabalho do grupo de análise, e em alguns casos, podem ocasionar conflitos. Seria o caso de, por exemplo, o estudo de uma determinada atividade indicar que uma outra, a ela ligada, deve também ser reformulada. Se o custo, ou a duração dessa reformulação, não forem aceitos, o estudo não será feito e, com isso, a atividade, inicialmente em pauta, ficará certamente com alguma falha, o que não agradará ao grupo de análise.

Cabe ao responsável pelo estudo tentar, por todos os meios ao seu alcance, conseguir autorização para enveredar pelos novos caminhos que se lhe oferecem. Caso não o consiga, resta-lhe, tão somente, seguir no rumo preestabelecido, convencendo a si e a seus subordinados que a direção da empresa pode ter, e normalmente tem, conhecimento de outros fatores de grande importância, que houve por bem não declinar.

Por sua vez, durante os estudos, existe toda uma série de riscos de erro, verdadeiras armadilhas à espera do incauto capaz de nelas tropeçar, como por exemplo: pressa excessiva, excesso de alternativas, metas utópicas, documentação insuficiente, informações irrelevantes, recursos inadequados, falta de coordenação e de liderança, canais de comunicação confusos, cronogramas apertados.

A análise é a tentativa de evidenciar as relações existentes entre o fenômeno estudado e outros estudos. Mas, a análise e a interpretação são duas atividades distintas, mas estreitamente relacionadas. Na análise, o pesquisador entra em maiores detalhes sobre os dados obtidos. Na interpretação, é importante que os dados sejam colocados de forma sintética e de maneira clara e acessível.

Quando fazemos uma análise, corremos o risco de encontrar uma série de erros, verdadeiras armadilhas à espera do incauto capaz de nelas tropeçar, como por exemplo: pressa excessiva, excesso de alternativas, metas utópicas, documentação insuficiente, informações irrelevantes, recursos inadequados, falta de coordenação e de liderança, canais de comunicação confusos, cronogramas apertados.

11.2 OBJETIVOS DA ANÁLISE

Os principais objetivos da análise procuram apontar: alternativas de decisão; sugestões de solução; falhas estruturais; objetivos, propósitos e metas mal definidos; desperdícios; controles insuficientes; carga de trabalho mal distribuída; inadequabilidade de meios e recursos; rotinas ineficientes; estratégias mal formuladas; falta de conhecimento adequado.

A palavra análise pode ser associada a infindáveis objetos de estudo. Assim, a seguir, são colocados os principais objetivos da análise do mundo corporativo:

Análise da Decisão – A análise da decisão objetiva identificar alternativas de escolha, fazer uma apreciação sobre uma linha de conduta a ser adotada, determinar quais os recursos que viabilizam a solução de um problema. Na análise da decisão é fundamental conhecer a natureza do problema, da estratégia de solução e o tipo de decisão a tomar.

Análise da Situação – A análise da situação objetiva relatar de forma sucinta as informações básicas sobre as variáveis pertinentes a: mercado, governo, ambiente, consumo, empresa, concorrência, restrições, oportunidades, pontos fracos, pontos fortes, necessidades e desejos dos consumidores, indicadores do setor.

Análise do Resultado – A análise do resultado objetiva comparar os valores resultantes com os esperados, bem como observar se os mesmos são significativos em relação aos indicadores fornecidos pelo mercado e pela série histórica da organização.

Análise do Pedido – A análise do pedido objetiva verificar a possibilidade de se atender ao cliente para um determinado produto, em função de: quantidade estocada do produto, margem de lucro do produto, custo de distribuição, área do consumidor (local de entrega), lotes economicamente viáveis, limite de crédito, correção no preenchimento do pedido, perfil do comprador, prazo de atendimento.

Análise do Trabalho – A análise do trabalho objetiva dar um tratamento racional e científico no modo de execução de um trabalho, baseado nas informações sobre: as condições do ambiente; os métodos e processos; as tarefas e operações; os movimentos; as fases em que o trabalho se desdobra e a sua sequência; as capacidades e aptidões; os conhecimentos que o trabalho exige; os equipamentos e materiais utilizados.

Análise da Estrutura – A análise da estrutura objetiva buscar a simplificação de cargos e funções, verificar e comparar a documentação em busca de dados sobre centralização e descentralização, conhecer as unidades organizacionais e polos de decisão, enumerar as atividades das funções organizacionais, conhecer a composição qualitativa e quantitativa dos recursos humanos, buscar as relações de caráter hierárquico, consultivo e funcional existentes entre as unidades.

Análise da Rotina – A análise da rotina objetiva a sua simplificação. Para tal é preciso fazer um levantamento compreendendo: espécie, natureza ou denominação de cada rotina; órgãos e pessoas envolvidas; desdobramento da rotina em fases e operações; referências ao tempo e volume de cada operação; espaços existentes entre cada operação; síntese de cada operação; exposição gráfica; tempos de espera e de execução de cada operação; fixação das unidades de trabalho; indicação das quantidades e qualificações dos executores; apontamento das falhas; identificação das vinculações entre as rotinas; especificação da clientela servida.

A seguir, algumas regras para orientar a simplificação da rotina:

- Reduza o número de operações.
- Disponha as operações de maneira racional.
- Torne as operações tão econômicas quanto possível.
- Reduza a um número mínimo as manipulações.
- Combine operações, se for econômico.
- Encurte ou elimine movimentos.
- Providencie meios mais econômicos.
- Reduza o serviço ao mínimo exequível.
- Use um número mínimo de pontos de controle.

Análise do Arranjo Físico – A análise do arranjo físico objetiva determinar um lugar para cada coisa, de modo que este lugar possa ser utilizado de maneira mais eficiente, e em fazer com que cada coisa ocupe, realmente, o seu lugar. Os fluxos de trabalho, sua ordem e movimentação, as máquinas e os equipamentos, o volume de trabalho, o recebimento e a expedição de materiais e produtos, os almoxarifados e os sanitários influem com sua disposição racional no rendimento geral dos serviços e na boa apresentação do ambiente de trabalho.

Quanto às melhores condições de utilização das áreas, conforme os tipos e naturezas dos trabalhos executados, aconselhamos as orientações traçadas no valioso livro *Arte de Projetar em Arquitetura,* que vai do estudo de um berçário até a disposição de um cemitério.

Análise das Instalações – A análise das instalações objetiva otimizar e simplificar o uso de máquinas e equipamentos, conforme sua continuidade de uso. Quanto às melhores instalações e equipamentos, o analista deve estar familiarizado com as inovações e tecnologias, devendo saber escolher o que seja mais indicado para facilitar e simplificar o trabalho.

Nos casos de grandes indústrias, ramos de atividade comercial específicos, serviços técnicos ou especializados e atividades típicas, teremos de consultar as normas da ABNT.

Análise do Posto de Trabalho – A análise do posto de trabalho objetiva buscar respostas ao questionamento: A arrumação dada é a melhor possível? A tecnologia utilizada é a melhor possível? A economia de tempos e movimentos é a melhor possível? As condições ambientais são as melhores possíveis? O empenho para evitar "gargalos" em atividades é o melhor possível?

Análise do Processo – A análise do processo objetiva estudar a ordem dos passos relativos à atividade em curso, conhecer o fluxo dos documentos e a sequência em que são elaborados, determinar as operações merecedoras de maior atenção, coletar o maior número de dados para descrever os passos do processo atual, examinar, criticamente, os métodos empregados, propor a eliminação, combinação, mudança e/ou transferência de posição de cada passo do processo.

Análise do Risco – A análise do risco objetiva saber o que se quer resguardar e qual a melhor forma de fazer isso, buscando informações vitais para dimensionar, mesmo de maneira probabilística, os possíveis resultados de cada curso alternativo. Somente com esta análise pode-se criar a atmosfera de redução de risco e incerteza.

Portanto, reprimir a incerteza é evitar conhecer que tipos de fatores externos incidem e que, possivelmente, continuarão a influenciar a organização. Decidir no escuro é um ato de grande risco, mesmo que o ambiente nos forneça um certo grau de certeza.

Análise do Cenário – A análise do cenário objetiva prever futuros desejados, isto é, caracterizar situações futuras que não têm, necessariamente, ligação com situações presentes e passadas. Como o ambiente, normalmente, apresenta várias hipóteses, é comum a necessidade da construção de cenários para momentos diferentes no futuro. A seguir, algumas das técnicas de delineamento de cenários:

Técnica de Delphi – Constituída de um grupo de especialistas, cujas áreas estejam relacionadas com o tipo de situação que se quer projetar.

Técnica do Painel de Especialistas – Neste caso, reúne-se um grupo de especialistas que interagem sem segredos, sendo estimulada a comunicação pessoal. A premissa que serve de base é: "Várias pessoas podem chegar a projeções melhores que as elaboradas por uma só pessoa".

Técnica da Analogia Histórica – Neste caso, pode ser efetuada, por exemplo, uma análise comparativa de produtos semelhantes.

Técnica do Brainstorming – Esta é a mais antiga e mais conhecida técnica para estimular a criatividade. É a partir dela que se desenvolveram outras, como a lista de atributos e análise morfológica. Tais variações tiveram sempre o intuito de estruturar e sistematizar melhor o método para torná-lo mais eficiente, eficaz e efetivo.

Técnica de Valores Contextuais – Usada para descrever uma situação de descrições verbais de várias tecnologias numa base coordenada em ordem cronológica. Tal técnica é fundamentada na interação e interdisciplinaridade de diferentes áreas do conhecimento.

Técnica Morfológica – É provavelmente a mais sistemática técnica para previsão de novos produtos e/ou novos processos. Consiste, essencialmente, numa lista de verificação bidimensional, conhecida como matriz morfológica.

Técnica de Lacuna Estratégica – Esta técnica tem sido amplamente usada em algumas áreas da administração, tais como marketing, para determinar onde existem áreas de insatisfação, como preço e qualidade, por exemplo. Ela busca descobrir nichos de mercado.

Técnica de Indução – A técnica de indução tenta mostrar um quadro futuro do ambiente, a partir de determinadas premissas. A validade do cenário criado a partir desta técnica depende da credibilidade que se tem nela.

Análise do Ambiente – A análise do ambiente objetiva levantar as condições externas à organização que lhe impõe desafios, oportunidades, restrições e limites, oferecidos pela cultura, religião, geografia, clima, população e recursos naturais.

Análise do Balanço Patrimonial – A análise do balanço patrimonial objetiva prestar informações sobre o grau de rentabilidade dos valores empregados (investidos), servir como instrumento de avaliação da tendência do negócio e seu rendimento, assegurar que os recursos sejam obtidos e aplicados efetivamente.

Análise do Investimento – A análise do investimento objetiva verificar a conveniência da otimização tecnológica para a substituição de máquinas e equipamentos, melhoria da produtividade (reditividade), avaliando o impacto na estratégia empresarial e qual a mudança no comportamento e cultura da organização.

Análise da Empresa – A análise da empresa objetiva buscar informações sobre seus produtos, pontos fortes, pontos fracos, fontes de recursos, setor econômico, práticas do comércio local, tecnologias, custos, canais de distribuição, oportunidades, ameaças, preços de mercado, margem de lucro, políticas...

Análise do Fato – A análise do fato objetiva fazer um levantamento estatístico, em termos numéricos, pois o resultado desta análise vai ser função direta da fidelidade, da precisão e da metodologia empregada neste levantamento.

Análise da Concorrência – A análise da concorrência objetiva definir quem são seus maiores concorrentes, quais os produtos (bens, serviços, ideias) que eles oferecem, quais são suas potencialidades e fragilidades. Essa análise pressupõe o conhecimento da atuação passada e presente dos principais concorrentes. Com base nas análises, projeções e simulações é possível o delineamento inicial da atuação futura desses concorrentes.

Análise da Rentabilidade – A análise da rentabilidade objetiva saber quais mercados, produtos e consumidores são os mais lucrativos.

Análise do Negócio – A análise do negócio objetiva inventariar sintomas, definir a missão do negócio, determinar aquilo que é essencial, definir objetivos das funções vitais, comparar o real com o desejado, determinar os desvios, escolher variáveis a serem alteradas.

Análise da Crise – A análise da crise objetiva saber se o problema é institucional, político, estrutural, comportamental, administrativo, mercadológico ou tecnológico, por exemplo.

Análise do Comportamento – A análise do comportamento objetiva buscar compreender as atitudes humanas, bem como achar paradigmas de comportamento que possam ser utilizados (copiados) nas organizações com sucesso.

Análise do Mercado – A análise do mercado objetiva estudar séries históricas, variáveis interdependentes da economia e do mercado, ambientes de consumo, demanda e potencial de mercado, volume de vendas, participação no mercado, concorrentes, inovações, novos produtos, tendências, mudanças do cenário, ciclo de venda, sazonalidade, estratégias e táticas de penetração no mercado.

Análise da Demanda – Análise da demanda objetiva conhecer a evolução do consumo, a concorrência, os preços praticados, a elasticidade da demanda do produto. Para projetos de maior envergadura serem realizados em ambiente competitivo, serão necessárias análises aprofundadas de demanda.

Análise da Oferta – A análise da oferta objetiva conhecer as capacidades nominal e efetiva do mercado, grau de utilização, prática de comércio.

Análise da Relação Custo/Benefício – A análise da relação custo/benéfico objetiva estudar quais as variáveis que mais bem viabilizam o projeto, tais como: qualidade, preço, custo e lucro.

Análise do Ponto de Equilíbrio – A análise do ponto de equilíbrio objetiva estudar as variáveis que permitem assegurar se é possível concorrer no mercado.

Análise da Qualidade – A análise da qualidade objetiva verificar a conformação do produto, evidenciada pelo desenho, especificações, tolerâncias, confiabilidade e padrões.

Análise da Capacidade Instalada – A análise da capacidade instalada objetiva determinar qual a capacidade em máquinas, equipamentos e instalações deve ter o projeto para que o produto atenda as exigências do mercado e dos projetistas. Objetiva, também, a qualidade e as especificações instituídas no projeto.

Análise da Embalagem – A análise da embalagem objetiva estudar a cor, o rótulo, as especificações, o formato, o código de barras e tudo o mais que formará o produto com um visual agradável, ajudando a imagem da marca e da empresa.

Análise da Variedade – A análise da variedade objetiva estudar o quanto a variabilidade do produto pode atrapalhar a qualidade e a produtividade, ou o quanto pode ajudar o pessoal de marketing.

Análise da Segmentação – A análise da segmentação objetiva examinar para qual público-alvo o produto é destinado.

Análise do Consumo – A análise do consumo objetiva estudar o histórico do faturamento, a previsão de vendas, a carteira de pedidos, o perfil do público-alvo, o poder de compra do consumidor, a renda da população, o nível social (econômico, financeiro, educativo, intelectual e cultural) do consumidor, bem como medir as mudanças de atitude e de hábito das pessoas.

Análise do Governo – A análise do governo objetiva estudar as variáveis macroeconômicas, leis, gastos públicos, balança comercial, licitações, impostos, carga tributária, taxas sobre serviços, taxa de juros, inflação. Também objetiva determinar: quem é quem no governo, quais as pessoas que influenciam nas decisões, quais as "eminências pardas" do governo, quais são as pessoas que realmente detêm o poder e quais aqueles que praticam lobby.

Análise dos Pontos Fortes e Fracos – A análise dos pontos fortes e fracos objetiva assegurar elementos para um bom planejamento estratégico da organização.

Análise das Fontes de Recursos – A análise das fontes de recursos objetiva buscar no mercado quais as fontes para capital, mão-de-obra, imóveis, matéria-prima, insumos, máquinas, instalações, equipamentos, inovações tecnológicas, práticas administrativas, técnicas mercadológicas, conhecimentos.

Análise da Distribuição do Trabalho – A análise da distribuição do trabalho objetiva conhecer as tarefas individuais, o cruzamento das tarefas em atividades, a distribuição do trabalho, o processamento do trabalho, o tempo requerido para execução, a correlação entre as operações e os postos de trabalho, com a finalidade de elaborar o Quadro de Distribuição de Tarefas (QDT).

Análise do Fluxo de Informações – A análise do fluxo de informações objetiva conhecer o suprimento de informações. Tal suprimento proporciona aprendizagem de novos dados a respeito de si mesmo, dos outros, dos processos grupais ou da dinâmica organizacional. Este suprimento requer que haja um fluxo adequado de informações através de reuniões, circulares, relatórios, memorandos, cartas, e-mails, banco de dados, intranet, internet.

Análise da Estratégia – A análise da estratégia objetiva determinar e esclarecer os seguintes pontos: importância da estratégia, a visão estratégica da alta administração, a principal característica da estratégia, os componentes da estratégia, a consciência (postura) estratégica, o enfoque da estratégia, as questões que inviabilizam a estratégia, a resistência à nova estratégia, os recursos necessários para sua implementação, o principal objetivo da estratégia.

Análise das Atividades – A análise das atividades objetiva determinar a incidência temporal para os períodos de atividade e de inatividade e ao estudo das possíveis modificações realizáveis sobre o método/ processo seguido, a fim de aumentar a produtividade.

Análise da Carga de Trabalho – A análise da carga de trabalho objetiva examinar a quantidade de trabalho relativa às várias tarefas atribuídas e desenvolvidas em cada unidade, em períodos de tempo prefixados, e na verificação do equilíbrio existente entre essa quantidade e a organização que se estuda. Por carga de trabalho entendemos o volume (quantidade) de trabalho atribuído a uma determinada unidade produtiva (setor, pessoa ou máquina) durante uma preestabelecida unidade de tempo (hora, dia, semana, mês, ano...).

Análise do Ponto Comercial – A análise do ponto comercial objetiva considerar os seguintes pontos: potencial de mercado, visibilidade, acesso, funcionalidade, tamanho da área, infraestrutura local (correio, banco, telefonia, escola, hospital, transporte), tipo de solo, recursos naturais, recursos primários (água, luz, força, esgoto e gás), planejamento urbano, planejamento viário, restrições legais.

Análise das Condições de Trabalho – A análise das condições de trabalho objetiva verificar a importância do ambiente sobre o trabalho a ser executado, levando em consideração, principalmente, a iluminação, o ar, a temperatura, a umidade, a ventilação, os ruídos e as cores.

Análise de Dados – A análise de dados objetiva permitir ao pesquisador o estabelecimento de conclusões, a partir de um levantamento da situação, identificando as anomalias e as partes separadas que permaneceram em um conjunto de dados após este ter passado por controles de qualidade, ser reformatado e padronizado. O grande desafio desta análise é saber escolher corretamente as técnicas de análise dentre as inúmeras existentes.

Análise do Feedback – A análise do feedback objetiva comparar resultados, no fim do processo, com as expectativas tidas no início do mesmo. Esta análise mostra as habilidades que uma pessoa precisa ter para aprimorar seus conhecimentos que não são adequados e atualizados.

Análise da Dispersão – A análise da dispersão objetiva identificar o relacionamento entre variáveis e seus respectivos valores, que influenciam no resultado de um processo.

Análise do Novo Produto – A análise do novo produto objetiva estudar a viabilidade do projeto, quanto aos aspectos econômicos e mercadológicos. Esta análise deve levar em consideração uma multiplicidade de fatores, que, no seu somatório, possa efetivamente conduzir o projeto ao mais próximo possível da realidade. Levantamentos estatísticos servem, em primeira mão, para identificar oportunidades e fornecer dados para ajudar os gerentes de marketing, produção e finanças na viabilização do projeto.

Análise da Oportunidade – A análise da oportunidade objetiva traçar um paralelo entre as hipóteses e realidades daquilo que parece ser uma oportunidade. Uma oportunidade é algo que deve ser explorado em seu favor. Ela pode ser uma de suas potencialidades ou uma das fragilidades de seu concorrente. Pode advir de um mercado em expansão e/ou formação ou de um nicho de mercado.

Análise do Cargo – A análise do cargo objetiva investigar os cargos e descrevê-los em termos das características gerais, tais como: o nível de responsabilidade, as condições de trabalho e as qualificações exigidas. Cada fator pode então ser dividido em um certo número de graus, cada um deles recebendo o valor de um ponto. Todos os cargos podem ser comparados e avaliados, fornecendo um valor total de pontos para cada cargo.

Análise do Perfil – A análise do perfil objetiva proporcionar um enfoque complementar e/ou alternativo à escolha de uma estratégia e estudar as mudanças de transição de um perfil para outro. Considera-se perfil uma descrição rápida de algo.

Análise da Carteira – A análise da carteira objetiva dar uma visão clara da capacidade da empresa para atender o mercado e observar como está sendo feito o atendimento dos pedidos da clientela, permitindo comparar prioridades de atendimento e aplicações dos recursos existentes.

Análise do Impacto – A análise do impacto, também chamada de análise colateral, objetiva dimensionar os efeitos que o produto terá sobre os demais da empresa e da concorrência.

Análise da Imagem – A análise da imagem objetiva melhorar, de forma contínua, o conceito que os consumidores têm da empresa, suas marcas e produtos, através dos:

Instrumentos: Publicidade; Propaganda; Promoção; Relações Públicas; Sinalização.

Meios Visuais: Aparência Moderna; Cores Compatíveis; Logomarca Bonita; Arquitetura da Loja; Página Agradável na Internet; Embalagem Apropriada (etiquetas, códigos, rótulos, cor e estrutura).

Serviços: Atendimento na Venda; Atendimento Pós-Venda; Atendimento no Crediário; Atendimento na Garantia.

Análise da Linha de Produtos – A análise da linha de produtos objetiva determinar que itens devem ser desenvolvidos, mantidos, explorados, otimizados, inovados, eliminados, descontinuados, progressivamente ou não.

O leitor precisa entender que análise não é administração, mas apenas uma função administrativa, num rol de muitas outras.

11.3 ANALISTA

O analista é aquele que estuda o serviço a ser realizado, determinando as partes componentes, a metodologia de trabalho e a tecnologia de suporte. Não porque tal trabalho seja acentuadamente complexo ou difícil de descrever, mas simplesmente porque a maioria dos analistas não possui uma ideia suficientemente clara da estrutura de suas tarefas. O analista define quais os dados que circulam entre os diversos órgãos e em que instante ocorre esse trânsito.

A habilidade analítica é saber a utilidade e a potencialidade das técnicas administrativas e adquirir mais realismo, profundidade e criatividade na solução de problemas. Aprender a decompor problemas, identificar variáveis fundamentais, estabelecer relações de causa e efeito na busca de novos caminhos, objetivos, prioridades e alternativas é a base da análise

Ele procura identificar, definir, especificar, determinar e verificar as fontes de informação para atender as diversas atividades administrativas da organização. Também procura especificar as necessidades de informação em sua atividade de tomada de decisão, determina as fontes de dados congruentes ao desejado.

Embora cada analista, provavelmente, empregue métodos ligeiramente diferentes, a fim de relacionar as redes de informação, o melhor a fazer é partir das informações principais da empresa e, daí, proceder ao trabalho descendo até os subsistemas de apoio. Ao agrupar e integrar os fluxos de informação, o analista deve continuar a subdividir as redes até que todos os polos de decisão tenham sido considerados e comunicados entre si.

O profissional de análise deve combinar o que é, atualmente, possível nessa tecnologia galopante e o que vale a pena ser feito para a empresa, em relação à maneira como é administrada. Fazer esta combinação de maneira aceitável a todos os grupos e de modo a aguentar o teste de tempo que é a parte mais difícil do esforço.

Se a combinação for bem-feita, então, não importará quão difícil seja o projeto. Isto significa que o analista não tem o direito de esperar dos usuários uma explanação lúcida dos requisitos necessários. Ele precisa ajudá-los a determinar suas necessidades.

As características necessárias para um analista podem ser naturais ou, em sua maioria, adquiridas ao longo da vida acadêmica ou profissional. Como principais podemos citar: imaginação, capacidade crítica, capacidade de ouvir, capacidade analítica, vontade para falar e escrever, inovação, criatividade, mediação, liderança, negociação, persistência, clareza de raciocínio, visão sistêmica, visão estratégica, visão holística, espírito de equipe, humildade, satisfação profissional, capacidade de comunicação.

O analista deve atuar como um assistente de solução.

A função básica do analista será buscar as causas das variações, quando expressivas. Uma queda na margem bruta, por exemplo, pode ser decorrente de um crescimento nos custos maior que o crescimento do preço de venda, ou simplesmente, uma mudança nos critérios contábeis da empresa, que passou a computar como custo de produção itens que antes considerava como despesas operacionais.

Os principais obstáculos do analista são, por exemplo: grau de profundidade do estudo, tempo de duração, custo da atividade, expectativa de resultado positivo, canais de comunicação confusos, sistemas operacionais deficientes, recursos e ferramentas inadequadas, metodologia empregada complicada, comportamento difícil do analista, má distribuição do trabalho, pressa excessiva, muitas alternativas de escolha, informações e dados irrelevantes, metas utópicas, documentação insuficiente, falta de objetividade, coordenação e liderança, cronogramas apertados, como já observamos.

11.4 TIPOS DE ANALISTA

A palavra analista, como marketing, estratégia e política, pode ser associada a qualquer coisa. Assim, a seguir, são colocados tipos de analista que atravessarão o caminho de qualquer administrador (empresário):

Analista de Sistema – Observa as atividades importantes, projetando tais observações em fluxo de informações.

Analista de Dados – Define quais os dados que circulam entre os diversos órgãos e em que instante ocorre esse trânsito.

Analista de Especificações – Cria manuais e normas de operação para as pessoas envolvidas em um processo.

Analista de Projeto – Concebe, desenvolve, executa e implanta o projeto, criando documentação própria.

Analista de Mercado – Lê o cenário e procura prever tendências de consumo e comercialização.

Analista de Produção – Define quais os processos de otimização dos recursos para lucro máximo.

Analista de Consumo – Observa o comportamento dos consumidores no que se refere ao grau de conhecimento e de exigência.

Analista de Produto – Define seu composto mercadológico e quais as inovações e valores que se pode agregar ao mesmo.

Analista de Distribuição – Define os mais eficientes canais de distribuição, aumentando seu conhecimento de logística. Trabalha os conflitos entre os intermediários do canal.

Analista de Processamento – Agrupa os dados que entram e que saem do computador, definindo cada etapa do processamento, de modo a permitir aos programadores o cumprimento de suas tarefas.

Analista de Informações – Encarregado de prestar informações aos usuários.

Analista de Negócio – Incentiva a participação ativa dos clientes, o que é uma forma de transmitir o conhecimento dos negócios e colher feedback, visando a performance.

11.5 TIPOS DE ANÁLISE

A seguir, tipos de análise:

Análise Administrativa: Análise fundamentada nas funções administrativas, cuja finalidade é efetuar diagnósticos dos cenários e estudar soluções integradas para problemas empresariais, envolvendo processos, métodos e técnicas de trabalho. A análise administrativa é dinâmica e permanente, porque suas conclusões são reavaliadas, visando novos rumos, se necessários.

Análise Ambiental: Análise das condições externas que envolvem a organização, tais como oportunidades, ameaças, preservação do ecossistema, cultura da sociedade, geografia, clima, religião, mercado, produto concorrente, tendência, perspectiva do cenário, consumidores, fornecedores de recursos, conjunturas econômica, social e política, restrição legal.

Análise Colateral: Análise que dimensiona quais os efeitos que o produto terá sobre os demais da empresa e da concorrência.

Análise Comercial: Análise que, através de métodos de previsão de vendas, estimativas de custos e projeção orçamentária, define o comportamento que leva a organização a cumprir sua missão, isto é, a finalidade pela qual a organização foi criada.

Análise Competitiva: Análise para prever os passos dos concorrentes e se antecipar às suas ações. Esta análise mostra que, mesmo que a empresa adote estratégias ótimas em todas as suas áreas de negócio, certas áreas são mais promissoras do que outras.

Análise da Atividade: Análise para determinar a incidência temporal para os períodos de atividade e de inatividade e ao estudo das possíveis modificações realizáveis sobre o método (processo) seguido, a fim de aumentar a produtividade.

Análise da Capacidade Instalada: Análise que determina qual a capacidade em máquinas, equipamentos e instalações deve ter o projeto para que o produto atenda às exigências do mercado, bem como a qualidade e as especificações instituídas no projeto.

Análise da Carga de Trabalho: Análise que examina a quantidade de trabalho relativa às várias tarefas atribuídas e desenvolvidas em cada unidade, em períodos de tempo prefixados, e na verificação do equilíbrio existente entre essa quantidade e a organização que se estuda.

Análise da Carteira: Análise que dá uma visão clara da capacidade da empresa para atender o mercado e observar como está sendo feito o atendimento dos pedidos da clientela, permitindo comparar prioridades de atendimento e aplicações dos recursos existentes.

Análise da Concorrência: Análise que define quem são os maiores concorrentes, quais os produtos (bens, serviços, ideias) que eles oferecem, quais são suas potencialidades e fragilidades. Essa análise pressupõe o conhecimento da atuação passada e presente dos principais concorrentes.

Análise da Condição de Trabalho: Análise que verifica a importância do ambiente sobre o trabalho a ser executado, levando em consideração, principalmente, a iluminação, o ar, a temperatura, a umidade, a ventilação, os ruídos e as cores.

Análise da Crise: Análise que sabe se o problema é institucional, político, estrutural, comportamental, administrativo, mercadológico ou tecnológico, por exemplo.

Análise da Decisão: Análise que identifica alternativas de escolha, fazer uma apreciação sobre uma linha de conduta a ser adotada, determinar quais os recursos que viabilizam a solução de um problema. Na análise da decisão é fundamental conhecer a natureza do problema, da estratégia de solução e o tipo de decisão a tomar.

Análise da Demanda: Análise que conhece a evolução do consumo, a concorrência, os preços praticados, a elasticidade da demanda do produto. Para projeto de maior envergadura ser realizado em ambiente competitivo, serão necessárias análises aprofundadas de demanda.

Análise da Dispersão: Análise que identifica o relacionamento entre variáveis e seus respectivos valores, que influenciam no resultado de um processo.

Análise da Distribuição do Trabalho: Análise que conhece as tarefas individuais, o desdobramento das tarefas em atividades, a distribuição do trabalho, o processamento do trabalho, o tempo requerido para execução, a correlação entre as operações e os postos de trabalho, com a finalidade de elaborar o Quadro de Distribuição de Tarefas (QDT).

Análise da Embalagem: Análise que estuda a cor, o rótulo, as especificações, o formato, o código de barras e tudo o mais que formará o produto com um visual agradável, ajudando a imagem da marca.

Análise da Empresa: Análise que busca informações sobre seus produtos, pontos fortes, pontos fracos, fontes de recursos, setor econômico, práticas do comércio local, tecnologias, custos, canais de distribuição, oportunidades, ameaças, preços de mercado, margem de lucro, políticas.

Análise da Estratégia: Análise que determina e esclarece os seguintes pontos: a importância da estratégia, a visão estratégica da alta administração, a principal característica da estratégia, os componentes da estratégia, a consciência (postura) estratégica, o enfoque da estratégia, as questões que inviabilizam a estratégia, a resistência à nova estratégia, os recursos necessários para sua implementação, o principal objetivo da estratégia.

Análise da Estrutura: Análise que busca a simplificação de cargos e funções, verificar e comparar a documentação em busca de dados sobre centralização e descentralização, conhecer as unidades organizacionais e polos de decisão, enumerar as atividades das funções organizacionais, conhecer a composição qualitativa e quantitativa dos recursos humanos, buscar as relações de caráter hierárquico, consultivo e funcional existentes entre as unidades.

Análise da Fonte de Recursos: Análise que busca no mercado quais as fontes para: capital, mão de obra, imóveis, matéria-prima, insumos, máquinas, instalações, equipamentos, inovações tecnológicas, práticas administrativas, técnicas mercadológicas, conhecimentos.

Análise da Imagem: Análise que melhora, de forma contínua, o conceito que os consumidores têm da empresa, suas marcas e produtos.

Análise da Instalação: Análise que otimiza e simplifica o uso de máquinas e equipamentos, conforme sua continuidade de uso.

Análise da Linha de Produtos: Análise que determina que itens devem ser desenvolvidos, mantidos, explorados, otimizados, inovados, eliminados, descontinuados, progressivamente ou não.

Análise da Oferta: Análise que conhece as capacidades nominal e efetiva do mercado, grau de utilização, prática de comércio.

Análise da Oportunidade: Análise que traça um paralelo entre as hipóteses e realidades daquilo que parece ser uma oportunidade.

Análise da Qualidade: Análise que verifica a conformação do produto, evidenciada pelo desenho, especificações, tolerâncias, confiabilidade e padrões.

Análise da Requisição: Análise feita por formulário, onde o requisitante direto especifica os requisitos desejáveis ao candidato.

Análise da Relação Custo/Benefício: Análise que estuda quais as variáveis que mais bem viabilizam o projeto, tais como: qualidade, preço, custo e lucro.

Análise da Rentabilidade: Análise que sabe quais mercados, produtos e consumidores são os mais lucrativos.

Análise da Rotina: Análise que busca a. Para tal é preciso fazer um levantamento compreendendo: espécie, natureza ou denominação de cada rotina; órgãos e pessoas envolvidas; desdobramento da rotina em fases e operações; referências ao tempo e volume de cada operação; espaços existentes entre cada operação; síntese de cada operação; exposição gráfica; tempos de espera e de execução de cada operação; fixação das unidades de trabalho; indicação das quantidades e qualificações dos executores; apontamento das falhas; identificação das vinculações entre as rotinas; especificação da clientela servida.

Análise da Segmentação: Análise que examina para qual público-alvo o produto é destinado.

Análise da Situação: Análise que relata de forma sucinta as informações básicas sobre as variáveis pertinentes a: mercado, governo, ambiente, consumo, empresa, concorrência, restrições, oportunidades, pontos fracos, pontos fortes, necessidades e desejos dos consumidores, indicadores do setor.

Análise da Tarefa: Análise descritiva da tarefa a ser desempenhada leva a definição daquilo que é imprescindível para a execução da tarefa. Assim, o analista deve estar de posse de uma série de indicadores, como: linha de produto a ser vendida; mercado a ser atingido; tipo de trabalho de venda a ser realizado; características da região de atuação; política de remuneração; requisitos culturais necessários ao desempenho do trabalho; conhecimentos técnicos dos produtos; volume e peso do material do vendedor; relatórios e formulários a serem preenchidos; desejável conhecimento anterior do mercado; características da equipe em que será agregado; tempo médio de duração da visita; número de visitas por dia; sistema de comunicação; sistema de informações.

Análise da Variedade: Análise que estuda o quanto a variedade do produto pode atrapalhar a qualidade e a produtividade, ou o quanto pode ajudar o pessoal de marketing.

Análise de Dados: Análise que permite o estabelecimento de conclusões, a partir de um levantamento da situação, identificando as anomalias e as partes separadas que permaneceram em um conjunto de dados após este ter passado por controles de qualidade, ser reformatado e padronizado. O grande desafio desta análise é saber escolher corretamente as técnicas de análise dentre as inúmeras existentes.

Análise de Gestão: Análise onde se estuda, de forma holística, o desempenho da empresa, utilizando as análises horizontal e vertical ao mesmo tempo, para os itens que compõem o Balanço Patrimonial e o Demonstrativo de Resultado, que de certa forma se completam e até se sobrepõem.

Análise de Mercado: Análise onde se estuda: séries históricas, variáveis interdependentes da economia e do mercado, ambientes, demanda e potencial de mercado, volume de vendas, participações no mercado, concorrência, inovações, novos produtos, tendências, ciclo de venda, sazonalidade, estratégias e táticas. O maior problema da análise de mercado está voltado para responder a seguinte dúvida: Por que se analisar algo que está funcionando?

Análise de Risco: Análise para determinar as medidas necessárias para que o risco seja minimizado a ponto de ser tolerável e quanto vale a pena pagar; Análise para dimensionar, mesmo de maneira probabilística, os possíveis resultados de uma decisão.

Análise de Seleção: Análise onde o selecionador examinará e analisará a ficha de inscrição e o currículo, confrontando-os e sublinhando os pontos básicos sobre os quais repousará a entrevista.

Análise de Sistema: Análise que procura equacionar um universo mais complexo, cheio de variáveis que, muitas vezes, não podem ser identificadas e, outras vezes, mesmo depois de caracterizadas, não podem ser quantificadas.

Análise de Transformação: Análise tida mais como uma estratégia para projetar sistemas balanceados que facilitam ver o físico a partir do virtual, e vice-versa. Nesta análise, o gerente precisa ter a certeza de que o sistema caminha para os resultados esperados e sua ferramenta básica é o diagrama do fluxo de dados. A análise de transformação é composta pelas seguintes etapas:

a) Desenhar um Diagrama do Fluxo de Dados para o problema.
b) Encontrar as funções centrais do Diagrama do Fluxo de Dados.
c) Converter o Diagrama do Fluxo de Dados em Diagrama de Estrutura.
d) Revisar o Diagrama de Estrutura.
e) Assegurar a funcionalidade do Diagrama de Estrutura.

Análise de Valor: Análise do exame crítico das funções do produto, com o objetivo final de dotar o mesmo de condições, para que realize suas funções pelo custo mínimo; Análise que deve ser dividida em etapas, que podem começar com o objetivo do novo produto e terminar com um relatório recomendando ou não o produto.

Análise Digital: Análise que substitui os dados em papel por bits de dados eletrônicos. Esta análise deve começar pelo negócio e não pela tecnologia. Ser digital não é ter um site, e-mail, um blog, uma rede social ou um portfólio virtual.

Análise Dinâmica: Ver análise histórica.

Análise Discriminante: Técnica estatística para classificar, determinar, separar e especificar objetos, pessoas, dimensões, programas, políticas, planos, respostas, resultados, modelos, estratégias, relações, táticas. A análise discriminante procura descrever e analisar uma série histórica de valores colhidos, através de um levantamento de dados.

Análise do Arranjo Físico: Análise que determina um lugar para cada coisa, de modo que este lugar possa ser utilizado de maneira mais eficiente, e em fazer com que cada coisa ocupe, realmente, o seu lugar.

Análise do Balanço Patrimonial: Análise que presta informações sobre o grau de rentabilidade dos valores empregados (investidos), servir como instrumento de avaliação da tendência do negócio e seu rendimento, assegurar que os recursos sejam obtidos e aplicados efetivamente.

Análise do Cargo: Análise que investiga os cargos e descrevê-los em termos das características gerais, tais como: o nível de responsabilidade, as condições de trabalho e as qualificações exigidas. Cada fator pode então ser dividido em um número de graus, cada um deles recebendo o valor de um ponto. Todos os cargos podem ser comparados e avaliados, fornecendo um valor total de pontos para cada cargo.

Análise do Cenário: Análise voltada a caracterizar situações futuras que têm, necessariamente, ligação com situações presentes e passadas.

Análise do Comportamento: Análise que busca compreender as atitudes humanas, bem como achar paradigmas de comportamento que possam ser utilizados (copiados) na organização com sucesso.

Análise do Consumo: Análise que estuda o histórico do faturamento, a previsão de vendas, a carteira de pedidos, o perfil do público-alvo, o poder de compra do consumidor, a renda da população, o nível social (econômico, financeiro, educativo, intelectual e cultural) do consumidor, bem como medir as mudanças de atitude e de hábito das pessoas.

Análise do Demonstrativo de Resultado: Análise que compara o crescimento (principalmente das vendas) apresentado pela empresa, em face do crescimento do segmento econômico em que a empresa atua; dos principais concorrentes e da inflação ou da variação das outras moedas.

Análise do Fato: Análise que faz um levantamento estatístico, em termos numéricos, pois o resultado desta análise vai ser função direta da fidelidade, da precisão e da metodologia empregada neste levantamento.

Análise do Feedback: Análise que compara resultados, no fim do processo, com as expectativas tidas no início do mesmo. Esta análise mostra as habilidades que uma pessoa precisa ter para aprimorar seus conhecimentos que não são adequados e atualizados.

Análise do Fluxo de Informações: Análise que conhece o suprimento de informações. Este suprimento requer que haja um fluxo adequado de informações através de reuniões, circulares, relatórios, memorandos, cartas, e-mails, banco de dados, intranet, internet.

Análise do Governo: Análise que estuda as variáveis macroeconômicas, leis, gastos públicos, balança comercial, licitações, impostos, carga tributária, taxas sobre serviços, taxa de juros, inflação. Também objetiva determinar: quem é quem no governo, quais as pessoas que influenciam nas decisões, quais as "eminências pardas" do governo, quais são as pessoas que realmente detêm o poder e quais são aquelas que praticam lobby.

Análise do Impacto: Análise também chamada de análise colateral, pois dimensiona os efeitos que um novo produto terá sobre os demais produtos da empresa e da concorrência.

Análise do Investimento: Análise que verifica a conveniência da otimização tecnológica para a substituição de máquinas e equipamentos, melhoria da produtividade (reditividade), avaliando o impacto na estratégia empresarial e qual a mudança no comportamento e cultura da organização.

Análise do Mercado: Análise que estuda séries históricas, variáveis interdependentes da economia e do mercado, ambientes de consumo, demanda e potencial de mercado, volume de vendas, participação no mercado, concorrentes, inovações, novos produtos, tendências, mudanças do cenário, ciclo de venda, sazonalidade, estratégias e táticas de penetração no mercado.

Análise do Negócio: Análise que inventaria sintomas, definir a missão do negócio, determinar aquilo que é essencial, definir objetivos das funções vitais, comparar o real com o desejado, determinar os desvios, escolher variáveis a serem alteradas.

Análise do Novo Produto: Análise que estuda a viabilidade do projeto, quanto aos aspectos econômicos e mercadológicos. Esta análise deve levar em consideração uma multiplicidade de fatores, que, no seu somatório, possa efetivamente conduzir o projeto ao mais próximo possível da realidade. Levantamentos estatísticos servem, em primeira mão, para identificar oportunidades e fornecer dados para ajudar os gerentes de marketing, produção e finanças na viabilização do projeto.

Análise do Pedido: Análise que verifica a possibilidade de se atender ao cliente para um determinado produto, em função de: quantidade estocada do produto, margem de lucro do produto, custo de distribuição, área do consumidor (local de entrega), lotes economicamente viáveis, limite de crédito, correção no preenchimento do pedido, perfil do comprador, prazo de atendimento.

Análise do Perfil: Análise que proporciona um enfoque complementar e/ou alternativo à escolha de uma estratégia e estudar as mudanças de transição de um perfil para outro. Considera-se perfil uma descrição rápida de algo.

Análise do Ponto Comercial: Análise que considera os seguintes pontos: potencial de mercado, visibilidade, acesso, funcionalidade, tamanho da área, infraestrutura local (correio, banco, telefonia, escola, hospital, transporte), tipo de solo, recursos naturais, recursos primários (água, luz, força, esgoto e gás), planejamento urbano, planejamento viário, restrições legais.

Análise do Ponto de Equilíbrio: Análise que estuda as variáveis que permitem assegurar se é possível concorrer no mercado. O ponto de equilíbrio é dado pela fórmula:

$QE = CF / (Cv - Pv)$

Onde:
QE = Quantidade de equilíbrio.
CF = Custo fixo total.
Cv = Custo variável unitário do produto.
Pv = Preço de venda unitário.
Cv - Pv = Margem de contribuição.

Análise do Posto de Trabalho: Análise que busca respostas ao questionamento: A arrumação dada é a melhor possível? A tecnologia utilizada é a melhor possível? A economia de tempos e movimentos é a melhor possível? As condições ambientais são as melhores possíveis? O empenho para evitar "gargalos" em atividades é o melhor possível?

Análise do Processo: Análise que estuda a ordem dos passos relativos à atividade em curso, conhecer o fluxo dos documentos e a sequência em que é elaborada, determinar as operações merecedoras de maior atenção, coletar o maior número de dados para descrever os passos do processo atual, examinar, criticamente, os métodos empregados, propor a eliminação, combinação, mudança e/ou transferência de posição de cada passo do processo.

Análise do Resultado: Análise que compara os valores resultantes com os esperados, bem como observar se os mesmos são significativos em relação aos indicadores fornecidos pelo mercado e pela série histórica da organização.

Análise do Texto: Análise que se refere ao processo de conhecimento de determinada realidade e implica o exame sistemático dos seus elementos. Conhecer tipos de análise do texto ajudará você a se tornar alguém mais esperto na leitura de um documento.

Análise do Trabalho: Análise que dá um tratamento racional e científico no modo de execução de um trabalho, baseado nas informações sobre: as condições do ambiente; os métodos e processos; as tarefas e operações; os movimentos; as fases em que o trabalho se desdobra e a sua sequência; as capacidades e aptidões; os conhecimentos que o trabalho exige; os equipamentos e materiais utilizados.

Análise do Treinamento: Análise baseada nas seguintes questões: Qual a necessidade? Onde foi assinalada em primeiro lugar? Ocorre em outra área ou setor? Qual a sua causa? É parte de uma necessidade maior? Como resolvê-la? É preciso alguma providência inicial? A necessidade é imediata? Qual a sua prioridade? A necessidade é permanente ou temporária? Quantas pessoas e quantos serviços serão atingidos? Qual o tempo disponível para o treinamento? Qual o custo? Quem irá executar o treinamento?

Análise dos Gráficos: Análise que fornece evidências, difíceis de descobrir sem os mesmos. O uso dos gráficos serve para estudar a situação, o processo, a atividade, a tarefa, pois reproduzem, geralmente, de forma mais clara a realidade.

A simples apreciação da representação gráfica permite, com razoável rapidez, checar se a conclusão sobre a evolução da situação (fenômeno), bem como estabelecer relações entre os dados apontados, suas relações entre si e com o todo. É comum após uma pesquisa, que as conclusões sejam representadas através de um gráfico, que pode ser um diagrama, um cartograma, um histograma, uma curva, um estereograma.

Análise Essencial: Análise que indica o modelo que deve satisfazer as necessidades do analista, mencionando o mínimo possível de recursos para a implementação do sistema, produto ou projeto, por exemplo.

Análise Estatística: Método matemático utilizado para obter a mesma informação com a menor quantidade de dados. Uma de suas aplicações mais conhecidas é o controle estatístico de qualidade. A análise estatística fornece meios para a escolha de amostras representativas de uma série temporal (universo de dados) para aceitar ou rejeitar um lote de produção, por exemplo, em função dos dados da amostra. Ela pode ser considerada como um conjunto de procedimentos elaborados para descobrir os fatores reais mais importantes que afetam um determinado processo.

Análise Estratégica: Análise que busca o caminho ou meio para que a organização alcance favorável, preferencial e diferentemente os objetivos e desafios em um ambiente mutável, complexo e altamente competitivo. Análise que permitirá a organização encontrar os recursos para resultados positivos, bem como os fatores chaves que assegurem um sucesso duradouro.

Análise Estruturada: Análise voltada a fornecer modelos da realidade, onde se possa estabelecer especificações precisas.

Análise Financeira: Análise complexa e de fundamental importância numa sociedade moderna. A razão mais frequente que nos leva a desenvolvê-la tende a ser de caráter econômico-financeiro. Para o credor, certamente, sua principal preocupação será no sentido de receber aquilo que tem direito. Para o investidor, seu objetivo primeiro é ter um retorno sobre o seu investimento, mantendo certo grau de segurança.

O conhecimento de finanças não deve se restringir aos tesoureiros, controladores e planejadores financeiros. Em qualquer empresa, contabilistas, estatísticos e profissionais de marketing, se possuírem uma avaliação e um entendimento dos princípios de finanças, poderão participar mais efetivamente do processo decisório.

Análise Funcional: Método de determinar as partes das quais, eventualmente, uma norma, um procedimento, uma rotina, ou uma função, por exemplo, deve ser desenvolvida, reformulada ou diferenciada. Tal análise possibilita alternativas para julgar relações entre pessoas e funções.

Análise Histórica: Análise fundamentada nos registros históricos, levando em consideração os problemas encontrados no passado, bem como os estudos de tendência, ciclo operacional, sazonalidade e eventos ocasionais (greves, guerras, distúrbios sociais, moda, intempéries).

Análise Horizontal: Análise que permite o exame da evolução histórica de uma série de valores, podendo ser efetuada através do cálculo das variações em relação a uma determinada conta. A seguir, um exemplo:

Contas	Produto A	Produto B	Produto C	Total
1 – Receita com Vendas	50.000 (50%)	30.000 (30%)	20.000 (20%)	100.000(100%)
2 – Custos	20.000 (50%)	12.000 (30%)	8.000 (20%)	40.000 (100%)
3 – Lucro Bruto (1 - 2)	30.000 (50%)	18.000 (30%)	12.000 (20%)	60.000 (100%)
Despesas com:				
4 – Salários	4.000 (30%)	3.000 (40%)	5.000 (42%)	12.000 (100%)
5 – Comissões	7.500 (50%)	4.500 (30%)	3.000 (20%)	15.000 (100%)
6 – Viagens	1.500 (25%)	1.800 (30%)	2.700 (45%)	6.000 (100%)
7 – Diversas	6.000 (33%)	6.000 (33%)	6.000 (33%)	18.000 (100%)
8 – Total (4 a 7)	19.000 (37%)	15.300 (30%)	16.700 (33%)	51.000 (100%)
9 – Lucro Líquido (3 - 8)	11.000 (122%)	2.700(30%)	- 4.700(-52%)	9.000(100%)

Análise Interorganizacional: Análise que trata da interação da organização com outras do seu ambiente de atuação.

Análise Interpretativa: Análise que procura associar as ideias expressas pelo autor com outras de conhecimento do leitor, sobre o mesmo tema. Faz uma crítica, do ponto de vista da coerência interna e validade dos argumentos empregados no texto e da profundidade e originalidade dada à análise do problema. Realiza uma apreciação pessoal e emite um juízo sobre as ideias expostas, elaborando uma pauta para discussão.

Análise Morfológica: Análise que exige a identificação de fatores básicos de um problema e o exame dos relacionamentos entre esses fatores, na esperança de se encontrar algo novo. Se nosso problema do canal de distribuição é o transporte, por exemplo, precisamos saber: o tipo de veículo, o meio de transporte, o tipo de carga e suas especificações e a fonte de energia que será utilizada.

Análise Organizacional: Análise das condições internas da organização, o que significa determinar seus elementos competitivos para sobreviver no mercado em que atua. Tal análise tem por finalidade colocar em evidência os pontos fracos e fortes da organização. Pontos fortes são vantagens controláveis que precisam ser aproveitadas ou otimizadas. Pontos fracos são desvantagens controláveis que precisam ser evitadas, modificadas ou corrigidas.

Análise Patrimonial: Análise que envolve a atribuição de valor a cada um dos itens que formam o patrimônio. Esta análise é uma tarefa complexa. Quanto vale, por exemplo, o prédio onde está instalada a empresa? Quanto vale as máquinas, equipamentos e instalações? As respostas serão corretas até que se efetuem transações reais da venda desses bens. Esta avaliação dependerá do mercado.

Análise Preliminar: Análise sobre as dificuldades que existem para se implantar qualquer negócio. Os resultados produzidos pela análise preliminar variam muito, mas, em geral, são os seguintes: Nova estrutura organizacional; Redefinições de atribuições; Novos fluxogramas; Redução de rotinas; Eliminação de áreas de trabalho e de funções organizacionais; Performance de mapas, gráficos e planilhas de controle; Novos arranjos físicos; Aperfeiçoamento de políticas, modelos, procedimentos, métodos e formulários; Menor custo operacional; Maior produtividade; Melhor qualidade de atendimento; Produtos mais bem elaborados.

Análise Preferencial: Análise para derivar os valores de utilidade que os consumidores adotam para níveis de variação dos atributos de um produto. Aos entrevistados são mostradas diversas hipóteses, formadas pela combinação de níveis de satisfação, solicitando uma classificação de preferência. As hipóteses podem ser relativas aos: resultados, participação no mercado ou lucro da empresa, por exemplo. Ela vem se tornando uma das mais populares ferramentas de desenvolvimento e teste de conceito, sendo empregada em centenas de aplicações comerciais.

Análise Sistêmica: Análise que considera todo e qualquer organismo e/ou organização como um sistema, pois há uma ênfase na dinâmica do processo de interação entre suas partes constituintes, tendo em vista que o sistema sempre reagirá a qualquer interferência ou estímulo sobre suas interfaces (conexões) ou mesmo sobre seus subsistemas.

Análise Temática: Análise que permite maior compreensão do texto, fazendo emergir a ideia central e as secundárias, as unidades e subunidades de pensamento, sua correlação e a forma pela qual essa se dá.

Análise Transacional: Análise que transparece como um conjunto de normas de terapia psicológica para melhorar o relacionamento interpessoal oportunamente. Além das implicações internas, muitas organizações têm utilizado a análise transacional para melhorar, também, as relações entre o seu pessoal e os consumidores e/ou fornecedores.

Análise Transformacional: Análise tida mais como uma estratégia para projetar sistemas balanceados que facilitam ver o físico a partir do virtual, e vice-versa. Nesta análise, o gerente precisa ter a certeza de que o sistema caminha para os resultados esperados e sua ferramenta básica é o diagrama do fluxo de dados (DFD).

Análise Vertical: Análise que mostra a estrutura de composição dos itens e sua evolução no tempo. Ela tem como objetivo principal determinar a relevância de cada conta em relação a um valor total tomado como base. Assim, o percentual de cada conta mostra sua real importância no conjunto. A base é, geralmente, o total dos ativos no caso do balanço patrimonial e receita com vendas, no caso do demonstrativo de resultado. A seguir, um exemplo:

Contas	Produto A	Produto B	Produto C	Total
1 – Receita c/ Vendas	50.000(100%)	30.000 (100%)	20.000 (100%)	100.000 (100%)
2 – Custos	20.000 (40%)	12.000 (40%)	8.000 (40%)	40.000 (40%)
3 – Lucro Bruto (1- 2)	30.000 (60%)	18.000 (60%)	12.000 (60%)	60.000 (60%)
Despesas com:				
4 – Salários	4.000 (8%)	3.000 (10%)	5.000 (25%)	12.000 (12%)
5 – Comissões	7.500 (15%)	4.500 (15%)	3.000 (15%)	15.000 (15%)
6 – Viagens	1.500 (3%)	1.800 (6%)	2.700 (13%)	6.000 (6%)
7 – Diversas	6.000 (12%)	6.000 (20%)	6.000 (30%)	18.000 (18%)
8 – Total (4 - 7)	19.000 (38%)	15.300 (51%)	16.700 (83%)	51.000 (51%)
9 – Lucro Líquido (3 - 8)	11.000 (22%)	2.700 (9%)	- 4.700 (-23%)	9.000 (9%)

11.6 FERRAMENTAS DE ANÁLISE

Embora sejam muitas as ferramentas de análise, tais como: matrizes (simulações) e planilhas (cálculos); diagramas, gráficos e modelos (construção); formulários e questionários (pesquisa). É difícil para o usuário imaginar que o novo sistema lhe fornecerá uma solução até que esteja realmente em funcionamento.

Ferramenta de análise ajuda a apontar alternativas e sugestões para buscar a melhor solução para um problema. Todas funções administrativas utilizam ferramentas para apoiar, no seu dia-a-dia, as diversas decisões e soluções a serem implementadas. Assim, por exemplo, as ferramentas básicas de direção estão, praticamente, pautadas no estudo do comportamento humano nas organizações.

Estas ferramentas são: motivação, manipulação, influência, ordem, envolvimento, remuneração, incentivo, recompensa, liderança, poder, coordenação, delegação, comando, persuasão, coação, habilidade de relacionamento, treinamento, desenvolvimento humano, criatividade, estudo de caso, dinâmica de grupo...

Não existe ferramenta analítica que possibilite saber o que o usuário pensa, mas não diz. Não temos como mostrar um modelo concreto e claro. Uma representação gráfica já ajuda e muito. Embora sejam muitas as ferramentas de análise, daremos ênfase ao estudo das matrizes como modelos de análise.

Como existem muitas ferramentas de análise, restringiremos nosso estudo as seguintes: Modelo, Matriz e Método.

Modelo de Análise – Representação que busca a melhor solução (resposta) para uma questão colocada em estudo ou em dúvida. A análise permite dividir aquilo que se deseja conhecer em tantas partes, quanto possíveis, de modo a trazer conhecimento de cada uma delas, e, com isso, chegar ao detalhamento do todo.

A construção de um modelo analítico quase sempre se apoia matematicamente sobre uma ou mais das seguintes teorias e métodos: Teoria dos Jogos, Teoria das Filas, Teoria da Decisão, Teoria dos Grafos, Programação Linear, Probabilidade, Estatística e Programação Dinâmica.

Os dois modelos mais famosos de análise são:

Modelo de Análise Horizontal: Ver análise horizontal.

Modelo de Análise Vertical: Ver análise vertical.

Embora já tenhamos abordado o conceito de modelo é sempre bom acrescentar que os objetivos de um modelo são: definir ou descrever alguma coisa; assistir uma análise; especificar relações e processos; representar uma situação em termos de símbolos; ajudar no processo de tomada de decisão; minimizar custo e tempo; permitir uma melhor visualização das alternativas; aumentar e reforçar o conhecimento.

Há muito tempo utilizam-se modelos em diversas ciências, mas sua aplicação aos problemas de gestão de empresas é bem recente.

Apesar das limitações que os modelos apresentam na caracterização de qualquer sistema, a grande vantagem de seu uso reside no fato de que eles propiciam um quadro de referências, a partir do qual se pode desenvolver uma análise e se ter uma visão abrangente do objeto de estudo.

Os analistas durante a modelagem (projetos, sistemas) sofrem a tentação de colocar as respostas de várias perguntas em um mesmo modelo, ou seja, desenhar um modelo eclético. Fato que traz muita confusão, em vez de objetividade. Um modelo muito utilizado, em função da análise, para o conhecimento da situação é mostrado, a seguir:

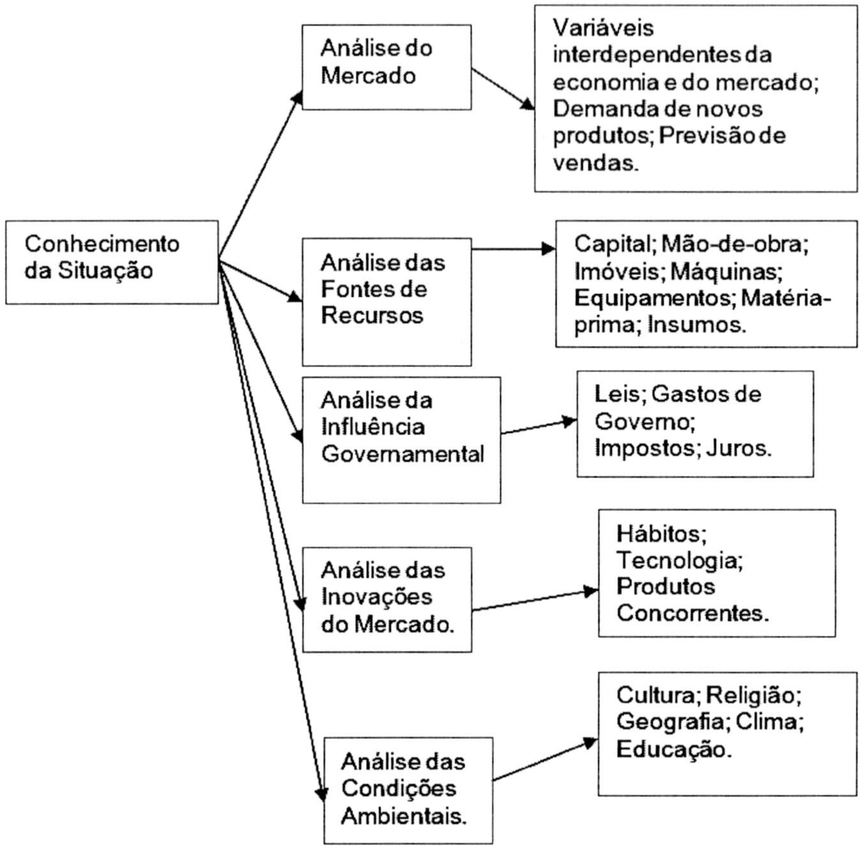

Figura 11.1: Modelo de Conhecimento da Situação.

Matriz de Análise – Matriz que ajuda a medir a performance de uma empresa, num determinado período. A matriz é uma tabela (quadro) de dupla entrada onde são conjugadas as variáveis (fatores) controláveis e não-controláveis que o analista tem da situação, isto é, o seu conhecimento acerca de: dados, informações, ameaças, oportunidades, restrições, obstáculos, riscos, chances, sintomas, mudanças de comportamento, cenários, pontos fortes e pontos fracos.

É muito comum se usar a palavra matriz para caracterizar um padrão adotado que pode ser uma cópia de uma outra empresa ou até de um país. Quem já não ouviu falar de matriz tecnológica e de matriz energética?

A matriz possui quatro quadrantes A, B, C e D que retratam o conhecimento sobre os fatores controláveis e não-controláveis e que variam de um mínimo para um máximo, à medida que nos deslocamos do canto superior esquerdo para o canto inferior direito da matriz de análise.

A (min)	B
C	(max) D

Quadro 11.1: Matriz de Análise.

No quadrante A o conhecimento é mínimo sobre os fatores controláveis e sobre os não-controláveis. Retrata um alto grau de alienação da organização com relação aos fatores determinantes.

No quadrante B o conhecimento é máximo sobre os fatores controláveis e mínimo sobre os não-controláveis. Retrata uma organização voltada para a eficiência interna.

No quadrante C o conhecimento é mínimo sobre os fatores controláveis e máximo sobre os fatores não-controláveis. Retrata uma organização totalmente voltada para os conhecimentos externos. Mesmo que todas as oportunidades e alternativas possam ser identificadas e avaliadas segundo sua relevância social e econômica, a possibilidade de uma decisão estratégica acertada é mínima, pois há um desconhecimento da capacidade de organização para seguir qualquer dessas alternativas.

No quadrante D o conhecimento é máximo sobre os fatores controláveis e não-controláveis. Retrata uma organização onde há a possibilidade de maior sucesso nas decisões estratégicas. A organização possui condições efetivas de autoavaliação que lhe permite, a qualquer momento, optar por alternativas futuras com menos risco e incerteza e, principalmente, orientar o seu desenvolvimento com segurança, mantendo a direção adequada, dentro de um risco calculado.

Método de Análise – Método em que se busca a melhor solução (resposta) para uma questão colocada em estudo ou dúvida. Ela permite dividir aquilo que se deseja conhecer em tantas partes, dentro do possível, de modo a trazer conhecimento de cada uma delas, e, com isso, chegar ao detalhamento do todo.

Embora o conceito de método já tenha sido abordado, vale um estudo do modelo do método cartesiano. O método cartesiano se deve a René Descartes (1637) para quem um método de análise, estudo e pesquisa deve ser decomposto em partes que estudadas separadamente ajudarão a entender o todo.

A seguir, recomendações a respeito:

- Não aceitar nenhuma coisa como verdadeira enquanto não for reconhecida como tal pela razão
- Dividir cada uma das dificuldades em tantas parcelas quantas possíveis e necessárias para melhor analisá-las.
- Conduzir por ordem os pensamentos, começando pelos objetivos mais simples e subir, por degraus, aos mais complexos.
- Fazer sempre divisões tão completas que se tenha a certeza de nada omitir.
- Buscar a dúvida sistemática, a fim de proporcionar conhecimentos e evidências.
- Dividir a tarefa, buscando facilidades de estudo e análise.
- Buscar a visão global para proporcionar uma integração que conduza à síntese
- Fazer comparações para que, através da análise, síntese e verificação se chegue à enunciação da verdade

11.7 ANÁLISE DE SISTEMA

Segundo C. West Churchumann, "um sistema é um conjunto de partes coordenadas para realizar uma ou mais atividades". O termo sistema é de uso comum, pois existe: sistema educacional, sistema de computador, sistema solar, sistema nervoso e outros.

À luz da etimologia, a palavra sistema originou-se do prefixo "sun" e do radical "thema" (ambos gregos), isto é, um conjunto coerente de coisas que se interagem, se inter-relacionam e se integram.

O estudo dos sistemas capacita os homens e as instituições a terem um procedimento racional integrado a um conjunto organizado. A verdadeira importância do estudo dos sistemas é conscientizar o dirigente para a complexidade da organização e a necessidade de que o sistema seja sempre considerado. Tais sistemas são controlados por meio de informações.

A análise de sistema objetiva diagnosticar as formas de encurtar o caminho entre os fluxos, diminuir as demoras ou esperas, evitar os congestionamentos, gargalos e aproveitar bem a energia dispensada, estabelecendo uma interação proveitosa entre os mesmos. Hoje, a análise de sistemas é, indubitavelmente, o melhor método de controlar os recursos de uma empresa, como foi a pesquisa operacional no passado.

A pesquisa operacional ainda é usada para objetivos específicos, porque levanta as alternativas e equaciona a melhor solução, usualmente maximizando ou minimizando alguns fatores (ou variáveis). Também hierarquiza as alternativas e utiliza a sistemática das ciências exatas, dando destaque à matemática aplicada, à programação linear, ao estudo das redes, à teoria das filas e à teoria dos jogos.

A análise de sistemas busca uma solução global, equacionando diversas combinações para a melhor eficiência, eficácia e efetividade, isto é, investiga problemas, procurando defini-los, analisá-los e solucioná-los.

Esta análise procura equacionar um universo mais complexo, cheio de variáveis que, muitas vezes, não podem ser identificadas e, outras vezes, mesmo depois de caracterizadas, não podem ser quantificadas. Nesta situação é preciso abandonar os métodos quantitativos e desenvolver outros métodos de trabalho, e de gerenciamento dos recursos disponíveis.

É necessário esclarecer que sistema não é sinônimo de computador e que não existe uma conexão essencial entre os dois. Os computadores possibilitam examinar muitas alternativas, em pouco tempo, oferecendo elementos para o processo decisório, devido a sua alta velocidade.

Uma caixa de sapatos usada com papeis, contendo dados e classificados em ordem cronológica (ou alfabética) é um sistema de informações.

A análise de sistema ajuda o gerente a visualizar a empresa como um sistema, desenvolver maior interação entre as partes, ver a organização com um microscópio e um telescópio, usar a probabilidade como ferramenta de decisão, ter uma visão multidisciplinar, entender que um evento pode ser causado por numerosos fatores que são inter-relacionados e interdependentes.

Segundo Van Court Hare, "a análise de sistemas já pode ser realizada através da identificação dos relacionamentos que resultam quando diversos elementos se combinam. O investigador deve estar apto a seguir e pesquisar a cadeia do fluxo de trabalho, de material e de informação, ou seja, os elos de conexão que mantêm o sistema integrado".

A essência da análise de sistemas está em ver o problema como um todo, num determinado contexto, investigar, sistematicamente, os objetivos dos sistemas e o critério para sua efetividade, bem como avaliar em termos de custos. A relação custo/preço/qualidade/lucro pode ser melhorada quando se atua nas variáveis do sistema.

11.8 ANALISTA DE SISTEMA

O objetivo do analista de sistema será buscar as causas das variações, quando expressivas. Uma queda na margem bruta, por exemplo, pode ser decorrente de um crescimento nos custos maior que o crescimento do preço de venda, ou simplesmente, uma mudança nos critérios contábeis da empresa, que passou a computar como custo de produção itens que antes considerava como despesas operacionais.

Não importa a profissão que você decida seguir, pois terá de interagir e compreender a função da análise de sistemas. Analista de sistema estuda o serviço a ser programado, determinando as suas partes componentes.

Os analistas de sistemas têm hoje uma função muito importante enquanto construtores e mantenedores das milhares de fábricas de informações que apoiam, nas mais diversas empresas, o dia a dia dos diversos setores operacionais e gerenciais. São o principal elo de ligação entre a área usuária e o esforço de implementação.

O analista deve comunicar os requisitos aos implementadores e retornar aos usuários com os detalhes de como estes requisitos estão sendo realizados. Ele pode participar da determinação do que é feito e, frequentemente, é o analista quem fornece a ideia de como unir aplicações e tecnologias atuais.

O analista de sistema interessa-se por qualquer atividade importante de tomada de decisão e pela pessoa que a toma. Deseja estudar e analisar cada atividade importante, em função do seu nível de percepção, seguindo, naturalmente, uma metodologia.

Ele é um observador treinado que faz análises projetadas dos fluxos de informação associados aos processos decisórios em toda a organização empresarial para fins de comparação e de avaliação dos fluxos existentes com os pretendidos.

Um bom analista de sistema deve se questionar sobre:

- O que é que está sendo observado?
- Com que finalidade determinado item está sendo observado?
- Quais são as teorias que dão apoio às observações realizadas?

O analista poderá atuar como um agente de mudanças, se tiver apenas algumas das características citadas. Cabe ao analista de sistemas:

- Estudar o serviço a ser programado, determinando as suas partes componentes.
- Preparar manuais e livros de instrução que facilitem a vida dos funcionários.
- Colocar em execução o que foi planejado.
- Orientar a participação da introdução de novos sistemas na organização.
- Manter constante vigilância sobre a operacionalidade dos sistemas, de modo a poder sempre que necessário revê-los, melhorá-los e atualizá-los.

Capítulo 12
AVALIAÇÃO

"O administrador é uma pessoa capaz de fazer julgamentos críticos quando os dados disponíveis são conjunturais e presumidos."

Harry Maynard

OBJETIVOS DO CAPÍTULO

- Mostrar que em uma organização todo e qualquer desempenho é avaliado formal ou informalmente.
- Mostrar as principais ferramentas de avaliação de desempenho.
- Mostrar exemplos de avaliação.

12.1 AVALIAÇÃO

Ação para medir o desempenho das pessoas e das organizações, por meio de padrões oferecidos pelo mercado. A avaliação é importante para qualquer indivíduo, ou organização, pois é através dela que se adquire senso crítico. A avaliação requer um referencial, isto é, um padrão. A falta de padrões objetivos e concretos dá àquele que avalia campo para dar vazão a seus preconceitos e tendenciosidades.

Avaliar é comparar, por meio de um controle, os resultados obtidos com os padrões propostos anteriormente. Uma avaliação deve ter, de preferência, um relato escrito. Avaliador é aquele que faz avaliação no sentido de medir a competência do funcionário para as atividades, responsabilidades e decisões que exerce.

Segundo Koontz, "Avaliar significa fazer uma apreciação ou estimativa". A avaliação tem sido utilizada pelos homens e animais, bem como pelas organizações. Ela é realmente uma condição de vida da qual não há como escapar, a não ser que a retiremos do vocabulário do dirigente empresarial.

Os administradores não julgam apenas a mera capacidade de produzir resultados, mas também estão preocupados com o modo pelo qual os resultados são produzidos e com as implicações no curto e longo prazo dos métodos utilizados. Embora nem sempre isto seja possível, a avaliação de desempenho por confronto com o padrão deve, idealmente, ser feita numa base futura, de forma que os desvios possam ser descobertos antes de sua ocorrência real e evitados com remédios adequados.

Um processo de controle inclui a avaliação. Mas, para se chegar a esta fase é preciso a etapa da medição. Assim, medir é determinar o grau a que se está progredindo em relação aos resultados (objetivos) esperados, isto é, reunir informações sobre o desempenho real do sistema (projeto, atividade, tarefa, procedimento, política, plano, programa).

A avaliação mostrará qual o resultado conseguido, bem como o feedback que se deve dar para corrigir os desvios não previstos. A falta de avaliação de um resultado, uma resposta ou um desempenho não dará ao administrador condições de compará-los aos padrões pretendidos.

Todo e qualquer sistema de avaliação passa pelo avaliador que é humano. Como tal, ele colocará em jogo não apenas a competência do funcionário, mas, principalmente, a simpatia, a amabilidade, a sociabilidade, a reverência e outros aspectos que nada têm a ver com o trabalho de avaliação.

Um projeto, por exemplo, precisa ser avaliado pela qualidade de seus resultados (produtos), pela rapidez de atendimento (velocidade de resposta), pelo custo real, pela comparação, por meio de indicadores de gestão, com outros projetos semelhantes, que permitam descobrir o ponto fraco e possibilitem corrigir as distorções que possam prejudicar novas implantações. Quando o superior reconhece a importância da avaliação e quando a avaliação não é encarada pelos subordinados como medida disciplinar, os benefícios podem ser grandes.

12.2 TIPOS DE AVALIAÇÃO

A seguir, os mais importantes tipos de avalição:

Avaliação da Eficácia: Ação para medir o percentual dos objetivos alcançados.

Avaliação da Entrevista: Avaliação feita por um entrevistador para selecionar alguém para ocupar um determinado cargo.

Avaliação da Estratégia: Avaliação que se consegue, depois da sua implementação, para medir como os objetivos e desafios são alcançados.

Avaliação da Estrutura: Avaliação para medir as estratégias, os recursos, os mercados, os consumidores, os produtos, por exemplo.

Avaliação da Força de Vendas: Avaliação que mede espírito de equipe, inovação, criatividade, sinergia, integração, interação, promoção, necessidade de treinamento, taxa de turnover, demissão, prêmio, transparência, aumento salarial, receita com vendas.

Avaliação da Função Administrativa: Avaliação cuja finalidade é mostrar a todos os funcionários de um departamento (divisão, seção) as carências de conhecimento administrativo.

Avaliação da Oportunidade: Avaliação para medir a ponte entre os recursos da empresa e o mercado, no momento e no lugar certos.

Avaliação da Pesquisa: Avaliação que serve, por meio de uma amostragem, para medir a possibilidade de erro, existência de limitações, ajuda na tomada de decisão, racionalização do método utilizado, relatório com informações pertinentes.

Avaliação da Propaganda: Avaliação que serve para medir: eficiência do anúncio, tamanho da audiência, volume de vendas, meios de comunicação, eficácia da propaganda, fatia conquistada do mercado, gastos, imagem da marca.

Avaliação da Qualidade: Avaliação que serve para medir o valor do serviço que um produto presta ao consumidor, usuário, paciente, colaborador, parceiro, funcionário, fornecedor, concorrente e agente do governo.

Avaliação da Tendência de Mercado: Avaliação para verificar se a empresa, através de suas vendas, irá aumentar, estabilizar ou diminuir sua participação (fatia) no mercado.

Avaliação das Prioridades: Avaliação que aponta o que fazer junto aos funcionários, em função dos desejos e preferências dos mesmos, que são necessárias para que a empresa tenha uma melhor performance

Avaliação de Desempenho: Avaliação que compara os resultados obtidos com os previstos e/ou esperados. Ela pode servir a, pelo menos, dois fins amplos: julgamento e desenvolvimento.

Avaliação de Funcionário: Avaliação para medir se o trabalho do funcionário, diante do grupo, é satisfatório, fraco, regular, bom, ótimo ou insuficiente para o padrão desejado.

Avaliação de Vendas: Avaliação para verificar como as vendas foram efetuadas, qual contribuição de esforços despendidos em propaganda e promoção levou ao sucesso (fracasso), que importância os canais de distribuição e de comunicação afetaram a rentabilidade dos produtos.

Avaliação do Candidato: Avaliação que se faz para medir conhecimento do candidato, segundo o currículo, referências, entrevistas, testes e exames médicos.

Avaliação do Cargo: Avaliação para medir a posição que o cargo ocupa na estrutura organizacional, pela remuneração e benefícios que usufrui, em função do poder que tem.

Avaliação do Consumidor: Avaliação que mede o nível de satisfação do consumidor em relação a um produto.

Avaliação do Executivo: Avaliação para medir, em função das suas qualidades pessoais, os seguintes elementos: coragem, julgamento, lealdade, iniciativa, inteligência, criatividade, conhecimento, confiança, maturidade, objetividade, vitalidade, adaptabilidade, persistência, integridade, tato, decisão.

Avaliação do Gerente: Avaliação dos resultados que o gerente obtém pela utilização dos recursos da empresa.

Avaliação do Movimento: Avaliação que é feita, em função do corpo humano, para medir os efeitos do esforço (ergonomia) do movimento.

Avaliação do Produto: Avaliação feita por métodos estatísticos, para um universo significativo de consumidores.

Avaliação do Projeto: Avaliação feita para medir a qualidade de seus resultados (produtos), pela rapidez de atendimento (velocidade de resposta), pelo custo real, pela comparação, por meio de indicadores de gestão, com outros projetos semelhantes, que permitam descobrir o ponto fraco e possibilitem corrigir as distorções que possam prejudicar novas implantações.

Avaliação do Recurso: Avaliação para medir a contribuição que um recurso traz para uma: função, atribuição, atividade, operação, tarefa, movimento.

Avaliação do Relatório: Avaliação que procura medir eficácia do relatório. O relatório deve ser simples, conciso e não se atolar nos detalhes. Nunca escrever mais do que o necessário. Será útil, se o relatório for escrito por pessoas que saibam prender a atenção do leitor.

Avaliação do Risco: Avaliação que identifica os riscos de um projeto, no sentido da não obtenção dos benefícios esperados e custos de implementação não orçados no planejamento, bem como outros riscos.

Avaliação do Sistema: Avaliação para medir a eficiência do sistema, identificar o potencial para seu aperfeiçoamento, indicar o que ele necessita para obter maior desenvolvimento.

Avaliação do Tempo: Avaliação para medir como o tempo é utilizado, pela importância que tem na consecução de um trabalho e pelo custo na realização de uma determinada tarefa.

Avaliação do Treinamento: Avaliação que deve considerar dois aspectos principais:

- Determinar até que ponto o treinamento realmente produziu as modificações desejadas.
- Demonstrar se os resultados apresentam relações com a consecução das metas da empresa.

Avaliação do Vendedor: Avaliação para medir os seguintes requisitos: conduta no trabalho; nível de ambição; capacidade de decidir; habilidade de comunicação; vontade de crescer profissionalmente; conhecimentos de: produto, mercado, empresa, público-alvo e ambiente; habilidade de relacionamento; aparência pessoal; garra.

Avaliação Patrimonial: Avaliação do valor de cada um dos itens que forma o patrimônio. A seguir, um exemplo simples do cálculo do patrimônio líquido e os respectivos percentuais das principais contas:

01 – Caixa e Bancos	550,00 (0,4%)
02 – Contas a Receber	32.550,00 (24,1%)
Vencidas	1.800,00 (1,3%)
A Vencer	30.750,00 (22,8%)
03 – Estoque	27.850,00 (20, 6%)
Matéria-Prima	22.700,00 (16,8%)
Produto Acabado	5.150,00 (3,8%)
04 – Imobilizado	74.230,00 (54,9%)
Máquinas	32.350,00 (23,9%)
Móveis e Utensílios	5.300,00 (3,9%)
Instalações	36.580,00 (27,1%)
05 – Ativo Total	135.180,00 (100,0%)
06 – Fornecedores	16.780,00 (40,7%)
Vencidas	0,00 (0%)
A Vencer	16.780,00 (40,7%)
07 – Impostos	4.350,00 (10,65)
08 – Empréstimos	12.750,00 (31,0%)
09 – Salários	1.850,00 (4,5%)
10 – Outras Obrigações	5.455,00 (13,2%)
11 – Passivo Total	41.185,00 (100%)
12 – Patrimônio Líquido (5 - 11)	93.995,00

Avaliação do Mérito: Avaliação baseada em um sistema meritocrático.

12.3 DESEMPENHO

Desempenho é o conjunto de características e qualidade que diz se o negócio prosperará, ou não. Quando medimos o desempenho, localizamos erros e desvios. Toda atividade ocasiona algum tipo de variação. É importante determinar os limites dentro dos quais essa variação pode ser aceita como normal. Nem toda variação exige correções, mas apenas aquelas que ultrapassam os limites de tolerância.

Confrontar o desempenho obtido com o esperado é fundamental para que se possa avaliar o processo aplicado, e não mais cometer os mesmos erros que causam desperdício de esforço, investimento, recurso e tempo.

Segundo Chiavenato, "a comparação do desempenho busca localizar os erros ou desvios, sobretudo para permitir a predição de outros resultados futuros. Um bom sistema de controle deve proporcionar rápidas comparações, localizar possíveis dificuldades ou mostrar tendências significativas para o futuro.

Não é possível modificar o passado, mas a sua compreensão propicia auxílio para, a partir do presente, criar condições para que as operações futuras obtenham melhores resultados".

Os limites, tanto para mais como para menos, determinam a margem de tolerância, como mostrado na Figura 12.1.

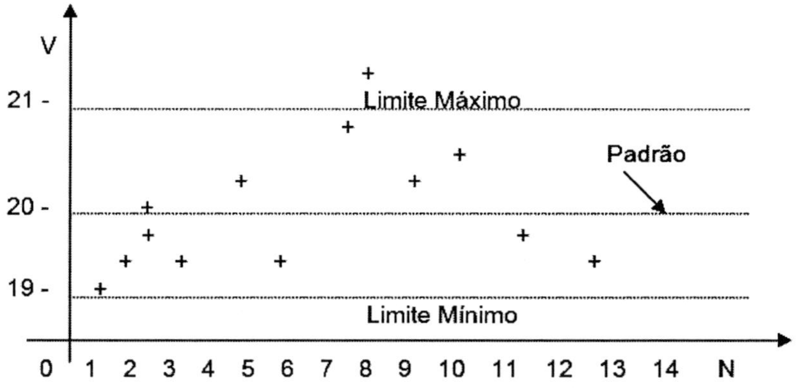

Figura 12.1: Limites de Tolerância de uma Amostragem.

Onde:
V = Valor aferido de uma determinada grandeza
N = Número ordinal da medição

Então nos deparamos com dois aspectos do desempenho:

Desempenho Esperado – Aquilo que se deseja que um indivíduo, candidato, vendedor, processo, produto, organização, sistema, por exemplo, realize. Assim, é alvo extrapolado para o futuro, isto é, espera-se que ocorra.

Desempenho Obtido – Desempenho que consigna o decorrido, isto é, aquilo que já aconteceu, como um balanço patrimonial, demonstrativo de resultado, receptividade de um produto, atendimento prestado, vendas realizadas, relatório de pesquisa, série histórica.

A seguir, exemplos de desempenho:

Desempenho da Empresa: Medida que compara o desempenho da empresa em relação a outras empresas do mesmo mercado.

Desempenho da Máquina: Rendimento da máquina.

Desempenho da Pessoa: Performance profissional.

Desempenho do Canal de Comunicação: Desempenho relativo às funções da comunicação, tais como: informar, educar, instruir, treinar, divertir, persuadir, por exemplo.

Desempenho do Canal de Distribuição: Desempenho que atenda as exigências de carga normal, mínima e máxima; apresente um tempo mínimo de transporte; atenda ao vendedor e comprador para custo mínimo e cuidado no manuseio das mercadorias; reduza os conflitos entre seus membros para um mínimo aceitável.

Desempenho do Produto: Desempenho que atenda às necessidades dos consumidores e dê lucro para a empresa.

Desempenho do Sistema: Desempenho que atenda muito bem o usuário, levando-se em consideração o tempo de resposta. O sistema não pode cometer erros bobos, comprometendo seu uso.

Desempenho do Vendedor: Desempenho em que são solicitados o seguinte: conheça as atribuições do seu cargo e respectivas responsabilidades, atenda às necessidades dos consumidores, possua características próprias e não copiadas de terceiros, demonstre vontade de crescer dentro da organização, estude técnicas de aproximação e argumentação, mantenha o ponto de venda e ajude o consumidor a escolher aquilo que seja mais apropriado às suas necessidades. Deve, ainda, considerar o ambiente, o mercado, o produto, o recurso, a equipe de vendas, o concorrente, fazendo relatórios.

12.4 AVALIAÇÃO DE DESEMPENHO

Todas as empresas avaliam o desempenho de alguma forma. A avaliação será feita para desempenho das pessoas (resultados alcançados, performance profissional, desenvolvimento individual) e desempenho do sistema (rendimento de máquinas e equipamentos, eficiência de processos, eficácia das atividades).

Os procedimentos de avaliação de desempenho levam a três benefícios básicos: comunicar padrões, reunir informações pertinentes e confrontar esperado com obtido.

Embora nem sempre isto seja possível, a avaliação de desempenho por confronto com o padrão deve, idealmente, ser feita numa base futura, de forma que os desvios possam ser descobertos antes de sua ocorrência real e evitados com remédios adequados. Entretanto, o administrador sagaz, que tem os olhos no futuro, pode, às vezes, predizer desvios do padrão.

A maioria dos autores, quando fala de avaliação de desempenho, se refere aos recursos humanos, esquecendo os demais recursos que constituem a organização. Talvez falem somente em pessoas, porque, na realidade, quando medimos o desempenho do sistema, acabamos chegando aos indivíduos.

A avaliação de desempenho, por mais bem que seja planejada, é sempre uma via de mão única. Assim, muitas pessoas encaram a avaliação de desempenho como algo negativo, embora a intenção seja positiva e educadora. Via de regra, as avaliações são contraproducentes, pois deixam de identificar os maus funcionários e de selecionar os bons. Isso cria desmotivação e estado de alerta.

Como a avaliação de desempenho significa comparar os resultados obtidos com os previstos e/ou esperados, ela pode servir a, pelo menos, dois fins amplos: julgamento e desenvolvimento. O julgamento refere-se a tomar decisões relativas ao comportamento, remuneração, estrutura e recursos.

O desenvolvimento refere-se ao auxílio prestado a subordinados para que melhorem seu desempenho e adquiram novas habilidades no âmbito da organização. Existem diversos meios (métodos) para efetuar avaliações, tais como: observações, entrevistas, encontros, questionários, autoavaliação, sistemas de mérito, registros históricos, testes, exames, demonstrações, experimentos.

Quando o superior reconhece a importância da avaliação e quando a mesma não é encarada pelos subordinados como medida disciplinar, os benefícios podem ser grandes. O executivo avaliador também se beneficia com o processo. Ele é encorajado a analisar as responsabilidades de seus subordinados, as quais, afinal de contas, fazem parte de sua própria função. A seguir, dois exemplos:

Avaliação do Desempenho Executivo – Na avaliação do desempenho executivo são abordados os seguintes aspectos:

Objetivos do Desempenho – Os objetivos servem para medir a eficiência atual do executivo, identificar o potencial para seu aperfeiçoamento, indicar o que ele necessita para obter maior desenvolvimento. Fatores de

Avaliação – Os fatores de avaliação devem servir como um importante critério-chave de desempenho do cargo e serem definidos com a maior clareza possível, a fim de que haja um máximo de acordo quanto ao seu significado. Os fatores de avaliação geralmente medem: perícia de desempenho na consecução dos objetivos e traços de caráter.

Fatores de Desempenho – Os fatores para medir desempenho estão, principalmente, calcados nas habilidades executivas e nos padrões para comparação.

Traços Característicos – Os traços característicos geralmente se refletem nas maneiras pelas quais o executivo desempenha suas funções. Estas características ou qualidades pessoais influenciam o resultado do seu trabalho.

As características que frequentemente aparecem em formulários de avaliação são: coragem, julgamento, lealdade, iniciativa, inteligência, criatividade, confiança, maturidade, objetividade, vitalidade, adaptabilidade, persistência, integridade, tato social, decisão e liderança.

Processo de Avaliação – Os passos no processo de avaliação podem ser sumariados como: atribuições do cargo, avaliação de desempenho atual e potencial, entrevista de avaliação, determinação das necessidades individuais, desenvolvimento de um programa de aperfeiçoamento, execução do programa e acompanhamento.

Métodos de Efetuar Avaliação – Existem diversos meios (métodos) para efetuar avaliações, tais como: observação pessoal pelo superior, avaliação por grupo, questionários de avaliação, autoavaliação, sistema de mérito, histórico do executivo, testes e exames.

Avaliação do Desempenho do Sistema – Um sistema que esteja operando precisa ser avaliado quanto aos resultados e benefícios previstos. Alguns pontos devem ser abordados:

Qualidade dos Resultados – Um dos principais objetivos do sistema é normalmente atender bem, ou atender melhor os usuários.

Ciclo de Atendimento – Isto é importante quando se considera o tempo de resposta a uma solicitação do usuário e/ou consumidor.

Custo Real – Quando da preparação do projeto, o custo é estimado. Na implementação verifica-se sua veracidade. Isso permite descobrir o motivo e o ponto fraco do sistema implantado, possibilitando corrigir distorções de avaliação que podem prejudicar novas implementações incrementais.

12.5 EXEMPLOS DE AVALIAÇÃO

A seguir, exemplos de avaliação:

Avaliação do Funcionário: A avaliação do funcionário é um controle que ajuda a mostrar quais os itens de avaliação caracterizam o desempenho do funcionário

<table>
<tr><td colspan="6">Local:</td><td colspan="6">Arquivo:</td></tr>
<tr><td colspan="12">Empresa ABC</td></tr>
<tr><td colspan="12">Avaliação do Funcionário</td></tr>
<tr><td colspan="12">Funcionário:</td></tr>
<tr><td>Data:</td><td colspan="11">Avaliador (cargo):</td></tr>
<tr><td>Itens de Avaliação</td><td>I</td><td>F</td><td>R</td><td>B</td><td>A</td><td>Itens de Avaliação</td><td>I</td><td>F</td><td>R</td><td>B</td><td>A</td></tr>
<tr><td>Horário de trabalho</td><td></td><td></td><td></td><td></td><td></td><td>Habilidade de ler</td><td></td><td></td><td></td><td></td><td></td></tr>
<tr><td>Comparecimento</td><td></td><td></td><td></td><td></td><td></td><td>Habilidade de falar</td><td></td><td></td><td></td><td></td><td></td></tr>
<tr><td>Aparência e traje</td><td></td><td></td><td></td><td></td><td></td><td>Habilidade política</td><td></td><td></td><td></td><td></td><td></td></tr>
<tr><td>Prática de segurança</td><td></td><td></td><td></td><td></td><td></td><td>Habilidade técnica</td><td></td><td></td><td></td><td></td><td></td></tr>
<tr><td>Relacionamento público</td><td></td><td></td><td></td><td></td><td></td><td>Conhecimento</td><td></td><td></td><td></td><td></td><td></td></tr>
<tr><td>Relacionamento com subordinados</td><td></td><td></td><td></td><td></td><td></td><td>Julgamento</td><td></td><td></td><td></td><td></td><td></td></tr>
<tr><td>Relacionamento com superiores</td><td></td><td></td><td></td><td></td><td></td><td>Funções administrativas</td><td></td><td></td><td></td><td></td><td></td></tr>
<tr><td>Capacidade de comunicação</td><td></td><td></td><td></td><td></td><td></td><td>Habilidade no trabalho</td><td></td><td></td><td></td><td></td><td></td></tr>
<tr><td>Habilidade de ouvir</td><td></td><td></td><td></td><td></td><td></td><td>Qualidade do trabalho</td><td></td><td></td><td></td><td></td><td></td></tr>
<tr><td>Volume de trabalho</td><td></td><td></td><td></td><td></td><td></td><td>Posto de trabalho</td><td></td><td></td><td></td><td></td><td></td></tr>
<tr><td>Cumprimento de prazos</td><td></td><td></td><td></td><td></td><td></td><td>Cuidado com equipamentos</td><td></td><td></td><td></td><td></td><td></td></tr>
<tr><td>Aceitação de responsabilidade</td><td></td><td></td><td></td><td></td><td></td><td>Iniciativa</td><td></td><td></td><td></td><td></td><td></td></tr>
<tr><td>Aceita orientação</td><td></td><td></td><td></td><td></td><td></td><td>Motivação</td><td></td><td></td><td></td><td></td><td></td></tr>
<tr><td>Aceita mudança</td><td></td><td></td><td></td><td></td><td></td><td>Aprendizagem</td><td></td><td></td><td></td><td></td><td></td></tr>
<tr><td>Eficiência sob fadiga</td><td></td><td></td><td></td><td></td><td></td><td>Eficácia sob estresse</td><td></td><td></td><td></td><td></td><td></td></tr>
</table>

Formulário 12.1: Controle de Avaliação do Funcionário.

Onde:
I = Insatisfatório
F = Fraco
R = Regular
B = Bom
A = Acima do Padrão Desejado.

Avaliação do Colega de Trabalho:

A avaliação de um colega que irá participar de uma equipe de trabalho é feita pelos demais de forma anônima.

Local:								Arquivo:							
Empresa ABC															
Avaliação do Colega de Trabalho															
Nome:											Data:				
Atributos	7	6	5	4	3	2	1	Atributos	7	6	5	4	3	2	1
Agradável								Especializado							
Amistoso								Negociador							
Receptivo								Pragmático							
Prestativo								Objetivo							
Entusiasmado								Veloz							
Descontraído								Centralizador							
Chegado								Filantropo							
Caloroso								Autocrático							
Colaborador								Democrático							
Estimulador								Carismático							
Interessante															
Harmonioso															
Autoconfiante															
Eficiente															
Alegre															
Aberto															
Eficaz															
Efetivo															
Inovador															
Observações:															

Formulário 12.2: Avaliação de Colega de Trabalho.

Onde:
(7 – 1) = Escala de avaliação, onde 7 (sete) representa muito bom e 1 (um) representa insatisfatório.

Avaliação do Candidato: O resumo da avaliação do candidato serve como critério para selecionar pessoas.

Local:		Arquivo:			
Empresa ABC					
Resumo da Avaliação do Candidato					
Candidato:					
Avaliador (cargo):					
Elementos	5	**4**	**3**	**2**	**1**
Currículo do Candidato					
Referências					
Entrevista Preliminar					
Testes de Conhecimento					
Testes Específicos					
Testes Psicológicos					
Exames Médicos					
Entrevista Final					
Data:	Assinatura:				

Formulário 1.3: Avaliação do Candidato.

Onde:
(5 – 1) = Escala de avaliação.

12.6 FERRAMENTA DE AVALIAÇÃO

Ferramenta de Avaliação serve para confrontar o resultado obtido com o resultado esperado. Esta ferramenta ajuda a avaliar o processo aplicado, para não se cometer os mesmos erros que causam desperdício de esforço, investimento, recurso e tempo. As ferramentas de avaliação serão utilizadas, em função dos recursos disponíveis e do avaliador.

São inúmeras as ferramentas de avaliação. Mas para avaliar, temos de tomar por base alguma coisa. Assim, a tipologia, a seguir, usa: um referencial, uma expectativa, uma representação gráfica, um índice e um indicador de gestão.

Quanto a um Referencial: As ferramentas são tomadas com a finalidade de mostrar que o objeto avaliado pode estar: acima, abaixo ou igual ao valor (ou nível de qualidade) considerado como referência.

Quanto a uma Expectativa: As ferramentas de avaliação permitem comparar a resposta (reação) de um determinado sistema com a expectativa que se tem dele.

Quanto a uma Representação Gráfica: Esta ferramenta de avaliação é baseada na representação gráfica, que, normalmente, mostram um resultado, um processo, um cálculo, uma comparação, um diagrama, um modelo, um registro de dados (formulário), uma planilha.

A seguir, uma representação gráfica de avaliação da oportunidade:

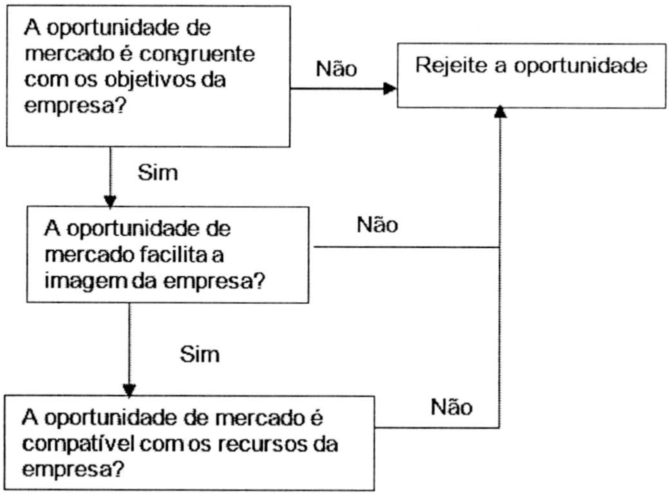

Figura 12.2: Gráfico Representativo da Oportunidade.

Quanto a um índice: O índice é uma medida (relação) idealizada para mostrar a variação, num determinado período e se este valor oscilou para cima ou para baixo. É possível estabelecer relações do ano em curso com os anos anteriores. Um bem que, em 1995, custava $ 10,00 e, em 2003, passou a custar $ 25,00, diz-se que teve uma variação de:

I = 25,00 / 10,00 = 2,5 = 250%

O valor 2,5 é um índice (fruto de uma relação) e o valor 250% é o percentual de variação (ou de desvio).

Quanto a um indicador: Os indicadores representam um sistema peculiar de análise das empresas. Tal sistema consiste na comparação de dois ou mais elementos, de modo a se obter uma indicação (relação, medida) significativa da situação e, ao mesmo tempo, uma representação sintética da mesma.

Um conjunto de indicadores bem estudado permite esclarecer a situação da empresa, através de elementos-chave. Quando se comparam elementos, pode-se chegar a duas respostas:

- Uma avaliação da proporção existente entre os valores.
- Uma avaliação do desenvolvimento de um valor em relação a outro tomado como base.

12.7 ÍNDICE DE DISTORÇÃO

O índice de distorção de uma determinada série é dado pela fórmula:

Índice de Distorção = 1 - (Média Corrigida / Média Simples)

Exemplo:
Uma empresa possui vendedores que apresentaram os seguintes resultados em vendas: $ 20.100,00; $ 22.000,00; $ 19.000,00; $ 19.500,00; $ 21.000,00; $ 5.000,00 e $ 21.500,00.

Total de Vendas = $ 128.100,00
Média Simples = 128.100,00 / 7 = 18.300,00

Se o valor $ 5.000,00 for excluído da série por ser muito baixo, vem:

Média Corrigida = (128.100 - 5.000) / 6 = 20.517,00
Índice de Distorção = 1 - (20.517 / 18.300) = 1 - 1,12 = - 0,12 = - 12%

Análise:
O valor de $ 5.000,00 (muito abaixo da média) mascara o resultado, causando uma distorção negativa de 12%. Para uma série em que seja excluído um valor muito acima da média, o resultado da distorção será positivo.

Capítulo 13
DECISÃO

"Quando oficiais dão ordens e não são obedecidos, é possível que, numa primeira vez, tenha havido um problema no sistema de comunicação. Mas, quando dão as mesmas ordens, pela segunda vez, e não são obedecidos terão de ter suas cabeças cortadas".

Sun Tzu

OBJETIVOS DO CAPÍTULO

- Mostrar a importância da tomada de decisão acertada.
- Mostrar modelos de tomada de decisão e quais habilidades são necessárias.
- Mostrar de onde se originam as decisões e como dimensionar riscos.
- Mostrar que, quando não se tem um objetivo, qualquer resultado serve.

13.1 DECISÃO

Como todo dirigente experiente sabe, uma grande parte do seu tempo é ocupada em tomar decisões diversas e variadas. As exigências de decidir são as mesmas tanto para importantes questões como para as triviais. Apesar da importância desse assunto, não há uma fórmula sistemática para a tomada de decisão, pois a mesma parece ser mais uma arte do que ciência. Ela precisa menos de cálculos e mais de senso comum.

A decisão é a essência da responsabilidade administrativa. O administrador deve responder as perguntas clássicas: onde, quando, por que, quanto, como, quem e o que fazer? Segundo Chiavenato, ao estabelecer objetivos, alocar recursos, resolver problemas, por exemplo, o administrador deve ponderar o efeito da decisão de hoje sobre as oportunidades de amanhã.

Decidir é escolher entre várias alternativas de cursos futuros de ação, porque, se não há alternativas não há escolha, isto é, não há decisão a tomar. É fazer uma apreciação sobre uma linha de conduta a ser adotada. Tomar decisões implica dispor, inteligentemente, de recursos físicos, materiais, humanos, financeiros, mercadológicos, administrativos, sistêmicos e tecnológicos, de maneira a otimizá-los na consecução dos objetivos.

Se você tem conhecimento e experiência pertinentes, provavelmente, escolherá os melhores caminhos, se não os tem tomará más decisões. Em suma, você é vítima da sua própria formação.

A natureza deste processo possui muitas facetas e modifica-se continuamente. A decisão está intimamente relacionada à solução de problema. Mas, deve-se fazer uma distinção entre as duas coisas. Enquanto esta trata da busca e resposta, aquela se compromete com uma alternativa específica de solução.

Como não é fácil decidir, você precisa estar bem servido de informações relevantes e pertinentes, porque quanto mais dados forem obtidos menor é o tempo disponível, para sua análise e uso eficaz. Qualquer que seja o tamanho do problema será necessário ter um sistema de informações como suporte de decisão.

As decisões são efetivamente tomadas por pessoas que depois serão responsabilizadas pelos resultados alcançados. Uma decisão, raramente, é uma opção entre o certo e o errado. Na melhor das hipóteses, é uma escolha entre o quase certo e o provavelmente errado.

Outro aspecto a considerar na tomada de decisão é a diferença entre o que é urgente e o que é importante. O problema é que a tarefa importante precisa ser executada no mesmo dia ou durante a semana que se segue. A tarefa urgente exige providências imediatas, exercendo uma pressão interminável a toda hora e todo dia. A dificuldade é a distinção entre ambos.

O objetivo da decisão é a direção do comportamento humano no sentido de alguma finalidade futura. A racionalidade pressupõe certa habilidade em efetuar um julgamento a respeito do futuro. Mais importante do que saber por que não se chega às conclusões certas é saber que linha de ação produzirá os melhores resultados possíveis, a partir dos recursos disponíveis.

Na decisão, você deve perguntar:

- Até que ponto as consequências de uma decisão podem ser previstas de modo preciso?
- Até que ponto essa decisão vai afetar sua empresa?
- Você terá a capacidade de controlar os resultados?
- Essa decisão vai afetar outras funções organizacionais?
- Essa decisão envolve pontos da política empresarial?
- Essa decisão é baseada em circunstâncias únicas?
- Quanto tempo é preciso para acontecer o resultado esperado?

13.2 DIFICULDADE EM DECIDIR

A seguir, serão abordados aspectos da dificuldade em decidir:

A fonte mais comum de erros e enganos nas decisões administrativas é o destaque que se dá à busca da resposta correta, e não da pergunta certa. Ao decidir, sua mente agirá de sorte a procurar a melhor solução para o problema.

Da mesma forma, quando tomamos decisões autocorretivas, estamos buscando parâmetros familiares, baseados na experiência e conhecimento acumulados, ao longo dos anos, como num processo contínuo de realimentação. Parece complicado? E é.

Ninguém realmente compreende como a mente funciona e como as decisões são tomadas, muito embora os cientistas estejam estudando o problema, há muitos anos.

Porém, muito mais constante, é uma escolha entre dois cursos de ação, não sendo nenhum deles mais certo do que o outro. Por que a maioria dos livros sobre este assunto preconiza os fatos, se somos movidos pelas opiniões?

As opiniões nada mais são do que hipóteses não comprovadas e, como tais, são inúteis, a não ser que sejam testadas no mundo real. As pessoas começam com uma opinião e depois buscam fatos que se encaixam com a conclusão a que elas já chegaram.

Há uma pergunta que aquele que toma decisões sempre faz: É realmente necessário tomar esta decisão? Já que existe a alternativa de nada fazer. Toda decisão é uma espécie de cirurgia, embora muitas decisões deem em nada. É preciso tomar uma decisão quando uma situação vai degenerar. Isto também se aplica com relação à oportunidade. Se esta for importante tenderá a desaparecer. Portanto, deve-se agir imediatamente.

No extremo oposto, há situações que, na melhor das hipóteses, os problemas devem se resolver por si mesmos, ainda que nada seja feito.

A grande maioria das decisões ainda reside nesses extremos. O problema não vai se resolver por si, mas é improvável que se alastre. Já a oportunidade é apenas para o aprimoramento e não para a mudança real e para a inovação. Mas, ainda assim deve ser considerada. Se não agirmos, é provável que sobreviveremos, mas se agirmos estaremos em melhor situação?

Não há razão para não se fazer algo, se for o correto a ser feito, só porque é difícil, desagradável ou assustador. Quando se está inquieto, perturbado, incomodado, sem se saber por que, deixa-se de tomar uma iniciativa, quando as coisas parecem fora de foco. É comum não se perceber um detalhe àquilo que pareça insignificante, mas que, muitas vezes, é a chave do problema a resolver.

Os problemas éticos são, de certa forma, minorados pelo fato de que as instituições ocupam, geralmente, uma posição intermediária na cadeia de meios e objetivos. Até certo ponto, o problema é de adaptação a um sistema de valores impostos pelas condições ambientais.

13.3 FONTES DE DECISÃO

Embora não haja regras absolutas, as fontes de decisão, geralmente, se originam de: ordens superiores, apelos dos subordinados, planos organizacionais, planejamentos estratégicos, níveis hierárquicos, posições na estrutura organizacional, orçamentos, oportunidades, ameaças, restrições, contingências, estratégias, táticas, vantagens, desvantagens, pontos fortes, pontos fracos, prioridades, planos de benefícios, por exemplo.

As decisões transmitidas a um executivo por níveis superiores da hierarquia, geralmente, exigem mais ações de decisão. Algumas decisões superiores não podem ser executadas, porque não levam em consideração a natureza do problema.

Deixar de responder a uma decisão superior é, obviamente, um negócio sério, mas tentativas de impor a decisão podem ter consequências igualmente sérias.

Como Chester Barnard indicou, a capacidade da maioria dos homens de tomar decisões é limitada e, muitas vezes, eles tentam evitar as decisões que envolvem mais do que respostas às condições rotineiras. O executivo não pode responder a todo apelo subordinado de ajuda, sem negar, em primeiro lugar, a própria razão da delegação.

Os superiores devem, em geral, restringir suas intervenções a importantes problemas de decisão ou assuntos que exijam precedentes.

As decisões tomadas em cada nível têm um impacto em outros pontos da organização. Mas, ao mesmo tempo, são tomadas decisões em consequência de alterações que resultam de decisões de outros níveis.

Cada posição hierárquica é simultaneamente um centro de tomada de decisão, de comunicação e de poder.

Por exemplo, uma decisão do presidente de reduzir o orçamento de um departamento cria um problema de decisão para o gerente do departamento, decisões tomadas pelo gerente de vendas podem criar problemas para o gerente de produção e vice-versa. Assim, vale o seguinte questionamento:

Que forças o administrador deve considerar, quando tomar decisões?
Seu próprio sistema de valor?
Sua racionalidade?
Sua confiança na equipe?
Sua própria inclinação para liderar?
Seus sentimentos de segurança em uma situação incerta?
Sua intuição?
Sua firmeza?
Seu poder?
Seu conhecimento?
Sua organização?
Seu ambiente?
Seu nível de qualidade?
Seu mercado?
Sua atuação?
Sua premência de tempo?
Sua satisfação?
Seus recursos?
Sua capacidade de reconhecer e definir problemas?

O comportamento do administrador é grandemente influenciado pelas numerosas forças que atuam dentro de sua própria personalidade. Entre as forças internas importantes que o afetam estão as seguintes:

Grau de Confiança – O grau de confiança que os membros têm em sua capacidade de resolver problemas como grupo é também uma consideração importante, bem como a coesão, a permissividade, a aceitação mútua e a comunhão de propósitos, pois exercem uma poderosa influência sobre a eficácia do grupo.

Natureza do Problema – A natureza do problema pode determinar o grau de autoridade que deve ser delegado pelo administrador aos seus subordinados. Mas, há ocasiões em que a complexidade do problema exige uma decisão isolada.

Ouvir é a grande estratégia.

Premência de Tempo – A premência do tempo é claramente a pressão mais sentida. Em organizações que vivem em constante crise e programação relâmpago é provável encontrar dirigentes que resolvem as coisas à sua maneira, sem consultar alguém, isto é, de cambulhada.

A natureza das decisões possui muitas facetas e modificações continuamente. Esta diversidade tende a aumentar com o nível de responsabilidade e tornar-se particularmente pronunciada no caso do mais alto executivo da empresa.

Num único dia, ele pode ser forçado a tomar decisões a respeito de operações, recursos, mudanças e conflitos. Também demonstra que você precisa aprender como pensar, mais do que o que pensar, porque é isso que impulsiona a tomada de decisão.

Ao tomar suas decisões, você deve reunir tanta informação quanto for possível, abrangendo todas as circunstâncias que envolvam tais procedimentos.

Poderá um dirigente dizer se sua decisão é a mais sabia? Infelizmente, não. O que pode fazer é reduzir a possibilidade de erros. Todos os dispositivos propostos para testar decisões possuem sua utilidade.

Alguns se adaptam melhor a uma situação do que outros. Mas, em geral, eles podem ser aplicados na seguinte ordem:

- Verificar nossos pensamentos e detalhamento de como será possível implementá-los.
- Conseguir apoio de outras pessoas.
- Realizar ensaios e testes.
- Agir de forma incremental, se possível.

13.4 ELEMENTOS DA DECISÃO

A seguir, os principais elementos da decisão:

Capacidade de Decisão – Assunto já abordado.

Nível de Decisão – Cada posição na hierarquia é simultaneamente um centro de tomada de decisão, de comunicação e de poder (autoridade).

Forças de Decisão – Que forças considerar na tomada de decisão? O comportamento do administrador é grandemente influenciado pelas numerosas forças que atuam dentro de sua própria personalidade.

Entre as forças internas importantes que o afetam estão as seguintes:
Grau de Confiança – Assunto já abordado.
Natureza do Problema – Assunto já abordado.
Premência de Tempo – Assunto já abordado.
Natureza da Decisão – Assunto já abordado.

Informação na Decisão – Se as decisões fossem apoiadas apenas em fatos, poderíamos alimentar um computador com as informações necessárias e a decisão surgiria. Mas, precisamente, porque é raro termos todos os fatos suficientes, os administradores "humanos" precisam tomar as decisões. O importante no processo de tomada de decisão é quem motivar e quem ouvir.

Infelizmente, tomamos, na maioria das vezes, decisões baseadas apenas em poucos fatos e suposições. A informação qualifica a decisão.

A seguir, o resultado alcançado na decisão, em função da informação, do risco e da decisão.

Informação	Decisão	Risco	Resultado
Muita	Maior Certeza	Baixo	Esperado
Regular	Certeza	Algum Risco	Possível
Pouca	Incerteza	Alto	Probabilístico

Quadro 13.1: Resultado e Risco das Decisões.

Resultado da Decisão – O problema de prever o resultado da decisão leva em consideração: certeza, risco, incerteza e informação. A certeza ocorre quando se sabe que uma ação conduz, invariavelmente, a uma determinada consequência. A decisão sob risco ocorre quando uma ação conduz a um dos resultados possíveis de um conjunto, cada um dos quais pode ocorrer com uma probabilidade conhecida.

A decisão sob incerteza prevalece se são inteiramente desconhecidos os dados da situação ou, ainda, se a probabilidade dos resultados possíveis não é favorável.

A seguir, algumas considerações sobre resultados e decisões:

Resultado Esperado – Decisão sob Certeza (as variáveis são conhecidas e a relação entre a ação e suas consequências é determinada, ou seja, uma relação de causa e efeito).

Resultado Possível – Decisão sob Risco (as variáveis são conhecidas e a relação entre a ação e suas consequências é conhecida em termos de probabilidade).

Resultado Probabilístico – Decisão sob Incerteza (as variáveis são conhecidas, mas as probabilidades para determinar as consequências de uma ação são desconhecidas ou não podem ser determinadas com algum grau de certeza).

Risco na Decisão – O elemento de risco está presente, em certo grau, em todas as decisões administrativas. O involuntário e o imprevisível podem reduzir lucros ou causar prejuízos financeiros, que podem ser reduzidos ao mínimo ou evitados com planejamento e análise apropriados. Somente com uma análise de risco pode-se criar a atmosfera de redução da incerteza.

Portanto, reprimir a incerteza é evitar conhecer que tipos de fatores externos incidirão e, possivelmente, continuarão a influenciar a organização. Decidir no escuro é um ato de grande risco, mesmo que o ambiente nos forneça algum grau de certeza.

Ética na Decisão – Os problemas éticos da tomada de decisão são, de certa forma, minorados pelo fato de que as instituições ocupam, geralmente, uma posição intermediária na cadeia de meios e objetivos. Até certo ponto, o problema é de adaptação a um sistema de valores impostos pelas condições ambientais. Como uma empresa reage à demanda do consumidor e aos preços do mercado, seria incorreto dizer que os executivos não estão envolvidos, de modo significativo, na decisão a respeito desses valores.

Responsabilidade da Decisão – Todo dirigente tem alguma responsabilidade de decisão que não são impostas por decisões superiores ou remetidas por subordinados. A natureza dessa responsabilidade está definida nas políticas da empresa. Assim, o executivo é responsável pelos resultados de suas decisões. Cada administrador deve dar atenção às decisões que lhe competem, sem desconhecer os problemas dos outros. O superior não deve tomar decisões que cabe ao subordinado. Por outro lado, os subordinados devem evitar transferir suas atribuições de decisão para os superiores.

Densidade da Decisão – As decisões são tomadas em todos os níveis da estrutura organizacional, mas determinadas decisões estão limitadas aos níveis mais altos, como por exemplo: investimentos, implantação de projetos, imobilizações em máquinas de alta tecnologia, orçamentos. No entanto, despesas gerais, inventários, controle de custos, determinação do preço de venda, políticas de descontos, programa de capacitação profissional, por exemplo, podem ser decisões tomadas em todos os níveis.

Análise da Decisão – A análise da decisão objetiva identificar alternativas de escolha, fazer uma apreciação sobre uma linha de conduta a ser adotada, determinar quais os recursos que viabilizam a solução de um problema. Na análise da decisão é fundamental conhecer a natureza do problema, da estratégia de solução e o tipo de decisão a tomar.

Firmeza na Decisão – Chefe competente é aquele que trata os subordinados sem regalias, nem perseguições. E não deve desmentir amanhã o que afirmou hoje com segurança, pois assim perde o respeito. Um dirigente inconstante ataca os nervos de qualquer um, porque, hoje, quer uma coisa de uma determinada maneira, amanhã, já não quer mais. O que era de seu agrado, ontem, pode não servir hoje. Isso cria confusão geral e deixa todo mundo inseguro. Essas atitudes também podem gerar acusações de favoritismo e discriminação.

Um superior não deve tratar um subordinado de uma maneira e amanhã de maneira diferente, porque estará cultivando problemas.

Comportamento na Decisão – Os gerentes costumam tomar decisões baseados mais em otimismo lúdico do que pesando, racionalmente, a possibilidade de ganhos e perdas. Superestimam os benefícios, subestimam os custos e constroem cenários de sucesso deixando de lado o potencial de erros. Como resultado, tais pessoas adotam iniciativas que dificilmente cumprirão orçamentos ou prazos, ou nunca darão retorno.

Os otimistas tendem a viver num mundo de ilusões. Eles, frequentemente, atribuem seus sucessos à própria habilidade e os fracassos à falta de sorte.

Os pessimistas, de temperamento angustiado, costumam começar seus projetos, imaginando que tudo vá dar errado. Por isso, trabalham, diligentemente, todos os detalhes e acabam se saindo bem. O pensamento negativo concreto e detalhista pode ajudar os executivos a antecipar coisas, que possam dar errado, e a mais bem planejar para evitar resultados ruins.

Percepção na Decisão – A Teoria da Decisão afirma que as pessoas tomam decisões, em função do seu nível de percepção. É muito comum o administrador basear sua tomada de decisão em modelos, técnicas, métodos, inferências estatísticas, estudos de amostras e cálculo de probabilidade. As amostras devem ser escolhidas de modo a serem representativas do universo pesquisado.

Os gerentes tomam um grande número de decisões, sob uma ampla diversidade de circunstâncias. Aqueles que não podem discernir entre o importante, o urgente e o que não tem pressa, estão fadados a gastar tempo e energia preciosos em problemas errados e decisões desnecessárias.

Tempo de Decisão – Não se deve afundar nos detalhes da informação, mas também não se deve saber tão pouco que exclua as suas expectativas. Os modernos sistemas de informação podem reunir grande massa de dados, mas não podem predizer o futuro. É o futuro que precisa, mais frequentemente, ser analisado. A consulta e o apelo ao consenso são atos importantes. Muitas vezes, convém esperar que a decisão amadureça.

Racionalidade na Decisão – É sempre bom lembrar que o tomador de decisão escolhe uma alternativa dentre várias outras. Se ele escolhe os meios apropriados para alcançar um determinado objetivo, a decisão é considerada racional. Até onde a tomada de decisão é um processo racional?

As decisões podem estar sujeitas a um teste de veracidade ou falsidade para verificar até onde preveem, com precisão, uma eventual situação futura. Contudo, como nota o professor Simon, elas têm uma qualidade adicional que é a da seleção efetuada entre várias possibilidades.

Em outras palavras, as decisões possuem características pelo fato de distinguir que uma linha de ação é melhor do que outra ou de nenhuma. Uma decisão é sábia se ela escolhe bem os meios que conduzem à realização de determinado objetivo (solução, estratégia, processo, procedimento, plano, projeto, programa, política). Assim, um homem que decide beber água para saciar a sede tomou uma decisão racional.

Os administradores do alto escalão estão, cada vez mais, adiando as decisões complexas, até que estejam a par de todos os fatos e que a situação tenha sido completamente estudada. Em situações raras, o executivo recebe um conjunto de alternativas dentre as quais pode escolher. Deve julgar a que será usada, mas sempre esperar que a assessoria indique sua própria preferência, para então decidir.

A racionalidade pressupõe certa habilidade em efetuar um julgamento a respeito do futuro. Mais importante do que saber por que não se chega às conclusões certas é saber que linha de ação produzirá os melhores resultados possíveis, a partir dos recursos disponíveis.

Premissas da Decisão – A seguir, são colocadas premissas (algumas já conhecidas) que ajudarão, ao tomador de decisão, a poupar esforço, recurso e tempo:

- É bastante conveniente ter um sistema de informações de apoio à tomada de decisão.
- Quanto mais dados forem obtidos para a decisão, menor é o tempo disponível para seu uso eficaz.
- Com o aumento de informações, a necessidade de pensar se intensifica.
- Quanto mais necessários forem os elementos de decisão, mais suas consequências restritivas devem ser compensadas por um estilo mais liberal de agir.
- Quando não há alternativas para alcançar um objetivo, não existe o problema da tomada de decisão.
- Parte da função administrativa decisão consiste em auxiliar e encorajar o desenvolvimento de meios para a obtenção de um bom resultado.
- Uma escolha entre muitas alternativas é, provavelmente, melhor do que a realizada entre poucas.
- Na tomada de decisão é preciso escolher, dentre as muitas alternativas, as que realmente são relevantes.
- O propósito da criação de alternativas é permitir que os objetivos da empresa sejam alcançados da melhor forma possível.
- É necessário avaliar a extensão de uma decisão e quem ela afeta.
- A natureza das decisões demonstra que você precisa aprender "como", mais do que "o que" pensar.
- A experiência prévia de quem toma a decisão pode não ser guia adequado.
- Quem toma a decisão pode não ter tempo suficiente para planejar os passos necessários à implementação.
- Talvez haja um fator de grande risco com resultados imprevisíveis.
- A tomada de decisão, que ultrapassa um determinado tamanho, não pode ser entendida sem primeiro reconhecer que se trata de um processo de cooperação.
- O processo de tomar decisões é de aproximações sucessivas e de refinamento constante, onde a variável tempo é essencial.
- Cada nível da hierarquia recebe certa parcela da responsabilidade na decisão global.

- Ao perseguir seus próprios interesses particulares os dirigentes são levados a tomar decisões que promovem o bem-estar de toda a empresa.
- Os seres humanos tomam decisões, independentemente, de sua posição dentro de uma organização.
- Numa situação não estruturada, o tomador de decisão deve fornecer julgamento e avaliação, bem como suas percepções para a definição do problema.
- Numa situação muito estruturada, grande parte do processo de tomada de decisão, se não todo, pode ser automatizado.
- O subsistema de controle estará sempre presente na tomada de decisão.

Programa de Decisão – A seguir, um programa de decisão que, certamente, ajudará o leitor na tomada de decisão:

01 – Perceba a situação que exige uma decisão.
02 – Analise fatores externos e internos (Leitura do Cenário).
03 – Identifique o problema.
04 – Observe constantes, parâmetros, variáveis e especificações.
05 – Crie uma simbologia e uma terminologia (nomenclatura).
06 – Selecione as variáveis para desenvolver um modelo.
07 – Distinga as variáveis controláveis das não controláveis.
08 – Estabeleça relações entre variáveis.
09 – Estabeleça diretrizes baseadas na coleta de dados.
10 – Procure alternativas de solução mais promissoras.
11 – Estude os efeitos das alternativas.
12 – Estude a probabilidade de acerto.
13 – Avalie e compare as alternativas.
14 – Escolha a melhor alternativa como um plano de ação.
15 – Escolha o método (modelo) para implementação da decisão.
16 – Preveja o comportamento das variáveis não controladas.
17 – Consiga soluções baseadas no modelo.
18 – Teste o modelo.
19 – Revise o modelo quando necessário.
20 – Assegure-se de que a decisão é necessária.
21 – Implemente a decisão.
22 – Avalie resultados.
23 – Faça feedback.
24 – Recomende mudanças.

Ciclo de Decisão – As fases do ciclo de decisão são:

Entrada: Dados e Informações.
Processamento:
Avaliar situação e ambiente.
Diagnosticar desvios.
Analisar alternativas.
Tomar decisão, em função dos recursos disponíveis.
Avaliar resultado da decisão.
Implementar a decisão.
Medir necessidade de correções.
Implantar decisão.

Saída: Relatórios e Recomendações.

Teoria da Decisão – A teoria da decisão afirma que as pessoas tomam decisões, em função do seu nível de percepção. É muito comum o administrador basear sua tomada de decisão em modelos, inferências estatísticas, estudos de amostras e cálculo de probabilidade. As amostras devem ser escolhidas de modo a serem representativas do universo pesquisado.

Qualidade da Decisão – A qualidade da decisão é que destacará o executivo, como um verdadeiro líder. O importante no procedimento de tomar uma decisão é quem motivar e quem ouvir. Infelizmente, tomamos, na maioria das vezes, decisões baseadas apenas em poucos fatos e suposições, sem a qualidade necessária.

13.5 TOMADA DE DECISÃO

A tomada de decisão é algo que surge de um processo social contínuo e composto de numerosas pequenas ações, executado por pessoas diferentes, em momentos diversos. Uma equipe de planejamento pode ser muito útil, mas somente se for integrada por dirigentes ativos, de forma que haja livre comunicação e interação.

As decisões são efetivamente tomadas por pessoas que depois serão responsabilizadas pelos resultados alcançados.

Tomada de decisão é a ação que surge de um processo social contínuo e composto de numerosas pequenas ações, executado por pessoas diferentes, em momentos diversos. A tomada de decisão pose der:

- Centralizada: Decisão tomada no nível institucional da organização.
- Descentralizada: Decisão tomada no nível gerencial da organização.

Tomada de decisão e problema andam juntos, mas são diferentes, porque a decisão está intimamente ligada à solução de um problema, comprometendo-se com uma alternativa específica. É importante ressaltar o fato de que um problema não é a ausência de solução, pois existem problemas legados pelos povos antigos que, até hoje, não encontramos solução.

Mas deve-se fazer uma distinção entre as duas coisas. Enquanto a solução de problema trata de busca e resposta, a tomada de decisão se compromete com uma alternativa específica. Como não é fácil decidir, você precisa estar bem servido de informações relevantes, porque quanto mais dados forem obtidos menor é o tempo disponível para sua análise e uso eficaz.

Qualquer que seja o tamanho do problema será necessário ter um sistema de informações como suporte. Outro aspecto a considerar, na tomada de decisão, é a diferença entre o que é urgente e o que é importante. O problema é que a tarefa importante precisa ser executada no mesmo dia ou durante a semana que se segue. A tarefa urgente exige providências imediatas, exercendo uma pressão interminável a toda hora e a todo dia.

Os gregos descobriram que os problemas nunca são resolvidos e sim transferidos para outros. Assim, por exemplo, a redução de custos de uma empresa fez com que a mesma dispensasse mão de obra, isto é, ela transferiu o seu problema para os funcionários demitidos.

O empreendedor se defronta com problemas, cada vez mais, diferentes e complexos. Sua atenção será disputada por eventos e por grupos situados dentro e fora da empresa, que proporcionarão informações contraditórias; complicarão a sua diagnose, o seu diagnóstico e a sua visão de solução do problema.

Cabe, aqui, um esclarecimento sobre a confusão que até autores consagrados fazem de diagnóstico, diagnose e sintoma:

- Diagnose – É a caracterização da problemática, isto é, conjunto de problemas relativos a um mesmo assunto questão.
- Diagnóstico – É o caminho que resolve, mesmo que temporariamente, o problema, através de hipótese(s) de solução.
- Sintoma – Um sintoma é um desvio do comportamento de um sistema àquilo que se considera normal. Custos mais baixos do que os normais são um sintoma e não algo errado; indicam uma mudança no sistema.

Em geral, o problema maior do controle se encontra na tomada de decisão que efetivamente será medida e avaliada, em termos da história do processo e de seu último resultado. As questões não são simples, porque exigem o equilíbrio de dois fatores: a vantagem de permitir que o sistema opere de modo um tanto desregulado e o dimensionamento do custo do controle.

13.6 TOMADOR DE DECISÃO

Pessoa que decide. O tomador de decisão (decisor) pode encontrar as seguintes barreiras na sua tarefa:

- Não haver políticas preestabelecidas que o auxiliem na tomada de decisão.
- Não ter as habilidades requeridas para tomar decisões acertadas.
- Não ter tempo suficiente para planejar os passos necessários.
- Não conseguir apoio à implementação.
- Ter de correr grande risco e obter resultados imprevisíveis.

O comportamento do tomador de decisão pode: ajudar, atrapalhar ou inibir resultados. Assim, se você tem tendência a ser deprimido, deve se dedicar a tomar decisões dentro dos prazos estabelecidos para evitar demoras ou adiantamentos de efeitos danosos. Se, por outro lado, você tem a tendência a tomar medidas de retaliação quando se irrita, deve ouvir conselhos de alguém de dentro ou de fora da sua empresa ou, ainda, adiar a decisão.

Mas se você tem mania de perfeição, deve entender que os resultados são mais importantes do que os métodos. E, finalmente, se você tem uma tendência a ser cauteloso e metódico deve utilizar os modelos de decisão que deram bons resultados no passado.

O tomador final da decisão pode permitir aos subordinados maior liberdade e maior poder, se existirem as seguintes condições nos subordinados:

- Necessidade de independência.
- Disposição para assumir responsabilidades.
- Tolerância para ambiguidades.
- Interesse no problema a resolver.
- Identificação com os objetivos e metas da organização.

- Conhecimento e experiência para tratar do problema.
- Paciência para o momento certo.

As decisões são efetivamente tomadas por pessoas que depois serão responsabilizadas pelos resultados alcançados.

A atuação do tomador de decisões se fará em função: da situação, do ambiente, do fato (evento), do mercado, do custo, da estratégia, do risco, da amostra, da política, do manual, da regra (norma), da habilidade, da influência, da informação, do dado, do processo, do recurso, da marca, da certeza, da incerteza, do programa, do critério preestabelecido, da ferramenta disponível, da ética, do nível de qualidade, da capacidade gerencial, do nível de percepção, da intuição, do problema, da tática, da operacionalidade, da publicidade, da integração, do sistema de valor, da confiança no subordinado, do poder de liderar, da segurança, da restrição, da premência de tempo, da natureza do problema, da necessidade centralizadora.

A racionalidade analítica no processo decisório se fundamentou em modelos matemáticos e no avanço da tecnologia, porque considerar e analisar as alternativas de decisão ficou muito mais fácil com o computador. Porém, a literatura atual que trata da gerência da decisão e da excelência administrativa encerra propostas oriundas da experiência profissional, voltada para: simplicidade, intuição, senso comum, juízo e percepção do indivíduo.

É bom lembrar, mais uma vez, que a intuição é vista como um "impulso" para a ação onde não há raciocínio lógico.

Nas empresas o trabalho de cada um é avaliado, principalmente, pela maneira como aplica sua capacidade de discernimento na tomada de decisão e sua ação de comunicá-la. Uma vez reconhecido o fato de que a tomada de decisão é, inevitavelmente, executada por muitas pessoas numa organização, cada um usando sua própria capacidade de discernimento e empenhando recursos dentro dos limites de suas funções, fica claro, portanto, que cada pessoa toma decisões sobre o que fazer. Tanto o zelador como o presidente da empresa, executam a função administrativa decisão.

13.7 ASPECTOS SISTÊMICOS DA DECISÃO

A tomada de decisão ainda é, na sua maior parte, um exercício racional, lógico e educativo, onde pensar antes de decidir é entendido como uma exclusiva utilização dos dotes e estilos do nosso cérebro, com uma subutilização da nossa maneira de pensar ou como ser criativo e imaginativo.

O executivo típico desconfia de suas próprias intuições e tende a repousar mais no exame frio dos fatos, dados, números e cenários.

Os sistemas de informação e a febre da informatização nas empresas vêm colaborando para desumanizar os contatos entre pessoas, grupos e organizações, com grande prejuízo da efetividade decisória.

Os administradores devem dedicar a maior atenção possível aos aspectos sistêmicos de suas decisões, ou seja, qual ou quais as consequências de tal linha de ação, do ponto de vista dos consumidores, usuários, colaboradores, pacientes, fornecedores, funcionários, subordinados, colegas, superiores, acionistas, cotistas, comunitários, parentes.

Fale com pessoas informadas, mergulhe na coleta de dados para poder ser mais eficiente e até mais eficaz. As sementes do futuro estão, aqui, à nossa frente e só decide bem quem tem olhos para ver e ouvidos para ouvir.

A abordagem orientada para a decisão traz importantes questões, tais como:

- Qual é o melhor ponto de articulação entre sistemas de informação e tomada de decisão?
- Quando termina o sistema de informações e começa a tomada de decisão?
- Qual é a natureza da hipótese que será incorporada ao sistema de informações e, consequentemente, qual a influência na tomada de decisão?
- São as hipóteses de solução congruentes com as necessidades da decisão?

Um sistema de suporte à decisão possui certas características, como: incorpora dados e modelos; ajuda o julgamento gerencial; é voltado para a eficiência; responde rápido à mudança ambiental; tenta várias estratégias diferentes para diferentes configurações, com rapidez e objetividade; aumenta os níveis de conhecimento e percepção do administrador; ajuda o administrador a exercer suas funções administrativas; melhora o controle, reduzindo custos; melhora a qualidade da análise.

13.8 TIPOS DE DECISÃO

A seguir, os principais tipos de decisão:

Decisão Administrativa: Decisão que está relacionada com a estrutura e configuração da organização, com a alocação e distribuição de recursos, de modo a criar um maior potencial de desempenho. Tal decisão está voltada para a aplicação do que fazer.

Decisão Autocorretiva: Decisão que busca parâmetros familiares, baseados na experiência e conhecimento acumulado, ao longo dos anos, como num processo contínuo de realimentação.

Decisão Bem-Sucedida: Decisão que atinge o objetivo pretendido.

Decisão Corporativa: Decisão que estabelece o equilíbrio entre o desejável e o possível.

Decisão da Marca: Decisão que define o nome da marca e sua finalidade, após um questionamento sobre vantagens e desvantagens de se ter uma marca.

Decisão de Comprar: Decisão que leva em consideração os motivos e os fatores que influenciam na compra de um produto.

Decisão de Investir: Decisão que será tomada em função do retorno do investimento, da taxa de juros praticados no mercado e da disponibilidade de fundos de longo prazo patrocinados pelos governos e bancos de desenvolvimento (fomento).

Decisão de Marketing: Decisão tomada em função do ambiente competitivo, incerto e mutável para participar de um determinado mercado.

Decisão de Rotina: Decisão que envolve a aplicação de princípios familiares a uma situação dada. Esta decisão é fundamentada em: manuais, regulamentos e políticas; Decisão que visa mais os meios e recursos de como operacionalizar uma ação, típica do chão de fábrica.

Decisão Desnecessária: Decisão que gasta recursos sem atingir o objetivo pretendido.

Decisão Eficaz: Decisão quando se fundamenta no equilíbrio entre fatos e opiniões, levando em consideração uma reflexão sobre as alternativas de solução; Decisão que atinge o objetivo.

Decisão Empresarial: Decisão voltada a avaliar o trabalho de cada um, no âmbito da empresa.

Decisão Estratégica: Decisão que se baseia em fatores que transcendem os limites da organização. Tal decisão pode mudar os objetivos da empresa; Decisão de longo prazo que focaliza variáveis externas não controláveis pela organização.

Decisão Finalística: Decisão que determina quais recursos são necessários para que a empresa atinja objetivos previstos no planejamento estratégico, bem como planos, programas e políticas.

Decisão Função da Reunião: Decisão tomada por consenso e em grupo, previamente escolhido, para tratar de um assunto pendente de solução.

Decisão Função do Custo: Decisão baseada no custo do volume a fabricar de um determinado produto (projeto).

Decisão Função do Mercado: Decisão que é tomada quando se tem pleno conhecimento do mercado em que se vai atuar.

Decisão Gerencial: Decisão baseada nas exigências de uma realidade empresarial cada vez mais anárquica, fragmentada e descontínua. As informações são incompletas.

Decisão Imediata: Decisão tomada quando há fatores antagônicos, causando demora na solução.

Decisão Importante: Decisão que você toma para desenvolver um planejamento estratégico e prover recursos para posições de mando dentro da organização.

Decisão Improvisada: Decisão necessária, mais ou menos inconsciente, para buscar solução que se arrasta por muito tempo.

Decisão Individual: Decisão que é fundamentada no conhecimento do indivíduo.

Decisão Inovadora: Decisão baseada numa inovação ainda não aplicada no mercado. É uma decisão que toma tempo e muita atenção.

Decisão Integrativa: Decisão que se preocupa com a estruturação dos recursos de modo a criar possibilidade de execução para os melhores resultados.

Decisão Judicial: Decisão que faz parte de uma negociação que não deu certo.

Decisão Mercadológica: Decisão que responde com rapidez a uma acomodação e/ou mudança no mercado.

Decisão Não Programada: Decisão que pode ser usada para situações que acarretam novos problemas complexos. Os dados são inadequados e exclusivos. As condições são dinâmicas e o grau de certeza é, praticamente, nenhum.

Decisão Normal: Decisão que você toma para determinar objetivos secundários, desenvolver políticas e procedimentos não críticos.

Decisão Operacional: Decisão que influi no funcionamento corrente da empresa, pois afetam processos, atividades, tarefas, operações.

Decisão por Amostragem: Decisão fundamentada na amostra, cuja finalidade é reduzir custos, eliminar desperdícios de tempo e simplificar o trabalho.

Decisão por Comissão: Decisão tomada por grupos específicos para estudar um problema e buscar solução. Este tipo de decisão, entretanto, é vulnerável a duas tendências ruins: à dominação de um indivíduo e à personalidade do grupo.

Decisão Preestabelecida: Decisão que pode ser tomada, em função de políticas, rotinas e procedimentos, para problemas já enfrentados pela empresa (ou outras) no passado e cujas soluções deram bons resultados.

Decisão Presidencial: Decisão que confronta o cenário de hoje com a oportunidade de amanhã.

Decisão Probabilística: Decisão que utiliza os princípios da Teoria da Amostragem Estatística e da Teoria da Probabilidade.

Decisão Programada: Decisão para a qual é possível estabelecer um procedimento padrão para ser acionado cada vez que ocorra sua necessidade. Caracteriza-se por situações bem definidas, muito repetitivas e rotineiras, para as quais existem informações adequadas e geralmente servem como guia da atividade administrativa.

Decisão Racional: Decisão que escolhe bem os meios que conduzem à realização de determinado objetivo (solução, estratégia, processo, procedimento, plano, projeto, programa, política). Assim, um homem que decide guardar dinheiro, para comprar um imóvel, tomou uma decisão racional.

Decisão Rotineira: Decisão fundamentada em manuais, regulamentos e políticas. São decisões que visam mais os meios e recursos de como operacionalizar uma ação. São do chão de fábrica.

Decisão Secundária: Decisão que deve ser delegada.

Decisão sob Certeza: Decisão que ocorre quando as variáveis são conhecidas e a relação entre a ação e suas consequências é determinística, ou seja, uma relação de causa e efeito.

Decisão sob Incerteza: Decisão que ocorre quando as variáveis são conhecidas, mas as probabilidades para determinar as consequências de uma ação são desconhecidas, ou não podem ser determinadas com algum grau de certeza.

Decisão sob Risco: Decisão que ocorre quando as variáveis são conhecidas e a relação entre a ação e as suas consequências é conhecida em termos probabilísticos.

Decisão Superior: Decisão que se origina no nível institucional da organização e que não pode ser contrariada.

Decisão Tática: Decisão que permite a variação do modo operativo anteriormente escolhido. Ela não tem implicações diretas nos objetivos, mas pode mudá-los.

Decisão Tradicional: Decisão tomada por força do hábito, calcada na memória coletiva da organização, isto é, conhecimentos, métodos e técnicas utilizadas diariamente.

13.9 PROCESSO DECISÓRIO

Uma boa maneira para poder começar a entender o processo de tomada de decisão é fazer uma abordagem idealizada e totalmente racional do problema, comparando o ideal com o real. A tomada de decisão está relacionada à solução da questão.

Assim, o processo decisório é aquele que escolhe as diretrizes que vão nortear as ações do sistema, no sentido de mudá-lo do estado presente para o estado desejado (objetivo, por exemplo). A tomada de decisão, na realidade, se compromete com uma alternativa específica, visando solucionar um problema.

O processo de decisão não deve ser considerado como um sistema mecânico com diferenciações e relações precisas. Interações sociais informais, ou não planejadas, entre os administradores são parte integral do sistema de decisões. As interações podem facilitar, ou impedir, o processo de decisão, mas elas não podem ser eliminadas das organizações.

Para decidir qual o caminho a tomar para a solução de um problema empresarial, normalmente, deve-se agir com maturidade, objetividade e método.

A decisão bem-sucedida começa com o reconhecimento de que tomar boas decisões é uma das atribuições mais importantes da gerência. A organização e a equipe gerencial podem oferecer apoio inestimável, mas é preciso ter tempo e dispor de espaço mental para dedicar-se ao estudo.

Para tentarmos compreender o processo decisório, podemos avançar por dois caminhos complementares:

- Descobrir como as pessoas tomam suas decisões, o que é muito difícil.
- Compreender a natureza e estrutura das decisões, o que se consegue estudando o assunto.
- Aprimorar a tomada de decisão por meio do aperfeiçoamento de sua visão das decisões anteriores e suas consequências.

Os dirigentes eficazes não tomam muitas decisões. Concentram-se apenas nas mais importantes. Não se deixam impressionar pela rapidez. Querem, sim, saber sobre o que realmente versa a decisão e quais são as demandas básicas a serem satisfeitas. Querem impacto, em vez de técnica. Querem ser sensatos, em vez de sábios. Não se contentam em tratar apenas dos sintomas. Sabem quando a decisão deve basear-se em princípios e quando deve ser pragmática.

As pessoas agem como se os problemas empresariais fossem resolvidos por um único cérebro. As decisões têm um caráter descentralizado na sua essência, já que ninguém poderá sozinho controlar as decisões em todos os níveis de uma organização. Para decidir qual o caminho a tomar para a solução de um problema empresarial, normalmente, deve-se agir com maturidade, objetividade e método.

A seguir, um exemplo de como se processa a decisão:

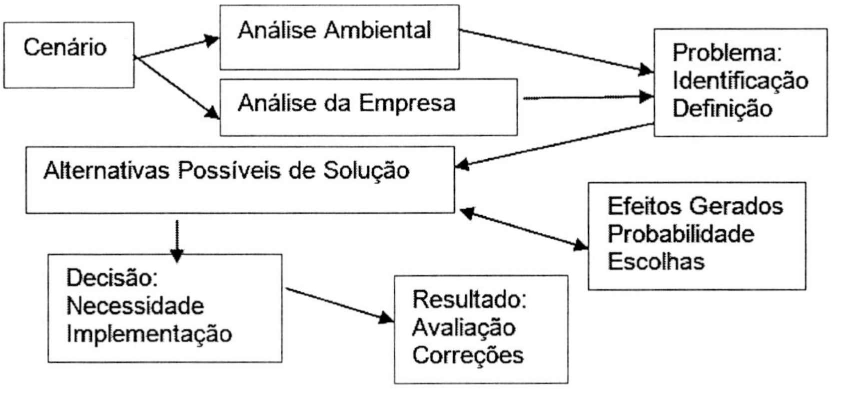

Figura 13.1: Modelo do Processo Decisório.

A racionalidade analítica no processo decisório se fundamentou em modelos matemáticos e no avanço da tecnologia, porque considerar e analisar as alternativas de decisão ficou muito mais fácil com o computador. Porém, a literatura atual que trata da gerência da decisão e da excelência administrativa encerra propostas oriundas da experiência profissional, voltada para: simplicidade, intuição, senso comum, juízo e percepção.

13.10 FERRAMENTAS DE DECISÃO

Ferramenta de decisão ajuda o empreendedor a tomar a decisão mais inteligente para o momento. Em última análise, todas as decisões se resumem num sim ou não. Todavia, o cuidado com que toma essas decisões determinará seu êxito, como administrador e quão importantes estará contribuindo para a sua organização, agora e no futuro. A seguir, apresentaremos ferramentas de decisão distintas que ajudarão o leitor na tomada de decisão:

Metodologia de Decisão – A seguir, uma simples metodologia de decisão:

- Perceba a situação que exige uma decisão.
- Analise fatores externos e internos.
- Identifique o problema.
- Observe constantes, parâmetros, variáveis e especificações.
- Crie uma simbologia, nomenclatura e terminologia.
- Selecione as variáveis para desenvolver um modelo.
- Distinga as variáveis controláveis das não controláveis.
- Estabeleça relações entre variáveis.
- Estabeleça diretrizes baseadas na coleta de dados.
- Procure alternativas de solução mais promissoras.
- Estude os efeitos das alternativas.

- Estude a probabilidade de acerto.
- Avalie e compare as alternativas.
- Escolha a melhor alternativa como um plano de ação.
- Escolha o método (modelo) para implementação da decisão.
- Preveja o comportamento das variáveis não controladas.
- Consiga soluções baseadas no modelo.
- Teste o modelo.
- Revise o modelo quando necessário.
- Assegure-se de que a decisão é necessária.
- Implemente a decisão.
- Avalie resultados.
- Faça feedback.
- Recomende mudanças e correções.

Método de Decisão – Embora já abordado o método é um procedimento primordial para encontrar a solução de um problema. Pode ser um conjunto de atividades sistemáticas e racionais que, com maior segurança e economia, permite alcançar o conhecimento válido, traçando o caminho e detectando erros. Um método baseia-se na tradição da investigação independente. O estímulo para a investigação decorre da experiência individual ou da familiaridade com a área do problema. A procura de soluções para problemas pode ter dois métodos: o lógico e o heurístico.

O método lógico é o mais conhecido. Consiste em partir da premissa certa e, através de raciocínio dedutivo ou indutivo, avançar por etapas até chegar a uma solução válida e certa.

O método heurístico é aquele onde se busca a solução através de tentativas ao acaso, examinando cada uma até onde ela constitui uma resposta ao problema existente, oferecendo uma solução, pois cada tentativa permite corrigir os erros e melhor caminhar em direção ao objetivo, tendo a desvantagem de ser mais dispendioso.

Como os computadores têm muita velocidade e podem testar muitas alternativas, o método heurístico tem sido usado com êxito.

Teoria Matemática – Muitas decisões administrativas são tomadas com base em soluções contidas em sistemas de equações matemáticas que simulam situações reais que obedecem a leis e estudos de séries matemáticas. Para aplicar teoria matemática aos processos de decisão precisamos ser capazes de descrever o estudo do sistema em termos precisos, de descrever os efeitos das decisões sobre esses estados e de avaliar uma sequência de decisões.

O maior obstáculo ao uso da matemática não está, como crê a maioria, na solução de formidáveis problemas (equações), mas na formulação das questões em termos matemáticos. Como o computador requer instruções absolutamente precisas para cada operação que executa. Não podemos usá-lo para resolver problemas mais ou menos definidos.

Na realidade, ele não possui qualquer das habilidades que associamos, normalmente, à inteligência humana. Não é capaz de reconhecer ou de formular problemas. É incapaz de tomar decisões baseadas em dados incompletos, ambíguos e inconsistentes.

Pesquisa Operacional – A pesquisa operacional é considerada simplesmente uma teoria da decisão aplicada. Ela pode ser caracterizada como a aplicação de métodos, técnicas e instrumentos científicos aos problemas que envolvem operações de sistemas, de modo a munir os executivos responsáveis de técnicas, de soluções ótimas para os problemas.

A pesquisa operacional levará em conta os seguintes aspectos: Uma visão sistêmica do problema a ser resolvido; uma concordância quanto ao uso do método científico; A utilização de estatística, probabilidade e matemática.

Até certo ponto, a pesquisa operacional é um produto da Segunda Guerra Mundial, apesar de que suas raízes advêm da Teoria Matemática e da Teoria da Probabilidade que são bem anteriores. Seu desenvolvimento acelerado, nos últimos anos, se tornou possível com o computador, tendo em vista sua velocidade na manipulação de dados e fórmulas matemáticas em operações complexas.

A pesquisa operacional não proporciona decisões diretas, entretanto, num problema de planejamento de produção ou de transporte, os objetivos podem ser tão claros, os dados tão definidos e as conclusões tão práticas que proporcionam uma solução ótima (a melhor possível, em função dos recursos disponíveis).

13.11 MODELO DE DECISÃO

Modelo de decisão é uma representação abstrata e simplificada de um processo de decisão, onde a escolha do caminho a ser seguido é facilitada. Tal modelo permite determinar que fluxo de informação é necessário para manter a ligação entre as informações e as alternativas de decisão.

Os modelos de decisão são projetados para avaliar os resultados alternativos, associados às diferentes decisões, e para encontrar a decisão "ideal". Os modelos para a decisão devem ser eficientes em tempo de operação, ter acesso imediato a dados atuais e serem estruturados de forma a facilitar suas alterações. A ênfase deve ser dada à simplicidade de construção.

O desenvolvimento de um modelo é fundamental, porque ele é um pré-requisito para a análise de valor da informação, e porque é a chave para se compreender que partes do processo decisório podem ser apoiadas ou automatizadas. A seguir, exemplos de modelos de decisão:

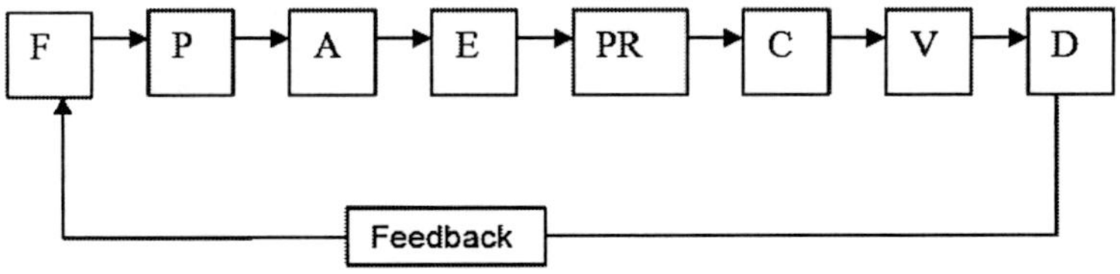

Figura 13.2: Fluxograma Geral de Decisão.

Onde:
F = Fatores ambientais
P = Problemas
A = Alternativas de solução
E = Efeito da Alternativa Escolhida
PR = Probabilidade de que cada efeito ocorra
C = Classificação dos efeitos, conforme sua probabilidade
V = Escolha das melhores alternativas
D = Decisão

Decisões	**Técnicas**	**Ferramentas**
Não Programadas	Tradicionais	Julgamento em grupo, intuição, métodos empíricos, processamento eletrônico de dados, ensaio e erro.
	Modernas	Método heurístico, simulação por computadores, aproximação sucessivas, análise de sistemas, análise estruturada.

Quadro 13.1: Modelo de Decisão Não Programada.

Decisões	Técnicas	**Ferramentas**
Programadas	Tradicionais	Rotinas, regras, normas, diretrizes, políticas, reuniões, lista de prioridades, fluxogramas, redes, análise do ponto de equilíbrio, análise matemática.
	Modernas	Métodos quantitativos (estatística, e probabilidade), aplicativos em computadores, pesquisa operacional, matrizes, programação, árvore de decisão, sistemas de informação.

Quadro 13.2: Modelo de Decisões Programadas.

Condições	Alternativas							
Idade > 21 Anos	S	S	S	S	N	N	N	N
Sexo (M ou F)	M	M	F	F	F	M	F	F
Peso > 80 kg	S	N	S	N	S	N	S	N
Medicação A	*				*			*
Medicação B							*	
Medicação C			*			*		*
Não Medicação		*		*				

Tabela13.1: Modelo de Decisão de Medicação para Emagrecimento.

Critérios	Produto A	Produto B	Produto C	Produto D
Vendido em Supermercado	Sim	Não	não	sim
Vendido em Drogarias	Sim	Sim	sim	sim
Consumidores Femininos	Não	Não	sim	sim
Embalado Facilmente	Não	Sim	não	sim
Vendido por mais de $ 3,00	Não	Sim	não	sim
Faturamento no Varejo Maior do que $ 500,00/mês	Sim	Não	não	sim
Alternativa Escolhida				*

Tabela 13.2: Modelo de Decisão para Novo Produto.

Árvore de Decisão – A árvore de decisão é uma representação visual, cujo método de decisão se baseia no fluxo de entrada e saída de dados. Por ser organizada hierarquicamente como uma árvore, não existem valores de entrada ambíguos ou indefinidos.

A árvore de decisão é uma ferramenta que através da divisão das ações em diferentes ramos, consegue cobrir todos os possíveis desdobramentos de uma determinada lógica.

A árvore de decisão é um modelo que trabalha com riscos, valores, ganhos e perdas em cada alternativa. Ela é uma versão diagramada da tabela de decisão.

As árvores de decisão são bem simples de modificar, de acordo com a evolução das especificações. A tarefa mais difícil é organizar os critérios de decisão para que cada teste ocorra somente uma vez. Mas, uma vez executada, será fácil acrescentar novas condições de teste e atualizar a árvore.

As árvores de decisão são úteis quando a seleção lógica consiste em condições discriminatórias diretas que possam, rapidamente, condensar um conjunto de ações possíveis. Os usuários finais acham esta representação fácil de entender.

A seguir, exemplos de árvores de decisão:

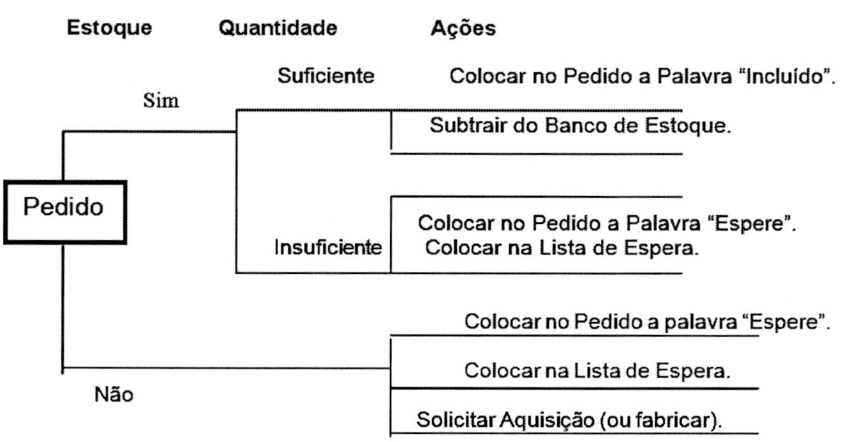

Figura 13.3: Árvore de Decisão para Controle de Pedidos.

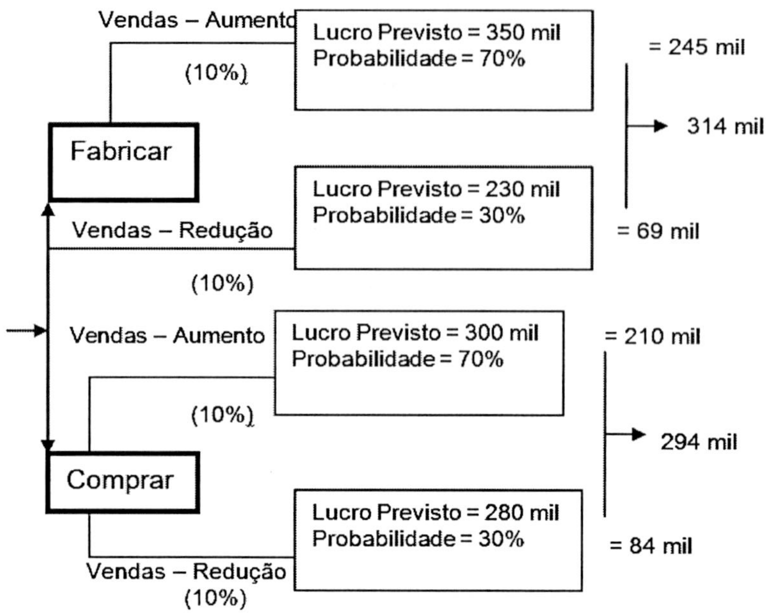

Figura 13.4: Árvore de Decisão para Fabricar ou Comprar.

Resposta: A decisão é fabricar.

A seguir, um exemplo de modelo geral de tomada de decisão:

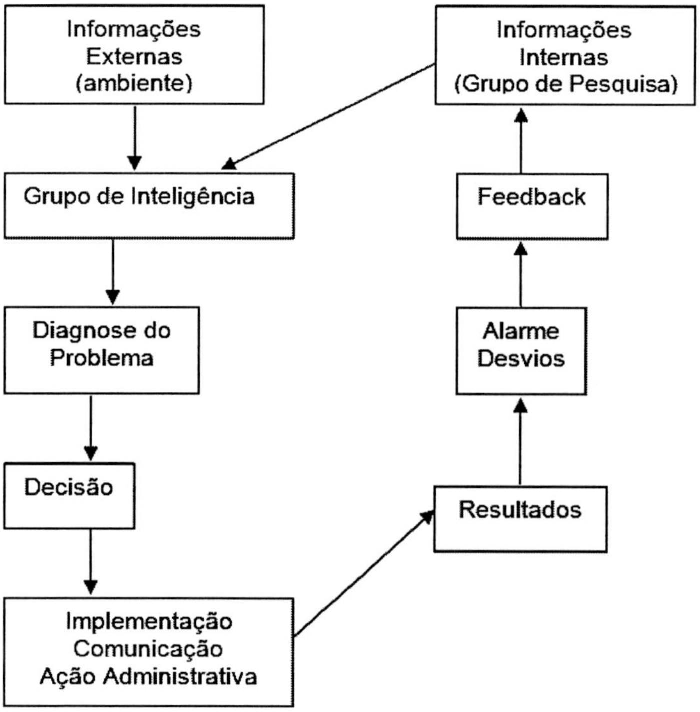

Figura 13.5: Modelo Geral de Tomada de Decisão.

<table>
<tr><th>Probabilidade do Nosso Projeto</th><th>Probabilidade do Projeto Concorrente</th><th>Resultados</th></tr>
<tr><td rowspan="2">Sucesso de 80%</td><td>Sucesso de 70%</td><td>Sucesso de ambos: 80% × 70% = 56%</td></tr>
<tr><td>Falha de 30%</td><td>Sucesso do nosso e falha do concorrente:
80% × 30% = 24%</td></tr>
<tr><td rowspan="2">Falha de 20%</td><td>Sucesso de 70%</td><td>Falha do nosso e sucesso do concorrente:
20% × 70% = 14%</td></tr>
<tr><td>Falha de 30%</td><td>Ambos falham: 20% × 30% = 6%</td></tr>
</table>

Quadro 13.3: Modelo de Decisão com Probabilidade.

13.12 RISCO

Risco é toda e qualquer possibilidade de uma ação não dar certo. Os riscos de fracasso rondam, permanentemente, o analista, o empreendedor e o gestor. Deve-se levar em conta que qualquer investimento tem uma expectativa de risco. Mas este deve ser o mais bem calculado possível. O elemento de risco está presente, em certo grau, em todas as decisões administrativas.

Somente com uma análise pode-se criar a atmosfera de redução de risco e incerteza. Portanto, reprimir a incerteza é evitar conhecer que tipos de fatores externos incidem e possivelmente continuarão a influenciar a organização. Decidir no escuro é um ato de grande risco, mesmo que o ambiente nos forneça algum grau de certeza. O involuntário e o imprevisível podem reduzir lucros ou causar prejuízos financeiros, que podem ser reduzidos ao mínimo ou evitados com planejamento e análise apropriados.

A identificação dos riscos e de possíveis soluções constitui o teste final do conceito de negócio. Os riscos estão sempre por perto. Muitas vezes, a ideia para um novo produto é quase perfeita, não fosse a complexidade de sua produção.

A rentabilidade é outro ponto crucial, bem como a taxa de retorno do capital aplicado. Como regra genérica, acredita-se que o negócio só é viável quando sua rentabilidade for maior do que a aplicação em caderneta de poupança.

O leitor precisa entender que não existe risco zero. Mas, o que impede as pessoas de tomarem decisões? Talvez, o fator mais inibidor para a maioria das pessoas seja o risco. Assim, achamos que a empresa pode estabelecer níveis de tomada de decisão, cuja finalidade é a de distribuir a carga de decisão, às vezes, concentrada em poucas pessoas da empresa.

Sem dúvida, o risco sempre foi inerente aos negócios. As empresas que se arriscam mais, dificultam a vida dos concorrentes, tornando-as mais perigosas. Numa economia dinâmica, livre e competitiva, o risco é inevitável. Desafia constantemente a argúcia dos empreendedores e sua estimativa correta é muito difícil. Expõe o negociante ao perigo de prejuízo financeiro, que pode ser causado por deterioração física, roubo, danificação, perda, alterações de oferta ou procura e oscilações do nível de preços.

Executar projetos é diferente de executar uma rotina já consagrada, visto que se está sempre enfrentando situações inesperadas e turbulências do ambiente. Ademais, o que caracteriza o futuro é a incerteza. Os riscos de fracasso rondam, permanentemente, o analista, o empreendedor e o gestor. Deve-se levar em conta que qualquer investimento tem uma expectativa de risco. Como não existe risco zero, este deve ser o mais bem calculado possível.

Hoje, o aumento da incerteza, além da redução do espaço para riscos, significa que as decisões se tornam cada vez mais incertas. Isso exige não só que se decida nos níveis adequados da organização, mas também que se disponha de processos disciplinados e lógicos para avaliar as alternativas.

Portanto, a direção da empresa deve estar atenta aos resultados e saber quando abandonar más decisões. O risco e a incerteza estão sempre presentes em todas as decisões, porque a ambiência externa está em mudança constante. A incerteza é um estado de conhecimento no qual um ou mais cursos de ação resultam em um conjunto de resultados específicos, cuja probabilidade de ocorrer não é conhecida.

Atualmente, dirigentes enfrentam um mundo mais complexo, ambíguo e de mudanças extremamente velozes, que desatualizam rapidamente conhecimentos, tecnologias, resultados de pesquisa, análises antecipatórias e previsões.

A convivência com incerteza, risco e variações intensas não são fáceis. Por isso é que, à medida que aumenta a percepção dos dirigentes, cresce também a procura de segurança e de regularidade na vida empresarial.

Surgem, então, os comportamentos de natureza defensiva contra a imprevisibilidade e as variações intensas. São comportamentos de repressão da incerteza, com vistas a procurar contornar a pressão psicológica, sentida por executivos, de ter de decidir com base em conjecturas e fatores não controláveis pela empresa.

Esta repressão limita a visão de futuro e restringe o número de alternativas que podem ser identificadas e implementadas. Reprimir a incerteza é limitar o futuro à capacidade de controle imediato do dirigente, pois prejudica a empresa, criando uma falsa sensação de segurança e estabilidade.

Em sua obra, Drucker aborda o fracasso inesperado como um sinal de alerta tão inequívoco quanto o sucesso inesperado, que deve ser levado tão a sério quanto o primeiro.

Nota: No Capítulo 8 abordamos o Fluxograma da Risco.

13.13 TIPOS DE RISCO

A seguir, serão apresentados os mais importantes tipos de risco:

Risco Alto: Risco cuja expectativa de atraso e excesso de gasto é inaceitável; Risco de o projeto ser abortado, sendo a carreira e imagem do gerente do projeto, seriamente afetada.

Risco Baixo: Risco cujo prejuízo é baixo ou insignificante.

Risco Cambial: Risco decorrente da troca de uma moeda por outra (hedge).

Risco da Decisão: Risco de decidir no escuro, mesmo que o ambiente nos forneça algum grau de certeza.

Risco da Inovação: Risco que a inovação não dê certo. As demandas por inovações são grandes, bem como seus riscos que são diferentes. Mas, se os riscos são grandes, as recompensas são maiores.

Risco de Investimento: Risco que se deve levar em conta, porque se não houver risco não é investimento, mas aplicação. Qualquer investimento tem uma expectativa de risco, mas este deve ser o mais bem calculado possível.

Risco do Negócio: Risco que expõe o negociante ao perigo de prejuízo financeiro, que pode ser causado por: deterioração física, roubo, danificação, perda, alterações de oferta e de procura e oscilações do nível de preço.

Risco do Produto – Os riscos que os produtos possam vir a sofrer são: alteração, adulteração e falsificação. A alteração do produto é o processo natural por que passa a mercadoria ao sofrer as modificações em sua composição, gosto, odor e forma.

A adulteração do produto é a forma mentirosa de se comercializar um produto que terá sua composição, propriedade e peso modificados, embora a embalagem mostre dados do produto falsificado. A falsificação do produto ocorre alheia à vontade do fabricante. Ela pode ser provocada por intermediários ou produtores inescrupulosos.

Risco do Projeto: Risco que acontece quando o projetista é muito otimista e sonhador. Executar projeto é diferente de executar uma rotina já consagrada, visto que se está sempre enfrentando situações inesperadas e turbulências do ambiente. Ademais, o que caracteriza o futuro é a incerteza.

Risco Econômico: Risco denominado de mercado ou de preços e é causado pelas flutuações de preços, saturação de mercado, mudanças de hábito, invenções, aperfeiçoamentos, concorrência, flutuações de demanda.

Risco Humano: Risco que decorre das falhas e incertezas humanas, tais como: desonestidade, incompetência, descuido, doença, acidente, morte, greve, falcatrua, ignorância, desinformação, guerra.

Risco Médio: Risco que se posiciona entre os riscos alto e baixo.

Risco Natural: Risco criado por fenômenos naturais que estão além do controle humano.

Risco Pequeno – Expectativa de atraso e excesso de gastos anormais. Prejuízo baixo ou insignificante. Nenhum risco à imagem do projeto.

Risco Político: Risco que envolve múltiplas empresas e múltiplos governos. Enquanto os riscos políticos no passado pareciam ser tangenciais, uma perda em um país representava apenas uma pequena fração do mercado mundial.

Os novos riscos políticos afetam diretamente o centro da competência estratégica e da competitividade em todos os recursos. O nosso mundo ligado por redes eletrônicas produziu assimetrias entre os sistemas políticos, em que a geografia é menos relevante.

13.14 TRATAMENTO DO RISCO

Muito embora o cálculo de risco tenha perdido importância nos últimos anos, principalmente. Devido à pouca confiabilidade e à complexidade das técnicas de quantificação e do cálculo da probabilidade, é bom fazer uma apreciação do seu tratamento.

Tratamento que ocorre das seguintes maneiras: absorção do risco (a própria empresa assume o risco), redução do risco (a empresa procura mudança nos seus meios), transferência do risco (a empresa transfere para uma seguradora, por exemplo), fluxograma de risco (ajuda a relativizar o risco), análise de risco (ajuda o projetista a ter mais segurança),desvio do risco (atitude em que a empresa transfere o risco para o comprador do projeto).

O cálculo do risco é elemento essencial do processo de análise e avaliação de um projeto. Os riscos podem ser calculados e minimizados mediante:

- A descrição sistemática dos efeitos positivos e negativos.
- A coleta de dados da série histórica do setor da economia em que se encontra a empresa.
- A pesquisa de mercado.

O tratamento do risco se dá por meio de:

Absorção do Risco – Quando uma empresa especula com seu estoque em busca de pequenos lucros, o perigo de prejuízos decorrentes pode tornar aconselhável uma política de absorção plena do risco.

Redução do Risco – Várias técnicas podem ser utilizadas para reduzir o risco. Uma empresa pode:

- Mudar a sua estrutura organizacional.
- Aperfeiçoar métodos, processos e procedimentos.
- Aumentar a eficiência.
- Lançar mão de novas informações, análises, previsões, medições, pesquisas e novas tecnologias.
- Treinar pessoas.

Transferência do Risco – A transferência do risco pode ser por:

- Rateio dos riscos (as empresas de seguro, em troca do prêmio, assumem os riscos).
- Desvio do risco (pela venda o risco é passado ao comprador).
- Transferência do risco (o risco pode ser transferido por contrato).
- Governo assume o risco (é comum na agricultura o governo assumir riscos).
- Bolsa de mercadorias assume o risco (é a venda para entrega futura).

Fluxograma de Risco – O fluxograma de risco (assunto já abordado) ajuda a tomar decisões relativas ao valor do risco.

Análise de Risco – A análise de risco é o ponto de partida para estruturar todo o programa de segurança. É preciso saber o que se quer resguardar e qual a melhor forma de fazer isso, buscando informações vitais para dimensionar, mesmo de maneira probabilística, os possíveis resultados de cada curso alternativo. A análise de risco ajuda a:

- Identificar os principais fatores de incerteza.
- Calcular os limites dos possíveis resultados ruins.
- Prever as circunstâncias que poderão tornar-se catastróficas e que devem ter como previsão o planejamento.
- Ter uma percepção mais exata dos riscos.
- Fazer antecipações.
- Elaborar planos de contingência.

O analista de risco determina as medidas necessárias para que o risco seja minimizado a ponto de ser tolerável e quanto vale a pena pagar.

Capítulo 14

RECRUTAMENTO

"Os empregados podem ser nosso maior passivo, mas as pessoas são a nossa maior oportunidade".

Peter Drucker

OBJETIVOS DO CAPÍTULO

- Mostrar o conceito e os tipos de recrutamento.
- Mostrar a importância de um banco de dados de candidatos.
- Mostrar os elementos do recrutamento.
- Mostrar que pessoas são os recursos mais importantes e que também são os mais problemáticos.

14.1 RECRUTAMENTO

Os indivíduos e as organizações estão engajados em um contínuo processo de atrair uns aos outros. Da mesma forma como os indivíduos escolhem as organizações, estas procuram atrair e obter informações sobre as pessoas. Este processo não é nada simples.

Recrutamento é um conjunto de procedimentos para determinar quais os indivíduos estão qualificados a ocupar cargos na organização, isto é, a organização divulga e oferece, ao mercado de recursos humanos, oportunidades de emprego.

Para ser eficaz, o recrutamento deve atrair candidatos de maneira a suprir o setor de seleção a colocar, em seus bancos de dados, as pessoas, potencialmente, aptas a preencherem as necessidades de mão de obra da organização.

As empresas sabem que não apenas o seu sucesso competitivo atual, mas também o futuro delas, depende de bons recursos humanos. Geralmente, o Departamento de Recursos Humanos de uma empresa é encarregado de procurar o pessoal do nível operacional. O recrutamento do pessoal de nível médio, em geral, é entregue a uma agência. O pessoal de alto nível fica a cargo de um conselho de executivos criado especialmente para isto.

Dos recursos necessários à empresa, indubitavelmente, são os recursos humanos aqueles que causam maiores problemas. Assim, as organizações estão aprimorando cada vez mais as políticas de recrutamento e seleção de pessoal, chegando a ponto de radiografarem o cérebro dos recrutados, a fim de mapearem áreas cerebrais que serão usadas para diagnosticar, precocemente, tendências dos trabalhadores de sofrer de depressão, de ser abusivo, ou violento, ou ainda, de possuir a capacidade cognitiva exigida para um emprego de alta tecnologia, por exemplo. No mesmo sentido, segue a identificação do DNA, para futuras doenças e predisposições.

Uma empresa que deseja um bom time deve começar a procurar os elementos adequados. Atrair bons candidatos a emprego não é coisa fácil e de pouca importância. Somente uma série de procedimentos administrativos, racionalmente orientados, poderá satisfazer à necessidade de recrutamento.

A empresa deve checar tudo, mesmo aquilo que possa parecer irrelevante. Uma contratação ruim pode causar sérios danos à equipe. Deixar-se levar pela primeira impressão de um candidato, e acreditar em tudo aquilo que está escrito no papel é o maior pecado do entrevistador.

O recrutamento parte da análise das necessidades de recursos humanos da empresa. Necessidades presentes e futuras. Diagnosticadas as necessidades, realiza-se o levantamento das fontes, dos processos e das fórmulas capazes de fornecer à empresa o pessoal necessário para atingir determinados objetivos.

Recrutar é a função administrativa que determina quais os candidatos estão qualificados a ocupar um determinado cargo.

O recrutamento deve ser uma atividade permanente. Um cadastro sobre candidatos sempre é útil à empresa. Um candidato que se vem oferecer, hoje, e que a empresa não esteja necessitando, poderá ser procurado amanhã, quando a empresa dele necessitar. Por isso é bom que se tenha um bom banco de dados para candidatos em potencial.

Para definir a atividade de recrutamento deve-se adotar alguns procedimentos essenciais capazes de garantir o sucesso da operação.

A análise do cargo na estrutura organizacional, descrição do cargo (funções, tarefas, atividades), requisitos e características que devem ter os candidatos, análise e determinação da quantidade necessária de mão de obra e decisão sobre a fonte de recrutamento são os procedimentos básicos aludidos.

14.2 TIPOS DE RECRUTAMENTO

Os tipos de recrutamento são:

Os tipos de recrutamento têm relação com o local onde estão as pessoas. Ambos os tipos possuem vantagens e desvantagens

Recrutamento Externo: Recrutamento que é feito quando aborda candidatos reais ou potenciais, disponíveis ou aplicados em outras empresas. O recrutamento externo possibilita a renovação de ideias, com perspectivas de mudanças na busca de melhores resultados do que os anteriores.

O recrutamento externo, quando aborda candidatos reais ou potenciais, disponíveis ou aplicados em outras empresas.

As técnicas para recrutamento externo mais usuais são: divulgação na mídia da vaga, como também em entidades de classe e em escolas profissionais, formadoras de mão de obra especializada. Um bom exemplo disso são as Escolas do Senac, Senai e Sesi.

Recrutamento Interno: Recrutamento que aproveita o seu próprio pessoal. Uma das vantagens do recrutamento interno é o estabelecimento de um clima de valorização da prata da casa, elevando o moral e a motivação.

Por outro lado, a empresa tem gastos menores em dinheiro e tempo. Já o recrutamento externo, possibilita a renovação de ideias, com perspectivas de mudanças na busca de melhores resultados do que os anteriores.

As técnicas para recrutamento interno mais usuais são: divulgação da vaga em lugares estratégicos da empresa e consulta ao banco de dados de candidatos

14.3 ELEMENTOS DO RECRUTAMENTO

Os principais elementos do recrutamento são:

Planejamento do Recrutamento – Planejamento que consiste em estudar e analisar as necessidades de recursos humanos da empresa, presentes e futuras. A pessoa encarregada do recrutamento deve conhecer a classificação de cargos e funções da empresa (quadro de pessoal). Se tal quadro não existir, as dificuldades aumentarão.

Fontes de Recrutamento – Diagnosticadas as necessidades, realiza-se o levantamento das fontes, dos processos e das fórmulas capazes de fornecer, à empresa, as pessoas que a ajudarão a atingir os objetivos. Assim, o recrutamento passará a estudar o mercado de trabalho para conhecer o seu potencial, levando em consideração: a área de ação, níveis salariais, cargos, funções, pontos de concentração de mão de obra, concorrentes, universidades, agências de emprego.

Um problema básico da organização é diagnosticar fontes supridoras de recursos humanos, localizadas no mercado, que lhe interessem especificamente. Ademais, a identificação, a triagem e a manutenção das fontes de recrutamento constituem uma das maneiras pela qual a administração de recursos humanos pode:

- Elevar o rendimento do processo de recrutamento.
- Diminuir o tempo do recrutamento.
- Reduzir os custos operacionais de recrutamento.

Análise do Cargo – A análise do cargo determinará a posição do lugar na estrutura organizacional, sua própria descrição, requisitos e características que deve ter o candidato. Esta análise abrange os aspectos qualitativos e quantitativos da mão de obra a ser contratada.

Análise da Tarefa – A análise descritiva da tarefa a ser desempenhada leva a definição daquilo que é imprescindível para a execução da tarefa. Assim, o pessoal de recrutamento de vendedores deve estar de posse de uma série de indicadores que propiciarão um bom recrutamento, a saber: linha de produto a ser vendida; mercado a ser atingido; tipo de trabalho de venda a ser realizado; características da região de atuação; política de remuneração; requisitos culturais necessários ao desempenho do trabalho; conhecimentos técnicos dos produtos; volume e peso do material do vendedor; relatórios e formulários a serem preenchidos; desejável conhecimento anterior do mercado; características da equipe em que será agregado; tempo médio de duração da visita; número de visitas por dia; sistema de comunicação; sistema de informações.

Processo de Recrutamento – O recrutamento envolve um processo que varia conforme a organização. O início do processo de recrutamento depende de decisão do órgão de linha, porque o setor de recrutamento é uma função de staff. Seu trabalho dependerá de uma requisição de empregado feita por um departamento ou seção de linha.

Divulgação do Recrutamento – A divulgação poderá ser feita de muitas maneiras, tais como: jornal, televisão, rádio, quadro de aviso, cartas às instituições governamentais encarregadas de alocação de mão de obra, universidades, sindicatos. Somente através de uma publicidade eficiente é que serão atraídos os melhores candidatos.

Um anúncio de emprego deve ser atrativo e seletivo. Assim, deve despertar o interesse de bons candidatos e desestimular os que não possuem condições que interessem à empresa. Um anúncio basicamente faz referência às vantagens e exigências da empresa.

Vantagens: salário acima do ofertado pelo mercado; ambiente confortável; bom clima organizacional; possibilidade de promoção e carreira; oportunidade de desenvolvimento; assistência médica, dentária e social; horário flexível.

Exigências: idade mínima; nível de escolaridade; especialização; experiência; apresentação pessoal; conhecimentos de línguas estrangeiras; habilidades gerenciais comprovadas através de testes; conhecimentos de informática.

O anúncio deve conter outros dados necessários à compreensão e orientação dos candidatos, como: nome da empresa, período de inscrição, local da inscrição, modos como pode ser feita a inscrição; documentos que devem ser apresentados; provas de seleção a que os candidatos serão submetidos; condições para a habilitação; aproveitamento dos candidatos.

Inscrição do Candidato – A inscrição, quando bem-feita, já realiza uma pré-seleção, uma vez que afastará os candidatos que não satisfaçam a determinados requisitos. O formulário da ficha de candidato deve conter: número da ficha; data; nome completo do candidato; endereço real; CEP; bairro; cidade; estado; telefones; fax; endereço virtual; CPF; RG; filiação; data de nascimento; peso; altura; nacionalidade; naturalidade; estado civil; sexo; nível de escolaridade; profissão; principais cursos; principais ocupações; faixa salarial pretendida; banco; referências pessoais; gostos culturais; especialidade; cargo pretendido; vida recreativa.

Implementação do Recrutamento – A implementação do recrutamento pode ser feita por: consulta geral, sem especificação, no mercado de trabalho; meio de ofertas individuais, pessoalmente ou escrita; consulta direta, específica, às fontes de preparação ou suplência de pessoal qualificado (escolas, sindicatos, clubes profissionais, agências de colocação, por exemplo).

O recrutamento deve ser feito por pessoa que esteja preparada para tal. Numa grande empresa, o serviço de recrutamento poderá não somente comportar a existência de um órgão destinado a esse fim, como esse órgão ainda poderá ser dividido em seções que se encarreguem da investigação do mercado de trabalho; das necessidades da empresa; da publicidade; da orientação dos candidatos; das inscrições. Por isso, é bom que se tenha um bom Banco de Dados para candidatos em potencial, isto é, o recrutamento deve ser uma atividade permanente.

14.4 CADASTRO DO CANDIDATO

Cadastro é um conjunto de dados sobre pessoas (físicas e jurídicas), consumidores, distribuidores, fornecedores de recursos, funcionários, candidatos a emprego, profissionais especializados, vendedores, autores. Embora os cadastros sejam preenchidos preliminarmente através de formulários ou fichas, os mesmos são acumulados em arquivos de computadores, para uma fácil recuperação. Como o cadastramento é feito por ficha, que é um documento onde se arquivam informações valiosas.

A seguir, tipos de ficha:

Ficha de Avaliação: Documento em forma de quadro onde aparecem os principais itens de avaliação de um candidato a um cargo ou de um funcionário.

Ficha de Cadastro: Ficha contendo informes relevantes sobre uma pessoa física ou jurídica.

Ficha de Cadastro Simplificado: Espécie de banco de dados bastante simplificado que relaciona o nome da pessoa com os elementos que a qualificam.

Ficha de Cadastro do Candidato: A ficha de cadastro do candidato, quando bem-feita ajuda a fazer uma triagem prévia dos candidatos, afastando aqueles que não preenchem determinados requisitos.

Ficha de Contato: Ficha utilizada pelo vendedor, a fim de obter informações preliminares sobre potencial comprador.

Ficha de Descrição do Cargo: Documento utilizado onde se estabelece: definições, funções, objetivos, responsabilidades, trabalhos, supervisão exercida, supervisão recebida, grupo salarial, departamento, seção, centro de custo, requisitos mínimos (grau de instrução, educação, experiência, conhecimento específico) de um determinado cargo.

Ficha de Inscrição – Esta ficha é um formulário que o candidato preenche com o objetivo de fornecer inúmeras informações básicas, como: formação escolar e profissional; nível de instrução; gostos culturais; posição econômica; vida recreativa; empregos anteriores.

A seguir, exemplos de fichas utilizadas no recrutamento:

<table>
<tr><td colspan="3">Ficha de Cadastro Simplificado</td></tr>
<tr><td colspan="3">Nome:</td></tr>
<tr><td colspan="3">Endereço:</td></tr>
<tr><td>CEP:</td><td>Bairro:</td><td>Cidade (Estado):</td></tr>
<tr><td colspan="3">Telefones:</td></tr>
<tr><td colspan="3">E-mail:</td></tr>
<tr><td colspan="3">Profissão:</td></tr>
<tr><td colspan="3">Campo de Atuação:</td></tr>
<tr><td colspan="3">Empresa Anterior:</td></tr>
<tr><td colspan="3">Endereço:</td></tr>
<tr><td colspan="3">Telefones:</td></tr>
<tr><td colspan="3">Cargo Ocupado:</td></tr>
</table>

Formulário 14.1: Ficha de Cadastro Simplificado.

Ficha de Cadastro e Avaliação do Candidato		
Nº da Ficha:	Data:	
Nome:		
Endereço Real:		
	CEP:	
Bairro:	Cidade:	Estado:
Telefones:		
Endereço Virtual:		
CPF:	RG:	
Filiação:		
Data (nascimento):	Peso:	Altura:
Nacionalidade:	Natural:	
Estado Civil:	Sexo:	
Nível Escolar:	Profissão:	
Vida Escolar (principais cursos):		
Vida Profissional (principais ocupações):		
Faixa Salarial Pretendida:		
Referências:		
Especialidade:		
Gostos Culturais:		
Banco:	Agência:	
Cargo Pretendido:		
Vida Recreativa:		
Avaliação: Contratar Imediatamente Contratar Aguardar Oportunidade Reformular Pedido de Recrutamento Não Contratar		

Avaliador (Nome e Cargo):
Observações:

Formulário 14.2: Ficha de Cadastro e Avaliação do Candidato.

14.5 BANCO DE DADOS DE CANDIDATOS

Banco de dados é uma coleção de arquivos estruturados, não redundantes e inter-relacionados, que proporciona uma fonte única de dados para uma variedade de aplicações. É um conjunto de base de dados, associado a um programa de gerenciamento dessas bases, visando formar uma espécie de arquivo mãe de todos os dados da empresa.

Banco de dados de candidatos é um arquivo que contém dados de candidatos potenciais a futuras vagas na organização, principalmente, para mão de obra especializada.

O banco de dados armazena a informação usada em comum pelos diversos subsistemas de uma empresa com base na moderna tecnologia de processamento, permitindo que ela possa arquivar e acessar dados sobre diversas operações com velocidade e precisão.

É indispensável que a implantação do banco de dados satisfaça às necessidades dos usuários e que cada subsistema utilize a mesma base de dados, porque, caso contrário, o próprio objetivo do banco estará comprometido. Com tal procedimento, não perdemos recurso e tempo no recrutamento.

Os bancos de dados ajudam a administração da organização, porque podem ser de: recursos, consumidores, fornecedores, funcionários, concorrentes, candidatos, métodos, por exemplo. Seu uso em marketing ajuda a identificar consumidores em potencial, segmentar mercados, definir quais consumidores devem receber uma oferta específica, manter consumidores e reativar consumidores perdidos.

A construção eficiente e eficaz de bancos de dados necessita da administração de dados. Caso contrário, não passaria de mais um método de organização ou acesso a arquivos em computador. Ao administrador do banco de dados cabe cuidar das adaptações impostas pelas restrições do software de gerenciamento dos bancos de dados e dos aspectos de desempenho e de segurança.

A abordagem do banco de dados cria condições para várias aplicações, especialmente em controle gerencial. Também será mais fácil tomar decisões já que você poderá obter respostas e inferir dados para mudar o curso da decisão.

Quando se trabalha com banco de dados corre-se o risco de tomar decisão baseada em dados irrelevantes (ou errados).

Capítulo 15
SELEÇÃO

"Não permaneça seguindo a multidão, vez por outra se aventure pela floresta. Certamente você encontrará algo que nunca viu. Pode ser uma coisa pequena, mas não a ignore. Siga explorando e logo terá algo que vale a pena pensar."

Alexander G. Bell

OBJETIVOS DO CAPÍTULO

- Mostrar a importância de bem selecionar pessoas para a organização.
- Mostrar as fases da seleção.
- Mostrar os elementos que embasam a função administrativa seleção.

15.1 SELEÇÃO

A seleção é a atividade que vem em seguida ao recrutamento. Todo trabalho exige de quem o executa, certos conhecimentos e certas habilidades. Ao admitir um empregado para ocupar determinado cargo, a empresa precisa certificar-se de que ele possui as habilidades e os conhecimentos necessários ao desempenho das funções daquele cargo, ou, se não os possui, se tem condições de adquiri-los de forma satisfatória em tempo hábil.

Muitas vezes, a empresa nem deseja mesmo que os candidatos possuam os conhecimentos e habilidades, preferindo que apenas possuam as condições necessárias para adquiri-los, pois ela fará o treinamento conveniente, pois tem medo de importar vícios e desvios de conduta.

A seleção de pessoal é uma etapa de grande responsabilidade e complexidade, pois nela estão envolvidos: motivações, necessidades, aspirações, objetivos pessoais e organizacionais que precisam ser satisfeitos. Se a empresa avalia o candidato como um ser social e não um mero recurso, o processo de seleção se torna mais complexo.

A avaliação do candidato é feita sob uma multiplicidade de variáveis, tais como: sociais, econômicas, culturais, intelectuais, instrucionais, financeiras, técnicas, comportamentais. Admitir empregados sem seleção é agir de forma pouco inteligente. É jogar com a sorte.

A seleção diminui as incertezas sobre o provável sucesso dos candidatos e, quando a vaga é disputada por vários candidatos, é a forma justa de decidir qual deverá ser o escolhido.

Os objetivos da seleção de pessoal são:

- Escolher, para cada vaga, o candidato que oferece os melhores requisitos para o cargo.

- Escolher a pessoa certa para o lugar certo.
- Medir as aptidões e habilidades do candidato.
- Avaliar o que de relevante o candidato fez e qual sua possível contribuição para a empresa.
- Avaliar o conhecimento do candidato sobre o mercado, onde pretende trabalhar.
- Listar casos de sucesso em que o candidato coordenou ou simplesmente participou.
- Questionar se o candidato tem algum plano para a sua carreira.
- Avaliar se o candidato tem desenvoltura para falar de si mesmo.
- Medir se o candidato está preparado para mudanças.
- Avaliar a visão estratégica do candidato.
- Comparar a filosofia de vida do candidato com a da empresa.

Um bom trabalho de seleção de pessoal se fundamenta nas seguintes premissas: Ao se preparar a seleção, deve-se saber para que selecionar, pois a seleção não visa saber simplesmente quem é o melhor, mas quem é o mais adequado para o cargo.

15.2 FASES DA SELEÇÃO

As principais fases da seleção são:

Pré-Seleção – A seleção do candidato na fase de pré-seleção deve ter os seguintes procedimentos cronológicos:

Ficha de Inscrição – É um formulário que o candidato preenche com o objetivo de fornecer inúmeras informações básicas, como: vida escolar; vida profissional; gostos culturais; posição econômica; vida recreativa; atividades paralelas; experiências anteriores.

Curriculum-Vitae – Além dos dados pessoais, deve o currículo apresentar: vida escolar; vida profissional; principais atividades; experiência profissional e referências.

Análise da Ficha – O selecionador examinará e analisará a ficha de inscrição e o currículo, confrontando-os e sublinhando os pontos básicos sobre os quais repousará a entrevista.

Referências – O candidato deve indicar algumas fontes de referências, isto é, pessoas que possam ser consultadas sobre o seu comportamento pessoal e profissional. Estes dados são utilizados na contratação de pessoas de alto nível.

Entrevista Preliminar – A entrevista é o ponto mais explorado na seleção de pessoas. O propósito de uma entrevista preliminar é avaliar de modo seguro os seguintes pontos: formação, qualificação, personalidade, experiência, atendimento dos pré-requisitos exigidos, atitude, comportamento, pretensões e confronto de méritos.

Seleção – Da mesma forma as etapas são:

Testes de Conhecimento – Versarão sobre: redação de um tema, exercícios numéricos, testes de conhecimentos gerais, interpretação de texto.

Testes Específicos – Versarão sobre: conhecimento técnico, conhecimento especializado, capacidade profissional, habilidade gerencial, habilidade motora.

Testes Psicológicos – Versarão sobre: inteligência, percepção, personalidade, adaptabilidade, interesse, motivação, interação, cooperação, liderança.

Exames Médicos – A seleção médica deve envolver uma série de pontos de acordo com o cargo a ocupar.

Entrevista Final – Última etapa do processo de seleção, a entrevista final precisa considerar o seguinte:

- O entrevistador deve ter preparo especializado.
- O entrevistado deve estar em condições de poder informar tudo o que lhe for perguntado.
- As condições, em que se deve realizar a entrevista, devem ser em local adequado, sem perturbações.
- Durante a entrevista evitar a presença de outras pessoas.
- A formulação das perguntas e o registro das respostas obedecem a uma técnica pedagógica própria.

15.3 ELEMENTOS DE SELEÇÃO

A seguir, os principais elementos da seleção:

Procedimentos de Seleção – Os procedimentos de seleção variam em sofisticação, de uma simples e informal entrevista a um teste altamente detalhado e demorado. Mesmo depois de selecionado, o candidato passa por um período de adaptação, onde são passadas as informações necessárias para o desenvolvimento de suas funções.

Às vezes, se faz necessário treinamento. A seleção visa solucionar dois problemas básicos: adequação ao cargo e rendimento no trabalho.

Critérios de Seleção – Quem deve integrar a organização e quais devem ser os critérios de seleção? Deverá a empresa selecionar seus empregados de modo informal ou apenas de forma cuidadosa e dispendiosa? Devem as empresas escolher pessoas por sua habilidade em executar uma gama específica de tarefas ou por que parece encaixar numa determinada cultura organizacional? Quais são os critérios de promoção? A empresa valoriza a "prata da casa" ou contrata "sangue novo"?

Equipe de Trabalho – Montar uma equipe também requer escolhas sobre a forma do relacionamento empregatício. Deve a empresa procurar trabalhadores para um relacionamento de longo prazo? Ou ainda, integrar ou estabelecer uma variedade de formas de admissão, incluindo meio período e funcionários temporários ou terceirizados? Deve contratar consultores e outras formas externas de expertises em determinados assuntos?

Dados e Informações – Todo critério de seleção fundamenta-se em dados e informações a respeito do cargo a ser preenchido. As exigências de seleção baseiam-se nas especificações do cargo, cuja finalidade é dar maior objetividade e precisão à seleção do pessoal para aquele cargo.

Se todos os indivíduos fossem iguais e reunissem as mesmas condições para aprender e trabalhar, a seleção poderia ser dispensada. Contudo, há uma enorme diversidade entre as pessoas. Seus níveis de percepção são diferentes, bem como suas habilidades de relacionamento e aprendizagem.

A partir dessas informações é possível criar uma ficha (arquivo) que contém os atributos psicológicos e físicos necessários ao desempenho satisfatório do ocupante, no cargo considerado.

Fichas de Seleção – As fichas (formulário) relativas ao candidato já foram abordadas. Vale acrescentar que as fichas do candidato servem para estabelecer as técnicas de seleção mais aplicáveis ao caso.

Entrevista – Embora sendo um assunto já abordado, é bom lembrar de que a entrevista é instrumento fundamental na seleção de pessoal. Tem sido supervalorizada por uns e subestimada por outros. É, no entanto, indispensável no processo de escolha de pessoal e, ainda que usada sem ser acompanhada por testes, melhora muito a seleção de pessoal.

A entrevista é, basicamente, uma fonte coletora de dados, fatos e comportamentos. O seu grande inimigo é o julgamento subjetivo e precipitado do entrevistador. A avaliação da entrevista é ponto vital no êxito de seu uso.

Os cuidados que o entrevistador deve ter, numa entrevista de seleção de candidato, são:

- Ser realizada em lugar isolado.
- Afastar ao máximo seus preconceitos.
- Ser bastante objetivo, evitando atitude doutoral.
- Não fazer perguntas capciosas, evitar se projetar sobre o candidato.
- Colocar o entrevistado bem à vontade e começar a entrevista com um assunto que seja de interesse do mesmo.
- Não se afastar de seu objetivo, trabalhar baseado num roteiro para não se perder, evitando prolongar o tempo da entrevista.
- Redigir um relatório, abordando o seguinte: aparência, inteligência, conhecimento, maneira de se expressar, sociabilidade, temperamento, educação, instrução, moral, documentação, experiência profissional, evolução escolar e profissional, nível de percepção.

Durante a entrevista se estabelece um diálogo, com um fluxo de informações do candidato para o entrevistador, e vice-versa. Há uma relação de troca de informações, o entrevistador busca extrair do candidato as informações básicas necessárias ao desempenho do cargo e, ao mesmo tempo, transmite as informações sobre o cargo.

É muito comum que o entrevistador se valha de um questionário preestabelecido (entrevista estruturada), como orientador da entrevista. Esse método, apesar de facilitar a escolha, não considera a individualidade do candidato e suas peculiaridades o que poderá levar a resultados ruins.

A tarefa de um entrevistador não é fácil. Por essa razão, devem ser redobrados os cuidados para que os erros sejam os menores possíveis. Um cuidado fundamental, que não deve ser esquecido, é o relatório da entrevista.

O entrevistador vai lidar com todo tipo de entrevistado, tais como: enganador, simpático, cativante, de "grande experiência", com currículo brilhante, sedutor, exagerado, mentiroso, mascarado, carismático, aproveitador da ingenuidade do entrevistador, conversador. Assim, a empresa deve checar tudo, mesmo aquilo que possa parecer irrelevante.

A entrevista sendo, essencialmente, um método de coleta de informações coexiste com outros dois métodos mais conhecidos: a observação e a documentação. É interessante notar as vantagens e desvantagens em cada um dos métodos e procurar a possibilidade de combinar os três, porque, de certa forma, o entrevistador sempre estará interpretando documentos prévios à entrevista, bem como observando o comportamento do entrevistado.

Teste – Os testes constituem uma técnica de seleção muito utilizada, por possibilitar resultados objetivos, o que facilita a escolha do candidato. O teste objetiva avaliar o grau de conhecimento, habilidade e conceituação adquiridos, através do estudo, da prática, da experimentação, do exercício.

Os testes podem, no mundo corporativo, ser projetados para: admissão, transferência, promoção, treinamento, aprendizado, aptidão, destreza, coordenação motora, liderança, capacidade, atitude, capacitação e habilidade, por exemplo.

A seguir, os tipos de teste mais utilizados:

Quanto à maneira como são aplicados, os testes podem ser:

Testes Orais (por meio de perguntas e respostas verbais).

Testes Escritos (por meio de perguntas e respostas escritas).

Testes Operacionais (por meio da execução de uma tarefa).

Quanto à forma de como são elaborados, os testes podem ser:

Testes Tradicionais – São os que abrangem poucos itens, possuem um número pequeno de questões e exigem respostas longas. Seus principais defeitos consistem na pequena extensão do campo que examinam e na subjetividade de julgamento.

Testes Objetivos – Possuem maior número de questões, abrangem grandes áreas do conhecimento do candidato e exigem respostas breves e precisas, determinadas na forma e no contexto.

Testes Mistos – Possuem uma parte objetiva e outra subjetiva.

Para construir um teste há inúmeros modelos, como por exemplo:

- Alternativas simples (certo ou errado).
- Preenchimento de lacunas.
- Conjugação de pares (associações).
- Ordenação cronológica
- Múltipla escolha.

Capítulo 16

TREINAMENTO

"Não é mais possível colocar no mercado um produto de qualidade medíocre, deixando que os primeiros clientes sofram as consequências e que a qualidade melhore aos poucos, à medida que o tempo passa".

James Teboul

OBJETIVOS DO CAPÍTULO

- Mostrar que o treinamento é a verdadeira fórmula para criar funcionários aptos para o cargo.
- Mostrar os principais elementos do treinamento.
- Mostrar a política e o programa de treinamento.
- Mostrar as principais tecnologias educacionais.

16.1 TREINAMENTO

Embora o treinamento já tenha sido abordado, é bom realizar um estudo complementar:

O treinamento é a atividade que objetiva capacitar a pessoa (subordinado) a organizar suas ideias e aptidões de modo a se tornar mais útil e produtivo, a fim de alcançar altos padrões de performance, no cumprimento de suas atribuições e responsabilidades.

A formação e o treinamento gerencial constituem, antes de tudo uma oportunidade de desenvolvimento pessoal. Conferem ao indivíduo uma nova visão de si próprio, de sua carreira, de seu futuro e de sua organização.

A história da formação gerencial tem provado que a aquisição de novas habilidades cria alternativas para o indivíduo em termos de carreira e de vida profissional, além de contribuir para reforçar o poder, a liderança e o reconhecimento dos que já são dirigentes. Pessoas com mais conhecimento e habilidades tornam-se mais confiantes e ajudam a criar um clima organizacional favorável à inovação.

O treinamento é a ação (processo) que visa ajudar o subordinado a organizar suas ideias e aptidões de modo a poder usá-las com vantagem em suas relações. É o processo educacional, que aplicado de maneira sistemática e organizado, por meio do qual as pessoas adquirem: conhecimentos, atitudes, deveres, responsabilidades, altos padrões de desempenho e habilidades, em função de objetivos definidos.

Algumas vezes, o empregado sente-se incapaz de desenvolver uma nova atribuição. Entretanto, prefere não revelar esta deficiência. É comum uma resistência ao treinamento, talvez como forma inconsciente de dizer que sabe tudo.

O objetivo principal do treinamento é capacitar o indivíduo a alcançar altos níveis de performance para cumprir seus deveres e responsabilidades para com a organização a que pertence, bem como alcançar os objetivos da empresa, proporcionando oportunidades para que todos, em todos os níveis, obtenham conhecimentos, práticas e condutas requeridos em suas atividades.

Os principais objetivos complementares do treinamento são:

a) Preparar o pessoal para execução imediata das diversas tarefas peculiares à organização.
b) Proporcionar oportunidades para o contínuo desenvolvimento pessoal, não apenas em seus cargos atuais, mas também para outras funções para as quais a pessoa pode ser considerada.
c) Mudar as atitudes das pessoas, com várias finalidades, entre as quais: criar um clima mais satisfatório entre empregados, aumentar a motivação e tornar os funcionários mais receptivos à supervisão e à gerência.
d) Capacitar o indivíduo a alcançar altos padrões de desenvolvimento humano.
e) Ensinar a prática e a conduta requeridas pelo cargo.

Todos os profissionais têm duas opções: Treinar ou Regredir. Um engano muito comum reside no fato das pessoas pensarem que a prática já é um treinamento.

Tudo o que se gastar em treinamento, desde que este seja bem feito, redundará em benefícios altamente compensadores para a organização. Inversamente, tudo o que se deixar de gastar, quando há necessidade de treinamento, redundará em prejuízos para a empresa, pois ninguém nasce sabendo e nem pode tudo saber, a menos que alguém lhe ensine.

Sozinho também se aprende, mas custa muito mais. Por isso, toda administração inteligente procura treinar bem seu pessoal para evitar problemas futuros. É como nos disse Pitágoras: "Eduque os jovens para não ter problemas com os adultos".

Treinar um indivíduo na habilidade para usar conhecimento técnico produzirá um especialista funcional, mas isto pouco contribui para desenvolver um homem com conhecimento das funções administrativas e organizacionais, suportes da gestão corporativa.

Segundo Koontz, a prática do treinamento pode abranger todas as funções administrativas, algumas delas ou somente aspectos dessas funções. Pode ser proporcionada a um indivíduo ou a um grupo, dentro ou fora da empresa. No desenvolvimento do administrador, a experiência é considerada mais importante do que o treinamento formal, em parte, porque a escala temporal de uma experiência não pode ser vista de forma holística.

Pode-se dizer a uma pessoa tudo que ela deve saber em poucos meses, mas pode levar muitos anos para adquirir a experiência essencial para um determinado cargo.

O desenvolvimento do administrador é, então, possível se o homem tem a inteligência e o desejo de fazer o melhor das suas oportunidades de aprender. O treinamento encoraja o administrador a se mostrar confiante e a demonstrar responsabilidade diante de seus subordinados, porque esta passa a ter uma maior faculdade de julgar.

O fato de uma pessoa conhecer bem um determinado assunto não significa que esteja em condições de ensinar. O dirigente (administrador, gerente, supervisor, executivo) poderá ser, ele próprio, o instrutor, mas, muitas vezes, o seu maior trabalho é tomar providência para que seus auxiliares sejam treinados.

Em qualquer caso, deverá ter uma preparação em treinamento, pois é ele que, por estar em contato direto com os subordinados, terá de conhecer as suas potencialidades e deficiências. Alguém que se propõe a ensinar um determinado trabalho precisa conhecer as necessidades e metodologia de ensino.

16.2 ELEMENTOS DO TREINAMENTO

A seguir, serão apresentados os principais elementos do treinamento:

Premissas do Treinamento:

- O aperfeiçoamento em administração inclui tanto o treinamento quanto a educação.
- O treinamento se refere à aquisição de perícia e conhecimento necessário para o desempenho de tarefas específicas num cargo.
- A educação se refere a desenvolver um indivíduo, mental e moralmente, de maneira que ele adquira maior compreensão de seu ambiente e sua adaptabilidade a ele.
- O resultado esperado do treinamento deve ser: o aperfeiçoamento e o desenvolvimento de conhecimentos, bem como técnicas e atitudes, que levem o funcionário a cumprir sua missão.

Modelo de Treinamento: Modelo em que, de maneira sistemática, as pessoas são preparadas a ter conhecimentos, deveres, responsabilidades, atitudes e habilidades direcionadas ao preenchimento de cargos e funções.

Processo de Treinamento – Este processo terá como fases básicas, as seguintes: diagnóstico da situação; levantamento das necessidades; decisão quanto à estratégia, programa e plano de treinamento; implementação do treinamento; execução do treinamento; sistema de controle; avaliação dos resultados; identificação dos resultados insatisfatórios; realimentação dos desvios para correção.

Levantamento das Necessidades – O levantamento das necessidades de treinamento é uma forma de diagnóstico e, como tal, deve basear-se em informações relevantes. Os principais meios utilizados para este levantamento são: avaliações de desempenho; observações; questionários; solicitações de supervisores e gerentes; entrevistas; reuniões; testes; mudanças e modificações nos processos operacionais; relatórios.

O levantamento das necessidades de treinamento pode ser efetuado em três diferentes níveis de análise: ao nível da organização; ao nível dos recursos humanos; ao nível das operações.

De um modo geral, há necessidade de treinamento quando: empregado é admitido; o empregado é promovido ou transferido para outras funções; são comprados novos equipamentos; há mudanças nos métodos de trabalho (novas operações, novos materiais); há mudanças administrativas (novos procedimentos, novos regulamentos); há desperdício de materiais; verifica-se má qualidade do produto; há gasto excessivo de tempo; os custos são elevados.

Algumas necessidades podem ser previstas. A admissão, a promoção e a transferência de empregado são fatos que normalmente criam necessidades de treinamento. Mas para tal conhecimento, é preciso trabalhar com método, cujos passos sejam os seguintes: determinar o problema; procurar os pontos falhos ou críticos; verificar quem e no que deve ser treinado; verificar se há a necessidade de outras providências.

Execução do Treinamento – A execução do treinamento dependerá, principalmente, dos seguintes fatores: adequação do conteúdo programático do curso de treinamento ao público-alvo; a qualidade do material de treinamento apresentado; a cooperação de todos os envolvidos; a qualidade e preparação dos instrutores; a qualidade dos alunos.

Avaliação do Treinamento – A avaliação do treinamento deve considerar dois aspectos principais:

a) Determinar até que ponto o treinamento realmente produziu as modificações desejadas no comportamento dos empregados.
b) Demonstrar se os resultados do treinamento apresentam relações com a consecução das metas da empresa.

A avaliação do treinamento terá êxito, quando se questionar o participante (aluno) sobre as seguintes perguntas:

- A administração do curso atuou a contento no atendimento ao aluno e na solução de eventuais dificuldades?
- O mobiliário e as instalações da sala de aula são satisfatórios?
- O horário e a duração das aulas atendem a eficácia do curso?
- Os temas abordados estão atualizados, contribuindo para os objetivos dos participantes?
- A ordem em que foram dadas as aulas formou uma sequência que facilitou a compreensão do assunto abordado?
- O uso de recursos didáticos ajudou no aprendizado?
- A parte prática contribuiu para o seu aprimoramento?
- O café foi satisfatório?
- A carga horária foi suficiente e bem distribuída pelos assuntos?
- O material escrito apresentado tem uma linguagem didática, com informações relevantes?
- Os testes aplicados foram bem elaborados?
- O curso atingiu totalmente o objetivo a que se propôs?

Funções do Treinamento – O treinamento possui as seguintes funções básicas: transmitir informações; desenvolver habilidades; modificar atitudes; desenvolver conceitos.

Análise do Treinamento – A análise do treinamento será, principalmente, baseada nas seguintes questões: Qual a necessidade? Onde foi assinalada em primeiro lugar? Ocorre em outra área ou setor? Qual a sua causa? É parte de uma necessidade maior? Como resolvê-la? É preciso alguma providência inicial? A necessidade é imediata? Qual a sua prioridade? A necessidade é permanente ou temporária? Quantas pessoas e quantos serviços serão atingidos? Qual o tempo disponível para o treinamento? Qual o custo? Quem irá executar o treinamento?

Questões do Treinamento – O treinamento deve trabalhar as seguintes questões:

- O que deve ser ensinado? (Conteúdo Programático).
- Quem deve ser treinado? (Público-Alvo).
- Quem vai treinar? (Instrutor).
- Onde treinar? (Local).
- Como treinar? (Métodos e Recursos).
- Quando treinar? (Época e Horário)
- Quanto treinar? (Duração e Intensidade).
- Para que treinar? (Objetivos e Resultados).
- Qual o custo? (Relação Custo/Benefício).
- Quais pontos são críticos? (Avaliação e Controle).

Participante do Treinamento – É o nome dado ao aluno, ou aprendiz, de um curso de treinamento.

Resultado do Treinamento – O resultado esperado do treinamento pode ser visto sob os seguintes níveis:

Ao nível organizacional, o treinamento é um dos meios de aumentar a eficácia organizacional. Neste nível o treinamento deve proporcionar resultados como: melhoria da imagem da empresa; melhoria do clima organizacional; minimizar conflitos entre empregados; aumentar a produtividade; maior aceitação das mudanças e inovações tecnológicas.

Ao nível dos recursos humanos, o treinamento deve proporcionar resultados, como: redução do turnover; redução do absenteísmo; aumento da eficiência individual; aumento das habilidades pessoais; aumento do conhecimento e do nível de percepção dos funcionários; mudanças de atitudes e de comportamento.

Ao nível das tarefas e operações, o treinamento pode proporcionar resultados, como: melhoria do nível de qualidade dos produtos; redução no fluxo de materiais de produção; redução dos acidentes de trabalho; redução do índice de manutenção de máquinas e equipamentos.

Metodologia do Treinamento – A metodologia a ser aplicada estará, em função dos resultados que se quer obter e, também dos recursos instrucionais de que dispõe a empresa. As fases básicas dessa metodologia são:

- Levantamento das necessidades por setor.
- Aplicação dos princípios de aprendizagem.
- Escolha do método adequado ao público-alvo.
- Reunião dos materiais e dados para a instrução.
- Elaboração do programa.
- Treinamento dos instrutores.
- Implementação do treinamento.
- Avaliação e controle do resultado.
- Relatório.

Recursos Instrucionais – Os recursos instrucionais mais usados são: livros, apostilhas, manuais, filmes, regulamentos, simulações, estudos de caso, teleconferências, testes, palestras, modelos, esquemas, gráficos, exposição oral, quadros de esboço, slides, projeções, transparências, dramatizações, demonstrações, simulações, dinâmicas de grupo e outros.

Gastos com Treinamento – Tudo o que se gastar em treinamento, desde que este seja bem feito, redundará em benefícios altamente compensadores para a organização. Inversamente, tudo o que se deixar de gastar, quando há necessidade de treinamento, redundará em prejuízos para a empresa, pois ninguém nasce sabendo e nem pode tudo saber, a menos que alguém lhe ensine. Sozinho também se aprende, mas custa muito mais em recursos.

Programa de Treinamento – Um programa de treinamento objetiva ampliar o conhecimento do participante em relação a: produtos, concorrências, ambientes, comportamentos, mercados, técnicas, atribuições, habilidades, responsabilidades, cenários, qualidades, sistemas de comunicação, ferramentas organizacionais, tecnologias, sistemas de informação.

A seguir, um exemplo de programa de treinamento:

a) Definir áreas carentes de conhecimento.
b) Estabelecer o público-alvo, seu nível e experiência.
c) Elaborar conteúdo programático, em função do público-alvo.
d) Determinar o tempo de duração do curso.
e) Definir a metodologia a ser aplicada.
f) Levantar necessidades de recursos instrucionais.
g) Orçar despesas de implementação.
h) Estabelecer o tipo de linguagem didática adequada.
i) Servir o local de instrução de todo o conforto compatível com o público-alvo.
j) Desenvolver um plano diretor da aula.
k) Aplicar o treinamento.
l) Avaliar resultado do curso, através de um questionário de pesquisa.
m) Fazer correções para o próximo curso.

Plano de Treinamento – Um plano de treinamento requer uma série de providências, tais como:

Conteúdo Programático – Programa didático elaborado com ordenação, eliminando-se as justaposições e os conflitos de apresentação. Isto envolve uma perfeita sintonia entre os instrutores. Resumo detalhado dos assuntos que serão abordados numa sala de aula, relativos a uma disciplina escolar.

Metodologia – A metodologia a ser aplicada deve ser útil e agradável. É comum se utilizar estudos de caso para melhorar o desenvolvimento do raciocínio do aluno. A técnica de dramatização ajuda a desinibir.

Recursos – Os recursos devem prender a atenção, provocar impacto e ajudar a fixação de conceitos.

Linguagem – No processo de comunicação, a linguagem deve ser adequada ao público-alvo.

Conduta – Ao instrutor cabe transmitir o conteúdo com clareza e providenciar os meios necessários à boa instrução.

Avaliação – Ao final do curso fazer uma avaliação por meio de um questionário.

Outras providências complementares serão exigidas, como: preparar uma descrição das tarefas, com suas obrigações; fixar o grau de profundidade do treinamento; definir as responsabilidades do instrutor, determinando, claramente, os seus limites; estabelecer formas de reciclagem para alunos e instrutores.

Política de Treinamento – A pessoa que estiver encarregada de desenvolver uma política de treinamento deve ter a clara noção do que seja: desenvolvimento de recursos humanos; conceito de educação; funções do treinamento; processos de treinamento; levantamento das necessidades de treinamento; tecnologia educacional; recursos instrucionais e aprendizagem. Deverá considerar também alguns fatores que facilitarão a montagem do programa de treinamento, como visto anteriormente.

Uma boa política de treinamento estará sempre junta de uma política de desenvolvimento humano. Assim, deixe que seu pessoal saiba que você está à disposição para dar conselhos sobre seus esforços de performance. Recomende ao seu pessoal os nomes de cursos e livros específicos que possam estar disponíveis dentro ou fora de sua organização. Recomende aos seus subordinados para que se tornem membros ativos de organizações profissionais ou comunitárias, que sejam capazes de prestar serviço útil.

Nota: Deixar que o subordinado aprenda com seus próprios erros, talvez seja a maior virtude de um chefe.

16.3 PLANO DE AULA

A seguir, a estruturação básica de um plano de aula:

A) Plano de Aula – Modelo da Estrutura:

01 – Identificação:

Instituição: (nome)
Curso: (curricular, extensão, reciclagem)
Disciplina: (nome)
Professor: (nome)

02 – Assunto:

Título: (Comunicação Didática)
Tempo de duração do encontro: (90 minutos)

03 – Objetivos:

Instrucionais: (da especialidade, da aprendizagem, das técnicas) – Citar objetivos.
Educacionais: (da generalização, da preparação para a vida, da cultura, da intelectualidade) – Citar objetivos.

Devem ser levados em consideração na montagem dos objetivos os seguintes aspectos: o curso, a disciplina, o público-alvo, a carga horária da disciplina. Pelo menos um dos objetivos instrucionais e/ou educacionais deve existir no plano de aula. Que almejo que meus alunos façam, saibam ou sejam? Planeje os objetivos que pode atingir. Não planeje mais do que pode realizar.

04 – Conteúdo:

Citar os itens do conteúdo programático a abordar, em ordem de dificuldade (do mais fácil para o mais difícil, do simples para o complexo). O que desejo dos alunos ao explorar estes itens?

05 – Motivação:

Hoje, passaremos ao estudo do assunto: "Produto". Alguém sabe alguma coisa a respeito? O que fazer para despertar e manter o interesse dos alunos? Fazer exercícios? Contar um caso? Levantar hipóteses? Comentar notícias? Solicitar opiniões. Aja como agente da ação. Incentive lideranças.

06 – Material Didático:

Textos impressos, transparências, quadro, cartazes, vídeos, computadores. Que posso usar? Que material a instituição dispõe? Que posso improvisar?

07 – Desenvolvimento:

Revisão da aula anterior: (5 min)
Assunto novo: (55 min)

Síntese para fixação do assunto: resumos, textos, exercícios, estudo de caso (25 min)
Próximo encontro: (5 min)

O desenvolvimento é a parte mais importante da aula. **Não confie na memória.** Escreva definições, conceitos e citações que não pode esquecer. Verifique o que ensinou. Fixe a aprendizagem. A aula requer uma síntese final.

08 – Procedimentos Didáticos:

Método de ensino: exposição, demonstração.
Atividade para os alunos: participação, dinâmica de grupo, soluções de exercícios, anotações.
Fixação da aprendizagem: fazer uma avaliação, por exemplo, para medir o grau de fixação do assunto.
Tarefa: solicitar uma tarefa e recomendar um tema para reflexão.

É recomendável haver, durante o transcurso da aula, preocupação de manter a motivação da classe, não deixando que a mesma decaia, devendo, por isso mesmo, o professor distribuir oportunos e eficientes incentivos à medida que for desenvolvendo o seu trabalho. Não deve ser repetitivo, porque é a dinâmica em sala de aula o instrumento que lhe dá mais manejo de classe. A fim de avivar pontos capitais do plano de aula, você deve pensar sobre: Quais os métodos mais apropriados? Que vou fazer para tornar o encontro bastante interessante? O que deverão fazer os alunos?

Varie de procedimento, procure não ser monótono, evite o monólogo, não esqueça da naturalidade, evite exageros, chame atenção para a matéria, nunca para si. Caberá ao professor, função da situação, adaptar o método de ensino.

09 – Procedimentos Complementares:

a) Acomodação – Certifique-se de que todos estão acomodados, que estão vendo o quadro e o material exposto.
b) Nível de ruído – Procure falar de modo que todos ouçam, sem precisar gritar.
c) Vocabulário – Enriqueça o vocabulário com palavras novas e pertinentes ao assunto.
d) Bibliografia – Só recomende livros que já tenha lido. Procure atualizar a bibliografia.
e) Quadro – É muito comum que se utilize o canto esquerdo do quadro para relacionar os assuntos a abordar e o canto direito para os métodos a aplicar. Alguns professores usam esquemas para orientar a exposição.
f) Estudo – Abordar métodos de estudo com os alunos (marcar palavras e períodos chaves e sinalizar dúvida e relevâncias).
g) Próximo encontro – Adiante o assunto provável do próximo encontro. Solicite tarefas.
h) Conteúdo da disciplina – O conteúdo da disciplina deve ser atualizado, pelo menos, uma vez a cada dois anos (acrescentar; atualizar; excluir; mover; modificar; verificar redundâncias e descontinuidades).

10 – Crítica da Aula:

O que não foi realizado? Houve algum problema? Que deve passar para a aula seguinte? O que deve ser refeito? Surgiu alguma ideia nova que possa ser aproveitada e discutida? Como melhorar a aula? Há algum aluno problemático? Anotar observações e ocorrências durante a aula?

B) **Plano de Curso – Modelo:**

Encontro	Assunto	Atividade
01	A Importância do curso	Exposição
	Apresentações	Todos
	Programa do curso	Leitura e distribuição do programa
	Metodologia a ser utilizada	Exposição
	Bibliografia	Comentário
	Considerações preliminares	Leitura de texto
02	Conceito de comunicação	Exposição
	A comunicação como ciência	Exposição
	Elementos da comunicação	Exposição
	Processo de comunicação	Exposição
	Funções da comunicação	Exposição
	Curso da comunicação	Exposição
03	Exercício 01	Trabalho de grupo
	Exercício 02	Trabalho individual
	Exercício 03	Leitura crítica
	Exercício 04	Pesquisa
04	Conceito de informação	Exposição
	---------------------------------	--------------------

Quadro 16.1: Modelo de Plano de Curso.

Nota: Nunca projetar transparências e ficar lendo. É altamente monótono.

16.4 TIPOS DE TREINAMENTO

A seguir, os principais tipos de treinamento:

Treinamento Administrativo: Treinamento que deve ter como propósito primordial o desenvolvimento das habilidades diretamente relacionadas com o exercício das funções administrativas e como usá-las como ferramentas para a solução de problema e tomada de decisão.

Treinamento Anterior à Admissão: Treinamento utilizado por algumas organizações que proporcionam treinamento com vistas a aproveitamento posterior de candidatos. Tal prática é adotada, quando existe uma oferta maior do que a demanda no mercado de trabalho.

Treinamento Coletivo: Treinamento utilizado para demonstrações de laboratório, estudos de casos.

Treinamento Comportamental: Treinamento que procura desenvolver atitudes, habilidades e capacidades dos empregados relativas a métodos e processos, ou seja, saber ouvir, comunicar bem, ser criativo, adaptar-se com facilidade, ser organizado, fazer perguntas, perseverar, ter confiança, superar objeções, solucionar problemas, conhecer técnicas de negociação, ser profissional.

Treinamento Continuado: Treinamento constante, seguido de avaliação do aprendizado.

Treinamento de Sensitividade: Treinamento que aumenta a percepção do próprio comportamento, pois encoraja a expressão aberta dos sentimentos. Técnica utilizada no desenvolvimento organizacional.

Treinamento de Socialização: Treinamento também chamado de integração ou de iniciação é dirigido ao funcionário recém-admitido. Antes de iniciar suas atividades no cargo, o empregado recebe da organização as informações de seus direitos e obrigações. São propósitos deste treinamento: Informar sobre regimentos, normas, rotinas, roteiros, atribuições e instruções gerais. Apresentar companheiros de trabalho, bem como as funções que exercerá, mostrando as relações de autoridade e subordinação.

Treinamento de Tecnologia: Treinamento que aborda as questões de como os usuários podem otimizar os recursos tecnológicos, tendo em vista que a produtividade deve ser compatível com o investimento feito na nova tecnologia, isto é, deve tornar a empresa mais competitiva.

Treinamento de Vendedores: Treinamento que mostra a melhor maneira de fazer com que ele se torne produtivo. É treinar ou regredir. É bom lembrar que o treinamento só dá resultado quando a direção acredita, quando o gerente consegue que os vendedores acreditem e quando, enfim, todos tenham a certeza que o treinamento constante faz vender mais e melhor.

Durante o seu trabalho, o vendedor possui treinadores que estão sempre a sua disposição, como o próprio vendedor, o gerente, o supervisor e o consumidor. Se o vendedor souber ouvir o consumidor, acrescentará muitos elementos ao seu conhecimento.

Infelizmente, quase todos os profissionais de venda acreditam que a prática já é treinamento. É útil treinar os vendedores, para pensarem como consumidores.

O treinamento dos vendedores permite a formação de uma equipe mais unida, diminuindo o índice de rotatividade. Além disso é um importante fator motivacional para os vendedores, pois, com a orientação adequada, os resultados passam a ser mais positivos. Precisa ser entendido como um ciclo educacional amplo, sem fronteiras e contínuo.

Treinamento Específico: Treinamento que oferece informações de interesse apenas a determinado cargo.

Treinamento Executivo: Treinamento que se refere à aquisição de práticas e conhecimentos necessários para o desempenho de tarefas específicas em um cargo de liderança corporativa.

Treinamento Funcional: Treinamento para o trabalho. Treinamento utilizado para desenvolver e aperfeiçoar o empregado nas atividades inerentes ao cargo. É utilizado tanto para o novo empregado como para o antigo. Pode ser realizado dentro ou fora da organização.

Treinamento Geral: Treinamento que envolve conteúdo de interesse para todos os cargos, como: relações no trabalho, higiene e limpeza, manuseio do equipamento, por exemplo.

Treinamento Individual: Treinamento utilizado para cargos mais elevados da organização.

Treinamento On Line: Treinamento por meio da internet. Uma vantagem desse treinamento é que os instrutores podem dedicar mais tempo para analisar as dificuldades dos alunos. Às vezes, parece impossível para pessoas ocupadas encontrar tempo para aulas. Descobrir os cursos disponíveis pode ser difícil. Matricular-se em um curso demanda tempo.

O treinamento exige amiúde que você deixe o escritório por muito tempo, e o horário das aulas nunca leva em conta um problema inesperado nos negócios. Um treinamento on line bem planejado pode eliminar esses obstáculos. Pode estar a um clique no seu computador. A avaliação pode ser feita, por meio de um questionário eletrônico, para medir o conhecimento.

Treinamento Pós-Carreira: Treinamento direcionado a alguns executivos mal percebem o tempo passar e quando se dão conta, estão às vésperas da aposentadoria. Como em muitas empresas a parada ocorre compulsoriamente, mesmo que estes executivos ainda tenham bastante gás. Aí, eles partem para o treinamento pós-carreira, como um novo projeto de vida, para que a transição de um estilo de vida ocorra da melhor forma possível.

Treinamento Técnico: Treinamento que compreende o desenvolvimento de conhecimentos relativos a produtos e suas aplicações, cultura e estratégia da empresa, características do mercado, características dos consumidores, produtos e estratégias da concorrência.

TWI – O método TWI (Trainning Within Industry), ou seja, treinamento dentro da indústria diz como o instrutor deve estar preparado para ensinar e como ensinar. Para estar preparado para ensinar, o instrutor deve:

a) Determinar o pessoal a ser treinado (quem, o que, quando, quanto).
b) Determinar as fases mais importantes e os pontos chaves (por que, como).
c) Reunir os recursos instrucionais que serão utilizados.
d) Ter o lugar do treinamento, devidamente preparado e arrumado para o aluno.

A seguir, como ensinar o trabalho:

Prepare o instruendo – Ponha-o à vontade; indique o trabalho e verifique o que ele já sabe a respeito; desperte-lhe o interesse em aprender o trabalho; coloque-o em posição correta.

Apresente o trabalho – Fale, mostre e ilustre uma fase importante de cada vez; insista em cada um dos pontos chaves; ensine clara, completa e pacientemente apenas aquilo que o instruendo possa aprender.

Faça o instruendo executar – Peça ao instruendo para fazer o trabalho; corrija os erros; por meio de perguntas, verifique se ele compreendeu; prossiga até ter a certeza de que o instruendo sabe.

Acompanhe o instruendo – Encoraje o instruendo; diga-lhe a quem se deve dirigir quando precisar de auxílio; anime-o a fazer perguntas; verifique sempre o seu trabalho; vá, gradualmente, deixando que o instruendo trabalhe por si mesmo, sem a sua interferência.

Seminário: Cada vez que um professor pede a seus alunos que façam um seminário, a reação é sempre a mesma. Os alunos aceitam, escolhem o tema e, quando começam a pensar no trabalho, descobrem que não têm nenhuma ideia de como fazê-lo. Em geral, o resultado é, mais ou menos, catastrófico, e tanto o aluno quanto o professor se sentem frustrados. Vejamos, então, o que é um seminário.

O seminário é uma espécie de convenção, onde há restrições quanto ao propósito, isto é, serve para treinar, aperfeiçoar, diagnosticar, reciclar e promover reflexão. Seminário é uma técnica de estudo que inclui pesquisa, discussão, debate, ensino e solução.

A técnica de seminário desenvolve não só a capacidade de pesquisa e de análise sistemática dos fatos, mas também o hábito do raciocínio e da reflexão, possibilitando a elaboração clara e objetiva de trabalhos científicos. O seminário se apresenta de duas modalidades:

- Um grupo fará a exposição e outro fará o papel de questionador e crítico.
- O tema geral será subdividido em subtítulos e formar-se-ão na classe tantos grupos quantos forem os subtítulos.

As premissas do seminário são:

a) Cada seção do seminário não deve ultrapassar três horas, para um melhor aproveitamento, podendo durar vários dias.
b) Todo e qualquer seminário deve estabelecer, com clareza, a posição sobre a área que irá ser abordada.
c) A ideia chave a orientar os organizadores é a de transformar cada participante do seminário no centro das atenções.
d) As etapas do seminário devem ser divididas em reuniões (encontros) de grupos e reuniões plenárias.

Os requisitos para um bom seminário são: Participação, Criatividade, Inovação, Contribuição, Concisão, Qualidade, Conteúdo, Pontualidade, Produtividade, Diagnóstico, Informação, Eficiência, Eficácia, Efetividade, Experiência, Exposição, Demonstração, Relatório.

Nota: Há um grau de complexidade crescente nos diversos tipos de seminário, que correspondem a objetivos diversos a serem alcançados.

16.5 CONHECIMENTO

Embora o conhecimento já tenha sido abordado é sempre bom lembrar que é o ato, ou processo, pelo qual o sujeito se coloca no mundo e, com ele, estabelece uma relação. Como entendimento do mundo, o conhecimento não é, pois, um enfeite ou uma ilustração da mente e da memória, mas um mecanismo fundamental para tornar a vida mais desejável e mais plenamente realizada, pois só tem seu sentido pleno na sua relação com a realidade.

Produzir conhecimento é uma capacidade e uma necessidade humanas. Certos princípios devem orientar aqueles que se dedicam a descobrir, discutir e divulgar o conhecimento. Charles Darwin disse: "Feliz é o homem que encontra a sabedoria e a concede".

O conhecimento é aplicado, ensinado, transmitido, usado, empregado, mudado. Ao se fazer isso, novos desafios, questões e precedentes surgem à pessoa instruída. Hoje, a instrução é um emblema, símbolo, guru, âncora, arquétipo, apanágio, suporte ou polo de decisão de qualquer organização

Instrução é um conjunto de conhecimentos incorporado em uma pessoa (física ou jurídica). A instrução não é difícil de se ganhar como o dinheiro. Não reside em um livro, um banco de dados, um programa de computador. Estes contêm apenas informações. Ela está sempre incorporada em uma pessoa (física ou jurídica) alicerçada no conhecimento.

Em todas as sociedades anteriores, a pessoa instruída era um ornamento. A pessoa instruída precisa ser capaz de usar seu conhecimento como suporte do presente para decidir o futuro.

A função do conhecimento é o crescimento intelectual, moral e espiritual da pessoa, além de capacitá-la para inúmeras habilidades. A aplicação do conhecimento se faz necessária para mais bem atingirmos resultados positivos, porque cada vez mais é aplicado na tomada de decisão, havendo uma linha tênue entre conhecimento específico e informação técnica.

O fato de o conhecimento se tornar "o" recurso, e não "um" recurso é de vital importância para entendermos o progresso das organizações. Os fatores econômicos: terra, trabalho e capital tiveram de admitir o conhecimento como outro fator, devido ao aprimoramento da gestão corporativa.

O avanço tecnológico da informação permitiu a comunicação do conhecimento através de redes digitais. As vantagens da transferência de conhecimento são muitas, porque aumentam a eficiência dos métodos e processos, levando para resultados eficazes.

A qualidade da decisão aumentou em função da interação de grupos detentores do conhecimento. O cruzamento de informações gerou mais conhecimento e oportunidades de negócio. O conhecimento adquiriu caráter estratégico.

Quanto mais o conhecimento se tornar fundamental para a sociedade, maior será a importância da diversidade, da flexibilidade e da competição. Esse fato também suscitará questões significativas sobre o mesmo e fará com que alternativas para a política do conhecimento se façam cada vez mais necessárias.

Enfrentamos uma situação sem precedentes, na qual teremos de estabelecer prioridades, na busca de novos conhecimentos, haja vista a necessidade de tomar decisões referentes ao rumo do conhecimento e suas consequências.

Esse fato é totalmente novo, não apenas para os homens, mas, principalmente, para as organizações, porque o conhecimento pode ser neutro, mas a neutralidade não se aplica de modo algum ao que fazemos com ele. Assim, devem orientar-se pelo espírito crítico, pelo senso de realidade, pela humildade, pela moralidade, pela participação e cooperação, pelo questionamento criativo e pela perseverança e tenacidade.

16.6 COMUNICAÇÃO DOCENTE

Não basta conhecer bem a disciplina a ser ensinada. É preciso mais. Para tal, é preciso uma formação docente. Não é só a disciplina que vale, uma vez que têm de ser considerados, também, o aluno, a escola e o ambiente (social, cultural, demográfico, físico).

É claro que, para bem ensinar, cumpre levar em consideração as técnicas e os métodos da comunicação docente e se os mesmos estão de acordo com os interesses, possibilidades e peculiaridade do público-alvo.

Muitas vezes, não é a palavra calculada, ou bem preparada, a que toca e influencia o aluno. Portanto, se faz necessário o trabalho de liderança que terá de exercer o professor como mola propulsora do desenvolvimento do educando.

O professor deve reconhecer que, além da sua performance, é fundamental a performance do aluno. Deve buscar neste um pesquisador e não um aluno. Se o professor não assume atitude de pesquisador, não saberá transmiti-la ao aluno.

O mestre pode ser também um professor, mas aquilo que o distingue está voltado para a formação da elite que governará o país. Ele terá de ser um modelo de líder. O mestre terá discípulos e o professor terá alunos. É esta a grande diferença entre os dois.

Na comunicação docente, observamos os seguintes elementos:

Fonte – É o professor, o instrutor.
Mensagem – É a matéria, a disciplina, o assunto.
Canal – É o corpo, o quadro, a fala, a transparência, a dinâmica de grupo, o exercício, o exemplo, a demonstração, o filme.
Destino – É o participante, o aluno, o aprendiz.

Manter uma aula num clima construtivo é muito difícil, principalmente, quando temos de enfrentar situações, tais como: um ou mais alunos dominam o grupo; alguns dominam o grupo; participantes não falam; uma evidente falta de interesse; a discussão se afasta do assunto; ocorre um conflito; o professor comete um engano óbvio.

Na intenção de facilitar a condução dos trabalhos em sala de aula, são sugeridos alguns procedimentos para os seguintes tipos de aluno:

Tipo Falante: Use o grupo para evitar os excessos; faça perguntas aos outros alunos, a fim de encorajá-los a terminar com o monopólio; evite perguntas que possam ter respostas muito demoradas; não se dirija com frequência ao falante.

Tipo Gênio: Dê uma oportunidade para que se exponha e diga o que sabe, caso contrário perderá o interesse pela discussão; encaminhe os debates para pontos sobre os quais sua superioridade de conhecimento seja nítida.

Tipo Silencioso: Faça perguntas simples, diretamente a ele; conduza a reunião a um ponto que lhe interessa; mencione um argumento que ele tenha apresentado em certa altura da aula, a fim de encorajá-lo a participar mais ativamente.

Tipo Crítico: Faça o grupo enfrentá-lo; mencione argumentos favoráveis dados por ele, ainda que parcialmente sobre algum tópico; comprometa-o nos debates.

Tipo Teórico: Peça que cite exemplos bem objetivos; exemplifique você mesmo.

A Teoria da Expectativa considera que pode ser necessário haver uma sequência de eventos interligados para que um resultado desejado se realize.

Se as expectativas de um professor são elevadas, o provável é conseguir dos alunos um ótimo desempenho. Os alunos malsucedidos têm grande dificuldade em manter seu autocontrole e amor próprio. Então, eles tentam evitar maiores danos causados ao seu ego, evitando situações que poderiam conduzir a um fracasso maior.

Está claro que a maneira pela qual um professor trata seus alunos, e não a maneira pela qual os organiza, é a chave da grande expectativa e de elevada produtividade. Ao contrário do que se poderia supor, as elevadas expectativas, dos professores mais categorizados, baseiam-se, principalmente, naquilo que eles pensam de si próprios, de suas próprias habilidades e da aptidão em selecionar, treinar e motivar seus alunos.

16.7 APRENDIZAGEM

Como a aprendizagem está intimamente ligada à percepção, podemos dizer que ela se processa, em função das mudanças comportamentais que resultam de nossas experiências, novos conhecimentos, habilidades, capacitações e práticas. É uma mudança na relação estável entre um estímulo que o organismo individual percebe e a resposta que formula.

O processo de aprendizagem envolve a existência do estímulo de alguma coisa que o organismo seja capaz de sentir. Ele precisa realmente sentir o objeto e percebê-lo de fato. O estímulo, sendo percebido, deve ser interpretado pelo organismo que deve produzir uma resposta, segundo tenha sido ele entendido e interpretado. Logo, quanto maior for o nível de aprendizagem do planejador do canal de ensino, melhor será o desempenho deste.

A aprendizagem é um fator fundamental do comportamento humano, pois afeta poderosamente não somente a maneira pela qual as pessoas pensam, sentem e agem, mas também suas crenças, valores e objetivos.

Os principais fatores que levam a uma aprendizagem são: motivação e interesse em aprender; conhecimento do desempenho correto a ser atingido; avaliação do resultado das tentativas feitas; conhecimento do progresso na aprendizagem; duração e distribuição das práticas; quantidade e dificuldade do material a ser aprendido; organização adequada do material de ensino; organização adequada dos esforços do aprendiz.

Há várias maneiras de aprender. Há pessoas que aprendem fazendo muitas anotações. Há pessoas que aprendem ouvindo. Há pessoas que aprendem escrevendo. Há aquelas que aprendem construindo. Há pessoas que aprendem observando. Mas, há pessoas que nunca aprendem.

Teoria da Aprendizagem implica no desenvolvimento das relações entre estímulo e resposta. Assim, uma pessoa aprenderá se for estimulada. Se não for, permanecerá na escuridão. Como a aprendizagem está intimamente ligada à percepção, podemos dizer que ela se processa, em função das mudanças comportamentais que resultam de nossas experiências, novos conhecimentos, habilidades, capacitações e práticas.

A aprendizagem envolve as mudanças no comportamento de um indivíduo, em função da experiência. A maior parte do comportamento humano é aprendida. Os teóricos acreditam que a aprendizagem de uma pessoa é produzida através da atuação recíproca de impulso, estímulo, sugestão, resposta, realimentação.

O impulso é definido como um estímulo interno e forte que impele a ação. Ele pode se tornar um motivo quando é direcionado a um objetivo específico. Sugestões são estímulos menores que determinam quando, onde e como a pessoa responde.

A seguir, algumas premissas da aprendizagem:

- O indivíduo deve acompanhar os resultados do seu desempenho.
- O indivíduo aprende melhor quando está motivado.
- A maneira como um indivíduo consegue ter um bom desempenho é saber como ele aprende.
- A aprendizagem é, profundamente, influenciada pela recompensa ou punição.
- A distribuição dos períodos de aprendizagem deve considerar a fadiga, a monotonia e os períodos adequados para a assimilação do material aprendido.
- Exercício e prática são indispensáveis para a aprendizagem e retenção de habilidades.
- A aprendizagem eficiente depende da utilização de técnicas institucionais adequadas.
- A aprendizagem depende da aptidão e da capacidade individuais.
- O momento de ensinar alguma coisa a uma pessoa é quando ela sente necessidade desse conhecimento.
- Aprendemos a fazer as coisas, quando a fazemos.
- Aprendemos bem um trabalho, quando estamos preparados para tal.
- Aprendemos o trabalho, quando este nos traz satisfação.
- Quanto mais repetimos uma tarefa, mais a aprendemos.
- Aquilo que aprendemos primeiro é o que mais bem guardamos.
- As coisas que se relacionam e se assemelham são as que são mais bem aprendidas.
- Aquele que sabe ouvir e ler aprende melhor do que qualquer outro.

Segundo Drucker, setenta anos depois de Smith, por volta de 1840, um alemão inventou um sistema de aprendizagem, que combinava a experiência na fábrica, sob orientação de um mestre, com fundamentos teóricos na sala de aula.

O processo de aprendizagem desempenha importante papel na percepção. As pessoas trazem, para a organização, determinados padrões aprendidos e não outros possíveis. De fato, as expectativas oriundas de experiências passadas podem fazer com que as pessoas introduzam fenômenos que não estão presentes no objeto que está sendo estudado e, também, por influências individuais.

O homem aprende, para melhor se integrar aos ambientes (físico e social), para atender suas necessidades, que se não as houvesse, não haveria aprendizagem. Toda elaboração da cultura tem origem nos obstáculos que se antepõem ao homem, obrigando-o a conhecer e superar tais dificuldades. Todo aprender não é mais do que superar obstáculos e desafios. Deduz-se daí, que ninguém pode ensinar nada a alguém se este não quiser. Assim, toda aprendizagem nada mais é do que superar a si.

A motivação é fator decisivo no processo de aprendizagem, pois não há aprendizagem sem esforço do professor (instrutor) e do aluno (aprendiz). Tudo isso leva a motivar também as atividades escolares. Aqueles que dirigem escolas precisam estar engajados no esforço de alavancar os motivos que levam alguém a querer aprender e outro a querer ensinar. Um outro aspecto, além da motivação é a habilidade (capacidade) de ouvir no processo de aprendizagem. Também é comum se dizer que toda organização precisa se tornar uma instituição de ensino.

Quanto maior o grau de escolaridade dos indivíduos, maior será o espírito empreendedor que cercará suas carreiras e maiores serão seus desafios de aprendizado. Talvez um carpinteiro ainda possa esperar que as habilidades que aprendeu quando aluno, sirvam durante muitos anos. Mas, em geral, todos os profissionais precisam se atualizar constantemente, devido à mutabilidade da ciência, da tecnologia e do ambiente.

Para se obter sucesso profissional, não basta apenas desempenhar com competência as funções que a carreira exige. Num mercado de trabalho como o atual, de competição acirrada, é preciso renovar constantemente os conhecimentos e desenvolver novas habilidades.

Conquistar maior estabilidade no emprego, concorrer a cargos mais elevados e disputar melhores salários torna-se mais fácil para aquele que demonstra o interesse em ampliar seus horizontes, por meio de uma educação continuada, de cursos a distância e de programas internos de treinamento.

16.8 TÉCNICAS DE ENSINO

Ensino é a transferência de conhecimento de caráter geral. O ensino pode ser feito de várias maneiras. Assim, ensinar é repassar conhecimentos e habilidades necessárias a formar o aluno (instruendo) como um profissional para os desafios de seu tempo e ser alimentado pelos questionamentos deste mesmo aluno.

O processo de ensino é um sistema de interação comportamental entre professor e aluno. O ensino é uma parte essencial da educação, mas não é a única. Técnica de ensino é uma técnica referente às formas de apresentação de estímulos que levem os alunos a se interessarem pelo assunto que está sendo objeto de estudo.

As técnicas de ensino referem-se mais diretamente às formas de apresentação da matéria, ou melhor, de apresentação dos estímulos que levem os alunos a se interessarem pelo assunto que está sendo objeto de estudo. São formas de orientação imediata da aprendizagem.

As técnicas de ensino são muitas e podem variar de maneira extraordinária, segundo a disciplina, as circunstâncias e os objetivos que se tenha em mente. É preciso esclarecer que todas as técnicas são válidas, desde que sejam aplicadas de modo ativo, propiciando reflexão e crítica.

É preciso esclarecer que todas as técnicas são válidas, desde que sejam aplicadas de modo ativo, propiciando reflexão e crítica. As mais importantes técnicas de ensino são: exposição, esboço, esquema, dramatização, instrução programada, demonstração, experiência, simulação, ensaio e erro, dinâmica de grupo, estudo de caso.

16.9 EDUCAÇÃO

Os novos empregos exigem, na sua grande maioria, qualificações que o candidato não possui e tem poucas condições de adquiri-las. Exigem uma boa quantidade de educação e habilidades não incorporadas ainda pela pessoa. Também exigem uma nova abordagem do trabalho, em função das novas tecnologias. Acima de tudo, exigem que haja um eterno hábito de aprender cada vez mais.

Uma sociedade moderna tem como espelho seu sistema educacional. Educação é toda influência que o ser humano recebe do ambiente social, durante toda a sua existência, no sentido de adaptar-se às normas e valores vigentes e aceitos. Educar uma pessoa é prepará-la para a vida. Seja qual for a sua forma, a educação tem que se tornar rotina.

Todos precisam dispor de uma linguagem comum, talento para executar as tarefas e entendimento de sua função pessoal, na manutenção da engrenagem da organização. Fazer certo, logo da primeira vez, é o que se quer de fato. No entanto, na vida, talvez as coisas só se ajustem depois da terceira tentativa.

Um modelo educacional clássico é o da implantação de um sistema de melhoria contínua, onde é preciso haver o envolvimento de todos da sociedade, pois o papel de cada um, na geração da qualidade, deve ser compreendido por todas as pessoas que fazem parte da organização.

Aqueles que estão envolvidos em funções específicas precisam ter uma educação especial. A educação profissional compreende três etapas interdependentes, mas perfeitamente distintas:

- Formação (educação que prepara o homem para uma profissão).
- Aperfeiçoamento (educação que prepara o homem para uma carreira dentro de uma profissão).
- Treinamento (educação que prepara o homem para um cargo, função ou atividade)

Um projeto educacional terá de passar por princípios, premissas, métodos, técnicas, políticas e estratégias que orientem a ação empreendedora de educar. É fundamental discutir o conteúdo dos cursos, pois eles representam apenas uma parcela da experiência educacional.

O ambiente da classe, a credibilidade dos mestres, a aparência dos meios didáticos, tudo faz parte desse contexto. Então o aluno, em particular, deve ser colocado em condições de poder responder à questão: Por que os alunos se tornam sensíveis a tudo que acontece, mostram-se cheios de elogios quando as coisas correm bem e bastante cáusticos ao observarem algum erro?

Modificar a mentalidade não é questão de ensino, mas de substituir valores, crenças, padrões, funções e atitudes.

As técnicas elaboradas por educadores para garantir que o aluno adquira uma parcela específica de informação chocam-se contra os “rochedos” da individualidade humana. Não existe maneira padrão de garantir a aprendizagem. Muito depende do aluno e daquilo que ele deseja aprender.

Ao lidar com uma situação de negócios é necessário certificar-se não só de que o material é interessante e apresentado de maneira atraente, mas também que contenha a informação necessária para o desenvolvimento da matéria. Não basta fazer um livro de receitas.

Na empresa, a educação, geralmente, é voltada para o treinamento, a execução, a implementação e o acompanhamento dos processos. Onde aqueles que devem implementar o processo aprendem a fazê-lo, onde os empregados aprendem sobre as funções organizacionais, as funções administrativas e as técnicas de relacionamento, interação e integração.

É importante observar que o ensino de gestão, por exemplo, é mais bem compreendido através do estudo de caso. Contudo, em qualquer turma de alunos e/ou funcionários poucas pessoas lerão o caso inteiro e estarão em condição de discuti-lo e comentá-lo. Assim, é preciso dramatizar. É necessário, pois, qualificar os gerentes como atores.

Qual a chave de uma boa educação? É só dedicação, desvelo e compromisso com os resultados. Em um país como o Brasil, o resto vem a reboque, vai acontecendo naturalmente. A fórmula é simples. É preciso que todos os níveis da sociedade queiram intensamente ter um bom plano educacional.

Os sistemas educacionais brasileiros, como em todas as partes do mundo, refletem as prioridades da sociedade. Se a sociedade é indiferente, o sistema será medíocre, na melhor das hipóteses. As forças vivas da comunidade têm que se convencer da impossibilidade de ir muito longe, sem uma boa educação e da necessidade imperiosa de vigiar de perto o que acontece.

16.10 ESTUDO

O estudo ajuda na solução de um problema, porque adianta uma descrição analítica de um fenômeno, fato, evento, situação, por exemplo. Ao analisar o material selecionado, sob um ponto de vista reflexivo ou crítico, o leitor está interessado em elaborar uma síntese, que integre, em torno de uma ou mais ideias, todos os dados e informações do autor e do texto em análise.

Estudar significa o ato pelo qual cada pessoa enfrenta a realidade para compreender e elucidar o que vê. O leitor poderá ser sujeito ou objeto da leitura, a depender de sua postura crítica. Será objeto à medida que se coloque frente ao texto, ou ao cenário, como alguém que esteja magnetizado pelo que está vivenciando, seja pelo júbilo ou pelo temor que desperte.

Será sujeito da leitura o leitor que, ao invés de só reter a informação, fizer o esforço de compreensão da mensagem, verificando se essa expressa e elucida a realidade em suas características específicas. Na postura de sujeito, ele passa a ser leitor e autor ao mesmo tempo. Não só recebe mensagens, como também cria e as transmite com nova vida, com nova dimensão. Só o sujeito da leitura multiplica e aprofunda a cultura.

Estudar não é simplesmente ler ou ouvir algo sobre determinado assunto. É concentrar todos os recursos e habilidades pessoais na capacitação e assimilação dos dados, relações e técnicas conducentes ao domínio de um problema ou assunto. Há muita coisa para se estudar e aprender, infinitamente mais do que um só indivíduo pode dominar. Isto implica, consequentemente, o exercício de um processo decisório sobre o que estudar.

A leitura estudo deve conduzir à obtenção de informações sem que se perca os seguintes aspectos: ler com objetivos predeterminados; preocupar-se com o vocabulário; descontinuar a leitura se as informações colhidas não forem pertinentes àquilo desejado; discutir com outras pessoas. Qualquer que seja o assunto a estudar, não poderá o pesquisador prescindir de uma fundamentação teórica, adquirida anteriormente.

O estudo e a aprendizagem, em qualquer área do conhecimento, são plenamente eficazes somente quando criam condições para uma contínua e progressiva assimilação dos conteúdos estudados. Esta, por sua vez, precisa ser qualitativa e inteligentemente seletiva, dada a complexidade e a enorme diversidade das várias áreas do saber atual.

Não traz resultados positivos para o estudo ouvir aulas, por mais brilhantes que sejam, nem adianta ler livros clássicos e célebres. Só tem algum valor a documentação que puder estar à disposição, a qualquer momento. O registro de tudo o que for julgado importante e útil, em função dos estudos e do trabalho profissional, deve ser feito em arquivos (papel, computador, discos, fitas, livros, revistas, filmes) para que possam ser lidos e estudados, no futuro.

O estudo pela leitura poderá ser feito seguindo as seguintes fases:

Fase 01 – Esta fase busca uma visão sincrética do assunto. Pergunta-se: Qual é o assunto? O que sei sobre o assunto? O que acho vai tratar-se neste texto? Procede-se a uma leitura rápida sobre todo o texto, procurando obter o plano geral da obra, bem como informações sobre o autor e seu trabalho, descobrindo o método expositivo do autor.

Fase 02 – Nesta fase deve-se:

- Fazer nova leitura demorada e reflexiva.
- Refazer a marcação inicial feita no texto, completando-a ou ampliando-a.
- Procurar obter a ideia principal e os detalhes importantes.
- Identificar a estrutura do pensamento do autor.
- Relacionar as partes entre si.
- Confrontar os pontos de vista do autor com os próprios.
- Questionar as afirmações do autor, procurando respostas.
- Fazer anotações, esquemas e resumos.
- Procurar relacionar o assunto com o anterior e com o seguinte.
- Estabelecer relações com outros assuntos de seu conhecimento.
- Consultar outras obras.

Fase 03 – Esta fase busca elaborar uma síntese integradora por meio de revisão e assimilação.

Rever toda a anotação feita; confrontar a anotação com o texto; treinar para que, a comunicação que venha a fazer, tenha clareza e lógica; certificar-se que não esqueceu algo importante; procurar relacionar o assunto aprendido com uma situação concreta.

Questionar: Que diferença a contribuição deste autor oferece? Que utilidade tem o argumento do autor analisado para a situação concreta?

Fase 04 – Fase em que se guarda em arquivos: bibliografia, citações, críticas, destaques, esboços das principais ideias e resumos dos aspectos essenciais da obra.

O resumo é a apresentação concisa e frequentemente seletiva do texto, destacando-se os elementos de maior interesse e importância, isto é, as principais ideias do autor da obra. Os resumos só são válidos quando contiverem os resultados para as conclusões mais importantes.

Os mais célebres estudos no mundo corporativo são:

Estudo de Viabilidade de Projeto:

Um estudo de viabilidade de um projeto simula o que acontecerá no futuro a partir de diversos cenários alternativos. Uma das partes mais importantes do estudo de novos produtos é a justificativa econômica do projeto, bem como uma análise de mercado.

Esta análise deve levar em consideração uma multiplicidade de fatores que no seu somatório possa, efetivamente, conduzir o projeto ao mais próximo possível da realidade. Levantamentos estatísticos servem para: identificar oportunidades e restrições; fornecer dados para ajudar os gerentes de marketing, produção e finanças, na viabilização do projeto

Nota: A leitura do cenário já foi abordada.

Estudo de Caso:

Estudo de caso consiste em apresentar de forma sucinta uma situação real ou fictícia, para ser discutida em um grupo. A forma de como apresentar o caso pode consistir em descrição, narração, diálogo, dramatização, sequência de fotos, filme, artigo, resenha, relatório.

Esta técnica pode receber, também, o nome caso seminário, discussão resultado, resolução de problema. Ela consiste na apresentação de um caso para um determinado grupo dar sugestões ou apresentar soluções, conforme o fato, enfoque ou método.

O caso análise tem como objetivo desenvolver a capacidade analítica.

O caso problema tem como objetivo chegar a uma solução ótima, a melhor possível, em função dos dados apresentados. No caso problema há um esforço de síntese.

É importante observar que ninguém pode com certeza dizer qual o caminho certo na solução de um problema. Mas, quanto mais aprofundada for a análise metodológica, maior é a certeza de que a tomada de decisão apresenta menor risco. No caso análise, a unanimidade geral não é o propósito do encontro.

O método do caso é uma técnica de simulação. Ele parte do princípio de que existe sempre mais de uma solução adequada para qualquer problema. Tal método requer que seja designado um coordenador que deverá ser o elemento capaz de fazer o grupo trabalhar de maneira organizada, não sendo levado à dispersão.

As etapas do método de estudo de caso são as seguintes: leia o caso cuidadosamente; liste os aspectos (fatos) básicos e relevantes; avalie as informações e busque definir o problema; estabeleça alternativas de solução para o problema; escolha a alternativa de solução mais adequada; implemente; comunique.

Capítulo 17
DESENVOLVIMENTO

"É comum se ouvir que o mais longo caminho começa com um primeiro passo. Mas, em que direção e sentido?".

Russel L. Ackoff

OBJETIVOS DO CAPÍTULO

- Mostrar a necessidade de haver desenvolvimento nas empresas e nas pessoas.
- Mostrar os mais importantes tipos de desenvolvimento.
- Mostrar os meios de desenvolvimento.

17.1 DESENVOLVIMENTO

Embora já tenhamos feito uma leve abordagem do conceito de desenvolvimento, vale lembrar que o desenvolvimento é o ato de crescer, aumentar, construir e progredir. Também pode ser considerado como um caminho para criar/aplicar métodos, técnicas, metodologias e regras para melhorar (alavancar): práticas administrativas, práticas sociais, atividades, processos, políticas, soluções, estratégias, táticas, atuações, ações, planos, projetos, modelos, decisões, análises, pesquisas, avaliações.

É a função voltada para a pesquisa, criação de novos produtos, aplicação de tecnologia e aquisição de conhecimento (capital intelectual).

Durante os últimos anos vêm-se acumulando dados de pesquisa a respeito do desenvolvimento de quase tudo que se possa imaginar. Recentes estudos mostraram aspectos essenciais na elaboração mais ampla de modelos de desenvolvimento. Parte dessas pesquisas está direcionada a minimizar o tempo que se gasta em um projeto de desenvolvimento, qualquer que ele seja.

As empresas estão, cada vez mais, reconhecendo que a chave para sua sobrevivência e crescimento reside no desenvolvimento contínuo de novos produtos ou aprimoramento dos existentes.

17.2 TIPOS DE DESENVOLVIMENTO

A seguir, os principais tipos de desenvolvimento:

Desenvolvimento da Administração: Desenvolvimento que proporciona às pessoas a capacidade de reunir habilidades, para alcançarem objetivos comuns. Segundo Drucker, no limiar da Primeira Guerra Mundial, alguns poucos pensadores já estavam se conscientizando da existência da administração. Mas poucas pessoas, mesmo nos países mais adiantados, tinham algo a ver com este conhecimento. Hoje, o maior contingente de mão de obra possui alguma formação em administração.

Pela primeira vez na história da humanidade, as pessoas desempenham suas atividades com a consciência de eficiência, eficácia, efetividade, produtividade, otimização de recursos, redução de custos, padronização e tantas outras ferramentas para bem conduzir seus negócios. Nenhuma sociedade anterior a esta conseguiu fazer isso, porque, até bem pouco tempo, ninguém sabia como reunir pessoas com diferentes habilidades para alcançar objetivos comuns, isto é, como gerenciar uma equipe multidisciplinar.

Desenvolvimento da Ideia – O desenvolvimento de ideias exige estímulos do gerente do projeto à criatividade individual. É necessário despertar no indivíduo o espírito crítico e oferecer a oportunidade de descobrir e conhecer novas alternativas e novas possibilidades.

Desenvolvimento da Marca: Desenvolvimento de marca para um produto exige grande investimento a longo prazo, principalmente em propaganda, promoção e embalagem, como também um patrocinador que custeará todo o seu desenvolvimento, criará um símbolo, trabalhará a personalidade da marca, fará a sua proteção e sua extinção.

Desenvolvimento da Tecnologia: Desenvolvimento que proporcionou avanço da ciência. Alguns cientistas argumentam que a maioria das mudanças da História se deu em função da tecnologia. Os séculos são marcados por invenções, tais como: roda, foice, roldana, alavanca, martelo, espada, bússola, luneta, caldeira, motor, aço, telefone, computador.

Desenvolvimento da Equipe: Técnica comportamental em que várias pessoas se reúnem para criticarem-se mutuamente, com a finalidade de eliminar barreiras interpessoais para que a empresa possa ter um espírito de equipe.

Desenvolvimento de Mercado: Processo de um mercado específico, cuja criação depende da renda da população, incentivos e programas governamentais, exigências ambientais, exigências dos consumidores, dinamização de uma situação de apatia (ou anomia) do mercado, surgimento de novas tecnologias, barateamento de processos produtivos, lançamento de novo produto, desenvolvimento econômico de uma região, meios de comunicação mais efetivos (eficientes + eficazes + velozes), facilidades de recursos.

Desenvolvimento de Novo Produto: Desenvolvimento que exige o emprego de métodos de pesquisa semelhantes aos usados para melhorar um produto já existente. Novos produtos englobam: produtos originais, modificações importantes em produtos existentes, similares dos produtos concorrentes e aquisição de linha de produtos. Todos envolvem a incorporação de algo novo no composto do produto.

Desenvolvimento de Produto: Etapa do processo de criação de um produto a partir de uma ideia inovadora. O desenvolvimento de um produto exige o emprego de métodos de pesquisa semelhantes aos usados para melhorar um produto já existente.

A maior diferença é que o desenvolvimento de um produto envolve maior número de problemas. A pesquisa responde quais propriedades os consumidores julgam ser necessárias ao produto.

Como é muito comum fazer confusão entre protótipo, piloto e padrão, aí vão alguns conceitos:

Protótipo – É uma versão funcional de um determinado produto que não dispõe ainda de todas as características que estarão presentes na versão final.

Piloto – É a versão que está sendo testada para colher resultados (avaliação de desempenho).

Padrão – É uma unidade de referência (medida) adotada e aceita comumente como critério para avaliação de desempenho.

O desenvolvimento de produto é o âmago das empresas do futuro. As empresas bem-sucedidas requerem níveis crescentes de inovação, ciclos de desenvolvimento de produto cada vez mais curtos e ciclos de penetração de produtos cada vez mais rápidos.

Desenvolvimento do Plano: Procedimentos adotados para escrever os detalhes que possam viabilizar o plano, independentemente do escopo do mesmo, e para estruturar um paradigma a ser seguido durante um determinado período de tempo.

Desenvolvimento do Projeto: É todo processo que facilita o trabalho executivo, porque ajuda a identificar e operacionalizar suas atividades e áreas envolvidas para alcançar objetivos enfocados no planejamento estratégico da empresa.

Um projeto reúne informações de naturezas diversas, objetivando dotar o empreendedor potencial de toda a gama de variáveis, internas e externas, que possibilite a tomada de decisão. Quando do desenvolvimento de um projeto deve-se elaborar um documento no qual são abordados, através de itens ou parágrafos, aquilo que se considera importante, como informações iniciais, para a consecução do projeto.

O conceito de projeto também pode ser, segundo Prado: “um esforço único não repetitivo, de duração determinada, formalmente, organizado que congrega e aplica recursos visando o cumprimento de objetivos preestabelecidos”. As denominações de único e não repetitivo significam que o produto (bem, serviço ou ideia) possui alguma diferença em relação a todos os demais produtos.

Desenvolvimento do Sistema: Processo que busca técnicas para lidar com grandes estruturas e complexos. Conhecido o processo a ser adotado no desenvolvimento do sistema, surge a necessidade de se deixar estabelecidas as linhas mestras para o mesmo, consubstanciadas na filosofia do sistema.

Qualquer sistema pode ser modelado por: ensaio e erro, simulação e otimização. Mas, atenção, a construção de um modelo só será precisa quando reconhecermos o problema e tivermos ao nosso alcance técnicas, métodos e recursos de como resolvê-los, senão é pura perda de tempo.

Desenvolvimento do Sistema de Informações: Processo de transformação de dados em informações úteis e relevantes. E quando esse processo está voltado para a geração de informações que são necessárias e utilizadas no processo decisório da empresa, diz-se que esse é um sistema de informações gerenciais.

Desenvolvimento Econômico: Parte da Teoria Econômica que se preocupa com a melhoria do padrão da coletividade ao longo do tempo.

Desenvolvimento Empresarial: Processo que se fundamenta em fatos biográficos de empresas que utilizam dados e registros dos arquivos e entrevistas, para reconstruir um belo retrato do desenvolvimento da empresa.

Durante os últimos anos vêm-se acumulando alguns dados de pesquisa a respeito das fases do desenvolvimento empresarial. Parte dessas pesquisas é quantitativa, assim como análises de tempo e sequência que revelam os modelos de desempenho econômico em relação ao tempo.

Na maioria, porém, esses estudos referem-se a fatos biográficos de empresas que utilizam dados e registros dos arquivos e entrevistas para reconstruir um belo retrato do desenvolvimento da empresa. No entanto, ambos os tipos de pesquisa costumam ser bastante empíricos, porque não procuram obter declarações mais amplas acerca do processo de desenvolvimento em todos os seus aspectos.

Da análise de recentes estudos surgem aspectos como fatores essenciais na elaboração de um modelo de desenvolvimento empresarial, como a idade da empresa, o tamanho da empresa, a evolução da empresa, a revolução na empresa e o conhecimento na empresa.

Desenvolvimento Estratégico: Ação de longo prazo que visa uma mudança planejada com engajamento e adequação da cultura organizacional ao ambiente em que vive a organização.

Desenvolvimento Humano: Desenvolvimento relativo ao ato de crescer, aumentar, construir e progredir do ser humano.

Desenvolvimento Industrial: Desenvolvimento ditado pela capacidade do país de responder aos avanços tecnológicos, colocando no mercado produtos singulares.

Desenvolvimento Organizacional: Processo planejado de modificações culturais e estruturais, permanentemente, aplicado a uma organização, visando a institucionalizar uma série de tecnologias sociais, de tal forma que a mesma fique habilitada a diagnosticar, planejar e implementar essas modificações com ou sem assistência externa.

Desenvolvimento Profissional: Processo em que o profissional adquire mais e mais conhecimentos da sua área de trabalho. Os funcionários reclamam a falta de oportunidades para o desenvolvimento profissional, da ausência de critérios claros na avaliação de desempenho e do não reconhecimento público dos resultados positivos. Mas, existem maneiras de recompensar os funcionários mais produtivos sem pensar em: salário, remuneração e promoção?

Desenvolvimento Social: Movimento progressivo e acelerado de uma mudança, na qual se alteram os fatos históricos subjacentes da sociedade.

Desenvolvimento Sustentável: Desenvolvimento que a empresa deve ter sem se esquecer do ambiente. Para se conseguir um desenvolvimento sustentável, é necessário reformular as atuais medidas regulamentadoras. Assim, é preciso criar e inovar nos métodos para que a administração do ambiente seja mais eficiente, eficaz e efetiva.

O desenvolvimento sustentável não se revelou uma revolução a parte de uma mudança estrutural que avança de forma lenta, mas firme, e não de forma precipitada. Hoje, a sustentabilidade faz parte da conversa de todos.

17.3 AVALIAÇÃO DO DESENVOLVIMENTO

A seguir, são apresentados dois questionários de avaliação do desenvolvimento:

Avaliação do Desenvolvimento de uma Organização:

1 – Você vê a possibilidade de se criar um clima aberto para a resolução de problemas na sua empresa? (0 ____10)

2 – Há uma correspondência direta entre autoridade, conhecimento, papel e competência? (0 ______10)

3 – As fontes de informação se acham localizadas próximas dos polos de decisão? (0 ______10)

4 – Os funcionários confiam uns nos outros? (0_______10)

5 – Os colegas de trabalho interagem e colaboram uns com os outros? (0_____10)

6 – Você acha que há um clima de competição entre os empregados? (0 ______10)

7 – Você acredita, hoje, que o curso de vida o qual está se propondo, o gratificará no futuro? (0_____10)

8 – A empresa tem objetivos congruentes aos seus? (0 _____10)

9 – Há uma consciência formada no grupo para ajudar a administração e os diretores na condução da empresa? (0 ______10)

10 – Você acha que os colegas sabem exatamente o que querem e que estão fazendo? (0 ______10)

Avaliação do Desenvolvimento de uma Equipe:

1 – O grau de confiança recíproca entre seus membros como é?
o Muita desconfiança o Desconfiança o Confiança o Elevada Confiança

2 – Como funcionam as vias de comunicação?
o Restritas o Cautelosas o Francas o Autênticas o Abertas

3 – A cooperação como é vista?
o Forçada o Mínima o Boa o Espontânea

4 – O apoio logístico na troca de informações, conhecimentos e meios como funciona?
o Cada um por si o Mínimo necessário o Bom apoio

5 – Os objetivos do projeto são compreendidos?
o Negativo o Aceitos o Compreendidos o Ainda há dúvidas
o Claramente compreendidos o Congruentes com os próprios objetivos de vida

6 – Como são encarados os conflitos?
o Rejeitados o Acomodados o Aceitos o Desejados

7 – Como são solucionados os conflitos?
o Reprimidos o Por decisão superior o Por consenso
o Atitude laissez-faire para os conflitos

8 – Os potenciais individuais, bem como as habilidades, são maximizados?
o Sim o Não o Com alguma reserva o Cada membro tem liberdade total

9 – Como é feito o controle?
o Supervisão cerrada o Relatórios padronizados o Relatórios comparativos
o Os controles são individuais o Há só a preocupação com o custo

10 – Como é o ambiente organizacional?
o Restritivoo Castrador o Conformista o Democrático
o Livre o As diferenças são levadas em consideração

17.4 ELEMENTOS DO DESENVOLVIMENTO

A seguir, serão apresentados os principais elementos do desenvolvimento que dão suporte ao conceito de desenvolvimento:

Programa de Desenvolvimento de um Negócio:

- Definir a missão do negócio.
- Analisar o ambiente quanto às oportunidades e ameaças.
- Buscar oportunidades e nichos de mercado.
- Verificar mercados em expansão.
- Viabilizar ideias.
- Verificar quais recursos possui o empreendedor e quais são suas restrições.
- Conhecer a situação do mercado-alvo.
- Estimar vendas possíveis.
- Saber quem são os concorrentes e como atuam.
- Definir objetivos.
- Formular estratégias.
- Dimensionar recursos necessários.
- Conhecer aspectos quantitativos e qualitativos do (s) produto (s).
- Definir uma política de preços.
- Decidir sobre preços de venda.
- Decidir se vai atuar no mercado virtual, real ou ambos.
- Conhecer os preços que são praticados no mercado.
- Definir o composto mercadológico de cada produto.
- Determinar capital de giro próprio.
- Escolher a forma jurídica de constituição do negócio.
- Estimar a possibilidade de parceria.
- Analisar a carga tributária.
- Escolher a melhor forma de se fazer anunciar.
- Preparar uma gestão de estoques.
- Ter apoio de pessoas especializadas em administração.
- Iniciar o processo de delegação.
- Analisar se há possibilidades de diversificação da produção.
- Manter registros (arquivos) que servirão no futuro (séries históricas).
- Decidir sobre: métodos, processos, políticas, táticas, procedimentos, estratégias, canais.
- Estabelecer relacionamentos com fornecedores, empregados e consumidores.
- Dar subsídios para o plano de ação.

Programa de Desenvolvimento do Produto:

- Montar um grupo de trabalho para Pesquisa & Desenvolvimento.
- Criar um banco de dados para colher ideias vindas de todos os clientes.
- Fazer uma seleção e triagem do(s) produto(s) baseadas na capacidade instalada.
- Elaborar e aplicar testes de conceituação para saber quem comprará o novo produto.
- Estudar o benefício principal do produto. Qual a reação do consumidor?
- Analisar o negócio para ter uma estimativa de venda, custo, lucro, rentabilidade, retorno do investimento.
- Estudar a criação do produto pautado na otimização dos recursos existentes.
- Elaborar e aplicar testes de consumo para medir a reação dos consumidores.
- Aplicar testes de mercado para ter respostas sobre: tempo, métodos, dados e informações.
- Estabelecer necessidades de comercialização do produto.
- Determinar todos os atributos do produto.
- Treinar/motivar a força de vendas e os intermediários.
- Desenvolver um programa de comunicação do produto ao mercado.
- Oferecer o produto certo, no momento certo e lugar certo.
- Colocar o produto ao alcance do público-alvo, através de bons canais de distribuição.
- Ofertar, se possível, preços baixos, com qualidade.

Programa de Desenvolvimento do Projeto:

- Abordagem Sistêmica do Projeto
- Apropriação Tecnológica
- Sistema de Segurança
- Reunião
- Designação das atividades
- Diretrizes
- Gráficos de Suporte
- Recursos
- Máquinas e Equipamentos
- Móveis e Utensílios
- Estratégias e Táticas
- Editoração do Projeto
- Modelagem do Projeto
- Aspectos Legais
- Organização do Projeto
- Listagens
- Impressão Gráfica
- Recrutamento e Seleção de Pessoal
- Treinamento
- Biblioteca do Projeto

Plano de Desenvolvimento do Produto:

- Criação do Produto – Verificar se o produto pode ser criado.
- Utilidade do Produto – Oferecer o produto certo, no momento certo e lugar certo.
- Acessibilidade do Produto – Colocar o produto ao alcance do público, com bons canais de distribuição.
- Versatilidade do Produto – Criar um produto que condense, num mínimo espaço, o máximo de qualidade.

- Variedade do Produto – Oferecer uma variedade muito grande de modelos.
- Visual do Produto – Oferecer o produto realmente bonito, atento às especificações.
- Embalagem do Produto – Criar embalagem que: seja resistente.
- Manuseio – Identificar e padronizarão, tendo instruções para o transporte, possibilite reaproveitamento.
- Personalidade – Definir a personalidade do produto.
- Economia de Rede – Dar ao consumidor, através da internet, a oportunidade de interagir com o produtor.

Metodologia de Desenvolvimento de Projeto:

- Identificação do problema-alvo.
- Análise do ambiente do projeto.
- Definição dos objetivos, desafios e metas a serem alcançados.
- Definição dos critérios e parâmetros de avaliação do projeto.
- Elaboração dos estudos de viabilidade necessários.
- Negociação e definição dos recursos necessários.
- Identificação da equipe de trabalho; programação e alocação dos recursos.
- Elaboração do manual do projeto.
- Utilização dos recursos disponíveis de acordo com o programado.
- Supervisão da equipe de trabalho.
- Acompanhamento e controle das atividades.
- Avaliação final dos trabalhos executados.

Metodologia de Desenvolvimento de Novo Produto:

- Crie um grupo de trabalho.
- Busque uma grande quantidade de ideias possíveis para o produto.
- Consulte consumidores, fornecedores, distribuidores, concorrentes, vendedores, funcionários.
- Estabeleça critérios de seleção e triagem.
- Questione sobre o produto.
- Faça análises e estimativas.
- Desenvolva protótipos e amostras.
- Faça testes de consumo e de mercado.
- Infira dados.
- Determine os atributos do produto.
- Desenvolva métodos e técnicas de comercialização.

Problema de Desenvolvimento:

Problema relativo à: criatividade, inteligência, conhecimento, percepção, educação, aprendizagem, treinamento, instrução, inovação, observação, leitura, dinâmica de grupo, perfeccionismo, atividade intelectual, personalidade, especialização, feedback, progresso, cultura.

Modelo de Desenvolvimento de Novo Produto:

Modelo associado a um processo que analisa a viabilidade de uma ideia vir a se tornar um produto vendável. A seguir, um exemplo:

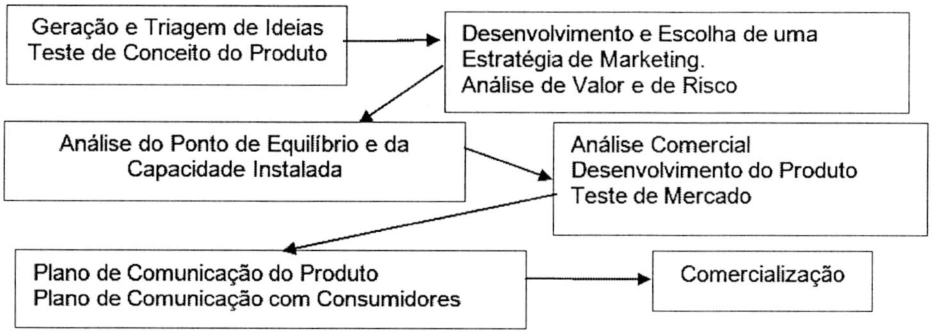

17.5 DESENVOLVIMENTO ORGANIZACIONAL

Quando a Teoria das Organizações atingiu um nível muito alto de formalidade, na década de 1960, apareceram cientistas preocupados em como planejar o desenvolvimento organizacional. Sua origem deve-se a diversos fatores, tais como: a enorme influência dos trabalhos de Warren Bennis e Robert Blake; a contribuição da dinâmica de grupo de Kurt Lewin; os conceitos conflitantes das diversas Teorias da Administração; as primeiras pesquisas de laboratório sobre o comportamento de grupo (Leland Bradford, 1964); o recrudescimento das mudanças como coisas inevitáveis.

Os cientistas do comportamento chegaram às "brilhantes" conclusões, hoje de conhecimento geral daqueles que realmente conhecem administração, e que são:

- O homem não reage em função do dinheiro.
- O homem tem uma série de necessidades que com o correr do tempo se modificam.
- O homem diante da mesma situação não tem a mesma reação.
- As relações interpessoais são muito complexas para serem resolvidas por teorias comportamentais.
- O grupo informal, geralmente, é mais forte do que o formal.
- A comunicação organizacional sofre distorções à medida que atravessa os níveis hierárquicos.
- A burocracia não dá conta de mudanças não programadas.

Para Bennis, o desenvolvimento organizacional é uma estratégia educacional adotada para trazer à tona uma mudança planejada, exigida pelas demandas às quais a organização tenta responder, e que enfatiza o comportamento baseado na experiência. É um processo planejado de modificações culturais e estruturais, permanentemente aplicado a uma organização, visando a institucionalizar uma série de tecnologias sociais, de tal forma que a mesma fique habilitada a diagnosticar, planejar e implementar essas modificações, com ou sem assistência externa.

O objetivo do desenvolvimento organizacional é utilizar todos os meios de relação intergrupal para provocar uma adaptação da organização ao novo cenário mundial. Objetivo que visa aplicar o conhecimento da ciência do comportamento à moldagem dos processos de formação de grupos e das relações intergrupais, a fim de assegurar a eficácia organizacional.

Embora muito se tenha escrito sobre desenvolvimento organizacional, não há concordância absoluta quanto ao seu significado. Sabe-se que, para o desenvolvimento de um novo produto, é necessário que haja mudança, disciplina, técnica, método e sistematização que ajudem a criar algo que valha a pena ser chamado de produto. Nesta teoria o desenvolvimento é entendido como o de uma nova ideia.

Modelo de desenvolvimento organizacional é a representação que reconhece o processo de mudança como função de: interação, participação e comunicação humanas. Segue um exemplo:

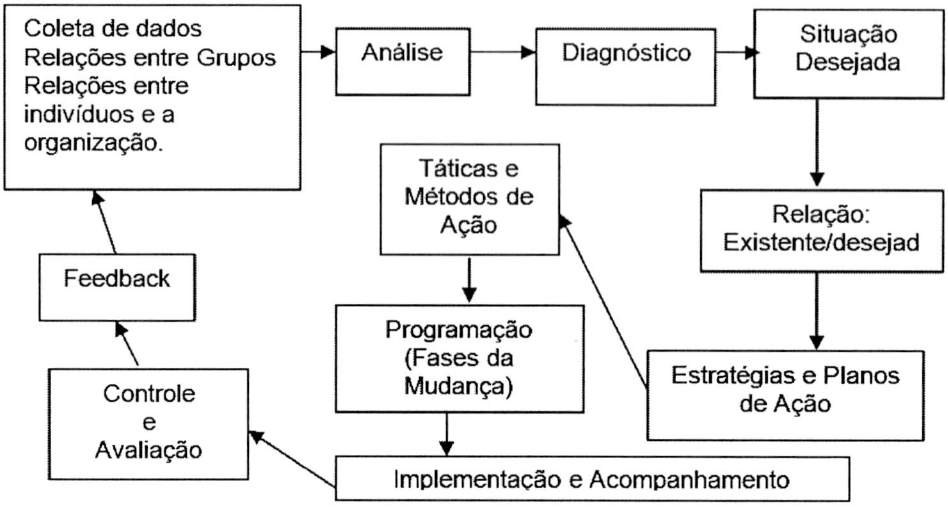

Teoria do Desenvolvimento Organizacional apareceu no meio acadêmico e empresarial para analisar e compreender o comportamento das pessoas e o desempenho das mesmas nas organizações, porque seu objeto de estudo é a relação entre as pessoas.

Esta teoria, da década de 1960, nasceu para: instrumentalizar a mudança; considerar os métodos de pesquisa, anteriormente usados, como ultrapassados; dar ênfase ao treinamento, não esquecendo da formação eclética que deve ter o administrador.

Gradualmente o desenvolvimento organizacional ampliou a sua área de atuação numa abordagem sistêmica da organização. Os elementos mais marcantes desta teoria são: o estudo da cultura organizacional; as alterações estruturais e as comportamentais; a capacidade de confronto e adaptação ao ambiente externo; a capacidade de buscar soluções para problemas organizacionais que envolvam pessoas.

Nota: O desenvolvimento organizacional relaciona-se com os conceitos de mudança e de adaptação.

No sentido restrito, o Desenvolvimento Organizacional (DO) é um desdobramento prático e operacional da Teoria Comportamental em direção à abordagem sistêmica. Não se trata de uma teoria administrativa propriamente dita, mas de um movimento congregando vários objetos de estudo, no sentido de aplicar as ciências do comportamento.

As mais importantes críticas são: considerar-se uma novidade para promover a mudança; ser o único método para aumentar a eficácia; considerar os métodos de pesquisa, anteriormente usados, como ultrapassados; dar ênfase exagerada ao treinamento, esquecendo da formação eclética que deve ter o administrador.

Aspectos da Teoria do Desenvolvimento Organizacional:

- Ênfase: Nas pessoas.
- Enfoque: Mudança organizacional planejada.
- Abordagem da organização: Organização como um sistema aberto.

- Conceito de organização: Sistema aberto e mutável.
- Sistema de incentivos: Incentivos mistos e maior qualidade de vida.
- Concepção do homem: Agente de mudança.
- Ótica do trabalho: Administração planejada.
- Representantes: Bennis, Blake, Rogers, Schein, Lawrence e Lorch.
- Conflito: Conflito de papéis.
- Tomada de decisão: Decisão em função da necessidade de mudança.
- Cronologia: 1962
- Comportamento individual: Ser sensível a mudança.
- Relação entre objetivos: Interação de objetivos.
- Resultados: Eficiência, eficácia e efetividade.

17.6 DESENVOLVIMENTO HUMANO

O desenvolvimento humano é uma área que está adquirindo grande significado, num cenário de rápidas transformações. A empresa não pode se dar ao luxo de deixar que seus empregados fiquem em posição inferior à dos empregados de firmas concorrentes. Tampouco, pode o empregado ser complacente, repousando sobre o conforto de um contrato de trabalho ou no colo de uma gerência afável, abrindo espaço para vir a ser tragado pelo futuro.

A natureza do desenvolvimento humano tem sido obscurecida, porque a confundem com treinamento.

Uma pessoa, que se desenvolveu, é alguém mais maduro e mais sábio. Este desenvolvimento requer tempo, porque um homem pode ser ensinado, dependendo do estímulo, isto é, a empresa não pode desenvolver um executivo, mas sim, proporcionar a oportunidade para que o mesmo se desenvolva.

É como se diz, vulgarmente, não adianta dar a vara de pescar, sem dizer: que, quando, quanto, como e porque pescar.

Os recursos humanos apresentam uma incrível aptidão para o desenvolvimento, que é a capacidade de aprender novas habilidades, obter novos conhecimentos e modificar atitudes e comportamentos. Existe uma ampla variedade de meios disponíveis de que as organizações podem lançar mão no sentido de desenvolver seu pessoal.

Mas, a questão é: Como aprimorar, capacitar e utilizar meios, recursos e processos para que a pessoa tenha mais qualidade e mesmo consiga se desenvolver, tornando-se melhor diante do grupo de trabalho, do grupo social, do grupo primário (família), da organização e da sociedade?

Índice de Desenvolvimento Humano (IDH) foi proposto em 1990 pela Organização das Nações Unidas, combina expectativa de vida ao nascer, renda e educação. Calculado anualmente, é usado para comparar a condição de vida. É falho por não levar em conta os efeitos colaterais do progresso, como poluição, desagregação familiar e aumento da criminalidade.

Índice de Pobreza Humana (IPH) – Criado como um desdobramento do IDH, em 1997, mede os problemas no desenvolvimento humano a partir de quatro grandes eixos: número de pessoas com expectativa de vida inferior a 50 anos, percentual de adultos analfabetos, pessoas sem saneamento básico e crianças com menos de 5 anos, abaixo do peso.

Muitos cientistas argumentam que o PIB (Produto Interno Bruto) não mede adequadamente o bem-estar da coletividade, pois não registra: a economia informal; os custos sociais, em função da produção; a poluição; o congestionamento de tráfego nas cidades; a diferença de renda entre as pessoas. Mas, apesar de algumas limitações o PIB é um indicador útil para comparações ao longo dos anos.

O índice de desenvolvimento humano está ancorado nas seguintes variáveis: educação social, educação profissional, treinamento, reciclagem, aperfeiçoamento, criatividade, nível cultural, profissionalismo, satisfação, conscientização da qualidade, autodesenvolvimento, escolaridade, autoestima, melhoria salarial, melhor infraestrutura de serviço público, sistema de saúde eficiente, esgotamento sanitário, preservação ambiental, água potável encanada, acessibilidade aos recursos, renda para consumo, melhores condições de trabalho, atendimento das necessidades básicas, ampliação da inteligência, mecanismos de leitura, aumento do grau de observação, mudança comportamental, inovação, instrução, complexidade, disciplina, flexibilidade, ambiente, estímulo, interação, integração, atividade, sentimento, interdependência, cooperação, participação, adaptação, relacionamento, expectativa, motivação, conflito, mudança, garra, fadiga, competição, ambição, clima organizacional, influência, manipulação, envolvimento, persuasão, coação, incentivo, recompensa.

Capítulo 18
SOLUÇÃO

"Nada é mais difícil de realizar-se do que iniciar a introdução de uma nova ordem de coisas, pois a inovação tem como inimigos, todos aqueles que prosperam sob antigas condições".

Maquiavel

OBJETIVOS DO CAPÍTULO

- Mostrar as principais ferramentas de solução.
- Mostrar os facilitadores na solução de um problema.
- Mostrar que toda e qualquer organização terá de decidir qual a solução de ocasião.

18.1 SOLUÇÃO

A solução é um meio ou processo de superar um problema. Nem sempre a solução apresentada permite a resolução total do problema, pois a mesma tem de ser conclusiva e demonstrável, como recomenda a ciência.

O homem tem buscado sempre o encadeamento das relações, dos fatos ou eventos, procurando estabelecer ligações entre os fenômenos e as ideias. É comum associar a ideia de que sistemas são utilizados no gerenciamento de problemas, como: a construção de uma fábrica, o desenvolvimento de um novo produto ou a descoberta de um novo processo, por exemplo.

A capacidade de resolver problemas faz parte do mundo acadêmico. Selecionar o problema a ser tratado faz parte do mundo corporativo. Por isso, vale a máxima: "Quando conseguimos definir um problema estamos a meio caminho da solução, mas, às vezes, a dificuldade em descobri-lo é um entrave para o homem de negócios".

Pode parecer fácil solucionar um problema empresarial para aqueles que administram no estilo "apaga incêndio", isto é, resolvem o problema, mas não se preocupam em evitá-lo no futuro. Não estudam as causas, porque não têm a habilidade de estudar. Esta habilidade é conceituada como aquela em que há a facilidade de definir, estruturar e questionar um problema, determinando as variáveis que levam a solução.

Aquele administrador que possuir uma base matemática, terá mais condições para transformar as hipóteses de solução em um sistema de equações. É uma habilidade que será maior, em função do trato com números, que, infelizmente, não é comum entre nossos gestores, porque dão mais valor em falar do que construir fórmulas e meios racionais de solução, tendo em vista a herança que recebemos do Império Romano.

Somos bons de "bico", mas parar para pensar, por meio de números, é outro departamento.

Um outro aspecto a ressaltar é a capacidade para diagnosticar problemas, que é conseguida ao longo do tempo, nas diversas decisões que se tem de tomar na vida. Quando não mais prevemos ou descobrimos problemas, isto quer dizer que perdemos a capacidade de observação. Pior, é quando não assumimos mais as questões corriqueiras e fugimos delas.

Os problemas sempre existirão e demandarão soluções. A chave de tudo isso é a simples utilização das funções administrativas, principalmente, pesquisa e análise dos dados e fatos existentes, a fim de minimizar os riscos e buscar soluções inteligentes.

A solução de um problema utiliza, racionalmente, as ferramentas gerenciais. Assim a função administrativa análise, por exemplo, busca a melhor resposta possível dentre várias. Como há confusão entre resposta e resultado, aí vai:

Resposta é definida como uma reação necessária e suficiente, embora nem sempre seja a solução do problema.

Resultado é o produto da saída de: um sistema, um processo, uma atividade (operação, ação, tarefa). Assim, o resultado de uma empresa é ter consumidores satisfeitos, de um hospital é ter pacientes curados e de uma escola é ter alunos mais bem preparados para enfrentar a vida. O resultado leva o indivíduo (a organização) a tomar decisões apropriadas para continuar sobrevivendo e competindo no mercado, ou não.

A solução de cada problema gerencial é dada por meio de uma série de ajustamentos, em que cada um deles é avaliado em relação à margem de contribuição que dê para o resultado final da empresa. Como as pessoas evitam "perder" tempo, energia e dinheiro na busca de uma solução própria e original, elas se voltam para soluções já apresentadas e de conhecimento geral.

Entretanto, nem todos os problemas são resolvidos com esta abordagem prática. Quando um problema constitui novidade, ou quando não há ninguém disponível para ajudar, o empreendedor tem de tornar-se "expert" e descobrir a resposta.

18.2 FACILITADORES DA SOLUÇÃO

Muitos são os elementos que facilitam a solução de um problema. Assim, citaremos alguns facilitadores da solução, considerados os mais importantes:

Atividade Intelectual – Como o envelhecimento é inexorável, manter uma atividade intelectual fará com que o ser humano leve mais tempo para perder a memória de fatos, fenômenos, acontecimentos e, principalmente, conhecimento. Ter disciplina e organização é muito importante, porque a mente organiza qualquer novo material em grupos e configurações.

Quanto maior a organização, tanto maior a necessidade de memória. Procurar, conscientemente, as configurações e princípios é mais efetivo do que aprender decorando.

Aprendizagem – Assunto já abordado.

Criatividade – Está ligada a algo novo e diz respeito a uma capacidade de encontrar novos caminhos ou novas soluções para problemas e/ou oportunidades do momento. A criatividade pressupõe um poder de alterar o ambiente corporativo para melhor. Quando se restringe ao patamar técnico e à inventividade do dia a dia, não encontra obstáculos, sendo praticada e estimulada o tempo todo.

Já no âmbito das alterações mais expressivas, envolvendo questões pertinentes à cultura organizacional, a criatividade só encontra espaço efetivo quando o projeto de mudança tem o respaldo da direção da companhia. A empresa precisa estar aberta à mudança, caso contrário refreará a criatividade.

É necessário ressaltar que o desenvolvimento e manifestação da criação não dependem somente dos esforços do próprio indivíduo. Tantos fatores intrapessoais quanto interpessoais, bem como fatores do próprio indivíduo quanto de natureza social, poderão favorecer ou dificultar a emergência do processo criativo.

Não basta que um funcionário de uma empresa tenha uma grande ideia, mas que tenha um chefe que acredite nela para levá-la adiante. O verdadeiramente engenhoso consegue confrontar de forma positiva o meio circundante, encontrando espaço para dar vazão à criatividade e influenciar o entorno.

Conhecimento – Assunto já abordado.

Definição – Definição é algo com pretensões, mais profundas, não apenas estabelecer o que é em função da pergunta, mas envolve uma visão de referência da indicação do objeto que se pretende definir, envolvendo também uma operacionalidade. A missão da definição é tornar explícitas as condições para responder perguntas acerca daquilo que é conceituado.

Quando comparamos as definições de um conceito proposto em épocas diferentes, verificamos, geralmente, que há um denominador comum, mesmo que este tenha sofrido uma mudança, em função da evolução científica e tecnológica. Uma definição é boa no grau em que seja útil.

Desvio – Desvio é caracterizado como algo que saiu errado ao planejado, isto é, aconteceu um distúrbio no comportamento do sistema. Sempre há um desvio esperado, por mínimo que seja, pois não existe nada perfeito, tanto que, em Estatística, criou-se a figura do desvio padrão que é a variação (+ ou -) de uma distribuição de frequência em torno de sua média.

Os desvios, por definição, estão fora de controle, mas, quando mensurados, facilitam a solução do problema, pois mostram a anormalidade daquilo que era esperado.

Disciplina – Assunto já abordado.

Especialização – Embora este assunto já tenha sido abordado, vale dizer que o homem, dentro de suas limitações, decorrentes da incapacidade de equacionar os problemas complexos, precisa isolar os elementos componentes para melhor entendê-los, analisando sua estrutura e conhecendo suas características, isto é, tornando-se um especialista.

Mas a especialização absorve a inteligência e a capacidade das pessoas, levando-as a graves distorções pela impossibilidade de perceber os efeitos colaterais de uma ação setorial.

Embora o administrador seja um especialista em algum conhecimento, ele não deve esquecer de ter uma visão generalista para resolver problemas, tomar decisões e fazer análises. Hoje, é muito comum que dirigentes tenham conhecimento interdisciplinar em administração, matemática, estatística, marketing, produção, logística, custo, contabilidade, finanças, informática, economia, direito, sistemas de informação e de comunicação, história, tributação, valores mobiliários.

Educação – Assunto já abordado.

Experiência – Aproveitar a experiência do passado, tanto os erros quanto os acertos, para viver o presente e planejar o futuro. Como, em muitos momentos os fatos se repetem, aquele que arquivar as soluções dos problemas e soluções do passado, tem, mais possibilidades de sucesso na solução de novos problemas.

Estudo – Assunto já abordado.

Formulário – Assunto já abordado.

Filosofia – A filosofia é a orientação que fundamenta a ação administrativa na resolução de problemas, porque ela é um modo de se posicionar diante do mundo. Ela tem por finalidade estabelecer uma forma de compreensão e transmissão da realidade comum. Por isso, os agrupamentos humanos sobrevivem se tiverem alguma orientação filosófica. A filosofia tem a utilidade de orientar e explicar os atos e fatos do cotidiano.

Fato – O fato é um acontecimento passível de ser observado empiricamente, sendo expresso por meio de uma afirmativa, que tem validade geral e que não pode ser contrariada. Assim, aquele que pretende solucionar um problema terá de considerar seriamente os fatos, porque estes podem: iniciar, reformular, redefinir, esclarecer ou rejeitar uma hipótese de solução.

Habilidade Gerencial – A capacidade gerencial reside na absorção dos objetivos de qualquer empreendimento, bem como atingir objetivos, através das funções administrativas. A gerência da empresa é sempre uma excelente oportunidade para demonstrar que seu papel não é complicar e muito menos sofisticar os processos de gestão. Muito ao contrário, o que se espera de um gerente é que ele obtenha resultados positivos, através de uma adequada e objetiva utilização dos recursos da empresa.

O sucesso do gerente não está inteiramente correlacionado ao seu brilhantismo acadêmico. Assim, são necessárias certas habilidades que darão ao mesmo uma eficiência executiva e, obviamente, um ganho de tempo em suas atividades. O gerente precisa desenvolver a capacidade de interferir intencionalmente nos processos, nos objetivos e nos valores, que regem a filosofia e a política da empresa; alterar táticas de ação, aprender sobre si próprio, sobre sua função e sobre as condições operacionais da organização.

Habilidade Cognitiva – A habilidade cognitiva se traduz na capacidade de reflexão crítica a respeito dos problemas que o gestor procura interpretar e descobrir as suas causas e seus efeitos. O fracasso na resolução de um problema vai revelar em que pontos se acham as dificuldades e as condições mínimas que uma solução deve satisfazer.

Saber definir e categorizar (classificar) o problema é de extrema importância, bem como cruzar informações em busca de soluções. Aquele que define bem um problema, já tem 50% da solução, porque difícil mesmo é saber qual é o real problema.

Habilidade Analítica – Assunto já abordado.

Habilidade de Negociação – A habilidade de negociação consiste na capacidade de ser aquele que encontra meios para alterar ou dirigir o comportamento da outra parte. Para tal, será preciso persuadir, interessar, motivar, dissuadir, atemorizar e olhar nos olhos do outro.

Nota: Habilidade e capacidade são tidas como sinônimos.

Intuição – A intuição é vista como um "impulso" para a ação onde não há raciocínio lógico. Segundo Motta, "a intuição deverá merecer explicações mais apuradas no futuro, porque parece que o nível de intuição da pessoa aumenta, em função das experiências, pesquisas, estudos e conhecimentos acumulados, que não foram ainda adicionados ao consciente do indivíduo". A razão é desconhecida. A verdade é que muitas pessoas resolvem problemas na base da intuição.

Inteligência – A ciência ainda não encontrou uma fórmula para medir com precisão quem é superdotado e quem é gênio. Pelos testes de quociente de inteligência, considerados ultrapassados pelos especialistas, um superdotado teria um QI entre 150 e 160. Um gênio pontuaria entre 160 e 180. Hoje, a definição mais comum para classificar superdotado é aquela pessoa inteligente que consegue desenvolver habilidades acima da média, em várias áreas.

Os gênios são aqueles superdotados que, além de demonstrar precocidade, provocam perplexidade, pois são capazes de criar algo inédito, revolucionário e transformador. Os estudiosos acreditam que a genética contribui com 50% do desempenho cerebral e os estímulos externos, com os outros 50%. A diferença entre uma pessoa comum e outra superdotada estaria não no número de neurônios, mas na quantidade e na complexidade das conexões cerebrais (sinapses).

Inovação – A inovação não se limita ao produto, ela pode ser considerada como a capacidade de receber, idealizar, estruturar e operacionalizar situações novas. Pode-se inovar tudo, desde os processos de manufatura até a relação com o mercado e com os consumidores.

O inovador além de pesquisador precisa ter ousadia. Em mercados altamente competitivos, a busca pela inovação tornou-se um "mantra", segundo Philip Kotler. Paradoxalmente, se as inovações não forem bem-sucedidas também perecerão.

A inovação é necessária em negócios, mas ela começa com uma ideia proposta por alguém. Assim, aquele com uma nova ideia deve trabalhar de acordo com a situação. Ele precisa incluir pelo menos alguma indicação mínima como: custo, risco, benefício, tempo e recurso.

As ideias são inúteis quando não usadas. A prova de seu valor está em sua implantação. Até que isso aconteça, elas se acham em um limbo. Isto não quer dizer que todas as ideias têm de ser minuciosamente documentadas antes que sejam mencionadas a quem quer que seja.

Naturalmente que impingir ao indivíduo criativo a responsabilidade de pormenorizar seus meios de execução embaraçará, ou até mesmo asfixiará, seu talento singular. Não há como ensinar alguém a ser um gênio. Mas, também, ao contrário do que se costuma acreditar, as ideias geniais são raríssimas.

Todas as fontes de oportunidades para inovar devem ser procuradas, analisadas e estudadas de modo sistemático. A busca precisa ser organizada, devendo ser feita de forma regular e sistemática. Os inovadores de sucesso examinam os dados e as pessoas.

Definem, analiticamente, como a inovação precisa ser para satisfazer uma oportunidade. E então eles saem e observam os consumidores (usuários, pacientes), para ver quais são suas expectativas, seus valores e necessidades.

Uma inovação para ser eficaz precisa ser simples e pontual. Deve concentra-se em uma única coisa, caso contrário, causará confusão e não funcionará. Mas antes de inovar, talvez, seja razoável renovar. Isto é, resgatar o que há de bom e aproveitável numa rotina, processo, política, plano e projeto, antes de jogar tudo por terra, pelo prazer de se tornar um inovador, aventureiro e temerário.

Instrução – Assunto já abordado.

Juízo – Francis Bacon admite a inferência do juízo do indivíduo na avaliação de um determinado problema, isto é, vale a pena se dedicar a resolver tal problema ou este não tem tanta importância assim? Juízo é considerado um ato pelo qual o raciocínio afirma ou nega alguma coisa em função de outra. É a operação fundamental do pensamento reflexivo, sendo que a expressão verbal do juízo é o raciocínio.

Assim, um homem comum não se envolverá em problemas complexos, por achar que pessoas mais capacitadas se importarão e porque a solução está além do seu raciocínio.

Leitura – A capacidade de ler consiste na habilidade de aprender a conhecer o mundo e suas manifestações. Para que se possa tomar conhecimento e usufruir riqueza histórica construída e transmitida pelos homens é fundamental a prática da leitura.

A leitura dará a pessoa, além de grande conhecimento, um bom vocabulário, o poder de organizar as ideias, a velocidade de entendimento do texto e a capacidade de reproduzir as informações apreendidas. É um processo que compreende as seguintes fases:

- O reconhecimento dos vocábulos.
- A interpretação do pensamento do autor.
- A associação de ideias (autor-leitor).
- A retenção dessas ideias.
- A capacidade de reprodução.

Já o estudo é uma descrição analítica de um fenômeno, evento ou situação.

Lei – A lei é uma constatação empírica de uma realidade. Ela permite prever acontecimentos e generalizar uma grande quantidade de fatos.

Lógica – A lógica se apresenta como ciência normativa, uma vez que o seu objetivo não é definir o que é, mas o que deve ser as normas do pensamento correto. É a ciência das leis ideais do pensamento e da arte de aplicá-las à pesquisa e à demonstração da verdade. Pelo exercício espontâneo e habitual da nossa inteligência podemos conhecer a verdade, mas somos incapazes de justificar, racionalmente, por meio de princípios universais, as regras do pensamento exato.

Assim, na resolução de um problema, é importante ter conhecimentos de lógica.

Aquele que tiver a noção exata do que seja lógica caminhará mais rápido para a solução de um problema, independente do campo de conhecimento no qual foi formado. O objetivo da lógica é o estudo da inteligência sob o ponto de vista do seu uso no conhecimento. A lógica se divide em:

Lógica Formal (Geral) – Estabelece a forma correta das operações intelectuais que derivam da natureza do entendimento. A lógica formal estuda a ideia, o juízo e o raciocínio, com as respectivas expressões verbais: o termo, a proposição e o argumento.

Lógica Material (Especial) – Determina as regras impostas ao pensamento pela matéria. É também chamada metodologia.

Lógica Crítica – Estuda a verdade, cujos estágios são: ignorância (ausência de conhecimento), dúvida (possibilidade da verdade), opinião (probabilidade da verdade) e certeza (evidência).

Modo de Pensar – O ser humano é cercado de problemas. Problemas que na sua maioria não são solucionados. Por quê? Por que não sabemos pensar a respeito do próprio problema? Por que não sabemos pensar numa solução? Ou será por que nossa dificuldade está na maneira de pensar na solução?

Os cientistas da Lógica dizem que não chegamos a uma solução ótima (a melhor possível) porque o processo de pensar é que está errado, muitas das vezes.

Este processo mostra a sua importância quando enveredamos por caminhos errados e perdemos muito tempo, chegando, às vezes, a solução, muito tardiamente. Um ditado chinês nos diz: "A mais longa estrada começa com um primeiro passo". Mas em que direção? É preciso pensar a respeito. Quem sabe precisamos estabelecer um plano gerencial para pensar.

Observação – A observação é um método amplamente utilizado pelo homem desde as mais remotas eras. Este método ligado ao senso comum, geralmente, não é estruturado nem planejado. Na maioria das vezes, ocorre de forma casual, a partir de fatos da realidade que despertam algum interesse. As observações podem ser registradas, possibilitando uma investigação posterior mais detalhada.

Objetividade – Embora já tenhamos abordado, vele dizer que esta capacidade que têm certas pessoas de não se perderem em meandros e ir ao âmago do assunto, de maneira concisa. Parece fácil, mas não é. Em geral, o ser humano dá mais valor às discussões do que chegar a um objetivo.

A divagação é muito apreciada, porque abandonar preconceitos e opiniões formadas é penoso. Por outro lado, o homem objetivo, em geral, não é simpático, porque parece uma máquina, sendo uma pessoa capaz de ver as coisas como são, com todas as riquezas, deficiências, dificuldades e potencialidades, sem perder os pés do chão.

Percepção – Assunto já abordado.

Pesquisa – Assunto já abordado.

Questionário – Assunto já abordado.

Recurso – Recurso é meio auxiliar que permite a pessoa ou a organização atingir objetivos. A empresa para se tornar produtiva dependerá de recursos. Se você tem os recursos adequados dificilmente não será efetivo, isto é, não terá muitos problemas para atingir objetivos com eficiência e eficácia. Os recursos podem ser físicos, materiais, humanos, financeiros, administrativos, tecnológicos, sistêmicos de informação e de comunicação, mercadológicos, administrativos, intelectuais.

Sem recursos tecnológicos atuais e modernos a empresa se tornará lenta, cara e não competitiva, porque, hoje, existem máquinas, equipamentos e sistemas que facilitam o trabalho das pessoas, tendo em vista apresentarem resultados rápidos, com qualidade suficiente para atender o desejo dos consumidores mais exigentes.

A organização procura dispor de recursos de tal forma que o conjunto, assim empregado, seja capaz de realizar uma atividade econômica ou um trabalho, com um mínimo de risco, esforço e custo.

Raciocínio – É a operação pela qual o indivíduo de uma relação, ou de várias relações conhecidas, extrai uma outra. Como estas relações se exprimem por juízos, pode-se dizer que raciocinar é encadear juízos com o fim de concluir alguma coisa. Há duas espécies de raciocínio. Um que vai do particular para o geral, chamado indutivo e outro que vai do geral para o particular, chamado dedutivo. Os instrumentos da indução são: observação, experimentação, analogia e comparação. Os instrumentos da dedução são: decomposição, análise e regressão.

Reflexão – A reflexão é a capacidade crítica a respeito dos problemas que o empreendedor procura interpretar e descobrir as suas causas e efeitos. O fracasso na resolução de um problema vai revelar quais pontos se acham as dificuldades e as condições mínimas que uma solução deve satisfazer. Assim, na ciência, não é tão importante resolver os problemas como descobri-los e bem formulá-los

Racionalidade – A racionalidade se fundamenta na ideia de que uma organização existe e se justifica para atingir objetivos, metas, propósitos e desafios. O ideal racional presume a impossibilidade de existir o "urgente" e a possibilidade de dizer "não". Infelizmente muitas pessoas sofrem da mania do urgente o que leva você parar o que está fazendo para atender um pedido da chefia. Por outro lado, evite o abuso do urgente para com os outros. O tempo deles é tão precioso quanto o seu.

Senso Comum – O senso comum, muitas vezes confundido com bom senso, é uma característica inata ou adquirida na vida profissional de um administrador. Entretanto, a complexidade dos sistemas organizacionais atuais ultrapassa em muito as habilidades aprendidas pelo senso comum e pela experiência, no dia a dia. É necessário que o administrador tenha habilidades que o qualifiquem a enfrentar ameaças cada vez mais adversas.

Senso Crítico – É indispensável que o administrador possua senso crítico e faça a sua própria avaliação (autocrítica). Para adquirir senso crítico deve questionar sobre: melhores resultados, frequentes emergências, controles excessivos, objetivos, metas, arquivos de séries históricas (informações passadas), dificuldade de encontrar as pessoas certas, capacidade dos subordinados, conhecimento atualizado e falta de determinadas habilidades.

Sintoma – Como já abordado, um sintoma é um desvio do comportamento de um sistema àquilo que se considera normal. Aplicando-se técnicas estatísticas, pode-se detectar o sintoma. Os sintomas são obtidos não apenas pela comparação do atual com o passado, como também pela comparação com sistemas semelhantes, por exemplo, o concorrente.

Alguns autores nos falam de pré-sintomas, como sendo um prenúncio de um sintoma. Por exemplo, observamos valores (medidas) todos acima da média, porém, em um intervalo considerado como normal.

Teoria – Assunto já abordado.

Treinamento – Assunto já abordado.

Visão – A visão identifica os limites que os principais responsáveis pela empresa conseguem enxergar dentro de um período de tempo mais longo e uma abordagem mais ampla. O homem, dentro de suas limitações, decorrente da incapacidade de analisar e equacionar os fenômenos complexos, naturais ou artificiais, precisa isolar os elementos componentes para melhor entendê-los, analisando sua estrutura e conhecendo suas características, como recomenda a metodologia do cartesianismo, o que conduziu à especialização e a consequente perda de visão global.

Para ter uma visão sistêmica, o empreendedor terá de ser suprido com informações pertinentes, através de sistemas inteligentes de informação e comunicação. Portanto, a visão sistêmica é dada àquele que encara a empresa como um sistema, que tem subsistemas de sustentação e preservação dos negócios (recursos, estratégias, funções, métodos, programas, planos, projetos, políticas, mudanças, regras, avaliações).

A visão generalista é aquela em que o executivo tem conhecimento interdisciplinar para resolver problemas, tomar decisões e fazer análises. A visão do negócio é a capacidade de dominar e manusear recursos relativos à situação e à missão da empresa e de planejar de forma coerente essa visão.

18.3 FERRAMENTAS DE SOLUÇÃO

O conceito de ferramenta já foi abordado.

A seguir, algumas ferramentas de solução: Dinâmica de Grupo; Curva; Gráfico; Diagrama; Reunião; Leitura do Cenário; Avaliação da Oportunidade; Estudo de Caso; Procedimento; Manual; Computador; Informação; Banco de Dados; Processo; Modelo; Sistema; Rotina; Diretriz; Matriz; Rede; Teoria dos Grafos; Princípio; Premissa; Regra; Politica; Programa; Plano; Aplicativo, Hipótese; Variável; Pesquisa Operacional; Teoria da Decisão; Teoria Matemática; Teoria da Probabilidade; Teoria das Filas; Teoria dos Jogos; Programação; Pacote.

Nota: Todas as ferramentas apontadas acima já foram, praticamente, abordadas no texto.

Capítulo 19
PREVISÃO

"Fazer uma previsão é a mesma coisa que tentar dirigir um carro numa estrada desconhecida, seguindo as instruções de alguém que está olhando pelo retrovisor"

Philip Kotler

OBJETIVOS DO CAPÍTULO

- Mostrar que a previsão ajuda na elaboração do plano empresarial.
- Apresentar métodos de previsão de vendas.
- Mostrar como é o processo de previsão.
- Mostrar tipos de previsão e seus respectivos cálculos.

19.1 PREVISÃO

Uma previsão é uma tentativa de determinação de futuros eventos, que poderão ocorrer (registros de uma série probabilística) ou não. Ela é uma função administrativa que serve para estimular uma situação futura, para um determinado período, a partir de dados, informações e recursos existentes.

Toda previsão é, por definição, errada, porque não há um grau de certeza absoluto.

Se o futuro pudesse ser previsto com precisão ou, em outras palavras, se os homens de negócio estivessem operando sob condições estáticas, o planejamento da empresa seria relativamente simples. O administrador só teria de tomar em consideração seus recursos e seguir adiante, com um elevado grau de certeza.

Na prática, as previsões variam, consideravelmente, em extensão, profundidade e qualidade. Vai desde uma simples impressão do administrador até uma análise do futuro, feita por um grupo de assessores competentes.

Alguns negócios requerem previsões por especialistas para longos períodos, e outros podem operar eficientemente mediante previsões de curto prazo, que refletem pouco mais que as predileções de seus administradores.

Junto com o conceito de previsão precisam ser colocados outros conceitos, tais como:

Estimativa – Estimativa é a quantificação de determinada demanda de um produto, suficiente para gerar receita que dê um lucro satisfatório.

Projeção – Projeção é uma previsão, perfeitamente, calculável, isto é, a situação futura tende a se comportar como no passado.

Predição – Predição é uma previsão baseada numa expectativa, isto é, situação em que o futuro tende a ser diferente do passado, mas a empresa não tem nenhum controle sobre o seu processo e desenvolvimento.

Previsibilidade – Grau de precisão com o qual um evento pode ser descrito, quando uma empresa é obrigada a iniciar certa resposta, caso a mesma deva ser completada à época da chegada do evento. Deve-se lembrar que a previsibilidade é uma medida de quão completa e inequívoca é a informação disponível à empresa no momento em que deve reagir, para que sua resposta seja oportuna.

Previsibilidade elevada quer dizer que a informação é adequada, para definir e avaliar alternativas específicas. Uma previsibilidade reduzida é encontrada na situação em que a informação é parcial, as alternativas de ação ainda não estão claras e, tampouco, suas consequências.

Prognóstico – Conjectura sobre o desenvolvimento de um cenário de uma situação futura.

Nível de Previsão – O nível ótimo de previsão é aquele, cujo custo de execução de um método de previsão compensa exatamente o custo de operação, decorrente de se trabalhar com uma previsão inferior ou inadequada. À medida que a atividade de previsão aumente, os custos crescerão. Por outro lado, as previsões de qualidades inferiores podem resultar em custos não previstos de recursos.

Erro de Previsão – Uma medida simples de erro de previsão é a de computar o desvio entre os valores reais e os de previsão. Os desvios irão variar de mais para menos, mas devem tender a zero, se a previsão estiver no alvo.

19.2 PREVISÃO DE VENDAS

A previsão de vendas é a estimativa de situação futura, em função de um mercado conhecido de um dado produto. Segundo Philip Kotler, "a previsão é o nível esperado das vendas da empresa, baseado em um plano estratégico escolhido em um ambiente pressuposto de marketing".

A previsão de vendas significa a previsão de receita da empresa e se constitui, portanto, no elemento básico da orientação gerencial. Ela deve ser encarada como uma variável dependente que é afetada, entre outras coisas, pelas atividades planejadas de marketing.

As previsões de vendas mostram a demanda esperada de mercado e não a demanda de mercado mais elevada possível. A previsão de vendas é feita, por meio de modelos matemáticos.

A previsão de vendas é uma função do Departamento de Vendas, porque este é o departamento que tem o melhor conhecimento do mercado. Não é, todavia, raro encontrar empresas em que esta função é exercida pelo Departamento de Marketing. Ela é vital para o Departamento de Finanças, na elaboração de orçamentos de receita.

Para o Departamento de Produção, a previsão de vendas é informação básica para a determinação das quantidades a serem produzidas, cujo conhecimento decorre, logicamente, dos produtos a serem vendidos e dos níveis de estoque.

A fim de suavizar o desequilíbrio que surge entre a unidade de produção e a força de vendas, é necessário prever vendas, em curto e longo prazos.

Se alguém se aventurar para fora do espaço e do tempo, estará extrapolando. Se extrapolar para o futuro estará prevendo. A previsão de vendas, embora acompanhada pelo pessoal de marketing, é feita por matemáticos, estatísticos e analistas de sistema.

A previsão é influenciada pelo planejamento estratégico, o que exige um diálogo contínuo entre a gerência de marketing e aqueles que fazem as previsões na empresa.

O processo de previsão impõe considerar fatos importantes, fatores sazonais, ciclos de demandas, tendências e métodos possíveis para realizar a pesquisa. Toda previsão tem valor relativo, pois qualquer previsão é errada por natureza.

As previsões diferem apenas na extensão dos seus erros. Por isso, a previsão deve ser considerada sempre como um meio e nunca como um fim em si mesmo.

A seguir, os principais passos de um processo de previsão:

- Definir o tipo de previsão a realizar (quantidade de demanda, receita com vendas, lucros possíveis).
- Determinar a unidade de medida (quantidade, faturamento).
- Definir período de tempo da previsão (anual, semestral, época especial).
- Conhecer a taxa de crescimento do mercado para avaliar se procede, ou não, a previsão.
- Montar um plano de previsão (objetivos, métodos escolhidos, recursos tecnológicos, cronograma, recursos humanos, orçamento).
- Determinar as efemérides do ano (feriados, festas, feiras, congressos, simpósios e exposições).
- Definir o método a ser utilizado na previsão (algébrico, gráfico, estatístico, simulação, probabilidade).
- Implementar o método e relatar resultados.

A estratégia não pode ser formulada sem uma previsão explícita ou implícita de como a estrutura da empresa vai evoluir. Infelizmente, contudo, o número de variáveis que entram em uma previsão é, em geral, muito grande. Em consequência, qualquer método para reduzir a complexidade do processo de previsão é altamente aconselhável.

19.3 MÉTODOS DE PREVISÃO

Normalmente, um método de previsão estará em função de: recursos disponíveis, conhecimento do coordenador, orçamento, nível de percepção dos envolvidos no processo de previsão. A utilização de um determinado método de previsão terá vantagens e desvantagens como toda escolha entre alternativas. Assim, é importante levar em consideração, as seguintes premissas relativas ao método:

- O método deve se aproximar, o mais possível da certeza, evitando uma grave distorção.
- O método não deve ser um caldeirão burocrático consumidor de tempo e criador de confusão.
- O método não deve ser baseado em especulação e, sim, em bases científicas, fundamentadas, principalmente, no conhecimento da matemática e da lógica.

A seguir, os mais importantes métodos de previsão de vendas:

Método da Opinião de Executivos – Este método talvez seja o mais velho e mais simples, de vez que é meramente a combinação da média das opiniões, muitas das quais podem ser pouco mais do que palpites da alta administração. Nele diversos executivos da empresa desenvolvem suas previsões, reunindo os dados de que podem dispor e combinando-os com fatores subjetivos, que creem poderão afetar as vendas futuras.

- Vantagens: proporciona rapidez no processo de tomada de decisão; dá facilidade na construção do plano de previsão de vendas; permite conjugar experiência e julgamento; não requer a preparação de estudos econômicos e estatísticos elaborados.
- Desvantagens: os dados reunidos podem não ser significativos e relevantes; a pesquisa ficará por conta das habilidades e inteligência dos executivos; as previsões se baseiam mais em opiniões do que em análises dos fatos; a média das opiniões reduz a responsabilidade por uma previsão exata; previsões não podem ser desmembradas em produtos, períodos de tempo ou unidades organizacionais.

Método da Opinião de Vendedores – Um dos métodos mais comumente usados para previsão de venda é o de se obter um ponto de vista combinado de vendedores de linha e gerentes de venda quanto às vendas esperadas. Esta previsão é feita através da opinião de cada vendedor, baseada no que ele espera vender, em seu território, durante o exercício seguinte.

A técnica usual é pedir aos vendedores que façam uma previsão de vendas para seus distritos e entregá-las ao gerente regional e ao gerente geral de vendas para que sejam revistas. Naturalmente, este método é baseado na crença de que os que estão mais perto do mercado têm melhor conhecimento dele.

- Vantagens: a consulta é feita entre os que mantêm estreito contato com o mercado; a equipe sente mais confiança; a responsabilidade é transferida à equipe; com uma amostragem mais ampla, a previsão se torna mais válida; uma discriminação entre produtos, consumidores e territórios é conseguida.
- Desvantagens: os vendedores tendem a subestimar o mercado; os vendedores têm pouca capacidade para observar os elementos conjunturais; os vendedores não possuem treinamento adequado para pesquisas; os vendedores tendem a conferir maior peso às condições presentes; os vendedores tendem a se mostrar pessimistas; os vendedores desejam cotações orçamentárias mais liberais, para despesas, promoções e publicidades.

Método da Opinião de Especialistas – Este método de previsão envolve uma consulta a pessoas bem informadas (distribuidores, consultores).

- Vantagens: as previsões podem ser realizadas com relativa rapidez e baixo custo; pontos de vista diferentes são trazidos e equilibrados no processo; se os dados forem esparsos ou inexistentes, não haverá a necessidade de consulta a muitos especialistas.
- Desvantagens: as opiniões são, geralmente, menos satisfatórias que os fatos reais; a responsabilidade se dispersa e às boas e às más estimativas recebem pesos iguais; o método apresenta menor confiança para grandes territórios.

Método da Consulta Direta – Este método baseia-se em consultas a consumidores e usuários sobre suas intenções de compra num dado período de um ou mais produtos. O método é moroso e, é evidente, torna-se inaplicável em mercados de consumidores em número bastante elevado. É um bom método para mercados onde o número de consumidores é restrito.

Evidentemente, se uma empresa pode obter uma amostra de informação adequada e digna de confiança daquilo que seus clientes irão comprar, mesmo que as encomendas efetivas ainda não estejam feitas, terá uma boa base sobre a qual desenvolver uma previsão.

A consulta direta ao mercado é, especialmente, desejável na previsão de vendas de um novo produto ou de um novo canal de distribuição, por exemplo. A consulta direta é o melhor método para medir a satisfação do consumidor e se você tem consumidores satisfeitos, provavelmente, continuará vendendo como no presente.

Pequenos negociantes devem ouvir o que os consumidores têm a dizer para preverem quais as necessidades a serem atendidas. Quando não ouvem, deixam passar até novas oportunidades. Infelizmente muitos empresários acham que consumidores são pessoas ignorantes.

Quando não se pode fazer uma previsão sistemática, como acontece com as pequenas empresas, este método tem nítidas vantagens sob os demais métodos de previsão. Mas, é difícil de ser utilizado em casos em que os consumidores são numerosos ou não são facilmente localizados, ou pouco cooperativos. É também sujeito à dificuldade de ser capaz de avaliar corretamente expectativas do mercado, visto que as melhores estimativas deste tipo são usualmente estimativas de necessidades e não de compromissos.

Método Gráfico – Este método tem por base o estudo das vendas em períodos anteriores (série histórica) e se baseia na aceitação de seus resultados e na suposição de que os movimentos de vendas ocorrerão de forma semelhante no futuro. É baseado na série histórica. O gráfico (curva) é construído utilizando-se os valores da série estudada.

A plotagem (colocação dos pontos no gráfico) poderá ser simples, aleatória, sazonal ou função de médias. Considere-se a seguinte série histórica de vendas num determinado ano: J = 340; F = 480; M = 350; A. = 300; M = 320; J. = 250; J. = 200; A. = 170; S = 280; O = 310; N. = 380; D = 450.

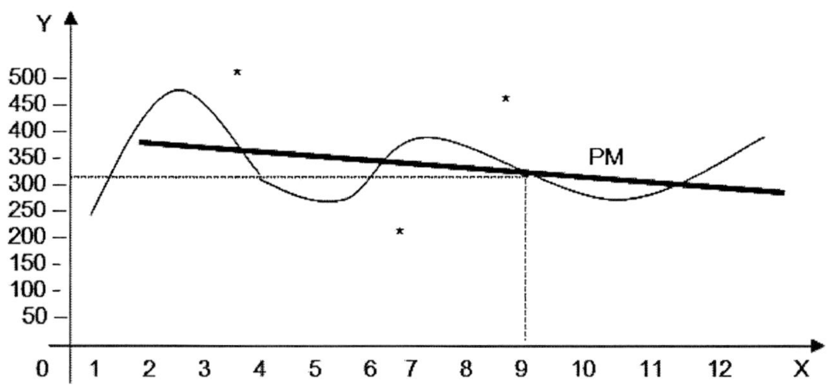

Figura 19.1: Modelo de Previsão de Vendas.

Simbologia:
Y = Eixo dos Y (indica o faturamento ou quantidade vendida)
X = Eixo dos X (indica o tempo em meses, por exemplo)
PM = Ponto médio da série = 320
* = Ponto de inflexão

Após o término do gráfico você determina a melhor posição da reta (curva) que fique o mais próximo dos pontos colocados no gráfico, incluindo o ponto médio da série. Muitas vezes, desconsideramos pontos de inflexão para facilitar encontrar o caminho (reta). Devem existir tantos pontos acima quanto abaixo da reta, se possível. A inclinação da reta mostrará a tendência.

Resposta: No caso, a tendência é de baixa.

O método gráfico consiste no ajustamento por meio de uma reta de uma curva de valores históricos, mediante a simples inspeção do gráfico. Entretanto, ele apresenta a desvantagem evidente de depender, consideravelmente, do critério do analista.

Método das Médias Móveis – Este método é baseado em médias por grupos de valores. A tendência é descrita mediante um ajuste das flutuações de dados através de médias parciais. São eliminados, através deste método, os fatores irregulares, sazonais ou cíclicos por meio de médias sucessivas de grupos de dados.

A média móvel é um dos métodos mais elementares de previsão de vendas, e na sua forma simples pressupõe a existência de tendências ascendentes ou descendentes, eliminando valores aleatórios que podem mascarar o resultado.

O exemplo, a seguir, ajuda a entender este método. Uma empresa teve os seguintes resultados em vendas, para os meses de: janeiro = 200,00; fevereiro = 220,00; março = 260,00; abril = 180,00; maio = 200,00; junho = 210,00; julho = 300,00; agosto = 270,00; setembro = 320,00; outubro = 290,00; novembro = 330,00; dezembro = 340,00.

O número de médias móveis (M) foi tirado das observações feitas para um período de 5 meses. Pergunta-se: Qual a tendência das vendas?

O número M é dado pela fórmula: M = n - (G - 1)

Onde:
n = Quantidade de registros para os valores de venda = 12
G = Escolha alheatória de observações para um determinado período = 5
M = Quantidade de médias móveis
M = 12 - (5 - 1) = 8

Cálculo das médias por período de cinco meses:

M1 = (200+220+260+180+200) / 5 = 212
M2 = (220+260+180+200+210) / 5 = 214
M3 = (260+180+200+210+300) / 5 = 230
M4 = (180+200+210+300+270) / 5 = 232
M5 = (200+210+300+270+320) / 5 = 260
M6 = (210+300+270+320+290) / 5 = 278
M7 = (300+270+320+290+330) / 5 = 302
M8 = (270+320+290+330+340) / 5 = 310

Resposta: A tendência é de alta.

Embora este método seja de aplicação simples, ele pode conduzir a resultados medíocres, quando usado indiscriminadamente. Também somente é aplicável quando a tendência é linear ou aproximadamente linear, embora possa ser estendido aos casos nos quais os dados são grupados em várias partes, tendo em cada uma delas uma tendência linear.

As principais desvantagens desse método são: os dados do começo e do fim da série desaparecem; as médias móveis podem gerar movimentos cíclicos, ou de outra natureza, que não existem nos dados originais; as médias móveis são fortemente afetadas pelos valores extremos.

Método da Ponderação – Este método é baseado em fatores de peso. Adota-se a ponderação, pela simples razão de que os acontecimentos mais recentes são bem mais importantes e influem mais sobre a previsão do que as observações mais antigas.

O quadro, a seguir, dá um exemplo do método da ponderação.

Ano	Trimestre	Vendas (V)	Peso (P)	V x P
2008	1º	82	0,500	41,00
2007	4º	71	0,250	17,75
	3º	57	0,125	7,12
	2°	62	0,062	3,85
	1°	78	0,031	2,42
2006	4º	69	0,016	1,10
	3°	58	0,008	0,46
	2°	59	0,004	0,24
	1°	75	0,002	0,15
2005	4º	73	0,001	0,07
Totais			0,999	74,16

Quadro 19.1: Método de Previsão de Vendas por Ponderação.

A soma dos pesos terá de ser igual à unidade. O resultado 0,999 vem do abandono de casas decimais. Os anos mais próximos da atualidade terão um peso maior. Para tal, adotamos começar a dar peso de 50% (0,500) para o último trimestre e diminuir pela metade o peso quando caminhamos para o passado.

O valor 74,16 é a nossa previsão para o 2º trimestre de 2008, que corresponde ao somatório dos valores V x P.

Método dos Mínimos Quadrados – Método muito utilizado para se fazer previsão de vendas, é também conhecido como análise de regressão por ter sido desenvolvido por Galton, estatístico do Século XIX. A seguir, um exemplo do método dos mínimos quadrados:

Meses	Vendas
Jan	324
Fev.	463
Mar	374
Abr.	363
Mai	349
Jun	302
Jul	169
Ago	256

Set	263
Out	334
Nov	336
Dez	270

Fórmula do cálculo da tendência:
T = (Xn - X1) / (n - 1)

Onde:
T = Tendência da série considerada
Xn = Valor de vendas do último mês considerado da série
X1 = Valor de vendas do primeiro mês considerado
n = Número de meses do período

Amostras:

Amostra do período (dezembro - janeiro) = (270 - 324) / (12 -1) = - 4,91
Amostra do período (novembro - fevereiro) = (336 - 463) / (10 - 1) = - 14,11
Amostra do período (outubro - março) = (334 -374) / (8 - 1) = - 5,71
Amostra do período (setembro - abril) = (263 - 363) / (6 -1) = - 20,00

Resposta: A previsão de venda é de queda (todas as amostras são negativas).

Método Algébrico – O método algébrico pode ser considerado um método complementar ao método gráfico, porque, depois de definido o ângulo de inclinação da reta e onde a mesma corta o eixo das ordenadas (eixo Y), é possível determinar os coeficientes da reta.

A equação da reta é representada por: y = a + bx

Onde:
y = Variável dependente (valor que se quer calcular).
a = Coeficiente linear da reta (cota onde a reta corta o eixo Y).
b = Coeficiente angular (valor dado pela tangente do ângulo que a reta faz com o eixo X).
x = Variável independente (valor de referência que pode ser a receita com vendas do mês anterior ou a média de um período anterior).

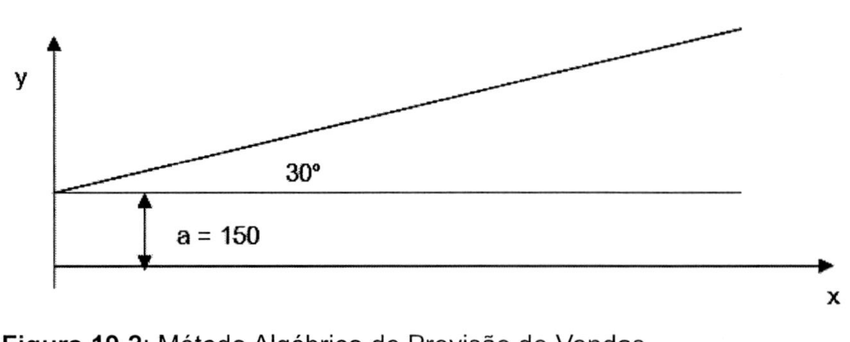

Figura 19.2: Método Algébrico de Previsão de Vendas

Se a = 150,00 e b = tangente 30° = 0,58, a reta y = 150 + 0,58x

Se, por exemplo, x = 250,00, vem: y = 150 + 0,58 x 250 = 150 + 145 = 295,00

Resposta: Se a tendência for mantida, no próximo mês, o valor a ser vendido será de 295,00.

Método do Ajuste da Curva – Este método pode ser utilizado para minimizar as ondulações da curva resposta de uma série histórica. Quando estabelecemos os desvios em relação à média aritmética e aplicamos um fator de correção para o ajuste da série estamos praticando uma regressão que leva a novos valores.

A seguir, um exemplo do método do ajuste da curva:

P	V	MA	D	F	NV
1	324	317	- 7	- 3,5	320,5
2	463	317	- 146	-73,0	390,0
3	374	317	- 57	- 28,5	345,5
4	363	317	- 46	- 23,0	340,0
5	349	317	- 32	-16,0	333,0
6	302	317	15	7,5	309,5
7	169	317	148	74,0	243,0
8	256	317	61	30,5	286,5
9	263	317	54	27,0	290,0
10	334	317	- 17	- 8,5	325,5
11	336	317	- 19	- 9,5	326,5
12	270	317	47	23,5	293,5
	3.803				

Onde:
P = Período considerado (mês, ano)
V = Vendas de cada período
MA = Média aritmética da série = 3.803 / 12 = 317
D = Desvio = MA - V
F = Fator de correção do desvio = D / 2 (arbitrado em 50%)
NV = Novo valor = V + F

É possível traçar uma nova média aritmética e repetir o processo, visando ajustar, cada vez mais, a curva, eliminando valores muito acima ou muito abaixo da média.

Método da Regressão – Como o método da regressão é muito difícil de entender, passemos a apresentar um quadro para um período de 12 meses e seus elementos de cálculo:

P	p	x + pt	V	V x p	Vi	E
1	- 5,5	x - 5,5 t	324	- 1.782	373	- 49
2	- 4,5	x - 4,5 t	463	- 2.083,5	363	+ 100
3	- 3,5	x - 3,5 t	374	- 1.309,0	353	+ 21
4	- 2,5	x - 2,5 t	363	- 907,5	342	+ 21
5	- 1,5	x - 1,5 t	349	- 523,5	332	+17

6	- 0,5	x - 0,5 t	302	- 151,0	322	- 20
7	+ 0,5	x + 0,5 t	169	+ 84,5	312	- 143
8	+ 1,5	x + 1,5 t	256	+ 384,0	302	- 46
9	+ 2,5	x + 2,5 t	263	+ 657,5	291	- 28
10	+ 3,5	x + 3,5 t	334	+ 1.169,0	281	+ 53
11	+ 4,5	x + 4,5 t	336	+ 1.512,0	271	+ 65
12	+ 5,5	x + 5,5 t	270	+ 1.485,0	261	+ 9
Totais	0		3.803	- 1.464,5	3.803	0

Simbologia:
P = período (mês)
p = peso (afastamento em relação ao meio do período)
x = média de vendas = F/N
Total de vendas = 3.803
Número de períodos = 12
V = valor da venda do mês
Somatório dos produtos (p x V) = - 1.464,50
p^2 = (pp) = p ao quadrado
S (pp) = somatório dos quadrados de p
Vi = valor interpolado = x + pt
t = coeficiente de regressão linear
E = margem de erro

Cálculo de p:
p1 = (1 -12)/2 = -5,5; p2 = (2 -11)/2 = - 4,5; p3 = (3 - 10)/2 = - 3,5; p4 = (4 - 9)/2 = - 2,5
p5 = (5 - 8)/2 = -1,5; p6 = (6 -1)/2 = - 0,5; p7 = (7 - 6)/2 = + 0,5; p8 = (8 - 5)/2 = + 1,5
p9 = (9 - 4)/2 = + 2,5; p10 = (10 - 3)/2 = + 3,5; p11 = (11 - 2)/2 = + 4,5; p12 = (12 - 1)/2 = + 5,5

Cálculo de x:
x = 3.803/12 = 316,9

Cálculo de t:
t = S (p x V) / S (pp)
S (pp) = (p1 x p1) + (p2 x p2) + + (p12 x p12) = 143
S (p x V) = - 1.464,5
t = (- 1.464,5) / 143 = - 10,24

Cálculo de Vi:
Vi = x + p x t
Vi (1) = 316,9 + (- 5,5) (-10,24) = 316,9 + 56,32 = 373
Vi (2) = 316,9 + (- 4,5) (-10,24) = 363
....
Vi (12) = 316,9 + (5,5) (-10,24) = 261

Cálculo de E:
E = V – Vi
E (1) = 324 - 373 = - 49
E (2) = 463 - 363 = 100
....

E (12) = 270 - 261 = 9

Exemplo:
Calcular a previsão de vendas para o próximo período, tomando como rol o seguinte:

Número de Períodos	Soma dos Quadrados dos Pesos
3	2
4	5
5	10
6	17,5
7	28
8	42
9	60
10	82,5
11	110
12	143

Cálculo de p para o período 13:
P13 = 13 - (P12 - p12) = 13 - (12 - 5,5) = 13 - 6,5 = 6,5

Cálculo do valor interpolado:
Vi (13) = x + p x t = 316,90 + 6,5 (- 10,24) = 316,90 - 66,56 = 250,34

Resposta: A previsão de vendas para o próximo período é de 250,00 (aproximadamente)

Capítulo 20
NEGOCIAÇÃO

"É inútil dizer a um rio para parar de correr. É melhor aprender a navegar na direção de seu fluxo".

Confúcio

OBJETIVOS DO CAPÍTULO

- Mostrar a importância do conhecimento dos fundamentos da negociação.
- Mostrar que o negociador, se não tiver o conhecimento necessário, estará fadado ao fracasso.
- Mostrar as artimanhas numa negociação.

20.1 NEGOCIAÇÃO

A negociação apresenta-se como uma interação verbal e gestual, em que as partes propõem, contrapõem e argumentam sobre algum objeto de acordo, nas situações em que existem interesses comuns, complementares e opostos, isto é, conflitos, divergências, antagonismos, ideias e posições.

A negociação é um processo em que as partes envolvidas se deslocam de suas posições originais, inicialmente divergentes, para um ponto no qual a convergência possa ser realizada.

As pessoas discutem negócios diariamente e chegam a acordos sem negociar. Discussão, comunicação, reunião e entrevista não representam o mesmo que negociação.

O propósito da negociação é conferir e permutar pontos de vista, chegar a um acordo conciliatório, transacionar por intermédio do "dar" e "receber". O problema na negociação é encontrar os meios para alterar ou dirigir o comportamento da outra parte. Para tal, será preciso persuadir, interessar, dissuadir ou atemorizar.

O processo de negociação é um tipo de interação humana em que as partes buscam resolver diferenças, através da obtenção de um acordo, troca, partilha, barganha, doação.

Negociação não é recente. Ela tem sido empregada por milhares de anos como modo não violento e, socialmente, aceitável de alcançar e conciliar as diferenças e os conflitos. A maneira como desenvolvemos este processo é decisiva para o desfecho da negociação.

Toda negociação significa alcançar objetivos. Assim, é necessário que saibamos formular com propriedade nossos objetivos e o que estamos dispostos a ceder, pois negociação não é doação. Ela pode ser entendida como um campo de forças impulsionadoras e restritivas.

Uma preparação inadequada da negociação pode conduzir a um acordo nocivo ou a um não acordo.

Uma negociação é fruto de um relacionamento e não de um ato isolado. Muitos são os elementos que influenciam uma negociação.

A seguir, abordaremos os principais elementos da negociação:

Cenário da Negociação – Os resultados de uma negociação não decorrem apenas da atuação isolada dos negociadores. Todos eles estão submetidos a uma rede de tensões e influências, algumas facilmente verificáveis, outras ocultas e dissimuladas, isto é, os negociadores estão à mercê de diversas variáveis que compõem o cenário da negociação.

Devemos considerar três cenários:

- O primeiro, é aquele onde acontece a negociação.
- O segundo, é constituído por todos os personagens e fatores organizacionais, bem como os intermediários da negociação, que embora não estejam diretamente envolvidos, influenciam de forma indireta.
- O terceiro, pelos fatores ambientais, pelas variáveis sociais e macroeconômicas, podendo incluir a opinião pública.

Solução do Problema da Negociação – Na negociação baseada na solução de um problema, procura-se compreender a natureza do que está sendo negociado. Assim, a situação tem de ser entendida, pelo menos, sob a ótica dos negociadores. Precisa ser diagnosticada e resolvida de modo a atender aos interesses das partes.

Para negociar com base na solução de problemas é necessário, em primeiro lugar, saber que existe essa possibilidade, em segundo, estar disposto a investir nessa direção.

Estrutura da Negociação – A estrutura da negociação é dada por um conjunto de relações que são o resultado da interação das características das partes. Ela é função de: possibilidades, necessidades, preferências, percepções, imposições, condições, habilidades, personalidades, experiências, concessões, impasses, estilos, comportamentos, comunicações, hábitos.

Equipe de Negociação – Negociar em equipe, mais do que nunca, está se tornando uma necessidade imprescindível, sobretudo para os casos mais complexos, em que é impossível a uma única pessoa dominar todos os aspectos relevantes. Isto porque o montante de conhecimentos e informações técnicas, jurídicas, econômicas e financeiras necessárias é extremamente significativo. Além do mais, uma pessoa que for negociar sozinha com uma equipe bem preparada estará em grande desvantagem.

Para bem negociar em equipe é indispensável uma boa preparação e uma definição precisa de papéis, procedimentos, atitudes e canais de comunicação. Em geral, não damos muito valor a um bom planejamento da negociação. Uma equipe bem preparada é uma vantagem competitiva. Muitas vezes, as pessoas são reunidas às pressas, sem que cada um saiba que papel desempenhar.

Negociar em equipe tem uma série de vantagens, mas a maior é o efeito sinergético. Entretanto, é possível que apareçam conflitos entre integrantes de uma mesma equipe, para fatores, indevidamente, definidos e identificados.

Dimensão da Negociação – Apesar da maioria das negociações se definir pelo envolvimento de duas partes, na verdade existem quatro dimensões básicas: Negociações entre duas equipes; Negociações dentro de cada equipe; Negociações entre cada equipe e sua própria organização; Negociações entre cada uma das equipes e outras partes interessadas, como: mídia, opinião pública, governo, concorrência, outra organização.

20.2 NEGOCIADOR

Você é um negociador, quer queira, quer não. Negociar é uma forma de viver. Pode-se viver impondo e exigindo ou concedendo e fugindo. Negociação pode ser uma contraposição a tudo isso. Negociar é enfrentar situações para encontrar soluções.

Vivemos num mundo em que negociar faz parte do dia a dia. Onde quer que haja interesses contrariados, haverá espaço para negociação. Quase tudo pode ser objeto de negociação. Pessoas de sucesso são hábeis na arte de negociar, isto é, são bons negociadores.

Existem duas razões que nos impedem de perceber que somos todos negociadores. A primeira, é a falta de ética. A segunda, é a nossa própria formação (religião, filosofia, valor, comportamento, conhecimento, personalidade).

De um negociador experiente espera-se que seja claro com referência ao seu ponto de vista, trabalhe com afinco diante de uma questão altamente significativa e se situe próximo à sua posição. Precisa saber trabalhar o poder da barganha, deve listar as concessões em uma ata de reunião e gerenciar sua equipe de forma efetiva. Também deve saber motivar a parte confrontante para que essa entre na discussão, sendo íntegro, objetivo, conciso e prestativo

É provável que os problemas sejam minimizados quando os negociadores são pessoas experientes nesta arte. O negociador experiente deve saber ouvir e não tomar a iniciativa de formular propostas e também deixar que elas sejam construídas ao longo da negociação.

De um negociador experiente espera-se que não cometa erros banais, a fim de evitar obstáculos que não possam ser trabalhados, tais como:

- Facilitar as coisas para o confrontante.
- Comprometer-se antecipadamente.
- Deixar questões importantes para mais tarde.
- Demonstrar triunfo e júbilo antes do tempo.
- Desviar o rumo da negociação.
- Fundamentar sua argumentação em incertezas.
- Embaraçar o confrontante.
- Demonstrar pressa e ganância.
- Ser capaz de obter resultados dentro da margem a que se propõe.
- Saber que o importante não é o que fazer, mas sim as respostas que receber por aquilo que fizer.
- Desenvolver seu poder pessoal e saber como utilizá-lo com propriedade e oportunidade.
- Ser flexível e saber como aliciar estados mentais positivos.
- Ter uma grande necessidade de realização e empregar sua energia corretamente, nos pontos que, efetivamente, são pertinentes e significativos.
- Ser paciente e determinado.
- Correr riscos de forma adequada.
- Saber determinar objetivo.
- Fazer escolhas apropriadas.
- Saber diferenciar o essencial do acidental.
- Poder conviver com situações de ambiguidade, conflito, insegurança, risco, incerteza e estresse.
- Ser capaz de refletir e de agir de acordo com cada situação específica.
- Não fazer um acordo do qual venha a se arrepender.

20.3 ELEMENTOS DO NEGOCIADOR

A seguir, alguns elementos do negociador:

Interesse – Cada parte na negociação defenderá seus interesses por julgar os mesmos legítimos e verdadeiros.

Simpatia – Seja simpático e nunca vá para uma reunião com a cara fechada. O sorriso é um grande instrumento para abrir portas.

Persuasão – A persuasão é a arma da arte de vender, conduzir, induzir, convencer.

Construção – Este aspecto é muito exaltado pelos autores, pois consideram esta etapa como um somatório de esforços para se chegar ao final da negociação.

Movimento – O movimento que as partes fazem no transcurso da negociação deve estar voltado para uma convergência de objetivos e interesses.

Acordo – Representa a perda de alguma coisa por parte de um lado ou por parte de ambos. O acordo é um modo honesto de se chegar a um entendimento, pois ambas as partes se movimentam, aproximadamente, em proporções iguais.

Barganha – Significa a troca de algo por um interesse prejudicado.

Coerção – Coagir alguém numa negociação só deve ser usado em último caso. No entanto, não podemos salientar, de forma satisfatória, que isto não ocorre diariamente no mundo dos negócios.

Lógica – A lógica se refere aqui à construção da negociação, isto é, utilizar um raciocínio lógico preferencialmente.

Relacionamento – Saber se relacionar com pessoas, nem sempre é tão fácil quanto parece. A partilha numa negociação deve ser equilibrada pelos interesses dos participantes.

Avaliação – Durante todo o tempo as partes (negociadores) avaliam a situação, a parte oponente e se auto avaliam.

Confiabilidade – A confiança costuma ser considerada como o elemento mais importante de um bom relacionamento funcional. Um alto nível de confiança permite-nos aceitar o que o outro diz sem precisar questioná-lo e acreditar em suas promessas.

Aceitação – Mesmo nos casos mais simples, rejeitar uma pessoa, cujos interesses divergem dos nossos, impede fisicamente a comunicação. A não aceitação do confrontante define que não há nada a ganhar e aprender com o outro.

Esta atitude é burra, pois sempre temos algo a aprender com alguém, mesmo que seja como não proceder. Pior é quando o outro é mais inteligente do que nós e perdemos a oportunidade de aprender mais.

20.4 PROCESSO DE NEGOCIAÇÃO

É verdade que o resultado da negociação é muito importante. Mas, se nós vamos voltar a negociar com a mesma pessoa, é crítico que passemos a considerar também o andamento do processo de negociação. Certamente, a próxima negociação poderá ser beneficiada ou prejudicada, em função de como foi conduzida a anterior.

Para melhor utilização de uma política de negociação é importante que o leitor procure lembrar-se de fatos e situações que possam ajudar a diagnosticar a existência de algum problema. Busque quantificar os eventos problemas e qualificar seus causadores.

Um primeiro problema a ser considerado é a não observância de uma sequência adequada (metodologia) durante o processo de negociação, tal como:

- Preparação (planejamento prévio).
- Abertura (formalidades iniciais).
- Exploração (identificação das necessidades e expectativas).
- Apresentação (enunciação de sua proposta e dos respectivos benefícios para o outro).
- Clarificação (esclarecimento de dúvidas).
- Ação final (identificação de sinais favoráveis, propostas de prazo).
- Controle (documentação onde são registrados os acordos firmados).
- Avaliação (medir a relação previsto/realizado).

A identificação prévia dos objetivos máximos e mínimos dá ao negociador a famosa margem de concessão, que quanto menor for tanto maior a radicalização acontecerá. A falta de empatia de uma das partes e uma preocupação com seus próprios interesses são um meio favorável ao conflito.

Um bom negociador começa a reunião quebrando a tensão, contando uma piada, fazendo um elogio ou comentário sobre determinado artigo da mídia ou fato comum ao setor que atua.

No início da negociação devem-se evitar perguntas descritivas e de avaliação, pois tais atitudes inibem os negociadores que passam a tomar posições defensivas. Assim, faça perguntas amenas, voltadas a criar um clima de harmonia e de trabalho inteligente.

Mostrar preocupação com as dúvidas levantadas aumenta a confiança mútua entre os negociadores.

Num processo de negociação é comum a não aceitação da lógica alheia, porque esquecemos que somos pessoas e, portanto, diferentes nas maneiras de pensar e agir. Ideias diferentes das nossas não são necessariamente ruins.

Existe um elemento do ritual relacionado ao processo de negociação. Se a negociação for realizada muito rapidamente, por exemplo, então pelo menos uma parte estará propensa a se sentir insatisfeita. Se você não seguir algumas das etapas básicas, provavelmente, se sentirá inseguro quanto a ter conseguido o melhor resultado possível.

O processo de negociação trata da sequência ou caminho a ser percorrido desde o início até o final da negociação. Identifica obstáculos e proporciona maneiras de ultrapassá-los. Trata da forma como se deve utilizar o conhecimento do assunto e as habilidades de relacionamento durante a negociação. Mostra o que, como e quando fazer com estes dois componentes, considerando o encadeamento das ações.

Quando se trata de negociação, o princípio matemático de que a ordem dos fatores não altera o resultado é falso, ou seja, o caminho que se segue pode alterar, em muito, o resultado da negociação. As principais etapas da negociação são:

Preparação – Preparar uma negociação significa fazer o dever de casa. Nada apresenta tantos benefícios quanto uma preparação bem-feita. Ela consiste em identificar todos os fatores necessários e suficientes para obter êxito e em criar condições prévias para que tais fatores possam ocorrer, efetivamente, no curso do processo de negociação. O que você fizer neste estágio determinará o rumo e, muito provavelmente, o resultado da negociação.

Planejamento – O planejamento constitui a etapa que reflete a forma que atenderá a um questionamento, como por exemplo:

- Qual a importância desta negociação?
- Quais serão as consequências se ela for malsucedida?
- De que forma dar início à negociação?
- Como as partes reagirão?
- Como estabelecer um programa de trabalho?
- Como impor condições e reduzir expectativas da outra parte?
- Que função cada membro da equipe (caso haja) desempenhará?
- Como responder questões difíceis que a outra parte, certamente, levantará?

Iniciação – Quando duas ou mais pessoas se reúnem para negociar, a primeira coisa que elas fazem é não delinear as posições iniciais de suas empresas. Elas se cumprimentam e trocam saudações. Se optar por ser indelicado e ignorar o protocolo padrão, não prestará nenhum auxílio, nem a você mesmo. Iniciará a reunião com a outra parte se sentindo indiferente, quando na realidade o desejável é que ela se sinta segura de bons resultados.

A posição inicial de cada lado possui efeito maior sobre o resultado final do que qualquer dos movimentos posteriores.

Avaliação – Nesta fase, cada parte busca favorecer e explicar sua própria posição e, ao mesmo tempo, investigar o outro lado a fim de descobrir fraquezas e quais os movimentos são possíveis. As variáveis negociáveis são também exploradas nesta fase. Estas variáveis deverão, da mesma forma, ser descritas a fim de assegurar que todas sejam devidamente investigadas.

Outro objetivo da avaliação consiste em exercer influência sobre as expectativas da outra parte, condicionar um rumo para seu ponto de vista e fazer supor que um acordo com você não será facilmente alcançado.

Movimentação – Nesta fase da negociação, as partes tentarão obter o máximo de vantagens para si; questionarão pressupostos e fatos que fundamentarão posições e propostas; procurarão inconsistências nas argumentações contrárias para mostrar domínio de conhecimento; mostrarão vantagens no que estão propondo.

Desfecho – Um problema comum reside em tentar responder à questão: Quando a negociação está se aproximando de um desfecho? Alguns indicadores podem ser: um repetido não; as concessões se tornam progressivamente menores; sinais não verbais.

Análise de Resultado – Nesta fase você poderá estimar o processo utilizado, verificar o que você conquistou e aprender com os erros cometidos para se tornar um negociador mais experiente.

20.5 OBSTÁCULOS À NEGOCIAÇÃO

Eventualmente, você poderá se deparar com um negociador que está a fim de criar obstáculos à negociação. Para superá-los, você precisa entender o que está por trás deles e o que leva seu oponente a se recusar a cooperar. É fácil acreditar que aqueles ataques, obstruções e truques fazem parte da natureza dele, e que não há nada que você possa fazer para mudar a atitude do outro. No entanto, pode fazê-lo mudar de atitude se conseguir lidar com as motivações dele.

Existem razões comuns para o insucesso nas negociações, tais como: pontos de vista ou posições envolvidas irreconciliáveis; conflitos de personalidade; a autoridade de uma das partes é excessivamente grande. É lógico que, na prática, você raramente obterá toda a informação de que necessita para saber com precisão qual é a sua posição de avanço e de recuo. Naturalmente, que estas posições evoluem à medida que a negociação transcorre, fazendo com que as partes se conheçam mais.

Às vezes, torna-se difícil continuar, principalmente no início, a negociação, devido à necessidade de mais informações ou opiniões alheias, ou introduzir alguém com conhecimento mais específico. Desta forma a reunião é suspensa. Há uma série de fatores que podem arrefecer uma negociação.

A negociação sucumbe quando as partes são incapazes de concordar sobre como resolver um determinado tópico. Quando isto acontecer, em vez de argumentar sem sentido sobre um assunto controvertido, é mais útil mudar completamente o tema e falar sobre algum outro aspecto do negócio.

Qualquer que seja a razão, sempre que as negociações começarem a dar sinal de parar, tente encontrar uma maneira de mudar o foco, buscando áreas mais produtivas que manterão a discussão em andamento rumo à conclusão.

Um evento não tão agradável pode, algumas vezes, ocorrer quando você atinge o que imagina ser uma conclusão satisfatória em uma reunião de negociação. Quando isto acontecer, é fácil se irritar e responder com: É isto ou nada! O que pode ser uma posição muito arriscada.

Seja qual for o caso, não importa se você forçará o conflito ao extremo de ameaçar ir embora, ou simplesmente registrará uma leve reprovação. Insista que o outro negociador faça o próximo movimento. Geralmente será alguma forma de contraoferta e as negociações podem continuar a partir daí.

Deixe claro que, qualquer que seja, o acordado será submetido à aprovação de uma autoridade mais elevada pelo seu lado, após e somente após, sua contraparte ter assegurado aprovação do lado dela. Isto lhe permite uma vantagem que logicamente não pode ser objetada, pois está apenas fazendo o que o outro lado também pode fazer.

Uma maneira óbvia de forçar as coisas é impor uma data limite para o negócio ser concluído. Naturalmente, se você estiver blefando e seu oponente detectar o blefe, você terá que interromper as negociações ou enviar sinais de que se trata de uma manobra e continuar negociando, após o prazo que você alegou. Por esta razão, há, geralmente, alguma relutância em usar isto como tática.

Os cumprimentos, após uma negociação árdua, podem sinalizar que pelo menos uma tentativa de acordo foi alcançada, mas não é de modo algum o final de suas preocupações. Com mais frequência do que se pensa, quando as pessoas se descuidam, o acordo por escrito pode causar um conflito adicional e até resultar em uma outra rodada de negociação.

Não há, certamente, uma solução única que possa ser aplicável a cada negociação. O espectro que as negociações abrangem e a individualidade das pessoas torna muito difícil se chegar a um consenso. Além do mais, cada regra tem suas exceções.

A análise das margens de negociação pode revelar uma série de aspectos bastante importantes ao processo de negociação.

A margem de negociação consiste na faixa de valores que vai do melhor resultado possível àquele que é desejável (aceitável) e que, se não for obtido, faz com que seja preferível abandonar a negociação.

20.6 ESTRATÉGIAS DE NEGOCIAÇÃO

As estratégias e táticas têm como objetivo principal fortalecer uma posição e alterar a imagem que a outra parte tem de você. É muito comum que os negociadores, além de terem estratégias, se utilizem de táticas.

No entanto a maior parte do tempo, prosseguimos com nossos vários relacionamentos sem obedecer a nenhuma estratégia. Podemos simplesmente reagir ao que os outros fazem, ou as emoções podem dominar a lógica e nos impedir de seguir qualquer estratégia que tenhamos em mente.

Para alcançar o tipo de relacionamento que queremos, provavelmente, precisamos evitar os erros básicos:

- Ignorar as concepções parciais.
- Esquecer que as pessoas são diferentes.
- Confiar na reciprocidade.
- Servir de modelo de conduta.

Estratégia de negociação é um compromisso a uma ampla abordagem, que tenha boa chance de atingir os objetivos do negociador. Por exemplo, alguns negociadores adotam uma estratégia "dura" com seus oponentes, enquanto outros consideram que uma estratégia suave traz resultados mais favoráveis.

Os negociadores fazem uso de uma série de estratégias para atingir seus objetivos. Saber usar e lidar com essas estratégias é essencial para o sucesso na mesa de negociação.

A seguir, os principais tipos de estratégias de negociação, segundo os autores do ramo:

Estratégia de Campeões – Um dos lados dá os parabéns ao outro, observando que os dois lados se saíram vencedores. Muitas vezes não passa de blefe.

Estratégia da Comparação – Durante as reuniões os negociadores apresentam vantagens e desvantagens das decisões tomadas.

Estratégia de Obstrução – Quando um dos lados não está seguro da sua posição, tenta ganhar tempo, obstruindo a negociação de todas as maneiras, até conseguir um maior controle da situação.

Estratégia do Durão – Quando um dos lados já entra na negociação com uma atitude de não abrir mão de nada. É uma estratégia muito perigosa.

Estratégia do Bonzinho – Um dos lados se apresenta como bonzinho para levar vantagens, depois de um determinado momento. É uma estratégia arriscada, porque o outro lado pode ver no confrontante uma imagem de fraco.

Estratégia da Ambiguidade – Para não tomar decisões de imediato, um dos lados passa a responder com frases ambíguas e evasivas, tornando o oponente irritado.

Estratégia do Equilíbrio – Quando os dois lados estão querendo equilibrar perdas e ganhos. Se há uma perda deverá haver um ganho logo adiante. Esta estratégia também é conhecida como compensação.

Estratégia da Flexibilidade – Estratégia muito comum, quando um ou ambos os lados dão respostas flexíveis, isto é, sempre são palavras que dão margem a possíveis aberturas.

Estratégia do Coitadinho – Um dos lados sempre se coloca como vítima, alardeando estar sempre perdendo. Esta estratégia é usada quando uma parte percebe que é a mais fraca.

Estratégia da Surpresa – Quando um dos lados, depois de analisar o confrontante, traz um fato, documento ou testemunha que surpreende pelas informações apresentadas. É possível que o confrontante surpreenda também.

Estratégia do Silêncio – O silêncio constitui uma lacuna e as pessoas sentem uma necessidade irresistível de preenchê-la. No entanto, precisamos aprender a administrar o silêncio. Se você faz uma pergunta e obtém uma resposta insatisfatória, a melhor coisa a fazer é absolutamente nada, exigindo informação adicional e permanecendo em silêncio.

Estratégia da Postergação – A transferência para outra reunião de um item, ou de um problema, que você não havia estudado, concede a si próprio tempo para desenvolver uma posição a respeito.

Estratégia do Recesso – Solicite um intervalo a fim de consolidar, recapitular ou recalcular ou, ainda, reformular tudo. Novas ideias sempre afloram, tendo em vista que o intervalo de tempo neutraliza a tensão da negociação.

Um recesso sempre resulta em renovação de energia e concentração de forças. Mas, quando empregada em demasia, pode gerar dúvidas, suspeitas, frustrações e embaraços, por exemplo.

Estratégia da Sinceridade – Esta depende muito da atmosfera que foi gerada. As partes precisam se aperceber que não serão exploradas uma pela outra e poderão atingir rapidamente um acordo, no qual ambas as partes consideram satisfatório. Ela é empregada com frequência quando as partes estabelecem negociação por um longo período de tempo.

Lembre-se de que confiança exige tempo para ser desenvolvida, mas pode ser destruída muito facilmente. A sinceridade não é expressa com palavras, mas sim com atos. Tome cuidado com alguém que se diz totalmente franco com você.

Estratégia da Indulgência – Ela representa um apelo ao que há de melhor da outra parte. Constitui-se num gesto emocional dirigido à pessoa física e não à pessoa jurídica que representa a organização.

20.7 TÁTICAS DE NEGOCIAÇÃO

A seguir, as principais táticas de negociação:

Tática da Intimidação – O negociador estabelece um prazo final para a negociação ou ameaça abandonar a mesa de negociação.

Tática do Blefe – O negociador diz conhecer determinado assunto, não sendo verdade ou diz possuir um documento comprometedor.

Tática da Comparação – O negociador abusa das comparações com casos (problemas) semelhantes que fazem parte da história das duas empresas.

Tática do Confronto – O negociador se vale do conhecimento (experiência) de um especialista para ter maior poder de argumentação, demonstra tanto conhecimento do problema que "acaba" com o confrontante ou se vale de experiências em laboratório e de demonstrações matemáticas.

Tática da Razão – Negociador procura a razão verdadeira para os obstáculos encontrados na mesa de negociação.

Tática da Delegação para Cima – O negociador leva ao conhecimento do escalão superior, traz o próprio chefe para a negociação, pede ao seu superior que entre em contato com o superior da outra parte, força o confronto de escalões superiores, vai ao encontro do superior do confrontante.

Tática da Barganha – O negociador utiliza diversas manobras a serem aplicadas em pontos difíceis da negociação. Estas manobras podem ser: ameaças, ofertas de última hora, envolvimento emocional, concessões, por exemplo. Outro conjunto de táticas de barganha diz respeito às táticas do oponente, preparadas para tentar enganar, distorcer ou influenciar de alguma forma a negociação em benefício próprio.

Tática da Obstrução – A tática da obstrução consiste em recusar-se a ceder. Seu oponente tenta convencê-lo de que ele não tem a menor flexibilidade e que, portanto, você não tem outra alternativa. Mas atenção, a obstrução pode assumir a forma de um fato consumado, o que pode encerrar a negociação.

Tática do Ataque – Ataques são táticas de pressão que têm por finalidade intimidar e deixar tão sem jeito o oponente que este acaba cedendo. Talvez a forma mais comum de ataque seja a ameaça continuada.

20.8 DOCUMENTOS DE NEGOCIAÇÃO

Os principais documentos de negociação são:

Contrato – Contrato é um acordo (combinação, ajuste) tácito ou escrito entre duas ou mais pessoas para execução de determinada coisa, onde estão assinaladas cláusulas de: condições legais, responsabilidades, deveres, direitos, prazos e obrigações das partes envolvidas. Contrato é, nada mais nada menos, que um acordo de vontades, entre duas ou mais pessoas, que tem por finalidade produzir efeitos jurídicos.

Proposta – O conceito de proposta, geralmente, está ligado a uma oferta de serviço, mas é importante lembrar que a proposta de que trataremos tem sempre o caráter de negócio, isto é, há um propósito comercial e será sempre escrita, como uma sinopse ou um plano, ou, ainda, um relatório.

É bom observar que uma proposta será discutida, aprovada, ou não, entre as partes (contratante e contratada), para saber se é possível a viabilização da negociação.

Ata de Reunião – Assunto já abordado.

Capítulo 21
PADRONIZAÇÃO

"Para podermos entender o universo precisamos estudar, primeiro, a matemática e, segundo, valorizarmos seu conhecimento como a única ferramenta que explica tudo fisicamente".

Galileu Galilei

OBJETIVOS DO CAPÍTULO

- Mostrar a influência, cada vez maior, que a padronização exerce sobre as organizações.
- Mostrar os diversos tipos de padronização.
- Mostrar os principais elementos da padronização.

21.1 PADRONIZAÇÃO

Padronização é a aplicação de padrões, com a finalidade de uma uniformização e redução de custo. Ela conduz à simplificação dos processos, à medida que reduz a variabilidade e o desvio. Também é conhecida como Normalização.

A padronização ajuda a:

- Resolve problemas quanto à quantidade, qualidade e composição do produto.
- Facilita e permite a produção em massa, pela repetição de operações.
- Proporciona economia de materiais, equipamentos, energia, espaço e tempo.
- Permite o intercâmbio de peças e órgãos de máquinas de um lugar para outro.
- Diminui a variedade de coisas que têm a mesma utilidade ou finalidade, facilitando o treinamento.
- Facilita a otimização do tempo.

Padronizar **é f**unção administrativa que estabelece padrões (resultados desejados). Os padrões podem ser expressos em tempo, dinheiro, qualidade, custo, quantidade, índice, indicador. Podem ser tangíveis, intangíveis, vagos, específicos, explícitos ou implícitos.

Por se estar acostumado, muitas vezes, não se percebe a quantidade enorme de coisas padronizadas que estão à disposição. Quando queima uma lâmpada em casa, é suficiente ir a uma loja que vende lâmpadas, de qualquer marca, com a potência que desejamos, sem nenhum embaraço.

Os pinos dos cabos elétricos de qualquer aparelho se casam em todas as tomadas de nossa casa, e, quando se vai para outra casa, não é preciso levar as mesmas. Quando quebra uma peça do automóvel ou de qualquer máquina ou aparelho, o procedimento é semelhante.

Padronização é uma outra característica de produto que distingue bens de serviços. Um bem, como uma lâmina de barbear ou este livro, somente pode ser produzido, com qualidade altamente uniforme, em uma linha de montagem. Mas os serviços muitas vezes dependem da ação do empresário para criar utilidade, e por isso tendem a ser não padronizados.

A maioria dos serviços não é produzida em linha de montagem como são os bens. Assim, em um dado dia, a qualidade de serviço de um advogado, ou de um mecânico, ou de uma equipe de esportes pode variar.

A padronização oferece inúmeras vantagens, como, por exemplo: facilita o processo de compra e venda; minimiza custo e risco de manuseio; oferece proteção ao comprador; ajuda a distribuição, o armazenamento e o financiamento.

21.2 TIPOS DE PADRONIZAÇÃO

A seguir, os principais tipos de padronização:

Padronização da Atuação: Padronização que serve para identificar as coisas certas, aquelas que, possivelmente, darão resultado significativo, isto é, que tenham eficiência, eficácia e efetividade.

Padronização da Comercialização: Padronização voltada a minimizar custos de comercialização. Que mudanças básicas ocorreram recentemente na comercialização e em sua estrutura? A natureza e a estrutura da comercialização mudaram?

As técnicas cotidianas de distribuição sofreram grandes transformações. Numerosas modificações foram introduzidas em muitas fases da comercialização. Um exemplo disso é a que ocorreu no manuseio físico dos produtos. A maneira de comercializar mudou em duas formas principais: maior integração vertical e maior integração horizontal.

A integração vertical tem sido especialmente sentida na comercialização direta. A cadeia de lojas, o supermercado, a loja de departamentos e a superloja aumentam cada vez mais suas compras, assumindo assim as funções dos atacadistas.

Na integração horizontal, o fabricante tem absorvido certas funções atacadistas pela abertura de filiais. Além do mais, tem havido uma tendência para a distribuição seletiva, na qual o fabricante escolhe cuidadosamente os canais atacadistas e varejistas de distribuição, sendo que este tipo de exclusividade tem levado os próprios fabricantes a cuidar da promoção de vendas e da propaganda.

Padronização da Estrutura: Assunto já abordado, no Capítulo 8.

Padronização de Custo: Padronização que exigirá preliminarmente: a determinação das características de cada matéria-prima a ser empregada; o estudo dos tempos e movimentos de cada operação; a determinação das máquinas, instalações e equipamentos a serem utilizados; um acurado plano de produção, fundamentado nas observações e experiências passadas e do desenvolvimento de experimentações.

Padronização do Produto: Padronização que objetiva determinar limites (especificações) para os produtos com o intuito de atender melhor o mercado. A padronização do produto visa dois aspectos básicos: aspecto quantitativo (tamanho, peso, portabilidade, temperatura, pressão, resistência do material) e aspecto qualitativo (cor, cheiro, gosto, sabor, aparência, validade, grau de amadurecimento).

O controle dos padrões é realizado por fabricantes, intermediários, consumidores, governo, laboratórios e bolsa de mercadorias. Como é muito comum haver confusão entre padrão e protótipo, segue o conceito de protótipo.

Protótipo – É uma versão funcional de um determinado produto, produto este que não dispõe de todas as suas características, que estarão presentes em sua versão final.

Padronização do Tempo: Padronização que atribui valores para: tempo gasto na execução de uma tarefa, fabricação de um produto, prestação de um serviço, estocagem, atendimento, permanência do empregado no cargo, processamento do pedido, reposição de material.

Padronização do Trabalho: Padronização que se baseia em um método predeterminado para realização de um trabalho, dentro do que foi especificado fazer.

Padronização do Desempenho: Padronização difícil de se estabelecer porque está sempre sendo superada. O desempenho pode ser da empresa ou do pessoal (indivíduo, grupo) da mesma. Os padrões de desempenho da empresa estão baseados em: indicadores de gestão, índices, registros, táticas, métodos, processos, técnicas, metodologias, planos, programas, projetos, modelos, políticas, procedimentos, estratégias, decisões, soluções.

Os padrões de desempenho das pessoas estão, em função do: nível intelectual, habilidades de toda sorte, nível cultural, força de trabalho, empenho, dedicação, lealdade, nível de qualidade do trabalho executado, comportamento diante do grupo, ambição, conhecimento.

Se planejarmos a orientação de uma nave de maneira arbitrária ela não chegará ao seu destino. Precisará de um controle, demandando, com isso, mais energia e mais problemas dos que os já existentes. Como equilibrar vantagens e desvantagens? Estas e muitas outras questões semelhantes representam as verdadeiras dificuldades na automação dos controles, frequentemente omitidas.

O problema do controle equivale a determinar o ótimo entre um sistema desregulado e o custo dessa regulação.

A Figura 21.1 mostra a importância do padrão para efeito de comparação.

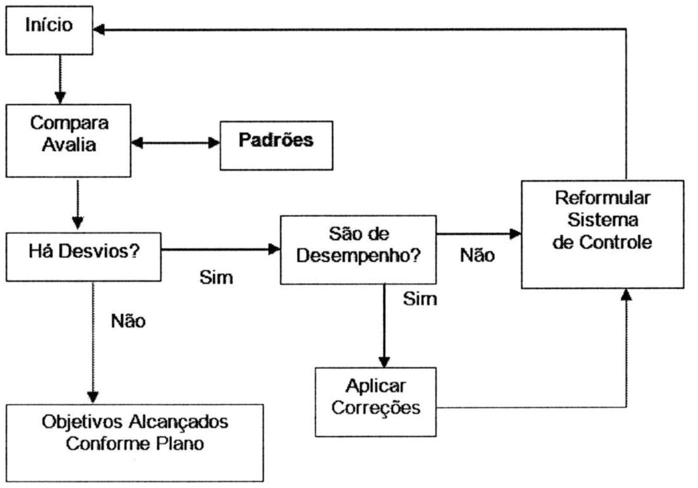

Figura 21.1: Fluxograma de Avaliação de Desempenho.

Padronização da Qualidade:

A padronização da qualidade é estabelecida, normalmente, com base nos resultados obtidos pela pesquisa de mercado, com relação ao projeto, forma, material, durabilidade, custo e demais características do produto.

A fim de atender ao uso que lhe é destinado, o padrão de qualidade é definido pelas especificações do projeto. Estas podem incluir: materiais, componentes, ingredientes, processos de fabricação, ensaios (critérios de rejeição), uso do produto (métodos e limites), características do produto, desenhos, amostras.

Especificações definem as tarefas que devem ser conduzidas num programa de qualidade. As tolerâncias de fabricação estabelecidas nas especificações devem ser determinadas, levando-se em conta o custo da precisão a ser adotada e o valor desta precisão. Este balanço entre o custo e o valor é fácil de ser obtido, devido as seguintes premissas:

- As tolerâncias são difíceis de serem estabelecidas.
- Não são disponíveis os valores relativos aos custos e ao valor de determinadas tolerâncias.
- Não há cooperação entre os vários departamentos para um padrão de tolerância.
- O custo da precisão exigida pode ser estimado pelo seu efeito nos equipamentos necessários,
- O valor da precisão pode ser estimado pelo seu efeito na melhoria do desempenho do produto.
- As tolerâncias, quando estabelecidas de forma indevida, causam custos excessivos de fabricação.
- Há falta de qualidade necessária ao produto para atender à sua adequação ao uso.

A melhor solução é especificar as tolerâncias de forma realística, exatamente de acordo com as necessidades para o perfeito desempenho do material, evitando-se esperar uma melhoria da qualidade de fabricação apenas por exigir tolerâncias apertadas e desnecessárias, que, na maioria das vezes, não são conseguidas, sendo o material aceito e utilizado por não ter sido estabelecido um devido controle para a fabricação.

É necessário estabelecer um nível de inspeção eficiente. Tal procedimento, além de ser mais econômico, é o mais seguro, tanto para o usuário como para o produtor.

Os Organismos de Padronização mais conhecidos, no Brasil, são:

International System Organization (ISO) – Um organismo internacional.
American Standards Association (ASA) – Um organismo americano.
Associação Brasileira de Normas Técnicas (ABNT) – Um organismo brasileiro.

21.3 PADRÃO

Padrão é uma unidade de medida (ou modelo) adotada e aceita comumente como critério para avaliação de desempenho. Os padrões representam o desempenho desejado e estão sempre relacionados com o resultado que se deseja alcançar. Em resumo, o padrão é uma norma, ou critério, contra o qual o desempenho pode ser medido.

Piloto é a versão que está sendo testada para colher resultados (avaliação de desempenho).

Os padrões devem se relacionar com o tempo, material, desempenho, resistência ou qualquer característica quantificada. Quando os padrões quantificados estão ausentes, a qualidade torna-se uma questão de opinião e não é controlável, sob um ponto de vista científico.

Toda organização deve se certificar que as pessoas confiam no seu trabalho e esperam que seja isenta de desvios do padrão estabelecido. Os padrões podem ser relativos a: tempo, dinheiro, qualidade, custo, quantidade, índice, indicador. Podem ser tangíveis, intangíveis, vagos, específicos, explícitos e implícitos.

Os padrões podem ser físicos e representar quantidades de produtos, unidades de serviço, homens/hora, velocidade, volume de rejeições ou podem ser formulados em termos monetários, tais como custos, rendas ou investimentos. Podem ainda ser expressos em quaisquer outros termos que medem o desempenho.

Expressam-se, em geral, por unidades específicas, mas isto nem sempre é possível. Mas, como estabelecer padrões de lealdade e moral se eles contêm aspectos altamente subjetivos? O custo-padrão é a determinação de um valor que serve de referência para controlar os custos empresariais.

A marca do verdadeiro profissional é, em qualquer campo, a riqueza de seu vocabulário de padrões, desenvolvido no curso dos anos de sua educação formal e, especialmente, no curso dos anos de sua experiência. O médico, o artista e o mecânico experientes dispõem padrões próprios.

O controle dos padrões é realizado por fabricantes, intermediários, consumidores, governos, laboratórios e associações de normas técnicas.

21.4 TIPOS DE PADRÃO

A seguir, os principais tipos de padrão:

Padrão Atingível: Padrão cujo critério de desempenho reconhece ineficiências operacionais, que, provavelmente, resultarão de fatores como: tempo subutilizado, dano, desperdício e perda de materiais.

Padrão de Atendimento: Padrão que é, substancialmente, auto aplicado, autocontrolado e auto monitorado.

Padrão de Atuação: Padrão que serve para identificar as coisas certas, aquelas que, possivelmente, darão resultado significativo, isto é, que tenham eficiência e eficácia.

Padrão de Comportamento: Padrão que acontece fruto da motivação que move cada ser humano. Somos produto do meio, sensíveis e reativos às recompensas e punições, mas somos também fortemente impulsionados por motores internos, chamados de automotivação. Agimos como se as crenças expressas fossem importantes, mas as ações falam mais alto que as palavras.

Padrão de Compra: Padrão que determina as necessidades e motivações humanas para comprar um produto.

Padrão de Consumo: Padrão que mede o **nível** de consumo de cada mercado. O padrão americano de consumo, por exemplo, além de ser absurdo é um problema que precisa ser resolvido, pois se todos os países atingissem o mesmo nível de consumo, seria preciso três planetas como o nosso, para dar conta de tanto desperdício.

Padrão de Crédito: Padrão relacionado ao conjunto de requisitos mínimos para alguém ter crédito

Padrão de Custo: Padrão estabelecido em laboratório; Valores monetários aos custos de operação, tais como: mão de obra por unidade produzida, matéria-prima por unidade produzida, estocagem, máquina/hora, processamento do pedido, requisição de material, custo fixo, custo variável, custo de produção.

Padrão de Desempenho da Empresa: Padrão baseado em: indicadores, índices, registros, táticas, métodos, processos, técnicas, metodologias, planos, programas, projetos, modelos, políticas, procedimentos, estratégias, decisões, soluções.

Padrão de Desempenho da Pessoa: Padrão baseado em: nível intelectual, habilidades de toda sorte, nível cultural, força de trabalho, empenho, dedicação, lealdade, nível de qualidade do trabalho executado, comportamento diante do grupo, ambição, conhecimento.

Padrão de Estrutura: Padrão que, geralmente, segue a estratégia a ser adotada pela empresa. Uma boa estrutura dependerá de tempo, unidade de comando e uma imensa capacidade para organizar recursos. Administradores precisam aprender que a estrutura desenhada precisa ser congruente ao desempenho humano, porque este é o seu desafio e a sua prova.

Padrão de Qualidade: Padrão baseado em metas de qualidade, a fim de atender ao uso que lhe é destinado. O padrão de qualidade é estabelecido, normalmente, com base nos resultados obtidos pela pesquisa de mercado, com relação às especificações do projeto, bem como: forma, material, durabilidade, custo e demais características do produto.

Padrão de Quantidade: Padrão que determina a quantidade de entrada permitida por unidade de saída.

Padrão de Tempo: Padrão que atribui valores para: tempo gasto na execução de uma tarefa, fabricação de um produto, prestação de um serviço, estocagem, atendimento, permanência do empregado no cargo, processamento do pedido, reposição de material.

Padrão de Valor: Padrão relativo ao valor que uma empresa espera pagar por uma unidade de recurso.

Padrão Histórico: Padrão para elaborar, desenvolver, implementar e alavancar um novo projeto numa empresa. Precisa ser capaz de avaliar a situação atual e seu passado, assim como um médico necessita conhecer as condições de seu paciente antes de lhe prescrever o tratamento.

Saber o que aconteceu no passado dará ao dirigente da empresa condições de projetar o futuro. Mas, se a empresa não possui registros históricos devidamente arquivados e facilmente acessíveis, é pouco provável que o gestor da organização faça milagres.

Padrão Ideal: Padrão que reflete eficiência máxima da organização.

Padrão Kaizen: Padrão provisório que reflete a melhoria planejada para um período vindouro.

Padrão de Remuneração: Padrão que obedece a uma combinação de 40% da remuneração em forma de salário-base, 40% em incentivos de curto prazo, 10% de longo prazo e 10% de benefícios. Já o sistema de remuneração variável por desempenho segue os princípios da meritocracia.

Chegar a um nível ótimo de remuneração que seja justo e motivador não é para qualquer um. É muito difícil, porque sempre haverá pessoas descontentes mesmo que estejam no paraíso.

A remuneração pode ser direta ou indireta.

Os tipos de remuneração direta são:
Fixa – É aquela que iguala o vendedor a um funcionário regular da empresa.
Variável – É aquela na qual o vendedor recebe um percentual sobre o valor das vendas efetuadas.
Mista – É aquela que é a soma de uma parte fixa mais uma parte variável.
Extra – É aquela não programada, de ocorrência eventual e a critério da empresa. Normalmente, é dado um prêmio em dinheiro pelo bom desempenho do vendedor.

A remuneração indireta é aquela voltada a dar benefícios (previstos, ou não, na lei), tais como: colônia de férias, plano de saúde coletivo, seguro de vida em grupo, auxílio refeição, auxílio transporte, plano de complementação da aposentadoria, sala de jogos, cesta de alimentos, auxílio educação, programas culturais.

Padrão de Estrutura: Padrão que retrate as exigências e necessidades de uma organização. O arquiteto da estrutura precisa que o desenho retrate eficiência e eficácia, mas, provavelmente, não serão ambas as coisas. Uma implicação se torna clara – Uma estrutura muito certinha acaba mal remendada. O que se espera de uma estrutura organizacional é que seja uma rede facilitadora da tomada de decisão.

Segundo Fayol e Sloan, "A boa estrutura não evoluirá simplesmente sozinha, porque as únicas coisas que podem evoluir em uma organização são desordens, atrito e mau desempenho. Estruturar uma empresa exige, estudo, análise, pesquisa e uma abordagem sistemática. Isto requer um monitoramento constante".

Aprendemos que esquematizar uma estrutura de organização não é o primeiro passo, mas o último. O primeiro, é identificar e organizar os elementos fundamentais da organização, os recursos. Alfred Chandler nos deixou a famosa frase: "A estrutura segue a estratégia". Hoje, início do Século XXI, já não se sabe quem segue quem.

A montagem da organização não é uma espécie de quebra-cabeça, sua estrutura é única e orgânica para cada negócio. Esta é a visão mais avançada nos tempos de agora, pois não há "receita de bolo" para se estruturar um negócio. A boa estrutura é aquela que atende a organização na sua missão, seus objetivos, suas estratégias e suas ações, tendo canais de informação e comunicação livres e efetivos.

Padrão de Higiene: Padrão que se refere a um conjunto de normas e procedimentos que visa à proteção da integridade física e mental do indivíduo, preservando-o dos riscos de doença inerentes ao ambiente físico onde habita. Também é certo que as pessoas trabalham melhor em condições de higiene, que ajudam a minimizar acidentes de trabalho. Ela previne o aparecimento das doenças ocupacionais.

21.5 PROCESSO DE PADRONIZAÇÃO

Em linhas gerais, o processo de padronização se realiza através das seguintes fases:

Estabelecimento de Padrões – Nesta fase são estabelecidos padrões (resultados desejados) de desempenho como base de comparação com os resultados obtidos. Os padrões podem ser expressos em tempo, dinheiro, qualidade, custo, quantidade, índice, indicador. Podem ser tangíveis, intangíveis, vagos, específicos, explícitos e implícitos.

Simplificação – Esta fase consiste em reduzir a variedade ou diversidade, tanto de bens quanto de materiais ou serviços e, também, para processos, tarefas e movimentos, embora haja uma inexplicável pressão esmagadora para que tudo se complique.

Especificação – Esta fase consiste em fazer uma descrição detalhada das características e propriedades de bens e serviços. Muitas vezes, a especificação depende de ensaios em laboratórios.

Adoção do Padrão – Esta fase consiste em adotar um padrão, podendo implicar em substituições de equipamentos e treinamento de recursos humanos.

Manual de Padrões – Esta fase consiste em criar um manual que determina as especificações dos diferentes tipos de padrões para as funções organizacionais. Este tipo de manual torna possível a uniformidade e a consistência no tratamento, na aplicação e na utilização de pontos específicos de uma empresa, com o objetivo de reduzir os custos e aperfeiçoar, continuamente, a linguagem organizacional.

Referências Bibliográficas

ACKOFF, Russel L. *Planejamento empresarial*. Rio de Janeiro: LTC, 1979.

ADDISON, M. E. *Fundamentos de organização e métodos*. Rio de Janeiro: Zahar, 1979.

ADIZES, Ichak. *Os ciclos de vida das organizações*. São Paulo: Pioneira, 1990.

ALBERS, H. e Schoer L. *Princípios de organização e administração*. Rio de Janeiro: Renes, 1970.

ALBERS, Henry H. *Princípios de administração*. Rio de Janeiro: LTC, 1971.

ARAÚJO, Luiz César. *Organização e métodos*. São Paulo: Atlas, 1994.

ARGYRIS, Cris. *Personalidade e organização: o conflito entre o sistema e o indivíduo*. Rio de Janeiro: Renes, 1969.

BACÃO, Yolanda Ferreira e L. Leite Cordeiro. *O comportamento humano na empresa: uma antologia*. Rio de Janeiro: FGV, 1977.

BACKER, Paul de. *Gestão ambiental: a administração verde*. Rio de Janeiro: Qualitymark, 1995.

BARKI, Roger e Josy Alzogaray. *Guia completo do funcionamento de uma empresa*. Petrópolis: Vozes, 1985.

BARNARD, Chester I. *As funções do executivo*. São Paulo: Atlas, 1971.

BARNES, R. M. *Estudo de movimentos e tempos*. São Paulo: Edgar Blücher, 1969.

BAUER, Ruben. *Gestão da mudança: caos e complexidade nas organizações*. São Paulo: Atlas, 1999.

BENNIS, Warren G. *Desenvolvimento organizacional: sua natureza, origens e perspectivas*. São Paulo: Edgard Blücher, 1969.

BENNIS, Warren. *Formação do líder*. São Paulo: Atlas, 1996.

BERGANINI, Cecília Whitaker. *Motivação nas organizações*. São Paulo: Atlas, 1997.

CASTILHO, Áurea. *Liderando grupos: um enfoque gerencial*. Rio de Janeiro: Qualitymark, 1999.

CHIAVENATO, Idalberto. *Administração: teoria, processo e prática*. São Paulo: Makron Books, 1987.

CHIAVENATO, Idalberto. *Introdução à teoria geral da administração*. Rio de Janeiro: Campus, 2000.

CHURCHUMANN, C. West. *Introdução à teoria dos sistemas*. Petrópolis: Vozes, 1972.

COSTA, Nelson P. *Análise do resultado empresarial*. Rio de Janeiro: Ciência Moderna, 2010.

COSTA, Nelson P. *Básico de administração*. Rio de Janeiro: Pecos, 2005.

COSTA, Nelson P. *Comunicação empresarial* – 2ª Edição. Rio de Janeiro: Ciência Moderna, 2008.

COSTA, Nelson P. *documentos empresariais*. Rio de Janeiro: Ciência Moderna, 2012.

COSTA, Nelson P. Gestão de restaurante. Rio de Janeiro: Ciência Moderna, 2016.

COSTA, Nelson P. *Marketing para empreendedores.* Rio de Janeiro: Qualitymark 2003.

COSTA, Nelson P. *Tempo: aprenda a administrar*. Rio de Janeiro: Ciência Moderna, 2008.

COSTA, Nelson P. *Administração para empreendedores.* Rio de Janeiro: Ciência Moderna, 2018.

COSTA, Nelson P. *Antologia do empreendedor.* Rio de Janeiro: Ciência Moderna, 2018.

COSTA, Nelson P. *Glossário do empreendedor.* Rio de Janeiro: Ciência Moderna, 2019.

COSTA, Nelson P. *Marketing para empreendedores*. Rio de Janeiro: Ciência Moderna, 2020.

COSTA, Nelson P. *Oficina do livro*. Rio de Janeiro: Ciência Moderna, 2021.

COSTA, Nelson P. *Sistemas de informação*. Rio de Janeiro. Ciência Moderna, 2022.

COSTA, Nelson P. *Estudo de caso*. Rio de Janeiro. Ciência Moderna, 2023.

COSTA, Nelson P. Problemas do empreendedor. Rio de Janeiro. Ciência Moderna, 2023.

COSTA, Nelson P. Empresa de alimentos. Rio de Janeiro. Ciência Moderna, 2024.

COSTA, Nelson P. Administrador pragmático. Rio de Janeiro. Ciência Moderna. 2024.

CULLIGAN, Matthew J. *Administração de volta às origens*. São Paulo: Abril cultural, 1987.

CURY, Antonio. *Organização e métodos: uma perspectiva comportamental*. São Paulo: Atlas, 1981.

D'ARAUJO, A. Luiz. *Princípios de organização*. Rio de Janeiro: Fórum, 1974.

DEMING, W. Edwards. *A nova economia*. Rio de Janeiro: Qualitymark, 1997.

DEMING, W. Edwards. *Qualidade; a revolução da administração*. Rio de janeiro: Saraiva, 1989.

DRUCKER, Peter F. *Inovação e espírito empreendedor*. São Paulo: Pioneira, 1990.

DRUCKER, Peter F. *Introdução à administração*. São Paulo: Pioneira, 1991.
DRUCKER, Peter F. *O gerente eficaz*. Rio de Janeiro: Zahar, 1981.
DRUCKER, Peter F. *Prática de administração de empresas*. Rio de Janeiro: Zahar, 1959.
DRUCKER, Peter F. *uma era de descontinuidade*. Rio de Janeiro: Zahar, 1974.
ENRICK, Norbert L. *Planejamento administrativo*. São Paulo: Atlas, 1972.
ETIZIONI, Amitai. *Organizações modernas*. São Paulo: Pioneira, 1969.
FARIA, A. Nogueira. *A comunicação na administração*. Rio de Janeiro: LTC, 1982.
FARIA, A. Nogueira. *Chefia e liderança*. Rio de Janeiro: LTC, 1982.
FARIA, A. Nogueira. *Dinâmica da administração: perspectivas e projeções*. Rio de Janeiro: LTC, 1978.
FARIA, A. Nogueira. *Organização de empresas*. Rio de Janeiro: LTC, 1974.
FARIA, Nivaldo Maranhão. *Organização do trabalho*. São Paulo: Atlas, 1984.
FAYOL, Henri. *Administração industrial e geral*. São Paulo: Atlas, 1981.
FRANCAROLLI, Luiz Machado. *Pequena e média empresa*. São Paulo: Pioneira, 1975.
GARCIA, Volnei Pereira. *Desenvolvimento das famílias empresariais*. Rio de Janeiro: Qualitymark, 2001.
GARVIN, david A. *Gerenciando a qualidade: a visão estratégica e competitiva*. Rio de Janeiro: Qualitymark, 1998.
GATES, Bill. *A empresa na velocidade do pensamento*. São Paulo: Companhia das Letras, 2000.
GIL, Antonio de Loureiro. *Sistemas de informações contábil e financeira*. São Paulo: Atlas, 1992.
GRAHAM, Pauline. *Mary Parket Follet: profeta do gerenciamento*. Rio de Janeiro: Qualitymark, 1996.
HAMPTON, david R. *Administração contemporânea*. São Paulo: McGraw-Hill, 1983.
HAMPTON, david R. *Conceitos de comportamento na administração*. São Paulo: EPV, 1973.
HANKS, Kurt. *O navegador de mudanças*. Rio de Janeiro: Qualitymark, 1998.
IUDICIBUS, Sergio de. *Contabilidade gerencial*. São Paulo: Atlas, 1987.
JUCIUS, Michael J. e Willian E. Schlender. *Introdução à administração*. São Paulo: Atlas, 1988.
KANAANE, Robert. *Comportamento humano nas organizações*. São Paulo: Atlas, 1999.
KATZ, daniel e Robert Kanh. *Psicologia social das organizações*. São Paulo: Atlas, 1976.
KEIN, david A. *A gestão estratégica do capital intelectual*. Rio de Janeiro: Qualitymark, 1998.
KOONTZ, Harold e Cyril O' donnel. *Princípios de administração*. São Paulo: Pioneira, 1974.
LAWRENCE, Paul e Jay Lorsch. *As empresas e o ambiente*. Petrópolis: Vozes, 1973.
LEONE, George S. Guerra. *Custos: um enfoque administrativo*. São Paulo: Atlas, 1983.
LERNER, Walter. *Organização, sistemas e métodos*. São Paulo: Atlas, 1982.
LIKERT, Rensis. *Novos padrões de administração*. São Paulo: Pioneira, 1971.
LODI, J. G. *A crise da organização*. São Paulo: Atlas, 1986.
LODI, João Bosco. *A diretoria da empresa: estratégia e estrutura*. Petrópolis: Vozes, 1972.
LODI, João Bosco. *A presidência da empresa*. São Paulo: Pioneira, 1985.
LODI, João Bosco. *História da administração*. São Paulo: Pioneira, 1980.
LOEN, Raymundo. *Administração eficaz*. Rio de Janeiro: FGV, 1985.
LUCENA, Maria D. Salete. *Avaliação de desempenho*. São Paulo: Atlas, 1992.
MACHIAVEL, Nicolo de. *O príncipe*. Rio de Janeiro: Civilização, 1976.
MASLOW, Abraham H. *Maslow no gerenciamento*. Rio de Janeiro: Qualitymark, 2000.
MAXIMIANO, Antonio C. Amaru. *Teoria geral da administração*. São Paulo: Atlas, 2000.
Mc GREGOR, douglas. *O lado humano da empresa*. São Paulo: Martins Fontes, 1980.
MINTZBERG, Henry. *Criando organizações eficazes*. São Paulo: Atlas, 1995.
MORAIS, Carmem. *Atitudes de empreendedores*. Rio de Janeiro: Qualitymark, 2000.
MOTTA, Paulo Roberto. *Gestão contemporânea: a ciência e a arte de ser dirigente*. Rio de Janeiro: Record, 1991.
MOTTA, Paulo Roberto. *Planejamento Organizacional*. Rio de Janeiro: FGV, 1988.
NASBIT, John e P. Adurdene. *Megatrens*. São Paulo: Amana-Key, 1990.
OUCHI, Willian. *Teoria Z*. São Paulo: Nobel, 1988.
PARKER, S. R. *Sociologia da indústria*. São Paulo: Atlas, 1988.

PARKINSON, C. Northcote. *A lei de Parkinson*. São Paulo: Pioneira, 1967.
PAULA, Ieda de. *do chão de fábrica à presidência*. Rio de Janeiro: Qualitymark, 1999.
PERROW, Charles. *Análise organizacional: um enfoque sociológico*. São Paulo: Atlas, 1976.
PETERS, Thomas e Robert Watermann Jr. *Vencendo a crise*. São Paulo: Harbra, 1991.
RAMOS, A. e Materko R. *Comunicação administrativa eficaz*. São Paulo: Alhambra, 1985.
RESNIK, Paul. *A bíblia da pequena empresa*. São Paulo: McGraw-Hill, 1991.
RONCHI, Luciano. *Organização, métodos e mecanização*. São Paulo: Atlas, 1973.
SILVA, Adelphino Teixeira. *Administração básica*. São Paulo: Atlas, 2000.
SIMON, Herbert A. e James G. March. *Teoria das organizações*. Rio de Janeiro: FGV, 1970.
SIMON, Herbert. *Comportamento administrativo*. Rio de Janeiro: FGV, 1964.
SLOAN, Alfred. *Minha vida na General Motors*. Rio de Janeiro: Record, 1965.
TAVARES, Maria das Graças de Pinho. *Cultura organizacional*. Rio de Janeiro: Qualitymark, 1999.
TAYLOR, Frederick Winslow. *Princípios de administração científica*. São Paulo: Atlas, 1966.
THUROW, Lester C. *A construção da riqueza*. Rio de Janeiro: Rocco, 2001.
TOFFLER, Alvin. *A empresa flexível*. Rio de Janeiro: Record, 1985.
TOFFLER, Alvin. *O choque do futuro*. Rio de Janeiro: Artenova, 1972.
TZU, Sun. *A arte da guerra*. São Paulo: Record, 1990.
WARLICH, Beatriz M. S. *uma análise das teorias de organização*. Rio de Janeiro: FGV, 1974.
WEIL, Pierre. *Relações humanas na família e no trabalho*. Rio de Janeiro: FGV, 1976.
WOODWARD, Joan. *Organização industrial: teoria e prática*. São Paulo: Atlas, 1977.

Índice Remissívo

D

Q

Impressão e acabamento
Gráfica da Editora Ciência Moderna Ltda.
Tel: (21) 2201-6662